货币金融学

MONEY, BANKING, AND FINANCIAL MARKETS 3E

金融学精选教材译丛

〔美〕斯蒂芬·G. 切凯蒂 (Stephen G. Cecchetti)
　　 克米特·L. 肖恩霍茨 (Kermit L. Schoenholtz) 著

周　凯　黄正艳　李慧洁　译

第 3 版

北京大学出版社
PEKING UNIVERSITY PRESS

著作权合同登记号　图字:01-2013-1216

图书在版编目(CIP)数据

货币金融学:第3版/(美)切凯蒂(Cecchetti, S. G.), (美)肖恩霍茨(Schoenholtz, K. L.)著;周凯,黄正艳,李慧洁译.—北京:北京大学出版社,2016.6

(金融学精选教材译丛)

ISBN 978-7-301-26829-2

Ⅰ.①货… Ⅱ.①切… ②肖… ③周… ④黄… ⑤李… Ⅲ.①货币和银行经济学—高等学校—教材 Ⅳ.①F820

中国版本图书馆CIP数据核字(2016)第025249号

Stephen G. Cecchetti & Kermit L. Schoenholtz

Money, Banking, and Financial Markets, 3rd Edition

ISBN-10: 0-07-337590-X

Copyright © 2011 by The McGraw-Hill Companies, Inc.

All Rights reserved. No part of this publication may be reproduced or transmitted in any form or by any means, electronic or mechanical, including without limitation photocopying, recording, taping, or any database, information or retrieval system, without the prior written permission of the publisher.

This authorized Chinese translation edition is jointly published by McGraw-Hill Education(Asia) and Peking University Press. This edition is authorized for sale in the People's Republic of China only, excluding Hong Kong, Macao SAR and Taiwan.

Copyright © 2016 by McGraw-Hill Education(Asia), a division of McGraw-Hill Education (Singapore) Pte. Ltd. and Peking University Press.

版权所有。未经出版人事先书面许可,对本出版物的任何部分不得以任何方式或途径复制或传播,包括但不限于复印、录制、录音,或通过任何数据库、信息或可检索的系统。

本授权中文简体字翻译版由北京大学出版社和麦格劳-希尔(亚洲)教育出版公司合作出版。此版本经授权仅限在中华人民共和国境内(不包括香港特别行政区、澳门特别行政区和台湾地区)销售。

版权©2016由北京大学出版社与麦格劳-希尔(亚洲)教育出版公司所有。

本书封面贴有McGraw-Hill Education公司防伪标签,无标签者不得销售。

书　　名	货币金融学(第3版) HUOBI JINRONGXUE
著作责任者	〔美〕斯蒂芬·G.切凯蒂(Stephen G. Cecchetti) 〔美〕克米特·L.肖恩霍茨(Kermit L. Schoenholtz) 著 周　凯　黄正艳　李慧洁　译
责任编辑	黄炜婷　张　燕
标准书号	ISBN 978-7-301-26829-2
出版发行	北京大学出版社
地　　址	北京市海淀区成府路205号　100871
网　　址	http://www.pup.cn
电子信箱	em@pup.cn　QQ:552063295
新浪微博	@北京大学出版社　@北京大学出版社经管图书
电　　话	邮购部 62752015　发行部 62750672　编辑部 62752926
印刷　者	北京大学印刷厂
经销　者	新华书店 787毫米×1092毫米　16开本　38.75印张　872千字 2016年6月第1版　2016年6月第1次印刷
印　　数	0001—4000册
定　　价	85.00元

未经许可,不得以任何方式复制或抄袭本书之部分或全部内容。

版权所有,侵权必究

举报电话:010-62752024　电子信箱:fd@pup.pku.edu.cn

图书如有印装质量问题,请与出版部联系,电话:010-62756370

出版者序

作为一家致力于出版和传承经典、与国际接轨的大学出版社，北京大学出版社历来重视国际经典教材，尤其是经管类经典教材的引进和出版。自2003年起，我们与圣智、培生、麦格劳-希尔、约翰-威利等国际著名教育出版机构合作，精选并引进了一大批经济管理类的国际优秀教材。其中，很多图书已经改版多次，得到了广大读者的认可和好评，成为国内市面上的经典。例如，我们引进的世界上最流行的经济学教科书——曼昆的《经济学原理》，已经成为国内最受欢迎、使用面最广的经济学经典教材。

呈现在您面前的这套引进版精选教材，是主要面向国内经济管理类各专业本科生、研究生的教材系列。经过多年的沉淀和累积、吐故和纳新，这套教材在各方面正逐步趋于完善：在学科范围上，扩展为"经济学精选教材""金融学精选教材""国际商务精选教材""管理学精选教材""会计学精选教材""营销学精选教材""人力资源管理精选教材"七个子系列，每个子系列下又分为翻译版、英文影印/改编版和双语注释版。其中，翻译版以"译丛"的形式出版。在课程类型上，基本涵盖了经管类各专业的主修课程，并延伸到不少国内缺乏教材的前沿和分支领域；即便针对同一门课程，也有多本教材入选，或难易程度不同，或理论和实践各有侧重，从而为师生提供了更多的选择。同时，我们在出版形式上也进行了一些探索和创新。例如，为了满足国内双语教学的需要，我们改变了部分影印版图书之前的单纯影印形式，而是在此基础上，由资深授课教师根据该课程的重点，添加重要术语和重要结论的中文注释，使之成为双语注释版。此次，我们更新了丛书的封面和开本，将其以全新的面貌呈现给广大读者。希望这些内容和形式上的改进，能够为教师授课和学生学习提供便利。

在本丛书的出版过程中，我们得到了国际教育出版机构同行们在版权方面的协助和教辅材料方面的支持。国内诸多著名高校的专家学者、一线教师，更是在繁重的教学和科研任务之余，为我们承担了图书的推荐、评审和翻译工作；正是每一位推荐者和评审者的国际化视野和专业眼光,帮助我们书海拾慧,汇集了各学科的前沿和经典;正是每一位译者的全心投入和细致校译,保证了经典内容的准确传达和最佳呈现。此外,来自广大读者的反馈既是对我们莫大的肯定和鼓舞,也总能让我们找到提升的空间。本丛书凝聚了上述各方的心血和智慧,在此,谨对他们的热忱帮助和卓越贡献深表谢意!

"千淘万漉虽辛苦,吹尽狂沙始到金。"在图书市场竞争日趋激烈的今天,北京大学出版社始终秉承"教材优先,学术为本"的宗旨,把精品教材的建设作为一项长期的事业。尽管其中会有探索,有坚持,有舍弃,但我们深信,经典必将长远传承,并历久弥新。我们的事业也需要您的热情参与!在此,诚邀各位专家学者和一线教师为我们推荐优秀的经济管理图书(em@ pup. cn),并期待来自广大读者的批评和建议。您的需要始终是我们为之努力的目标方向,您的支持是激励我们不断前行的动力源泉!让我们共同引进经典,传播智慧,为提升中国经济管理教育的国际化水平做出贡献!

北京大学出版社
经济与管理图书事业部

前　言

2007—2009年的全球金融危机是20世纪30年代以来最严重的一次，危机触发的经济低迷是"大萧条"迄今波及最广、代价最高昂的，全球数以千万计的人失业，美国数以百万计的家庭失去了居所和财富。为了阻止危机的深化，多国政府和中央银行以多种方式，采取了主动且前所未有的行动。

结果是，在未来的岁月，变革会席卷全球的银行业和金融市场。人们购房、买车或助学的一些原有贷款方式已经不易获得或不复存在；一些最大的金融公司倒闭了，但同时出现了一些甚至更大的金融公司；一些金融市场消失了，但一些新机构出现了，并力图在未来降低市场的脆弱性；各国政府正致力于建立新规则，降低未来危机发生的可能性及其造成的危害。

正如危机正在改变金融体系和政府的政策，危机也正在改变货币金融学的内容。一些老问题以新的强度被重新提出来：为什么代价如此高昂的危机会发生？怎样可以阻止危机的发生？怎样抑制危机的冲击力？这些变化如何影响金融的机遇？人们会面临怎样的风险？

在上述背景下，只记住金融体系的一些操作细节，就如同投资于一项短命的资产。本书的撰写目的是强调那些服务于金融体系的基本功能，弱化其当前的结构和规则。学习流行的金融工具、结构和规则背后的经济学原理比侧重于工具、结构和规则本身具有更大的价值，这种设计赋予了学生终生的能力，他们可以藉此去理解和评价在金融创新与发展方面将会遇到的问题。

核心原则方法

本书的所有内容都以五项核心原则为基础，这些原则是学习金融体系做什么、如何组织、怎样与实体经济相联系的基础。这五项核心原则分别为：

1. 时间具有价值
2. 风险需要补偿

3. 信息是决策的基础
4. 市场决定价格、配置资源
5. 稳定改善福利

五项核心原则被当作一个框架,我们通过这个框架来观察货币金融学的历史、现状和未来发展。我们将在第1章讨论五项核心原则;在本书的其余部分,会提醒学生特定的讨论是由哪些核心原则引发的。

聚焦于核心原则,成就了本书在组织结构上的简洁性和逻辑性。这种方法确实需要对货币金融学的传统讲授方法进行一些调整,但是大部分的变化强调的只是内容。也就是说,内容的调整使教学更轻松,学生从中得到的收获更多。这些调整包括:强调风险和来自危机的教训;强调金融工具;平行地介绍美联储和欧洲中央银行;更新货币经济学的内容;采用了整合的全球视角。

教材的创新

除了专注于核心原则,本书还引入了一系列的创新,对于现在和未来的金融世界,这些创新性的设计用来培养有关货币金融学的一致性和相关性。

危机的影响

2007—2009年金融危机的影响正改变着货币、银行业和金融市场。因此,本书从头至尾整合了危机所提出的问题,以及政策制定者的应对措施。流动性危机的概念出现在第2章,与杠杆和影子银行概念相关的风险在第3章被引入。

2007—2009年金融危机的特有问题,包括证券化、评级机构、次级抵押贷款、场外交易,以及复杂的金融工具(如信用违约互换)都体现在适当的章节中。贯穿全书的观点是,对金融体系构成威胁的来源在整体上是可识别的,并重点讨论了抑制这类系统威胁的主动性监管。

最后,本书以一种有逻辑、有组织的方式,提出了非常规的货币政策工具,这些工具在针对危机的政策反应中非常引人注目。

引入风险概念

如果我们不理解风险,那么要充分认识金融体系的运作就是不可能的。在现代金融世界中,双方或多方的交易都在无形中传播着风险。正如保险市场的例子,交换这些风险是非常有益的;但是,其中也潜伏着灾难。2008年,一些世界上最大的金融公司之间的风险交易活动威胁到了国际金融体系的稳定。

尽管风险绝对是理解金融体系的要点,但是大部分货币金融学书籍只给这个主题留下了很小的篇幅。相比而言,本书用一整章来定义和度量风险。第5章引入了风险溢价作为风险补偿的概念,并且演示了分散化是怎样降低风险的。因为风险是解释金融工具的定价、金融中介的作用、中央银行的工作中心,所以本书各章都会回顾这个概念。

强调金融工具

本书引入金融工具,并以其经济功能为基础来定义,这种做法自然导致了针对不同金融工具的使用和定价的讨论。债券、股票和衍生产品都适用于这个框架,均被纳入讨论的范畴。

这种方法解决了一个问题,那就是"金融市场"在涉及债券、利率和外汇时如何使用。从常规微观经济的意义上讲,"市场"是指一个交易发生的场所,而不是指市场上被交易的工具。本书遵循"市场"的标准用法,将其作为一个交易场所;用"金融工具"描述实际存在的所有金融工具,包括贷款、债券、股票、期货、期权和保险契约。这样就澄清了从经济学原理课程初入货币金融学课程的学生可能产生的混淆。

平行地介绍美联储和欧洲中央银行

为了深化对中央银行和货币政策的理解,本书从讨论中央银行和货币政策开始,紧随其后介绍了美联储和欧洲中央银行。从理论学习出发,让学生们理解并掌握中央银行运作所需要的工具,这避免了专注于那些很快就会过时的细节。以中央银行做什么、怎样做的基本常识使学生们准备好去掌握制度结构未来变化的含义。

一个创新就是平行地讨论世界上最重要的两个中央银行——美联储和欧洲中央银行。二十一世纪的学生对完整地专注于美国金融体系的书籍接触不多,他们需要具备立足于中央银行的全球视野,起点就是关于美联储和欧洲中央银行的详尽知识。

货币经济学的现代处理

接下来讨论货币政策对实体经济的影响的简单框架。当通货膨胀和产出偏离预定目标时,现代中央银行会考虑改变利率。传统货币经济学运用将产出和价格水平联系起来的总供给-总需求关系,根据总供给曲线和总需求曲线的移动讨论通货膨胀。本书跳过IS-LM框架,适当删减了有关货币经济学的内容,只覆盖该课程最重要的内容:长期货币增长和通货膨胀,以及短期货币增长和经济周期。对货币理论的这种处理不仅简明,而且比传统分析更现代、更相关,有助于学生认识到货币政策变化只是战略的一部分而不是一次性的事件,并且完整地解释了经济的周期波动。

整合的全球视角

技术的巨大进步大幅度地降低了银行地理位置的重要性,造就了真正的全球性金融体系。二十年多前的书可以用单独的可选章节,专注于美国的金融体系、国际监管论题;但是对当今的金融世界来说,即使对美国这样的庞然大国也不能进行单独处理。全球金融体系是一个真正一体化的体系,对单个国家的市场或政策进行分开表述是不可能的。本书通篇混合讨论国际问题,强调什么时候国家的边界是重要的、什么时候是不重要的。

本书的组织结构

本书是以帮助学生理解金融体系及其对社会生活的经济效应为目标来组织的。这意味着要概览广泛的系列论题,包括货币是什么以及怎么使用;金融工具是什么以及怎么定价;金融市场是什么以及怎么运作;金融机构是什么以及为什么需要金融机构;中央银行是什么以及怎么操作。更重要的是,这意味着要向学生展示如何将货币金融学的五项核心原则应用于金融和经济安排。

第1篇:货币与金融体系,介绍了货币和银行业务的核心原理,从理论和实际两方面考察了货币,概述了金融工具、金融市场和金融机构。

第2篇:利率、金融工具和金融市场,从解释现值和风险开始,讨论了债券、股票、衍生工具和外汇等相关金融概念。本篇强调两个概念:金融工具会将资源从储蓄者转移到投资者手中,同时将风险转移到那些更有能力承担风险的人身上。

第3篇:金融机构,重点介绍了各类金融机构。学生将看到金融中介是如何应对信息不对称引起的问题;如何将理论运用于实践;如何针对银行业务、银行财务状况来管理风险;如何通过监管降低危机对金融系统的威胁;等等。

第4篇:中央银行、货币政策和金融稳定,讨论了中央银行的角色和目标,以及如何引导中央银行的工作,目的在于向学生传递如何应对中央银行结构上发生不可避免的变革的知识。

第5篇:现代货币经济学,研究了通货膨胀和货币增长的关系,提供了一个完整的包含动态总需求曲线的宏观经济模型,结合了货币政策反应曲线和长期、短期货币供给曲线,并运用此模型来阐述经济周期,以及货币政策制定者面临的一些重要问题。

学习工具

从某种意义来讲,本书指导学生如何批判性地评价和利用在经济刊物中了解的内容。阅读及使用信息都需要一些基本的知识,本书包含了五项特别设计的专栏形式的技术性方法:

一是"你的金融世界",向学生提供一些有关现实金融世界的实用信息。大部分章节涵盖两个金融案例,检验了每个人都有可能遇到的个人金融问题,展示了从货币金融学课程中学到的与日常生活息息相关的知识。这些主题包括退休储蓄的重要性、可变利率抵押贷款的风险性、投资股票的目的性、利用财经新闻的技术,等等。

二是"概念应用",通过一些历史事件或者与公共政策相关的争议,展示了如何在实际生活中利用这些金融概念。这些主题包括新兴市场的债务问题如何使美国国债的需求增加,长期资本管理为何造成金融市场的衰退,以及货币政策制定者应该从20世纪30年代的经济大萧条中学到什么,等等。

三是"危机的教训"。经济大萧条的经验和教训对于2007—2009年的金融危机是不可或缺的。该专栏的目的之一是给学生提供一个理解金融危机的框架,并且解释了危机如何改变了货币、银行和金融市场;目的之二是论证金融危机与经验和教训之间的联系。这些主题包括金融危机的具体方面(如影子银行、资产支持证券),以及货币供给广义概念(如流动性、杠杆、资产证券化和系统风险等)的演变。

四是"新闻摘录",摘录了来自《纽约时报》《华尔街日报》《金融时报》《经济学人》《华盛顿邮报》《洛杉矶时报》《商业周刊》及彭博通讯社的文章。这些文章展示了金融概念是如何被应用到财经媒体中,并且配有简略的分析以强化对主要概念的理解。

五是"交易工具",介绍了一些实用的技巧,总结了金融课程中的内容。例如,如何看懂股票和债券的行情表,如何阅读图表,如何做一些简单的代数计算,国际收支中经常项目和资本账户的关系,等等。

最后,每章还提供以下三个板块以便进行学习总结和加深理解:

一是"关键术语",本章引用和定义的专业术语列表。

二是"本章小结",列示本章的关键概念。本书总结了更多简洁且清晰的要点,采用与章节标题相匹配的大纲的形式,帮助学生理解和记忆。

三是"问题",每章包含了多个难易程度不同的概念性问题和分析性问题,旨在巩固对本章要点的理解。

教辅资料

教师手册

教师手册包含章节总结、概括,以及对每章所应用的核心原则的讨论,可形成一套有效的教学大纲;教师手册也包含一些学生认为较难的概念并给出指导建议;教师手册还包含章后习题的参考答案。

测试题库

测试题库包含2 500个选择题、600个简答题和论述题。测试题库既可以用于学习指导,也可以作为考试题库。

教学PPT

教学PPT包含每章的主要知识点及相应的图表。

本书配套教辅资料(英文),任课老师如有需要,可填写书后"教师反馈表"来函索取或致电010-62767312咨询。

目录

第1篇 货币与金融体系

第1章 货币与金融体系概述 3
1.1 金融体系的六大部分 4
1.2 货币金融学的五个核心原则 5
    1.2.1 核心原则1:时间具有价值 5
    1.2.2 核心原则2:风险需要补偿 6
    1.2.3 核心原则3:信息是决策的基础 7
    1.2.4 核心原则4:市场决定价格、配置资源 7
    1.2.5 核心原则5:稳定改善福利 8
1.3 本书特点 8
    1.3.1 你的金融世界 9
    1.3.2 概念应用 10
    1.3.3 危机的教训 10
    1.3.4 新闻摘录 11
    1.3.5 交易工具 12
1.4 本书结构 12
第1章附录 衡量经济活动、价格和通货膨胀率 16

第2章 货币与支付体系 18
2.1 货币及如何使用货币 18
    2.1.1 支付手段 19
    2.1.2 价值尺度 19
    2.1.3 价值储藏 20
2.2 支付体系 21
    2.2.1 商品货币与不兑现货币 21
    2.2.2 支票 22
    2.2.3 电子支付 25
2.3 货币的未来 27
2.4 货币的度量 29

第3章 金融工具、金融市场与金融机构 37
3.1 金融工具 38
    3.1.1 金融工具的用途 39
    3.1.2 金融工具的特性:标准化和信息化 41
    3.1.3 基础工具和衍生工具 42
    3.1.4 金融工具定价入门 42
    3.1.5 金融工具举例 43
3.2 金融市场 44
    3.2.1 金融市场的功能 45
    3.2.2 金融市场的结构 47
    3.2.3 运作良好的金融市场的特性 52
3.3 金融机构 53
    3.3.1 金融机构的作用 55
    3.3.2 金融业的构成 56

第2篇 利率、金融工具和金融市场

第4章 终值、现值和利率 63
4.1 对现在和将来的货币支付进行估值 64
    4.1.1 终值和复利 64
    4.1.2 现值 67
4.2 现值的应用 73
    4.2.1 内部收益率 73
    4.2.2 债券:基础 77
4.3 实际利率和名义利率 81
第4章附录 现值公式的代数推导 88

第5章　理解风险 90
5.1　定义风险 91
5.2　度量风险 93
　　5.2.1　可能性、概率和期望值 93
　　5.2.2　度量风险 96
5.3　风险厌恶、风险溢价和风险-收益权衡 103
5.4　风险的来源：非系统性风险和系统性风险 105
5.5　通过分散化降低风险 107
　　5.5.1　对冲风险 107
　　5.5.2　分散风险 108
第5章附录A　度量投资风险承受度的快速测试 116
第5章附录B　分散化的数学计算 118

第6章　债券、债券价格和利率的决定 120
6.1　债券价格 121
　　6.1.1　零息票债券 121
　　6.1.2　固定支付贷款 122
　　6.1.3　息票债券 122
　　6.1.4　统一公债 123
6.2　债券收益率 124
　　6.2.1　到期收益率 124
　　6.2.2　当期收益率 125
　　6.2.3　持有期收益率 126
6.3　债券市场和利率的决定 127
　　6.3.1　债券供给、债券需求与债券市场均衡 130
　　6.3.2　引起债券供给变动的因素 131
　　6.3.3　引起债券需求变动的因素 133
　　6.3.4　理解均衡债券价格和利率的变化 136
6.4　债券为什么有风险 137
　　6.4.1　违约风险 139
　　6.4.2　通货膨胀风险 142
　　6.4.3　利率风险 143

第7章　利率的风险与期限结构 148
7.1　评级和利率的风险结构 149
　　7.1.1　债券评级 149
　　7.1.2　商业票据评级 153
　　7.1.3　评级对收益率的影响 154
7.2　税收地位的不同和市政债券 157
7.3　利率的期限结构 158
　　7.3.1　预期假说 159
　　7.3.2　流动性溢价理论 163
7.4　利率的信息内涵 164
　　7.4.1　利率风险结构里的信息 165
　　7.4.2　利率期限结构里的信息 166

第8章　股票、股票市场和市场有效性 173
8.1　普通股的本质特征 174
8.2　衡量股票市场的水平 177
　　8.2.1　道琼斯工业平均指数 177
　　8.2.2　标准普尔500指数 178
　　8.2.3　其他的美国股票市场指数 179
　　8.2.4　世界股票指数 180
8.3　股票估值 182
　　8.3.1　基础价值和股利贴现模型 182
　　8.3.2　为什么股票有风险 184
　　8.3.3　风险和股票价值 186
　　8.3.4　有效市场理论 188
8.4　长期股票投资 189
8.5　股票市场在经济中的作用 192

第9章　衍生产品：期货、期权、互换 198
9.1　基础：衍生产品的定义 199
9.2　远期和期货 200
　　9.2.1　保证金账户和盯市 201
　　9.2.2　利用期货套期保值和投机 202
　　9.2.3　套利和期货价格的决定 204
9.3　期权 205

9.3.1 看涨期权、看跌期权及其他：定义 206

9.3.2 使用期权 207

9.3.3 期权定价：内在价值和时间价值 210

9.3.4 期权的价值：一些例子 212

9.4 互换 214

9.4.1 利率互换 215

9.4.2 信用违约互换 217

第10章 外汇 223

10.1 外汇基础知识 224

10.1.1 名义汇率 224

10.1.2 实际汇率 225

10.1.3 外汇市场 230

10.2 长期汇率 230

10.2.1 一价定律 230

10.2.2 购买力平价 232

10.3 短期汇率 236

10.3.1 美元供给 236

10.3.2 美元需求 237

10.3.3 美元市场的均衡 238

10.3.4 美元供给和需求的变动 238

10.3.5 解释汇率变动 240

10.4 政府政策和外汇干预 242

第10章附录 利率平价和短期汇率决定 248

第3篇 金融机构

第11章 金融中介的经济学分析 253

11.1 金融中介的作用 254

11.1.1 汇集存款 257

11.1.2 保管、提供支付体系和记账 258

11.1.3 提供流动性 259

11.1.4 分散风险 260

11.1.5 收集和处理信息 261

11.2 信息不对称和信息成本 261

11.2.1 逆向选择 263

11.2.2 解决逆向选择问题 264

11.2.3 道德风险：问题与解决 267

11.3 金融中介和信息成本 270

11.3.1 通过调查和审核减少逆向选择 270

11.3.2 通过监管减少道德风险 271

11.3.3 公司财务增长及投资 273

第12章 存款机构：银行与银行管理 277

12.1 商业银行的资产负债表 278

12.1.1 资产：资金的运用 279

12.1.2 负债：资金的来源 281

12.1.3 银行资本和收益 285

12.1.4 表外业务 287

12.2 银行风险：银行风险的来源和管理 288

12.2.1 流动性风险 289

12.2.2 信用风险 292

12.2.3 利率风险 292

12.2.4 交易风险 295

12.2.5 其他风险 297

第13章 金融业的构成 304

13.1 银行业的构成 305

13.1.1 美国银行简史 305

13.1.2 竞争与合并 307

13.1.3 银行全球化 310

13.1.4 银行的未来 311

13.2 非存款机构 312

13.2.1 保险公司 314

13.2.2 养老基金 319

13.2.3 证券公司：经纪公司、共同基金和投资银行 321

13.2.4 财务公司 322

13.2.5 政府资助公司 325

第14章 金融体系的监管 331

14.1 银行挤兑、恐慌、危机的原因及其后果 333
14.2 政府安全网 335
- 14.2.1 银行和影子银行的独特地位 336
- 14.2.2 政府作为最后贷款人 337
- 14.2.3 政府存款保险 339
- 14.2.4 政府安全网带来的问题 340

14.3 金融体系的管制和监督 343
- 14.3.1 竞争的限制 346
- 14.3.2 资产持有限制与最低资本要求 347
- 14.3.3 披露要求 350
- 14.3.4 监督和核查 351
- 14.3.5 对监管者和监督者的挑战 352
- 14.3.6 微观审慎监管和宏观审慎监管 352

第4篇 中央银行、货币政策和金融稳定性

第15章 当今世界的中央银行 363

15.1 基础：中央银行的起源及其作用 364
- 15.1.1 政府的银行 364
- 15.1.2 银行的银行 365

15.2 稳定：中央银行的主要目标 368
- 15.2.1 低而稳定的通货膨胀 369
- 15.2.2 高而稳定的实际增长 370
- 15.2.3 金融体系的稳定 371
- 15.2.4 利率和汇率稳定 372

15.3 应对挑战：建立成功的中央银行 373
- 15.3.1 中央银行独立性的必要性 374
- 15.3.2 由委员会制定政策 376
- 15.3.3 责任性和透明度的要求 377
- 15.3.4 政策框架、政策权衡、可信度 378

15.4 将一切联系起来：中央银行和财政政策 379

第16章 中央银行的结构：美联储与欧洲中央银行 386

16.1 联邦储备体系的结构 387
- 16.1.1 联邦储备银行 387
- 16.1.2 美联储理事会 390
- 16.1.3 联邦公开市场委员会 392

16.2 评价联邦储备体系的结构 395
- 16.2.1 独立于政治 395
- 16.2.2 由委员会制定决策 396
- 16.2.3 责任性和透明度 396
- 16.2.4 政策框架 397

16.3 欧洲中央银行 398
- 16.3.1 组织结构 399
- 16.3.2 责任性和透明度 402
- 16.3.3 稳定价格的目标和货币政策策略 404

第17章 中央银行的资产负债表和货币供给过程 409

17.1 中央银行的资产负债表 410
- 17.1.1 资产 411
- 17.1.2 负债 412
- 17.1.3 信息披露的重要性 414
- 17.1.4 基础货币 414

17.2 改变资产负债表的规模和结构 415
- 17.2.1 公开市场操作 416
- 17.2.2 外汇干预 417
- 17.2.3 贴现贷款 418
- 17.2.4 提取现金 418

17.3 存款扩张乘数 421
- 17.3.1 一家银行的存款创造 421
- 17.3.2 银行系统的存款扩张 422

17.4 基础货币和货币供给 426
 17.4.1 存在超额准备金和允许提取现金时的存款扩张 426
 17.4.2 货币乘数的计算 427
 17.4.3 中央银行控制货币量能力的局限性 431

第18章 货币政策：稳定国内经济 437
18.1 美联储的传统货币政策工具箱 439
 18.1.1 联邦基金目标利率和公开市场操作 440
 18.1.2 贴现贷款、最后贷款人和危机管理 444
 18.1.3 法定准备金率 446
18.2 欧洲中央银行的操作政策 447
 18.2.1 欧洲中央银行的目标利率和公开市场操作 447
 18.2.2 边际贷款便利 449
 18.2.3 存款便利 449
 18.2.4 法定准备金率 450
18.3 将工具和目标联系起来：抉择 452
 18.3.1 政策工具应该具备的特征 452
 18.3.2 操作工具和中介目标 454
18.4 中央银行利率的指导原则：泰勒规则 455
18.5 非传统政策工具 460
 18.5.1 政策持久性承诺 461
 18.5.2 量化宽松 462
 18.5.3 信用宽松 464
 18.5.4 有效地退出 465
18.6 结束语 467

第19章 汇率政策与中央银行 472
19.1 汇率政策与国内货币政策的联系 473
 19.1.1 通货膨胀与购买力平价的长期含义 474
 19.1.2 利率与资本市场套利的短期含义 475
 19.1.3 资本控制与政策制定者的选择 476
19.2 汇率管理机制 479
 19.2.1 中央银行的资产负债表 479
 19.2.2 冲销式干预 481
19.3 固定汇率的成本、收益、风险 482
 19.3.1 评价成本和收益 482
 19.3.2 投机性冲击的危害 484
 19.3.3 总结固定汇率的情形 486
19.4 固定汇率制度 486
 19.4.1 钉住汇率和布雷顿森林体系 486
 19.4.2 强制钉住：货币局制度和美元化 489
第19章附录　关于国际收支平衡表你真正需要了解的内容 497

第5篇 现代货币经济学

第20章 货币增长、货币需求与现代货币政策 501
20.1 我们为什么关心货币总量 502
20.2 货币数量论和货币流通速度 504
 20.2.1 货币流通速度与交易方程 505
 20.2.2 货币数量论 507
 20.2.3 关于货币流通速度的一些事实 508
20.3 货币需求 510
 20.3.1 货币的交易需求 511
 20.3.2 货币的投资需求 513
20.4 低通货膨胀环境下的目标货币增长率 514
 20.4.1 美国货币需求的不稳定性 515

20.4.2 目标货币增长率:美联储和欧洲中央银行 518

第 21 章 产出、通货膨胀和货币政策 525

21.1 长期的产出与通货膨胀 526
  21.1.1 潜在产出 526
  21.1.2 长期通货膨胀 527

21.2 货币政策与动态总需求曲线 528
  21.2.1 总支出与实际利率 529
  21.2.2 通货膨胀、实际利率和货币政策反应曲线 534
  21.2.3 动态总需求曲线 536

21.3 总供给 540
  21.3.1 短期总供给 541
  21.3.2 短期总供给曲线的移动 541
  21.3.3 长期总供给曲线 544

21.4 均衡与产出和通货膨胀的决定 546
  21.4.1 短期均衡 546
  21.4.2 长期均衡的调整 547
  21.4.3 产出和通货膨胀波动的根源 548
  21.4.4 什么引起了经济衰退 548

第 22 章 理解经济周期波动 555

22.1 产出和通货膨胀波动的原因 556
  22.1.1 动态总需求曲线的移动 557
  22.1.2 短期总供给曲线的移动 561

22.2 总供给-总需求模型的运用 564
  22.2.1 政策制定者怎样实现经济稳定的目标 564
  22.2.2 导致"大缓和时期"的原因 569
  22.2.3 当潜在产出变化时会产生什么后果 570
  22.2.4 全球化对货币政策的影响是什么 573
  22.2.5 货币政策制定者能否区分衰退缺口与潜在产出下降 574
  22.2.6 政策制定者能否同时稳定产出和通货膨胀 576

第 23 章 当代货币政策与中央银行面临的挑战 583

23.1 货币政策传导机制 584
  23.1.1 传统渠道:利率和汇率 585
  23.1.2 银行信贷和资产负债表渠道 586
  23.1.3 资产价格渠道:财富和投资 590
  23.1.4 金融危机妨碍了货币政策的传导 591

23.2 现代货币政策制定者面临的挑战 592
  23.2.1 房地产和股票市场的繁荣与衰落 594
  23.2.2 通货紧缩和零名义利率下限 597
  23.2.3 金融体系结构的演变 599

第1篇 货币与金融体系

第1章 货币与金融体系概述
第2章 货币与支付体系
第3章 金融工具、金融市场与金融机构

第1章
货币与金融体系概述

一天早晨,一位典型美国大学生模样的女孩在当地一家咖啡店通过自动取款机付款买了一杯咖啡,然后开着她买过保险的车去了学校,这些便利都得益于她所获的学生贷款。她提前几分钟离家(其父母的房子是按揭购买的),或许是为了避开学校以发行债券的方式融资修建新宿舍楼所带来的不便,或许还得在书店停车,在第一节货币银行课程开始前,用信用卡买下本书。

这个故事中的每笔金融交易看起来似乎都很简单,但是表象之下,却是十分复杂的。假如咖啡店的老板和这个学生在不同的银行开户,那么在支付一杯咖啡的钱时就需要进行银行间的资金转移。为学生提供汽车保险的保险公司在支付索赔前,会将保费进行投资。学生的父母肯定是通过经纪人来获得房屋抵押贷款,而经纪人的工作就是为客户找到最便宜的抵押贷款。大学为修建新宿舍楼而进行的发债融资,是在投资银行的协助下完成的。

这个简短的例子说明,相互依赖的机构和市场所形成的复杂网络是日常金融交易的基础。这个体系如此庞大、高效,一般来说运转良好,以至于大多数人很少关注它。但是金融体系就像是经济中的空气:一旦消失,一切就会停止。

2008年秋,我们经历了一场自20世纪30年代以来最严重的金融危机。在之前的危机中,银行系统的崩溃导致了大萧条;而在最近的危机中,一些世界上最大的金融机构倒闭了,主要的市场停止运作,甚至正常的借款人都发生了信用枯竭。结果,一些靠短期贷款来支付雇员工资以及购买原材料的公司面临潜在的破产危机,甚至一些用于支付商品和服务的基本支付方式也受到了威胁。

全球经济在2008—2009年遭遇了自第二次世界大战以来最深、最广、最长期的严重下滑,数以千万计的人失业。在美国,数百万人失去了住房和毕生的积蓄,还有人则不能贷款买房或者上大学。这是一个了解你的邻居、你的学校、你的家庭中的一些人遭遇危机重创的好机会。

因此,金融体系发生的变化——无论是好是坏——都与我们息息相关。为了理解这个体系的优势和劣势,我们必须进行近距离的观察。

1.1 金融体系的六大部分

金融体系(financial system)包括六大部分,每一部分在经济中都具有其基本作用。这六大部分分别是货币、金融工具、金融市场、金融机构、政府监管部门和中央银行。

货币(money)为我们的购买行为进行支付并储存财富。**金融工具**(financial instruments)将资源从储蓄者转移到投资者手中,并将风险转移给风险承受能力最强的人,如股票、抵押贷款和保单。**金融市场**(financial markets)使我们可以迅速并以较低的成本买卖金融工具,如纽约股票交易所。**金融机构**(financial institutions)提供多项服务(包括进入金融市场),以及收集关于潜在借款人的信息,以确保其具有价值,如银行、证券公司和保险公司。**政府监管部门**(regulatory agencies)确保金融体系的各要素(包括金融工具、金融市场和金融机构)在安全可靠的状态下运行。**中央银行**(central banks)具有调控和稳定经济的作用。**美国联邦储备体系**(Federal Reserve System,简称"美联储")是美国的中央银行。

在以其承担的基本功能定义这六大分类时,它们的存在形态是不断变化的。

货币曾经由金银币构成,最终被纸币取代,现在则逐渐为电子资金转账所代替。支付手段也发生着巨大的变化。20世纪70年代,人们习惯于从银行柜台兑现支票或从本地银行取出存款;如今,他们可以在世界上任何地方的自动取款机提现。人们为了支付账单,一度要先开支票,然后寄给银行,再等待银行每月的对账单以确认交易已经得到妥善处理。如今,支付可以被自动处理,账户持有者可以在任何时间登录银行网站,以核对交易状况。

金融工具(人们也常常称之为证券)如同货币一样演变着。近几个世纪,投资者通过股票经纪人购买股票,但交易成本很高;此外,将数量很少的股票和债券构成投资组合非常耗时,仅是对一项潜在投资进行评估所需的信息收集就是一件非常烦琐的工作。结果,投资成了富人的游戏。如今,金融机构为人们提供了最低购买量(低至1000美元)的共同基金份额,将大量投资者的储蓄聚集在一起。由于规模庞大,共同基金可以构造数百种甚至数千种不同的股票和(或)债券的投资组合。

金融市场(销售股票和债券的市场)也经历了相似的转型。起初,金融市场散落在一些咖啡馆和酒馆,人们在此当面交易金融工具。后来,有组织的市场(如纽约股票交易所)成为买卖股票和债券的特定交易场所。如今,曾经一度在大城市金融交易所处理的许多活动都转向了电子网络。买家和卖家通过计算机或手提设备获得价格信息并促成交易。由于电子网络降低了金融交易成本,即便是小投资者也有能力参与其中。与此同样重要的是,与甚至是50年前相比,如今的金融市场也提供了种类广泛得多的金融工具。

金融机构也发生了变化。起初,银行是作为人们保管贵重物品的场所而出现的;逐渐地,银行发展成接受存款和发放贷款的机构;如今,银行更像一家金融超市。进入银行,你会发现大量待售金融产品和金融服务,从进入金融市场到卖保单,办理抵押贷款、消费信贷,甚至提供投资顾问服务。

政府监管部门的活动及其**监管体制**(regulation)一直在演变,已经进入更迅速变化的时期。1929—1933 年的金融危机期间，数以千计的银行倒闭并导致了大萧条。此后，美国政府设立监管部门，针对金融机构和金融市场运行制定规则，实施广泛的金融监管，并通过检查和强制来**监督**（supervision）。美国的监管部门成立于 20 世纪 30 年代，负责制定和实施监管条例。

然而，金融工具、金融市场和金融机构的演进导致监管部门的运作方式发生了很大的改变。过去，银行查账人员常常要清点收银柜里的现金，然后打电话给借款人核实银行账簿上的贷款数目，甚至可能要去现场，以检查贷款是否根据协议用于购买机器或者建设工厂。如今，银行要处理数以百万计的交易，其中许多交易比贷款和抵押复杂得多。因此，政府监管者要检查银行的风险管理体系，试图以此激励金融业更好地运作。然而，美国和世界上其他国家的监管者在预测或阻止 2007—2009 年金融危机方面的失败，导致多国政府开始考虑对金融监管体制和监管部门进行更深远的改革。这些改革可能会影响金融体系很多年。

中央银行已经发生了巨大的变化。起初，中央银行是君王为了给战争融资而创立的大型私人银行。比如，奥林奇派的威廉国王（King William of Orange）于 1694 年创立了英格兰银行（Bank of England），目的是通过纳税和借款，为一方是奥地利、英格兰与荷兰，另一方是法国国王路易十四之间的战争融资。最终，这些政府的财政部门发展成为如今众所周知的现代中央银行。1900 年，世界上仅有几家中央银行；如今，几乎每个国家都有中央银行，而且成为政府最重要的机构之一。中央银行通过控制货币和信贷的供给，保证了低通货膨胀、高增长和金融体系的稳定。由于中央银行现在的任务是服务于公众而非君王，因此其操作方式也发生了变化。以往，中央银行的决策都具有一定的神秘感；现在，决策者在努力提高决策的透明度。**欧洲中央银行**（European Central Bank）和美联储是世界上最重要的两家中央银行，它们的官员都会出面解释其决策依据。

尽管金融体系不断变化的特性是个有魅力的论题，但是它也给师生带来了挑战。有关货币金融学的讲授和学习怎样才能经受时间的检验，让所学的知识不过时呢？答案是，我们必须构建一种能够理解和适应金融体系结构演变的学习方式。这就意味着，我们应在一个不随时间变化的核心原则框架内讨论货币金融学的问题。

1.2　货币金融学的五个核心原则

五个核心原则将有助于我们分析金融体系，理解它与现实经济之间的相互作用。一旦掌握了这五个核心原则，你就不仅能更好地认识当今金融世界正在发生的事情，而且能认识到未来无疑要发生的变化。这五个核心原则是基于**时间**、**风险**、**信息**、**市场**和**稳定性**的。

1.2.1　核心原则 1：时间具有价值

货币金融学的第一个核心原则是时间具有价值。在某些非常基本的层次上，这一原则尽人皆知。假如你在本地一家超市上班,你会按照劳动时间得到相应的报酬,一个小时的工作会值一定数量的美元。换句话说,你的时间是有价格的。

更精确一些,即**时间**(time)影响金融交易的价值。大部分贷款合同允许贷款人在到期前分期还款。假如你贷了一笔汽车贷款,借款人会允许你在三年、四年,甚至五年内按月还款。如果你把所有的还款金额加总起来,就会发现还款总额超过了贷款金额。比如,对于利率为6%、金额为10 000美元的四年期汽车贷款,你要分48个月还清,则每月须支付235美元,这意味着你的还款总额为11 280美元(48×235)。超出贷款金额的原因是,在还贷期间要支付利息补偿借款人。也就是说,你借入的资源对借出人来说是有机会成本的,因此你必须为此支付租费。

利息支付是市场经济的基础。第4章中,我们将进一步理解和应用利率。在第2篇的其他章节里,我们将把时间具有价值的原则运用于对债券、股票以及涉及未来支付的其他金融工具的估值讨论中。对某只特定的债券或股票,你愿意以什么价格购买呢?理解并比较哪种可供选择的投资更有利可图,即对未来不同时期的支付进行估值。为了实现未来特定的财务目标,现在应该投资多少的问题也同样适用这个原则。比如,关于每月需要多少工资储蓄才能满足你买房目标的问题,储蓄所获利息的时间长度是其中的关键。

1.2.2　核心原则2:风险需要补偿

世界充满不确定性。无论好事还是坏事,可能发生的肯定多于确定要发生的。有些可能性(比如买房后房价翻倍)被人乐见,有些可能性(比如失业、无力支付车贷)则明显不受欢迎。有效处理**风险**(risk)须通盘考虑各种可能性,消除一些风险,降低一些风险,向别人付费使其承担一些特定的复杂风险,从而达到仅需应对剩余风险的目的。毋庸讳言,没有人愿意无偿承担风险,这就引出了货币金融学的第二个核心原则——风险需要补偿。在金融世界里,补偿采用显性支付的形式,即投资者承担风险必须获得支付;风险越高,所需的支付就越多。

向其他人付款,使其承担你不愿承担的风险,汽车保险就是一个常见的例子。汽车在一次意外事故中损坏,需要修理;或者在发生严重人身伤害的交通事故中,驾驶员可能损失全部财产,汽车保险可以使他们免于陷入这种境地。尽管出现这种事故的可能性极小,但一旦出现其后果就会非常严重,所以即使政府不强制要求购买汽车保险,多数人也都会自愿购买,因为不买保险而驾驶是一种无法承受的风险。保险公司将保单持有者缴纳的保费集中起来,并进行投资。尽管汽车被盗或发生碰撞时会使用部分保费支付索赔,但是保险公司的盈利机会还是不错的。因此,保险公司和保险购买者最终都会从中受益。

学习了时间具有价值和风险需要补偿这两个核心原则后,我们可以开始了解大多数金融工具定价背后的基本原理。比如,如果贷款人有可能不偿还借款,借款人就会向其收取较高的利息。在第6章和第7章,我们在考察债券利率的时候将会应用这一原则。一个濒临破产的公司仍可以发行债券(即垃圾债券),但是不得不支付非常高的利息,因为借款人面临的、公司无法还款的巨大风险必须得到补偿,即风险需要补偿。

1.2.3 核心原则3：信息是决策的基础

大多数人在做出决策前都要收集**信息**（information）。决策越重要，需要收集的信息就越多。想想购买一个5美元的三明治和一辆10 000美元的汽车之间的差别，你在比较汽车上所花的时间肯定比在比较三明治上多。

金融方面也是如此，即信息是决策的基础。实际上，信息的收集和处理是金融体系的基础。在第11章，我们将学习银行这样的金融机构如何将资源从存款者手中汇集到投资者。在银行发放贷款之前，放贷人员会对个人或公司的财务状况进行调查。银行只希望向高质量的贷款者发放贷款，因此要花费大量的时间收集用来评估贷款人信用的信息。

为了理解金融交易双方所面临的问题，思考一下住房抵押贷款。在贷款之前，抵押经纪人调查了申请人的财务状况并评估了房屋的价值，确保申请人有能力偿还每月的房款，并且房屋价值大于贷款金额。

在抵押经纪人把贷款资金转给房屋出售方之前，新的房屋所有者必须投保火灾险。提出这些要求是因为借款人对贷款人知之不多，又要确保贷款人偿还贷款。当借款人无法适当地评估贷款人的信用度时，会停止发放那些将来可能无法偿还的贷款。贷款人信用度不足是美国发生大量抵押贷款逾期的一个关键因素，贷款违约先于2007—2009年的金融危机而产生。

信息在金融体系的其他组成部分也发挥着同样重要的作用。在第2章和第3章，我们将看到，由于安排的交易类型很多，买方对卖方可能一无所知。商人收取现金时，无须关注客户的身份。股票换手时，买方也无须了解有关卖方的任何信息；反之亦然。有组织的股票交易消除了信息收集的必要性，从而降低了成本，促进了证券交易。不论从哪个角度来说，信息都是金融体系的关键。

1.2.4 核心原则4：市场决定价格、配置资源

市场（market）是经济体系的核心。它是买方和卖方进行交易、公司发行股票和债券，以及个人购买资产的有形或无形的场所。金融市场引导资源的配置，使信息收集的成本最小化，促成交易行为，对经济发展起着基础性作用。实际上，发展良好的金融市场是经济健康增长的必要前提；一个国家的金融市场发展得越好，这个国家的经济增长就越快。

市场与增长存在这种联系的原因在于，**市场决定价格、配置资源**。金融市场从大量个体参与者那里收集信息并汇集成一套价格，这些价格发出什么有价值、什么没有价值的信号。因此，市场是信息的来源。通过给出不同的股票或债券的价格，市场为资源配置提供了基础。

在金融市场上，价格如何配置资源？一家大公司需要耗资几亿美元建设一个新工厂，为了募集这笔资金，该公司可以直接进入金融市场，通过发行股票或债券来融资。市场上的投资者愿意支付的价格越高，这项融资的构想越吸引人，公司通过发行证券成功融资的可能性就越大。

本书的第2篇主要介绍金融工具的本质以及这些工具的交易市场，第6章到第10章

分别描述了债券、股票、衍生品及外汇市场。

重要的是，金融市场不是自发产生的，至少如今那些规模大、运行良好的金融市场是这样的。比如，纽约股票交易所，每天有几十亿股票在此换手，需要相关规则来确保其正常运转，需要当局来监管；否则，金融市场将不能正常发挥功能。愿意参与金融市场的人，必须相信这是一个公平的市场。正如我们将看到的，政府在金融市场中扮演着重要的角色。作为金融市场中的政策制定者和监管者，政府制定并实施规则，惩处违规的人。当政府保护投资者时，金融市场就能正常运行；反之则不然。

然而，即使是发达的市场也可能崩溃。2007—2009 年金融危机时期，市场的表现就是如此，整个金融体系处于风险之中。今天，在促进市场健康运行方面，政府仍须发挥作用。

1.2.5　核心原则 5：稳定改善福利

相对于收入变化不定的情形，大多数人更偏好稳定。人们都喜欢收入增加，削减工资的前景会令人不快，这就将我们带入了货币金融学的第五个核心原则：**稳定改善福利**。**稳定**（stability）是我们期望的一种质量，它不仅是我们的个人意愿，也是金融体系的整体需要。2008 年秋，金融不稳定把我们带到了金融体系崩溃的边缘，触发了 20 世纪 30 年代大萧条以来最严重的全球经济衰退。

如果你在思考风险需要补偿原则和稳定改善福利原则之间是否有联系，那么你就对了。由于波动性会产生风险，因此降低波动性就能降低风险。虽然个人能消除许多风险，但有些风险只能由政府决策者来降低。经济的周期性波动就是不稳定的、个人无法消除的自身风险。在经济衰退时期，尽管失业保险和所得税能作为"自动稳定器"减轻个人的负担，但不能消除经济衰退；而货币政策制定者通过对利率的仔细调整，可以缓和这种下降趋势，在稳定整体经济的过程中降低个人不能消除的风险，改善所有人的福利。

我们将在本书的第 4 篇中学到，稳定经济是中央银行（如美联储和欧洲中央银行）的重要功能。这些机构官员的主要职责是控制通货膨胀，减少经济周期波动，即维持较低的通货膨胀以及较高且稳定的经济增长。如果他们成功了，就既能降低个人的失业风险，又能减少公司在面临投资决策时的不确定性。稳定的经济比不稳定的经济增长得更快，这不足为奇，因为稳定改善福利。

1.3　本书特点

本书的每一章都从一段引言开始，并包含了一系列重要的知识点。引言给出一个现实世界的例子，由此提出一个问题，而该章给出问题的答案：什么是货币？银行做什么？债券市场如何运行？为了避免和控制金融危机美联储会怎样做？

每一章的正文都介绍了相关论题所需的经济和金融理论，并插入了一系列对理论进行应用的专栏。插入的专栏有五种类型："你的金融世界""概念应用""危机的教训""新闻摘录"和"交易工具"。下面是使用这些专栏的指引。

1.3.1 你的金融世界

多数人在大宗购物时,都会从信息收集开始。例如,想买一辆车,你会先考虑确定哪一款最适合自己,然后努力赚钱并用可能的最低价购买。就算一些较小的开销(如买衣服或食品),人们也会先收集信息。

金融交易和消费者购物并没什么不同,也是始于信息收集。也许你会觉得"说起来容易做起来难",事实确实如此。问题是,大多数人对金融体系知之甚少,不知道怎样开始收集信息或收集哪种信息。

这就涉及"你的金融世界"这部分插入内容。它为你在几乎每天都要做出的、关系生计的金融决策提供指引,为你如何应用基础金融理论发挥引导作用。"你的金融世界"回答如下问题:

- 银行与支付
  - 借记卡和贷记卡有什么区别?
  - 怎样选择银行?
- 投资
  - 你应该拥有股票、债券还是黄金?
  - 你应该投资你工作的公司吗?
- 信用、贷款和抵押
  - 当你购买一个抵押品的时候,你需要了解什么?
  - 信用评分是什么?它为什么重要?
- 保险
  - 你应该买多少人寿保险?
  - 你应该买多少汽车保险?
- 储蓄和退休
  - 你应该准备多少应急储蓄?
  - 你的退休储蓄保险了吗?

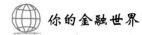

保护你的身份信息

一个商业电视剧中,一个中年男人坐在起居室喝啤酒。从男人的嘴里发出的却是一个女人的声音,正在描述是她刚刚购买的一些昂贵衣服。她并不在意那些衣服有多贵,因为她付款所用的是那个男人名下的信用卡。这个广告很有趣,吸引了观众的注意。这个广告的初衷是警示身份盗用。身份盗用是指一个人用另一个人的身份做些像信用卡购物这样的事。

了解你一些关键信息的人能够以你的名字获得信用卡,知道这一点是重要的。为了防止这样的事情发生,你必须保护自己的个人信息,尽量不要告诉别人你的生日、出生地、住址还有你母亲的姓氏等。最重要的是,保护好你的社会保险号,因为它是唯一的,是身份窃取的关键。只有在绝对必要的情况下(比如纳税、雇用记录或者开立银行账户),才能给出你的社会保险号。如果驾驶执照上有社会保险号,就必须删掉。如果是商业需要,就应看看能否用另外的号码代替。假如你收到不认识的来电或者电子邮件询问你的个人信息,则不要理会。

要保护好你的个人信息,还必须严格管理好你的个人财务报表,注意不应该在上面出现的东西,如那些未经授权的收费。这意味着要保持详细的记录,知道什么应该在你的银行和信用卡报表中出现。

身份盗用是一种犯罪,政府努力地抓捕和起诉那些犯法者。即便如此,每年都还有数以百万计的受害者。有关身份盗用以及如何避免成为受害者的更多信息,请浏览美国司法部网站:www.justice.gov/criminal/fraud/weisites/idtheft.html。

1.3.2　概念应用

本书的每一章都包含了一系列应用,称为概念应用。它告诉我们如何将理论运用到实践中。这些专栏围绕每一章的观点而提供了现实世界中的例子,这些例子主要取自历史和相关政策争议。"概念应用"所考察的一些问题如下:

- 为什么通货膨胀上升时利率会上升?
- 为什么一个国家的汇率会突然下降?
- 为什么损害投资者利益的大规模欺诈行为会屡屡发生?
- 对中央银行来说,为什么免受政治影响非常重要?
- 货币政策可以稳定经济吗?
- 通货膨胀由什么决定?
- 中国汇率政策的意义是什么?

1.3.3　危机的教训

本书插入了一些关于2007—2009年金融危机的专栏,一方面是希望你能够理解危机的成因以及它给全球经济带来的影响;另一方面是为了强调书中所提到的观点与现实生活的相关性。从金融危机中学到的各种各样的教训,有利于看清不稳定的经济环境的成因及其影响。本书还说明了政府(包括政府监管者和中央银行)采取的缓解经济不稳定性的措施。

这些专栏所讨论的话题,从金融危机的某一特殊方面一直到广泛应用的核心议题都有涉及。"危机的教训"所考察的一些问题如下:

- 什么因素导致了2007—2009年的金融危机?
- 什么导致金融机构在这段时间尤其脆弱?

- 金融市场为什么有时候会停止运转？
- 对金融体系的威胁与对某一特定金融机构的威胁有何不同？
- 当发生金融危机时，中央银行应该采取什么措施防止大萧条？

1.3.4 新闻摘录

本书的主要目的之一是帮助你理解经济和金融新闻，批判性地评价你读到、听到和看到的内容，这意味着你对金融体系如何运行具有了清晰的理解，同时也能形成阅读新闻的习惯。像许多其他的技能一样，批判性地阅读报纸、杂志是需要付诸实践的。你不能仅是拿起一份报纸，快速且高效率地浏览一遍；而是要学习如何阅读。表 1.1 列出了经济和金融体系方面可靠的信息来源。

表 1.1　经济和金融新闻和数据的来源

每日新闻来源

《华尔街日报》(*The Wall Street Journal*)，www.wsj.com
一周出版六期，有印刷版和网络版，提供经济和金融新闻

《金融时报》(*Financial Times*)，www.ft.com
《金融时报》对经济、政治、金融和经济事件进行全面报道，以欧洲人的视角发表评论，涵盖大量的非美国的经济和金融报道

彭博，Bloomberg.com
彭博提供包括新闻在内的广泛的金融市场服务，在网站上的免费区可以找到大量的新闻和数据

每周新闻来源

《经济学人》(*The Economist*)，www.economist.com
《经济学人》是一本涵盖全球政治、经济、商业、金融和科学的新闻周刊。该刊物不仅报道新闻，还对各种新闻进行评析并得出政策结论。其金融和经济部分特别令人感兴趣，位置大致安排在每个专栏的四分之三处

《商业周刊》(*Business Week*)，www.businessweek.com
《商业周刊》是美国的出版物，对高端经济、金融、商业和技术领域的问题进行公正、无偏向的报道与分析

经济和金融数据

劳工统计局(www.bls.gov)提供价格、就业和失业的数据
经济分析局(www.bea.gov)提供 GDP、消费、投资以及其他的宏观经济数据
联邦储备委员会网站(www.federalreserve.gov)提供大量的银行、货币、利率和汇率数据
圣路易斯联邦储备银行(www.stls.frb.org)负责维护 ALFRED 的综合数据

个人金融信息

许多金融网站都提供各种类型的个人金融资源，包括可以帮助你计算抵押、汽车贷款和保险的金融计算器
- www.choosetosave.org
- www.dinkytown.net
- www.wsj.com

本书假设你准备成为一名金融信息的娴熟使用者,所以每一章都会选取一篇金融新闻作为结尾。其中的故事引自《华尔街日报》《金融时报》《经济学人》《商业周刊》和其他来源,放在"新闻摘录"专栏中。该专栏每次都给出一个例子,探讨该章引入的那些概念在现实生活是如何被评论的,接着做出一个短评。

1.3.5 交易工具

本书的许多章节都包含叫做"交易工具"的专栏,聚焦与该章内容相关的实际问题。其中一些专栏涵盖基本技巧,包括如何阅读股票和债券表格,如何看图表,如何做一些简单的数学计算等。其他一些专栏还提供有关经济学原理课程的简短复习材料,如国际收支平衡中经常账户和资本账户的关系。还有一些"交易工具"专栏提出如下一些问题:

- 什么是杠杆?杠杆是如何影响风险的?
- 什么是对冲基金?
- 美联储运用什么工具处理金融危机?
- 怎样定义经济衰退?

1.4 本书结构

本书由五篇构成,每篇都利用核心原则来阐明金融体系的对应部分,并将经济理论应用到我们身边的生活中。接下来的两章继续对金融体系进行概览。在第 2 章,我们学习什么是货币以及如何使用货币。我们将会看到,货币允许匿名交易,这降低了信息收集的必要性,这一点与第三个核心原则(信息是决策的基础)相关。在第 3 章,我们会使用一张金融工具、金融市场和金融机构的鸟瞰图,并参照前四个核心原则。

第 2 篇详细描述了金融工具。我们将学习债券、股票、衍生品及外汇交易。金融工具定价要比较不同日期的支付,还要估计每种工具所涉及的风险。因此,这一部分的内容主要围绕第一、第二个核心原则:时间具有价值和风险需要补偿。

对金融市场的讨论贯穿了第 2 篇,并延续到第 3 篇。金融市场的目的在于方便投资者买卖金融工具。假如无法低成本、便利地卖出证券,就没人愿意购买证券。金融市场为投资者提供信息,便于他们了解特定金融工具的价值及风险。关于金融市场的讨论主要围绕第三、四个核心原则:信息是决策的基础,市场决定价格、配置资源。

第 3 篇涵盖了金融机构,特别是银行和银行监管。该篇起始就强调金融机构应花费大量时间收集和处理信息。没有信息,许多金融交易就无法发生。银行对信息的依赖就是第三个核心原则(信息是决策的基础)的一个例子。金融监管是由第五个核心原则(稳定改善福利)驱动的。

第 4 篇介绍中央银行,特别是美联储和欧洲中央银行。这些机构的存在稳定了实体经济和金融体系,金融监管者使第五个核心原则(稳定改善福利)具体化。我们会看到,中央银行调控利率及使用其他非常规工具稳定经济。

第 5 篇把前四篇的材料集合起来,解释金融体系怎样影响实体经济。在分析过程中,我们使用宏观经济模型分析中央银行对经济的影响机制,特别注重金融体系在决定通货膨胀和增长方面的作用。

学习货币金融学是一项艰巨的任务,阅读和学习接下来的 22 章的内容,需要投入大量的时间和精力。不过在学习过程中,你将被你需要理解的、关于金融体系的运行及其变化这样一些知识武装起来。你将成为一个对金融和经济新闻见多识广的读者,并知道如何让金融体系为你所用;你会知道早餐咖啡的多种支付方式,以及支付如何运行;你将了解债券和股票的用处、金融机构的工作内容以及中央银行如何运作;你将知道在今后的生活中如何做出稳健的金融决策;你将知道金融危机是如何发生并威胁经济的稳定,以及如何避免和遏制金融危机。无论你接下来从事什么职业,从现在到未来,你在货币、银行和金融市场等方面的扎实的知识背景,都将有助于你做出明智的金融决策。

关键术语

中央银行　　　　　　　　　　市场
欧洲中央银行　　　　　　　　货币
美国联邦储备体系　　　　　　监管体制
金融机构　　　　　　　　　　政府监管部门
金融工具　　　　　　　　　　风险
金融市场　　　　　　　　　　稳定
金融体系　　　　　　　　　　监管
信息　　　　　　　　　　　　时间

本章小结

1. 一个健康的、不断发展的金融体系是经济效率和经济增长的基础,它包括以下六大部分:
   a. 货币用于为所购买的商品和服务进行支付与储存财富。
   b. 金融工具用于转移资源和风险。
   c. 人们在金融市场上买卖金融工具。
   d. 金融机构帮助人们进入金融市场、收集信息,还提供多种其他服务。
   e. 政府监管部门旨在保证金融体系安全、可靠地运行。
   f. 中央银行稳定经济。
2. 货币金融学的五个核心原则有助于我们理解金融体系的六大部分:
   a. 核心原则 1:时间具有价值。
   b. 核心原则 2:风险需要补偿。
   c. 核心原则 3:信息是决策的基础。
   d. 核心原则 4:市场决定价格、配置资源。
   e. 核心原则 5:稳定改善福利。

概念性问题

1. 试着列出你上周所从事的金融交易活动。如果是50年前进行这些交易,情况又会怎样?
2. 举例说明在2007—2009年的金融危机中,你和你的家人或者朋友是如何受到金融体系不能正常运作的影响的。
3. 描述金融体系六大部分和货币金融学的五个核心原则之间的联系。
4. 一些人认为,为了减少资本所有者的影响力,政府应该控制资源配置。因此,在计划经济体制下,政府配置资源。在市场经济体制下,金融市场配置资源。哪种方式更好?为什么?把你的回答与"市场决定价格和配置资源"的核心原则联系起来。
5. 金融创新能降低个人携带现金的需要。解释金融创新是怎样做到这一点的。
6.* 许多人认为,尽管金融创新持续不断,但在某种程度上,现金作为一种货币形式会一直伴随我们。哪个核心原则可以支持这个观点?
7. 当你申请贷款时,你必须回答许多问题。为什么?你必须回答的问题为什么是标准化的?
8. 在交易中,接受Visa信用卡或MasterCard信用卡的店主要向发卡方支付交易额一定百分比的费用。例如,每100美元的Visa信用卡交易,店主只能获得98美元。为什么使用Visa信用卡要收取费用?店主为什么会支付这笔费用?(回答中要用到至少两个核心原则)
9. 假如中央银行采取一定措施改善经济萧条,那么你希望金融和经济出现什么变化。将这一点与核心原则——稳定改善福利——联系起来。
10.* 随着时间的推移,全球金融体系为什么会更加一体化?一体化程度提高有负面作用吗?
11. 为什么政府要高度介入金融体系?

分析性问题

12. 对于今天收到1 000美元或者一年后收到1 000美元,你会如何选择?为什么?
13. 假如时间具有价值,那么金融机构为什么经常愿意以较低的年利率延展30年期的抵押贷款,而不是发放1年期的贷款呢?
14. 根据核心原则2,在什么情况下,求职者会接受一个基本工资低但有机会得到佣金,而不是一个基本工资高但没有佣金的工作?
15. 假设医学研究证实了红酒有益健康的猜测。为什么银行会愿意给予生产红酒的酒窖较之前更低的利率?
16.* 如果美国证券交易委员会取消了上市公司披露其财务信息的要求,这些公司的股价会发生什么变化?
17. 如果2%的增长率是某项投资的盈亏平衡点,在什么样的经济状况下你会愿意继续这项投资:(1) 经济增长率为0—4%;(2) 假定预测是可靠的,则一定会有2%的增长率。这反映了哪个核心原则?

18.*为什么大的上市公司比小公司更有可能发行如债券之类的金融工具,而小公司只能通过像银行这样的金融机构融资?

19.*2007—2009 年的金融危机中,一些信用等级高的金融工具似乎表现出比其信用评级更高的风险。解释为什么其他金融工具市场会受到危机发展的不利影响。

20. 假如金融机构不存在,而你又急需一笔贷款,你最可能在哪儿得到这笔贷款?运用本章学到的核心原则,简述向金融机构过度借款的好处和坏处。

(注:题号后标注*的问题均指难度较大的题型。)

第1章附录
衡量经济活动、价格和通货膨胀率

衡量经济活动

国内生产总值(GDP)是最常用的衡量经济活动的指标。要衡量经济是否增长,你可以考察 GDP 是否增长及其增长率。要比较两国的经济状况,你也可以通过各国的人均 GDP 来比较。

GDP 的定义:在一个国家一年内所生产的全部最终产品(商品和服务)的市场价值。

市场价值 为了加总汽车、玉米片和电脑的生产总量,我们分别将其市场价格乘以其生产量,然后再加总。也就是,(汽车的市场价格×汽车的生产量) + (玉米片的市场价格×玉米片的生产量) + (电脑的市场价格×电脑的生产量)。

最终产品和服务 我们只取最终产品的购买价格。例如,消费者买了一辆车,因为汽车是最终产品,所以包括在内;但是当汽车制造商为了制造汽车而向轮胎公司购买轮胎时,因为轮胎是中间产品,所以不包括在内。

一个国家内 仅为国内的生产量。这意味着,若一个美国公司在中国拥有工厂,则该工厂的产量要计入中国的 GDP。

一年内 要衡量生产量,我们需要定义一个时间段,通常为一年。

例如,计算美国 2010 年的 GDP,我们需要加总美国 2010 年所有商品和服务的生产量与其价格的乘积。在只有汽车和玉米片的经济体中,其计算式如下:

2010 年的 GDP =(汽车 2010 年的市场价格×汽车 2010 年的生产量)+
(玉米片 2010 年的市场价格×玉米片 2010 年的生产量)

注意,我们通常衡量收入而不是产量。也就是说,我们可以衡量用于生产这些商品的要素——工人的工资、资本还有土地——的总支出,而不是衡量产量。卖掉所有商品和服务的收益最后总是回到生产它们的人(也就是工人和老板)的手里,而其总收入也等于 GDP。

实际 GDP 和名义 GDP

在衡量经济活动时,分清是价格的变化还是数量的变化很重要。如其定义,GDP 混淆了这两种变化。美国的 GDP 从 2007 年的 14.078 万亿美元升至 2008 年的 14.441 万亿美元,其年增长率表明美国经济增长了 2.58%。

$$2007—2008 \text{ 年的 GDP 增长率} = \frac{14.441 - 14.078}{14.078} \times 100\% = 2.58\%$$

这个数字仅仅显示了产量增长（有利的一面）和价格变化（不利的一面）的总和。为了弄清楚这一点，回到最初的汽车和玉米片的计算式，GDP 增长既可能来自数量增长也可能来自价格增长。

为了将两种变化区分开来，我们应计算*实际 GDP*。政府统计部门固定一个基期价格水平，然后用产量乘以基期价格。目前，美国的实际 GDP 是基于 2005 年的价格。也就是说，统计部门以 2005 年的价格水平加总衡量美国一年内所有产品的价值。这样，可以将产量变化对 GDP 的影响与价格变化对 GDP 的影响分离出来。

对于只有汽车和玉米片的经济体来说，公式如下：

2010 年的实际 GDP = （汽车 2005 年的市场价格 × 汽车 2010 年的生产量）+
（玉米片 2005 年的市场价格 × 玉米片 2010 年的生产量）

对全美国来说，这意味着什么呢？我们从 www.bea.gov 上看到，2007 年的实际 GDP 为 13.254 万亿美元，2008 年的实际 GDP 为 13.312 万亿美元，年增长率为 0.44%。

$$2007—2008 \text{ 年的实际 GDP 增长率} = \frac{13.312 - 13.254}{13.254} \times 100\% = 0.44\%$$

GDP 平减指数和通货膨胀率

毫无疑问，我们从名义 GDP 和实际 GDP 中可以得到对于这个经济体的价格的衡量。我们把名义 GDP 看作实际 GDP 乘以经济体的价格指数，表达式如下：

$$\text{名义 GDP} = \text{实际 GDP} \times \text{价格}$$

从这个表达式可以看出，名义 GDP 和实际 GDP 的比率可以作为价格的一个衡量指标，叫做 *GDP 平减指数*，用 2007 年的数据可以得到：

$$2007 \text{ 年的 GDP 平减指数} = \frac{2007 \text{ 年的名义 GDP}}{2007 \text{ 年的实际 GDP}} = \frac{14.078}{13.254} = 1.0621$$

同样，可以算出 2008 年的 GDP 平减指数为 1.0848。

没有人花那么多时间去关注 GDP 平减指数；相反，人们更关心价格指数的变化。通货膨胀率的定义为，经济增长中价格水平的变动。根据 2007 年和 2008 年的 GDP 平减指数，我们得到 2.14% 的通货膨胀率。

$$\text{通货膨胀率} = \frac{1.0848 - 1.0621}{1.0621} \times 100\% = 2.14\%$$

这个结果是有意义的。因为实际 GDP 剔除了价格变动的影响，所以通货膨胀率就应该等于名义 GDP 的增长率减去实际 GDP 的增长率，即 2.14% = 2.58% - 0.44%。

虽然 GDP 平减指数易于计算和解释，但是它并不是最常用的价格指数。消费者价格指数（CPI）被用来衡量生活成本的变动，它才是最常用的。我们将在第 2 章的"交易工具"中学到更多有关 CPI 的知识。

第2章
货币与支付体系

流行游戏"大富翁"(Monopoly)的制造商每年都会印制价值500亿美元的大富翁币(monopoly money),假设数量正好与2008年新发行的美元数量相同。每副游戏拥有15140大富翁元(monopoly dollars),每副棋的成本大约为13美元,如果可以用这些大富翁元购买除人行道和停车场之外的其他东西,这真是个好买卖。遗憾的是,试图用这种游戏货币购买商品、书本或者支付租金是不可能的;不过,这可能是件好事情。从20世纪30年代中期以来,帕克兄弟公司(Parker Brothers)卖出了两亿多副大富翁游戏,其中包含30000多亿大富翁元。

我们在现实世界中为购买而进行支付时,有许多选择:20美元的钞票、信用卡、借记卡、支票或者更为复杂的电子支付方式。无论选择哪种支付方式,我们都是用货币购买所需的食物和衣服,支付账单。为了确保能够顺利地完成支付,许多人通宵达旦地工作以维护支付系统持续运转。支付数量是惊人的。联邦储备银行的数据表明,2006年美国的非现金支付有960亿笔,其中33%是支票支付;平均每个交易日发生1.2亿笔支票支付和2.5亿笔电子支付。假如你选择其他支付方式,那么支付路径就更加多样了。

货币为何如此重要?为何能在经济中起到润滑剂的作用并改善每个人的福利?我们必须了解货币的准确定义。美国政府发行的20美元为什么比20大富翁元更有用?此外,为了衡量货币对经济的影响,我们还需要用某种方法度量它。这些就是本章的目的:理解什么是货币,货币如何使用,如何度量。

2.1 货币及如何使用货币

人们在日常交谈中说到"钱"的时候,所指的含义是不同的。某人"赚钱很多"是指他的收入很高;某人"有很多钱"是指他很富有。这里,我们使用钱的狭义概念,即一种能随时用于经济交易的东西。严格定义就是,**货币**(money)是一种被大众接受的、用来购买商品和服务或者偿还债务的资产。相反,收入是一段时间的收入流。**财富**(wealth)是资产与负债的差值。货币是资产中的一种,尽管数量可能不多。

我们所讨论的货币具有三个属性:(1) 支付手段;(2) 价值尺度;(3) 价值储藏。其中,第一个属性最为重要,任何被用来支付的东西必然是价值储藏,并很可能由此而成为价值尺度。

2.1.1 支付手段

货币的主要用途是作为一种**支付手段**(means of payment)。在获得商品或服务时,大多数人坚持用货币支付,因为其他支付手段不如货币方便。比如,物物交换(即以一件物品或一项服务直接交换另一件物品或另一项服务),这样就可能出现一个需要食物的水管工找到一个需要修理管道的杂货店店主才能完成交易的情况。这种"双方需要"延缓了经济的发展;水管工通过"允诺"提供管道修理服务来获得食物,但店主可能将服务转移给他人。虽然人们可以证实水管工的诚信度,但相比之下,采用货币进行交易则容易得多。货币是最后的支付,所以买者和卖者并不需要进一步的相互"允诺"。这就是货币的特殊作用。实际上,只要买者持有货币,卖者就不需要再了解其他信息了。

随着经济变得越来越复杂,其具体形态也越来越多样化。卖者越来越不可能对买者了如指掌,由此对货币的需求量越来越大。随着交易数量和潜在的买者、卖者(他们中的大多数人可能从未谋面)数量的增加,需要一种用来进行最后支付的工具,并且其价格容易确定。这种工具就是货币。

2.1.2 价值尺度

正如我们用英尺和英寸测量长度一样,我们还用美元和美分衡量价值。货币是用来报价和记录债务的**价值尺度**(unit of account),即一种价值标准。

有价值尺度非常方便。在微观经济学里,价格提供信息给消费者和生产者,确保资源的最优配置。如何比较商品和服务的相对价格呢?若一个产品的价格高于另一个产品,则对于消费者和生产者来说,这个产品就更有价值,我们也就更容易进行比较。思考一下,为每对商品计算相对价格会发生什么情况?对于 2 种商品,我们只需要 1 个价格;对于 3 种商品,我们就需要 3 个价格;但是对于 100 种商品,需要 4 950 个价格;而对于 10 000 种(这比一个超级市场中的 70 000 种商品要少得多)商品,几乎需要 5 000 万个价格。以货币作为一种尺度,并将所有商品用美元标价确实十分方便。

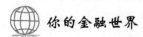

借记卡与信用卡

当你购物时,应该用借记卡还是信用卡进行支付呢?为了做出选择,你需要理解两者的区别。首先要区分两张卡以确保不混淆。通常的银行卡(你在银行开户得到的那张卡)是借记卡,但是也要仔细核实。

从购物者的角度来看,两者的真正区别是什么呢?借记卡类似于一张能较快地用于支付的支票。一般情况下,支票需要一两天时间才能进入清算系统;但是借记卡的交易能即刻进行,电子信息在同一天到达银行,立即从你的账户扣减款项。所以,如果你想使用借记卡,你应该确保账户余额大于你的购物支付金额。

信用卡允许延迟支付。信用卡发行者同意先为你支付,之后你再偿还这笔债务。这听起来很好,但这是一个陷阱。如果延迟支付,你就要支付一个延迟费用。如果每个月都不能偿还全部债务,你就要支付相当高的利息。然而,如果你每个月都偿还了全部债务,则免交延迟费用和利息。因为你在购买时没有立即支付,所以从购买到实际支付这段时间里,你就获得了一笔零息贷款。假如你能足额且按时偿还这笔贷款,说明你充分地利用了信用卡的优点。

信用卡相对借记卡还有一个优点,就是当你需要贷款购买汽车或者房屋时,信用卡可以帮你建立信用状况的历史记录,因为借记卡只是你的银行账户的延伸,不能表明你的信用状况。实际上,正是出于这个原因,一些公司(如汽车出租公司)要求其顾客使用信用卡。

2.1.3 价值储藏

货币要作为一种支付手段,必须具有**价值储藏**(store of value)属性。也就是说,如果我们要用货币购买商品和服务,其价值必须是一直存在的。卖者最不喜欢看到东西(比如牛奶或生菜)坏掉或腐烂,所以支付手段一定是持久性的,能够将现在的购买力转移到未来。**纸币**(paper currency)会随着不断使用而破损(1美元的钞票平均具有18个月的流通期限),但是无论具体形态如何,人们一般按照它的面值进行交易。

当然,货币不是唯一的价值储藏手段。我们可以以股票、债券、房屋甚至汽车等多种方式持有财富,实际上人们更加偏爱用后者储藏财富。有些财富持有方式(比如债券)可获得比货币更高的利息;股票,其名义价值可能升高,这是纸币货币不具有的;房屋,随着时间的推移还会持续带来别的好处。我们持有货币是因为它具有流动性,**流动性**(liquidity)是对一项资产转化为一种支付手段(即货币)的难易程度的衡量。例如,债券比房屋更具有流动性,因为它比较容易出售。将一项资产转化为货币的成本越高,它的流动性就越差。由于将资产转化为货币的成本相当高,我们总是持有部分货币在手中。

金融机构通常会用**市场流动性**(market liquidity)这个术语来描述资产的变现能力。另外一个相关的概念是**融资流动性**(funding liquidity),它指借入资金购买证券或贷款的能力。对金融机构来说,流动性对于它们的日常运作非常重要:任何形式的资金短缺都可能导致严重的后果(参见"危机的教训:市场流动性、融资流动性和做市商")。

货币的作用

1. 支付手段:用于交换商品和服务
2. 价值尺度:用于报价
3. 价值储藏:用于将购买力转移到未来

2.2 支付体系

支付体系(payment system)是指在不同主体之间进行商品、服务以及资产交换的一系列安排。经济的有效运行依赖于支付体系,因此公共政策非常重视支付体系的运作情况。

货币是支付体系的核心。不论是否意识到这一点,实际上我们从事的每笔交易都在某种程度上使用到货币。让我们通过学习所有可能的支付手段,看看支付体系是如何运作的。

2.2.1 商品货币与不兑现货币

首先被当作支付手段的是具有内在价值的**商品货币**(commodity money),商品货币的选择范围很广,从中国的丝绸到挪威的黄油,从斐济的鲸鱼牙到威尼斯的盐。这些东西尽管不是货币但都具有价值。例如,盐的价值是可以用作防腐剂。但是,一种真正的商品货币还要具有其他特性:可以通过某种形式被大多数人使用;可以被制造成标准样式;具有耐久性;相对自身的大小和重量,其价值较高且易于流通;可以被分成很小的单位,便于交易。历史上,黄金是使用最为广泛的商品货币,黄金被提纯后铸成标准重量的金币形状。因为黄金既不会被腐蚀也不会失去光泽,所以极具耐久性。此外,黄金是稀有金属(现有黄金加起来仅能够制作三分之一的华盛顿纪念碑),相对自身的大小和重量,其价值很高,也容易被切割成很小块。

1656年,一个名叫帕姆斯特拉克(Johan Palmstruck)的瑞典人成立了斯德哥尔摩银行。五年后,他发行了欧洲的第一张纸币。那时,瑞典货币是铜锭,因为它每单位重量的价值较低,不能很好地发挥货币属性(如今,每盎司铜只值18美分,仅是白银价值的1/100、黄金价值的1/6 000),所以容易携带的纸币从一开始就广受欢迎。

没几年时间,帕姆斯特拉克和他的赞助人(瑞典国王)就迷恋上了这种新货币。为了给战争融资,国王要求帕姆斯特拉克印制越来越多的纸币。人们可以根据对金属的需求将纸币回售,因此只要人们相信帕姆斯特拉克有足够的金属储藏,这种纸币体系就会运转下去。随着纸币数量的增加,瑞典人对纸币失去了信心,开始要求赎回金属。但是,由于帕姆斯特拉克发行了过多的纸币,最终他的银行破产了。

18世纪早期,一些人试图发行纸币;后来,政府参与了进来。1775年,美国新成立的大陆会议(Continental Congress of the United States of America)发行大陆债券为美国独立战争融资。20年后,法国在大革命时期发行了债券。由于缺乏为战争融资的其他方式,两国政府都发行了巨额纸币,最后这两种纸币都变得毫无价值。

1775年美国独立战争大陆会议发行的大陆债券。当时的新一届政府发行了价值20亿美元的纸币；但到了1781年，这些纸币不再具有价值。

1793年法国大革命时期政府发行的债券。面对战争及食品供应不足等问题，政府不得不发行400亿纸币；但到了18世纪90年代末期，这些纸币不再具有价值。

人们的反应是可预测的：人们开始对这种政府发行的纸币持怀疑态度。但是，政府需要资金，并且会不择手段地获取更多的资金。在美国，南北战争造成了巨大的财政压力，交战双方除通过发行纸币支付工资和购买军需用品外别无选择。1862年，美国北方联邦（the Union）与南方联盟（the Confederate）开始在没有任何黄金保证的情形下发行并使用纸币。目前，北方联邦的"美钞"仍是美国的法定货币，但只有那些收藏家认为南方联盟的纸币具有价值。

南北战争过后，美国又开始使用黄金作为货币。金币及以黄金保证的纸币一直流通到20世纪。如今，我们仍然使用纸币———一种精心印制、包含许多特殊货币符号的高质量纸，但这种货币叫做**不兑现货币**（fiat money），它的价值来自政府制定的法律法规。一些国家的纸币持久耐用、美观大方，堪称色彩鲜艳的艺术作品。但是不论哪个国家的纸币，几乎都不具有内在价值，纸币的印制成本仅为其面值的一小部分，美国财政部的货币印刷局印制一张纸币的成本不到7美分，无论其面值是1美元还是100美元。

我们为什么愿意接受用纸币支付商品或清算债务呢？原因有两个：第一，我们持有这种纸币是相信在将来能使用它们，其他人会接受我们手中的这些纸币；第二，法律规定必须接受这种纸币，即政府是这种纸币的坚强后盾。自从1862年发行了第一张钞票，所有美国货币上都印有"该币是法定货币，用以清算所有债务"字样。实际上，这意味着私人企业必须接受纸币这种支付工具。更重要的是，美国政府允许使用它发行的纸币进行债务清算，因此能够用美元缴税。只要政府是纸币的坚强后盾，并且不过量发行纸币，我们就可以使用纸币。也就是说，信用是货币的核心。

2.2.2 支票

支票是另一种支付手段。与纸币不同的是，用来支付房租和电费的支票并不是法定货币。实际上，它们根本不是货币。**支票**（check）是你向银行发出的一项指令，从你账户提取资金并转账给支票上"支付给×××"一栏注明的个人或企业。当你向某人支付支票以购买商品或服务时,这并不是最终的支付——至少与纸币支付不同;相反,你的支票引发了一系列的交易,并导致最终支付的完成。

首先,你将支票交给一个商家,他再将支票交给银行。根据协议,银行会立即或延迟一小段时间将支票上注明的金额转入商家账户。

其次,在这一天结束时,银行通过支票清算系统,将当天需要处理的大量支票送到联邦储备银行运作的支票处理中心或者私人的支票清算所(第一家支票清算所是银行从业者相约喝茶、兑换支票的场所)。

再次,在这个中心,支票从支票接受银行转移到支票签发银行,支票接受银行的账户资金增加,支票签发银行的账户资金减少(见图2.1)。

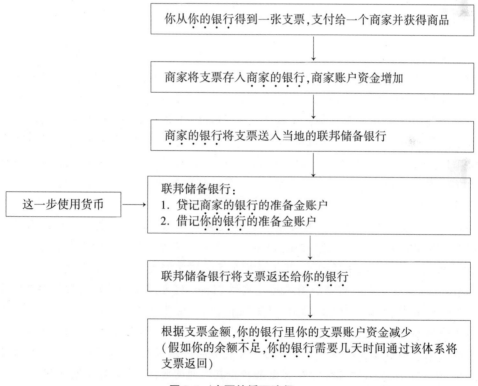

图2.1 支票的循环路径

最后,收到支票后,支票签发银行减少你的账户资金(假如你的账户余额不足以支付支票金额,银行需要几天时间将支票返还支票接受银行,因此交易实际上直到这几天过后才结束)。过去,所有的纸质支票都归还出票人;而现在,通过扫描支票,顾客可以在银行的网站上查看支票的数字影像。

近来,支票使用量已经减少,但是人们仍在使用支票的原因有以下几点:第一,一张已兑现的支票可以作为支付的合法依据,许多州的法律要求银行将支票还给顾客;第二,习惯的作用,虽然随着时间的推移,人们会渐渐习惯不通过支票就可以收到银行账单,但至今仍未普遍使用这种方式;第三,新的电子化支票清算机制降低了支票的支付成本。

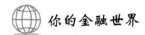 你的金融世界

纸质支票变成了数字影像

至少 30 年前就有人预言纸质支票会消失。信用卡、自动取款机、借记卡、自动支付账单和网上银行都被认为可以取代纸质支票;然而,成千上万的人每个月都会收到银行寄来的包括已兑现支票在内的厚厚账单。2000 年,60% 的支付是以纸质支票完成的,但是现在不可能了! 2004 年 10 月 28 日,《支票交换 21 世纪法案》(Check Clearing for the 21st Century Act, 简称 Check 21 法案) 开始生效。

银行应该很高兴吧! 直至 2004 年秋,支票的验证和支付过程都要求商业银行把纸质支票先送到联邦储备银行,再从联邦储备银行还给出票人。纸质支票是支付的合法依据,所以消费者想要回它。但是,在全国运送如此大量的纸质支票需要高昂的费用,这让银行很是头疼。

Check 21 法案给银行提供了一条电子处理支票的后路。银行只需将支票的数字影像传给出票人而不必再运送纸质支票了。这个影像创造了"替代支票",具有与原始支票同样的法律效力。

远距离交易支付变得不那么复杂了。在 Check 21 法案之前,如果一个住在休斯敦的人开出支票来支付在芝加哥的交易,这张支票会从得克萨斯州转到伊利诺伊州再转回得克萨斯州。现在,这张票会在芝加哥被扫描,将影像保存起来,然后销毁原件。如果在休斯敦的出票人需要已兑现的纸质支票,银行可以打印替代支票。支票处理过程以前需要好几天,而现在只要几个小时。

电子化处理支票更便宜。随着纸质支票大量减少以及支票清算电子化,美联储将其处理中心从 Check 21 法案之前的 45 个减少到 1 个。专家预计,通过扫描支票然后发送影像,银行每年可以节约 20 亿美元,其中包括 2.5 亿美元的支票运送服务费。

实际上,减少支票的物理运输风险是施行 Check 21 法案的最主要原因。在"9·11"恐怖袭击后的很多天,美国领空仅允许军用飞行,这严重扰乱了支票运输系统,使 470 亿美元的支票被滞留。

加速纸质支票处理进程有一个缺陷:人们不能再指望签发支票后一两天才支付。支票不再"float"(漂流),新规定缩短了出票和扣款之间的时间,尤其是外地支票。*

通过加速纸质支票的处理进程,Check 21 法案促使人们更愿意使用借记卡、信用卡以及其他形式的电子支付方式,虽然许多开出的支票也许要很多年以后才会兑换。

替代支票的正面

替代支票的背面

注:替代支票的正面写着:"这是你的支票的合法复印件,你能够按照原始支票的使用方式使用它。"

*银行能够通过清算系统缩短出票和扣款的时间,但并不意味着收取支票的一方能够及时使用资金。为了减少欺诈行为,银行禁止使用所谓的高风险支票所对应的资金,如对应于拥有超过 5 000 美元存款的新开账户的支票。如果你需要转移并立即使用大量资金,在这之前了解相关金融中介机构的政策是很有必要的。

资料来源:要了解 Check 21 法案、支付系统的发展和政策的更多细节,请参见联邦储备委员会的网站:http://www.federalreserve.gov/paymentsys.htm。

2.2.3　电子支付

电子支付是第三种支付手段。对于我们都很熟悉的信用卡和借记卡,电子资金转账是一种比较少见的支付方式。在美国,零售业每年大约有 35 万亿笔交易采用非现金支付的方式,其中信用卡和借记卡占 1/3,支票和其他的电子支付转账占 2/3。

信用卡和借记卡有何区别?**借记卡**(debit card)的工作原理与支票大致相同,即向银行发出指令,要求银行将借记卡持有人账户的资金直接转移到商家账户。在这一交易过程中,银行会根据交易量收取一定的手续费。

信用卡(credit card)是银行给予持卡人的一种承诺,持卡人能够凭借信用卡获得银行借款并用于购买商品。当顾客用信用卡购买一双鞋子时,鞋店的银行账户就会立即收到付款,但这笔付款并不是来自顾客的账户,而是来自发行信用卡的银行,该银行向持卡人提供了一笔将来必须偿还的贷款。出于这个原因,信用卡并不代表货币,仅代表使用他人货币的一项权利。

电子资金转账(electronic funds transfer)是指资金直接从一个账户转移到另一个账户。这类交易被银行广泛采纳,同时也受到越来越多用户的欢迎。就用户而言,最普遍的就是**自动清算所交易**(automated clearinghouse transaction,ACH),它主要用于处理薪金支票和水电费账单等定期支付,一些商家也用它完成一次性交易。除完全电子化以外,自动清算所交易和支票交易完全一样。从你的账户存款、取款都是自动化的,你还会收到定期通知以便了解账目状况。

银行通过电子转账来处理银行间的交易,最常见的办法是通过联邦储备银行运作的一个系统——美联储通信系统(Fedwire)送出货币。这个系统的交易量和金额相当大。比如,2009 年的某一天,该系统完成了 49.5 万笔交易,总额达 2.5 万亿美元。

零售业及其银行,正在试验各种各样新的电子支付方式。其中一种是**储值卡**(stored-value card),它看似一张信用卡或借记卡,但上面没有你的名字。你只需去银行或者自动提款机,将卡插入机器,按规定的步骤操作,就可以将你的钱从支票账户转移到卡上;然后将卡插入商家的读卡器,就可以从卡里扣除资金并直接存入商家账户。这种卡实际上就是货币,只是须由银行系统设定,如果你丢失了卡,就可以取消卡的货币价值。到目前为止,这种卡的用途仍然十分有限。纽约的都市运输管理局(Metropolitan Transit Authority)和其他的交通系统出售储值卡,但它们只能在地铁和公共汽车上使用;像巴诺(Barnes & Noble)这样的大商家出售的远程电话卡和礼券卡也是如此。商家试图发行使用面较广的储值卡,但不成功,原因在于大多数商家缺乏诸如读卡器之类的硬件设备,并且很少有人知道如何使用这些设备。

电子货币(E-money)是另一种新型的支付手段,可用于网上支付。你将资金转给电子货币的发行者就相当于设立了一个账户,当你在线购物时,可以指令发行者将电子货币支付给商家。

电子货币实际上是一种私人货币。它不是由政府发行或保证的,因此不能用它纳税。很难定义电子货币。其中一种看似有帮助的定义为:其货币价值(表现为对发行人的求偿权)通过电子设备进行存储,收到资金后开始发行,被发行者以外的人当作一种支付手段。

当前,电子货币最让人质疑。人们真的如此信任电子货币并乐意使用它吗?商家会使用电子货币购买昂贵的设备吗?哪些商家能够获得许可以便发行电子货币?尽管如此,你仅仅在手机上输入几个数字,将手机供应商提供的电子货币转付给停车场管理员以支付停车费的日子或许并不遥远。

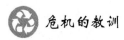 危机的教训

市场流动性、融资流动性和做市商

股票、债券或者其他证券的做市商通常都是以客户名义买卖证券的金融机构。如果某种证券的买入委托超过了卖出委托,做市商就必须充当卖方以达到市场出清。因此,做市商通常持有其交易的特定金融工具存货,可以通过借入特定金融工具以保持充足的存货水平。

市场流动性是指资产的变现能力,融资流动性是指借入资金的能力。这两者对金融市场的稳定性都有重要作用。金融市场缺少融资流动性会使得做市商不愿意持有足够的存货,不愿意交易,这将降低市场的流动性。反过来,如果金融工具缺乏市场流动性,它们对投资者的吸引力下降,则会使得价格下跌。对于持有资产而导致价格下跌的担忧,会降低做市商借入特定金融工具的能力。

2007—2009年的金融危机使流动性突然缺失。在危机之前,许多金融机构依靠短期借款持有长期金融工具。它们的经理们认为,融资流动性会毫无疑问地继续保持;他们也相信,市场总是流动的,即总能够卖出持有的证券和贷款。显然,他们都错了。

2007年夏季,投资者开始怀疑很多证券的价值。接着,这些金融工具的市场流动性消失,持有这些证券的金融机构面临巨大的潜在损失。最后,潜在损失使得贷款人担心他们资金的安全,导致这些金融机构的融资流动性也蒸发了。

"流动性冲击"的问题让许多金融机构增加了现金持有量,而这些现金本可以借给那些资金需求者。贷款供给的减少加剧了流动性的螺旋式下降和证券价格的下跌,整个金融体系再也不能提供足够的市场流动性和融资流动性以满足高涨的市场需求。

危机带给我们的教训:流动性是宝贵资源,它可能在最被需要的时候消失,因此不能把它的存在当作理所当然;如果失去流动性,甚至看似富有的大公司也可能破产。

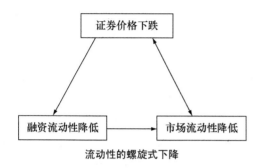

流动性的螺旋式下降

注:对于公司来说,证券价格的下跌使金融机构不愿持有该证券,导致该证券的市场流动性降低;市场流动性降低使证券对投资者更不具吸引力,进一步降低了该证券的价格;当证券价格下跌得足够多时,对于做市商获利能力的担忧降低了它们的融资流动性,这又进一步降低了市场流动性。

2.3 货币的未来

让我们预测一下货币及其三个属性在未来的发展。作为一种支付手段,货币经历了相当大的变革,支付系统将不再使用货币的时代可能即将到来。

我们仍然需要货币作为一种价值尺度来衡量商品的价值和价格,这种价格体系一直被广泛接受,所以它的有效性不会改变。但问题是,我们需要多少种价值尺度呢?如今,许多国家都有自己的货币,即自己的价值尺度。不过,我们没有理由认为,在未来,不同的国家应该保持不同的价值尺度。价格体系更像是一种衡量和测度体系,现行较常用的两大衡量和测度体系是英国的盎司、码、公克和米。在未来,我们可能会看到,价值尺度的数量大幅度减少,形成标准化货币。

最后,货币将失去其价值储藏的功能。随着金融市场的快速发展,许多金融工具具有高流动性,它们便于买卖,能迅速且低成本地转化为支付手段。现在,我们基本可以得出肯定的结论:未来,货币会越来越少。

还应该注意一个问题。当我们预测货币未来会发生什么变化时,请不要忘记,150年前纸币还未进入流通领域。第一张信用卡出现在20世纪50年代早期;第一台自动取款机出现在20世纪70年代;直到20世纪90年代中期,我们才学会进行网上购物。要预测到所有的进步以及技术的发展方向,几乎是不可能的。毕竟,10年前有谁能预测到,今天我们不但能核对银行账户、买卖股票,而且足不出户就可以在一周的任何一天、一天的任何一个小时内支付账单?

 新闻摘录

老爸,能给我寄200美元吗

Jonnelle Marte

父母过去常常会收到孩子们要零用钱的短信或邮件,现在他们可以通过短信、邮件或者电话把钱打给孩子了。

CashEdge——一家为金融机构提供网上银行服务的公司，有一项新服务，可以让用户通过短信或者电子邮件把钱打给朋友和家人。因此，当欠钱时，我们就不必利用自动取款机也不用开支票了。

"纸质交易正在减少，电子交易却不断增长，这似乎是必然的趋势。"美国银行协会的 Steve Kenneally 说。

这项所谓的 POP money 新服务，可以让顾客通过银行的网上应用或者手机客户端实现对他人的支付，只需客户提供收款人的邮箱地址、手机号或者账号。

一旦用户在网上输入朋友的信息，就可以通过手机直接进行个人间的支付。

CashEdge 的总裁说："你可以在饭后用手机实现小额转账，快速地给朋友或者亲人打钱。"

参与银行业务的收款人可以通过自己的网上银行账户收到这笔汇款，也可以自动地将特定人的支付金额存入账户。比如，大学生可以将从父母那里收到的零花钱自动存入自己的账户或者银行卡。

Dheer 先生说，金融机构可能会对使用这项服务的用户收费。通过演示交易，这项服务向用户展示了一个标准的转账过程。这一过程需要花费几天时间完成，并按到账速度收取相应的手续费，最慢的需要 2 美元，最快的则需要 10 美元。

这个概念也不是全新的。只需点击几个按钮，手机银行便可以让人们查看自己的账单和转账。许多网上购物的人都知道 PayPal，它允许消费者用电子邮箱转账给朋友。加拿大一个新推出的服务——Zoompass，可以让用户用手机从一个与自己账户绑定的中介账户（如 PayPal）进行转账、收款和要求付款。

POPmoney 的重要特征在于，它允许用户直接从一个银行账户向另一个银行账户打钱。Dheer 提到，"它的功能是人们可以直接在银行账户间操作而不需要注册其他服务"。不提供这项服务的银行可以注册一个网上支付中心，用于提供账户信息，便于收款。

Dheer 先生说："大额的交易将增加一些安全措施。"例如，汇款人需要提供收款人的邮箱和手机号，收款人在收到款项之前必须提交一个短信验证码。

Dheer 先生说："起初，消费者只能汇款和收款，不能要求付款，但 CashEdge 希望在下一版本中加入要求付款的功能。在银行将 POPmoney 整合到网上银行中心后，它应该在 9 月份左右可以上线。"

资料来源：*The Wall Street Journal Online*. "Dad, Can You Text Me ＄200?" by Jonelle Marte, June 23, 2009. Copyright 2009 by Dow Jones & Company, Inc. Reproduced with permission of Dow Jones & Company, Inc. In the fororats Textbook and Other Book via Copyright Clearance Center。

▶ **本文启示**

技术进步不断创造出新的支付方式。虽然这些新方式的采用要依赖很多东西，但有一样是确定的：总会有人去找寻使支付更简单、更便宜的方法。随着支付体系的发展，我们的资产也在发生着变化；随着我们的手机变成支付体系的一部分，我们需要的现金越来越少。

2.4 货币的度量

经济活动中,货币数量的变化与利率、经济增长等因素有关,尤其会受到通货膨胀的影响。**通货膨胀**(inflation)是指一般价格水平的上涨,即在同一时间,所有商品的价格都或多或少地上涨。**通货膨胀率**(inflation rate)是衡量价格上涨程度的指标。当发生通货膨胀时,你需要花费更多的货币去购买你在一个月或一年前所购买的相同商品。换一种说法就是,通货膨胀使钱变得不值钱了。引起通货膨胀的主要原因是货币的过量发行。当大陆会议为了给战争融资而过量发行纸币时,购买食物和住房所需的货币数量急剧增加,于是货币就渐渐地变得不值钱了。因此,作为支付手段,货币的价值取决于它的流通量。

为了证明货币增长与通货膨胀之间存在某种联系,我们必须计算货币的流通量,这是一项十分复杂的工作。我们从货币的主要功能——支付手段开始分析。按照货币的定义,货币量等于纸币流通量,这种计算货币流通量的方法显然既不现实也十分有限,因为有许多交易是不使用纸币的。

另一种计算货币流通量的方法更为合理。将所有金融资产根据其流动性分类,即它们转化为支付手段的难易程度排序,从流动性最强的资产(货币)一直排到流动性最差的资产(如艺术品、老爷车等),如图 2.2 所示。

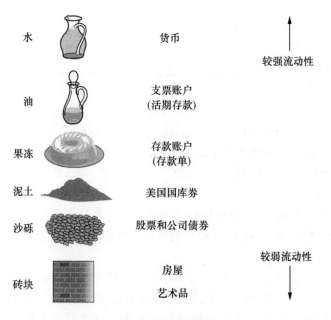

图 2.2　流动性范围

注:流动性是指在不减少价值的前提下将资产转化为支付手段的难易程度。

列出流动性后,我们可以画一条线,线的一侧就是我们要衡量的货币。多年以来,对于如何确定这条线的位置,人们一直感到十分为难,尤其是随着支票账户的种类越来越多,实际上不可能有完美的答案。相反,我们根据划线的位置不同,得出了计算货币流通量的几种方法,即**货币总量**(monetary aggregates)——M1 和 M2。

表 2.1 显示了联邦储备银行规定的两种货币总量的构成,数据截至 2010 年 1 月。**M1** 是最狭义的货币定义,只包括纸币和人们可以签发支票的各种存款账户,它们是金融体系中流动性最强的资产。M1 由以下部分构成:公众持有的纸币(currency in the hands of the public),它的数量等于流通在外的美元纸币减掉存放在银行保险库里的现金;旅游公司、银行和信用卡公司发行的旅行支票(travelers' checks),它们由发行者担保,可以充当货币使用;商业银行的**活期存款**(demand deposits),它是标准的支票账户,不支付利息;其他支票存款,这些是支付利息的支票账户。

表 2.1 货币总量

货币总量			截至 2010 年 1 月的价值 (十亿美元)
M1	=	公众持有的纸币	861.1
	+	旅行支票	5.1
	+	活期存款	435.0
	+	其他支票总量	375.3
		M1 总量	**1 676.5**
M2	=	M1	
	+	小额定期存款	1 139.8
	+	储蓄存款和货币市场存款账户	4 856.5
	+	零售的货币市场共同基金	790.7
		M2 总量	**8 463.5**

资料来源:美国联邦储备体系理事会。

M2 等于 M1 加上不能直接作为支付手段的资产和不能迅速转化为纸币的存款。M2 由以下部分构成:小额**定期存款**(time deposits,少于 100 000 美元),在没有提前通知的情况下,不得提取该类存款;储蓄存款(savings deposits)和货币市场存款账户(money-market deposit accounts),其中货币市场储蓄存款账户支付利息,有一定签发支票的权利;零售的货币市场共同基金(money-market mutual fund shares),投资于大公司短期债券的基金主要靠集合相对较少的个人资金,可以由银行以外的金融中介公司(比如经纪人公司)发行,它们有签发支票的权利。由于 M2 的变动与利率和经济增长之间的联系最为紧密,因而是被广泛认同的货币总量。

为了阐明货币总量的含义,我们将货币总量与经济总量进行比较。2010 年冬季,美国**名义国内生产总值**(GDP)为 14.5 万亿美元,这几乎是 M1 的 9 倍,M2 的 1.7 倍。

我们应该采用哪个货币总量来理解通货膨胀呢?这个问题不好回答,因为它的答案随着时间而不同。直到 20 世纪 80 年代早期,经济学家和政策制定者都使用 M1。但是随着标准支票账户替代品(尤其是货币市场共同基金)的引入,M1 的有效性渐渐不如 M2。这些创新使人们将 M1 中的零息存款转移到付息账户。如表 2.1 所示,M1 中活期存款和其他支票存款的总额为 8 103 亿美元,不到 GDP 的 6%。相比之下,M2 中小额定期存款、储蓄存款、货币市场存款账户和零售的货币市场共同基金的总额达到了 67 870 亿美元,几乎是 GDP 的 50%。因此,M1 不再是有效的货币度量。

图 2.3 显示,1960—1980 年,M1 和 M2 的增长情况大致相同。1980 年后,M1 表现得与 M2 截然不同。20 世纪 70 年代末至 80 年代初,通货膨胀率超过了 10%。毫无疑问,那些将资金存在零息存款账户的人们开始不安了,因为他们的资金正在迅速贬值。于是,他们开始寻找付息账户。不久,金融公司开始提供 M2 中所指的"货币市场"账户,这种账户至少可以补偿部分的通货膨胀损失。资金从 M1 零息存款账户向 M2 转移,意味着两种货币总量的增长率不再相同。与此同时,这种新的货币市场账户提高了 M2 的流动性。分析家们不再关注 M1,开始将目光投向 M2。

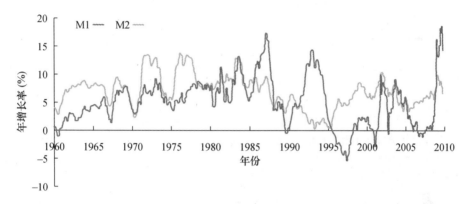

图 2.3　1960—2009 年货币总量的增长率

资料来源:美国联邦储备体系理事会。

M2 如何体现其有效性呢?我们知道,货币供给量迅速增加会带来高通货膨胀。对世界各国货币增长率的分析支持了这一结论。20 世纪 90 年代后半期,土耳其、委内瑞拉和乌克兰,年均通货膨胀率在 30% 和 75% 之间变化,货币增长率大致与其相当。相比之下,在美国、加拿大和欧洲,平均通货膨胀率大约为 2%,货币增长率徘徊在 6%—7%。高货币增长率意味着高通货膨胀率,因此控制通货膨胀就意味着控制货币供给量。想象一下,在过去的七十多年里,如果人们可以花费 3 万亿大富翁元,通货膨胀率会是多少?

货币增长率能否预测通货膨胀呢?图 2.4 中,纵坐标表示通货膨胀率,横坐标表示比相应的通货膨胀率早两年的 M2 增长率,数据均来自美国。实心菱形代表 1960—1980 年的数据。注意,在这 20 年中,虽然相关性表现得很差,但是高货币增长率显然与相应的两年后的高通货膨胀率密切相关。实际上,相关系数①超过 0.5。空心圆圈代表 1990—2009 年的数据,在这十几年中,两者之间的相关性基本不存在(相关系数几乎为 0)。这说明,M2 增长率不再具有预测通货膨胀率的能力。

---

① 相关关系测试的是两个变量相关或一起变化的紧密关系。其值介于 −1 与 +1 之间。正的相关关系意味着两个变量会同时上升或下降,负的相关关系指两个变量的变动方向相反。

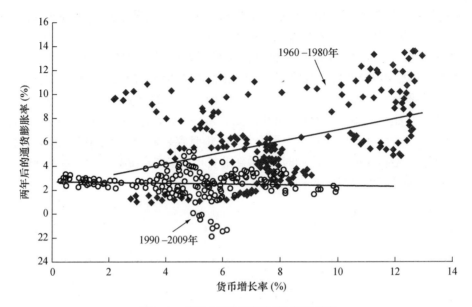

图 2.4　美国货币增长率与通货膨胀率

注:货币增长率以一年内 M2 的变化率度量,通货膨胀率以一年内消费者价格指数的变化率度量;数据为 1960—2009 年的月数据。

资料来源:美国联邦储备体系理事会和劳工局。

对于 M2 不能预测通货膨胀率,有以下两种解释:

其一,这种相关性只有在高通货膨胀率时适用。图 2.4 中,在 1960—1980 年,通货膨胀率高于 5%,但在 1990—2004 年,却很少如此。通货膨胀率较低时,这种相关性或许就不存在了,或许需要更长的时间才能表现出来。我们都知道,在货币增长水平较低时,通货膨胀率很可能也较低。

其二,我们需要一种新的货币度量,它考虑了支付和货币使用方式的变化。一旦经济学家找到正确的货币度量,我们就又可以预测通货膨胀了。

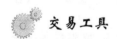 **交易工具**

消费者价格指数

如何衡量通货膨胀是理解经济与金融的核心。大多数人关注诸如消费者价格指数(CPI)之类的度量工具,以评估工资上涨的价值或持有货币的购买力。根据通货膨胀率调整的利率,是制定投资决策的关键(详见第 4 章)。

CPI 旨在回答"人们在过去某一时间购买的一篮子商品和服务,如今需要多花费多少货币"。

为了计算 CPI,劳工统计局的统计人员每几年就要普查人们所购买的商品和服务,了解消费者购买的典型一篮子商品和服务。每个月,劳工统计局都要收集商品和服务的价格信息——从早餐到汽油到洗衣机再到有线电视。将花费和月度价格信息相结合,数据分析人员能够计算出一篮子商品和服务的当前成本。最后,根据当前成本和基准数据产生一个指数,指数的变动率就是对通货膨胀的度量。

我们来看一个具体例子。假设人们将收入的25%用于食物、50%用于住房、25%用于交通(各自的价格见表2.2)。重要的是,这是相同量的食物、相同数量和质量的住房以及相同的交通的价格。

表2.2 CPI的计算

年份	食物价格(美元)	住房价格(美元)	交通价格(美元)	一篮子成本(美元)	CPI
2010	100	200	100	150	100
2011	110	205	140	165	110
2012	120	210	180	180	120

$$2010 \text{ 年一篮子成本} = 0.25 \times \text{食物价格} + 0.5 \times \text{住房价格} + 0.25 \times \text{交通价格}$$
$$= 0.25 \times 100 + 0.5 \times 200 + 0.25 \times 100$$
$$= 150(\text{美元})$$

2011年,我们得到的一篮子成本为165美元,以2010年作为基期,CPI为:

$$\text{CPI} = \frac{\text{当年一篮子成本}}{\text{基期一篮子成本}} \times 100\%$$

最后,我们用这个指数计算通货膨胀率。2011年的通货膨胀率为:

$$2011 \text{ 年通货膨胀率} = \frac{2011 \text{ 年 CPI} - 2010 \text{ 年 CPI}}{2010 \text{ 年 CPI}} \times 100\%$$
$$= \frac{110 - 100}{100} \times 100\% = 10\%$$

2012年通货膨胀率为:

$$2012 \text{ 年通货膨胀率} = \frac{120 - 110}{110} \times 100\% = 9.1\%$$

(这些数据只是为了举例说明CPI的计算。美国的通货膨胀率接近2%。)

用CPI衡量的通货膨胀率让我们了解到,当普查完成时,为了保证某人拥有与过去相同的购买力,应该再给他(她)多少钱。基于固定支出加权通货膨胀指数的工资调整,潜在地过量补偿了人们,这种通货膨胀率的高估称为替代偏差(substitution bias)。由于所有产品的通货膨胀率并不是统一的,有些产品的价格增长要高于其他产品。因此,人们可以用那些承受较小通货膨胀的商品和服务去代替那些承受较大通货膨胀的商品和服务,从而部分规避了通货膨胀带来的影响。假如任何商品和服务的替代都会使情况变得更糟,那么固定支出加权通货膨胀指数显然高估了价格变化的影响。为了解决这个问题并考虑消费模式的改变,劳工统计局每两年就会改变权重。因此,现在的CPI指数比10年前的要精确多了。

概念应用

100 美元钞票都去哪儿了

联邦储备银行的网页(www.federalreserve.gov)上提到,在 2009 年冬季,美国公众持有约 8 800 亿美元纸币,这是一个巨大的数字。为了更好地理解这个数字,我们用它除以 3.1 亿美国人口,人均大约为 2 800 美元。对于一个四口之家,大约为 11 000 美元现金。更令人不可思议的是,这 8 800 亿美元中有 80% 是 100 美元钞票,说明每个美国公民平均持有 22 张 100 美元的钞票。很显然,我们并没有将所有现金放口袋或家里,当地公司的收银机里也没有这么多的现金。这些 100 美元的钞票都去哪儿了?它们在国外。

在许多国家,人们不相信其政府能保证所印制的纸币的价值。他们害怕政府过量印制,导致通货膨胀。由于货币是一种信用,假如你不相信你的政府,你就不愿以政府发行的货币来持有财富。当苏联在 20 世纪 90 年代初解体时,旧体制下发行的纸币变得几乎没有价值;同样的情况也发生在 20 世纪 80 年代的阿根廷。

当人们不再信任本国纸币,他们就开始寻找替代品。最受欢迎的替代品是美钞。由于美国政府的稳定性,每个人看起来都对美钞有信心。美国财政部估计,有 2/3 到 3/4 的美钞流通在国外,这些纸币大概有 6 000 亿美元,多数是 100 美元一张的钞票。

关键术语

自动清算所交易(ACH)	市场流动性
支票	M1
信用卡	M2
纸币	支付体系
借记卡	商品货币
活期存款	货币总量
电子资金转账	货币
电子货币	支付手段
不兑现货币	价值储藏
融资流动性	储值卡
国内生产总值(GDP)	定期存款
通货膨胀	价值尺度
通货膨胀率	财富
流动性	

本章小结

1. 货币是一种被大众接受的用来支付商品和服务或者偿还债务的资产。
   a. 货币具有三个属性:支付手段,价值尺度,价值储藏。
   b. 货币具有流动性。流动性是指一项资产转化为支付手段的难易程度。
   c. 市场流动性是指金融机构将证券或贷款转化为货币的难易程度。融资流动性是指融资购买证券或获得贷款的难易程度。
2. 货币促进支付体系运作。支付体系指安排不同人之间进行商品、服务交换的网络系统。有三种支付分类,它们在一定时期使用货币。
   a. 现金
   b. 支票
   c. 电子支付
3. 在未来,作为支付手段,人们将越来越少地使用货币。
4. 为了理解货币、通货膨胀和经济增长之间的关系,我们须衡量经济中的货币总量。有两种基本衡量:M1,狭义的货币衡量,只包括那些流动性最强的资产;M2,广义的货币衡量,包括一些不作为支付手段的资产。
   a. 货币增长率较高的国家具有较高的通货膨胀率。
   b. 通货膨胀率较低的国家,货币增长率对通货膨胀率的预测功能较差。

概念性问题

1. 布里奥尼亚(Brieonia)的经济发展主要来自农业及农产品,那里的居民使用奶酪作为货币。
   a. 毫不奇怪,布里奥尼亚的居民会抱怨他们的商品货币所带来的问题,这些问题会是什么?
   b. 现代医学进入了布里奥尼亚,医生为其居民测试胆固醇。测试结果出来后,医生建议布里奥尼亚的居民减少奶酪的食入量。这个建议对布里奥尼亚的经济有什么影响?
   c. 当布里奥尼亚变成工业化国家,预测布里奥尼亚的货币体系所发生的变化,为什么?
2. 描述你可以为早餐咖啡所进行的至少三种支付方式。每种方式的优缺点分别是什么?
3. 货币如何促进专业化?专业化如何促使个人生活标准化?
4.*在一个无现金的社会,美元还可以继续作为价值尺度吗?
5. 当有金融机构做某证券的做市商时,阐述该证券更吸引投资者的原因。
6. 截至2010年3月,欧盟27个成员国中的16个采用了欧元,其余11个成员国(包括英国、丹麦和瑞典)保留原有货币。对于去欧洲旅游的人而言,欧元有什么优势?
7. 用联邦储备银行网页上 M2 的现有数量作为货币总量除以美国总人口数,计算结果会很大吗?为什么?
8. 利用联邦储备银行网页上的数据,计算1980年以来 M1 和 M2 的年变化率。然后利用这些数据重新绘制图2.3,并对过去5年的图形做出评论。你认为这两个货币总量哪个更重要。

9. 尽管美国财政部和安全局做了大量的工作,但还是有人印制百元假钞,这会对经济产生什么影响?
10. *假设你发行了自己的货币,并用电脑制作出非常精致的货币图案。你用什么办法使这些货币作为支付手段被接受?
11. 在16世纪一段九年的时间里,亨利八世下令将英镑中银的含量降到原来的1/6。他为什么这么做?这种改造后的英镑作为支付手段会发生什么变化?如果同时持有原来的和改造过的英镑,你会先使用哪一种?为什么?

分析性问题

12. 在什么情况下你会期望将不兑现货币作为支付手段的经济再次出现?举一个最近发生这种现象的国家。
13. 假设你到了一个只生产4种商品(橘子、菠萝、椰子和香蕉)的热带岛屿。岛上没有货币。
    a. 画一个网格图显示岛上所有商品的价格,用 $n(n-1)/2$ 检验你的答案,其中 n 为商品数。
    b. 一个岛民建议将橘子作为支付手段和价值尺度。如果他的建议被采纳,会有多少种价格?
    c. b中的建议应该被采纳吗?为什么?
14. 承第13题。哪种情况下你会建议岛上的政府发行纸币?相对于把橘子当做货币,发行纸币有什么优点?
15. 将下列资产作为价值储藏要考虑哪些因素?
    a. 黄金
    b. 房地产
    c. 股票
    d. 政府债券
16. *什么情况下流通货币是价值储藏的最佳选择?
17. 假设某股票价格大幅下跌,持有该股票的做市商开始担心他们的融资流动性。在什么情况下,上述现象会导致其他资产的流动性问题?
18. 假设一个经济体只生产食物和服装两种商品,基于CPI指数的通货膨胀率比基于GDP平减指数的通货膨胀率更高。假设偏好不变,食物和服装的价格会发生什么变化?
19. 假如支票账户没有利息,那么当利率明显升高时,M1和M2的相对增长率会发生什么变化?
20. 如果货币增长率与通货膨胀率相关,采用共同货币并形成货币联盟的国家的通货膨胀率会发生什么变化?

(注:题号后标注*的问题均指难度较大的题型。)

第3章
金融工具、金融市场与金融机构

在正规的金融机构和金融工具比较普及之前,人们常常缺乏资源来满足自己当前的需求。用经济学术语来说,就是人们必需的消费超过了他们的收入。收成不好时,人们只好动用以前年份的储备,或者用土地和牲畜等资产交换食物。但这些办法经常无法满足需求,于是在社会群体中产生了非正式的融资协议,使群体内部可以互相借贷。歉收时,收成相对较好的人就会帮助那些收成相对较差的人;当情况发生变化时,原先收成较差的人又会反过来帮助别人。在有些社会,一些家庭通过地理位置的分散来实现这类协议的安排。例如,在印第安部落的农村,一些家庭会有意将女儿嫁到外地,增加在困难年份得到亲家照应的机会。这些非正式的措施保障了每个人都拥有足够的食物。

虽然亲友之间仍会互相借贷,但是这种数百年前的金融体系的主流——非正式协议的借贷形式,已经被现代社会正规的金融工具替代。如今,国际金融体系的存在,为范围广泛、各具特色的合约的设计、销售和交易提供了便利。如图3.1所示,我们从这个体系获得金融资源的途径有两条:直接融资和间接融资。

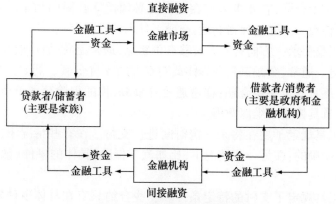

图 3.1　金融体系的资金流动

注:金融体系的资金通过直接方式和间接方式从贷款者流向借款者。在直接融资中,借款者通过金融市场将金融工具(如债券和股票)卖给贷款者以获取资金。在间接融资中,金融机构(如银行)以存款(或者其他类似的金融工具)的形式从贷款者那里获得资金,再以贷款的形式将资金提供给借款者。

在**间接融资**(indirect finance)中,有一个像银行一样的机构处于借贷双方之间,从贷方借款,然后把资金提供给借方。大多数人都是这样间接地进行借贷的。如果需要贷款买辆汽车,我们就从银行或金融公司贷款——这就是间接融资。一旦我们获得贷款,车就成了我们的资产,而贷款则成为我们的负债。我们都有资产和负债。你的**资产**(assets)可能包括一个银行账户和一台电脑这样有价值的东西。如果你借了学生贷款或有信用卡债务,这些就是你的**负债**(liabilities)。

在**直接融资**(direct finance)中,借款者在金融市场上将证券直接卖给贷款者。政府和公司也通过这种途径为自己的活动融资。这些证券成为证券购买者的资产以及最初出售证券融资的政府和公司的负债。

金融业的发展与经济增长紧密相关。一个国家的金融体系随着经济水平的提高而完善;否则这个国家就会停滞不前。金融体系的作用是促进生产、就业和消费。在经济繁荣时,人们通过多种手段进行支付,资源得到效率最高的利用。储蓄通过金融体系为投资提供资金,促进经济增长。储蓄者的决策引导着投资。

在本章,我们分三个部分讨论金融体系。首先,我们研究金融工具,即什么是金融工具以及它们在经济中起到的作用。通常所说的证券、股票、债券和各类贷款都是金融工具,还有那些更加奇特的期权和保险协议也是金融工具。其次,我们研究金融市场,比如纽约股票交易所和纳斯达克交易所(National Association of Securities Dealers Automatic Quotations,全国证券交易商协会自动报价系统),投资者在这里买卖股票、债券和其他各种各样的金融工具。最后,我们讨论金融机构——什么是金融机构以及它们具体做什么。

3.1 金融工具

金融工具是一方在将来一定时间、一定条件下,向另一方转移有价物品(通常是货币)的合法书面合同。让我们来仔细研究这个定义以便更好地理解。首先,金融工具是政府强制执行的合法书面合同,它要求人们在交易时必须遵守合同的约定。合约的强制性是金融工具的重要特点。离开这种强制性,金融工具也就不再存在。

其次,金融工具要求一方向另一方转移有价物品,通常是货币。这里说的双方可以是个人、公司或政府。通常,金融工具会具体载明双方的支付金额。例如,你进行汽车贷款,你就必须向贷方逐月支付一定金额;你遭遇意外事故,你的保险公司就要负责维修汽车,尽管合同中并没有具体规定维修费用。

再次,金融工具规定了要在将来一定时间进行支付。在有些情况下,比如汽车贷款,支付时间是非常明确的;在另一些情况下,比如汽车保险,具体的事件(如意外事故)发生时才是支付时间。

最后,金融工具规定了支付的特定条件。一些合约只有在具体事件发生时才详细规定支付条件(比如汽车保险和股票)。股票持有者拥有公司的一部分股权,希望公司盈利时能发放现金支付,即红利。但是,我们无法提前知道何时有现金发放。总之,金融工具在规定一方向另一方支付时,包含了不少可能的偶然性支付。

3.1.1　金融工具的用途

股票、贷款和保险都是金融工具,在此集中讨论它们的三个用途。金融工具可以作为一种支付手段,也可以用来储藏价值。因此,金融工具具有货币三大功能中的两种;但是金融工具还具有一个能将自己与货币区别开来的用途——转移风险(见表3.1)。

表3.1　金融工具的用途

支付手段	购买商品或服务
价值储藏	将现有购买力转移到将来
转移风险	将风险从一个人或一家公司转移给他人或其他公司

支付手段是一种被普遍接受的用来支付商品和服务或者偿还债务的功能。金融工具也可以用于支付服务,尽管它看起来并不像货币。一个例子就是公司员工愿意接受公司的股票作为工资(20世纪90年代末期股票市场一片繁荣时,这种支付手段非常流行)。但是我们还不能用股票来支付商品,尽管将来有可能实现。现在,虽然一些金融工具可以作为支付手段,但它们并非好的选择。

具有储藏价值意味着你的消费并非一定要等于收入。在几天、几个月或者几年里,如果必要,你的消费可以大于收入,只要你以后偿付它们之间的差额。尽管我们的工资是按周或者按月支付,但我们每天都要吃饭。作为价值储藏手段,股票、债券等金融工具比货币更能吸引投资者。经过一段时间,这些金融工具产生的收益远远大于那些总是以货币形式持有财富的收益。但是高收益是对高风险的补偿,因为相对于货币来说,金融工具的收益往往是不确定的。虽然如此,许多金融工具都可以用来将现有购买力转移到未来。

第三个用途是金融工具能在买者和卖者之间转移风险。大多数金融工具都能转移某种风险。以麦农为例。假如只有一个农场收成很好,那么这个麦农就会获得丰厚的利润。但是假如每个农场的收成都很好,小麦价格就会下跌,单个农场就会遭受损失。大多数麦农都不愿承担因收成太好而导致价格下跌的风险。小麦期货合约是指双方约定在未来特定时间,以特定价格交换特定数量的小麦的标准合约。通过在丰收季之前买入小麦期货合约,固定销售价格,麦农将风险转移给了他人,而不再担心自己受小麦市场的影响。

保险合约是金融工具转移风险的另一个例子——风险从个人转移给保险公司。由于车祸是一场灾难,因此我们需要购买汽车保险,将风险转移给保险公司。保险公司向许多人出售类似的保险合同,因此有能力承担这种风险。虽然每个个体发生车祸的时间是不可预测的,但是在一段给定的时间内,大量司机遭遇车祸的概率是可以预测的。

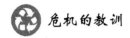 **危机的教训**

杠　　杆

家庭和公司常常会借款投资。常见的例子就是为购买新房屋而贷款或者为了修建厂房而售卖公司债券。利用借款为投资计划融资,这就是杠杆*。杠杆在 2007—2009 年的金融危机中扮演着非常重要的角色,所以我们要理解杠杆和风险的关系,理解它如何使金融体系变得脆弱。

现代经济的投资十分依赖于借款。有借款就存在杠杆,杠杆越高,突然破产的风险也就越大。比如,两个家庭都拥有相同价值的房屋,其中一个家庭的借款多于另一个家庭,那么它的杠杆就更高,净值更小,在收入暂时减少时,发生违约的风险也就更大。这个例子也同样适用于公司、金融机构甚至国家。

金融机构的资产净值差不多是家庭和公司的 10 倍,其杠杆也远远高于家庭或者公司。在危机中,一些大型金融机构的杠杆超过其净值† 30 倍。如此高的杠杆意味着这些公司面对其资产价值微小的减少都会变得脆弱。当借款人的杠杆化超过 30 倍时,资产价格小至 3% 的下降都会消除净值带来的缓冲作用,从而导致破产。

当高杠杆化的金融机构面临损失的时候,它们通常会通过售卖资产及发行能提高净值的证券来降低杠杆——也就是去杠杆化。然而金融体系不能立即就去杠杆化。许多机构同时想要卖出资产的时候,其效果就会适得其反:价格下降导致更多损失,净值继续降低,杠杆提高,拥有的资产显得更有风险,又促使了进一步的卖出。

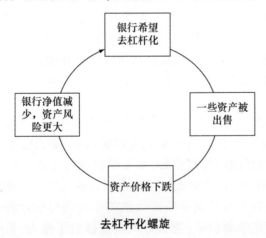

去杠杆化螺旋

这个"杠杆的悖论"强化了第 2 章讨论的不稳定流动性螺旋(参见"危机的教训:市场流动性、融资流动性和做市商")。这两个理论普及了去杠杆化(2007—2009 年金融危机的标志)的概念。在资产价格大跌和大量政府干预以后,金融体系才得以稳定。

---

* 为了更好地理解杠杆的定义,参见第 5 章的"交易工具"。

† 一家银行的净值——它的资产减负债——通常被叫做银行资本,我们将在第 12 章进行详细的讨论。

3.1.2 金融工具的特性：标准化和信息化

从金融工具的定义可以清楚地知道，各种合约都非常复杂。如果你不以为然，那么就看一下汽车保险、学生贷款，甚至信用卡合约的条文。复杂意味着成本。一件东西越复杂，创造它的成本就越高，理解起来就越困难。大多数人都不愿承担这些成本。但是，一艘油轮的拥有者或许愿意支付一定成本，为每次航行签订一份特殊的保险合约。他可能还愿意根据运载的货物、航行距离、航线及天气情况支付额外的成本。但对于大多数人来说，这些特殊合约的成本太高了。

实际上，金融合约的双方并不使用这种特殊的协议，而是使用标准化合约来避免复杂性增加的潜在成本。标准化使我们日常见到的金融工具都是大致相同的。例如，大多数抵押贷款的贷款过程和合约都是标准化的，汽车保险也是标准化合约。条文的标准化有其自身的意义。假如金融工具的条文各不相同，那么大多数人都不能理解它们，其适用性也就受到限制。例如，同样是微软（Microsoft）的股票，如果一个人买到的和另一个人买到的完全不同，投资者可能就不理解购买的到底是什么。更严重的情况是，回购和交易股票也无法进行，这势必影响投资人的购买决策。因此，我们可以得出结论：人们能够买卖的合约不可能是千差万别的。

金融工具的另一特性是它们可以传递信息，包括发行者的一些重要信息。对一个金融工具的原始发行者，你希望了解多少呢？或者是，如果你想购买一个正在流通的金融工具，你希望对出售方了解多少呢？当然，如果你越是认为没有必要去了解什么，那么这个交易就越安全。无论这种金融工具是股票、债券、期货还是保险合约，持有者都不愿意过多地监督发行者，毕竟这样做的成本相当高，实施也十分困难。因此，各种金融工具就被设计出来，以避免成本高且费时的信息收集的过程。

监督金融合约对方的行为要花费大量成本，现行的许多机制都在试图降低这种成本。**对方**（counterparty）指合约另一方的个人或机构。假如你从当地银行获得汽车贷款，那么你就是银行的对方，同时银行也是你的对方；就股票或债券来说，发行者和持有股票或债券的投资者就是各自的合约对方。

获得金融工具一方的信息需要花费较高的成本，解决这一问题的途径就是使金融工具和发行者提供的信息标准化。我们还可以通过一个双方都信任的特殊机制来进行监督。多年来围绕金融工具而建立起来的一系列制度，为合约双方彼此信任对方的行为创造了一个良好环境。

除了收集信息，金融工具还要解决信息不对称的问题。当借方向贷方隐瞒了一些信息时就产生了信息不对称问题。如果一个面包师并没有将 50 000 美元的贷款用来购买新的烤箱，而是去塔希提岛度假，那会怎样呢？贷方希望借方坦白其贷款资金的用途。金融体系的任务就是在借方获得资源之前收集其信息，在他获得资源之后监督资源的使用。因此大量特殊机制被建立起来，以解决信息不对称问题。

3.1.3 基础工具和衍生工具

金融工具可以分为两类:第一类是**基础工具**(underlying instruments)(有时称为原始证券),指储蓄者/贷方将资源直接转移给投资者/借方的工具。通过这些基础工具,金融体系促进了现实经济中资源的有效配置。

常见的基础工具或证券是股票和债券,它们仅根据发行者的状况向购买者提供支付。比如债券,它的支付取决于发行公司的偿付能力;股票是否发放红利取决于股票发行公司的利润是否充足。

第二类金融工具是**衍生工具**(derivative instruments),它们的价值和收益取决于基础工具的表现。最常见的衍生工具是期货和期权。一般说来,衍生工具指定了卖方和买方之间的支付金额。支付金额取决于基础资产价格的各种决定因素。衍生工具的主要用途是在投资者之间转移风险。在本章后面我们将看到许多衍生工具的例子;第 9 章也将详细探讨衍生工具。

3.1.4 金融工具定价入门

为什么有些金融工具比其他金融工具更有价值?看一下《华尔街日报》,你会找到许多股票和债券的价格,它们之间千差万别。不仅如此,就算是单只股票或债券,每天的价格也不一样。是什么因素使有些金融工具的价值更高呢?是什么因素影响了金融工具的买卖价格呢?

有四个基本因素影响金融工具的价值(见表 3.2):(1) 约定支付金额的大小;(2) 约定支付的时间;(3) 支付的可能性;(4) 支付的条件。让我们分别看一下这四个因素。

表 3.2　影响金融工具价值的因素

支付金额的大小	支付金额越大,金融工具越有价值
支付的时间	支付越早,金融工具越有价值
支付的可能性	履行支付的可能性越大,金融工具越有价值
支付的条件	越是在需要的时候支付,金融工具越有价值

第一,要求发行者支付 1 000 美元的金融工具要比支付 100 美元的金融工具更有价值。在其他条件不变的情况下,这个关系一定成立:约定支付的金额越大,金融工具就越有价值。

第二,假如你在将来会获得 100 美元的支付,那么你会希望知道何时收到这笔支付。明天收到和明年收到是不一样的。用简单的语言表述就是:支付得越早,金融工具就越有价值。机会成本的存在使时间具有价值。如果立即收到支付,你就有机会将这笔支付即刻进行投资或消费;如果很久以后才收到支付,你就失去了这个机会。

第三,金融工具的价值受发行者履行支付的可能性的影响。无论对方多么尽责,总是存在违约的可能性。由于风险需要补偿,不确定性对金融工具价值的影响是很明确的:履行支付的可能性越大,金融工具就越有价值。

第四,金融工具的价值受到约定支付条件的影响。保险合约是最好的例子。我们购买的汽车保险约定,如果遭遇意外,我们将得到一笔维修费用。在我们最需要的时候所得到的支付补偿才是最有价值的。

3.1.5 金融工具举例

让我们简单介绍一些常用的金融工具。最佳的分类方法是,根据它们的主要功能是价值储藏还是转嫁风险来分类。

用来储藏价值的主要金融工具如下:

(1) 银行贷款。它是指借方从贷方获得资源,并约定在将来分期归还。借方(个人或者公司)需要资金进行投资或消费;而贷方需要寻找一种方式储藏价值直到将来使用。

(2) 债券。债券是贷款的一种,它是指公司或者政府为了现在获得资金,允诺在将来一定时间偿还而发行的金融工具。尽管债券通常是等额偿还,但对这一点并没有严格的要求。与银行贷款不同的是,多数债券都可以在金融市场上买卖;与银行贷款相同的是,债券可以为借方现在的经营进行融资,同时为贷方储藏价值。

(3) 房屋抵押贷款。许多人在购房时需要借入一部分资金。抵押贷款是用来购买房地产的。为了获得资金,借方允诺分期偿付,而房屋是该项贷款的抵押物。**抵押品**(collateral)是指借方为保护贷方的利益而抵押给贷方的资产。如果借方不能偿还借款,贷方有权没收房屋,这个过程叫做丧失抵押品赎回权。

(4) 股票。某公司股票的持有人拥有该公司的一部分股权,并有权参与分红。公司所有者发行股票,通常是为了扩大经营而融资,或者是转移所有权风险。股票投资者购买股票的主要目的是储藏价值。

(5) 资产支持证券。**资产支持证券**(asset-backed securities,ABS)的收入来源于对一些特定资产的收入或回报的分配,如住房抵押贷款、学生贷款、信用卡债务甚至是电影票房收入。投资者从这些基础资产产生的收益中获得收入。这类证券中最常见的就是**住房抵押贷款支持证券**(mortgage-backed securities,MBS),它的原理是将许多住房抵押贷款捆绑起来形成一个资产池,然后出售这个资产池的股份。次级住房抵押贷款的违约率比传统住房抵押贷款更高,次级住房抵押贷款支持证券在2007—2009年的金融危机中扮演了重要角色(参见第7章"危机的教训:次级抵押贷款")。证券持有者按份额获得回报,这些回报来自借入资金的房主的按揭还款。资产担保证券是一项金融创新,它使全国的资金流向最高效的地区。因此,某种融资能否成功不再取决于当地的信用条件。

用来转嫁风险的主要金融工具如下:

(1) 保险合约。保险合约的主要意图是确保只在一些特殊的、极少出现的情况发生时进行支付。这种金融工具的存在是为了将风险从一方转嫁给另一方。

(2) 期货合约。期货合约是指双方协议在将来特定时间、以特定价格交换特定数量的商品(如小麦或谷物)或资产(如债券)的合约。期货合约通常规定了交易发生时的价格,即协议价格。由于期货合约的价值由其他资产的价格决定,因此它是一种衍生工具。

它可以将价格波动引起的风险从一方转嫁给另一方。

(3) 期权。与期货一样,因为期权的价格也取决于某个基础资产的价值,所以它也是一种衍生工具。期权赋予持有者在特定时间或特定时期的任何时间、以预定价格买卖一定数量的基础资产的权利(而不是义务)。

这些仅仅是一些常见金融工具的例子。就所有的金融工具而言,它们可以使人们以任何条件、在任意时间得到或付出任意数量的资金。因此,它们几乎提供了储藏价值和转嫁风险的所有方式。当第一次使用金融工具时,你应该了解它的主要功能是储藏价值还是转嫁风险,然后再确认它的价格决定因素。

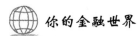 你的金融世界

残疾人收入险

人们为其住房购买火灾险,以便失火后可以重建房屋;购买汽车保险,以便发生意外事故时由保险公司支付维修费用;购买人寿保险,以免过早死亡时,家庭失去收入保障。但是,很少人会为他们最重要的资产(即获得收入的能力)购买保险。我们面临的最大风险是,我们残疾了,就失去了获得收入的能力。因此,为该能力购买保险是我们的重中之重。

如果你认为这种想法简直是杞人忧天,那么请看下面一些数据。一个男人在20岁到60岁之间失去90天(或者更长时间)的劳动能力的概率是20%;这个数据对于女性来说,要稍微低一些,大概是14%。实际上,你在工作生涯中变成残疾的概率远远大于房屋失火的概率,40年内房屋失火的概率大概是1/30。*

幸运的是,你可能已经拥有了一些伤残保险,它们可能来自政府的社会保障、雇主购买的保险,或者职工赔偿保险(你因公受伤而不能工作所得到的赔偿保险)。但是这些足够吗?你应该掂量一下你到底需要什么。如果认为你的残疾保险还不够,你应该多买一些。尽管老是想着自己可能变残疾是件令人不愉快的事情,但是你不得不这么做。因为这确实是你应该转移出去的风险。

* 给定任意一年某房屋失火的概率是1/1 200,这一年该房屋不会失火的概率是1 199/1 200。这意味着40年内该房屋不会失火的概率是$(1\,199/1\,200)^{40} = 0.967$,所以40年内该房屋失火的概率是0.033,即1/30。

3.2 金融市场

金融市场(financial markets)是买卖金融工具的场所。它们是经济的中枢神经系统,传播信息并及时对信息做出反应,同时还具有配置资源、确定价格等功能。这样,金融市场为个人和公司提供了融资平台。当金融市场运作良好时,新的公司不断成立,同时原有的公司不断发展;资金不足的个人可以贷款购车买房。金融市场通过配置资源使资源流向

最有效的部门,尽可能地降低交易成本,从而提高了经济效率。若金融市场运作混乱,资源不再流向最有效的部门,则人们的生活水平就会受到严重影响。

在这一节,我们首先探讨金融市场的功能及其存在的经济原理。接下来,研究金融市场的结构及其内部组织。最后,介绍金融市场有效运作的影响因素。

3.2.1 金融市场的功能

在经济体系中,金融市场有三个功能(见表3.3):为储蓄者和借款者提供流动性;收集并传递信息;允许风险分担。我们在讨论货币时已经引入流动性的概念,即在不损失价值的情况下将资产转化为货币的难易程度。如果没有金融市场和制度的支持,我们出售资产就会极其困难。因此,流动性对经济正常运转的作用再怎么强调都不为过。设想一下,如果股票市场一个月只有一天开市会发生什么。毫无疑问,股票将不再吸引投资者。在这种情况下,如果遇到紧急事件需要立即筹到资金,你就不能及时卖出股票。因此,流动性是金融市场的重要特性。

表 3.3 金融市场的功能

流动性	确保金融工具所有者能以较低成本方便地进行买卖
信息	收集并传递有关金融工具发行者的信息
风险分担	为个人提供买卖风险的场所,实现不同人之间的风险分担

与流动性相关的是金融市场可以降低交易成本(买卖资产的成本)。如果要买卖股票,你需要雇用其他人来为你完成交易。这个过程十分复杂,我们不需要详细了解,只需向经纪人支付一定费用,让他以你的名义完成股票的买卖。尽管这项服务并非免费的,但重要的是它可以降低成本。我们在美国股票市场所看到的极其巨大的交易量——每天有数十亿美元——就是股票市场兼顾低交易成本和流动性的例子。(房地产市场的交易成本很高。如果你把所有的经纪人费用、银行费用和律师费用加起来,总额几乎占到房屋售价的10%。因此,房地产市场的流动性不高。)

金融市场收集和传递有关金融工具发行者的信息,并以价格的形式表现出来。一家公司未来的前景好吗?会增长和盈利吗?如果回答是肯定的,那么这家公司的股票价格将会较高;如果是否定的,股票价格则会较低。借款者(债券发行者)会偿还债券吗?偿还的可能性越大,债券价格越高。了解所有这些信息将耗费我们大量的时间和金钱,而且大多数人并不拥有这些资源或者根本不知道该如何去做这些事情。事实上,我们求助于金融市场,通过查询报纸和因特网来获得这些信息。

最后,金融工具是转移风险的手段,而金融市场是我们从事这项工作的场所。金融市场允许我们买卖金融工具,承担我们愿意承担的风险,同时将不愿意承担的风险分担出去。我们在第5章将会看到,一个谨慎的投资者会持有许多资产(即资产组合),它包括许多股票和债券以及各种形式的货币。一个设计适当的资产组合,其风险要比单只股票或债券的风险小很多。投资者通过在金融市场上买卖金融工具来构建一个资产组合。所以,如果没有了金融市场,我们就不能进行风险分担。

 **交易工具**

金融市场的交易

交易是金融市场运作的基础。如果一个人无法出售某只股票或债券的话,他就永远不会去购买它。让我们看一下交易大致是如何进行的,以股票市场为例。

在股票市场发出委托有点像去快餐店或咖啡店,你必须先点菜然后等候。不仅如此,你的委托可能非常复杂,你的等候时间取决于你委托买卖了什么以及有多少人在等候。

在你发出委托之前,需要注意以下一些重要问题:
- 你想交易哪只股票
- 你是购买还是出售这只股票
- 委托数量——你的交易数量是多少
- 你所希望的交易价格

你的委托可以是市价委托,即以对方最满意的现行价格进行交易;也可以是限价委托,即以你愿意支付的最高价格买进,或者以你愿意接受的最低价格卖出。发出市价委托意味着你急于获得资金,希望尽快交易,而且你愿意支付令对方满意的价格。相反,假如限价委托不能实现,你就会在一定时间内取消该委托。

实现交易还需要另一方的协作。为了实现交易,你的经纪人须将委托送到交易所。这有许多选择,包括电子交易网络和有形的场内集中交易所。尽管 IBM 公司是在 NYSE 交易的,但你无须将购买 100 股 IBM 公司股票的委托送到场内集中交易所,你只需要将它传到类似 Arca(NYSE 的一部分)或者 Instinet(Nasdaq 的一部分)的电子交易网络。

电子交易网络的运作方式十分简单。假如你想买入,就要报出买价,如果你的买价高于其他人,而有人愿意以你的买价或者低于买价的价格出售,那么交易就会立即成交。否则,你的委托就会进入等候列表,等待成交。在类似 Arca 或者 Instinet 的电子交易网络里,客户的委托遵循网络建立时确立的一系列规则,互相之间进行自动匹配。所以客户提供了市场的流动性。

IBM 公司或通用电气公司(GE)的股票还可以在场内交易市场交易。如果你选择这种交易方式,那么该交易就要由场内专业人员经手。专业人员指股票交易所的做市商,他们确保市场的流动性以使人们可以买卖证券,同时起到稳定市场价格的作用。当委托报送进来,这些做市商将其与还未交易的委托进行匹配(这些全部由电脑完成)。为了确保系统的运转,他们常常在自己的账户上进行买卖操作。*

下面是 BAT 交易系统的一个截图,显示了 2009 年 11 月 9 日下午 1 点 GE 尚未买卖的股票数量。你可以看到双方在成交价格 15.85 美元上下都有超过 100 000 股的限价委托。系统显示不同客户的买进委托或者卖出委托的价格,所以我们可以看到在该价格附近委托买入和卖出的总量。假如一笔卖出 100 股股票的市价委托要成交,就要与最高买价的买入委托相匹配,按照 15.85 美元的价格执行交易。同理,一笔买进 100 股股票的市价委托,将与提供最低卖价的卖出委托相匹配,按照 15.86 美元的价格执行交易。当天已有超过 5 000 000 股的 GE 股票成交。

* 要了解指定做市商,见 http://www.nyse.com/pdfs/fact_sheet_dmm.pdf。

3.2.2 金融市场的结构

金融市场有很多,也有多种分类方式。查看任何来源的商业新闻,你将看到关于国内股票、全球股票、债券、利息、汇率以及各种商品的图表与数据,你还会发现关于债券市场、信贷市场、货币市场、期权、期货以及各种新发行的证券的一些参考信息。为了掌握金融市场的总体结构,我们需要对它们以某种方式进行分类——但是如何分类呢?

有三个方案(见表3.4)。第一,将金融市场分成出售新发行金融工具的市场和金融工具再出售与交易的市场。第二,根据金融工具是否在交易所内交易进行分类。第三,根据所交易金融工具的类型——主要是用于价值储藏还是用于转嫁风险——进行分类。我们所运用的术语,是到写作本书时大家仍然普遍采纳的。请记住,在描述这些金融市场时,没有一成不变的术语规定,所以它们可能会发生一些变化。

一级市场和二级市场 一级金融市场(primary financial market)是借款者通过出售新发行的证券而获得资金的市场。公司利用一级市场获得需要的资源,政府利用初级市场为在建工程融资,但公众一般无法参与一级市场。尽管一些公司会通过金融市场直接融资,但大多数公司都会利用投资银行进行操作。投资银行分析员审查公司的财务状况,确定其是否达到发行标准。假设该公司通过了审查,投资银行就会确定证券发行价格,然后购买这些证券,以备重新出售给客户。这项活动叫做承销,其利润通常是相当高的。因为大型投资银行的客户并不包括小投资者,所以大多数人也就无法购买到这些新发行的证券。

二级金融市场(secondary financial market)是人们买卖已发行证券的市场。如果你想购买1股IBM或微软公司的股票,你并不能从公司那里直接买到,而是从二级市场上的其他投资者那里获得。二级市场上的价格就是我们在新闻里看到的价格。

场内集中交易市场和场外交易市场 购买股票或债券与购买鞋子不同,并不是进入一家商店,购买你所要的股票并用信用卡进行支付,然后装进袋子里走出商店。相反,你需要在二级市场上或者通过你的经纪人购买股票,或者通过电子交易终端自己购买股票。

二级金融市场的组织形式正在迅速变化,历史上出现了两种组织形式。一些二级市场,比如纽约股票交易所和伦敦、东京的大交易所,是**场内集中交易市场**(centralized exchange market);还有一些市场,比如纳斯达克交易市场(Nasdaq),是**场外交易市场**(over-the-counter market,OTC),交易者通过电脑进行交易。现在我们把**电子通信网络**(ECNs)归类到二级市场,Instinet 和 Archipelago 是最大的电子通信网络。尽管这几种类型的市场都允许交易已发行的证券,但它们的交易方式不同。

为了理解现在是怎么运作的,我们需要从以前的运作方式说起。让我们看一下纽约股票交易所(NYSE)。NYSE 是人们在交易大厅面对面进行证券交易的有形场所。为了进入交易大厅并进行交易,你必须成为交易所的会员。会员费非常高,2010 年每个席位的售价是 40 000 美元。大多数会员是经纪公司,它们通过为顾客提供服务获得收入。其他一些会员是监控单只股票交易的专业人士(specialist)。NYSE 大约有 3 500 只股票,每只股票都有一个专业人士维护该股票的市场秩序。NYSE 的股票交易大部分是在交易大厅实际发生的,这些交易都得通过专业人士进行。

过去,除了场内集中交易市场就只有场外交易市场。基于交易商的市场是指分散在各地的交易商组成的网络,其中每个交易商都可以通过电脑挂出买卖委托。交易商可以为自己或者客户买卖各种证券。除了那些须按特殊规范交易的股票外,金融工具都可以在基于交易商的市场上交易。最大的交易场所是纳斯达克交易市场,接近 4 000 家公司的股票在这个平台上交易,其中大多数都是小公司。交易商通过他们的电脑实现委托的匹配并执行交易。

相对于场内集中交易市场,电子网络组成的金融市场(如电子交易网络或场外交易市场)有其优势也有其劣势。优势是交易者可以看到委托,委托可以很快交易,成本低,并且可以 24 小时交易(参见本章"交易工具:金融市场的交易")。但是电子交易网络也不是完美的。当经纪人很匆忙或者很疲惫时,可能会按错按钮,这样一笔 300 万美元的交易就变成了 3 000 万美元或者 3 亿美元的交易。2005 年 12 月 8 日,日本 Mizuho 证券公司的一个员工揭示了这样的风险。本来是要以 610 000 日元的价格(约 5 200 美元)卖 1 股 J-com(日本一家小招聘公司)的股票,该员工却提交成了以 1 日元(不足 0.01 美元)的价格卖 610 000 股股票的委托。这个卖出委托是 J-com 公司现有股票数的 40 倍!由于 Mizuho 是客户的经纪商,而错误又是自己造成的,因此它承担了所有损失。这个后来为大家所熟知的"胖手指事件"花了 Mizuho 3.4 亿美元。如果是场内集中交易,交易双方面对面进行商谈,就可以避免这种错误的发生。

另一方面,电子网络也有其优势,一个例子就是 2001 年 9 月 11 日世贸大厦倒塌事件。由于 NYSE 距世贸大厦只有几步之遥,因此当大厦倒塌时,NYSE 的大门被堵住了,人们无法进入。而交易市场能否运作取决于人们能否进入交易所,因此交易中断了,直到下一个周一(2001 年 9 月 17 日)才重新开始交易。与此同时,纳斯达克市场却没有受到影响。纽约交易商的交易停止了,但全国其他地方的交易商仍然继续交易。所以网络就具有这个优势:一个部门出了问题,其他部门的交易不受影响。在一个基于交易商的市场,当一个交易商出了问题,其他交易商就会填补这个空缺。

回到金融市场的结构,2005 年年末,NYSE 和 Archipelago 合并了(现在的 NYSE Arca),

纳斯达克和 Instinet 合并了。也就是说,最大的场内集中交易市场和场外交易市场分别与最大的两个电子通信网络合并了。那时,NYSE 平均每日交易量达到 15 亿股,纳斯达克的平均每日交易量也有 10 亿股。每日有 6 亿—8 亿股是通过最大的两个 ECNs 进行交易的。对于纳斯达克市场来说,与 ECNs 的合并并未带来很大的变化,因为 ECNs 同其本身的交易系统很相似。

可是 NYSE 与 ECNs 的合并却带来了巨大的变化。NYSE 的有形市场变得不那么重要。现在电子机制可以追踪委托,指定做市商代替了专业人士,他们提交委托使市场能够顺利运行。专业人士存在的理由是他们能维持市场的流动性,尤其是交易频率低的小公司股票。现在,交易者可以自行进入系统并提交委托,所以有人提出指定做市商和其他的 NYSE 市场流动性供给者是否还有存在的必要。我们只能观望。

金融业的持续全球化也改变了交易所。例如,2007 年,NYSE 与总部设在巴黎的证交所合并并成立了泛欧股票交易所,它是第一个国际股票交易所。纳斯达克打算收购伦敦股票交易所,但是在 2007 年金融危机爆发之前放弃了。股票交易所倾向于以低成本和快速交易来利用技术和客户关系。这种规模经济和范围经济能否促成国际整合,取决于业绩及政府对外资所有权和跨国运行的交易的态度。

资产和债务市场与衍生品市场 关于金融市场的结构(见表 3.4),可以根据市场是交易资产和债务还是交易衍生品进行分类。**债务市场**(debt markets)指贷款市场、抵押市场和债券市场。它允许贷方将资源转移给借方的同时完成财富的价值储藏。**资本市场**(equity markets)指股票市场,大多数股票都在其发行公司所在国进行交易。比如,美国公司的股票在美国交易,日本公司的股票在日本交易,中国公司的股票在中国交易,等等。**衍生品市场**(derivative markets)指期货和期权等衍生工具进行交易的市场,衍生品的主要作用是转移风险。此外,在资本和债务市场上,投资者买卖金融工具是即期交易,需要即期支付现金;在衍生品市场上,投资者约定在将来的一定时间执行交易。

表 3.4 金融市场的结构

一级市场和二级市场	
一级市场	销售新发行证券的市场
二级市场	交易已发行证券的市场
场内集中交易市场和场外交易市场	
场内集中交易市场	买者和卖者在有形场所进行集中交易的二级市场
场外交易市场	交易商通过电子网络方式进行非集中交易的二级市场
资本和债务市场与衍生品市场	
资本和债务市场	以即刻支付现金的方式买卖金融工具的市场
衍生品市场	在将来一定时间交易某种基础资产的市场

进一步探讨债务工具,我们可以根据贷款期限的长短将其分为两类:贷款期限小于一年的债务工具称为**货币市场**(money markets)工具,贷款期限大于一年的债务工具则称为**债券市场**(bond markets)工具。货币市场工具的名称、交易方式不同于债券市场工具。例如,美国财政部发行的短期国债,期限小于一年,在货币市场交易;长期国债,期限达 10 年以上,在债券市场交易。对于大型私人公司也存在同样的分类,短期借款发行商业票据,长期借款则发行公司债券。

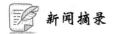

新闻摘录

金融危机的教训——一年后

Gregory Zuckerman

数字几乎不能讲清这件事。

今天,道琼斯工业平均指数差不多比一年前的这时候低2 000点。没有人知道,当然除了美国股票市场,世界经济刚经历了一场历史性的空前灾难。

现在?我们正经历了六个月记忆中最令人印象深刻的牛市……

看图,这对投资者来说是荣誉与机遇并存的一年。

危机始于2007年次级抵押贷款借款人的大量违约,市场从10月份的高点慢慢下跌。

但是,临界点是在上年9月份那令人惊叹的两周。美国政府和美国国际集团接管了抵押贷款巨头房利美(Fannie Mae)和房地美(Freddie Mac)。

与此同时,在华尔街举足轻重的雷曼兄弟宣告破产,美林受到波及,被美国银行接管。联邦监管机构宣布华盛顿互惠银行遭遇美国历史上最严重的危机。

那时,惊慌失措的投资者纷纷买入美国国债,也不管收益怎样,只是想为货币找到一个安全的"藏身地"。

2009年年初股市触底,市值几乎蒸发掉30万亿美元,相当于10年的投资收益。

然而,在下滑的同时让人惊喜的是股市的复苏。虽然仍低于2007年的水平,但是市场抵抗了高失业率、苟延残喘的房地产市场以及萧条时期的经济约束。

当然,有足够的信号显示,最坏的时期已经过去了,经济也许正在复苏中(是的,但是告诉那些失去工作、公司倒闭和失去退休储蓄的人们,他们的个人困境也许永远不会过去)。

投资者在这场危机中学到了什么呢?当了一整年的"事后诸葛亮"后,以下是从金融危机中得到的一些教训:

分散化不一定总是有用。财务顾问总是向投资者强调投资分散化的必要性。但是过去一年的教训表明,将钱分散投资于不同国家、不同资产上,有时并不能如我们想象的那样降低风险。教训并不是让我们把所有鸡蛋都放在一个篮子里,而是要明白分散化投资的局限。

市场比以前更加内外交错。当美国市场开始衰退时,投资者把投资于外国股票、债券和投资(用以保护投资组合,比如商品和对冲基金)的资金抽回。甚至黄金这个传统的"避风港"都遭遇了一个困难时期,因为投资者变卖所有东西以持有现金。

理解每一个投资计划。即使是最有经验的投资者都有可能被复杂的投资计划愚弄。去年10月,花旗集团的CEO Chuck Prince说:"我们希望在今年逐步回到更正常的盈利环境。"而瑞士银行的CEO则说:"我们期待积极的投资银行业绩。"但是账面上看起来安全的抵押债务导致了数十亿美元的损失,使得花旗集团和瑞士银行变成了金融危机的最大的两个输家。

个人投资者和银行一样,要确保理解持有投资的风险。

确保投资组合具有所需的流动性。当投资者认为自己持有的资产的流动性更强或者很容易以较低的交易费用转手而实际上并非如此时,很多重大的失误由此产生。

许多操作大学捐赠计划的富有经验的投资者吃惊地发现,他们持有的对冲基金、私募股权和其他证券都很难在金融危机中全身而退。他们承诺要更好地去匹配需求和投资。

政府作用。政府的积极政策看起来使经济萧条避免了进一步的恶化,这表明政府有时也可以成为经济的助推剂。

但是关于所有支出最后会不会导致通货膨胀和其他问题的疑问依旧存在,这一疑问成为这段时间有意义的研究课题。

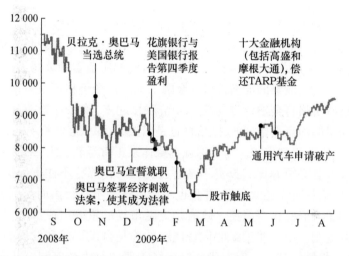

注:过去一年内,随着经济灾难的出现及前所未有的政府干预,道琼斯工业平均指数呈现出曲折的变化。

资料来源:WSJ Market Data Group。

别让金融公司变得大而不能倒闭,我们不清楚监管机构是否充分理解从危机中得到的教训。数年来,许多人批评说像房利美和房地美这样的公司变得太大,而像雷曼兄弟这样的公司承担了太多的债务。一些分析师认为,如今像高盛和摩根大通这样的公司在不断成长,也许也会像上述公司一样,由于太大以至于不能允许其崩溃。

最坏情况下的投资影响因素。太多投资者都偏好与住房相关的投资,认为房地产永远不会衰落或者说投资级的房屋抵押贷款投资不会违约。现在他们学会了在看涨时也要检测潜在的漏洞。

别太灰心。古语云:"危机中孕育着机会。"世界各国都面临金融危机,投入了大量资金来拯救经济,经济总算是稳定下来了。即便是萧条期,股票市场也开始有复苏的迹象了。

资料来源:The Wall Street Journal Online. "Lessons of the Financial Crisis—One Year Later" by Gregory Zuckerman, August 30, 2009. Copyright 2009 by Dow Jones & Company, Inc. Reproduced with permission of Dow Jones & Company, Inc. in the formats Textbook and Other Book via Copyright Clearance Center。

▶ **本文启示**

文章强调了金融危机期间金融市场的巨大波动。危机前,职业投资者承担过大的风险,使得机构和金融体系都变得脆弱(参见本章"危机的教训:杠杆")。危机来临,他们就会面临流动性短缺(参见第2章,"危机的教训:市场流动性、融资流动性和做市商")。危机下,投资者需要更多的流动性,便疯狂地购买国库券——传统的安全资产。流动性波动导致各个金融市场(包括股票市场)紧密地结合在一起。

3.2.3 运作良好的金融市场的特性

运作良好的金融市场具有几个本质特性,这些特性是与金融市场在经济中的作用分不开的。首先,金融市场应该保证交易成本较低。其次,金融市场收集和传递的信息必须准确,且可通过多种渠道获得。如果分析员不能对他们所负责的公司做出正确的评估,金融市场就不能反映公司股票的准确价格。金融工具的市场价格反映了市场参与者可获得的所有信息。这些价格将金融市场与现实经济联接起来,确保资源能分配到最有效的部门。假如市场获得的信息是错误的,则价格也是错误的,那么经济将不能有效运行。

最后,投资者需要得到保护。为了保证金融体系正常运转,借方对贷方做出的承诺必须是可信的。投资者必须确保其投资不是有去无回。在那些不注重保护投资者的国家,公司欺诈投资者,借款时无还款意愿,并且也不会因这种不法行为而受到惩罚。缺乏适当的保护手段削弱了人们的投资意愿。政府是金融市场的重要组成部分,负责制定并执行金融市场的游戏规则。虽然非正式的借贷网络的确是自发形成和发展的,但它们只能进行一些简单的、小规模的交易。而现代金融市场需要一个由政府制定并强制执行的法制结构,因此拥有比较完备的投资者权益保护法律的国家,其金融市场相比其他国家要发展得更大、更完善。

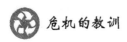 危机的教训

同业拆借

同业拆借是现代金融市场的基础。在正常情况下,银行间以低利率大量相互借款,借款时间从隔夜到几个月不等。由于其流动性,同业拆借成为银行的主要融资渠道,而同业拆借率成为其他借贷利率的参考标准。

同业拆借具有稳定金融市场的功能。因为它能满足银行在本地对融资流动的超常需求(参见第2章"危机的教训:市场流动性、融资流动性和做市商")。如果银行不能每日借贷以弥补存款和贷款的波动,那就需要持有大量现金来应对突然的现金流出或贷款需求。对整个银行系统来说,持有那些本可以贷出获取利息的额外现金是一种浪费。

偶然事件会波及同业市场。例如,"9·11"事件后,物理破坏和交流障碍增加了银行的融资需求。美联储在那几天提供了额外的流动性直到银行同业拆借系统有效运转。

2007—2009年的金融危机更加触发了对同业拆借的需求。相比借出额外的流动资产,银行更倾向于自己持有以防不时之需。由于信用水平暴跌,银行也开始担心交易对方的安全性。成本上升、同业拆借的减少导致了一个恶性循环:流动资产的需求越大,借出

的意愿越小,贷款利率就越高。

金融危机引起的波动可以通过同业拆借率与预期的联邦基金利率之间的差额来表现出来(联邦基金利率是美联储调控经济的政策利率,参见第16章)。从2007年8月起,这个差额开始变大并持续增大。当2008年9月15日雷曼兄弟破产以后,这个差额跃上差不多350个基点的高度。

政府史无前例地增加流动性以保证银行借贷的干预行为,减轻了2009年的同业拆借枯竭的危机;但是这些行为没能阻止金融体系和全球经济的进一步恶化。金融危机让幸存下来的金融机构明白:它们并不总能在需要的时候得到低利率借款。

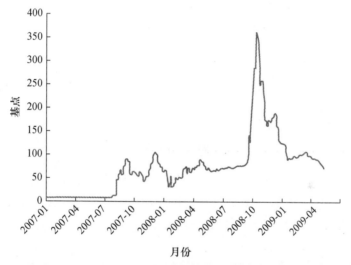

同业拆借市场:同业拆借率减去预期的联邦基金利率(2007—2009)

注:纵坐标表示基点(1个基点代表0.01%)。图中曲线所对应的数据代表下面两项之差:(1)同业拆借率一般等于3个月的伦敦同业拆借率(LIBOR,参见第13章);(2)预期的联邦基金利率(美联储的政策利率),一般由隔夜指数互换(OIS)表示。OIS的一方向另一方支付固定利率,而另一方则支付整个互换期内的平均联邦基金利率作为回报;OIS的利率应该反映预期的联邦基金利率。

资料来源:www.bloomberg.com。

3.3 金融机构

金融机构(financial institutions)是指那些为人们(包括希望直接购买金融工具的储蓄者以及希望发行金融工具的借款者)进入金融市场提供途径的公司。由于金融机构介于储蓄者和借款者之间,因此也被称作金融中介,其工作被称作中介行为。银行、保险公司、证券公司和养老基金都是金融中介。这些机构在金融市场上起着至关重要的作用,如果它们提供的服务出现任何差错,势必会对经济造成很大的负面影响。

为了理解金融机构的重要性,我们来考虑一下,如果这个世界不存在金融机构将会变成什么样。如果没有了银行,个人和家庭或者以现金形式持有财富,或者将钱直接投入需要资金的公司。这些家庭的资产就成为政府与公司资产和债务之间的契合点。所有的融资都是直接的,借方直接从贷方获得资金。

这样的一个系统不可能良好运行,原因有许多。第一,储蓄者(贷方)与消费者(借方)之间的单笔交易费用是非常高的。不仅交易双方寻找对方比较困难,而且一旦确定了交易双方,双方签订交易合约的费用也是非常高的。第二,贷方需要评估借方的信用度,然后对其进行监管,确保他们不会携款逃走;然而,个人并非监管的专业人士。第三,大多数借方希望获得长期贷款,而贷方更喜欢具有流动性的短期贷款。由此贷方要求对流动性差的长期贷款给予一定的补偿,这种要求使长期贷款的价格上升。

如果金融市场允许贷款和其他证券回售,这样又会产生价格浮动风险。所有的这些问题都会限制经济中资源的流动。金融机构促进了资源流动,保证资源流向最有效的生产部门,由此提高了经济效率。

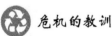 危机的教训

影 子 银 行

过去数十年,美国的金融中介把目光从传统银行*转向未受政府约束的其他金融机构。这些金融中介包括券商、消费和住房抵押贷款融资公司、保险公司、投资机构(如对冲基金和私募股权公司†)、货币市场共同基金、银行创立的资产管理公司,如特殊投资工具(SIVs)。

这类金融中介被称为影子银行。因为它们提供与传统银行业务相竞争或者相补充的服务。不同于传统银行,影子银行不接受存款。除此之外,因透明度低,影子银行的杠杆率和风险也大于传统银行。

20世纪70年代早期的金融创新加速了金融中介向影子银行的转变;反过来,也推动了金融创新。更广阔的市场、更低的信息成本、新的获利机会以及政府行为都鼓励新金融机构和工具能以更低的成本满足消费者的需求。

随着高杠杆化的影子银行的增加以及政府对传统银行的约束放松,整个金融体系的杠杆率增高,使其更为脆弱(参见本章"危机的教训:杠杆")。

新金融工具的快速发展容易隐藏其杠杆效应和风险。衍生工具(期权、期货和其他)允许投资者以低成本转嫁风险。2000年后,不在公开市场交易的定制衍生工具急剧增加。这些衍生产品使某些大型金融机构承担着投资者、交易对手及监管部门不了解的风险。

金融危机改变了影子银行。随着2008年9月15日雷曼兄弟破产,美国最大的券商们或是破产或是合并,还有的为了获得融资转变成了传统银行。同月,由于投资者对货币市场共同基金失去信心,政府不得不出面担保以阻止赎回行为。过去两年,许多特殊投资工具失败了或者被创立银行回收,很多对冲基金也因客户流失而倒闭。

影子银行的未来看起来有高度的不确定性。金融危机鼓励政府审查金融机构是否因承担过多风险而对金融体系的稳定性造成威胁。由于这一措施的实施,至少现在,金融机

构的杠杆效应和风险是较低的。

　　* 商业银行是一种传统的银行组织形式,它是指接受个人或公司的存款,同时又将其贷给资金短缺的个人或公司,参见第 12 章。
　　† 对冲基金(参见第 13 章)是指把满足特定财务条件的一小群富人聚集到一起构成投资合作关系的机构,它在一定程度上是不受管制的。私募股权基金主要是指直接投资于私人公司的投资机构。

3.3.1　金融机构的作用

　　金融机构通过发行一系列标准化证券降低了交易成本,如信息收集成本、证券发行成本以及监督资金流向的成本。换句话说,金融机构抑制了信息不对称以及与之相关的一系列问题,促使资源流向最有效的部门。

　　在发放长期贷款的同时,金融机构也为储蓄者提供服务,即向存款者提供短期储蓄,向借款者提供长期贷款。通过同时向不同借款者提供贷款,金融机构就可以向储蓄者提供一些更安全的金融工具。这些金融工具比储蓄者直接在金融市场上购买的单只股票或债券的流动性高、风险小。

　　图 3.2 是金融体系的示意图。由图可知,有两类金融机构:提供经纪人服务的金融机构(上半部分)和转移资产的金融机构(下半部分)。经纪人机构使家庭和公司可以进入金融市场并进行直接融资。转移资产的机构为家庭提供存款和保险,然后将这些存款和保险用来发放贷款,购买股票、债券和房地产等,即起到转移资产的作用。图 3.3 是这类机构的资产负债表。

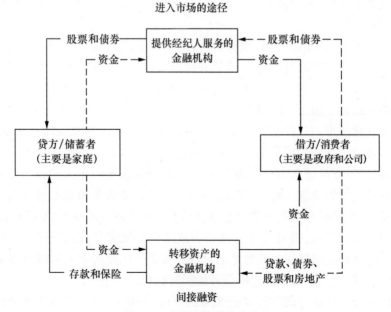

图 3.2　金融机构的资金流向

资产	负债
债券	存款
股票	保险
贷款	
房地产	

图 3.3　简化的金融机构资产负债表

3.3.2　金融业的构成

在分析金融业的构成之前,我们先把金融中介机构分为两大类:存款机构和非存款机构。存款机构吸收存款发放贷款。所谓的存款机构就是大多数人所称的银行,无论是商业银行、储蓄银行还是信用合作社。非存款机构包括保险公司、证券公司、共同基金、融资公司和养老基金。每类机构都具有不同于银行的功能。有些机构负责监督借款者,有些机构负责转嫁和降低风险,还有一些机构主要是经纪公司。下面是关于几类主要的金融机构及其功能的简单介绍。

(1)存款机构(商业银行、储蓄银行和信用合作社):吸收存款,发放贷款。

(2)保险公司:收取保险费,然后将保费投资于证券和房地产(资产),当一定事件发生时将投资收益用于补偿保险人(负债)。人寿保险用于防范突发死亡事件,财产和伤亡保险用于为个人伤亡损失以及偷窃、意外和火灾损失提供保险。

(3)养老基金:将个人和公司的税收投资于股票、债券和房地产(资产),向退休人员提供养老支付(负债)。

(4)证券公司:包括经纪公司、投资银行、承销商和共同基金公司。经纪公司和投资银行的任务是为公司客户发行股票与债券并进行交易,还为客户提供资信服务。所有的这些活动都可以使客户进入金融市场。共同基金公司是将个人和公司的资源聚集起来,以投资组合形式投资于债券、股票和房地产。客户拥有该投资组合的股份,所以他们必须承担资产价值变化时带来的风险。但是投资组合要比单只证券的风险小很多,而且比起个人直接进入金融市场的购买量来说只需购买很少的股份。

(5)融资公司:直接进入金融市场进行融资,其目的在于向个人和公司放贷。融资公司具有各种特殊类型的贷款品种,比如抵押贷款、机动车或者某种商业设备贷款。尽管它们的资产和银行资产相似,但其负债是金融市场上交易的债务工具,而不是存款。

(6)政府资助的机构:指直接为农民和房屋抵押者提供贷款的联邦征信所。它们也为私人借款者的贷款提供担保。政府还通过社会保障和医疗为老人提供退休金与医疗保障,而养老基金和保险公司是提供这些服务的民间机构。

在继续研究金融体系与现实经济的关系的同时,我们把焦点转回到金融机构的重要性上。因为金融机构是将资源从储蓄者转移给投资者的渠道,所以金融中介是任何经济发展必不可少的部分。如果停止运作，所有的一切都将停止。回忆第 2 章的两个货币总量(M1、M2)包括支票存款、储蓄存款、存款单及其他等，这些都是银行的重要负债。因为它们的流动性强，所以可以作为支付手段。很明显，能否获得货币和存款与金融结构有一定的联系。但是我们正在超越自我。在学习金融机构之前，我们需要更多地了解金融工具和金融市场，也就是本书第 2 篇要探讨的内容。

 你的金融世界

申请抵押贷款

每个人都喜欢讨价还价。有的人会花很多时间来保证自己以最低价格买到所要的东西，贷款不应该有任何的不同。买房的时候，大多数人都需要贷款。也就是说，我们需要得到抵押贷款。因为抵押贷款支出几乎是你每月的最大支出，所以得到最便宜的抵押贷款，你就能省下比一年在商店里讨价还价更多的钱。

有许多方法都可以得到抵押贷款。任何一个房地产经纪人都可以给你一份抵押贷款列表。你也可以去网站搜索抵押贷款报价。当你看到列表时，会发现上面的很多公司都不是银行。他们是抵押贷款经纪人，为贷款人和符合贷款条件的潜在借款人牵线搭桥。

例如，一家财务公司筹集大笔资金用于发放抵押贷款。1 亿美元的资金池可以发放 1 000 份 10 万美元的抵押贷款。每一份都可以卖给投资者。如果你从这些公司得到抵押贷款，那么就进入了资金池。2009 年，美国 15 万亿美元抵押贷款中有一半都来自抵押贷款资金池。

你应该介意你的抵押贷款是来自传统银行还是抵押贷款经纪人吗？你应该介意你的抵押贷款是筹集的还是卖出的吗？答案是不！这对你没有影响。事实上，无论你选择哪个(传统银行或者抵押贷款经纪人)，你的贷款都是还给筹集资金和监督你合规的公司。从你的角度来看，抵押贷款就是抵押贷款，选择适合你的就好。但是在虚线上签字之前要先货比三家。如果很多经纪人都知道你在申请抵押贷款，那么他们就会相互竞争，你就能得到更好的价格。

关键术语

资产
资产支持证券
债务市场
场内集中交易市场
抵押品
对方
债券市场

衍生工具
直接融资
电子通信网络(ECNs)
资本市场
金融机构
金融工具
金融市场

间接融资	资产组合
负债	一级金融市场
货币市场	二级金融市场
住房抵押贷款支持证券	基础工具
场外交易市场(OTC)	

本章小结

1. 金融工具是经济运转的关键。
   a. 金融工具可以是正规的也可以是非正规的。在工业经济中,正规的金融工具占主要地位。
   b. 金融工具是一方向另一方签署的合法凭证,用来在未来特定时间、一定条件下转移某种价值(通常是货币)。
   c. 金融工具的主要功能是价值储藏和风险分担。尽管许多金融工具可以用来支付,但它们很少被用作支付手段。
   d. 简化的和标准化的金融工具的使用最广。
   e. 金融工具基本分为两类:基础工具和衍生工具。
      i. 基础工具主要用于从一方向另一方直接转移资源。
      ii. 衍生工具的价值取决于基础工具的表现。
   f. 在以下条件下,金融工具更有价值:
      i. 支付金额越大。
      ii. 支付期限越短。
      iii. 支付可能性越大。
      iv. 最需要金融工具的时候。
   g. 常见的金融工具包括:
      i. 主要用于储藏价值的金融工具,包括银行贷款、债券、抵押贷款、股票和资产担保证券。
      ii. 主要用来转嫁风险的金融工具,包括期货和期权。
2. 金融市场是经济体系运作的核心。
   a. 金融市场:
      i. 为储蓄者和借款者提供流动性,使他们易于买卖金融工具。
      ii. 通过价格收集并传递信息。
      iii. 允许风险分担。
   b. 金融市场分类的几种方法:
      i. 发行新证券的一级市场和买卖已发行证券的二级市场。
      ii. 有形的场内集中交易市场和以交易商为基础的电子系统(场外交易市场)。
      iii. 资产和债务市场(这里的金融工具主要用于融资)和衍生品市场(这里交易的金融工具主要用于转嫁风险)。

c. 一个运作良好的金融市场具有如下特性:
   i. 交易成本较低,流动性充足。
   ii. 信息准确,可通过多种渠道获得。
   iii. 投资者获得合法保护,防止财产欺诈。
3. 金融机构具有经纪中介和资产转移功能:
   a. 就作为经纪人来说,金融机构为人们进入金融市场提供渠道。
   b. 就资产转移功能来说,金融机构提供间接融资。
   c. 间接融资可以降低交易和信息成本。
   d. 金融机构又叫做金融中介,帮助个人和公司转移并降低风险。

概念性问题

1. 即将月末的时候,你发现无法支付下个月的房租,请分别通过使用一种正规的金融工具和一种非正规的金融工具来解决这个问题。
2. 虽然我们通常将非正式金融协议和金融体系不发达的贫困国家相联系,但是非正式协议通常是与最发达的金融体系签订的。签订非正式金融协议相对于正式金融协议有什么优点呢?
3. 高杠杆意味着高风险。为什么去杠杆化过程会不稳定?
4. 芝加哥交易所发布公告,介绍一种金融工具,它的收益取决于美国伊利诺伊州的降雨量。该工具规定,对于某一特定月份,当降雨量每超过该月平均降雨量1英寸时,卖方就要向买方支付1 000美元。对于这种金融工具,购买时谁会受益?出售时谁会受益?
5. 考虑一种年金,在某人有生之年逐月支付。描述当下列情况发生时年金的购买价格会发生什么变化。
   a. 购买者的年龄增长。
   b. 月支付额上涨
   c. 购买者的健康状况好转。
6. 考虑持有股票的投资收益。对于你来说,其价值随着你收入的增加而上涨的股票以及随着你收入的减少而上涨的股票中,哪种更有价值呢?
7. 在《华尔街日报》上有一个每日更新的列表,叫做"货币市场利率",即短期证券利率。在近期发行的一期上"货币与投资"版的第一页找出这些指数。最重要的货币市场利率是优惠利率、联邦基金利率和国库券利率。对每种利率进行描述并说明报纸上公布的现行利率。
8. 一个不发达小国的政府想提高经济增长率,为此向你征求建议。你发现这个国家没有金融市场。你将会给出什么建议?
9. 金融工具、金融市场和金融机构的设计和功能与信息的重要性是分不开的。请描述在金融体系的三大部分中,信息所起到的作用。
10. 假设你需要从银行申请个人贷款。解释在2007—2009年金融危机中你会如何受同业拆借市场问题的影响。

11. 先进的技术方便了信用评分(金融机构在决定贷款时的参考依据)的应用。信用评分可以利用历史数据和统计技术对潜在的借款者排名,指导贷款决策。在这个过程中,什么方法可以提高金融体系的效率呢?

分析性问题

12. 利用衡量金融工具价值的标准,从下面每对金融工具中,选出具有最高价值的金融工具,并简述你的选择理由。
    a. 一份在未来的6个月中每月支付1 000美元的美国短期国库券,或者一份在未来的3个月中每月支付1 000美元的美国短期国库券。
    b. 一份在未来的3个月中每月支付1 000美元的美国短期国库券,或者一份在未来的3个月中每月支付1 000美元的由私人公司发行的商业票据。
    c. 假如你生病和不生病的概率相等,一份在你生病时给予你支付的保险合同或者一份在你健康时给予你支付的保险合同。
13. 一大群缺乏经验、粗心的司机驾车来到了你居住的地方。假设这群司机的数量足够大,以至于能够影响你居住地保险公司运作的汽车保险市场,虽然你的驾驶记录保持不变,但购买汽车保险的价格却上涨了。解释产生这一现象的原因。
14. Joe和Mike各自买了一栋价值200 000美元的相同的房子。Joe首付了40 000美元,Mike首付了10 000美元。假设其他条件相同,谁的杠杆率较好?如果他们邻居的房屋价格下降了10%(在他们未偿还任何房屋抵押贷款前),他们的净财富会发生什么变化?
15.* 一份由具有价格不稳定历史的基础金融工具衍生的金融工具和一份由具有价格稳定历史的基础金融工具衍生的金融工具。假设其他条件相同,哪种衍生金融工具对你来说更有价值?简述你做出选择的理由。
16. 说明小公司倾向于向银行贷款而不是自己发行债券的原因。
17. Splitland是一个拥有两个差别很大的区域的发展中经济体。北方区域有更好的投资机会,但这里的居民需要花费他们所有的收入才能生存。南方居民比北方居民的生活质量更好,可将大部分收入用于储蓄,但南方区域缺少有利可图的投资机会,居民把他们的大部分储蓄放在鞋盒里。阐述Splitland经济部门应该怎样做才能促进两个区域达到更好的发展及经济的增长。
18. 假设美国政府决定废除证券交易委员会。这一举措会对经济增长和投资产生什么影响?
19. 影子银行在2007—2009年金融危机期间给经济带来了许多问题,利用第1章中的核心原则3,给出一些在未来能够减少影子银行带来的不良影响的措施。
20. 金融机构利用从储蓄者那里获得的短期存款发放长期贷款,比如住房抵押贷款(通常为固定利率)。在这种情况下,金融机构会面临什么风险?
21.* 作为金融机构的管理者,你会采取什么措施来降低第20题涉及的风险?

(注:题号后标注*的问题均指难度较大的题型。)

第2篇

利率、金融工具和金融市场

第 4 章 终值、现值和利率
第 5 章 理解风险
第 6 章 债券、债券价格和利率的决定
第 7 章 利率的风险与期限结构
第 8 章 股票、股票市场和市场有效性
第 9 章 衍生产品：期货、期权、互换
第 10 章 外　汇

第 4 章
终值、现值和利率

历史上，人们一般看不起贷款者，他们让借款者为贷款支付利息，自己却坐在一旁什么也不做。因此，贷款者因收取利息而遭到人们辱骂。几个世纪以来，牧师也引用《圣经》中的章节谴责贷款者收取利息的行为，甚至像亚里士多德这样的哲学家也反对收取利息，声称"以钱来喂养钱"的行为是不合理的。

人们对贷款者谩骂了上千年，直到今天才认识到，他们所提供的服务为现代文明奠定了基石。信贷是我们用来配置资源的重要机制之一。没有它，市场经济将难以维持下去，甚至连最简单的金融交易（比如每个月储蓄工资的一部分用来购买汽车）都将变得不可能。与此同时，大多数的依靠借款为项目融资以谋求生存的公司，没有了借贷，也将难以正常运转。信贷如此常见，以致我们能找到五千年前人们借出谷物和金属的记录。信贷可能在一般价值尺度出现之前就已经存在，这比铸币的出现早了两千年。

尽管信贷很早以前就已经存在，并在经济交易中起着核心作用，但是直到新教改革完成，信贷才正式出现。16 世纪，人们的观念发生了改变，只要收取的利率是合理的，利息支付虽不受鼓励却是可容忍的。一些历史学家甚至指出，这种观念的改变对资本主义及其制度的发展起了关键作用。至少在起初，欧洲新教国家的信贷比天主教国家发展得更为迅速。[①] 从那时起，信贷迅速发展，促进了一般经济福利的显著提升。即便如此，大多数人还是对贷款者收取利息的行为持不赞同的观点。为什么？

利息长期不受欢迎的主要原因在于，人们没有意识到贷款有机会成本这样一个事实。从贷款者的角度来看，提供信贷的人们并不一定要发放贷款，他们有着其他的选择，而提供贷款便意味着放弃这些选择。尽管贷款者最终能收回本金，但贷款期间以及在这段时间中错过的其他投资机会都无法挽回。因此，利息并非像亚里士多德所说的"用钱来喂养钱"，而更像是借款者必须支付给贷款者用以补偿他们失去的机会的租金。

毫不奇怪的是，在当今世界，利率对每个人（包括个人、企业和政府）都非常重要。按借款金额的一定百分比计算，利率联系着现在和将来，并允许我们对不同日期的支付进行

[①] 马克斯·韦伯在他的经典著作《新教理论和资本主义精神》(1905 年第一次印刷)中提出了这个观点。

比较。同时,利率也告诉我们现在贷款的未来回报,以及现在借款的未来偿还成本。为了做出合理的财务决策,我们必须学会如何计算和比较各种金融工具的不同利率。在本章,我们首先用终值和现值的概念来探讨利率,然后将这些概念运用于债券的定价,最后考察通货膨胀和利率之间的关系。

4.1 对现在和将来的货币支付进行估值

为了比较不同时期进行支付的现金的价值,我们需要用到所谓的现值和终值的一系列工具。我们将利用它们来考察在一个时点上支付的现金如何及为何会比在另一个时点上支付的现金更有价值或更没有价值。例如,如果你想今天借入100美元,那么你在1年以后偿还比在1个月以后偿还,所需的金额将更多。你需要多支付的金额是多少呢?答案取决于支付日期和利率。此时,我们暂时假定你一定会偿还贷款。在研究风险时,我们会考虑违约的可能性。

4.1.1 终值和复利

今天在有利息的账户中存入1美元,它的终值是多少呢?为了回答这个问题,我们先给出一个定义:**终值**(future value)是今天的投资在将来某一时刻的价值。比如说今天你投资100美元在每年支付5%利息的储蓄账户上,1年以后,你将拥有105美元(投资的现值100美元加上5美元利息)。因此,按5%的利率计算,从现在开始1年以后,100美元的终值是105美元。我们也可以说100美元的投资收益是5美元,这便可以解释为何有时利率也叫做**收益率**(yield)。值得注意的是,这样的计算对于按5%的利率借入100美元且期限为1年的普通贷款同样适用,到期你需要偿还的金额是105美元。记住核心原则1:时间具有价值。

为了总结这个概念,以便可以计算在不同利率下、任意规模的初始投资的现值和终值,我们采用数学方式来表达。首先,我们需要将百分比形式的利率转化为小数形式,因此5%可以表达为0.05。[①] 现在我们用一个公式来计算终值。如果你初始投资的现值是100美元,利率是5%,从现在开始1年后的终值是,

100美元 + 100美元 × 0.05 = 105美元
投资的现值 + 利息 = 1年后的终值

在进行计算以前,把利率转化为小数形式是至关重要的。这同我们把利率看成"每100份里面的一部分"是一致的,因此5%意味着100份里面的5份,或者0.05。

这种表达方式向我们表明:利率越高,终值越大。如果利率上升到6%,则100美元的终值将是,

100美元 + 100美元 × 0.06 = 106美元

[①] 注意在这里以及本章所有的数学计算,利率都应表示成小数形式。

一般而言,若现值为 PV,按利率 i 进行投资,则终值 FV 可表示为:

$$FV = PV + PV \times i$$
$$= PV \times (1 + i) \quad (1)$$

1 年后的终值 = 今天投资的现值 × (1 + 利率)

我们可以立即得出这样的结论:利率越高或者最初的投资金额越大,终值越大。

但这个例子太过简单。大多数的金融工具并非刚好在 1 年之时便进行单一支付,因此当支付的时间发生变化时,我们需要计算出终值发生的变化。计算一项从现在开始两年后偿还的投资的终值较为简单,所以我们从计算这类投资的终值开始。既然我们以年为基础对利率报价,我们就必须更加仔细一些。当我们用年利率来计算当前投资在多年后的价值时,需要用到**复利**(compound interest)的概念,而复利是指利息的利息。如果你投资一个支付利息的账户两年,在第二年里你不仅能获得初始投资的利息,还能获得第一年投资利息产生的利息(因为它们都有机会成本)。

回到我们的例子中,假如你按 5% 的年利率把 100 美元存在银行两年,则这项投资的终值由四个部分组成。前三个部分容易理解。它们是初始投资的 100 美元、这项投资在第一年产生的利息以及在第二年产生的利息。但是在第二年,你第一年产生的投资利息还保留在银行里,这好比是在第二年年初存入了一笔新的存款,而这笔存款也会产生利息。因此,终值的第四个部分便是你在第一年获得的利息在第二年产生的利息,即复利。对于最初的 100 美元存款和按 5% 的年利率产生的利息,把这四个部分加总就可以得出你的投资两年后的终值:

100 美元 + 100 美元 × 0.05 + 100 美元 × 0.05 + 5 美元 × 0.05 = 110.25 美元

初始投资的现值 + 初始投资第一年产生的利息 + 初始投资第二年产生的利息 + 第一年获得的利息在第二年产生的利息 = 两年后的终值

可以用简单的数学方式来表达这个等式:

$$100 \times 1.05 \times 1.05 = 100 \times (1.05)^2$$

我们可以把它扩展到三年、四年甚至多年,这也仅仅意味着在原来的基础上重复乘以相应个数的 1.05,此时的乘积便考虑了复利的影响。表 4.1 给出了计算。最后一行表明在 10 年后,现值为 100 美元的存款变为 162.89 美元,也就是说利息收入为 62.89 美元。如果忽略复利,仅仅用 10 年乘以 5% 得到 50%,其结果将是 150 美元。在 10 年的时间里,复利产生了额外的 12.89 美元利息。更明确地说,用年数乘以利率将会得出错误的答案。

表 4.1 以 5% 的年利率计算 100 美元的终值

存款到期年数	计算(美元)	终值(美元)
1	$100 \times (1.05)$	105.00
2	$100 \times (1.05)^2$	110.25
3	$100 \times (1.05)^3$	115.76
4	$100 \times (1.05)^4$	121.55
5	$100 \times (1.05)^5$	127.63
6	$100 \times (1.05)^6$	162.89

运用表 4.1 的计算,我们可以得出计算终值的一般公式:

$$FV_n = PV \times (1+i)^n \tag{2}$$

n 年期的终值 = 投资的现值 × (1 + 利率) 的 n 次方

因此,为了计算终值,我们需要做的是计算 1 加利率之和(小数形式)的 n 次方并乘以现值。

在进行更深入的探讨以前,我们需要停下来思考一个重要的问题。要是你把 100 美元存入银行 6 个月、2.5 年或者其他不是 1 年整数倍的时间,结果会如何呢?答案是这个公式仍然适用。你可以用公式(2)计算终值,而不管 n 是否是整数。然而,存在一个问题,在计算终值时,利率和时间 n 必须采用相同的时间计量单位。既然已经用年的百分比来度量利率,我们就应该用年来度量 n。如果我们想要得到半年的终值,则 n 为 1/2;如果我们想要得到 1 个月的终值,则 n 为 1/12;同理,如果我们想要得到一天的终值,则 n 为 1/365。

正如你所看到的那样,要想充分利用终值公式,必须理解其转换的思想,即把时间转换为年、月、日或者更小的时间单位。把 n 从年转换为月比较容易,每个人都知道 1 年有 12 个月,但是转换利率则要困难得多。如果年利率为 5%,那么月利率是多少呢?为了计算答案,我们将从终值公式开始,但是是以月为单位的。记住复利公式不是简单地由月利率乘以 12 得到年利率;相反,如果 i^m 是一个月的利率且 n 为月的个数,那么 1 年期的 100 美元存款将会得到 $100(1+i^m)^{12}$ 美元的终值。我们知道这个金额等于 $100 \times (1.05)$ 美元,因此为了计算出月利率,这意味着两项金额要相等:

$$100(1+i^m)^{12} = 100 \times (1.05)$$

两边同时乘方 1/12:

$$1 + i^m = (1.05)^{1/12} = 1.0041$$

把小数转化为百分比,则 1 个月的利率为 0.41%。我们可以用类似的方法处理任何 i 和 n 之间的时间单位不匹配的问题(参见"交易工具:计算复利年利率")。

这些百分比的小数部分(如 0.41%),在讨论利率时十分重要,它们被称为**基点**(basis points)。一个基点是一个百分点的百分之一,即一个基点等于 0.01%。

你可能会好奇以上关于终值的讨论究竟有多少用处呢?先考虑下面这个问题:如果你按 4% 的利率每年存入银行 1 000 美元,那么 40 年后你的存款是多少呢?答案是 98 826 美元——比 40 000 美元存款的两倍还要多。计算确切数字的过程比较复杂,因为我们需要加总 40 个 1 000 美元存款的终值,每笔存款都在不同的年份存入,但需要用到终值的概念。第一笔 1 000 美元存款的存款期限是 40 年,因此它的终值是:

$$1\,000 \times (1.04)^{40} = 4\,801.02$$

第二笔 1 000 美元存款的存款期限是 39 年,因此它的终值是:

$$1\,000 \times (1.04)^{39} = 4\,616.37$$

以此类推。这类计算的实际含义是,每天少买一瓶苏打水或者一盒糖果,不仅有利于你的身体健康,也有利于你的财务健康。

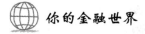
你的金融世界

你的投资多久能翻倍

你以5%的利率投资了100美元。需要多久你才能获得200美元呢？这似乎是一个简单的问题，但是复利却把它复杂化了。其实，找出答案最直接的方法(有些人称之为"蛮力")便是拿出你的计算器，用100美元反复乘以1.05，数数乘了多少次后得到的数值与200美元最为接近。如果真的这样去做，你会发现乘了14次以后可得到197.99美元；再乘以1.05可得到207.89美元。你将得出这样的结论，在5%的年利率下，你投资翻倍的时间在14年和15年之间。

虽然用"蛮力"的方法计算能得到我们想要的结果——你可以反复进行计算——但这种方法太笨拙了。幸运的是，有一种较为简单的计算方法，叫做 **72 法则**(rule of 72)*。如果你想要计算一项投资翻倍所需的年数，则用年利率去除72。因此，按5%的年利率，我们可以预期投资翻倍所需年数是14.4年($72/5$ 我们可以检查并发现 $1.05^{14.4}=2.02$)。如果年利率为8%，我们可以估计投资翻倍所需年数是9年($1.08^9=2.00$)。

72法则展示了复利的魅力。它表明当利率翻倍时，100美元的投资变为200美元所需要的时间会减半。在5%的利率下，投资翻倍需要14.4年，但在10%的利率下，只需要7.2年($72/10=7.2$ 且 $1.10^{7.2}=1.99$)。这个法则适用于按不变利率增长的任何情况。因此，如果想计算一个国家的人口或者一个公司的销售额需要多久才能翻倍，你只需要用年增长率去除72即可得到答案。

*72法则是对一个需要使用对数的代数问题的近似解法。考虑复利公式，n 年以后的终值 $FV=PV(1+i)^n$。设现值 $PV=1$，终值 $FV=2$，并对两边取对数，我们可以得到 $n=\ln(2)/\ln(1+i)$，这个公式是正确的。接下来，我们用 i 作为 $\ln(1+i)$ 的近似值，将它代入公式可得 $n=\ln(2)/i$；因为 $\ln(2)=0.693$，所以我们似乎可以用69.3规则。对于很低的利率，我们可以用这个规则，但是对于现实生活中的利率，这种近似却不怎么正确。在我们正常观察到的利率范围(2%到15%)之内，72法则更为适用。

4.1.2 现值

现值的重要性是显而易见的，我们经常需要知道储蓄和投资在将来的价值，但这并非是我们唯一需要知道的事。我们还面临其他一些稍微不同的任务，即计算出一项承诺在将来进行的支付在今天的价值。比如，你同意提供一笔225美元的贷款，借款者承诺在三年里每年归还100美元或者在两年里每年归还125美元，你应该接受哪一种借款方式呢？回答这个问题便意味着要计算所承诺未来支付款项的当前价值。为此，我们将用到现值的概念，有时也被称为贴现值(present discounted value)。

定义 在关于终值的讨论中，我们用到现值这个术语，用来表示投资或者存款的初始金额。我们使用这个术语的方式便表明了其科学定义：**现值**(present value)是指一项未来承诺的支付在今天的价值。换一种说法，现值是指为了在将来给定的日期获得一定金额的资金,在今天必须投资的金额。金融工具承诺在将来进行现金支付,因此我们需要知道如何为那些支付估值。现值是计算各种金融工具价格必不可少的部分。

为了理解现值的计算,我们先回到终值。回想一下,按年利率5%投资100美元,从现在开始1年后得到的终值是105美元。那么同样按5%的年利率,从现在开始1年后得到的105美元的现值是100美元。我们所需要做的是终值的倒置计算。

一般而言,倒置计算是比较容易的。我们知道,一项支付的终值等于当期投资乘以1加利率之和:$FV = PV \times (1+i)$。表达式两边同时除以$(1+i)$,便得到从现在开始1年后要实现的终值的当前投资金额的表达式,结果为:

$$PV = \frac{FV}{(1+i)} \tag{3}$$

现值 = 支付的终值 ÷ (1 + 利率)

在我们的例子中,我们可以得出:

$$\frac{FV}{(1+i)} = \frac{105}{1.05} = 100(美元)$$

因此,按5%的年利率,从现在开始1年后的105美元的现值是100美元。

终值告诉我们今天的投资在将来的价值,而现值则告诉我们承诺的将来支付在今天的价值。这意味着,现值的性质反映了终值的性质。同样,终值随着利率的上升而增加,现值则随着利率的上升而减少。为了理解这一点,我们先看看按6%的年利率,1年后的105美元的现值:

$$105/1.06 = 99.06(美元)$$

这少于按5%的年利率计算出来的100美元。因此,现值随利率的上升而减少。

如果支付在2年后而不是1年后进行,结果会如何呢?同样,我们可以用终值公式来计算答案,即计算按5%的年利率在2年后的终值为105美元的现值。计算过程如下:

$$105 = PV(1.05)^2$$

结果为:

$$PV = 105/(1.05)^2 = 95.24(美元)$$

我们可以通过考察一项现在的投资n年后的终值来概括这个过程:$FV_n = PV(1+i)^n$,将表达式两边同时除以$(1+i)^n$,我们可以得到现值的一般公式:

$$PV = \frac{FV_n}{(1+i)^n} \tag{4}$$

现值 = n年后支付的终值 ÷ (1 + 利率)^n

从这个简单的表达式,我们可以推断出现值的三个重要性质:

(1) 支付的终值FV_n越大,现值越大。
(2) 支付的时间n越短,现值越大。
(3) 利率越低,现值越大。

我们会反复用到公式(4)。在对金融工具的研究中,它是最重要的关系式。一旦我们能够计算出任何未来支付的现值,我们就理解了抵押贷款、信用卡、汽车贷款甚至股票的基本原理。

我们将讨论,当公式中各个组成部分发生改变时,现值将如何变化以及如何更好地运用这个公式。在此之前,关注现值和终值之间最后的一个共性是非常重要的。回忆在计算终值时,n 不需要以年来度量。甚至当 n 是以月来度量时,只要利率也是以月来度量,我们便可以进行计算。这同样适用于现值。只要我们度量的 n 和 i 是采用相同的时间单位,而且利率以小数形式表示,公式就仍然有效。

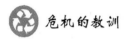

从事风险活动和追求收益

核心原则 2 告诉我们,风险需要补偿。但是为了获得合适的补偿,投资者必须了解他们所购买资产的风险。

对现值的分析有利于我们理解不同到期日的债券的风险。如果利率上升,长期债券的损失将超过短期债券。原因在于,当利率上升时,承诺的未来支付期限越远,现值下降得越多。因此,长期债券对利率改变的风险更敏感。于是,长期债券的购买者坚持索要额外的回报作为<u>利率风险</u>的补偿也就不足为奇了(参见第 7 章对收益曲线的讨论)。

在某些情况下,许多投资者低估了特定资产的风险。例如,缺乏对风险充分认识的投资者的典型做法是寻求高收益的债券,即使这些债券风险更大(由于到期日更远或者违约风险更高)。

什么能够促使人们低估风险呢?经验表明,有些投资者根据债券的现行模式进行推断,对较为遥远的未来则不怎么关注。例如,如果低利率已经维持了一段时间且较稳定,那么投资者可能预期低利率的模式将会持续,即使利率在早些时段较高且具有较大的波动性。

按现在的情况进行推断也有可能导致投资者误判违约风险。例如,在经济扩张时期,商业违约风险较为少见。因为此时的繁荣时间较长而衰退时间较短,所以投资者习惯了不可维持的、较低水平的公司违约。这再一次说明,根据债券现在的表现进行想当然的预测会低估公司债券的违约风险,而这是投资者购买公司债券需要获得的补偿的一部分。

当专业投资管理者接受没有证据或者故意掩盖了风险的投资时,他们也可能低估风险。例如,当市场利率很低时,某些投资管理者会通过承担高风险(即所谓的寻求高收益)来为他们的客户提供高的利息支付。即使某些事件迫使管理者减少支付,投资者可能仍然认为投资管理者具有特别的投资管理技能而不是幸运和倾向于冒险。

对利益的追寻会抬高风险证券的价格,将市场对风险的补偿降到可持续的水平之下。最终,当风险达到一定程度(即违约增加)时,风险更高证券的价格将会大幅下降,产生潜在的、大规模的金融损失。在 2007—2009 年金融危机期间,公司和抵押贷款证券价格的下降说明,当投资管理者过于追寻利益并达到一定程度时,市场对于风险具有强有力的再定价权。

现值如何变化　逐个考察现值的三个性质是非常有用的。我们来看看,分别改变以下三个变量对现值的影响:将来支付金额的规模(FV_n)、支付时间(n)、利率(i)。首先探讨 FV_n。在不改变支付时间和利率的情形下,当支付的终值翻倍时,现值也将翻倍。例如,按 5% 的利率,2 年后支付的 100 美元在今天的现值是 90.70 美元。当支付翻倍为 200 美元时,现值也会翻倍为 181.40 美元。事实上,按任意的百分比增加或减少 FV_n,PV 也在同一方向上改变相同的百分比。

我们已经发现,一项支付越早进行,它的价值就越大。大多少呢?为了回答这个问题,让我们重新回到按 5% 的年利率支付 100 美元的例子。这项支付的现值对于支付时间有多敏感呢?在一般现值公式[公式(4)]加入一些数字,并让时间在 0—30 年变动,我们便可以得到图 4.1。它表明,若立即支付,则支付的现值为 100 美元;若 30 年后才支付,则支付的现值逐渐下降到 23 美元。

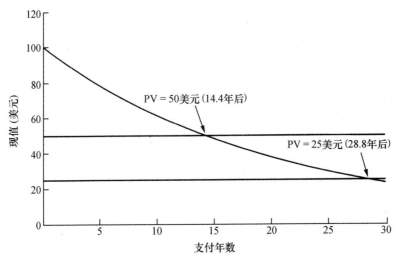

图 4.1　100 美元按 5% 年利率计算的现值

现值下降的速率与 72 法则描述的现象有关。考虑这样一个问题:按 5% 的年利率,一项 100 美元在多久以后支付,其价值与今天获得的 50 美元的价值相等?答案是 14.4 年。也就是说,按 5% 的年利率,在 14.4 年后支付的 100 美元的现值是 50 美元。我们注意到 14.4 等于 72 除以 5,因此它也是年回报率为 5% 的一项投资价值翻倍所需的年数。继续计算可以发现,投资翻四倍需要 28.8 年,这便告诉我们在 28.8 年后支付的 100 美元的现值是 25 美元。这两点显示在图 4.1 中。

利率是计算未来支付的现值的第三个重要的决定因素。为了考察它的重要性,我们来看按不同利率分别在 1 年、5 年、10 年和 20 年后支付 100 美元的现值。现值的一般公式[公式(4)]使得这一系列的计算成为可能。表 4.2 显示了计算结果。注意,当利率增加(即纵向阅读表格的某一列或者左往右观察一幅图)时发生了什么。你会立刻发现,无论支付的时间和规模如何,现值随利率上升而减少;相反,现值随利率下降而增加。

表 4.2　支付 100 美元的现值　　　　　　　　　　　　　　（单位：美元）

利率(%)	支付时间			
	1 年后	5 年后	10 年后	20 年后
1	99.01	95.15	90.53	81.95
2	98.04	90.57	82.03	67.30
3	97.09	86.26	74.41	55.37
4	96.15	82.19	67.56	45.64
5	95.24	78.35	61.39	37.69
6	94.34	74.73	55.84	31.18
7	93.46	71.30	50.83	25.84
8	92.59	68.06	46.32	21.45
9	91.74	64.99	42.24	17.84
10	90.91	62.09	38.55	14.86
11	90.09	59.35	35.22	12.40
12	89.29	56.74	32.20	10.37
13	88.50	54.28	29.46	8.68
14	87.72	51.94	26.97	7.28
15	86.96	49.72	24.72	6.11

我们还注意到,对任意固定利率,现值随着支付时间的延长而减少。横向阅读表格任意一行,你会发现,随着支付时间从 1 年上升到 5 年、10 年、20 年,现值逐渐减少。

从这些计算中得到的最后一个结论是,现值随着支付时间和利率的变化而变化。表 4.2 说明了现值如何随着利率的上升而变化。你会发现,当支付在 1 年后进行时（第 2 列）,随着利率从 1% 上升到 5%,现值从 99.01 美元减少到 95.24 美元,即减少了 3.77 美元,或者说下降了不到 4%。事实上,对于 1 年后进行的单一支付,现值变化的百分比近似等于利率改变的百分点；利率上升 4 个百分点引起现值下降 4%。

现在看看在 10 年后进行支付的现值（表 4.2 第 4 列）。随着利率从 1% 上升到 5%,从现在开始 10 年后支付的 100 美元的现值从 90.53 美元下降到 61.39 美元,即减少了 29.14 美元,或者下降了超过 30%。因此,一项未来支付的现值不仅随着利率的上升而减少,也随着支付时间的延长而减少。因此,若一项未来支付的支付时间越长,则利率的改变对这项支付的现值的影响越大。记住这个原理,因为它对我们后续讨论债券时极为有用。

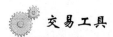 交易工具

计算复利年利率

比较数日、数月、数年和数十年间的变化是很困难的。如果有人告诉你一项投资上个月以 0.5% 的利率增长,你会有何想法？你已经习惯了按年而不是按月去思考增长问题。处理这类问题的方式是把月增长率转化为复利年利率。这就是你所要做的。

若按 0.5% 的月利率增长,一项投资的价值将从月初的 100 变为月末的 100.5。记住乘以 100 把小数转化为百分数,我们可以得到：

$$\left(\frac{100.5-100}{100}\right) \times 100\% = \left[\left(\frac{100.5}{100}\right) - 1\right] \times 100\% = 0.5\%$$

为了把月利率转化为年利率，我们需要知道，若未来 12 个月投资价值依然按 0.5% 的月利率进行增长会发生什么。我们不能将 0.5 乘以 12；相反，而应通过计算 1 个月利率的 12 次方来得出 12 个月的复利率。假设指数从 100 点开始，按 0.5% 的月利率增长，我们可以用复利终值表达式计算 12 个月后的指数水平。记住把百分数转化为小数形式，则 0.5% 为 0.005，我们可以得出结果：

$$FV_n = PV \times (1+i)^n = 100 \times (1.005)^{12} = 106.17$$

增加了 6.17%，这就是复利年利率，它明显大于 0.5 乘以 12 所得到的 6%。两者之差——一个是通过乘以 12 得出，另一个是通过复利得出——随着利率的上升而增加。若按 1% 的月利率，则复利年利率为 12.68%。

复利的另外一个运用是，当我们知道一项投资在一定年限内的增长额时，计算每年的百分比变化，这种比率有时也被称为平均年利率。比如，一项投资在 5 年内增长 20%（从 100 到 120），怎样的年增长率才能实现这种增长呢？直接用 20% 除以 5 将会得出错误的答案，因为这样做忽视了复利因素。第 2 年的增长必须以第 1 年年末指数水平的百分比来计算。5 年后增长了 20%，那么每年的增长率是多少呢？运用终值公式，

$$FV_n = PV \times (1+i)^n$$
$$120 = 100 \times (1+i)^5$$

解这个方程意味着计算下面的式子：

$$i = \left[\left(\frac{120}{100}\right)^{1/5} - 1\right] = 0.0371$$

这告诉我们，如果连续 5 年每年增长 3.71%，将会有 20% 的总增长（为了检验其正确性，我们计算 $1.0371^5 = 1.20 = 120/100$）。

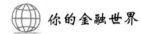 你的金融世界

你应该现在购买新车还是继续等待

在很长一段时间里你一直想买一辆新车，但是为了买车你必须贷款。你现在有 4 000 美元的存款并能负担每个月 300 美元的支付。通过网络查询你知道，自己能够获得一项 4 年期且年利率为 6.75% 的贷款。若借款 10 000 美元，则每个月需要支付 237 美元。也就是说，按 0.545 81% 的月利率（这时的月利率等价于 6.75% 的年利率），每个月支付 237 美元且连续支付 48 个月的现值是 10 000 美元。因为你能够负担每个月 300 美元的支付，所以你能获得 12 658 美元 [（300/237）×10 000] 的贷款；再加上 4 000 美元的存款，你能够购买价值 16 658 美元的汽车。

然而，你没有必要现在就购买新汽车，你可以等待一段时间并继续开着你的旧车。假使你等待 1 年再去购买新车会怎样呢？等待意味着你在已有的 4 000 美元存款的基础上，每个月再存入银行 300 美元。按照 4% 的利率，在年末你将获得 7 838 美元的存款——

4 000 美元加上连续 12 个月每个月存入的 300 美元的终值的总和。

为了便于比较,我们仍假设你获得了每个月支付 300 美元的 4 年期贷款。在第 1 年年末,另外寻找一项每个月支付 300 美元的 3 年期贷款,按照 6.75% 的年利率,你能够借到 9 781 美元。加上你在银行的存款,你总共能够支配的金额为 17 618 美元(7 837 + 9 781)。所以,等待 1 年以后,你能够购买价值要高于 1 000 美元的新车(这近似等于 4 000 美元存款按照 4% 的利率获得的利息,加上你不必按 6.75% 的利率支付 12 658 美元贷款利息而获得的资金之和:160 美元 + 854 美元 = 1 014 美元)。

你应该现在购买新车还是继续等待呢?这取决于你对于继续等待而获得额外的 1 000 美元所持有的态度,以及同时不得不支付的旧车修理费用的多少。*

* 除此之外,还有汽车价格发生变化的可能性。汽车价格可能因通货膨胀而上升或者生产效率提高而下降。如果你有充分的理由相信汽车价格会朝着某一个特定的方向发生变化,那么就可以将这个因素纳入计算当中。

4.2 现值的应用

到目前为止,我们所有的例子都集中在给定未来支付日期下计算单一支付的现值。以这种方式计算现值具有较大的灵活性,它意味着我们不仅能够计算单一支付的现值,还能计算在任意时刻进行支付的任意一组支付的现值。如同先前所见的那样,为了在现实中应用现值,我们需要考察一组或一系列的支付。对一系列的支付估值意味着把它们的现值加总,即总体的价值等于各个部分价值的总和。现值是可加的。为了考察如何将现值应用到一系列的支付上,我们将分别考察其两个应用:内部收益率和债券估值。

4.2.1 内部收益率

假设你经营着一家体育器材厂。作为你战略计划的一部分,你准备购买一台生产网球拍的新机器。购买机器将花费 100 万美元且每年能生产 3 000 只球拍。如果每个球拍能卖 50 美元(批发价),那么这台机器每年能产生 15 万美元的收入。为了简化分析,我们假设机器是生产网球拍唯一需要的投入,还知道它将产生的确切收入(事实上,这需要估计);机器将持续运行 10 年,在此期间它运转良好,不需要任何维护费用;第 10 年年末,机器将突然停止运转,且没有任何再售价值。你应该购买这台机器吗?

答案是:取决于具体情况。如果你借 100 万美元购买机器,那么每年从机器所生产的网球拍而获得的 15 万美元收入足够偿还因贷款而每年必须支付的利息吗?如果能够偿还利息并且还有一定剩余的话,那么购买机器是一个好主意。但是如果不能偿还利息,那么么购买机器就是一个错误的选择。因此,你须计算因购买机器而产生的收入是否足够多,以便能够偿还为了购买它而进行的贷款。我们分为两个步骤:第一步,计算机器投资的内部收益率;第二步,比较内部收益率和机器的购买成本。如果成本小于收益,那么我们将购买机器。

内部收益率(internal rate of return)是指一项投资的现值等于其成本的利率。对于生产网球拍的机器而言,它是指生产网球拍而获得收入(每年15万美元共10年)的现值与机器的成本(100万美元)相等的利率。为了找出内部收益率,我们把每年收入的现值加总(我们不能采用总收入的现值),并使它和机器的成本相等。然后我们求出利率i:

$$1\,000\,000 = \frac{150\,000}{(1+i)} + \frac{150\,000}{(1+i)^2} + \cdots + \frac{150\,000}{(1+i)^{10}} \tag{5}$$

你可以用财务计算器或者EXCEL表单计算这个等式。答案为8.14%,这就是你的投资的内部收益率。也就是说,投资机器100万美元的年回报率是8.14%。但是这个回报率是否已经足够高以至于你可以进行投资呢?这取决于你购买的机器的100万美元的成本。

你可以通过两种方式提供100万美元。你可以用你公司的留存收益——你从过去利润中保留的资金。或者你可以借款。在第一种方式下,就像你可以对支付利息的投资进行比较一样,你需要计算资金用于购买机器是否比投资于其他项目能获得更高的收益。留存收益的另外一个主要用途是你能够按借款利率把它借给其他人,这就叫做投资的机会成本。如果借款购买机器,你需要知道在支付完贷款以后你是否还有利润剩余。我们假设你考虑借款。

表4.3说明了在各种利率条件下借入100万美元,每年必须要支付的金额。为了让例子相对简单,我们假设贷款需要分10次等额支付,每年支付1次。这种典型的贷款叫做**固定支付贷款**(fixed-payment loan),它与汽车贷款和抵押贷款是一样的。用现值计算公式[公式(4)],我们知道贷款的数额必须等于10次支付的现值的总和。如果利率是i,那么,

$$1\,000\,000 = \frac{\text{固定支付}}{(1+i)} + \frac{\text{固定支付}}{(1+i)^2} + \cdots + \frac{\text{固定支付}}{(1+i)^{10}} \tag{6}$$

$1\,000\,000 = $ 支付10次且每年支付相等金额并按利率i贴现的现值之和

表4.3 10年期的100万美元贷款的每年固定支付额

利率(%)	支付额(美元)
5	129 505
6	135 868
7	142 378
8	149 030
9	155 820
10	162 745

利用这个关系,我们可以计算在各种利率下贷款的支付额,如表 4.3 所示。我们也可以预测,当利率上升时,支付额也将增加。

在什么利率水平下,你才能负担起购买机器的贷款呢?回想一下,你每年有 15 万美元的收入,你的内部收益率是 8.14%,因此只要利率为 8% 或者更低,你就能偿还贷款。但是我们必须更精确地回答这个问题。为什么?我们注意到内部收益率公式(5)等价于贷款公式(6)。事实上,内部收益率是每年 15 万美元且连续 10 年的收入恰好能够偿还贷款的利率。因此,我们只需要做一次这样的计算便能回答这个问题。如果内部收益率超过了融资贷款的利率,那么你将购买生产网球拍的机器。一般来说,如果一项投资的内部收益率超过它的借款成本,那么这项投资是有利可图的。

在继续论述之前,我们需要用到内部收益率的概念来回答现值部分提出的问题:如果你同意提供一笔 225 美元的贷款,借款者承诺连续 3 年、每年归还 100 美元或者连续 2 年、每年归还 125 美元,你应该接受哪一种提议呢?确定做法的第一步是计算这两种支付流的内部收益率。对于分 3 次支付 100 美元的情况,我们需要找到利率 i 满足:

$$225 = \frac{100}{(1+i)} + \frac{100}{(1+i)^2} + \frac{100}{(1+i)^3}$$

结果为 $i = 0.159$,或者 15.9%。

接下来,我们计算另外一种情况,我们需要计算利率 i 满足:

$$225 = \frac{125}{(1+i)} + \frac{125}{(1+i)^2}$$

结果为 $i = 0.073$,或者 7.3%。

这意味着,如果你选择接受连续 3 年、每年支付 100 美元的借款,你将获得利率为 15.9% 的贷款收益;如果你选择接受连续 2 年、每年支付 125 美元的借款,则贷款的收益率变为 7.3%。很明显,作为贷款者,连续 3 年、每年支付 100 美元的借款对你来说更有利,但是我们不得不做相当多的工作来计算这个结果。

概念应用

提前退休

许多人都想早点退休,他们希望在自己 40 岁(大学毕业后工作少于 20 年)的时候便辞去工作,然后在接下来的 40 年里做自己想做的事情。在 20 世纪 90 年代末,看起来好像许多互联网公司的百万富翁已经成功实现了这个目标——至少暂时实现了。但是当因特网泡沫在 2000 年破灭时,一些提前退休的人发现他们实在负担不起退休后的生活。于是,有些人又不得不重新工作。

提前退休的成本究竟有多大呢?答案是,非常大。这就产生一个问题,如果你恰好能活到 85 岁,虽然你很富有,却愿意过着比较简朴的生活(对富人而言),每年仅花费 10 万美元。记住你打算全年 365 天一直度假,想让自己的小孩读大学,想要买新车等,而且你仍然要支付所得税,因此你不会得到你所有的收入。假设你没有其他的退休计划,也没有获得社会保险支付(你不能获得或者至少在退休后的 20 年之内不能获得);在接下来的 45

年里,你每年需要 10 万美元。

为了计算在 40 岁的时候你需要储蓄多少钱,你可以运用现值概念。考虑一下,为了在 5 年后拥有 10 万美元,你现在需要投资多少。答案为:

$$100\,000 = PV(1 + i)^5$$

假设你的投资按 4% 的利率获取收益(虽然有点保守,但不能指望太高),则答案为:

$$PV = 100\,000/(1.04)^5 = 82\,193(美元)$$

为了能在 40 岁退休,在你退休期间的 45 年里,你需要每年都做一次这样的折现,即计算一系列 10 万美元支付的现值:

$$100\,000/(1.04)^1 + 100\,000/(1.04)^2 + \cdots + 100\,000/(1.04)^{45} = 2\,072\,004(美元)$$

在 40 岁以后退休并且每年花 10 万美元,这意味着你要积累大约 200 万美元的资产(不计你的房屋)。现在你可以明白,为何拥有价值几百万美元互联网公司股票的富翁在 40 岁退休后,当网络泡沫破灭而使他们的财富缩水 75% 或者更多时,不得不返回工作岗位。

我们讨论的重点是退休(尤其是提前退休),它的成本是非常高昂的。即使你愿意工作到 65 岁,并且每年只花费 5 万美元(加上社保),你也需要有大约 70 万美元的存款。一般来说,为了能够在 65 岁退休以后还能保持退休前的生活水平,人们应该在 25 岁左右把收入的 10% 存入银行作为退休基金。在没有薪资收入的情况下,为保证退休以后的生活确实需要大量的存款。

 新闻摘录

经济情景:五角大楼证明,挣钱和运营并不全要支付

Alan B. Krueger

假设你的雇主给了你一份解雇通知书,并让你选择:每年向你支付 8 000 美元且连续支付 30 年或者现在就一次性给你 50 000 美元。你会怎么选择呢?

这并不是一个虚拟假设。当 20 世纪 90 年代早期发生大规模裁员时,国防部也给许多军事人员类似的选择。军队提供了小册子和咨询意见来说明怎样才能做出明智的选择,而令许多经济学家惊讶的是,相关的军事人员很少会选择军队提供的合理意见。

当然,决策取决于今天获得的货币相比明天获得的货币而言价值是多少。今天已到手的东西比明天才到手的东西更有价值,但是价值会多多少呢?一个在今天获得的 1 美元和在 1 年以后获得的 1 美元之间的区别就叫做贴现率*。

标准的经济学理论认为,如果资本市场运作良好,人们将借款或者贷款直到贴现率等于借款或贷款的市场利率。当某些人具有较低的贴现率时,他们选择储蓄以获得利息;当某些人具有较高的贴现率时,他们则选择贷款以获得债务。这将持续到某一均衡点,此时个人的贴现率等于市场利率。

因此,以某种合理的方式,军队的小册子提供了按 7% 的贴现率计算的每年支付的现值,这个利率是当时货币市场基金的利率。如果每年支付的现值之和超过了一次性支付

的价值,那么年金支付是较好的选择。

证据表明,大多数的人太过看重已到手的东西。如果将来的收入按照每年7%贴现,那么连续30年、每年支付8 000美元的价值将超过106 000美元,超过一次性支付(50 000美元)的两倍。如果贴现率是10%,与最近十年的30年期固定利率抵押贷款的利率一样,则承诺的8 000美元年金支付的价值是83 000美元。对那些能从银行借款的人来说,选择按年支付的方式是一个不错的交易。

然而当军队确实提供这种选择时,根据Clemson大学的John Warner和国防部的Saul Pleeter在《美国经济评论》上发表的文章,应征人员中的四分之三都选择了一次性支付。作者也计算了多种条件下的选择,均衡贴现率(按年支付的现值与一次性支付的价值相等的利率)根据服务年限和薪水的不同,在17%和20%之间变动。总之,92%的退役人员和51%的军官选择了一次性支付。

因为政府当时可以按7%的利率进行借款,所以Warner和Pleeter计算得出,按照一次性支付的方式,财政部将节省17亿美元。

在以被遣散的65 000名武装部队人员作为样本的调查中发现,考虑到税收因素,个人的平均贴现率将超过25%。而缺乏教育的人、年轻人、少数民族及具有赡养义务的人有较高的贴现率,官员则有较低的贴现率。

认识到这样一个事实对于解释其他大量的现象很有用处。例如,公众倾向于持有高额的信用卡债务——每个家庭拥有超过6 000美元的信用卡债务,接近15%的年利率,这与他们具有较高的贴现率和较低的储蓄率是一致的。的确,有人会奇怪为什么政府不按10%的利率向每个人提供信用卡,而按5%的利率进行借款。因为这将有助于减少债务和降低个人对快速取现的渴望。

* 贴现率和计算现值时所用的利率是一样的。为了计算现值,我们需要把将来支付的价值减少到与其今天的价值相等。也就是说,我们需要对它们进行贴现。我们还有自己的贴现率或者利率,那是对我们耐心程度的一种测量方式。

资料来源:Alan B. Krueger. *The New York Times*, May 24, 2001. Copyright © 2001 by The New York Times Co. Reprinted with permission。

▶ **本文启示**

这篇文章讲述了退休人员面临的普遍问题,他们应该选择一次性支付还是一系列的年金支付?回答这个问题需要用到现值的概念。文章也讲述了大多数人是如何极度没有耐心,表现在其行为方式上似乎他们的贴现率非常高,这解释了人们为何在较高的利率时会有借款的意愿。

4.2.2 债券:基础

现值概念最常见的用途之一便是债券估值。**债券**(bond)是指在将来特定的日期进行一系列支付的承诺。它作为借款协议的一部分被发行。实质上,它是借款者或者债券出售者给予贷款者或者债券购买者的一张借据,以换取一定金额的货币。政府和企业都需要借款,因此都发行债券。因为债券产生了收益,所以它应该作为合法的契约而被审慎思考:(1) 借款者需要向贷款者支付利息;(2) 详细说明如果借款者不能履行支付义务该怎么办。

因为有多种不同类型的债券,为了集中讨论,我们考察最常见的种类——**息票债券**(coupon bond)。例如,一个需要 100 美元的借款者向贷款者"发行"或者出售 100 美元债券,债券发行者被要求每年进行支付,叫做**息票支付**(coupon payments)。每年支付的金额(表示为借款金额的百分比)叫做**息票率**(coupon rate)。如果息票率为 5%,那么借款者/债券发行者每借 100 美元将向贷款者/债券支付持有者 5 美元。每年的息票支付等于息票率乘以借款金额。债券也说明了发行者偿还 100 美元本金和停止支付利息的日期,叫做**到期日**(maturity date)或者到期期限。最终支付,即初始 100 美元贷款的偿还,也经常被叫做**本金**(principal)、**面值**(face value)或者债券的**票面价值**(par value)。

在计算机出现以前,购买债券的投资者会收到一系列附有特定日期支付利息的息票凭证。为了获取息票支付,投资者会剪下息票邮寄给债券发行者。在到期日,投资者会赎回最后的支付凭证。下图为铁路公司债券①(仍然有一些息票附在上面)。

铁路公司在 1945 年 5 月 1 日发行的息票债券,仍有一些息票附在债券上。

---

① 图中的债券是 1945 年 5 月 1 日发行的面值为 1000 美元、票面利率为 3.5% 的 50 年期息票债券。它承诺从 1945 年 11 月 1 日起每 6 个月进行 7.35 美元的支付共 100 次,在 1995 年 5 月 1 日支付本金。大多数的债券每半年支付一次利息。

你可以发现,发行债券的借款者承诺在债券的有效期内进行一系列有规律的利息支付,并在债券到期日给予最终支付。人们愿意为这样一份合约支付多少钱呢?答案直接取决于现值:债券的价格是它所有支付的现值之和。为了理解如何为债券定价,我们先从本金开始,再加入息票支付。

本金支付的估值 对债券的本金或者最终支付的估值是现值的简单应用。让我们看看承诺在 n 年后的到期日支付 100 美元本金的债券。这项支付的现值是:

$$P_{BP} = \frac{F}{(1+i)^n} = \frac{100}{(1+i)^n} \tag{7}$$

债券本金的现值(P_{BP}) = 本金支付(F) ÷ (1 + 利率)^n

我们立即发现,本金支付的现值随到期日和利率的变动而变动。支付时间越晚(即 n 越大),支付的价值越小;利率越高,支付的价值越小。

为了考察具体情况,我们假设利率为 6%,最终支付为 1 000 美元且支付期为 30 年。如果利率为 6%,则最终支付的现值:

$$P_{BP} = \frac{1\,000}{(1.06)^{30}} = 174.11(美元)$$

毫不奇怪,将来偿还的 1 000 美元本金的现值仅为初始 1 000 美元本金的很小一部分。假设把利率降低为 4%,本金支付的现值将增加到 308.32 美元,但是仍然少于支付本身的一半。

息票支付的估值 息票支付又会怎样呢?这一系列的等额支付与我们讨论内部收益率时所考察的贷款支付类似。这里我们通过加总每次支付的现值得到一系列等额支付的总额。以连续两年、每年支付 10 美元为例,让我们看看更详细的计算过程,假设利率为 6%,两次支付的价值为:

$$\frac{10}{1.06} + \frac{10}{1.06^2} = 9.43 + 8.90 = 18.33(美元)$$

加入更多的支付仅仅意味着添加更多的项。因此,对于连续 5 年、每年支付 10 美元,其现值为:

$$\frac{10}{1.06} + \frac{10}{1.06^2} + \frac{10}{1.06^3} + \frac{10}{1.06^4} + \frac{10}{1.06^5} = 9.43 + 8.90 + 8.40 + 7.92 + 7.47 = 42.12(美元)$$

这个例子强调了定期固定支付的两个重要特性。首先,支付进行得越久——支付次数越多——它们的总现值越大。随着支付不断向未来延伸,总现值仍将增长。因为长期债券(例如持续 30 年的债券)比短期债券(例如 5 年后支付本金的债券)有更多的支付,所以长期债券的息票支付比短期债券的息票支付的价值更大。

其次,正如在计算现值时的一般例子,利率越高,现值越低。例如,将利率从 6% 提高到 7%,短期债券的 5 次未来支付的总价值从 42.12 美元降到 41 美元。

我们可以用现值表达式写出 n 年里进行的一系列息票支付的现值的一般公式。它是从 1 年到 n 年、每年支付的现值的简单加总:

$$P_{CP} = \frac{C}{(1+i)} + \frac{C}{(1+i)^2} + \frac{C}{(1+i)^3} + \cdots + \frac{C}{(1+i)^n} \tag{8}$$

$$一系列债券息票支付的现值(P_{CP}) = \sum_{i=1}^{n} 每年息票支付(C) \div (1+利率)^n$$

这个公式显得比较复杂,这便是我们为什么要用计算器和 EXCEL 的原因。对于该公式简单版本的推导,参见本章的附录。

息票支付和本金的估值 为了对年息票支付和本金支付进行估值,我们可以像下面一样将公式(7)和公式(8)结合起来:

$$P_{CB} = P_{CP} + P_{BP} = \left[\frac{C}{(1+i)} + \frac{C}{(1+i)^2} + \frac{C}{(1+i)^3} + \cdots + \frac{C}{(1+i)^n}\right] + \frac{F}{(1+i)^n} \qquad (9)$$

息票债券的现值(P_{CB}) = 每年息票支付的现值(P_{CP}) + 本金支付的现值(P_{BP})

这个公式看起来很复杂。但是仅仅通过观察它的组成部分,我们就可以获悉两个简单的事实。当以下两种情况发生时,息票债券的现值P_{CB}将增加:(1)每年的息票支付C上升;(2)利率i上升。第一个结论遵循这样的事实,即高的息票率意味着大的未来支付,而大的未来支付的现值也较大。第二个结论直接遵循现值关系,即利率越低,任何将来支付的现值越高。

越低的利率意味着越高的债券价格,越高的利率意味着越低的债券价格,这个事实非常重要。既然债券承诺在将来时刻进行固定的支付,那么利率越高,它们的现值就越低。它遵循这样一个规律:债券的价格与被用来对承诺的支付进行贴现的利率呈反向变动。

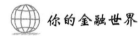

尽快偿还你的信用卡债务

信用卡十分有用。它使你购买东西变得容易——有时候太容易了。虽然我们每个月都计划偿还信用卡透支额,但有时候我们却没有足够的资金。因此,我们可以利用信用卡发行者提供的贷款,只偿还我们的一部分欠款。于是,我们突然发现自己已经深深陷入债务之中。

你应该多快偿还你的信用卡透支额呢?信用卡的发行银行或者财务公司会告诉你必须偿还的最低限额。你需要决定是否有必要偿还更多,你的决定会使结果有很大的区别。我们可以用现值概念算出你的选择。

举一个典型例子。你有 2 000 美元的信用卡透支额需要偿还并且每个月至少偿还 50 美元,你需要多少个月才能还清债务呢?如果你每个月偿还 60 美元或者 75 美元,结果又会如何呢?为了找出答案,可以运用公式(8)计算一系列固定支付的现值。在这个例子中,现值是贷款总额 2 000 美元;每个月的固定支付是 50 美元、60 美元或者 75 美元;利率是信用卡公司每个月收取的利息。大多数的信用卡公司的利率在 10%—20%,平均利率是 13% 左右。我们需要计算支付的次数或者公式(8)中的 n。*

表 4.4 显示了按不同的利率和支付金额偿还 2 000 美元透支额所需的月数。第一个数值告诉我们,如果信用卡公司收取 10% 的年利率(它相对较低)而你每个月偿还 50 美元,那么你将需要 48.4 个月来偿还债务——4 年多。

表 4.4　偿还 2 000 美元的信用卡债务所需月数　　　　　　　　　　　（单位:月）

年利率(%)	月支付		
	50 美元	60 美元	75 美元
10	48.4	38.9	30.1
12	50.5	40.3	30.9
15	54.3	42.5	32.2
20	62.4	47.0	34.5

观察整个表格,你会发现每月偿还大额资金的优势。假设你支付 15% 的利率——这在现实中更加常见。表格显示,当你的偿还额从 50 美元增加到 60 美元时,你只需 42.5 个月便可还清债务,而不是原来的 54.3 个月。换句话说,每个月多偿还 10 美元将让你提早整整 1 年还清债务。如果你每个月能偿还 75 美元的话,你还将再提早 10 个月还清债务。

更仔细地观察,你会发现每月偿还大额资金比获得低利率更为重要。我们得到启示:尽可能迅速地偿还债务,延长偿付时间的成本是很昂贵的。

你应该多快偿还你的信用卡余额?

* 最简单的方法是用 EXCEL 加总每月偿还金额的现值直到它等于信用卡透支额;你也可以用第 4 章附录中的公式(A5),它可以用对数来求解。

4.3　实际利率和名义利率

在计算现值时,我们的目的是估计,为了获得固定的未来支付,今天需要支付的美元金额。为了达到这个目的,我们用到了**名义利率**(nominal interest rate),即以当前的美元表示的利率。之前的分析中,我们并没有考虑通货膨胀可能改变美元的购买力。既然借款者与贷款者关心他们支付和收到的货币的购买力,他们就会关心通货膨胀。因此我们需要调整贷款的收益率,不仅按照名义利率,还按照通货膨胀调整后的利率来考察,这种利率被称为**实际利率**(real interest rate)。

考虑一笔按 5% 的利率、1 年期的 100 美元贷款。借款者在年初获得 100 美元并在年末偿还 105 美元。如果在该年里物价上升了 5%——就是说,如果通货膨胀率是 5%——那么在年末还给贷款者的 105 美元与年初的 100 美元具有完全一样的购买力。通货膨胀调整后贷款者的收益率为零。没有贷款者会为零收益率而高兴。因此,如果预期通货膨胀是 5%,那么没有贷款者会按 5% 的名义利率进行贷款。

这个例子的要点在于,借款者考虑通货膨胀调整后的借款成本,而贷款者关注通货膨胀调整后的收益率,没有人只关心美元的数目,人们也关心这些美元能够购买到什么。换句话说,每个人都关心实际利率。这就是经济学家认为名义利率包括两个部分的原因,即实际利率和预期通货膨胀。

比如说,你想要一笔期限为 1 年的 100 美元的贷款,并找到了一个愿意为你提供贷款的贷款者,但是你们两个需要在利率上达成一致。你们俩都关心来年的通货膨胀率,因为它将影响你用于偿还贷款的美元的购买力。但是你们都不知道通货膨胀率会是多少,所以你们需要预测通货膨胀率,以便达成一致的协议。也就是说,你们认可的名义利率必须以贷款期间预期的通货膨胀率加上你们共同认可的实际利率之和为基础。

以公式的形式将这个表述写在下面是很有帮助的。名义利率 i 等于实际利率 r 加上预期通货膨胀率 π^e:①

$$i = r + \pi^e \qquad (10)$$

这被称为费雪方程,是以 20 世纪早期的经济学家欧文·费雪(Irving Fisher)的名字命名的。它表明在通常情况下,名义利率与预期通货膨胀率正相关。预期通货膨胀率越高,名义利率越高。如我们在图 4.2 中所见,数据证实了这一点。虽然这种关联并不是很紧密,但高的名义利率通常还是与高的通货膨胀率联系在一起。例如,在 1980 年和 1981 年,美国的利率极高,美国财政部不得不为它的短期借款支付 15% 的利率。直到 1986 年,利率才降低到较为合理的水平,接近 5%。仅仅五年时间,利率就变动了 10 个百分点!图 4.2 还显示,随着通货膨胀率的降低,名义利率也降低了。事实上,两者的下降幅度几乎相同。在这期间,实际利率并没有改变多少。

---

① 这个公式只在低水平的通货膨胀和实际利率下有效地近似。名义利率、实际利率和通货膨胀率之间的准确关系是 $(1+i) = (1+r)(1+\pi^e)$,即 $(1+i) = 1 + r + \pi^e + r\pi^e$。近似表达式 $i = r + \pi^e$ 忽略了 $r\pi^e$,它通常很小。例如,如果实际利率是 5%,在零通货膨胀下,5% 的名义利率意味着 100 美元的投资产出是 105 美元。但是如果通货膨胀率上升到 100%,投资者将在 1 年后要求 210 美元的投资产出。因此,按 5% 的实际利率和 100% 的通货膨胀率的名义利率为:$(1+i) = (1+0.05)(1+1) = 2.1$,它暗示着利率是 110% 而不是 105%。5% 的差额来自近似公式被忽略的部分。

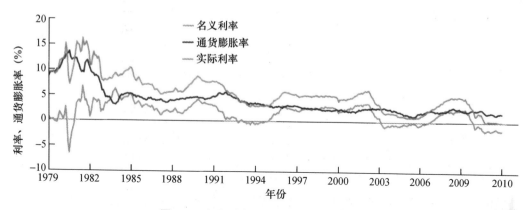

图 4.2 名义利率、通货膨胀率和实际利率

资料来源：3 个月国库券利率的数据来自 Federal Reserve Board，12 个月通货膨胀率根据 Bureau of Labor Statistics Consumer Price Index Research Series 计算得来，实际利率等于名义利率减通货膨胀率。

实际利率这个术语可能会使人产生混淆。金融市场用名义利率（即出现在报纸和银行账单上的利率）报价。① 从现实生活的利率这个意义上说，它们是"真实"的。当人们运用利率这个术语时，如果没有特别说明，他们指的是名义利率，也就是人们每天见到的利率。我们将遵循这种习惯，用"利率"这个术语代表名义利率，用"实际利率"这个术语表示名义利率减预期通货膨胀率。

我们无法像得到名义利率那样直接得到实际利率，必须对其进行估计。最简单的方法就是将费雪公式变形，重新写成：

$$r = i - \pi^e \tag{11}$$

既然我们已经知道名义利率 i，计算实际利率意味着用名义利率减去预期的通货膨胀率。通货膨胀率的预测有许多的来源。费城联邦储备银行每年两次公布专业的预测，密歇根大学调查研究中心每个月都会计算一次消费者通货膨胀预期。

由于预测经常会出错，我们的估计值总是与实际的实际利率不尽相同。制定重大经济决策的人将以预期的实际利率为基础做出决策。一段时间之后，这些人将回顾并计算实际支付或获得的实际利率。第一种被称为事前的实际利率，意味着在"事实发生之前"。第二种被称为事后的实际利率或实现的利率，意味着在"事实发生之后"。既然我们知道了名义利率和真实的通货膨胀率，那么我们总可以计算出事后的实际利率。但实际上，我们真正想知道的是事前的实际利率。

---

① 一个例外是某种债券，它的利率是以实际利率进行报价的，也就是通货膨胀调整后的利率。我们将在第 6 章详细地考察这种指数债券。

概念应用

高利率,低利率

一旦我们知道了名义利率随着通货膨胀率的变动而变动,利率的大幅度变动就变得不再那么神秘了。日本的利率接近于零而俄罗斯的利率差不多是9%,这样一个事实也就变得更加容易理解了。为了更好地理解这个事实,我们所要做的就是考察两国之间通货膨胀率的差别。例如,2010年,日本的物价水平下降了2%,而俄罗斯的通货膨胀率却是令人不安的8%。通货膨胀率10个百分点的差距解释了两者名义利率之差超过了9%。

图4.3显示了2010年早期,35个国家和欧元区的名义利率与通货膨胀率。首先,我们注意到高的通货膨胀率和高的名义利率联系在一起;其次,大多数的点位于45°线之上,意味着在这些国家,名义利率高于通货膨胀率。然而,总的来说,紧接着2007—2009年的金融危机,事后的实际利率接近于零,这反映了全球经济的疲软。注意,这些点与45°线之间的距离毫无例外地代表着实际利率,它和这些点与横坐标之间的距离所代表的名义利率是不同的。

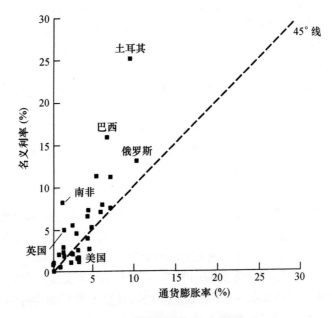

图4.3 通货膨胀率和名义利率

资料来源:数据来自《经济学人》杂志每周出版的"经济和金融指示器"。

关键术语

基点	内部收益率
债券	到期日
复利	名义利率
息票债券	票面价值
息票支付	现值
息票率	本金
面值	实际利率
固定支付贷款	72法则
终值	收益率

本章小结

1. 一项支付的价值取决于支付时间。
   a. 终值是一项初始投资的现值乘以1与持有期间每年的利率之和。利率越高，终值越大。
   b. 现值等于一项将来的支付在今天的价值。
      i. 在给定的利率下，支付越高，现值越大。
      ii. 利率越高，一项给定支付的现值越小。
      iii. 在给定的利率下，发生支付的时间越长，给定支付的现值越小。
      iv. 当给定利率上升，支付时间离现在越远，一项承诺的支付的现值下降得越多。
      v. 当计算现值时，利率和进行支付的日期必须以相同的时间单位计量。
2. 现值能用于对任何一系列的将来支付进行估值。
   a. 内部收益率是将来支付或一项投资的利润的现值等于它当前成本的利率。
   b. 息票债券是一项在将来具体的时间进行定期的利息支付和最终的本金偿还的承诺。
      i. 债券的现值取决于它的息票率、到期日和当期利率。
      ii. 给定到期日和利率，息票率越高，债券的现值越大。
      iii. 债券的价格与利率反相关。价格越高，使价格与承诺支付的现值相等的利率越低。
3. 实际利率是名义利率减预期通货膨胀率。它是以购买力而不是当前的美元数量来考察的。

概念性问题

1. 计算按8%的利率，100美元在将来5年、10年和15年后的终值。同样是这些时间段，如果利率变为5%，终值分别是多少？

2. 按4%的利率分别计算从现在开始6个月、5年和10年后进行的100美元投资的现值。
3. 假设当前利率是3%,计算面值为1 000美元且息票利率为5%的债券的价值。当利率上升到4%会如何?当利率下降到2%又会如何?
4. 对于给定的两个投资选择,你会选择连续5年、总收益率为30%的投资方案,还是连续5年、每个月支付5%利息的投资方案?
5. 一家金融机构提供给你一份利率为5%的1年期存款凭证,你预期通货膨胀率为3%,那么你存款的实际收益率是多少?
6. 解释为什么根据其最近创造高额收益的业绩表现来选择投资管理者可能不是最好的主意。
7. 你决定在你65岁时退休并预计会活到85岁。你认为每年花50 000美元可以过得很好。
   a. 假定利率为7%,计算你需要存款的数量,以便在你退休期间每年获得50 000美元的年金。
   b. 如果你预计在退休期间的通货膨胀率平均为2%,你的计算会发生何种变化。
8. 大多数企业每两年或者每三年更换一次它们的电脑。假设一台电脑的成本为2 000美元并且在三年里完全折旧,也就是在三年以后没有任何的重售价值。
   a. 如果为设备融资的利率为 i,为了使购买电脑的投资方案可行,计算一台电脑产出的最小现金流?你的答案取决于 i。
   b. 如果电脑没有完全折旧,而是在淘汰时仍具有部分价值,这又有什么区别呢?假设它的重售价值为250美元,重新回答 a 问题。
   c. 如果融资的利率只能是10%,重新回答 a 问题。
9. 你的一些朋友刚有了小孩并意识到了复利的力量,他们正在考虑为孩子18年后开始的大学教育进行投资。假设今天大学教育的成本是125 000美元,不存在通货膨胀,且不对用来支付大学学费和生活费的利息收入征税。
   a. 如果利率是5%,你的朋友今天需要存入储蓄账户多少钱以便在18年后有125 000美元?
   b. 如果利率是10%呢?
   c. 18年后大学教育的成本同今天一样的概率似乎很小。假设大学教育的成本每年上涨3%,且今天的利率为8%,你的朋友需要投资多少钱?
   d. 回到 a 问题(5%的利率和无通货膨胀)。假设你的朋友在开始时没有足够的资金进行整个投资,取而代之,他们认为能够将其投资分为两个相等的部分,一部分立即投资,另一部分5年后投资。计算相隔5年的两部分相等的投资所需要的资金。
10. 你正在考虑购买新的房屋,并获得了按7%的利率、100 000美元的30年期固定利率抵押贷款。这项抵押贷款需要每个月支付大约651美元,共支付360个月。如果利率上升到8%,你的月支付金额会有何变化?将利率的百分比变动与每月支付的百分比变动进行比较。
11. *用费雪方程详细解释,当借款者用名义利率向贷款者进行支付时,他是在向贷款者提供哪些补偿。

分析性问题

12. 如果当前利率上升，你期望债券价格会发生什么变化？解释之。
13. 利率上升对下面哪个影响最大——仅在第3、4和5年进行息票支付的5年期息票债券的价格，还是仅在第1、2和3年进行息票支付的5年期息票债券的价格？
14. 在什么情况下，你愿意为期限3年、息票利率10%且面值1000美元的息票债券支付超过1000美元？
15. *一项年收益率为5%的100美元的投资需要多久才能达到800美元？如果收益率变为10%呢？一项年收益率为5%的200美元的投资需要多久才能达到800美元？为什么利率加倍和初始投资金额加倍所得的结果不同呢？
16. 假设两个投资者(A和B)正在考虑购买相同的长期债券。当决定愿意支付的债券价格时，投资者A考虑了过去10年的利率变化，注意到最近两年的低且稳定的利率之前有一段时间的利率波动；而投资者B只考察了过去两年的利率变化；其他的一切都是相同的。你认为哪个投资者将会愿意为债券支付较高的价格？
17. 最近，有些幸运的人买彩票中了奖。据报道，彩票的奖金总额为8550万美元。事实上，彩票获奖者有两个选择：连续30年里每年获得285万美元或者现在一次性获得4600万美元。
    a. 简要解释为什么连续30年里每年获得285万美元与现在一次性获得8550万美元不是等价的。
    b. 当获奖名单公布以后，晚报采访了一群彩票购买者。当接受采访时，他们中的大多数人都谈道，如果他们是中奖者，希望现在一次性获得4600万美元。假设你是幸运的获奖者，在每年定期固定支付和一次性支付之间，你将做何选择？
18. 你打算攻读为期一年的硕士学位。你已经做了一些研究并相信自毕业后的10年工作中，硕士学位将会使你的薪水每年增加5000美元。从那以后，在接下来的10年里，你的收入不会因为获得硕士学位而发生变化。攻读硕士学位将会花费你35000美元，并且必须以6%的利率进行借贷。那么，你认为这项教育投资是不是有利可图？
19. 假设获得偿还的概率是一样的，那么对一个贷款者来说，10%的名义利率是否始终比5%的名义利率更加具有吸引力？解释之。
20. *假设交易双方一致认为下一年的预期通货膨胀率是3%。据此，他们达成一项名义利率为7%的贷款协议。如果下一年的通货膨胀率被证实是2%，那么谁将获得收益？谁将遭受损失？

(注：题号后标注*的问题均指难度较大的题型。)

第 4 章附录
现值公式的代数推导

在这个简短的附录中,我们将推导现值的计算公式。为此我们需要运用一些代数知识,这对于复杂的推导过程是值得的。现值公式对于计算任何一系列支付的现值(例如汽车贷款、抵押贷款、息票债券和一项投资的内部收益率),都是很有用的。

假设你将购买一栋房屋。你愿意以利率 i 借入 PV 美元并同意进行 n 次等额的抵押贷款支付。你每次的支付是多少呢?它必须足够大以便你所有支付的现值按利率 i 贴现后,等于贷款的金额。

为了计算支付,我们将运用到现值计算公式。如果将每个月的支付规模设为 C,那么我们需要求解下列公式:

$$\text{PV} = \frac{C}{(1+i)^1} + \frac{C}{(1+i)^2} + \frac{C}{(1+i)^3} + \cdots + \frac{C}{(1+i)^n} \tag{A1}$$

表达式(A1)中的每一项都是将来时刻支付 C 的现值。为了简化表达式(A1),我们在等式两边同时乘以 $1/(1+i)$,得到:

$$\frac{1}{(1+i)}\text{PV} = \frac{1}{(1+i)}\left[\frac{C}{(1+i)^1} + \frac{C}{(1+i)^2} + \frac{C}{(1+i)^3} + \cdots + \frac{C}{(1+i)^n}\right]$$

$$= \frac{C}{(1+i)^2} + \frac{C}{(1+i)^3} + \frac{1}{(1+i)^4}\cdots + \frac{C}{(1+i)^n} + \frac{C}{(1+i)^{n+1}} \tag{A2}$$

现在用式(A1)减去式(A2):

$$\text{PV} - \frac{1}{(1+i)}\text{PV} = \frac{C}{(1+i)^1} + \frac{C}{(1+i)^2} + \frac{C}{(1+i)^3} + \cdots + \frac{C}{(1+i)^n} - \frac{C}{(1+i)^2} - \frac{C}{(1+i)^3} - \cdots - \frac{C}{(1+i)^n} - \frac{C}{(1+i)^{n+1}} \tag{A3}$$

可得:

$$\frac{i}{(1+i)}\text{PV} = \frac{C}{(1+i)^1} - \frac{C}{(1+i)^{n+1}} \tag{A4}$$

化简可得如下公式:

$$\text{PV} = \left(\frac{C}{i}\right)\left[1 - \frac{1}{(1+i)^n}\right] \tag{A5}$$

如何使用这个公式?假设你现在获得一笔 100 000 美元的抵押贷款,并承诺在未来的 30 年内按照 8% 的利率进行偿还。记住利率必须以小数的形式且按相同的支付频率报价。例如,如果你按月支付,那么 i 则为月利率。为了计算出你每年的支付(事实上你可以按 360 个月进行支付),求解下列公式中的 C:

$$100\,000 = \left(\frac{C}{0.08}\right)\left(1 - \frac{1}{1.08^{30}}\right) \qquad (A6)$$

化简等式右边我们可以得到:

$$100\,000 = 11.258C \qquad (A7)$$

因此你每年的支付为 8 882.57 美元。我们可以用 0.643 4% 的月利率(即年利率为 8%),为 360 个月的支付进行同样的计算。

公式(A5)在计算贷款的固定支付、债券的息票支付或者投资的内部收益率时是非常有用的。注意,随着支付次数的增加(n 变大),$[1/(1+i)^n]$ 项将变得更小。如果支付永远不终止(即 n 无穷大),那么 $[1/(1+i)^n]$ 趋近于 0。因此,永不终止的一系列现金流的现值为 C/i。

第 5 章
理解风险

　　风险看起来只是两个汉字,但我们却无法回避。我们所做的每一个决定都包含着财务风险和经济风险。比如,我们应该买多少钱的汽车保险？我们应该现在还是一年以后对抵押贷款重新融资？我们是该为退休储蓄,还是把多余的钱用来购买一辆新车？做任何一个不止一种结果的决定都类似于赌博:我们把钱放在赌桌上,然后去冒险。

　　非常有趣的是,如今我们用来度量和分析风险的工具,最开始只是为了帮助赌博的人分析像轮盘赌和二十一点这样的运气游戏。几千年以来,人们一直喜欢玩掷色子的游戏,但他们对这种游戏是如何运行的一无所知。在远古时代,各种各样的色子是被用来祈求上帝的,因此任何对可能性的分析都被认为是不合适的。但是那些没有宗教观念的人对掷色子也没有做出正确的分析,因为他们不理解零的概念。这意味着发展概率理论所需要的复杂计算是不可能存在的。[①]

　　到 17 世纪中叶,宗教的力量减弱了,数学工具得到了发展,人们能够开始弄清楚纸牌、色子和其他游戏的运行机理。自从概率论被发明以后,我们开始用它了解许多日常活动,包括经济、金融甚至天气预测等,最好是与掷硬币或掷色子类似的一些事情。因此不管怎样,我们不再将这些随机事件的发生看作是由神主宰的。

　　虽然专家可以对利率、通货膨胀或者股票市场的未来走势做出预测,但很多时候他们的预测只是猜测。虽然气象学家相当擅长提前一天或两天预测天气状况,但是经济学家、财务顾问和商业领袖在该方面的能力却是惨不忍睹的。因此,了解不同事件发生的概率可以使每个人能够做出更好的选择。即使风险不能被消除,但它总可以被有效地控制。

　　最后,当大多数人把风险视为应该尽可能避免的灾难时,风险也创造着机会,赢家手中的牌赢得的回报经常可以弥补输家手中的牌带来的损失。因此概率论对于现代金融市场发展的作用是至关重要的。人们在承担风险时要求补偿,但如果没有度量风险的能力,我们就不能为从一个人身上转嫁到另一个人身上的风险定价,也不能对股票和债券定价,

---

① 有关这段历史的更多细节,参见 Peter L. Bernstein, *Against the Gods: The Remarkable Story of Risk* (Hoboken, NJ: John Wiley & Sons, 1998)。

更不用说保险了。期权市场也是在经济学家学会利用概率论计算期权的价格之后才出现的。

在本章中,我们将学习怎样度量风险并评估它是否会增加或降低。我们也要去理解为什么风险的变化会导致对特定金融工具的需求的变化,需求的变化会导致金融工具价格的变化。

5.1 定义风险

风险在词典中的定义是"发生损失或伤害的可能性",强调置某人于结果未知的处境中的危险。但是这个词的一般定义并不能完全符合我们的目的,因为我们既关心风险带来的损失也关心它创造的收益。我们需要一个风险定义,它是以财务和经济决策的结果几乎是未知为前提的。下面是我们将使用的风险定义:

风险(risk)是对一项投资未来回报的不确定性的度量,它相对于某种基准并且按照时间长度来度量。

这个定义有几个重要的要素。第一,风险是能被量化的度量。在比较两项潜在的投资时,我们想要知道哪项投资的风险更大以及大多少。当其他方面都相同时,我们会偏向于风险较小的投资,同时针对风险较大的投资会要求更多的风险补偿。不能被量化的不确定性是不能被定价的。

第二,风险来源于将来的不确定性。我们知道将来会遵循许多可能途径中的唯一一个,但是我们不知道究竟是哪一条。这种表述同样也适用于最简单的随机事件——可能发生的情况多于将会发生的情况。比如你掷一枚硬币,它可能出现正面或反面,而不可能出现既是正面又是反面或者既不是正面也不是反面的情况;并且两种可能情况中只有一种会发生。

第三,风险与一项投资的将来回报有关,而将来的回报是未知的。虽然不能确切地知道我们的投资将来会发生什么,但我们一定能够列出所有的可能情况。想得到所有可能情况的投资回报以及每种回报发生的可能性是很困难的,然而这又是计算风险必不可少的。

第四,我们对风险的定义涉及一项投资或一个投资组合。这里投资的概念很广泛,它包括银行账户的余额、互助基金的份额、彩票以及房地产等。

第五,风险必须在一定的时间长度内度量。每项投资都有时间长度,一项投资可能需要一天或两天完成,另一项投资可能需要许多年。一般情况下,期限较短的投资的风险要小于期限较长的投资,但是对这个规则而言存在例外的重要情形,我们在后面章节将讨论到。[1]

最后,风险必须相对于一个基准,而不是孤立地被度量。如果有人告诉你一项投资有风险,你应该立即问道:"相对于什么?"最简单的回答是"相对于根本没有风险的投资",这种投资被称为无风险投资。但相对于无风险投资,其他有风险的投资更为普遍。例如,在

---

[1] 在第8章,我们将看到持有股票1年的风险高于持有它20年的风险。

考虑某一个投资顾问或货币经理的表现时,一个好的**基准点**(benchmark)是一群有经验的投资顾问或货币经理的表现。如果你想知道一项特定投资策略的风险,最合理的基准是其他策略的风险。

既然知道了什么是风险,那么怎样度量它呢?接下来我们将运用概率论的一些基本工具度量风险。

并非只有收益率才重要

当你的生活一切正常时,你享受你的工作,它给你带来不错的报酬,你每个月都能存一点钱。你不得不按你的雇主存入你退休金账户的金额1:1配套存入资金,这样你逐渐地积累了一些长期的储蓄;但是你常常想知道自己的储蓄是否足够。某一天,为了得出结果,你回家打开了你电脑上的财务规划程序。

在退休计划程序中,你输入了所有标准信息:你现在的年龄以及你希望何时退休,你的薪水和你所有资产的价值,每个月投入退休金账户的金额和你想要的在退休时每个月的收入。填完这些以后,程序会问你假定的收益率是多少。那就是,你期望从现在开始到你退休时你的储蓄以多快的速度增长?按照屏幕上的建议,调整通货膨胀率后,你输入了7%,这是股票市场在过去75年的平均收益率。*绿灯闪现,发出信号表示你找到了实现你的财务目标的途径。但是果真如此吗?

也许是真的。程序如同在第4章"概念应用:提前退休"所描述的,进行了一系列终值和现值的计算。绿灯意味着如果你输入的假设是有效的,那么你的储蓄是充足的。也就是说,如果你的储蓄按7%(经过通货膨胀调整后)的速度增长,你现在的规划是正确的。因此你需要确定7%是否是一个合理的数字。虽然它可能是你对接下来几十年的收益率(预期收益率)的最好预期,但一定不是唯一的可能。从现在到你退休这段时间,平均收益率会是多少?对此你毫无把握。

为了得到7%的预期收益率,你不得不承担风险。风险意味着到时你可能只得到较少的钱。如果你的投资收益率每年只有4%,又会怎样呢?在40年的时间里,那会产生巨大的差别。按7%的年增长率,今天的1美元在40年后的终值将近15美元,如果每年你能储蓄1000美元,到时你将有超过200 000美元的储蓄。增长率降到4%,意味着今天1美元在40年后的终值不到5美元,意味着对于每年同样的1000美元储蓄,40年后的终值不到100 000美元。†为了实现同样的目标,你将不得不储蓄两倍的钱。这就是风险!

你需要知道可能发生的情况是什么,每一种可能情况发生的概率有多大。只有这样,你才能评估你的退休储蓄计划是否有风险。

---

* 通货膨胀使计算长期实际收益率变得复杂。物价每年增长2%—3%,这看起来似乎并不多,但是对于超过40年的时间,物价的总增长则相当惊人。按2%的通货膨胀率,物价每36年就翻一番。最简单的方法是忽略通货膨胀,以当前的美元衡量收入、财富和储蓄,然后用实际收益率计算终值和现值。

† 这些数字以终值的计算为基础。如果你每年储蓄1000美元,40年后你将有 $1\,000 \times (1.07)^{40} + 1\,000 \times (1.07)^{39} + \cdots + 1\,000 \times (1.07)^2 + 1\,000 \times (1.07)^1 = 213\,610$ 美元。

5.2 度量风险

有了对风险的定义,我们现在准备把它量化。在这部分中,我们将熟悉随机事件中非常有用的数学概念,我们已经使用过一些这样的概念。回忆上一章中实际利率等于名义利率减预期的通货膨胀率。若没有合适的工具,我们就不能知道预期通货膨胀率这个术语的确切意义,对于预期收益率也是如此。我们发现计算预期通货膨胀率和预期收益率的最好方法是期望值,即通货膨胀率或投资收益率的所有可能值及其概率的加权平均。

5.2.1 可能性、概率和期望值

概率论告诉我们在考虑任何的不确定性时,必须做的第一件事便是列出所有可能的结果,然后计算出每种结果发生的可能性。当你掷一枚硬币时,所有可能的结果是什么呢?有且只有两种可能结果,即正面或者反面。那么每种结果发生的可能性有多大呢?如果硬币质地均匀,它将有一半的可能性出现正面,一半的可能性出现反面;这就是我们所说的质地均匀。如果我们成千上万次地反复投掷一枚质地均匀的货币,结果是一半出现正面,一半出现反面。对于任意的一次投掷,硬币会等可能性地出现正面或者反面。也就是说,硬币出现正面的概率是1/2。

概率(probability)是对某起事件发生可能性的度量。它总是被表示为0到1之间的一个数字,概率越接近于0,该事件将越不可能发生。如果概率准确地为0,我们就确定该事件不会发生。概率越接近于1,该事件将越有可能发生。如果概率准确地为1,该事件必然发生。

一些人更偏好于用频率而不是概率来考察随机结果。我们可以说一枚硬币平均掷两次就会有一次出现正面,代替说投掷一枚硬币出现正面的概率是1/2。概率总是可以按这种方式转换为频率。

下面通过表格来帮助掌握这些概念。表格中列出了所有会发生的可能情况(所有的可能性)及其发生的机会(所有的概率)。表 5.1 列出了所有可能情况——正面或反面——以及概率,都为1/2。

表 5.1 一个简单的例子:投一次硬币的所有可能结果

可能性	概率	结果
第一种	1/2	正面
第二种	1/2	反面

在构造像这样的表格时,我们必须详细列出所有可能的结果。在掷硬币的例子中,我们知道硬币只能以两种结果出现:正面和反面。这两种结果中的一种一定会发生,只是我们不知道是哪一种。

概率的一个重要性质是我们可以通过加总概率来计算某起事件或其他事件发生的可能性。例如,在掷硬币的例子中只有两种可能结果,所以硬币将出现正面或反面的概率一定为1。如果构建的表格正确,那么,概率那一列中的值加起来等于1。

让我们从抛掷一枚硬币的例子转到更复杂的例子上来:一项价值会上涨或下跌的投资。假设你可以用1 000美元购买一只股票,它的价值要么下跌到700美元要么上涨到1 400美元,发生下跌和上涨的可能性是相同的。我们将把你收回的总金额作为投资**回报**(payoff)。按照我们分析抛硬币的过程,我们可以构造表5.2。表中列出了所有的可能性以及每种可能性发生的概率,同时还加总了每种概率乘以相应回报得到的值(第3列)。①

表5.2 投资1 000美元:案例1

可能性	概率	回报(美元)	回报×概率(美元)
第一种	1/2	700	350
第二种	1/2	1 400	700
期望值 = $\sum$(回报×概率) = 1 050美元			

现在我们可以进一步计算投资的**期望值**(expected value)。我们习惯把期望值当作**平均值**(average)或者最有可能的结果,期望值有时也称作**均值**(mean)。在列出所有可能的结果和它们发生的概率后,我们用它们各自的概率乘以相应的回报,再进行加总,便得到了期望值(另外一种说法是期望值是所有可能结果的概率加权之和)。

计算投资的期望值是很简单的。在表5.2中,第一步是用第2列中概率与第3列中对应的回报相乘,便得到了第4列的计算结果。第二步将计算结果加总,我们得到

$$期望值 = \frac{1}{2} \times 700 + \frac{1}{2} \times 1\,400 = 1\,050(美元)$$

这一结果显示在表格下端。

投资的期望值是非常有用的概念,但最初接触时不太容易理解。问题在于,如果我们只投资一次,我们将获得700美元或者1 400美元,而不是1 050美元。实际上,不管我们进行多少次投资,获得的回报永远不会是1 050美元。但如果我们进行这项投资100万次呢?在这100万次投资中大约有50万次投资的回报是1 400美元,另外的50万次投资的回报是700美元(注意我们只是将概率转化成了频数)。所有这100万次投资的平均回报是,

$$\frac{500\,000}{1\,000\,000} \times 700 + \frac{500\,000}{1\,000\,000} \times 1\,400 = 1\,050(美元)$$

虽然赌场可能提供只有两种结果的简单赌博方式,但是在金融世界中很少这样。为了使例子更加现实,让我们将可能性的结果加倍,然后再考虑上例。设1 000美元投资的可能回报除700美元或者1 400美元以外,还有100美元或者2 000美元。表5.3显示可能性、概率和回报的相关数据。我们假定之前的两个可能性情况是最有可能发生的,而新

---

① 当你详细讨论本章的例子时,要注意在计算风险时对所需要的概率进行估计通常是很困难的。最好的估计方法是参考历史。投资分析师总是从过去所发生的事件中估计可能性和概率。

的两个可能性情况不太可能发生。注意概率加总等于 1(0.1 + 0.4 + 0.4 + 0.1 = 1)。同样,我们将概率转化为频数,因此 0.4 意味着 10 次中发生 4 次。我们也可以用每一个概率乘以其相应的回报然后再加总得到期望值。每 10 次中将会有 1 次支付 100 美元,4 次支付 700 美元,以此类推。为了计算期望值,我们将找出 10 次投资的平均值:100 + 700 + 700 + 700 + 700 + 1 400 + 1 400 + 1 400 + 1 400 + 2 000 = 10 500 美元,10 500/10 = 1 050 美元。因此期望值还是 1 050 美元。

表 5.3 投资 1 000 美元:案例 2

可能性	概率	回报(美元)	回报 × 概率(美元)
第一种	0.1	100	10
第二种	0.4	700	280
第三种	0.4	1 400	560
第四种	0.1	2 000	200
期望值 = $\sum$(回报 × 概率) = 1 050 美元			

因为 1 000 美元投资的期望值是 1 050 美元,所以期望收益是 50 美元。但是多数人并不用绝对的美元数额讨论回报,而是用百分比表示收益。以百分比表示收益允许投资者在计算投资收益或损失时可以不考虑初始投资规模。在上例中,1 000 美元投资的**期望收益**(expected return)是 50 美元,或者 5%。注意,我们两次讨论的 1 000 美元的投资按它们的期望收益率来说是没有区别的,都是 5%。这是否意味着它们对投资者来说也是没有区别的呢?很明显,答案是否定的,因为第二种投资比第一种投资有更广的回报范围。就第二种投资而言,最高的回报比第一种投资高,最低的回报比第一种投资低。因此两种投资也就包含了不同的风险。接下来我们将讨论风险的度量。

关于期望值最后还要说明一点。回忆在上一章中计算实际利率时,需要度量预期通货膨胀率。计算预期通货膨胀率的一种方法也就是我们刚刚学习的技术,即列出所有的可能性,并给每种可能性指定一个概率,然后计算通货膨胀率的期望值。

 你的金融世界

选择汽车保险的正确保额

汽车保险是昂贵的,尤其是对年轻的驾驶者来说。毫无疑问,越年轻,你就越有可能发生交通事故。数据表明,每 7 个驾驶员中只有 1 个年龄在 25 岁以下,但是每年发生的 1 000 万次交通事故中超过 1/4 是由年龄在 16—24 岁的年轻驾驶员引发的,而且男性比女性具有更大的风险。所以,保险公司对那些更有可能发生交通事故的驾驶员收取更高的保险费用是情有可原的。

虽然你必须购买某些保险——大多数州要求你购买责任保险,用来赔偿你所造成的事故给其他人带来的破坏和伤害——但是你可以选择。最重要的选择是,你是否购买碰撞保险。当事故是由你的过失引起时,它会对你汽车的损坏提供赔偿。如果你没有购买保险,那么当你造成碰撞时,你将不得不自己支付修理费。

要计算购买多少钱的碰撞保险并没有捷径,但当你做决策时,有些事情需要考虑。首先,你的汽车值多少钱?如果你发生事故,保险公司不会不计成本地为你支付汽车修理费用,保险公司只会按照汽车的价值赔偿。因此,如果你的汽车很旧,此时你撞车了,那你将可能获得一张支票,而不是一辆修好的车。对老车购买碰撞保险几乎没有什么价值。

如果你有一辆新车你应该怎样做呢?问题不是你是否应该购买碰撞保险,而是应该为购买支付多少钱。这取决于所谓的免赔额,即在碰撞后你自己需要为修理支付的金额。如果免赔额是250美元,你就得先支付250美元,保险公司才支付剩余的修理费用。你的免赔额越高,你的保费将越低。

为了考察你的保费可以变动多少,让我们先看一个例子:一个住在离家较远地方的19岁男大学生,拥有良好的驾驶记录和学生折扣。他驾驶着一辆在2009年价值13 000美元的汽车,在250美元的碰撞免赔额下,他的保险费用大约为每年2 500美元。将免赔额提高到500美元,每年将减少150美元保费,即大约2 350美元。值得为250美元免赔额而每年多支付150美元的保费吗?只有当驾驶者预计每20个月就会发生一起事故时,才值得这样做;理想情况下他不会这么做,因此额外的保费不值得支付。

5.2.2 度量风险

我们大多数人都对风险及其度量有直观的认识。例如,我们知道通过人行道过马路是安全的。但是想象一下,有一天你在路上散步时,突然遇见一个三英尺深的大坑,你会怎么办?一般来说,通过它唯一的方式是直接跳过去。如果坑只有几英尺深,或许你能做到。但是坑越深,你可能遭受的伤害越大,跳过去的风险也就越大。这便是有四种可能回报的投资(见表5.3)比只有两种可能回报的投资(见表5.2)具有更大的风险的原因。

按照可能结果的分布范围来理解风险较为直观。最好的方法是从根本没有风险的一些事情开始——没有坑的人行道或者只有一种可能回报的投资。我们把完全没有风险的金融工具称为无风险投资或无风险资产。**无风险资产**(risk-free asset)是指它的未来价值能确切地知道而且它的收益率为**无风险收益率**(risk-free rate of return)的投资。① 这样一项投资获得的回报是有保证且保持不变的。例如,如果无风险收益率是5%,一项1 000美元的无风险投资将确定获得1 050美元回报,也就是回报的期望值。如果存在回报多于或少于1 050美元的可能性,那么这项投资是有风险的。

我们把这种无风险投资与我们考察的第一种投资相比较。在第一种投资中,1 000美元变成1 400美元或者700美元的可能性是相同的(见表5.2)。可知,第一种投资与无风险投资的预期收益率都为5%,而差别在于它的回报是不确定的,因而涉及风险。造成风

---

① 在大多数的金融市场上,并不存在真正的无风险资产,因此无风险收益率并不是可以直接观察到的。尽管我们不能准确地度量它,但无风险收益率仍是一个有用的概念。

险的原因在于潜在回报分布范围的扩大。分布范围越大,风险越高。

这些例子表明,我们可以通过量化一项投资可能发生结果的分布范围来度量风险。我们将考察两种度量方法:第一种是基于被称为标准差的统计概念,它是一种严格的分布范围度量;第二种被称为在险价值,是指在最差情况时的风险度量,就如当人行道上的坑变得足够深时,你掉进去就会面临死亡的风险。

方差和标准差 方差(variance)被定义为可能结果与它们期望值的离差平方的概率的加权平均。通过对离差值进行平方,我们可以避免高、低投资回报之间相互抵消,进而得到投资回报分散程度的正确度量。

为了计算一项投资的方差,你可以先计算期望值,再以每种可能的回报减去期望值;然后对每个离差值进行平方,再分别乘以对应的概率;最后加总这些结果。例如,在获得700美元或1 400美元投资回报的例子中,步骤如下:

(1)计算期望值:$1\,400 \times 1/2 + 700 \times 1/2 = 1\,050$(美元)
(2)用每种可能的回报减去期望值:

$$1\,400 - 1\,050 = 350(美元)$$
$$700 - 1\,050 = -350(美元)$$

(3)对每项结果进行平方:

$$(350)^2 = 122\,500(美元^2),\ (-350)^2 = 122\,250(美元^2)$$

(4)将每个结果分别乘以它们相应的概率并加总:

$$\frac{1}{2} \times 122\,500 + \frac{1}{2} \times 122\,500 = 122\,500(美元^2)$$

将这些步骤整合,我们将得到:

$$方差 = \frac{1}{2}(1\,400 - 1\,050)^2 + \frac{1}{2}(700 - 1\,050)^2 = 122\,500(美元^2)$$

标准差(standard deviation)是方差的平方根(正数):

$$标准差 = \sqrt{方差} = \sqrt{122\,500} = 350(美元)$$

标准差比方差更加有用,因为标准差与"回报"的单位一样,都为美元(方差以美元的平方度量),这意味着我们可以将标准差转化为初始投资1 000美元的百分比,即35%。这项计算为我们提供了能够度量其他投资风险的基准。在具有同样期望收益的两项投资之间,多数人会选择具有较低的标准差的那项投资,一项更高风险的投资是不值得的。

让我们比较具有两种可能回报的投资和具有四种可能回报的投资。我们已经知道第二种投资具有更大的风险,因为其回报的分布范围更大,但是它的风险大多少呢?为了回答这个问题,我们可以计算标准差。这就意味着我们需要按上面的四个步骤先计算方差,再对其取平方根。从表5.4的详细计算中你可以得出标准差为528美元。它是第一种投资的标准差(350美元)的1.5倍。因为这两种投资的期望值相同,所以大部分人将优先选择第一种投资。标准差越大,则风险越高。

表 5.4 期望值、方差和标准差

为了计算表 5.3 中具有四种可能回报的投资的期望值、方差和标准差,应遵循下面的计算步骤:
1. 计算期望值
- 列出可能的回报和它们相应的概率。
- 用每一种回报乘以相应的概率并求和得到期望值。
2. 计算方差
- 用每一种回报减去期望值。
- 对期望与回报的离差取平方。
- 用离差平方乘以对应的概率,并对结果求和。
3. 计算方差的平方根,标准差则取正的平方根
- 这便是我们需要的信息。

(1) 概率	(2) 回报	(3) 回报 – 期望值	(4) (回报 – 期望值)^2
0.1	100 美元	(100 – 1050) = –950 美元	902 500(美元^2)
0.4	700 美元	(700 – 1050) = –350 美元	122 500(美元^2)
0.4	1400 美元	(1400 – 1050) = +350 美元	122 500(美元^2)
0.1	2000 美元	(2000 – 1050) = +950 美元	902 500(美元^2)

1. 利用(1)列和(2)列,我们计算期望值:

$$\text{期望值} = \sum (\text{概率} \times \text{回报})$$
$$= 0.1 \times 100 + 0.4 \times 700 + 0.4 \times 1400 + 0.1 \times 2000$$
$$= 10 + 280 + 560 + 200$$
$$= 1050 (\text{美元})$$

2. 用(4)列,我们计算方差:

$$\text{方差} = \sum (\text{概率} \times \text{期望值与回报的离差平方和})$$
$$= 0.1 \times 902500 + 0.4 \times 122500 + 0.4 \times 122500 + 0.1 \times 902500$$
$$= 278500 (\text{美元}^2)$$

3. 最后,我们利用上面的结果,计算标准差:

$$\text{标准差} = \sqrt{\text{方差}} = \sqrt{278500} = 528 (\text{美元})$$

为了使结果看起来更加具体,我们从表 5.2 的案例 1 开始讨论。在这个案例中,1 000 美元的投资等可能性地上升到 1 400 美元或者下降到 700 美元。这就是说,有两种可能性,每种可能性的概率都是 1/2:700 美元或者 1 400 美元。我们把它描绘到柱状图上,其中横坐标有 700 美元或者 1 400 美元的回报,每一个柱子的高度表示概率(在这个例子中都是 1/2)。结果显示在图 5.1 左半部分。我们回想一下表 5.2,这项投资的期望值是 1 050 美元,即图中的垂直线。

比较一下表 5.3 的案例 2。回忆一下这个例子,一项 1 000 美元的投资有四种可能回报:100 美元、700 美元、1 400 美元和 2 000 美元,发生概率分别为 0.1、0.4、0.4 和 0.1。如同案例 1 一样,期望值仍为 1 050 美元。用先前同样的方式,每个柱子的高度表示每种结

果的可能性,我们能够在图 5.1 的右半部分描绘相应的图形。比较两个图,我们可以发现,在案例 2 中,分布更加分散。这个和计算的标准差的结果是一致的。一项投资可能回报的分布越分散,那么标准差越大且风险越高。

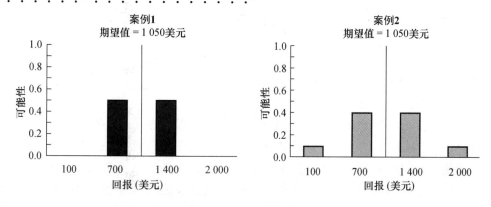

图 5.1 投资 1 000 美元

注:这个图描绘了表 5.2 和表 5.3 中投资 1 000 美元的所有可能结果的分布,在每个案例中,横坐标表示投资回报,纵坐标表示相应投资回报发生的概率。

在险价值 标准差是用来度量财务风险最常用的指标,并且能适用于多数情形;但在某些情形下,我们需要采用其他方法度量风险。有时我们不太关心可能结果的分布范围,而更关心最差的结果。例如,没有人希望当地的银行倒闭,也没有人会对处于财务困境的保险公司打折的人寿保单感兴趣;只要银行运作良好,存款者和政府监管者也不会关心银行股东命运的好坏。这种用来评估风险的概念被称为**在险价值**(VaR)。

为了理解在险价值如何运用,我们举一个例子。假设你正在考虑购买一栋房屋,在了解你的财务状况之后,你发现你最多能够负担得起每个月 650 美元的抵押贷款支付。你找到了一栋漂亮的房屋和一位愿意借给你 100 000 美元的抵押贷款者,但你需要决定你获得的抵押贷款的类型,是固定利率还是浮动利率。不同的人有不同的选择,让我们来看看该如何思考这个问题。

假设 30 年期固定利率抵押贷款的当前利率是 6.5%(最常见的类型),那么每个月需要支付 630 美元,这在你的预算之内。① 另一种选择是 30 年期浮动利率抵押贷款,最初利率为 5%,且利率每年进行一次调整,浮动利率抵押贷款第一个月需要支付 535 美元。

这看起来可行。但是记住核心原则 2:风险是需要补偿的。通过浮动利率抵押贷款,你第一个月可以节省近 100 美元,但是浮动利率之所以叫浮动,意味着利率既可上升也可下降,这样就产生了风险。当浮动利率抵押贷款合同明确说明每年利率调整幅度为 2 个百分点以内,最高不超过 11%,那么仔细考虑后,你会选择哪种抵押贷款合同呢?

---

① 在我们的例子中,所有的数据都是合理的。为了比较固定利率和浮动利率的抵押贷款支付,你可以运用计算器或者登录网站 www.wsj.com 或 www.choosetosave.org。

较低的初始月支付款的抵押贷款合同似乎风险更大。不需计算,我们知道6.5%的固定利率抵押贷款的标准差是0,而浮动利率抵押贷款的标准差远大于0。当我们假定利率不变时,在第二种情形下每月支付款的期望值就是535美元,这能说明什么呢?

计算期望值和标准差并不能解决这个问题,因为它们不能对最差的情形进行描述。如果浮动利率在接下来的四年里每年提高2个百分点,这就意味着每个月的支付款将变为第二年约660美元,第三年约800美元,第四年超过1 000美元;而之前每月支付662美元、795美元是不可能了。如果利率在接下来的两年里每年提高4个百分点,那么你就可以不用贷款了,这就是风险。

这个抵押贷款的例子表明,有时风险可以用最差情形下的投资回报来度量,而不用期望值和标准差。在险价值度量的是最大的潜在损失,它在我们刚学习的例子中,比期望值和标准差更适合用于度量风险。在险价值回答了在最差的情形下我们会损失多少的问题。在1 000美元投资的案例中,通过表5.2我们知道最差的结果是损失300美元;在更复杂的1 000美元投资案例中,通过表5.3我们知道在险价值,即可能损失的最大数额是900美元。在抵押贷款案例中,在险价值是那栋房子:如果月支付款超过800美元,你就无法支付该贷款,将被迫卖掉房子。在浮动利率贷款案例中,如果有更低的月支付情形出现,那么该贷款值得冒险,但是这种情形出现的可能性不大。

一个具有价值的风险分析应包括时间长度和概率。实际上,在险价值的正式定义是指在给定的概率下,一段特定时间长度内获得的最坏结果。在之前的抵押贷款的例子中,时间长度是指利率可以浮动的6个月,最坏情形发生的概率为0.25。在对金融机构的管理和监督的讨论中,在险价值是非常有用的风险度量方法。通过对在险价值概念的运用,银行管理者和金融监管限制了银行能够持有的金融工具的种类,从而降低了发生金融崩溃的可能性。

交易工具

杠杆对风险的影响

在第3章里,我们说过杠杆会加大金融体系的风险(参见"危机的教训:杠杆")。回忆一下,所谓**杠杆**(leverage)是指借款为一项投资进行部分融资的实践。杠杆的常见例子是借款购买股票(称为保证金贷款)和借款购买房屋(称为抵押贷款)。在保证金贷款的例子中,投资者从经纪公司那里借款以增加购买股票的数量。

那么杠杆怎样影响风险和收益呢?为了理解杠杆的影响,让我们考察一项具有5%的期望收益(50美元)和35%的标准差(350美元)的1 000美元的投资,即表5.2的案例。除投资你自身拥有的1 000美元之外,如果你再借入1 000美元,总共投资2 000美元会怎样呢?这项投资策略改变了整个投资所包含的风险,因为不管你的投资收益是多少,贷款者的1 000美元都得偿还。如果投资的回报很高,你的2 000美元的投资价值增加到2 800美元,那么在偿还1 000美元的贷款之后你将剩下1 800美元——与初始1 000美元投资相比有 800 美元的增加。如果你的投资价值下降,2 000 美元变为 1 400 美元,那么在偿还 1 000 美元贷款后,你只剩下 400 美元——损失了 600 美元。

因为这两种结果发生的可能性相等,所以杠杆投资的期望值为 1/2 × 1 800 + 1/2 × 400 = 1 100 美元。你的期望收益——1 000 美元投资与 1 100 美元期望值之间的差额——现在是 100 美元,你的期望收益率是 10%,这是你在没有任何借款前提下投资 1 000 美元的期望收益率的两倍——也就是在没有杠杆作用时的两倍。因此,我们得到了一部分答案:杠杆提高了期望收益率。

但是关于风险呢?为了计算出风险,让我们计算杠杆投资的标准差。

$$标准差 = \sqrt{\frac{1}{2}(1\,800 - 1\,100)^2 + \frac{1}{2}(400 - 1\,100)^2} = 700(美元)$$

标准差也翻倍了:两倍的投资收益率,两倍的风险!

杠杆的影响

	没有杠杆	杠杆率 = 2
你的投资	1 000 美元	1 000 美元
+ 借入金额	0	1 000 美元
= 总投资	1 000 美元	2 000 美元
可能的回报	1 400 美元或 700 美元	2 800 美元或 1 400 美元
净回报	1 400 美元或 700 美元	1 800 美元或 400 美元
期望值(净回报)	1 050 美元(5%)	1 100 美元(10%)
标准差	350 美元(35%)	700 美元(70%)

注:我们运用表 5.2 的信息,即一项投资等可能性地获得 1 400 美元或 700 美元的回报。在利用杠杆的例子中,投资者借入 1 000 美元,总共投资 2 000 美元,获得了 2 800 美元或者 1 400 美元的回报,还款后的净回报是 1 800 美元或者 400 美元。

对于任何的杠杆,我们都可以这样计算。例如,房屋购买者通常用他们的储蓄款支付房屋价格的 20%,并借款支付剩余的 80%。因为抵押贷款者借入的款项都得偿还,所以房屋价格的变动就会导致房屋所有者的收益或损失。比如说你通过借款获得 80 000 美元并从你的储蓄中支付 20 000 美元用于购买价值 100 000 美元的房屋,其中的 20 000 美元通常被称为你的权益资本。如果你的房屋价格上涨了 10%(即房屋总价上涨到 110 000 美元),减去你借的 80 000 美元,你的 20 000 美元支付就变成了 30 000 美元,增长了 50%。相反,如果你的房屋价格下跌 10%,你将损失 20 000 美元首付的一半。杠杆扩大了价格变动的效应(见图 5.2)。

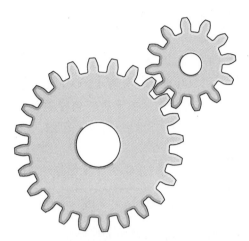

图 5.2　杠杆作用对风险和收益的影响

注：为了理解杠杆作用，我们画出两个齿轮，一大一小。杠杆投资的价格运动通过大齿轮旋转的次数来度量，投资者的风险和收益通过小齿轮旋转的次数来度量。大齿轮越大，围绕大齿轮旋转一周，小齿轮需要旋转的次数越多，这就是杠杆作用。

我们可以利用这些例子来推导杠杆作用影响投资的期望收益率和标准差的公式。如果你借款购买一项资产，你增加投资的期望收益和标准差的杠杆比率为：

$$\text{杠杆比率} = \frac{\text{投资成本}}{\text{所有者对购买的贡献}}$$

分母中的"所有者对购买的贡献"是投资成本减借款金额。如果无杠杆投资的期望收益率和标准差分别是 5% 和 35%（正如我们在第一个例子中提到的一样），那么借款一半且自己出资一半意味着对于投资的每一美元，购买者贡献 50%。公式告诉我们杠杆比率是 $1/0.5 = 2$。因此，该项投资的期望收益率是 $2 \times 5\% = 10\%$，标准差为 $2 \times 35\% = 70\%$。如果房屋所有者借入房屋购买价格的 80%，他或她的贡献是 20%，那么杠杆比率就是 $1/(1-80/100) = 1/0.2 = 5$，这是那些没有进行抵押贷款自己购买房屋的投资者的杠杆比率的 5 倍。

杠杆不但对风险存在影响，而且对在险价值也存在同样大的影响。注意，对于表 5.2 中没有杠杆的 1 000 美元投资，最差的结果是 300 美元或 30% 的损失，且只有一半的可能性。如果一位投资者借入所需资金的 90%，那么有一半的可能性，投资者的损失不只是整个 100 美元的投资，还有借入资金的 200 美元的额外损失。**杠杆作用恶化了最差的结果。**

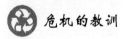　危机的教训

系统性风险*

金融体系由众多的机构和市场组成，其中金融市场扮演着中介的角色——连接资金借款方和贷款方。威胁到整个金融体系的风险称为系统性风险——它不同于针对某一特定的家庭、公司或者市场的风险。当然，政府更加关注系统性风险，因为它对整个经济的

破坏性极大。政策的目标就是形成一个稳健的金融体系,使其不会因为某一特定环节的失败而崩溃。

细胞生物学提供了一个有用的分析金融体系的方法。一个复杂的组织是由不同特定功能的众多细胞构成的,每一天都有大量的细胞死亡(同时也有新的细胞产生),但它们对整个组织并不构成威胁。同样,在金融体系中,许多中介机构倒闭,新的机构产生,这些也不能对金融体系产生威胁。但是,无论是在生物界还是金融界,有些干扰会渐渐破坏部分或者整个系统。

下面对生物分析进行更深一步的讨论。我们把金融机构当作金融体系中的细胞,金融市场作为整个体系的神经中枢,控制所有的行为。单个细胞不能产生复杂的有机体功能,它们的行为要通过各种电化学反应的信息来协调。同样,一个有效的金融体系需要金融市场收集各种必要的信息来协调各个金融机构的行为。

那么细胞生物学如何帮助我们理解系统性风险呢?这里风险是针对整个系统的,而不是系统中的某一部分。

在金融世界里,当金融市场和金融机构的一系列缺陷导致金融中介不能发挥基本功能的时候,系统性风险就出现了。风险的全面爆发会在同一时间威胁到众多的中介机构,再通过金融机构和金融市场之间的网络,不断转移并放大。当信息不能顺畅流通时,金融体系就会变得脆弱,因为金融体系中各个部分是通过信息来协调的。

金融体系中也有关键的部分(就如人的心脏或大脑),没有它就不能正常运作,而重要的金融市场及交易所就扮演了这个重要角色。如果规模最大、脉络最广的金融公司失败了,其他公司就会相继破产,这就是所谓的"大而不倒"。

系统性风险的可能来源之一是流动性,它被称为金融体系的命脉(参见第 2 章"危机的教训:市场流动性、融资流动性和做市商")。通常情况下,流动资产的良好循环可以使金融机构很容易把持有物转换为现金,并在市场上交易。但是当循环体系被扰乱或者市场上流动性供应不充分的情形下将会发生什么呢?

就像心脏病发作一样,当市场流动性受到阻碍时,就会对金融体系构成极大的威胁。此时,许多金融机构既不能交易也不能支付,市场上大量的资产也就冻结了。如果这些冲击影响到其他公司,那么将导致一系列的破产。

* 这里的系统性风险指的是金融体系风险,它不同于整体系统性风险。本章所指的系统性风险是能够改变整个经济总量大小的风险。

5.3 风险厌恶、风险溢价和风险-收益权衡

到目前为止,我们的讨论表明,大多数人不喜欢风险并且愿意支付一定的金额来避免它。虽然一些人喜欢高风险活动(如跳伞运动、赛车等),但是大多数人都很谨慎;虽然一些人喜欢豪赌,但是大多数人却不喜欢,因为不能轻松地承担巨额损失。实际上,我们购

买保险是因为我们想把风险转嫁给其他人承担。保险是一件有趣的事:保险公司为了获得利润,必须收取比期望赔偿金额更多的钱;然而,保险赔偿金额又要比保单持有者的期望损失更多。因为大多数人都是风险厌恶者,所以我们愿意支付一定金额来避免风险。

为了理解风险厌恶,想象你获得了一次玩游戏的机会,在这个游戏中将抛掷一枚质地均匀的硬币。如果出现正面,你将获得1 000美元;如果出现反面,你将一无所获。为了玩一次这样的游戏,你愿意支付多少钱?这个游戏的期望回报为500美元——也就是说,这个游戏的平均回报为500美元——但你可能只会玩一次。你会花费500美元来玩这个游戏吗?如果会,那么你是风险中性的。大多数人愿意花费少于500美元玩这个游戏,这些人都是风险厌恶的。

由于投掷硬币的游戏与投资具有相同的原理,因此我们可以运用上述内容分析投资者行为并得出结论:在相同期望收益下,相对于具有不确定性的投资,风险厌恶者总是偏好具有确定收益的投资。而风险中性者不会介意,只要收益是相同的。在具有相同的期望收益下,相对于不具有确定收入的风险投资,人们更加偏好具有确定收入的无风险投资。在投掷硬币的例子中,人们更愿意持有500美元,而不是花费500美元玩抛掷硬币的游戏,使手中的钱翻倍或者一无所有。

投资者想要避免风险是因为风险需要补偿,这也是购买保险的原因。当我们购买保险时,我们支付一定的金额让别人来承担风险。因此,如果其他人想要我们承担风险,他们必须支付给我们一定金额。一项风险投资必须比无风险投资具有更高的期望收益,用经济学的术语来说,即**风险溢价**(risk premium)。通常,一项投资的风险越大(投资持有者要求的补偿越多),风险溢价越高(见图5.3)。

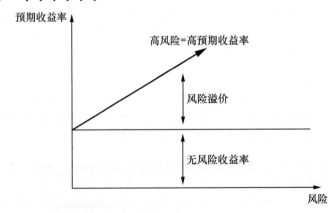

图5.3　风险和期望收益之间的权衡

注:图中,风险越大,预期收益率越高。风险溢价等于一项投资的预期收益率减去无风险收益率。

如果高风险投资要求高的风险溢价,那么高风险投资必须要有高的期望收益。因此,风险和期望收益之间存在权衡:不承担相当大的风险,你就不能获得高收益。如果某个人告诉你他(她)在一项投资上获得了巨大的收益,你应该认为那是一项高风险的投资。无风险,无回报!

为了更好地理解风险溢价这个概念,我们以债券为例。我们将在第6章和第7章学习关于风险溢价的更多知识,但是现在让我们比较由 Hewlett Packard(HP) 公司和 Nextel Communications 公司发行的债券。在 2009 年第三季度,HP 公司的财务状况良好,但 Nextel 的财务状况很差,这让我们认为持有 Nextel 公司的债券比持有 HP 公司的债券需要更高的风险溢价,事实的确如此。在 2009 年秋季,这两个公司发行了期限为 4 年到 6 年的公司债券,Nextel 公司的债券按 9.33% 的利率发行,而 HP 公司的债券按 2.95% 的利率发行,同时 5 年期的美国国库券按 2.25% 的利率发行。由于美国国库券是肯定会偿付的,我们以 2.25% 作为无风险利率。因此,为了评估 HP 和 Nextel 公司债券的风险溢价,我们将这两个公司债券的利率减去无风险利率:对于 Nextel 公司,结果为 9.33% − 2.25% = 7.08%;对于 HP 公司,结果为 2.95% − 2.25% = 0.70%;毫不奇怪,风险相对较高的公司所需的风险溢价更高——在这个例子中,Nextel 公司的风险溢价是 HP 公司的十倍还多。

5.4 风险的来源:非系统性风险和系统性风险

风险无处不在。它以许多形式存在于每个可以想象得到的地方。大多数情况下,风险的来源是明显的。对于驾驶员,风险来自意外事故;对于农民,风险来自坏天气;对于投资者,风险来自股票价格波动。无论风险的来源是什么,我们可以把所有风险分为两种:(1)影响少部分人的风险;(2)影响所有人的风险。我们把第一类风险称为**非系统性风险**(idiosyncratic or unique risk),把第二类风险称为**系统性风险**(systematic or economywide risk)。

为了理解非系统性风险和系统性风险的区别,我们以福特汽车公司股票面临的风险来说明。为什么福特汽车公司股票的价格会上涨或下跌呢?有两个主要原因。首先,由于存在竞争者,福特汽车公司便面临丧失其市场份额的风险(见图 5.4)。这类风险对于福特汽车公司来说是非系统性的,因为如果福特汽车公司丧失了市场份额,那么一定有其他竞争者获得了更多的市场份额。非系统性风险只影响某一部分公司,而不会影响所有公司。

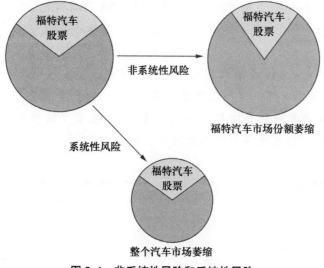

图 5.4 非系统性风险和系统性风险

其次，福特汽车公司股票面临的风险是整个汽车行业表现低迷（见图5.4）。这类风险是系统性风险。如果非系统性风险是公司在汽车市场这个"馅饼"中所占份额的变化，那么系统性风险就是整个"馅饼"大小的变化。换句话说，系统性风险会影响整个经济体，使它表现低迷。引发系统性风险的因素不是某个公司的表现，而是宏观经济环境的变化。比如全球经济环境变化引起消费者和投资者的信心波动，进而影响整个经济体中的公司和个人。

非系统性风险有时会以两种相反方式影响不同的公司，即以一种方式影响一部分公司，同时以相反的方式影响其他公司。比如石油价格的变化。历史表明，当石油价格上涨时，汽车价格下跌，汽车行业遭受损失；但是石油价格的上涨增加了能源供应公司的利润，比如 ExxonMobil、Shell 和 Texaco。石油价格的上涨对福特汽车公司是坏事，但对于石油公司是好事。把经济当作一个整体来看待，石油价格的上涨是非系统性风险。

不是所有的非系统性风险都会以一种方式影响一部分公司的同时以相反的方式影响其他公司。一些非系统性风险只是针对某一特定的公司或个人，对其他公司却没有影响。两个人发生车祸的风险与任何其他人是否发生车祸毫无关系，我们将这些完全独立的风险归到非系统性风险中。

 你的金融世界

你的风险承受度

你应该承受多大的风险呢？计算出它并不容易，但有些方法可以识别你能够承担的风险水平。首先，有风险测试，它是财务顾问给顾客的一系列简短的问题，以决定顾客可以接受的风险水平。例如，"如果在你投资于股票市场一个月后，你的股票价格下跌了20%，你会怎么办？"答案可能包括"立即出售""什么都不做"和"购买更多股票"。接受这样的测试是有用的第一步，因此你也许想要试试附录5A里的测试。

但是并不是到此为止。即使你愿意冒险，但也并不意味着你应该承受风险。你可能没有机会赚回你可能遭受的损失。思考25岁的人和60岁的人都为了他们的退休而进行储蓄的区别。哪种人能够承担得起突然损失他们储蓄四分之一的风险呢？很明显是25岁的人。如果60岁的人损失了他们退休储蓄的四分之一，那简直就是灾难。类似地，如果你正为了购买汽车或房屋储蓄，你计划得越早，你能承受的损失就越少。始终问你自己：对于损失，我可以承受多少？你的时间长度越长（你越富有），你能承受的风险就越大。

5.5 通过分散化降低风险

当 George T. Shaheen 离开拥有超过 65 000 名员工的一家大型管理咨询公司的 400 万美元年薪的工作而成为 Webvan 集团的首席执行官时,他可能没有意识到他正承受着巨大的风险。他认为 Webvan 会改变人们购物的方式,消费者会在网上订购他们需要的谷类食品、牛奶、苹果和冰淇淋,Webvan 会把这些商品送到消费者家里。1999 年 11 月,距离 Shaheen 先生加入公司仅仅几个月,他持有的 Webvan 公司股票价值超过了 2.8 亿美元;但是到 2001 年 4 月,他的股票价值仅为 15 万美元,他离开了公司。2001 年 7 月 10 日,Webvan 破产倒闭,什么也没留给它的股东。

Webvan 和它改变人们购物方式的计划发生了什么呢?或许人们实际上更喜欢亲自去杂货店购买商品。但是,这个故事不仅与购物有关,也与风险有关。Shaheen 先生承受了如此大的风险,以至于一次大的损失就将他扫地出门。金融市场的交易者称这种经历为"爆炸"。Shaheen 本该采取一些措施来保护至少一部分财富,避免这些财富突然全部消失的风险。但是这些措施是什么呢?

塞万提斯在 1605 年撰写的《堂吉诃德》里回答了这个问题:"一个聪明的人为明天而储蓄,而不是把所有的鸡蛋都放在一个篮子里。"用今天的术语来说,风险可以通过**分散化**(diversification)来降低,原理是同时承担多种风险。虽然同时承担多种风险是违反直觉的,但是投资者同时持有几项不同的投资可以降低非系统性风险,投资组合的风险总是比其中任一项投资的风险低。有两种分散投资的方法:对冲风险或者在许多投资者中分散风险。让我们首先讨论对冲风险。

5.5.1 对冲风险

对冲(hedging)是指通过进行具有相反风险的两项投资来降低非系统性风险的策略。当一项投资表现不好时,另一项投资却变现很好;反之亦然。因此,虽然每项投资的回报是波动的,但其组合的回报却是稳定的。

当石油价格存在潜在变动时,思考投资者面临的风险。石油价格的上涨对经济中的大多数公司是不利的,但它对石油公司却是有利的。因此,投资者可以购买通用电气和德士古的股票,通用电气制造的产品从灯泡到洗碗机到喷气式飞机,德士古是一家大型石油公司。为了简化例子,我们假设石油价格上涨或下跌的概率相等。当石油价格上涨时,得士古公司的股东所投资的每 100 美元可以得到 120 美元的回报;当石油价格下跌时,德士古公司的股东只能收回他们投资的 100 美元本金。对于通用电气公司,情况正好相反。当石油价格下跌时,通用电气公司股东投资的每 100 美元可以得到 120 美元的回报;当石油价格上涨时,他们只能得到 100 美元(见表 5.5)。

表 5.5　100 美元的两项不同投资的回报

可能性	拥有单一公司的回报(美元)		概率
	通用电气	德士古	
石油价格上升	100	120	1/2
石油价格下跌	120	100	1/2

让我们比较 100 美元的三种不同投资策略,它们的关系如表 5.6 所示。

表 5.6　可能投资策略的结果:对冲风险(初始投资＝100 美元)

投资策略	预期回报(美元)	标准差(美元)
只投资通用电气	110	10
只投资德士古	110	10
各投资一半	110	0

1. 投资 100 美元于通用电气公司股票。
2. 投资 100 美元于德士古公司股票。
3. 两家各投资一半:50 美元投资于通用电气公司股票,50 美元投资于德士古公司股票。

不管你将 100 美元投资于通用电气公司还是德士古公司,期望回报都是 $1/2 \times 120 + 1/2 \times 100 = 110$ 美元,并且

$$\text{回报的标准差} = \sqrt{1/2 \times (120-110)^2 + 1/2 \times (100-110)^2} = 10(\text{美元})$$

但是第三种选择会怎样呢？如果你把 100 美元分开投资:50 美元投资于通用电气公司股票,50 美元投资于德士古公司股票。由于 50 美元是初始投资的一半,回报也只有一半——投资于两种股票中的任一股票的回报为 60 美元或者 50 美元,但是这个策略的要点在于它降低了你的风险。当石油价格上涨时,德士古公司股票表现良好,而通用电气公司股票表现不好;当石油价格下跌时,会发生相反的情况。无论石油价格是上涨还是下跌,在第三种投资策略中,你初始投资的 100 美元都会获得 110 美元的回报。每种股票分别投资 50 美元确保了你的回报。对冲——在具有不同回报形式的两只股票之间分割投资——完全消除了你的风险。

George Shaheen 能够对冲拥有的许多 Webvan 股票的风险吗？为了能够对冲风险,他需要找到一家公司,当 Webvan 公司股票价格下跌时,这家公司的股票价格会上涨。但找到这样的公司很困难,因为 Webvan 的商业理念是全新的,但是 Shaheen 有另外一种选择。

5.5.2　分散风险

因为投资并不会像预期的那样朝相反的方向变动,所以你总能通过对冲来降低风险。幸运的是,存在另外一种方式。你可以简单地**分散风险**(spread risk)——这是 George

Shaheen应该做的。为了分散风险,你需要找到这样的投资——它们的回报是不相关的。让我们用微软代替德士古,并假设通用电气和微软的回报是相互独立的。因此,我们投掷一枚硬币来看一下通用电气公司的表现是好还是坏,然后再次投掷硬币来看一下微软公司的表现如何。同前面一样,对两家公司各自投资的 100 美元,其回报为 120 美元或 100 美元是等概率的。

我们再次考虑三种投资策略:(1) 只投资于通用电气;(2) 只投资于微软;(3) 一半投资于通用电气,一半投资于微软。这三种投资策略的期望回报是相同的:110 美元。对于前两种策略,同前面一样,每家公司 100 美元的投资,其标准差仍然是 10 美元。但是对于第三种投资策略(50 美元投资于通用电气,50 美元投资于微软),分析将更为复杂。此时存在四种可能的结果,每只股票有两种。

为了解决问题,我们需要画一个表格,它可以显示所有可能性、它们的概率以及相对应的回报(见表 5.7)。我们对第二种和第三种可能性很熟悉,在这两种可能性中,只股票有回报而另一只没有,正如通用电气/德士古的例子。

表 5.7 对两只股票分别投资 50 美元的回报(初始投资 = 100 美元)

可能性	通用电气(美元)	微软(美元)	总回报(美元)	概率
第一种	60	60	120	1/4
第二种	60	50	110	1/4
第三种	50	60	110	1/4
第四种	50	50	100	1/4

标准差是总体各个回报与期望值的离差平方的加权概率平均值的平方根。表 5.7 中,标准差为:$\sqrt{1/4(120-110)^2 + 1/4(110-110)^2 + 1/4(110-110)^2 + 1/4(100-110)^2} = \sqrt{50} = 7.1$ 美元。

图 5.5 表明了可能的投资策略回报的分布情况。左图表明将 100 美元全部投资于一家公司(通用电气公司或微软公司)的回报,右图表明向两家公司分别投资 50 美元所获得的回报的分布情况。数据表明,通过投资于相互独立的风险项目,你能够降低投资回报的分散程度,进而降低风险。

除了标准差,风险度量也将给予我们同样的结果。当你在两只股票之间分开投资时,投资回报大于或等于 110 美元的概率为 0.75,投资回报为 100 美元的概率为 0.25。对于大多数人来说,这种投资策略所获得的回报比以 0.5 的概率获得 100 美元和以 0.5 的概率获得 120 美元的投资策略(即投资者只持有一只股票的投资策略)更具有吸引力。

在现实世界中,投资者会分散投资于两种股票是毫无疑问的。你的投资组合中拥有的风险相互独立的项目越多,你的投资总风险越低。运用这个例子中的数据:初始投资 100 美元,获得的回报为 100 美元或 120 美元的概率为 0.5,我们可以将投资的股票数从两种增加到三种再到四种,100 美元投资回报的标准差将从 7.1 美元降到 5.8 美元再到 5 美元。随着风险相互独立的股票数量越来越多,标准差将变得可以忽略不计(第 5 章附录 B 解释了此表述背后的代数知识)。

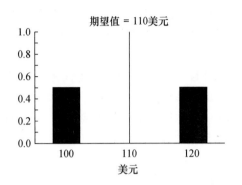
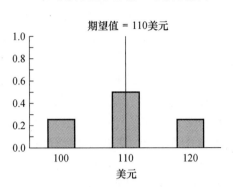

图 5.5　两项投资战略的分散风险回报

注：左图表明了将 100 美元全部投资于通用电气公司或微软公司所获得的回报，两家公司获得 100 美元或 120 美元回报的概率为 0.5。右图表明向通用电气公司和微软公司分别投资 50 美元所获得的回报分布情况，两家公司获得 50 美元或 60 美元回报的概率为 0.5 并且它们是相互独立的。

总之，分散风险是基本的投资策略。正如塞万提斯提出的（以及我们从 George Shaheen 那里学到的），永远不要把你所有的鸡蛋放在一个篮子里。如果 Shaheen 出售了他持有的 Webvan 股票，将资金投资于代表整个股票市场的许多股票构成的组合，那么他可能仍然拥有其 2.8 亿美元的绝大部分。实际上，分散化投资是有效的。

分散风险是保险业务的基础。大的汽车保险公司开出成千上万的保单，它依赖于这样的事实：并不是每一个人都会在同一时间发生事故，任何一位客户发生事故的风险与其他客户发生事故的风险是相互独立的。如果开出足够多的保单，保险公司每年就可以预测出事故索赔数量。就好像当你投掷一枚硬币 100 万次时，你知道它的正面会出现 50 万次，反面会出现 50 万次，聚集足够多的风险相互独立项目的投资组合是无风险的。

既然我们已经理解了什么是风险以及如何测量它，我们将继续学习风险对债券、股票及其他金融工具的影响。利用本章学习到的方法，我们将会明白风险是怎样影响个人投资者、机构管理者与决策者的决定。正如我们以前做的那样，记住核心原则 2：风险需要补偿。

　新闻摘录

怎样构造有效的投资组合

Lucy Warwick-Ching

投资的一个关键原则是分散风险，但当某些资产的走势开始表现得相似时，实施这一原则更难。

"构造有效投资组合的方式是持有一些投资项目，它们的走势各不相同并且能带来不同的回报。"摩根士丹利私人财富管理的首席投资分析师 Chris Godding 说。

"但是投资于不同类型的资产并不是一件简单的事,因为这些资产之间的相关系数会随着时间不断变化;而现在,它们中的大多数可能走势相同。"

两种资产之间的相关系数是能够测量的。例如,摩根士丹利私人财富管理的研究报告用数据表明了资产的走势与标准普尔500指数走势的相近程度:-1意味着两种资产的走势方向相反;1意味着两种资产的走势方向相同。

"2008年,我们在资产之间看到更大的相关性。"Godding说,"例如,标准普尔500指数和对冲基金之间5年的相关系数从1995年的-0.02达到0.97。"

Godding认为,产生上述现象的原因是定向对冲基金策略越来越受到欢迎,资本市场回报率越来越成为其业绩的关键影响因素。许多基金也采用流动性策略,当熊市出现时,它们的表现与市场流动性相关性极高。

……

1995年,房地产回报率与标准普尔500指数之间的相关系数仅为0.1。随着它们的走势越来越相近,现在它们之间的相关系数为0.87。甚至是黄金,它与美国股票之间的相关系数从1995年的-0.32提高到现在的0.14。

"在下跌市场环境中唯一增加的便是资产间的相关系数,"Bestinvest的投资经理Hugo Shaw说,"然而,我们开始发现市场已经渐渐回归正常状态,资产的走势又再次变得不再相同。"

Shaw说,美国长期国债的走势与市场走势不同,它与标准普尔500指数之间的相关系数从1995年的0.69降低到现在的-0.53。

"在投资组合中,持有上述两种资产能够投资分散化,但投资者须谨慎,"Killik & Co的研究员Mick Gilligan说,"我们认为在接下来的几年将有很多人卖出政府债券,所以我们不建议投资者持有太多的美国国债。"

上述内容说明了分散化投资的一个传统理念:通过运用多种类型资产(如股票、共同基金、债券和现金)构造投资组合,我们可以降低风险。

持有不同的资产类型仍然很重要,投资者应该在不同证券间分散风险。例如,投资组合也可以分散投资于不同的共同基金,包括增长基金、平衡基金、指数基金、小型股基金和大型股基金。

分散化投资的另一个策略是投资于不同行业或不同地理位置的公司的证券。通过投资于许多国家的证券,其中任何一个国家发生经济动荡对投资组合的影响都是有限的。

但是专家说投资者经常会犯的一个错误便是,认为仅仅靠分散投资于全球市场就足够构造一个有效组合。

"进行全球分散化投资的动机是分散风险,但是随着一些市场的走势越来越相似,可能出现这样的情况:投资组合看起来已经分散风险了,但实际上它并没有。"Shaw说。

……

专家建议,一旦我们构造了有效的投资组合,其分散风险的能力会随着时间改变,我们应该经常重新评估投资组合风险的大小。

例如,一些人将他们财富的25%投资于股票市场,几年后,投资于股票市场的财富翻倍了。这时,他们将财富的50%投资于股票市场,而不是最初所接受的25%。

"记住,防范你的投资可能在不知不觉中变得集中,无论它会导致收益还是损失。" Shaw 说。

资料来源:Lucy Warwick-Ching. *Financial Times*, October 9, 2009. Copyright © 2009 by The Financial Times Limited. Reprinted with permission。

▶ **本文启示**

不要把所有鸡蛋放在一个篮子里:分散化。不同投资回报之间的相关性越小,分散化的益处越大。当不同资产的走势相同时,它们的相关系数很大,这将导致分散化的益处减弱。本文描述了分散化投资的不同方式,强调了在市场缺乏流动性时它的不足,正如在 2007—2009 年金融危机期间一样。当时,许多不同资产之间的相关系数增大了。

关键术语

平均值	概率
基准点	风险
分散化	无风险资产
期望收益	无风险收益率
期望值	风险溢价
对冲	分散风险
非系统性风险	标准差
杠杆	系统性风险
均值	在险价值(VaR)
回报	方差

本章小结

1. 风险是对一项投资未来回报的不确定性的度量,它相对于某种基准并按照时间长度来度量。
2. 度量风险对于理解金融体系是关键的。
   a. 为了研究将来的随机事件,从列出所有的可能性并对每种可能性指定一个概率开始,确定概率加起来等于1。
   b. 期望值是所有可能的未来结果的概率加权之和。
   c. 无风险资产是指能确切知道其将来回报的一项投资。
   d. 风险随着可能结果的范围的扩大而增加,但期望值保持不变。
   e. 风险的第一种度量方法是可能的回报的标准差。
   f. 风险的第二种度量方法是在险价值,即在一个特定的时间长度及给定的概率下的最大损失。

3. 一个风险厌恶的投资者
   a. 当具有相同的期望收益时,相对于不确定性的收益,总是偏好确定性的收益。
   b. 当承担风险时,要求以风险溢价的形式进行补偿。
   c. 在风险和期望收益之间权衡:风险越高,风险厌恶投资者为持有一项投资所要求的期望收益越高。
4. 风险可以分为非系统性风险和系统性风险,前者只相对于特定的个体,后者则相对于所有个体。
5. 分散化投资存在两种类型:
   a. 对冲,在这种情形下,投资者投资于回报能够相互弥补的项目,进而降低非系统性风险。
   b. 分散,在这种情形下,投资者投资于回报相互独立的项目,进而降低非系统性风险。

概念性问题 »»»

1. 思考一个游戏,在这个游戏中,一枚硬币将被投掷三次。每出现一次正面,你将得到 100 美元。假设硬币有 2/3 的概率出现正面。
   a. 构造这个游戏出现的可能性及概率的表格。
   b. 计算游戏的期望值。
   c. 为了玩这个游戏,你愿意支付多少?
   d. 对这个游戏规则做一个变动:如果连续两次出现正面,你什么也得不到。思考你对这个问题的前三个部分的答案会有怎样的变化?
2. *度量风险为什么如此重要?
3. IGRO 是一个运送商品的网络公司,你是它的创建者。
   a. 举一个例子说明你公司面临的非系统性风险和系统性风险。
   b. 作为该公司的创建者,你拥有该公司相当大的一部分股权,你的个人财富集中在公司股票上。你面临的风险是什么?应该采取哪些措施来降低这些风险?
4. 假设经济面临高增长、正常增长和衰退三种情形。在这些情形下,你预计未来股票的市场收益率如下:

经济状态	概率	收益率
高增长	0.2	+30%
正常增长	0.7	+12%
衰退	0.1	−15%

   a. 计算 1 000 美元投资在来年的期望值。这项投资的期望收益是多少?
   b. 计算来年收益的标准差,用百分比表示。
   c. 如果无风险利率是 7%,股票市场投资的风险溢价是多少?
5. 你是一名典型的美国投资者。一名保险经纪人打电话问你是否对一项投资感兴趣,这项投资有如下特点:如果每年的季风比往年的季风带来的破坏小,你将获得巨大的回报;如果每年的季风比往年的季风带来的破坏大,你将损失所有的投资。计算期望收益以后,你发现这项投资与投资于股票市场相同。这项投资对你来说有利可图吗?为什么?

6. 汽车保险公司通过销售大量的保单来消除风险,解释它们是怎样做到的。
7. 房屋抵押贷款增加了房屋所有者的风险。
    a. 解释是怎样增加风险的。
    b. 如果房屋的最低支付从房屋价格的10%上涨到50%,这对房屋所有者所面临的风险有什么影响?
8. 银行不断地支付一定数量的资金以监测其承担的风险,银行风控经理考虑的首要问题便是怎样计算在险价值。为什么在险价值对银行或金融机构如此重要?
9. 解释在金融体系中,流动性问题如何成为系统性风险的来源。
10.* 举例说明你是怎样降低你面临的美国经济的系统性风险的。

分析性问题

11. 下表中哪项投资对风险厌恶投资者更具有吸引力?如果投资者是风险中性的,你的回答会发生什么变化?

投资	期望值	标准差
A	75	10
B	100	10
C	100	20

12.* 用下表的数据,画出风险-收益曲线,其中横坐标代表风险,纵坐标代表期望收益。如果一个投资者认为这四项投资没有区别,你应该把他对风险的态度划分为哪类?如果他是风险厌恶投资者,你认为一系列具有相等吸引力的投资对他来说是怎样变得越来越没有吸引力?

投资	期望收益	风险
A	5	8
B	10	4
C	20	2
D	40	1

13. 考虑一项投资,在这项投资中,你从1 000美元投资中获得的回报为800美元或1 400美元的概率都是0.5。假设你有1 000美元的资金并愿意借入一定量的资金以提高回报。如果你借入1 000美元,总共投资2 000美元,你投资的期望值和标准差是多少?如果你借入2 000美元,总共投资3 000美元,你投资的期望值和标准差又是多少?

14. 再次回到第13题描述的投资。当最坏的结果发生时,你仍有足够的资金偿还你借入的资金,那么你的杠杆率是多少?

15. 考虑两项投资项目,这两项投资项目有如下特点:它们能够获得的回报相互独立,它们有相同的期望收益和标准差。如果你有1 000美元用来投资,你将1 000美元分开投资于这两项投资,你能从中受益吗?解释你的回答。

16.* 正如第15题一样,假如你仅仅考虑投资于这样的投资项目:它们有相同的期望收益和标准差,它们获得的回报是相互独立的。如果你将1 000美元分开投资于10个这样的投资项目而不是2个,这会对你的投资产生影响吗?

17. 你正在考虑三项投资,它们有相同的期望收益而且每一项都有两种可能的回报,这些投资仅仅以500美元出售。你有1 000美元用于投资,因此你必须选择下面两种投资方案中的一种:将你的1 000美元全部投资于一个投资项目;或者将你的1 000美元分成等额的两部分,分开投资于两个投资项目。如果从投资项目A获得的回报与从投资项目B、投资项目C获得的回报独立,从投资项目B获得的回报与从投资项目C获得的回报完全负相关(意味着当能够从投资项目B获得回报时,从投资项目C将不能获得回报;反之亦然),哪项投资策略能够使你的风险最小化?

18. 运用在险价值的度量方法,下面两种情形中,你更愿意承担哪种情形带来的风险?解释你做出选择的原因。

    a. 你失业了,并且正在考虑投资10 000美元(你的储蓄)去创业。

    b. 你有一个每年支付100 000美元的全职工作,并且你决定投资1 000美元于一个发展良好的、稳定的公司的股票。

19. 你可以选择投资于A国家或者B国家,但是你不能同时投资于两个国家。你做了一些调查并得出结论:除了A国家不同类型的资产收益的走势倾向于相同外,两个国家没什么大的差别——也就是说,A国家资产之间的相关性比B国家的更大。你应该选择投资于哪个国家?为什么?

(注:题号后标注*的问题均指难度较大的题型。)

第5章附录A
度量投资风险承受度的快速测试[①]

下面的测试是从 T. Rowe Price 共同基金集团准备的一个测试改编而来。它能帮助你计算出伴随着不同程度的投资风险,你的感觉如何。在其他方面相同的情形下,你的风险承受度对于决定你的组合中低风险和高风险投资的比重是有用的指导。

1. 你是电视有奖游戏节目的赢者。你会选择以下哪项奖品?
- 2 000 美元现金(1 分)。
- 一个 50% 概率赢得 4 000 美元的机会(3 分)。
- 一个 20% 概率赢得 10 000 美元的机会(5 分)。
- 一个 2% 概率赢得 100 000 美元的机会(9 分)。

2. 你在一个扑克牌游戏中输掉了 500 美元。为了赢回那 500 美元,你愿意多投多少赌注?
- 大于 500 美元(8 分)。
- 500 美元(6 分)。
- 250 美元(4 分)。
- 100 美元(2 分)。
- 什么赌注也不下。你将损失 500 美元并且立即退出(1 分)。

3. 在你投资一只股票一个月后,它突然上涨了 15%。如果没有更进一步的信息,你会怎样做?
- 持有它,期望更多的收益(3 分)。
- 出售它以获得你的收益(1 分)。
- 购买更多。它将可能上涨得更多(4 分)。

4. 你的投资突然下跌了 15%。它的基本面看起来仍然很好。你会怎样做?
- 购买更多。如果它在原始价格时看起来好,现在看起来就更好了(4 分)。
- 持有并等待它的价格回升(3 分)。
- 出售它以避免损失更多(1 分)。

5. 你是一家刚开始运营的公司的关键员工。你可以选择下列两种方式中的任意一种得到你的年终红利,你会选择哪种?

---

① 参见 Jack Kapoor, Les Dlabay, Robert J. Hughes, *Personal Finance* (New York: McGraw-Hill, 2009)。

- 1 500 美元现金(1 分)。
- 公司如果明年成功将带给你 15 000 美元但如果失败将什么也不值的公司股票期权(5 分)。

你的分数：_____

分值

5—18 分：你是一名保守的投资者。你偏好于最小化财务风险。你的分数越低,说明你越谨慎。当你选择投资时,你会看重高的信用级别、良好的记录以及朝着稳定性的方向。在股票、债券和房地产中,关注于收入。

19—30 分：你是一名不太保守的投资者,你愿意承担更多的风险以追求更大的回报。你的分数越高,说明你越大胆并且愿意承担越高的风险。你可能想要考虑具有较高收益和较低信用级别的债券、新公司的股票以及利用抵押贷款的房地产投资。

第 5 章附录 B
分散化的数学计算

运用少量的数学,我们可以证明分散化是如何降低风险的。让我们从通用电气和德士古的两项投资开始。我们用 x 和 y 分别表示这两项投资的回报。如果 x 是购买通用电气股票的回报,那么它就一定等于 120 美元或 100 美元,每种结果都有 1/2 的概率(见表 5.5);y 是购买德士古股票的回报。

对冲风险

在本章中,我们考虑将投资在通用电气和德士古之间平分。如果 x 和 y 分别是持有通用电气和德士古的回报,那么投资的回报是:

$$投资回报 = \frac{1}{2}x + \frac{1}{2}y \tag{B1}$$

这项投资的方差是什么呢?(既然标准差是方差的平方根,两者一定一起变动——较低的方差意味着较低的标准差——因此我们可以略过标准差。)通常,任何权重之和 $ax + by$ 的方差为:

$$\mathrm{Var}(ax + by) = a^2\mathrm{Var}(x) + b^2\mathrm{Var}(y) + 2ab\mathrm{Cov}(x,y) \tag{B2}$$

其中,Var 是方差,Cov 是协方差。方差度量了每种回报自身变动的程度,协方差则度量了两种风险资产一起变动的程度。如果两种回报一起上升或下跌,那么协方差将为正;如果一种回报上升而另一种回报下跌,那么协方差将为负。用符号来表示这些数量关系是有用的。假设 p_i 是与特定的结果 x_i 相伴随的概率,那么 x 的期望值是可能结果的概率加权之和。

$$x\text{的期望值} = E(x) = \bar{x} = \sum_i p_i x_i \tag{B3}$$

正如在本章中所描述的,x 的方差是 x 与期望值的离差的平方的概率加权之和。

$$x\text{的方差} = \mathrm{Var}(x) = \sigma_x^2 = \sum_i p_i(x_i - \bar{x})^2 \tag{B4}$$

x 和 y 的协方差类似地定义为:

$$x\text{和}y\text{的协方差} = \mathrm{Cov}(x,y) = \sigma_{x,y} = \sum_i p_i(x_i - \bar{x})(y_i - \bar{y}) \tag{B5}$$

在我们的通用电气/德士古的例子中,$a = b = \frac{1}{2}$,所以

$$\text{Var}(\text{投资回报}) = \frac{1}{4}\text{Var}(x) + \frac{1}{4}\text{Var}(y) + \frac{1}{2}\text{Cov}(x,y) \tag{B6}$$

我们从表 5.6 知道，通用电气和德士古的期望回报都是 110 美元且标准差都为 10 美元。方差是标准差的平方，因此方差为 100。协方差为多少呢？从表 5.5 我们可以容易地计算出：

$$\text{Cov}(\text{通用电气和德士古的回报})$$
$$= \frac{1}{2}(100-110)(120-110) + \frac{1}{2}(120-110)(100-110)$$
$$= -100 \tag{B7}$$

将这个值代入投资回报的方差公式，我们得到：

$$\text{Var}(\text{投资回报}) = \frac{1}{4}(100) + \frac{1}{4}(100) - \frac{1}{2}(100) = 0 \tag{B8}$$

协方差为负的事实意味着包含通用电气和德士古股票的组合的方差（或者说风险）比只包含通用电气或德士古单只股票的组合的风险低。因此，两只股票之间互相对冲了风险。

分散风险

要证明分散化如何降低风险稍微复杂一点。让我们考虑在通用电气和微软之间分散我们的投资。同样，投资回报的方差取决于各自股票回报的方差和它们的协方差，但是在这里我们必须假定通用电气和微软回报之间的协方差为零。也就是说，它们是互相独立的。像前面一样，每只股票都有 100 的方差，因此投资分割成两个相等的部分的组合的方差是，

$$\text{Var}(\text{投资回报}) = \frac{1}{4}(100) + \frac{1}{4}(100) = 50 \tag{B9}$$

标准差为 7.1。

这个结果表明，具备独立回报的个别股票或一组股票是有潜在价值的，因为它们可以降低风险。让我们考虑任意数量的独立的投资，每种都具有相同的方差。这些投资的相等权重的组合的方差是什么呢？假设投资的数量为 n，每种投资都具有相同的期望回报 $\bar{x}$ 以及相同的方差 σ_x^2。在组合中我们持有每只股票的权重为 $1/n$，因此期望回报为：

$$\text{期望回报} = \frac{1}{n}\sum_{i=1}^{n} x_i = \bar{x} \tag{B10}$$

既然每只股票的回报与其余的所有股票是独立的，那么所有的协方差都为零，因此方差为：

$$\text{回报的方差} = \left(\frac{1}{n}\right)^2 \sum_{i=1}^{n} \sigma_x^2 = \frac{\sigma_x^2}{n} \tag{B11}$$

也就是说，n 只独立的股票组合的回报的方差是单只股票回报的方差除以 n。更重要的是，随着 n 不断增加，方差将逐渐降低；当 n 很大时，方差基本上趋于 0。

概括而言，在大量独立风险的投资之间分散风险的头寸降低了组合的总风险。正如我们在本章中所见到的，这就是保险公司运用的策略。虽然单个保单持有人的回报是高度不确定的，但是很大一组保单持有人的回报几乎是不相关的。通过出售成千上万份保单，保险公司降低了它必须进行的赔付，只是简单地支付期望值。

第6章
债券、债券价格和利率的决定

实际上,任何涉及经济资源在当期从贷款者向借款者转移,并在未来的某个时刻再转移回来的财务安排都是债券的一种形式。汽车贷款、住房抵押贷款,甚至信用卡余额,这些都形成了金融中介和个体购买者之间的贷款——就像政府和那些大公司需要借款时发行的债券一样。

当福特、IBM 或通用电气这样的公司需要为其日常运营融资时,它们就会出售债券。当美国财政部或者州政府需要借款时,它们也会出售债券,并且一次就发行数十亿美元的债券。在金融危机之后的 2009 年,许多美国公司试图减少它们的债务,但是其债券余额仍然高达 11 万亿美元;美国联邦、州和地方政府也有超过 10 万亿美元的债务。① 个人、公司和政府借款的便利是经济体系运转的关键,如果没有债券市场促进资源的自由流动,经济就会慢慢停止。

历史上,我们可以追溯到君主们利用债券融资来实现他们对资源几乎无法满足的欲望。为了维持奢侈的生活、进行战争以及全球探险,君主、王子们及其他统治者想尽各种融资办法。即使有这些动机,但经过几千年的文明的发展,他们也只找到几种可以使用的方式:没收私人财产;征税,这是一种温和的没收私人财产的方式;降低货币成色,这要求人们必须将自己的货币兑换成另外一种不值钱的货币,相当于对货币征税;借款。直接向国际银行家们借款的君主们频繁地违约或者不按其承诺偿还贷款。②

1557—1696 年,历任西班牙君主共违约 14 次。有了这些记录,也难怪他们不得不支付近 40% 的利率。

荷兰人发明了现代债券,为他们与在 16 世纪到 17 世纪频繁发生贷款违约的西班牙国王之间的长期独立战争筹集资金。在接下来的两个世纪,英国人改进了债券的用途,为其政府活动筹集资金;然后这种实践逐渐传播到其他国家。亚历山大·汉密尔顿,美国第一任财政部长,也就是其头像出现在 10 美元钞票上的那个人,将债券带入美国。在 1789 年

---

① 这些数据来自美国流动资金账户,由美国联邦储备委员会按季公布。
② 对于这一类主权违约的详细分析,参见 Carmen M. Reinhart and Kenneth S. Rogoff, *This Time Is Different: Eight Hundred Years of Financial Folly*(Princeton, NJ: Princeton University Press, 2009)。

美国财政部成立以后,汉密尔顿的第一个行动就是把革命战争余下的所有债券合并起来,形成了第一批的美国政府债券。虽然现代债券市场的深度和复杂性日益增加,但是当时债券的许多原始特征仍然保留了下来。

如果我们想要理解金融体系,尤其是债券市场,我们必须了解三件事:一是债券价格与利率之间的关系(现值的另一种运用);二是债券市场的供给和需求决定债券价格;三是债券是有风险的。下面就开始详细介绍。

6.1 债券价格

一张标准的债券载明了将支付的固定金额以及支付的确切日期。你愿意为一张债券支付多少钱?答案取决于该债券的特征。我们将考察四种基本类型的债券:

1. 零息票债券:它承诺在未来的某一时间支付一笔固定的金额,如美国国库券。
2. 固定支付贷款:例如传统的抵押贷款。
3. 息票债券:它进行定期的利息支付并在债券到期日偿还本金。美国国债和大多数公司债券都是息票债券。
4. 统一公债:它进行永续的、定期的利息支付,永远不偿还本金(这一类的债券不是很多)。

让我们看看每一种债券都是如何进行定价的。为了分析方便,这里我们忽略债券的风险。

6.1.1 零息票债券

美国国库券(U.S. Treasury bills)通常被称为 T-bills,是债券中最简单的类型。每一张国库券代表了美国政府在未来的某一确定的时间支付 100 美元的承诺。它没有息票支付,这就是为什么国库券也被称为**零息票债券**(zero-coupon bonds)。由于其价格低于面值(也就是折价出售),因而也被称为纯贴现债券(或者简单地称为贴现债券);然而,这不同于服装的折扣。如果一张 100 美元面值的国库券以 96 美元的价格出售,4 美元的差额就是利息,这是给贷款者放出贷款的报酬。

由于国库券只是在将来的某个时间进行一笔单一支付,因此其价格就是那笔单一支付的现值:

$$100 \text{ 美元面值的零息票债券的价格} = \frac{100}{(1+i)^n} \tag{1}$$

其中,i 是以小数形式表示的利率,n 是债券支付的期限,债券支付的时间单位要与利率的相一致。假设年利率是 5%,那么 1 年期国库券的价格是多少呢?为了得出答案,使用现值公式,将 i 设定为 5%,n 设定为 1,然后算出价格:

$$1 \text{ 年期国库券的价格} = \frac{100}{(1+0.05)} = 95.24(\text{美元})$$

美国财政部不发行到期日超过 1 年的国库券,6 个月期的国库券较为普遍。当年利率为 5% 时,6 个月期的零息票债券的价格是多少呢? 我们可以再次使用现值公式,但是这次我们要注意利率的期限,i 和 n 的时间度量单位必须一致。既然 i 是 1 年的利率,那么我们就必须以年来度量 n,由于 6 个月等于半年,因此:

$$6 \text{ 个月期国库券的价格} = \frac{100}{(1 + 0.05)^{1/2}} = 97.59(\text{美元})$$

可以发现,6 个月期的国库券的价格高于 1 年期的国库券的价格,期限越短的债券其价格越高。如果继续计算 3 个月期的国库券的价格,将 n 设定为 0.25(一年的四分之一),我们可以得到 3 个月期的国库券的价格为 99.02 美元。

等式(1)表明,在零息票债券中,价格与利率之间的关系与讨论现值所得出的结论一样。当价格变动时,利率也随之变动,且变动方向是相反的。因此,我们可以根据现值公式,利用价格计算出利率。例如,如果 1 年期国库券的价格是 95 美元,那么其对应的利率就是 $i = (100/95) - 1 = 0.0526$,或 5.26%。

6.1.2 固定支付贷款

房屋抵押和汽车贷款常被称为固定支付贷款,因为它们承诺在规定的时间间隔进行固定次数的等额支付。这些贷款是分期偿还的,意味着借款人在贷款的期间内同时偿还本金和利息;每一次支付都包含利息和一部分本金。这种贷款的价格等于未来所有支付的现值之和。如果我们假定利率是 i(用小数形式表示),并且贷款偿还次数为 n,那么:

$$\text{固定支付贷款的价值} = \frac{\text{固定支付}}{(1+i)} + \frac{\text{固定支付}}{(1+i)^2} + \cdots + \frac{\text{固定支付}}{(1+i)^n} \quad (2)$$

这个公式有点复杂,我们也不再深入探讨。但是当贷款为汽车贷款或者住宅抵押贷款时,就需要运用这个公式计算每月的固定支付额。

6.1.3 息票债券

回想在第 4 章,息票债券的发行者承诺进行一系列定期的利息支付(也称为息票支付),再加上到期偿还的本金。因此,我们可以利用现值公式为息票债券估值。息票债券的价格为:

$$P_{CB} = \left[\frac{\text{息票支付}}{(1+i)} + \frac{\text{息票支付}}{(1+i)^2} + \cdots + \frac{\text{息票支付}}{(1+i)^n} \right] + \frac{\text{面值}}{(1+i)^n} \quad (3)$$

这个等式的右边有两部分,第一部分(在括号里的)看起来像固定支付贷款的公式,的确很像,但最主要的不同是它只代表利息;第二部分(在等式的最右边)看起来像零息票债券的公式,它表示承诺在到期日偿还的本金的现值。

你的金融世界

了解你的抵押贷款

调查结果显示,大多数拥有浮动利率抵押贷款的人低估了他们每月支付金额可以变化的范围。*希望你不要成为他们中的一员! 当你采用抵押贷款买房时,应该知道会发生什么。

有两种基本类型的抵押贷款:传统的固定利率抵押贷款以及浮动利率抵押贷款(或称为 ARMs)。由于利率和支付是固定的,因而很容易理解固定利率贷款,这意味着在通常为 30 年(也可以为 10 年、15 年、20 年不等的固定利率抵押贷款)的整个贷款期间内,你每月进行固定金额的偿付。因为支付金额不变,所以固定利率的借款人不会面临利率上涨的风险。

由于利率不断变化,浮动利率抵押贷款就复杂多了。这意味着每期的偿付金额都在变化。进行浮动利率抵押贷款就意味着你必须知道利率指数、利率基差、贴现率、利率上限、负的分期付款和可转换性:†

- 抵押贷款的利率是基于何种利率指数? 该指数怎样变化?
- 抵押贷款利率与基准利率指数的差额是多少?
- 利率多久调整一次?
- 浮动利率抵押贷款是否有一个确定会上升的初始利率? 如果有的话,什么时候上升? 上升多少?
- 抵押贷款的利率上限是多少? 单次调整的最大限额是多少? 最高利率是多少?
- 浮动利率抵押贷款是否包含支付上限? 如果你达到了支付上限,贷款本金是否会上涨? (这就是负的分期付款)
- 你是否可以把浮动利率抵押贷款转化为固定利率抵押贷款?

这个详单看起来很长,但实际上它只是一个开始。取得一个合适的抵押贷款可能是你所做的最重要的金融决策,因此值得花时间搞清楚,并且一旦做出决策,就别忘了弄清楚你的抵押贷款到底是怎么运作的。

* 在美国联邦储备委员会金融和经济讨论会 2006 年 3 月的文件中,Brian Bucks 和 Karen Pence 在"房产所有者是否知道他们的房屋价值以及抵押条款"一文中估计,近一半的浮动利率抵押贷款者不知道利率一次会变动多少,该抵押贷款的最高利率、基准利率指数是多少。

† 美国联邦储备委员会的浮动利率住房抵押贷款消费者手册是了解抵押贷款的很好途径。

6.1.4 统一公债

另外一种类型的债券只提供定期的支付。也就是说,借款者只支付利息,永远不偿还本金。这一类贷款被称为**统一公债**(consols)或者**永续年金**(perpetuities),就像永久支付利息的息票债券。由于政府是唯一可信的承诺永久支付的借款人,因此不存在私人发行的统一公债。英国政府目前有许多统一公债,最早的发行于 1853 年;美国政府从 1900 年开始发行统一公债。这些债券有一个特殊的规定,从 1930 年开始允许财政部买回这些债券。财政部买回了所有已发行的统一公债,所以我们现在看不到任何的统一公债。

同样,统一公债的价格也是所有这些未来利息支付的现值。无限次的支付次数使问题变得复杂。但是,对于每年进行利息支付直到永远的统一公债的价格,我们可以得到它的计算公式。①。当利率为 i 时,

$$P_{\text{consol}} = \frac{每年的息票支付}{i} \qquad (4)$$

统一公债的价格等于年息票支付除以利率。当利率为 5% 时,承诺每年支付 1 美元的统一公债将会以 20 美元的价格出售;如果利率变为 4%,其价格将会上升为 25 美元。我们可以再次看到,债券价格和利率呈反方向变动关系。

6.2 债券收益率

既然已经知道了在给定利率的情形下如何计算债券的价格,我们有必要转而计算隐含在债券价格中的利率,或者投资者的收益率。这样做意味着把承诺进行的支付与债券的价格信息结合起来,以便得到所谓的收益率——一种对借款成本和贷款报酬的衡量。当人们谈到债券时,经常交替使用收益率和利率等术语,所以我们也不做区分。

6.2.1 到期收益率

度量债券收益最有用的是**到期收益率**(yield to maturity),即如果债券持有人持有债券直到最终的本金支付所获得的收益率。以一张面值为 100 美元、票面利率为 5% 的 1 年期息票债券为例。在到期日,债券持有者将收到 5 美元的利息及 100 美元的本金。② 利用公式(3),我们得到该债券的价格为:

$$息票率为 5\% 的 1 年期债券价格 = \frac{5}{(1+i)} + \frac{100}{(1+i)} \qquad (5)$$

解这个等式得到的 i 即为该债券的到期收益率。记住现值与利率呈反方向变动关系,我们可以得到如下结论:

(1) 如果债券价格为 100 美元,那么其到期收益率等于息票率(回忆第 4 章中,息票率

---

① 你可能会困惑,将无数次支付相加会得到一个有限的数值。要想弄明白为什么是这样,请注意随着最终支付的年数的增加,$1/(1+i)^n$ 会变得非常小。当利率为 5%,在 100 年之后,该数值为 0.008。因此,承诺 100 年之后支付的 1 美元其实是小于 1 美分的。我们如果忽略这一期支付之后的所有支付,仍能得到相同的答案。为得到统一公债的价格表达式,利用附录 4 中的公式。首先,将息票支付记为 C,将无限期支付的现值之和记为 $P_{\text{consol}} = \frac{C}{(1+i)} + \frac{C}{(1+i)^2} + \frac{C}{(1+i)^3} + \cdots$;其次,对该式左右两边同时乘以 $\frac{1}{1+i}$,得到 $\frac{1}{1+i}P_{\text{consol}} = \frac{C}{(1+i)^2} + \frac{C}{(1+i)^3} + \frac{C}{(1+i)^4} + \cdots$;再次,两式相减得到 $P_{\text{consol}} - \frac{1}{(1+i)}P_{\text{consol}} = \frac{C}{(1+i)}$;最后,解得价格收益等式(4)。

② 大多数债券提供两个半年期支付,每次支付金额等于半年期息票利息,我们忽略这一复杂情况。

就是每年的息票支付与债券面值的比率)。

(2)因为债券的价格随着收益率的下跌而上升,所以当价格大于 100 美元时,其到期收益率一定低于息票率。

(3)因为债券的价格随着收益率的上升而下跌,所以当价格低于 100 美元时,其到期收益率一定高于息票率。

考察 1 年期、息票率为 5% 的息票债券。我们马上可以看到,如果到期收益率是 5%,那么:

$$\frac{5}{(1+0.05)} + \frac{100}{(1+0.05)} = \frac{105}{1.05} = 100(美元)$$

这是第一点。现在我们考察当到期收益率下跌到 4% 时会出现什么状况,该债券的价格变为:

$$\frac{5}{(1+0.04)} + \frac{100}{(1+0.04)} = \frac{105}{1.04} = 100.96(美元)$$

这是第二点。当到期收益率上升到 6%,该债券的价格为:

$$\frac{5}{(1+0.06)} + \frac{100}{(1+0.06)} = \frac{105}{1.06} = 99.06(美元)$$

这是第三点。你完全可以用更复杂的债券来尝试这个过程——比如说每年不止一次息票支付的 10 年期债券——最终会得到完全相同的结果。

债券的收益率取决于你为其支付的价格,这一事实不再那么神秘了。例如,如果你为一张 100 美元面值的债券支付 95 美元,那么你将得到利息支付以及从 95 美元到 100 美元的增值。这种价值的增加被称为**资本利得**(capital gain),它是你投资收益的一部分。因此,当债券的价格低于面值时,收益率会超过息票率。当债券价格高于面值时,债券持有人发生了**资本损失**(capital loss),债券的到期收益率低于息票率。

6.2.2 当期收益率

当期收益率(current yield)是被普遍使用的度量债券持有人所获收益的一种较为容易的计算方式。它等于年利息支付除以债券的价格:

$$当期收益率 = \frac{年利息支付}{债券的支付价格} \tag{6}$$

观察该表达式可以发现,当期收益率只衡量了从息票支付中得到的那部分收益,忽略了当债券的价格偏离其面值时所发生的资本利得或损失。因此,如果债券价格低于面值,那么当期收益率就低于到期收益率。

让我们回到 1 年期息票率为 5% 的息票债券,并假定其价格为 99 美元。很容易计算出其当期收益率为:$5/99 = 0.0505$ 或 5.05%。该债券的到期收益率是等式:$5/(1+i) + 100/(1+i) = 99$ 中 i 的解,解得 $i = 6.06\%$。到期收益率高于当期收益率,这是因为你以 99 美元的价格买入债券,1 年后你不仅得到 5 美元的利息支付,还得到 1 美元的资本利得,所以你总共得到 6 美元。

对于债券以 101 美元的价格出售的情形,我们可以重复这些计算。在这种情形下,当期收益率为 5/101 = 0.0495 或 4.95%,到期收益率为 $5/(1+i) + 100/(1+i) = 101$,解得 $i = 3.96\%$。

将所有这些结果放在一起思考,我们可以发现当期收益率和息票率之间的关系。这同样来源于当期收益率与债券价格反向变动的事实:当债券价格上升时,当期收益率下降;当债券价格下降时,当期收益率上升。因此,当债券价格等于债券面值时,当期收益率等于息票率;当债券价格高于面值时,当期收益率低于息票率;当债券价格低于面值时,当期收益率高于息票率。

表 6.1 总结了债券价格、息票率、当期收益率和到期收益率之间的关系。我们知道,到债券价格低于面值时,当期收益率和到期收益率都高于息票率。但是到期收益率考虑了债券持有者获得的资本利得,而当期收益率没有考虑,因此到期收益率比当期收益率要高。当债券价格高于面值时,到期收益率低于当期收益率,当期收益率低于息票率。

表 6.1　债券价格、息票率、当期收益率和到期收益率之间的关系

债券价格 < 面值:	息票率 < 当期收益率 < 到期收益率
债券价格 = 面值:	息票率 = 当期收益率 = 到期收益率
债券价格 > 面值:	息票率 > 当期收益率 > 到期收益率

6.2.3　持有期收益率

我们知道,当购买的债券的到期收益率与息票率不一致时,其价格一定不等于其面值。类似地,债券的持有期收益率也不等于其息票率。例如,如果你支付 95 美元购买一只息票率为 6% 的 1 年期债券,1 年后的到期日,你将得到 6 美元的息票支付以及购买价格与 100 美元之间的差额 5 美元。但是这个例子实际上太简单了,因为它假设持有者会一直持有至到期,而大多数长期债券的持有者计划在债券到期之前出售它们。由于从购买债券到出售债券的期间内,债券的价格可能发生了变化,购买债券并在其到期之前出售而获得的收益率——**持有期收益率**(holding period return)——可能与其到期收益率不一致。

例如,你支付 100 美元购买一只息票率为 6% 的 10 年期、面值为 100 美元的息票债券。你打算持有该债券 1 年。也就是说,你将购买一只 10 年期的债券,然后在 1 年之后出售一只 9 年期债券。你持有这只债券的收益率将是多少呢?如果利率不变(即利率保持在 6%),你的收益率将是 6/100 = 0.06,或 6%。但是,如果利率发生变化,计算你的收益率将变得更加复杂。假设在你持有债券的那一年中,利率从 6% 下降到 5%,即到期收益率下跌到 5%。利用公式(3),可以计算出你以 100 美元的价格购买一只 10 年期的债券,然后以 107.11 美元的价格出售一只 9 年期的债券。对于初始投资的 100 美元,你的持有期收益率是多少呢?它包括两个部分:6 美元的息票支付和 7.11 美元的资本利得(你出售债券的价格与你购买债券价格之间的差额)。因此,持有期收益率为:

$$1\text{ 年的持有期收益率} = \frac{6}{100} + \frac{107.11-100}{100} = \frac{13.11}{100} = 0.1311 = 13.11\%$$

显然,债券价格有可能上升也有可能下降。如果考虑到到期收益率上升到 7%,以至于债券价格下降到 93.48 美元,那么 1 年的持有期收益率为:

$$1\text{ 年的持有期收益率} = \frac{6}{100} + \frac{93.48-100}{100} = \frac{-0.52}{100} = -0.0052 = -0.52\%$$

息票支付仍然代表 6% 的收益率,但是由于价格变动引起的资本损失为 6.52%,加总起来存在较小的损失,因此 1 年期的持有期收益率为负数。①

为了概括这些例子,注意持有期为 1 年的债券持有期收益率为年支付的利息除以债券的支付价格,再加上债券的价格变化(债券的出售价格减去购买价格)除以支付的债券价格。

$$\text{持有期收益率} = \frac{\text{每年的息票支付}}{\text{债券的支付价格}} + \frac{\text{债券的价格变动}}{\text{债券的支付价格}} \tag{7}$$

等式右边的第一部分是债券的当期收益率,第二部分是资本利得,因此债券的持有期收益率为:

$$\text{持有期收益率} = \text{当期收益率} + \text{资本利得} \tag{8}$$

只要债券的价格发生变化,就存在资本利得或损失。债券价格变化幅度越大,资本利得或损失部分在持有期收益率中就越重要。利率变动和债券价格变化的可能性产生了风险。债券的期限越长,价格变动及相关风险越大,这些我们将在本章的最后一部分进一步地详细讨论。

6.3 债券市场和利率的决定

既然已经理解了债券的价格和不同利率之间的关系,我们需要确定债券价格是如何决定的以及它们为什么会变化。最好的方法是观察债券市场上债券的供给、需求及其均衡价格。一旦理解了债券市场是如何决定债券价格的,我们就可以确定债券价格变化的成因。

为了使分析简便,我们需要做一些说明。首先,我们将讨论的债券限制在某一特定时刻的债券余额,即债券存量(我们可以研究是什么造成了流通在外的债券数量的变动——债券流量——但那会使问题复杂化)。其次,我们将讨论的是债券价格而非利率。由于债券价格以及它的一些其他特征共同决定了债券的收益率,因此无论是讨论债券收益

---

① 持有期为几年的情况更为复杂。比如投资者以面值 100 美元购买一只息票率为 6% 的 10 年期、面值为 100 美元的息票债券,持有两年。如果利率上升至 7%,那么 8 年期的债券价格将从 100 美元的面值下降至 94.03 美元。这意味着投资者将收到 12 美元的利息支付以及 5.97 美元的资本损失,总收益为 106.03 美元。为了简化起见,我们假定第一年的利息不能用于再投资。因此,使用第 4 章的"交易工具"所描述的方法,我们可以计算出年化收益率为:$(106.03/100)^{\frac{1}{2}} - 1 = 0.0297$,或 2.97%。如果利率下降至 4%,那么债券价格将上升至 106.46 美元,总收益将为 118.46 美元,年化收益率为 8.84%。

率(利率)还是债券价格都没有差别。一旦我们知道了债券价格,也就知道了其收益率。最后,我们将考虑面值为 100 美元的 1 年期零息票债券(一种不进行息票支付的债券)的市场。

假定投资者计划购买一张 1 年期债券并持有至到期——也就是 1 年期的**投资期限**(investment horizon),那么持有期收益率等于债券到期收益率,且两者都直接取决于债券价格。现值公式表明该债券的价格和收益率之间的关系为 $P = 100/(1 + i)$,因此 $i = [(100 - P)/P]$。

例如,如果债券出售价格为 95 美元,那么其收益率 $i = 5/95 = 0.052~6$,或 5.26%。

交易工具

了 解 债 券

《华尔街日报》每天都列示作为标准或者基准的债券的前一天的收盘收益率,以便与其他金融工具进行对比。表 6.2 显示了 2010 年 1 月 14 日发布的一些全球政府债券的具有代表性的数据,而表 6.3 显示了一些公司债券的数据。让我们来看看通过这些数据可以了解些什么。

表 6.2 政府债券

分别以美国的 2 年期和 10 年期国债利率作为基准利率,表格里显示的是其他国家 2 年期和 10 年期政府债券相较于美国对应期限国债的收益率与利差;箭头显示的是最近一期收益率的升(△)降(▼)。

Coupon (%)	Country/ Maturity, in years	Latest (●)	Yield (%) 0 1.5 3 4.5 6 7.5 9	Previous	Month ago	Year ago	SPREAD UNDER/OVER U.S. TREASURYS, in basis points Latest	Chg from prev	Year ago
1.000	U.S. 2	0.956 △		0.916	0.817	0.751			
3.375	10	3.783 △		3.721	3.548	2.298			
5.750	Australia 2	4.435		4.435	4.563	2.734	347.9	−4.0	198.3
4.500	10	5.582 ▼		5.685	5.577	3.967	179.9	−16.5	166.9
1.250	Canada 2	1.288		1.288	1.255	1.024	33.2	−4.0	27.3
3.750	10	3.588 △		3.554	3.387	2.717	−19.5	−2.8	41.9
1.250	Germany 2	1.220 ▼		1.226	1.260	1.506	26.4	−4.6	75.5
3.250	10	3.313 △		3.312	3.206	2.987	−47.0	−6.1	68.9
0.200	Japan 2	0.168		0.168	0.180	0.385	−78.8	−4.0	−36.6
1.300	10	1.345 ▼		1.352	1.286	1.242	−243.8	−6.9	−105.6
5.500	Sweden 2	1.635 △		1.634	1.795	1.376	67.9	−3.9	62.5
5.000	10	3.397 △		3.384	3.367	2.607	−38.6	−4.9	30.9
2.750	Switzerland 2	0.618 ▼		0.625	0.388	0.514	−33.8	−4.7	−23.7
2.250	10	2.051 ▼		2.099	1.910	2.216	−173.2	−11.0	−8.2
3.250	U.K. 2	1.226 △		1.191	1.230	1.596	27.0	−0.5	84.5
4.500	10	3.957 △		3.932	3.852	3.204	17.4	−3.7	90.6

资料来源:*The Wall Street Journal*. Copyright 2010 by Dow Jones & Company, Inc. Reproduced with permission of Dow Jones & Company, Inc. in the formats Textbook and Other Book via Copyright Clearance Center。

表6.3 公司债券

债券利率上升较大的公司债券

Issuer	Symbol	Coupon (%)	Maturity	SPREAD*, in basis points Current	SPREAD*, in basis points One-day change	STOCK PERFORMANCE Last week	STOCK PERFORMANCE Close ($)	STOCK PERFORMANCE % chg
Prologis	PLD	6.625	May 15, '18	269	−52	325	13.95	2.65
BHP Billiton Finance	BHP	5.125	March 29, '12	37	−37	n.a.	…	…
American Express	AXP	7.300	Aug. 20, '13	160	−33	193	42.15	0.31
Chemtura	CEM	6.875	June 1, '16	231	−30	147	…	…

债券利率下降较大的公司债券

Issuer	Symbol	Coupon (%)	Maturity	Current	One-day change	Last week	Close ($)	% chg
Digicel	DLLTD	8.875	Jan. 15, '15	716	38	n.a.	…	…
Citigroup	C	5.000	Sept.15, '14	321	32	286	3.50	−0.57
Daimler North America	DAIGR	7.300	Jan. 15, '12	134	29	131	…	…
Tyco Electronics S.A.	TEL	6.000	Oct. 1, '12	217	27	n.a.	25.52	3.15

注:*表格内容是通过预估流动性较强的2年期、3年期、5年期、10年期或30年期国债的利差得到的;100个基点=1%;利差变化是Z–spread。数据采用的是发行期为2年或以上的、最活跃的债券。

资料来源:*The Wall Street Journal.* Copyright 2010 by Dow Jones & Company, Inc. Reproduced with permission of Dow Jones & Company, Inc. in the formats Textbook and Other Book via Copyright Clearance Center。

全球政府债券

政府发行数以百计的债券。在2010年年初,仅美国财政部就发行了200多种未偿还的附息型投资工具。但是,投资者往往关注那些在到期时刻最具流动性的债券,以判断整个债券市场的变化。表6.2采用2年期债券收益率代表相对短期的债券利率,而用10年期债券收益率代表相对长期的债券利率。在第7章,我们将学习利率的期限结构与债券的到期收益率水平的相关性。该表强调了以下几点:

第一,政府债券的收益率随时间显著变化。例如,2010年1月14日,最近的10年期政府债券收益率(也就是2010年1月13日的收盘收益率)是3.783%;而前一天(2010年1月12日)的收益率水平为3.721%,显著地高于上年2.298%的水平。假设10年期的代表性债券每天都有到期的,那么收益率上升,其价格就从2009年1月13日的109.57美元下降到2010年1月13日的96.63美元。类似地,同期的澳大利亚10年期债券收益率从3.967%上升到5.582%,使得澳大利亚债券价格从104.36美元下降到91.79美元。

第二,不同国家的政府债券的收益率显著不同。最新的10年期美国政府债券的收益率远低于10年期澳大利亚债券的收益率,但是远高于10年期日本债券的1.345%的收益率。这个差别同样从表右边数第3列中得以体现,该列显示了最新的10年期美国国债的收益率差额。对于澳大利亚债券,这两种收益率的差额是179.9个基点(1个基点是百分之一的1%);对于日本债券,差额是−243.8个基点。回想图4.3,不同国家的不同利率反映了不同的通货膨胀预期。

第三,表中各个国家最新的10年期债券的收益率都超过了2年期的收益率。学习了第7章后,我们就会理解为什么长期的收益率会较高,这是一般现象,但并非总是如此。

第四,每种债券的收益率都不同于其息票率(如第1列所示)。正如在本章的其他部分所述,当收益率高于(低于)息票率时,债券的价格就会低于(高于)票面价值。

公司债券

数以千计的美国公司都发行债券,这些债券的违约风险有很大的不同。与核心原则2

保持一致，投资者期望因这些风险而获得相应的补偿。表6.3描述了补偿的方式——高于国债收益率的差额。

该表显示了交易频繁的公司债券的收益率和大致相同期限的美国国债的收益率差额水平和每日差额变化。对于2013年8月20日到期的美国运通卡公司债券，当期收益率差额为160个基点，是由该债券前一天的收益率减去最近3个月期的国债收益率。

公司债券的违约风险越小，它与国库券之间的利率差额就越小。因此，债券的收益率差额与债券的违约风险一致。表中所示的最小收益率差额为BHP Billiton Finance公司的37个基点，最大收益率差额为Digicel公司的716个基点，收益率差额每天都在发生变化。表中还显示，收益率的最大日变化幅度分别为Prologis公司1月13日的52个基点的收缩和Digicel公司的38个基点的扩大。可以推测，这些收益率差额的变化反映了人们对公司违约风险的预期的变化。

表中最后两列分别显示了股票的价格水平和那些同时发行股票的债券发行者的变化。注意，公司的股票发生利得（损失），这通常意味着对公司前景的预期的更有（没有）信心，但这并不影响公司债券的收益率。

6.3.1 债券供给、债券需求与债券市场均衡

债券价格及债券收益率是如何决定的？毫无疑问，是由债券的供给和需求决定的。一些投资者供给债券，而另一些投资者需要债券。债券供给曲线是在给定其他条件都相同时，债券价格和人们愿意出售的债券数量之间的关系：债券价格越高，债券的供给就越多。这有两个原因：从投资者个人的角度来看，债券价格越高，此时出售债券的诱惑力就越大；从为新项目寻求融资的公司的角度来看，出售的债券的价格越高，对融资公司越有利。以面值为100美元的1年期零息票债券为例。在给定其他条件都相同时，售价为95美元的债券供给要大于售价为90美元的债券供给，这意味着债券供给曲线向上倾斜。

债券需求曲线是给定其他条件都相同时，债券价格和投资者需求的债券数量之间的关系。当债券价格下降时，持有债券的回报上升，因此需求上升。也就是说，潜在的债券持有者为在将来时刻进行固定美元支付所付出的价格越低，他们就越有可能购买债券。例如，承诺在1年后支付100美元的零息票债券，在给定其他条件都相同时，债券在90美元时比在95美元时会有更多的需求。因此，债券需求曲线向下倾斜。既然债券的价格与收益率反向相关，那么意味着债券的需求越多，收益率越高。

债券市场中的均衡点是指供给等于需求时的那一点——图6.1中的E点。一般分析供求关系时，我们关心债券价格偏离均衡价格（图6.1中的P_0）时，市场如何进行调整。我们来看两种可能的情况：债券价格太高或者太低。如果债券价格位于均衡价格以上（即大于P_0的某点），债券的供给将超过债券的需求，超额供给意味着债券供给者不能按照当前的价格出售债券。为了售出债券，他们不得不降低价格。超额供给将对价格产生向下的压力，直到债券供给等于债券需求为止。

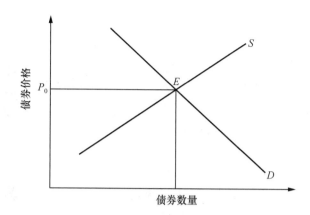

图 6.1 债券市场的供给、需求及均衡

注:借款者的债券供给曲线向上倾斜,贷款者的债券需求曲线向下倾斜,债券市场的均衡点由供给与需求曲线决定。

当债券价格位于均衡价格以下时,债券的需求将超过债券的供给,债券需求者不能按照当前的价格买到债券。他们的反应就是提高购买价格。超额需求将对价格产生向上的拉力,直到债券市场再次达到均衡。

到目前为止,我们知道了如何决定债券价格。但是为了真正理解债券价格及债券收益率是如何随着时间的变化而变化,我们需要研究是什么决定了债券的供给曲线和需求曲线的位置。随着时间的推移,两条曲线都会变动,进而导致均衡价格的变动。接下来,我们将讨论造成这些变动的原因,一定要记得沿着供给或需求曲线的移动与曲线本身的移动之间的区别。当由于价格的变动引起需求数量或者供给数量的变动时,产生的是沿着曲线的移动。当在给定的价格水平上需求曲线或者供给曲线发生变化时,产生的是整条曲线的移动。更为重要的是,在债券市场上,无论是供给曲线还是需求曲线的移动都会引起债券价格的变动,因而也会引起债券收益率的变动。

6.3.2 引起债券供给变动的因素

在给定的价格水平下,是什么因素引起了债券供给的变化以及债券供给曲线的移动呢?我们可以确认三个因素:政府借款的变化、经济环境的变化、预期通货膨胀的变化。

政府借款的变化 政府发行债券会影响债券的供给。税收政策的变化以及固定预算支出的调整都会影响政府的借款需求。不管是什么原因,任何政府借款需求的增加都会引起政府债券数量的增加,从而使得债券供给曲线向右移动。结果是在每一个价格水平下,债券供给的数量都增加了(见图 6.2)。因为需求曲线保持不变(记住:我们假定其他任何条件都保持不变),所以债券供给的增加使得债券价格下跌。美国政府债券的供给增加,就引起了债券价格下降,利率上升。

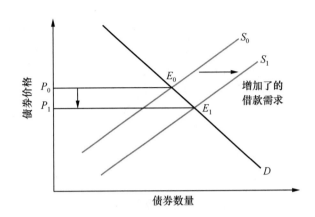

图6.2 债券供给曲线的移动

注：当借款者的资金需求增加，债券供给曲线向右移动，从而债券均衡价格下降，均衡利率上升。

经济环境的变化 在经济周期的扩张时期，总的经济环境很好，投资机会很多，促使企业增加借款。随着经济中债券数量的增加，债券存量上升。因此，随着商业环境的改善，债券供给曲线向右移动，推动债券价格下降，利率上升。如图6.2所示，经济环境和债券供给的这种关系也有助于解释低的经济增长如何导致债券价格上升，利率下降。

预期通货膨胀的变化 债券发行者关心的是借款的真实成本——考虑了通货膨胀的贷款成本。在给定的名义利率下，预期通货膨胀率越高，意味着实际利率越低。实际利率越低，进行债券承诺的支付所需要的实际资源就越少。因此，当预期通货膨胀率上升，借款成本下降，借款的意愿上升。图6.2显示了预期通货膨胀率上升促使债券供给曲线向右移动，较高的预期通货膨胀率增加了债券供给，引起债券价格下降，名义利率上升。

表6.4总结了在每一价格水平下，引起债券供给增加、债券供给曲线右移的因素。在讨论债券需求之前，我们需要提到另外一个引起债券供给变化的因素：公司税收的变化。因为税法里各项内容的变化需要政府的立法，所以并不经常发生。但是一旦发生，就会影响整个经济圈内债券的供给。正如个人须对其收入缴纳税收一样，公司也须对其利润缴纳税收，因此公司关心的是税后利润。

表6.4 引起债券供给曲线右移、债券价格下降和利率上升的因素

变化	对债券供给、债券价格和利率的影响	债券供给的移动
相对于其收入，政府意愿支出增加	债券供给曲线右移，债券价格下降，利率上升	

(续表)

变化	对债券供给、债券价格和利率的影响	债券供给的移动
经济环境改善	债券供给曲线右移,债券价格下降,利率上升	
预期通货膨胀率增加,减少了实际支付成本	债券供给曲线右移,债券价格下降,利率上升	

政府经常提供降低公司投资成本的特别税收补贴。由于这些税收措施提高了通过债券融资来投资于一项新设备后的税后利润,这种税收激励增加了债券供给。正如我们已经考虑的其他三个因素一样,政府的税收激励增加了债券供给,使得债券供给曲线右移,债券价格下降。

6.3.3 引起债券需求变动的因素

现在我们讨论引起债券需求变动的因素。在给定的价格水平下,引起债券需求变动的因素有六个:财富、预期通货膨胀率、股票和其他资产的预期收益率、预期利率、风险、债券的流动性。

财富 经济增长得越快,个人变得越富有。随着人们财富的增加,他们会增加在股票、债券、房地产和艺术品上的投资。因此,财富的增加引起债券需求曲线右移,债券价格提高,收益率下降(见图6.3)。这就是在经济扩张时期所发生的。当处于衰退期时,随着财富的减少,债券需求降低,债券价格下降,利率上升。

预期通货膨胀率 预期通货膨胀率的变化会改变投资者购买具有固定美元支付的债券的意愿。预期通货膨胀率的下降意味着,债券发行者承诺的支付比借款者原先的预期有更高的价值,因此债券变得更加有吸引力。预期通货膨胀率的下降使债券需求曲线向右移动。在每一个价格水平上,债券的需求上升,收益率下降(见图6.3)。简而言之,债券实际收益率越高,贷款者在任何给定的价格水平上购买债券的意愿越强。注意,预期通货膨胀率的下降也降低了投资者为了放出贷款而要求的名义利率。

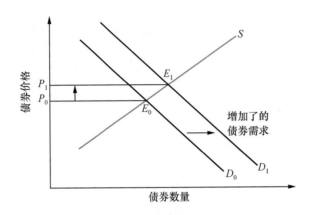

图 6.3 债券需求曲线的移动

注:当投资者持有债券的意愿增加时,债券需求曲线右移,债券价格上升,利率下降。

预期收益率和预期利率 投资者持有任何特定的金融工具的愿望取决于这些产品的收益率与那些替代产品的收益率的对比。债券是没有差别的。如果债券的收益率相对于替代投资的收益率上升,那么在任一价格下,债券的需求将上升,债券需求曲线向右移动。于是我们推断,债券价格和股票市场相关。投资者将债券视为股票的替代投资品,因此当股票市场下跌时,投资者将其资产组合偏向债券,增加债券的需求,导致债券价格上升,利率下降。

类似地,当预期利率变化时,债券价格会立即调整。回想债券的持有期收益率取决于债券的息票支付和资本利得(或损失)。当预期利率下降时,债券价格上升,产生了资本利得。当预期利率下跌时,预期债券价格就会上升,产生了预期的资本利得。这使得债券更加有吸引力。一旦知道了债券是一项好的投资,投资者会立即增加对于债券的需求,引起债券价格上升。因此债券预期收益率相对于替代投资的收益率的增加,会引起债券需求曲线向右移动。

相对于替代投资工具的风险 2002 年 5 月 13 日,《华尔街日报》上有一篇报道:"日本非常愤慨将其国家风险与博茨瓦纳的相比较",这是为什么呢?日本是当时的世界第二大经济体,拥有超过 1.25 亿人口和超过 5 万亿美元 GDP,而博茨瓦纳是一个拥有 200 万人口和 265 亿美元 GDP 的非洲南部内陆国家。

问题是投资者有两个理由怀疑日本未来的预算。首先,日本的财政赤字高达 GDP 的 7%;其次,在接下来的几十年中,日本政府必须找到一种方式来兑现其对退休人员增加养老金的承诺。这些原因形成了对日本债券高风险的预期,意味着投资者对持有日本证券不怎么感兴趣。

记住,投资者都会要求对风险进行补偿,这意味着当债券的风险变化时,债券的需求会随之发生变化。在其他条件都相同的情形下,债券的风险越小,投资者愿意为其支付的价格越高。由此我们可以得出:相对于其他投资来说,债券的风险越小,债券的需求曲线越向右移动。日本之所以愤怒是因为其债券价格变低导致借款成本增加。

相对于替代投资工具的流动性 流动性衡量的是投资者将一种金融资产转换为另外一种金融资产的难易程度和成本。流动资产是指投资者不必遭受较大价值损失便能将其出售的资产。投资者喜欢流动性高的资产,在其他条件都相同的情况下,债券的流动性越强,对其需求程度越高。因此,如果债券的流动性发生变化,那么对其的需求也将随之发生变化。

例如,在1998年秋的金融危机期间,由拉美和东欧的新兴市场政府发行的债券几乎不能卖出;在2007—2009年的金融危机中,一些与美国房地产相关的债券也发生了相同的情况。事实上,当时的债券市场几乎消失了。即使能够找到一位买家,其价格也被压得相当低,有谁会愿意购买一只很难出售的债券呢?流动性很重要。一只债券的流动性越差,对其的需求就越少,价格也就越低。因此,当一只债券相对于替代投资工具的流动性变得更强时,其需求曲线会向右移动。

表6.5总结了引起债券需求曲线右移的因素。

表6.5 引起债券需求曲线右移、债券价格上升、利率下降的因素

变化	对债券需求的影响	债券需求曲线的移动
财富增加,对所有资产(包括债券)的需求增加	债券需求曲线右移,价格上升,利率下降	
预期通货膨胀率下降,支付固定名义金额的债券吸引力上升	债券需求曲线右移,价格上升,利率下降	
预期未来利率下降,使得债券更具吸引力	债券需求曲线右移,价格上升,利率下降	
相对于其他投资工具的预期收益率,债券预期收益率的提高使其更具吸引力	债券需求曲线右移,价格上升,利率下降	

(续表)

变化	对债券需求的影响	债券需求曲线的移动
相对于其他投资工具的风险,债券投资风险的降低使其更具吸引力	债券需求曲线右移,价格上升,利率下降	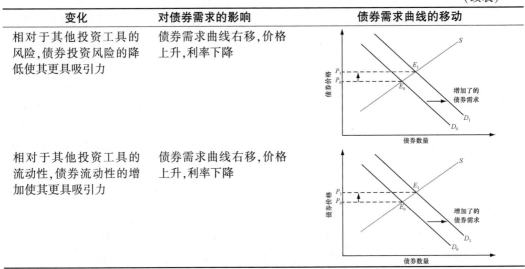
相对于其他投资工具的流动性,债券流动性的增加使其更具吸引力	债券需求曲线右移,价格上升,利率下降	

 你的金融世界

理解报纸上的广告

当你一边喝咖啡一边看财经报纸时,突然一则广告吸引到你:一家投资公司发布的广告说,它们的债券型共同基金上年的回报率为13.5%,但是你了解到同期利率相当低——大约为7%。当你确定自己了解到的利率是正确的时候,财经报纸上的广告怎么会对呢?

答案是,广告上说的是上年利率下降时的持有期收益率。当利率下降时,债券价格上升,持有期收益率高于利率。在相同的利率变化幅度下,债券的期限越长,债券价格的变动越大。具体来说,一只20年期、面值100美元、票面利率7%的息票债券。如果最初的利率为7%,则债券的价格为100美元;当利率下降至6.5%,债券的价格就会上涨至106.5美元,投资者有6.5美元的资本利得,再加上7%的息票利率,其年收益率就为13.5%。

一旦你明白了这个道理,那么该广告也就没有错。但是当你进行一些投资时,该广告的寓意有必要好好思考。记住,如果利率重新上涨,情况就没这么好了。在该广告的底部标明"去年的收益并不代表未来收益"时,你就要仔细考虑这句话了。

6.3.4 理解均衡债券价格和利率的变化

我们再回想一下,债券的价格和利率是如何随预期通货膨胀率以及经济环境的变化而变化的?我们知道,预期通货膨胀不仅影响债券供给,也影响债券需求。预期通货膨胀率的上升降低了借款的实际成本,引起债券供给曲线右移;但同时,预期通货膨胀率的上升降低了贷款的实际收益,引起债券需求曲线左移。这两种效应相互影响,导致债券价格下降,利率上升,如图6.4所示。

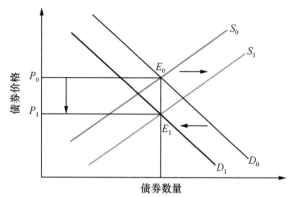

图 6.4 债券市场均衡:预期通货膨胀增加的影响

注:当预期通货膨胀率上升时,实际的借款成本降低,使债券供给曲线从 S_0 右移至 S_1;同时,实际债券收益下降,使得债券需求曲线从 D_0 左移到 D_1。这两种效应相互影响,使得债券价格从 P_0 降至 P_1,利率上升。

同样,经济环境的变化也会引起债券供给和需求的同时变动。在衰退的经济期,投资机会减少,引起债券供给曲线左移;同时财富减少了,引起债券需求曲线左移。当两条曲线朝相同的方向移动时,价格有可能上升也有可能下降,该理论并没有给出一个确定的结果。此时,我们可以通过数据的变动来解决这个问题。一般情况下,当经济周期处于衰退时,利率趋向于下降,因此价格应该上升,如图 6.5 所示。

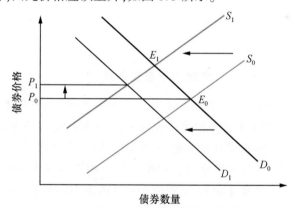

图 6.5 债券市场均衡:衰退经济周期的影响

注:在衰退的经济周期里,利率趋向于下降,使得各种投资机会减少,引起债券供给曲线从 S_0 左移至 S_1;同时,家庭财富的减少使得债券需求曲线从 D_0 左移到 D_1。这两种效应相互影响,使得债券价格上升,利率下降。

6.4 债券为什么有风险

债券看来如此吸引人,但又伴随着风险。

——《华尔街日报》,2002 年 7 月 26 日

债券怎么会有风险呢?它们是在将来的时间进行固定支付的承诺。债券的风险在哪

里呢?事实上,投资者持有债券获得的收益是有风险的。债券持有者主要面临三种风险(见表6.6)。**违约风险**(default risk)是指债券的发行人不能进行承诺的偿付的可能性。**通货膨胀风险**(inflation risk)是指即使投资者已经获得了支付,他们也不能确定所获支付的实际价值。**利率风险**(interest-rate risk)出现在债券持有人的投资期短于债券的到期时间的情形。如果在购买债券的时刻与出售债券的时刻之间利率上升,则投资者将遭受资本损失。①

表6.6 债券的风险

违约风险	债券发行人不能履行承诺的偿付
通货膨胀风险	通货膨胀可能高于预期,减少了持有的债券的实际收益
利率风险	在购买债券与出售债券的时点之间,利率上升会导致债券价格下降

我们将运用第5章中介绍的有关风险的相关知识,分别考察三种风险的来源。记住风险产生于一项投资在其持有期间内拥有多种可能回报这一事实。那么,在了解债券持有者面临的风险时,我们需要了解可能的回报是什么以及每一种回报发生的可能性有多少。这样的话,我们才能知道相对于无风险债券,风险对债券收益的影响。据此,我们需要明白投资者是如何针对某一种特定风险要求超过无风险收益率的风险溢价的。再次强调,风险是需要补偿的。

当俄罗斯发生违约时

风险影响债券的理论并不只是纸上谈兵。在大多数场合,投资者对于全球某一领域风险上涨的担忧极大地影响着对美国债券的需求,一个明显的例子便发生在1998年8月。那时,俄罗斯无力支付外国投资者持有的一些债券,即俄罗斯违约了。突然,没有人愿意持有俄罗斯发行的债券,人们对于新兴市场国家发行的债券都失去了信心,包括巴西、阿根廷、土耳其和泰国。在抛售了他们认为有风险的债券后,投资者重新寻找安全的投资领域。

因为美国国库券是他们认为最安全的资产,所以大部分人购买了美国国库券。在这段时间,大多数人都认为美国国库券的风险类似于其他任何不具有风险的投资产品,这导致了美国国库券价格的上涨及其收益率的下降。与此同时,风险较大的债券价格下跌,收益率上涨。

图6.6中的数据表明了所发生的一切。在俄罗斯违约(图中的垂直线)后,美国国库券价格上涨了10%,而巴西债券的价格下跌超过了1/3。尽管巴西距俄罗斯有半个地球那样远,但投资者对于巴西债券的需求减少了;同时,对安全的美国国库券的需求增加了。

---

① 除了这三种主要的风险来源,债券的购买者还面临许多更加细微的风险。例如,流动性风险是指投资者的债券到期之前将它出售的风险。购买以外国货币为面值的债券的投资者面临汇率变化的风险,比如债券可能承诺以欧元支付,那么在使用或者再投资之前必须先将其兑换成美元。

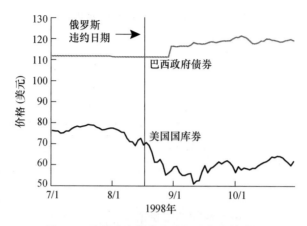

图6.6 巴西政府债券和美国国库券的价格

注：其中一条曲线是指5—7年期的美国国库券，另一条曲线是指巴西政府债券。这些曲线表明了债券价格的移动，它由 Lehman Brothers 创建、Datastream 补充。

资料来源：Data compiled from Thompson Datastream。

6.4.1 违约风险

债券发行者是否进行承诺的支付并没有保证，虽然我们在考虑美国长期国债时可以忽略违约风险，但是在讨论私人企业发行的债券时就不能忽略了。当企业不能兑现其承诺的支付时，这些债券的价格会如何变化呢？

为了得出答案，让我们列出所有可能发生的情况及其回报，以及它们发生的概率。我们可以据此计算出这些承诺支付的期望价值，并由此计算出债券的价格和收益率。例如，假设1年期无风险利率是5%，Film 公司——一家希望建立名为"Falm"的自有电子货币品牌市场的因特网公司，发行了面值为100美元，息票率为5%的1年期债券。① 这说明该公司承诺1年后支付105美元。该债券的价格是多少呢？

如果 Film 公司是一家无风险企业，贷款者确定其贷款会被按期偿还，那么债券的价格就是按无风险利率对105美元进行折现的现值：

$$\text{Film 公司的无风险债券价格} = \frac{100+5}{1.05} = 100(\text{美元})$$

但是 Film 公司债券不同于美国长期国债。如果人们不愿意使用 Falm，那么该公司可能不会按期偿还，因此 Film 公司存在违约风险。假设 Film 在支付债券持有人的105美元前有0.1（十分之一的机会）的概率会破产。为了简化，我们假设在违约的情形下，债券持有人什么也得不到。这意味着只有两种可能的回报，105美元和0美元（见表6.7）。

---

① 该例子并非空穴来风。20世纪90年代，一家名为 flooz.com 的公司发行了电子货币。

表 6.7　Film 公司债券支付的期望值

可能性	回报(美元)	概率	回报×概率(美元)
完全支付	105	0.9	94.50
违约	0	0.1	0
期望值 = $\sum$ 回报 × 概率 = 94.5(美元)			

表 6.7 显示了债券支付的期望值为 94.5 美元。但是即使进行支付,也是在 1 年之后,这意味着我们今天愿意为其支付的价格必须是将来支付的现值,用无风险利率来折现,我们发现:

$$\text{Film 公司债券的期望现值} = \frac{94.5}{1.05} = 90(\text{美元})$$

因此该债券将会以 90 美元的价格出售。那么这个价格隐含的到期收益率到底是多少呢？如果承诺支付为 105 美元,那么承诺的到期收益率是:

$$\text{Film 公司债券的承诺到期收益率} = \frac{105}{90} - 1 = 0.1667$$

将小数转化为百分数,我们得到 16.67% 的利率。① 因为违约风险溢价是承诺的到期收益率减去无风险利率,也就是 16.67% − 5% = 11.67%。

在计算 Film 公司债券的违约风险溢价时,我们计算了持有债券的期望价值——使该债券成为一个公平赌博的收益率。但是我们知道,风险厌恶型投资者要求对其承担的风险进行补偿,风险越大,其要求的风险补偿就越多。只有风险中性的投资者愿意为该证券支付 90 美元。任何风险溢价都会使该证券价格降至低于 90 美元,使得到期收益率大于 16.67%。

本例说明,债券的违约风险越高,债券持有人到期不能收到承诺偿付的概率就越大。风险降低了给定承诺支付的期望值,也降低了投资者愿意支付的价格,提高了收益率。违约风险越大,收益率越高。

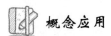　概念应用

证　券　化

证券化是这样一个过程,金融机构将多种资产(如居民住房抵押贷款)组成一个资产池,由此产生一个支付流,并将其转化为债券,为债券持有人取得这些偿付的要求权(而非固定息票)。这些债券可以在公开市场上交易。

证券化在过去三十多年中取得了极大发展,现在有一半的美国住房抵押贷款都进行证券化(见表 6.8)。抵押支持证券(MBS)只是证券化债务的一种形式,其他的一般证券化债务包括学生贷款、汽车贷款、信用卡贷款。任何支付流,甚至电影票房收入或音乐唱片出售都可以用来衍生债券。

---

①　这一系列的运算可以进行逆运算。给定 16.67% 的收益率和债券的特征,很容易算出债券的违约风险为 10%。

表 6.8　美国优质住房抵押贷款(1980—2009)　　　　　　(单位:万亿美元)

	2009 年	2000 年	1990 年	1980 年
抵押贷款	14.3	6.8	3.8	1.5
资金池和 ABS	7.6	3.1	1.1	0.1

资料来源:Federal Reserve Board, Flow of Funds Accounts of the United States。

证券化的收益是什么?证券化利用市场的有效性降低借款成本。之所以可以这样是因为:(1) 分散风险;(2) 使资产更具流动性;(3) 使商业融资更具专业化;(4) 扩展市场;(5) 培育创新性。

- **多样化或者分散风险**。拥有一个包含上千个抵押贷款合同,其中每个抵押贷款只占支付总额的一小部分的债券比拥有只有少量几种抵押贷款,其中每个抵押贷款都占支付总额的很大比例的债券更安全。这样,可将抵押贷款的风险在众多投资者之间进行分散;并且,多样化降低了房屋购买者的融资成本。*
- **流动性**。证券化使抵押贷款以债券的形式在市场上形成流动性。由于贷款者可以很容易地出售资产,从而使得借款者的成本降低。
- **专业化**。一些金融机构擅长创造这些相关的金融资产(如房屋抵押),另外一些金融机构擅长打包这些资产并发行证券。这些机构利用专业优势进行证券化,降低了借款者的借款成本。由于创造和发行通常是分开进行的,因此这种金融活动又被称为证券化的创造-发行模型。
- **扩展市场**。一个小城市的房屋购买者不必依赖一家小的当地银行进行房屋抵押贷款,因为证券化使得全球的投资者都可以通过证券市场交易的方式购买该房屋抵押贷款的一部分。
- **创新性**。那些寻求降低资金成本的金融机构可以拓宽能转化为证券的相关资产的范围,也可以创造更多最终购买者偏好的债券。

* 在第 11 章将对银行的风险池进行类似的讨论:每一个存款者都对银行贷款拥有一小部分股份。

你的金融世界

防范通货膨胀的保证债券

通货膨胀造成你从债券收到的名义收益与你期望的收益不相等的风险。如果债券提供 6% 的收益,而通货膨胀率也为 6%,那么你的实际收益就为 0!那你该怎么办呢?你可以接受通货膨胀风险,购买普通债券,并希望结果能够最好;但这不是最好的想法。

幸运的是,存在替代选择。这种选择是购买对通货膨胀进行补偿的债券。这种**通货膨胀指数化债券**(inflation-indexed bond)是结构化的,政府承诺支付一个固定的收益率加上消费者价格指数(CPI)的变化。例如,如果你购买了具有 3% 的利率加上通货膨胀率的 1 000 美元债券,消费者价格指数上涨 2%,那么你将得到 3%+2%=5%。如果通货膨胀率上升到 5%,那么你将得到 3%+5%=8%。不管通货膨胀如何,你得到的都大于 3%,因而不存在通货膨胀风险。并且因为这种债券都是由美国财政部发行的,所以也没有违约风险。

美国财政部出售两种类型的防范通货膨胀的保证债券:系列 I 储蓄债券和财政部通货膨胀保护证券(TIPS)。只要 50 美元就可以购买储蓄债券,但需要 1000 美元才能购买财政部通货膨胀保护证券,有关系列 I 储蓄债券的购买量以及持有期限要求的详细规定,你可以在公共债务局的网站 www.publicdebt.treas.gov 上获悉。你可以在金融市场上买卖财政部通货膨胀保护证券,或者通过 Treasury Direct(参见第 16 章"你的金融世界")从财政部直接购买。

资料来源:Courtesy of the Bureau of the Public Debt, U. S. Department of Treasury。

6.4.2 通货膨胀风险

除了个别情况,债券几乎都是按期支付本息。也就是说,一张面值为 100 美元、息票率为 5% 的 1 年期债券等于承诺在 1 年后支付 105 美元。如果这是政府债券(没有违约风险),债券持有者可以确定会在到期日收到 105 美元的支付;但是仍存在通货膨胀风险。我们在乎的是货币的购买力,而非美元的数额。换句话说,债券持有者在意的是实际利率,而不是名义利率,并且不知道未来通货膨胀率是多少。

让我们来看一个例子,本例说明了通货膨胀是如何影响利率的。我们先将利率分为三部分:实际利率、预期通货膨胀率和通货膨胀风险的补偿。假设实际利率是 3%,但是我们不确定通货膨胀率是多少。它有 50% 的可能性是 1%,50% 的可能性是 3%(见表 6.9 中第一种情况),预期通货膨胀率为 2%,其标准差为 1%。这意味着名义利率应该等于 3% 的实际利率加上 2% 的预期通货膨胀率,再加上通货膨胀风险补偿。通货膨胀的风险越大,其要求的风险补偿越大。

表 6.9 通货膨胀风险

通货膨胀率	概率		
	第一种情况	第二种情况	第三种情况
1%	0.50	0.25	0.10
2%	—	0.50	0.80
3%	0.50	0.25	0.10
预期通货膨胀率	2%	2%	2%
标准差	1%	0.71%	0.45%

在第二种和第三种情况中,预期通货膨胀率仍相同,但是其标准差减小了,因为它们的通货膨胀率越来越接近于其期望值。也就是说,第三种情况的风险低于第二种情况的风险,第二种情况的风险又低于第一种情况的风险。由于存在风险就要求风险补偿,因此我们可以预期利率在第一种情况中最高,在第三种情况中最低。在美国或者欧洲,通货膨胀率一般比较平稳;但是新兴市场国家可能会经历通货膨胀风险大幅上升,从而导致名义利率上升的时期。

6.4.3 利率风险

为了解释利率风险,我们主要讨论美国长期国债并假定通货膨胀率已知,因此不存在利率风险和通货膨胀风险。利率风险来源于投资者不知道长期债券的持有期收益率是多少。请记住,利率变化会引起债券价格变动,债券的期限越长,对于相同的利率变化,债券价格变动得越多。如果你有一个短期投资,你会考虑什么?如果你购买一只长期债券,并要在其到期之前出售它,那么你不得不考虑利率变化时债券价格的变动。

只要你的投资期与债券的到期时间不一致就存在利率风险,因为长期债券的价格会剧烈变动,这是一个重要的风险源。例如,2010年1月14日,于2020年8月15日到期的长期国债的交易价格是142.22美元(面值为100美元);而它在1990年8月作为30年期的债券被发行时,其交易价格为98.747美元。① 在该债券发行时购买并在20年后的2010年1月14日出售该债券的投资者可以得到近45%的资本利得。对比而言,在其发行日2009年2月17日以99.41美元购买息票率为2.75%的10年期国债,并在11个月之后的2010年1月14日以市场价格93.01美元出售该债券的投资者,遭受了大于6%的资本损失。

结论是:利率的任何变化都会改变债券的价格。对于其持有期短于债券到期日的投资者,利率的潜在变化产生了风险;利率在债券持有者的投资期间内越有可能变化,持有债券的风险就越大。

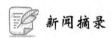 新闻摘录

自有品牌的抵押证券要复苏?

Ruth Simon & James R. Hagerty

两年前,当大量的债券违约摧毁了投资者对债券的兴趣后,自有品牌的抵押支持证券突然被高调叫停,但是这是否意味着投资者情绪的逆转?

答案很快揭晓。根据证券分析师的分析,很多华尔街的承销商们正在讨论几个月内在市场上推出自有品牌的抵押证券。第一笔交易可能由一些这样的债券组成:这些债券有高质量的大型抵押品,但由于太大,政府机构不能为其提供支持。

美国证券化论坛——一个行业组织——执行董事长 Tom Deutsch 说,新产生的抵押贷款的证券化市场很快就会重新出现。西部的 Trust Co 的一位管理经理 Bryan Whalen 说,华尔街的交易商们已经在与投资者洽谈可能的交易。Whalen 先生预测,首次交易大概出现在当年的第一季度,总额将达2.5亿—5亿美元。

从历史角度来看,大多数抵押债券都是由房利美、房地美及联邦住房管理局发行或者提供支持。但是在房地产繁荣时期,投资银行和抵押银行进入市场并开始发行其自有品牌的抵押支持证券。这些自有品牌的抵押支持证券通常由风险更大的贷款提供支持,包

---

① 美国财政部对债券进行拍卖,因此初始的售价并不一定是债券的面值。要查看初始的拍卖价格,请访问网站 www.publicdebt.treas.gov。

括次级抵押贷款以及一些没有提供收入和资产状况的借款者的信用借款。

在 2006 年房地产的鼎盛时期,据《内部抵押融资》(一种工业出版物)报道,自有品牌的抵押证券占出售给投资者的 2 万亿美元抵押证券的 56%。但是从 2007 年第三季度,自有品牌的市场几乎消失殆尽。事实上,现在提供的所有抵押证券都是由政府机构提供支持的。对于这些证券的需求变得如此少,以至于联邦储备委员会成了最大的买家。

但是,有说法称一些投资者准备采取观望的态度。Tom Capasse——瀑布资产管理公司的主管说,在为新债券发行提供平台的二级市场上,自有品牌的债券存货逐渐减少。任何一笔交易都有助于减少抵押贷款市场依赖于政府来解决违约风险。

即使市场的第一笔交易是成功的,它也很难引发立即发行新债券。一个限制因素就是借款者并没有产生大量的非政府支持抵押贷款,不合格贷款(那些不能出售给房利美、房地美的贷款)在最高价的房地产市场,其最高额从房地产繁荣时期的 417 000 美元上涨到 729 750 美元。这意味着大多数购买者都可以拿到不合格贷款,而不是巨额贷款,且利率很高。市场上高端房产的滞销,也减少了与房地产相关的抵押贷款供给。

许多保险机构购买的符合条件的债券包括养老基金、共同基金,任何一种产品都须包含大量的 AAA 级债券。*

但是评级公司仍然面临一些主要问题。Huxley Somerville——惠誉评级公司的常务董事,提到了其中一个问题:"美国借款者是否已经发生了心理变化,使得他们将来更趋向于避开抵押贷款呢?"如果借款者更趋向于避开,那么任何一笔交易的设计都应该防范更高的预期损失。另外一个问题是接下来的几年中,房价会下降多少。

在审查新的交易时,标准普尔称它们会考察贷款者的过去表现、管理及组织。资产池的建立也由合格的第三方进行。

虽然 AAA 级的债券评级是达成一笔交易所必要的,但投资者仍然要了解相关贷款的更多细节。"过去,评级公司粉饰了这些交易产品,"Edward Gainor——华盛顿的一位证券律师说,"在上一场危机中,投资者就像是案板上的鱼肉。"

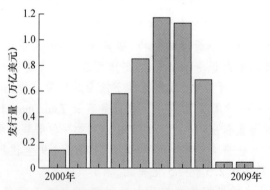

交易量的萎缩:非机构型抵押支持证券

* 第 7 章将详细阐述债券评级和评级机构。

资料来源:*The Wall Street Journal Online*. "Revival in 'Private-Label' Mortgage Securities?" by Ruth Simon and James R. Hagerty, January 20, 2010. Copyright 2010 by Dow Jones & Company, Inc. Reproduced with permission of Dow Jones & Company, Inc. in the formats Textbook and Other Book via Copyright Clearance Center.

▶ **本文启示**

自有品牌的抵押支持债券——没有政府担保的抵押支持债券——兴起于2003—2006年的美国房地产市场繁荣时期,且这种债券越来越多地由风险抵押品做担保(参见第7章"危机的教训:次级抵押贷款")。当房地产价格的泡沫破灭时,自有品牌的债券持有人遭受了很大的损失,结果造成2007年的金融危机,使自有品牌的抵押证券化崩溃,直到2010年年初都没有恢复。许多承销商也在寻找机会恢复它,但是面临着重重困难。

关键术语

资本利得　　　　　　　　　　通货膨胀风险
资本损失　　　　　　　　　　利率风险
统一公债或永续年金　　　　　投资期限
当期收益率　　　　　　　　　美国国库券
违约风险　　　　　　　　　　到期收益率
持有期收益率　　　　　　　　零息票债券
通货膨胀指数化债券

本章小结

1. 债券估值是现值的一项应用。
   a. 纯贴现债券或零息票债券承诺在确定的将来时刻进行单一的支付。
   b. 固定支付贷款承诺按规定的时间间隔进行固定次数的等额支付。
   c. 息票债券承诺进行定期的利息支付并在到期日偿还本金。
   d. 统一公债(永续年金)承诺永远进行定期的息票支付。
2. 收益率是对持有债券的收益的度量。
   a. 到期收益率是对债券利率的度量。为了计算出它,假定债券的价格等于所有未来支付的现值。
   b. 债券的当期收益率等于息票支付除以价格。
   c. 当债券价格超过其面值时,息票率高于当期收益率,当期收益率高于到期收益率。
   d. 持有期收益率等于当期收益率和从债券价格变动中产生的资本利得或损失之和。
3. 债券价格及债券收益率由债券市场的供给和需求决定。
   a. 价格越高,债券供给的数量越多。
   b. 价格越高,债券需求的数量越少。
   c. 债券供给上升,当
      i. 政府需要更多借款时。
      ii. 经济环境改善时。
      iii. 预期通货膨胀率上升时。

d. 债券需求上升,当
   i. 财富增加时。
   ii. 预期通货膨胀率下降时。
   iii. 相对于其他投资产品的预期收益率上升时。
   iv. 预期将来的利率会下跌时。
   v. 债券的风险相对于其他投资更低时。
   vi. 债券相对于其他投资变得更具流动性时。
4. 债券具有风险是由于
   a. 违约风险:发行者不能按期支付的风险。
   b. 通货膨胀风险:通货膨胀率可能高于或低于预期的通货膨胀率,从而影响承诺的名义支付的实际价值的风险。
   c. 利率风险:利率可能变化,从而造成债券价格变动的风险。

概念性问题

1. 考虑一张270天到期的国库券。如果年收益率是3.8%,其价格是多少?
2. 以下面值为100美元的债券中哪种具有更高的到期收益率?为什么?
   a. 以85美元的价格出售的息票率为6%的债券。
   b. 以100美元的价格出售的息票率为7%的债券。
   c. 以115美元的价格出售的息票率为8%的债券。
3. 你正在考虑购买承诺每年支付4美元的统一公债。
   a. 如果当前的利率是5%,统一公债的价格是多少?
   b. 当利率可能上升至6%,计算统一公债价格变动的百分比和利率变动的百分比,并对结果进行比较。
   c. 你的投资期限是1年。当利率为5%时你购买了统一公债并在1年后将其出售,接着利率上涨到6%。你的持有期收益率是多少?
4.* 假设你平价购买了3年期、息票率为5%的债券,并持有2年。在这段时间里,利率下降到4%,计算你的年持有期收益率。
5. 在最近一期的《华尔街日报》中,载明了美国财政部发行债券的价格和收益率。对于以超过面值的价格出售的债券和以低于面值的价格出售的债券(假设它们都存在),分别计算它们各自的当期收益率,并与各自的息票率和报纸上的要求收益率进行比较。
6. 在最近一期的《华尔街日报》中,载明了各国政府债券的收益率。分别找出高于和低于美国10年期国债收益率的政府债券,并指出造成这些差异的原因。
7. 10年期的零息票债券具有6%的收益率,由于一系列不幸的状况,预期通货膨胀率从2%上升至3%。
   a. 计算债券价格的变动。
   b. 假设预期通货膨胀率仍然是2%,但是它将上升到3%的概率增加了。请描述债券价格会有什么样的结果。

8. 当你阅读商业新闻的时候,看见一则债券共同基金的广告。该基金从广大投资者处聚集资金并购买债券,同时给予投资者基金"份额"。该公司声称该基金在上年有13.5%的回报率。然而你隐约记得上年的利率十分低——最多5%。通过快速查阅商业版块的数据,你证实了自己的猜测。请解释广告中共同基金声明背后的逻辑。

9. 在餐桌上,你父亲正在称赞债券投资的好处。他坚信作为一个保守的投资者,他只会进行安全的投资。还有什么比债券(尤其是美国国库券)更安全的投资呢?用什么来解释他的观点?你如何评价这种观点?

10.* 考虑一家私人公司发行的1年期、息票率10%、面值1000美元的债券。1年期无风险利率为10%。这家公司正遇到经营困境,舆论报道称它有20%的可能性违约。如果投资者愿意投入775美元购买债券,那么他是风险中性者还是风险厌恶者?

分析性问题

11. 如果发行的息票债券的到期收益率在1年以后高于息票率,那么债券价格会发生什么变动?

12. 用你所学的债券定价知识解释在哪种情形下,年支付5美元的永续债券的价格和10年期、息票率为5%、面值为100美元的息票债券的价格相同。

13.* 你即将购买第一栋住宅,并收到浮动利率抵押贷款的广告。浮动利率抵押贷款的利率低于固定利率抵押贷款的利率。广告中提到每月最低还款额,并且你有权利将其转换为固定利率贷款。你很感兴趣,据了解现在的利率是史上最低的,并且你急需购买一栋住宅并长时间居住,为什么浮动利率抵押贷款可能不是适合你的贷款类型呢?

14. 用债券供求模型解释下列情况对债券数量和均衡价格及利率的影响:
    a. 为促进公司债券交易建立了新网站。
    b. 通货膨胀预期下降,相比债券投资者而言,债券发行者的反应更强烈。
    c. 政府为刺激投资取消征税并增加了对教育的投资。不管怎样,这些变化对政府的融资需求没有影响。
    d. 所有经济指标预示了经济在近期会强劲发展,债券发行者的反应比债券购买者更强烈。

15. 假设伊拉克和阿富汗取得了长久和平,从而减少了美国政府的军事开支。你预期这会对美国债券市场产生怎样的影响?

16. 运用债券供求模型分析,房地产市场萎缩的预期会对债券的价格和收益率产生什么影响。

17.* 假设投资者持有债券的意愿上升。用债券供求模型证明,债券均衡价格取决于债券供给数量对债券价格的敏感度。

18. 在哪种情况下购买美国政府发行的通货膨胀保护证券是无风险的?

19. 在2007—2009年的金融危机中,负面信息都是与抵押贷款支持证券有关的。你怎样理解关于人们已经从过去30年的证券化发展中获得利益的言论?

(注:题号后标注*的问题均指难度较大的题型。)

第7章
利率的风险与期限结构

1998年10月5日,纽约联邦储备银行总裁William McDonough宣布,"我认为我们正处在第二次世界大战以来最严重的金融危机中"。① 从8月17日以来,由于俄罗斯政府的债券违约行为,逐渐恶化了投资者的信心,加剧了金融市场的波动性,债券市场遭到最沉重的打击。投资者重新评估不同债券的相对风险,当一些债券价格飙升的同时也有一些债券价格一落千丈。一些利率上升,一些利率下降,导致了所谓的**利差扩大**(interest-rate spreads)。正如McDonough所说的,金融市场正经受巨大的冲击,并且很容易向其他经济部门扩散,从而影响到每一个人。

债券价格的变化以及与此相关的利率的变化会对公司的借款成本产生显著影响,福特公司和通用汽车(美国汽车制造商)的案例就能说明这个问题。像几乎所有的大公司一样,这两家汽车制造商靠借款来维持和扩大其生产经营,其借款额都非常高。截至2005年,福特公司的借款额超过1 500亿美元,通用汽车的借款额差不多是福特公司的两倍。这两家公司生产的小汽车和卡车几乎占全美的一半,其交易量相当大,即使在2009年萧条时期也有1 000万辆。在2007—2009年的经济衰退期间,销售量的大幅度下降引发了巨大损失,最终导致通用汽车破产。在通用汽车破产之前,福特公司和通用汽车的预期风险已经导致投资者的支付意愿下降。债券价格下降意味着利率上升,从而汽车公司借款的成本相应上升。

这个例子强调了了解在证券市场上交易的不同债券之间的差别的重要性。为什么McDonough发现的不同债券之间的价格波动是如此重要呢?获利预期如何影响投资者对福特公司和通用汽车的债券的选择呢?为了回答这些问题,我们要研究政府和私人企业发行的不同债券之间的差别。正如我们所想,这些债券之间的差别主要表现在两个方面:发行者以及债券到期日。本章的目的就是研究这两个方面是如何影响债券价格的,然后运用我们所学的知识解释各种债券价格的波动。

---

① McDonough先生的工作是为联邦储备体系监管金融市场的发展,设计金融危机的应急措施,以及制定防范危机发生的各种政策。我们将在本书的第16章讨论联邦储备体系的结构,而纽约联邦储备银行是联邦储备体系12个区域银行中最大的一个。该银行总裁是政府了解世界金融市场的"千里眼"和"顺风耳"。

7.1 评级和利率的风险结构

违约风险是债券持有者面临的最主要的风险之一。显然,不同发行主体的债券违约风险不同。违约风险对潜在投资者如此重要,以至于需要独立的公司来评估潜在借款人的信用等级。这些公司(有时也被称为评级公司)估计公司或者政府等机构借款者履行债券协议的能力。这样的评级最早于一百多年前出现在美国。自从 1975 年,美国政府承认某些公司为"国家认可的评级公司"(NRSROs),鼓励投资者和其他政府相信它们的评级。2010 年,政府通过立法限制 NRSROs 提供给评级公司特殊地位,建议投资者不要过度依赖这些评级机构的报告。下面让我们看看这些评级公司及其提供的信息。

7.1.1 债券评级

最著名的债券评级公司是穆迪和标准普尔。① 这些公司跟踪调查各个债券发行者的状况,评估借款者/债券发行人偿还贷款者/债券持有人的能力。信用好的公司——那些负债率低、利润率高、流动资金多的公司——可以获得高的信用**评级**(rating)。高的信用等级意味着债券发行人在偿还方面不存在问题。

表 7.1 列示了穆迪和标准普尔的评级体系。正如你所看到的那样,它们非常类似。它们都以字母表示,与青少年棒球联盟的排名很相似。有雄厚财务基础的公司或政府机构拥有最高的信用评级,可以发行最高等级的债券——Aaa 级债券。美国政府、埃克森美孚公司和微软公司都是信用等级为 Aaa 的实体。

表 7.1 债券评级概览

等级	穆迪	标准普尔	描述	2009 年各等级的债券发行者例子
投资级	Aaa	AAA	违约风险最小的最高质量的债券;发行者稳定可靠	美国政府债券、埃克森美孚、微软
	Aa	AA	质量高,长期风险较高	通用电气、宝洁、西班牙
	A	A	中高质量,有许多稳健的特征,但容易受到经济环境变化的影响	美国银行、甲骨文、中国、意大利
	Baa	BBB	中等质量,当前安全但长期不一定可靠	通用磨坊、时代华纳、俄罗斯

---

① Duff & Phelps,Fitch IBCA 排名第三,是次著名的债券评级公司。除了这三家大公司,现在有几家小公司也享受政府的 NRSRO 待遇。

(续表)

等级	穆迪	标准普尔	描述	2009年各等级的债券发行者例子
非投资、投机级	Ba	BB	有一些投机成分,有适当保证但不够安全	Goodyear Tire、Sear、土耳其
	B	B	能够支付,但将来有违约风险	福特汽车、Hertz、阿根廷
高投机级	Caa	CCC	低质量,违约风险明显	Beazer Homes USA、乌克兰
	Ca	CC	高度投机,经常违约	Ambac
	C	C	最低级别,虽然可能仍在偿付,但是还款前景很差	
	D	D	违约	Champion Enterprise、CIT Group

注:更多关于评级的细节,参见穆迪的网站 www.moodys.com 和标准普尔的网站 www.standardandpoors.com。

前四个等级,穆迪评级体系中的 Aaa 级到 Baa 级被认为是**投资级债券**(investment-grade bonds),意味着其违约风险很低。大部分的政府债券①和财务状况良好的公司发行的债券属于这一类型;然而,大量风险很高的抵押支持证券(参见本章"危机的教训:次级抵押贷款")也被划入这几个等级,这些证券的价值后来都大幅下降,引发了 2007—2009 年的金融危机(参见"危机的教训:评级机构")。表 7.1 给出了 2009 年春季不同公司评级状况的例子。

投资级债券和非投资级、投机债券之间的区别是很重要的。许多规范的机构投资者,比如保险公司、养老基金和商业银行,都不能投资低于穆迪 Baa 级或者标准普尔 BBB 级的债券。②

由 Goodyear Tire 公司、Hertz 和土耳其国家政府发行的债券属于接下来的两类,Ba 级和 B 级。这些公司和国家在债券偿付方面可能会有困难,但不会马上就有违约的风险。表 7.1 中的最后一类——高投机级债券,包括高违约风险的债券。

所有的投机级债券,就是穆迪 Baa 级或标准普尔 BBB 级以下的债券,被称为**垃圾债券**(junk bonds)③,或者说得好听一点就是高收益债券(提醒投资者,为了得到高收益必须承担高风险)。有两种垃圾债券:一种叫**堕落天使**(fallen angels),它曾经是投资级债券,但是其发行者在经济不景气时破产了;另一种是对债券发行者的风险知之甚少的债券。

MCI 世通公司,由 Verizon 公司于 2006 年早期收购的通信巨头,该公司债券的评级一直在投资级和垃圾级之间徘徊。1997 年开始发行债券时,它是在投资级以下(穆迪 Ba 级)。在随后的几年内,MCI 世通公司评级不断上升,1999 年中期到 2001 年年底上升到穆迪 A 级的高峰。由于评级公司给予投资级的评级,MCI 世通公司于 2001 年 5 月发行了

---

① 政府债券评级是非常重要的,因为它给出了该私人公司信用评级的上限。
② 对于金融中介(如保险公司)投资的限制,是政府立法者的大事。但是所有的法律规定都没有相关的说明来强迫金融公司出售低于 Baa 级的债券。在很多情况下,例如债券型共同基金,这种限制是自我施加的。
③ 垃圾债券是一个非正式的术语,是指信用评级低、高投机的债券,它没有确切的定义。

118亿美元的债券。仅仅1年之后,MCI世通公司的评级跌回到初始评级(Ba级),其10年期的债券交易价格仅值44美分,还不到其初始价格的一半。到2002年中期,当该公司宣布破产的时候,它的债券评级已经落到接近B级。

公司或政府财务状况的实质性变化会改变其债券的信用评级。评级公司一直紧盯着各种事件的发生,并及时宣布它们对借款者信用状况变化的评判。如果公司或者国家遇到问题(比如某些频发事件),穆迪和标准普尔就会调低该发行者的债券等级,这称为**评级下调**(ratings downgrade)。一般来说,平均每年有5%至7%的债券从投资级(Aaa级至Baa级)下降至非投资级。2002年5月对MCI世通公司公司债券信用等级的下调反映了评级机构的观点:公司的债务太多,又几乎没有债务减少的可能性(当时的通信业正处于黯淡期)。**评级上调**(ratings upgrade)也时有发生,每年大约有7%的Aa级债券被上调至Aaa级。①

 危机的教训

次级抵押贷款

最初,2007—2009年的金融危机被认为是次级债务危机,因为是抵押支持债券(MBS)诱发了此次美国经济危机。什么是次级债务危机?它在抵押市场中扮演什么角色?它怎么会导致金融危机?

如果一项住房抵押贷款没有达到适用于传统贷款的信用等级就被称为次级贷款。*传统贷款就是那种满足列入美国政府机构担保的抵押贷款池的规则的贷款,因此传统贷款又被称为合格抵押贷款†;超过政府规定限额的传统抵押贷款被称为巨型贷款,不符合政府担保条件。

信用评级的目的是增强借款者偿还贷款的能力,减少借款人的违约,降低政府机构为抵押支持证券提供担保的成本。合格抵押贷款的发放标准包括借款人的收入、财富、信用评分(参见"你的金融世界:你的信用评级"),其他标准包括按揭贷款的数额、房产的价格以及贷款-价值比率。

次级贷款可能不满足几个甚至全部标准。比如,如果一项贷款是发放给一个信用评级很低、其收入相对于房产的价格很低的人,或者贷款-价值比率太高,或者借款者没能提供足够的证据证明其能够偿付这笔贷款,那么这就是一笔次级贷款。所有这些因素都使得这项贷款的风险变大。换句话说,相对于合格贷款,次级贷款的违约风险更大。

与传统抵押贷款一样,次级抵押贷款也有两种形式:固定利率形式和浮动利率形式(后者在第6章被称为ARMs)。与传统ARMs一样,次级ARMs也是在前期2—3年提供一个较低的利率(被称为回赠率)。但是这段时间之后,利率就会上涨至一个较高的水平,并在接下来的整个贷款期间都保持较高的利率。这种结构设置使借款者有动力在前期结束时将贷款替换为另一项新的低回赠率的ARMs,或者替换为一项固定利率贷款,这个过

---

① Leland E. Crabbe,"A Framework for Corporate Bond Strategy", *Journal of Fixed Income*,June 1995;该文章报告了穆迪对1970—1993年债券评级的研究。

程称为再融资。即使投资者的偿还能力很弱,不断上涨的房价也使得再融资成为可能。因为如果借款人不能按时偿付,贷款者至少还可以卖掉房产来抵债。

始于 2002 年的房地产泡沫期间,次级贷款规模随着按揭贷款放贷条件不断放宽而增大。借款者可以取得低首付的按揭贷款(高贷款–价值比率),即使是信用不好的借款者都可以取得贷款。从 1930 年起全国房价会持续上涨这一信条激励着贷款者借款给那些偿付能力很低的借款者。2006 年房价开始下跌,当房价跌破(即房价跌到小于贷款金额)时,贷款者不愿再为许多次级贷款融资,一波违约潮紧接而来。房价的进一步下跌导致了当借款者不能偿付时,贷款者即使卖掉抵押的房产也收不回贷款。

即使在鼎盛时期,次级抵押贷款总量也仅占所有住房抵押贷款的 15%(2007 年是 11 万亿美元),并且其中只有一小部分质量太差。那么,为什么次级抵押贷款的违约还会引发 2007—2009 年的这场金融危机呢?主要原因是一些较大的、高杠杆经营的金融机构持有大量的次级抵押贷款支持的抵押支持证券。它们使这些公司的杠杆和风险提高了(参见第 5 章);但同时,公司只获得新抵押支持证券的发行费。事实上,一些金融机构是在次级抵押支持证券上赌一把,而这类证券价格的崩溃对金融机构的生存产生了威胁。

* 还有一种抵押债券被称为次优级债券(alt-A),它的违约风险介于投资级债券与次级债券之间。
† 对符合条件的抵押贷款提供担保可以降低违约风险,进而使得投资者为债券支付更高的价格,借款者的筹资成本更低。

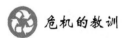 危机的教训

评级机构

评级错误对 2007—2009 年这场金融危机影响很大。因此,在此次金融危机后,政府对金融体系进行改革,评级机构的作用自然受到高度关注。

全世界的投资者和监管者都依赖于评级机构对大部分抵押支持证券(MBS)的高信用评级。当美国的房价开始下跌时,MBS 的价格也开始下跌,评级机构进行了一系列大幅度的评级下调,有些下调了 4 个等级甚至更多,从最高级(如穆迪的 Aaa 级)降至投机级(低于 Baa 级)。这样的评级下调助推了 MBS 价格的下降。由于银行持有的高评级资产发生损失,导致金融体系可以提供的救助资金减少了,从而引发这场危机。

是什么导致了评级错误?评级机构都是基于借款者的各种信息(比如他们购买的房屋、历史违约记录),运用数学模型评估抵押贷款的(尤其是违约风险)。然而,这些数据并不包括美国的房价大幅下跌这一情况,因为自从 1930 年的大萧条后,房价大幅下跌再也没有发生过。因此,该模型不能预测房地产泡沫时期个人抵押贷款违约的可能性。当违约超过了模型预测的上限,评级机构就被迫重新评价其评级。

其他因素也可能导致评级错误。比如,在 MBS 发行前,其发行者会咨询评级机构以决定哪一种债券结构会取得最高的评级(价格也是最高);其后,又让评级机构对已发行的 MBS 给出一个客观、独立的评级。这样的咨询费使发行者与评级机构产生了利益冲突。一些小的评级公司并不提供这样的咨询服务,并且政府已经采取措施防止未来再出现这样的利益冲突。

冲突还来自评级机构取得回报的方式。20世纪70年代,美国最大的评级机构从发行者处获得回报。一些观察者声称这样的回报方式驱动了高评级的产生(评级通货膨胀)。因此,一些人建议通过立法要求发行者向独立的第三方机构支付咨询费,由第三方选择评级公司来完成这些工作,从而使评级公司不受发行者的影响。

另一个担心是,评级机构用单一尺度评价违约的可能性,而不考虑流动性、透明度、发行的标准化程度。这种做法可能导致投资者低估其他一些重要的风险。

7.1.2 商业票据评级

商业票据(commercial paper)是一种短期债券,公司和政府都是商业票据的发行主体。因为借款者不提供担保,所以这种形式的债券是无担保债券,只有那些处于信用等级金字塔顶端的公司才可以发行商业票据。① 而且,商业票据总量在2007—2009年金融危机期间迅速下降,从2007年顶峰时期的2.1万亿美元下降到两年后的1.3万亿美元。尽管如此,像美国银行和高盛等仍是商业票据的主要发行者。

正如美国国库券,商业票据也是以折价方式发行的,它是只有单一的远期支付而没有期间支付的零息票债券。法律规定,商业票据的期限通常短于270天。② 超过1/3的商业票据由货币市场共同基金持有,该基金需要高流动性的短期资产,大多数商业票据只有5—15天,专门用于短期融资。

评级机构对商业票据发行者的评级与对债券发行者的评级方法是相同的。另外,穆迪和标准普尔各有一套平行的评级体系,仅仅是标记不同而已(见表7.2)。据估计,90%的发行者是穆迪P-1级,9%为P-2级——P代表**最高等级商业票据**(prime-grade commercial paper)。投机级的商业票据也存在,但是刚发行的时候并没有投机级的。

表7.2 商业票据评级

等级	穆迪	标准普尔	描述	2009年各等级的商业票据发行者的例子
投资级或优先级	P-1	A-1+,A-1	及时支付的可能性很大	可口可乐、宝洁、中国
	P-2	A-2	及时支付的安全度令人满意	通用磨坊、时代华纳、马来西亚
	P-3	A-3	有相当程度的及时支付安全度	Alcoa、Cardinal Health、印度
投机级、低于优先级		B,C	相对于高信用等级发行者,其偿付能力低	Sears、GMAC、土耳其
违约		D		雷曼兄弟

---

① 担保是指借款者提供的有价值的东西,当贷款不能被偿还的时候将被变卖。
② Thomas K. Hahn 在 *Instruments of the Money Market* (Federal Reserve Bank of Richmond, 1998) 的"Commercial Paper"一文指出:商业票据不受1993年《证券法》的注册要求约束。注册耗时耗力,但1993年法案第三部分的(a)(3)豁免了期限短于270天、满足一定条件的证券。

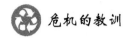 **危机的教训**

资产支持型商业票据

资产支持型商业票据是一种短期负债,最长期限为 270 天。与大多数没有担保的商业票据不同的是,资产支持型商业票据是金融机构以一个特殊的资产组合中的资产作为担保的商业票据。正如我们在第 3 章中所讲,抵押品是在借款人未按时偿还债务(此处指商业票据)时进行变卖偿付的一种有价物。资产支持型商业票据已经存在了数十年,但是它在 2007—2009 年金融危机之前的房地产泡沫中发挥了特别的作用。

为了降低成本,控制其自身的资产持有量,一些大的银行成立了公司(影子银行的一种形式)来发行资产支持型商业票据,并用这些钱购买抵押贷款和其他贷款(参见第 3 章"危机的教训:影子银行")。这些贷款产生的现金流被用来偿还资产支持型商业票据的持有者,这种表外融资也使得银行的杠杆提高,风险增大。当抵押贷款量在房地产泡沫时期数量飙升时,这些影子银行发行了更多的资产支持型商业票据为其扩张融资。

这种长期资产(抵押贷款)与短期负债(资产支持型商业票据)的不匹配给资产支持型商业票据发行者的偿债构成了威胁。当资产支持型商业票据到期,其发行者不得不借款(或者变卖相关资产)以偿付资产支持型商业票据的持有者。风险在于,资产支持型商业票据的发行者借不到款——即面临着展期风险。如果它也不能很容易地变卖长期资产,这些影子银行将面临破产。

资产支持型商业票据展期风险在 2007—2009 年的金融危机之前就出现了。2007 年,当一些抵押贷款的价值变得不确定的时候,资产支持型商业票据的购买者非常担忧这些商业票据支持资产的价值会严重缩水。由于他们错误地把资产支持型商业票据当成低风险的证券,突如其来的风险使他们停止购买资产支持型商业票据,因而资产支持型商业票据的总量在 2007 年第三季度下降。

那些发行了资产支持型商业票据的公司也面临生存危机。由于不能卖掉其资产或者取得其他融资,导致一些公司破产了。另外,有些银行选择出资救助其影子银行以规避法律风险和名声败坏。但是此时,融资成本飙升,资产价格严重下降,而这些银行急需流动性,资产变卖压力上升。它们曾经试图从资产负债表转移的风险又在最糟糕的时候——金融危机期——再次出现。

7.1.3 评级对收益率的影响

债券评级是用来反映违约风险的:债券评级越低,其违约风险越大。我们知道,投资者要求风险补偿,在其他条件相同时,债券的评级越低,债券的价格就越低,其收益率就越高。从第 6 章我们已经知道,债券风险的变动引起债券需求曲线的移动。风险增大,在每个价格水平下对债券的需求减少,需求曲线左移,造成均衡价格下降,收益率上升,如图 7.1 所示。

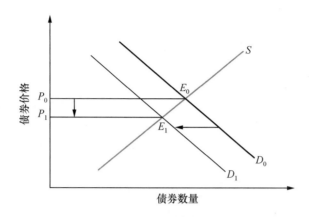

图 7.1　风险的增大对于债券市场均衡的影响

注：风险增大使得在同一价格水平下对债券的需求减少，债券需求曲线从 D_0 左移到 D_1，导致均衡的债券价格和债券数量下降，从而价格由 P_0 下降到 P_1，债券收益率上升。

理解评级对债券收益率的量化影响的最简单的方法是比较那些除了发行者的信用评级不同、其他条件都相同的债券。因为美国国库券几乎是没有风险的，它们是最好的比较标准，这也就是它们通常被称为**基准债券**（benchmark bonds）的原因；其他债券的收益率则用**国库券利差**（spread over Treasury）来衡量（记住第 5 章的定义：风险是相对于基准的。对于债券来说，这个基准就是美国长期国债）。

我们可以把任何债券的收益率视为两部分之和：美国国库券的无风险收益率加上违约风险溢价，有时被称为**风险价差**（risk spread）。

$$债券收益率 = 美国国库券收益率 + 违约风险溢价 \qquad (1)$$

如果债券评级能正确地反映违约的概率，那么债券发行者的评级越低，等式（1）中的违约风险溢价就越高。这个公式也告诉我们：当国库券的收益率变动时，其他所有债券的收益率都随之发生变动。

这两种预测——不同种类债券的利率将一起变动以及较低评级的债券将有较高的收益率——都是从数据中得出的。为了考察这一点，让我们看一幅**利率的风险结构**（risk structure of interest rates）图。图 7.2A 显示了用三种不同评级的长期债券估计出的到期收益率：10 年期美国国债、穆迪的 Aaa 级和穆迪的 Baa 级长期债券。正如图中所示，所有这三种债券的收益率都一起变动。当美国国债的收益率上升或者下降时，Aaa 级和 Baa 级的收益率也随之上升或者下降。虽然违约风险溢价确实会波动（尤其是在财政紧张时期），但美国国债收益率的变动可以对 Aaa 级和 Baa 级债券收益率的变动做出大部分的解释。而且，较高信用评级的美国国库券的收益率一直是最低的。事实上，1971—2009 年，10 年期的美国国库券的平均收益率比 Aaa 级债券的平均收益率整整低 1 个百分点，比 Baa 级债券的平均收益率低 2 个百分点。

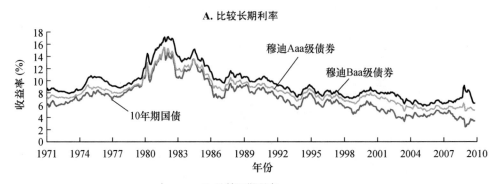

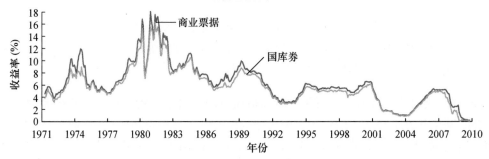

图 7.2　利率的风险结构

资料来源：联邦储备体系理事会。

1个或者2个百分点的收益率有多重要呢？为此，我们来做一个简单的计算。按照5%的年利率，从现在起10年后支付的100美元的现值是61.39美元。如果利率上升至7%，那么同样承诺的10年后的100美元现值下降至50.83美元。所以，收益率上升2个百分点(从5%到7%)，使得承诺10年后支付的100美元减少了10.56美元，或者说下降了17%！

从借款者的角度来看，利率从5%上升到7%意味着对于借入的每100美元，每年应支付7美元而不是5美元，差别为40%。显然，评级对于公司提高融资能力是至关重要的。只要一家公司的债券评级下降，该公司的资本成本就会上升，这削弱了公司为新的风险投资融资的能力。①

长期债券的收益率如此，短期债券的收益率同样如此；它们同时变动，且越低的评级意味着越高的收益率。对比3个月期美国国库券的收益率和相同期限的 A-1/P-1 级商业票据的收益率(见图7.2B)。这两种收益率的变动趋势相同，而且美国国库券的收益率总是低于商业票据的收益率。1971—2009年，商业票据与美国国库券的收益率的平均差额大约为1个百分点的6/10，即大约60个基点(回顾第6章，1个基点是1个百分点的百分之一，即0.01%)。

---

① 对于个人来说同样如此。考虑利率变动对一个30年期、按月支付的10万美元抵押贷款的影响。当利率为5%时，每月的支付大约为530美元。如果利率上升至7%，每月要求的支付将上升至650美元。你可以用第4章附录中的公式计算出这些金额。

结论很明显,投资者承担风险就必须得到相应的风险补偿。借款者的信用越低,其违约风险越大,借款者的评级就越低,借款成本就越高。债券或者商业票据的评级越低,其收益率越高。

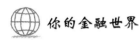

你的信用评级

公司并不是唯一拥有信用评级的机构,你也一样拥有信用评级。你是否曾想知道别人是怎样决定是否向你提供贷款或者信用卡呢?答案是,有公司持续地追踪你的财务信息。它们对你的信用状况进行评级,而且对你的了解比你想象的还要多。信用评级公司知道所有关于你的信用卡、汽车贷款或者抵押贷款(如果你有的话),以及你是否按时支付账单的信息。综合所有这些信息得到一个信用评分。如果你的债务水平较低,并且按时偿还账单,那么你的信用评分就会较高。

你应该关注你的信用评分,理由如下:贷款者使用信用评分来计算他们对每一笔贷款所要求的利率。如果你拥有较高的信用评分,那么一笔4年期的10 000美元的汽车贷款可能只需要6.75%的利率,即每个月支付237美元。如果你遗漏了一笔信用卡的偿还或者没有按时偿还公共事业账单,那么你的信用评分就较低,你的贷款利率可能高达16%,这意味着你每个月需要多支付50美元。同样的原理也适用于住房抵押贷款,你的信用评分越高,利率就越低。所以,按时偿还每一笔账单是划算的。*

* 具有讽刺意义的是,那些从来没有信用卡,也不欠任何人的钱的人根本没有信用记录,因此其信用评分很低。你不可能很快就创立一个良好的信用记录。你可以从每一家信用评级公司获得一份免费的年度信用报告。登录网站 www.annualcreditreport.com 来了解怎样获取这些信息。

7.2 税收地位的不同和市政债券

违约风险并不是影响债券收益的唯一因素,第二个重要因素是税收。债券持有人必须对他们从持有私人发行的债券中获取的利息收入缴纳所得税,这些是**应税债券**(taxable bonds)。相反,由州和地方政府发行的债券的息票支付是明确予以免税的,这些债券被称为**市政债券**(municipal bonds)或者**免税债券**(tax-exempt bonds)。①

美国规定:A政府不对B政府发行的债券的利息征税,即便B政府可能会对自己发行的债券征税。来自美国国债的利息收入由发行这些债券的联邦政府征税,但不再由州或者地方政府征税;同样,联邦政府也不再对市政债券的利息收入征税。然而,为了使它们发行的债券对投资者更有吸引力,州和地方政府通常选择不对自己发行的债券的利息收入征税,豁免其一切所得税。

---

① 市政债券有两种类型。一种是由政府的税收力量支持的一般义务债券,另一种是政府为特定的工程融资而发行的收入债券,它们是由来自工程或者经营的收入予以支持的。

税收豁免如何影响债券收益率？债券持有者关心的是他们实际拿到的回报，即剔除税收之后的回报。投资者持有一只债券，预期会收到 6 美元的支付，如果政府征税 1.8 美元，那么他们的投资收益只有 4.2 美元。也就是说，投资者的决策实际上是以税后收益为基础的。

计算税收对于债券的影响是简单直接的。考虑一只 1 年期、面值 100 美元、息票率 6% 的应税债券。这是一项在 1 年后支付 106 美元的债券。如果债券是以平价（即 100 美元）出售，那么到期收益率为 6%。从政府发行者的角度来看，债券持有者在到期时将收到 6 美元的应税收入。如果税率是 30%，那么该收入的税收为 1.8 美元，因此 100 美元债券的税后收益为 104.2 美元。换句话说，按照 30% 的税率，收益率为 6% 的应税债券等价于收益率为 4.2% 的免税债券。

同样的计算方法对于任何利率和任何债券都适用，这也使得我们得到应税债券和免税债券收益率之间的关系。换算关系是免税债券的收益率等于应税债券的收益率乘以 (1 − 税率)：

$$\text{免税债券收益率} = \text{应税债券收益率} \times (1 - \text{税率}) \tag{2}$$

那么对于税率为 30% 的投资者来说，我们可以用 10% 乘以 (1 − 0.3) 计算出与 10% 的应税债券收益率等价的免税收益率为 7%。总而言之，税率越高，应税债券和免税债券收益率之间的差额就越大。

7.3 利率的期限结构

影响债券收益率的因素并不仅限于债券的税收和评级。事实上，具有相同的违约风险和税收状况，但到期期限不同的债券通常有不同的收益率。为什么呢？答案是长期债券相当于一系列短期债券的组合，因而它们的收益率取决于人们对未来的预期。在本节，我们将建立一个考察未来利率的框架。

具有相同的风险特征但是不同到期日的债券之间的关系被称为**利率的期限结构**（term structure of interest rates）。

在研究利率的期限结构时，我们将把注意力集中于国债的收益率（见图 7.3）。比较 3 个月期国库券和 10 年期国债所隐含的信息，我们可以得出如下结论：

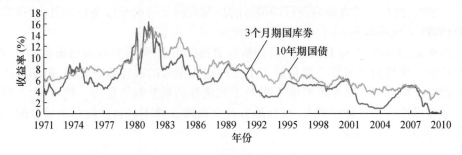

图 7.3 利率的期限结构

资料来源：联邦储备体系理事会。

（1）不同到期期限的债券的利率趋向于共同波动。短期利率和长期利率的大幅波动都朝着同一方向。也就是说，两条线显然是一起波动的。

（2）短期债券的收益率比长期债券的收益率波动更大。相对于长期利率，短期利率的波动范围更大。

（3）长期债券的收益率往往高于短期债券的收益率。长期债券曲线通常但并不总是位于短期利率曲线的上方。

违约风险和税收差别并不能解释这些关系。什么能够解释这些关系呢？我们将考察两种解释——预期假说和流动性溢价理论。

7.3.1 预期假说

许多年来，经济学家提出并否定了许多解释利率期限结构的理论。我们受益于他们的研究工作，忽略那些不太有用的理论。第一个理论称为**期限结构的预期假说**（expectations hypothesis of the term structure），它是比较简单、容易理解的。如果债券收益率是无风险利率和风险溢价的总和，那么预期假说主要集中于第一个部分。它基于这样一种假设，即未来情况都是确定的，无风险利率是可以计算的。这样，我们不仅知道今天可以获得的债券收益率，而且也知道明年、后年及以后各年可以获得的债券收益率。

为了理解这个假说，考虑一位购买一只债券并持有 2 年的投资者。既然没有不确定性，那么投资者在今天就知道了两年后到期的债券的收益率，也知道今天购买的 1 年期债券的收益率和一年后购买的 1 年期债券的收益率。在所有这些情况都确定时，投资者将认为持有一只 2 年期债券和持有连续的两只 1 年期债券是没有差别的。确定性意味着不同到期期限的债券互为完全替代品，这就是预期假说的本质。

具体来看，假设当前的 1 年期利率为 5%。预期假说意味着当前的 2 年期债券的收益率应该等于 5% 和一年后的 1 年期债券收益率的平均值。如果未来 1 年期利率为 7%，那么当前的 2 年期利率为 $(5\% + 7\%)/2 = 6\%$。

根据预期假说，当预期未来利率上升时，长期利率将高于短期利率。这意味着**收益率曲线**（yield curve）——描述到期收益率与到期期限之间关系的曲线（横坐标表示到期期限，纵坐标表示收益率）——将向上倾斜（《华尔街日报》的信用市场专栏经常绘制如图 7.4 所示的美国国债收益率曲线）。同理，预期假说意味着如果预期未来利率下降，那么收益率曲线将向下倾斜。如果预期未来利率保持不变，那么收益率曲线将保持水平（见图 7.5）。

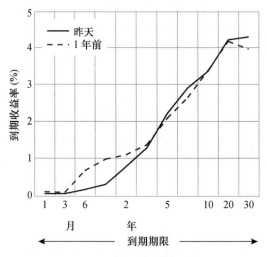

图 7.4 美国国债收益率曲线

注:图中描绘了 2009 年 11 月 19 日的国库券和国债的收益率。
资料来源:联邦储备体系理事会。

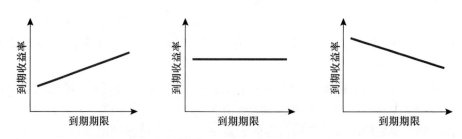

图 7.5 预期假说和对未来短期利率的预期

注:第一条曲线表示预期利率会上升;第二条曲线表示预期利率不变;第二条曲线表示预期利率会下降。

如果不同到期期限的债券互为完全替代品,那么就可以构造拥有相同收益率的投资策略。下面这个投资者打算投资 2 年期的债券,对于该投资者而言,有两种可供选择的投资策略:

A. 投资一只 2 年期的债券并持有到期。我们将把与这项投资相关的利率记为 i_{2t}("i"表示利率;"2"表示 2 年;"t"表示时期,即现在)。在该债券上投资 1 美元将在 2 年后获得 $(1+i_{2t})(1+i_{2t})$。

B. 投资两只 1 年期的债券,一只现在投资,另外一只在第一只到期后投资。现在购买的 1 年期债券的利率为 i_{1t}("1"表示 1 年)。从现在起一年后购买的 1 年期债券的利率为 i_{1t+1}^{e},其中"$t+1$"表示 t 期后的下一期或者下一年,"e"表示预期,即投资者提前 1 年预期可以得到的 1 年期利率。既然我们假定未来是已知的,那么这种预期一定是正确的。用这种策略,现在投资 1 美元将会在 2 年后得到 $(1+i_{1t})(1+i_{1t+1}^{e})$。

预期假说告诉我们投资者在这两种策略之间是没有任何偏好的(记住,债券互为完全替代品)。在策略 A 和策略 B 之间没有差别意味着它们必须有相同的回报,因此,

$$(1+i_{2t})(1+i_{2t}) = (1+i_{1t})(1+i^e_{1t+1}) \tag{3}$$

展开等式(3)并取近似值,我们可以认为 2 年期的利率等于当前的 1 年期利率与预期的未来 1 年期利率的平均值:①

$$i_{2t} = \frac{i_{1t} + i^e_{1t+1}}{2} \tag{4}$$

比较一只 3 年期债券和三只 1 年期债券,我们得到:

$$i_{3t} = \frac{i_{1t} + i^e_{1t+1} + i^e_{1t+2}}{3} \tag{5}$$

其中,i_{3t} 表示 3 年期的利率,i^e_{1t+2} 表示预期从现在起两年后的 1 年期利率。

预期假说的一般表述是,n 年到期的债券的利率等于 n 个 1 年期利率的平均值。

$$i_{nt} = \frac{i_{1t} + i^e_{1t+1} + i^e_{1t+2} + \cdots + i^e_{1t+n-1}}{n} \tag{6}$$

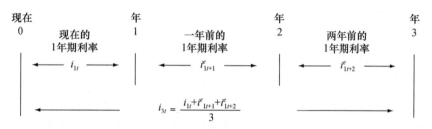

期限结构的预期假说

注:如果 1 年期利率现在是 5%,一年前的 1 年期利率是 6%,两年前的 1 年期利率是 7%,那么预期假说告诉我们 3 年期的利率将是(5% +6% +7%)/3 =6%。

这个数学表达式有什么含义呢? 利率期限结构的预期假说理论是否可以解释本章开始的三个观察呢? 让我们逐一说明。

(1) 预期假说告诉我们长期债券的收益率是所有预期的短期债券收益率的平均值——与短期利率相同——所以不同期限的利率将同时波动。从等式(6)可以看出,如果当期利率 i_{1t} 变化,那么所有更长期的债券的收益率都要随之而变。

(2) 预期假说意味着短期债券收益率比长期债券收益率的波动性更大。因为长期利率是一系列预期的未来短期利率的平均值,如果当前的 3 个月期利率发生变化,它对 10 年期的利率只会产生很小的影响。从等式(6)也可以得出该结论。②

(3) 预期假说不能解释为什么长期债券的收益率通常高于短期债券的收益率,因为预期假说理论意味着只有当未来利率预期上升时,收益率曲线才会向上倾斜。收益率曲线向上倾斜,暗含了通常的预期利率会上升。但是正如图 7.3 所示,利率在过去的近三十

---

① 展开等式(3),我们可以得到 $2i_{2t} + i^2_{2t} = i_{1t} + i^e_{1t+1} + (1_{1t})(i^e_{1t+1})$。等式左边的平方项和等式右边的乘积项非常小,其差则更小。以 5%和 7% 的 1 年期债券利率为例,我们可以发现忽略两项乘积意味着忽略:[$(0.06)^2$ - (0.05×0.07)]/2 =(0.0036 - 0.0035)/2 = 0.00005,误差只有 0.005%。

② 举一个简单的例子。假设 1 年期的利率 i_{1t} 和 2 年期的利率 i_{2t} 均为 5%。如果 1 年期的利率上升到 7%,那么 2 年期的利率将上升到 6%。两种利率同时变动,但短期利率比长期利率的波动更大。

年中趋于下降,因此总是期望利率会上升的人会失望的。

预期假说已经带领我们朝着理解利率期限结构走了三分之二的路程。通过忽略风险并假定投资者将短期债券和长期债券视为完全替代品,我们揭示了不同期限债券的收益率会同步变动及短期债券比长期债券的波动更大的原因,但是我们没能解释收益率曲线为什么向上倾斜。为了理解这一点,我们需要拓展到包含风险的预期假说。毕竟,我们都知道长期债券的风险比短期债券的风险更高,将该观察的结果融合到我们的分析中,将得到利率期限结构的**流动性溢价理论**(liquidity premium theory)。

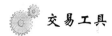 交易工具

阅读表格

一张上千个词的图表,只有当你明白其代表的含义的时候才有价值。运用下面的策略,可以很快读懂图表。

1. 阅读表的标题。可能你会认为这个不重要,但是表格标题的描述性很强,是你理解表格的一个好的开始。

2. 阅读横坐标的刻度。比如看横坐标是代表股票价格还是利率的变动,以及它们是每分钟、每小时、每天、每周还是每月在变化?观察数字是否均匀变化?

图 7.6 是美国国债收益率曲线,《华尔街日报》每天都会报道它。横坐标上的时间跨度从 3 个月到 30 年,并且不是均匀划分的。事实上,同样的一段距离在横坐标左侧代表 3 个月,而在右侧则代表 10 年以上。这样的画法有两个原因:一是方便读者把视线集中在收益率曲线较短的部分,二是压缩的表格可以节省空间。

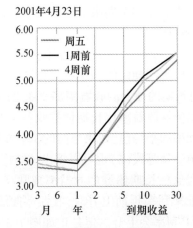

图 7.6 美国国债收益率曲线

资料来源:*The Wall Street Journal*. Copyright 2001 by Dow Jones & Company, Inc. Reproduced with permission of Dow Jones & Company, Inc. in the formats Textbook and Other Book via Copyright Clearance Center。

更有趣的是,图表显示了在 3 个月到 1 年之间,曲线是轻微向下倾斜的,但紧跟的是陡峭

地向上倾斜,这种结构表明了投资者预期利率会在一年内急剧下降,之后会上升。而事实也正是如此。

3. 阅读纵坐标的刻度。数据的范围是什么?这里包含了很重要的信息,因为大部分图表都填满了可利用的空间,一个很小的变动有可能看起来很大。比如,图7.7中的A部分代表消费者价格指数在1960—2010年的百分比变化,B部分代表相同的数据1985—2010年的百分比变化。

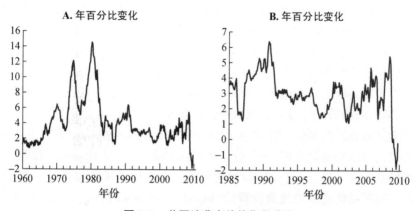

图7.7 美国消费者价格指数膨胀

在A部分,纵坐标的范围是-2%—16%;在B部分,则是-2%—7%。为了使图看起来美观,绘图者改变了纵坐标的范围。

粗略地浏览图7.7容易造成误解。如果没有注意到A部分和B部分纵坐标范围的不同,我们可能得出这样的结论:2008—2009年通货膨胀率的下跌和1980—1983年通货膨胀率的下跌一样剧烈。但是,细看一下,2008—2009年通货膨胀率从5.4%下降到-1.9%,然而1980—1983年通货膨胀率从14.6%下降到2.4%。正确地阅读图表才能得出正确的结论:早期通货膨胀率的下跌幅度几乎是近期通货膨胀率下跌幅度的两倍。

7.3.2 流动性溢价理论

在讨论债券的过程中,我们强调了由于通货膨胀和未来利率的不确定性,即使是无违约风险的债券也存在风险。这些风险对于我们理解利率期限结构有什么影响呢?答案是,风险是理解收益率曲线通常向上倾斜的关键。长期债券的风险高于短期债券这一事实揭示了收益率曲线向上倾斜的原因。债券持有者面临通货膨胀和利率风险,债券的期限越长,这两种风险就越大。

通货膨胀风险随时间而增加是很明显的。记住,债券持有者关心的是其债券收益的购买力——实际收益,而不仅仅是息票支付的名义美元价值。通过名义收益来计算实际收益,需要对未来的通货膨胀进行预测,或预期通货膨胀。对于一只3个月期债券,其投资者只需要关心未来3个月的通货膨胀;然而,对于一只10年期的债券,投资者需要对未来10年的通货膨胀进行预测。

总之,通货膨胀的不确定性造成了债券实际收益的不确定性,从而使得债券成为一项有风险的投资。我们所考察的未来期限越长,通货膨胀的不确定性就越大。相比几个月的通货膨胀预测,我们更不能确定未来几年的通货膨胀,这意味着债券的通货膨胀风险随到期时间的增加而增加。

利率风险又如何呢?利率风险产生于投资者的投资期限与债券的到期时间之间的不匹配。记住,如果债券持有者计划在到期之前出售债券,利率的变动(这会导致债券价格变动)就会产生资本利得或者资本损失。债券的期限越长,对于一个给定的利率变动,债券的价格变动就越大,潜在的资本损失也就越大。

既然一些长期债券的持有者想要在债券到期之前出售债券,那么就存在利率风险。这些投资者要求对其购买长期债券所承担的风险进行补偿。正如存在通货膨胀的情形一样,债券的到期时间越长,风险越大,风险补偿也必须随之增加。

将风险囊括进我们的利率期限结构模型中有什么意义呢?为了回答这个问题,我们假设债券的收益率由两部分组成,一部分是无风险利率,另一部分是风险溢价。预期假说解释了无风险利率这一部分,通货膨胀和利率风险则揭示了风险溢价这一部分。它们共同形成了利率**期限结构的流动性溢价理论**(liquidity premium theory of the term structure)。在等式(6)中加上风险溢价,我们可以用数学公式表示该理论:

$$i_{nt} = rp_n + \frac{i_{1t} + i^e_{1t+1} + i^e_{1t+2} + \cdots + i^e_{1t+n-1}}{n} \tag{7}$$

其中,rp_n是与n年期的债券相伴随的风险溢价,风险越大,风险溢价rp_n就越大。既然风险随到期时间的增加而增加(即rp_n随着n的增加而增加),那么长期债券的收益率就比短期债券的收益率包含更大的风险溢价。

为了进一步理解风险溢价rp_n,我们可以看看长期期限结构的平均斜率。1985—2009年,10年期国债和3个月期国库券的利率差平均为1.5%。我们需要记住风险溢价随时间变化而变化。比如,如果通货膨胀稳定或者实际利率的方差下降,10年期债券的风险溢价很快就会下降至低于1%。

流动性溢价理论是否可以解释我们之前提到的关于利率期限结构的三个结论呢?答案是肯定的。正如预期假说一样,流动性溢价理论认为不同期限的利率将共同变动,且短期债券的收益率比长期债券的波动更大。通过加入随到期时间而增加的风险溢价,它解释长期债券的收益率高于短期债券的收益率的原因。既然风险溢价随到期时间的增加而增加,流动性溢价理论告诉我们收益率曲线通常向上倾斜,只在极少数情况下它会保持水平或者向下倾斜。(水平的收益率曲线意味着预期利率会下降;向下倾斜的收益率曲线意味着金融市场预期利率会大幅下降。)

7.4 利率的信息内涵

利率的风险和期限结构包含了整个经济状况的有用信息,该指标对于估计当前经济的健康状况以及未来发展情形是有帮助的。风险溢价提供了一种信息,期限结构则提供了另一种信息。接下来,我们将把刚才学到的有关利率的知识应用到近期的美国经济史中,并解释预测者们是如何使用这些工具的。

 概念应用

追逐安全

雷雨天气下站在空旷的田野中极有可能受到伤害,一般人也不会这么做,人们都会寻求躲避之处。在金融风暴来临时人们也会做同样的事情,即寻找一个安全的地方放置他们的投资直到风暴平息。具体操作就是出售有风险的投资并购买能够买到的最安全的工具:美国国库券或中长期国债。对于政府债券需求的增加以及对其他有风险的投资工具需求的减少被称为**追逐安全**(flight to quality)。当这种状况发生的时候,安全债券和有风险债券的收益率之间的差额就会急剧增大——风险利差增加。

1998年8月,当俄罗斯政府对其发行的债券违约的时候,人们追求安全的心理也表现出来了。美国国债的收益率骤然下降,而公司债券的收益率上升,风险利差迅速扩大。美国国库券收益率和商业票据收益率之间的差额翻了不止一倍,从0.5个百分点的正常水平上升到超过1个百分点。

这种追逐安全就是William McDonough所谓的"第二次世界大战以来最严重的金融危机"(参见本章的开始部分)。因为人们只想持有美国财政部发行的债券,这使得整个金融市场不能正常运转。McDonough担心金融市场上的这一问题将扩散到整个经济,虽然在1998年没有发生这种状况,但是在2007—2009年这场更大的金融危机中,这种状况发生了。

7.4.1 利率风险结构里的信息

当整个经济增长放缓或出现负增长时,私人企业的经营业务受到挤压,这增加了企业不能偿还债务的风险。虽然经济衰退会提高私人企业发行债券的风险溢价,但是经济放缓或者衰退并不会影响持有政府债券的风险。

违约风险的增加并非对所有企业都是相同的。衰退对于评级较高的公司的影响通常很小,因此相同期限的美国国债与Aaa级债券收益率之间的差额并不可能变动很大。但是对于衰退前财务状况不稳定的发行者而言,情况就大不相同了。那些在经济状况良好时偿债能力较弱的借款者在经济状况变坏时就可能出现违约,事实上也确实存在违约的可能性。一旦不利的情况发生,就有可能导致其面临灾难的那些公司就是发行低等级债券的公司。债券的初始信用等级越低,当一般经济状况恶化时,其违约风险溢价上升得越多,美国国债和垃圾债券之间的收益率差距就越大。

图7.8A显示了近四十年来GDP的增长率,阴影部分表示衰退时期。(我们将在第22

章学习更多关于衰退时期的知识。)在衰退时期,增长率通常都是负的。图 7.8B 中,GDP 的增长率用实线表示,虚线表示 Baa 级债券和美国国债收益率之间的差额,两条线呈反向变动(两条线之间的相关系数为 -0.55)。也就是说,当风险利差上升时,产出下降。风险利差提供了对一般经济状况的衡量指标,而且由于金融市场每天都在交易,这项信息在 GDP 数据出来之前就可以获得,而 GDP 数据每 3 个月才公布一次。在 2007—2009 年的金融危机期间,风险利差达到了自 20 世纪 30 年代大萧条以来的最高水平。

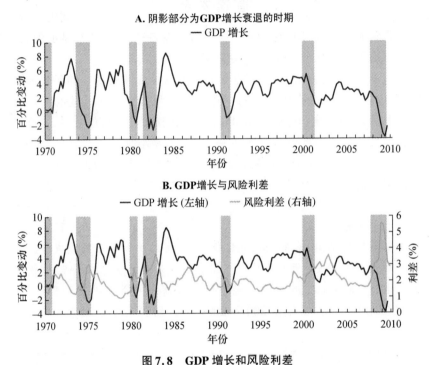

图 7.8　GDP 增长和风险利差

注:GDP 增长是上年同一季度增长的百分比变动;而风险利差是该季度 Baa 级平均收益率和 10 年期美国国债收益率的差额;阴影部分表示经济衰退。

资料来源:经济分析局和联邦储备体系理事会。

7.4.2　利率期限结构里的信息

像利率的风险结构一样,有关期限结构的信息——特别是收益曲线的斜率——可以帮助我们预测一般的经济状况。回想一下,根据预期假说,长期利率包含了有关预期的未来短期利率的信息。且根据流动性溢价理论,收益率曲线通常向上倾斜。这项表述中的关键词是"通常",只在极少数的情况下,短期利率会超过长期利率。当短期利率确实超过长期利率时,期限结构就反过来了,收益率曲线变成向下倾斜。

翻转的收益率曲线(inverted yield curve)是一个有用的预测工具,因为它可以预测一个总体经济的下滑。即使当短期收益率保持不变的时候,收益率曲线也向上倾斜——它是预期的将来短期利率的平均值加上一个风险溢价——翻转的收益率曲线意味着短期利率的预期下滑。如果利率相对较高,它们相当于给实际经济活动一个阻力。正如我们在第4篇中看到的那样,货币政策的制定者调节短期利率来影响实际经济增长和通货膨胀。当收益率曲线向下倾斜时,它表示政策是收紧的,因为政策制定者试图减缓经济增长和通货膨胀。

详细的统计分析证实了收益率曲线作为一个预测工具的价值。① 图7.9 显示了 GDP 增长率和收益率曲线的斜率,它们以10年期和3个月期收益率之间的差额度量**期限利差**(term spread)。图7.9 A 显示了 GDP 增长率以及同期的期限利差(相同时间的增长率和期限利差)。注意,当期限利差降低时,GDP 增长率将会在随后一段时间内降低。实际上,当收益率曲线翻转时,经济趋向于在大约一年后进入衰退。图7.9 B 显示得更清楚,在每一点上,GDP 当年的增长率(如1990年)对应着收益率曲线在一年前(如1989年)的斜率。两条线呈明显的同向变动,它们的相关系数为+0.58。数据显示,当期限利差降低时,GDP 增长率趋向于在一年后降低,因此收益率曲线是一个有价值的预测工具。

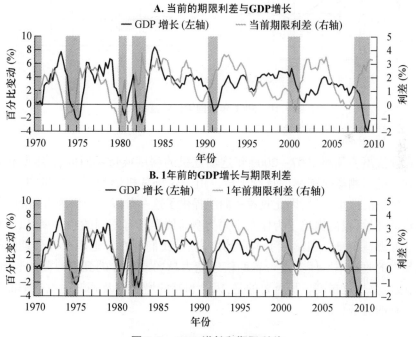

图7.9　GDP 增长和期限利差

注:GDP 增长是上年同一季度增长的百分比变动;而期限利差是10年期美国国债平均收益率和该季度3个月期国库券的差额;B 图中的滞后期是1年;阴影部分表示经济衰退。
资料来源:经济分析局和联邦储备体系理事会。

我们用一个例子说明这种工具的有用性。在图7.10 的左边一栏中,我们可以发现在2001年1月23日,3个月期到5年期的收益率曲线向下倾斜,5年期到30年期的收益率曲线则向上倾斜。这种形状表明,预期利率在未来几年会下降。8个月后,在货币政策放松和美国经济大幅下降后,国债收益率曲线再次向上倾斜(见图7.10 的右边一栏)。在那

---

① See Arturo Estrella and Frederic S. Mishkin, "The Yield Curve as a Predictor of U. S. Recessions," Federal Reserve Bank of New York, *Current Issues in Economics and Finance* 2, no. 7 (June 1996).

一点,增长实际上是处于停滞状态。政策制定者采取一切措施促使经济复苏,他们在不到 9 个月的时间里将利率降低了超过 3 个百分点,投资者对于这一系列的短期利率下降几乎没有预期到。但是这种预测最终证明是错误的:利率在 2001 年"9·11"恐怖袭击之后持续下跌,在 2001 年剩余的时间里,经济进入衰退期,利率继续下跌。

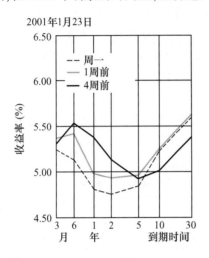 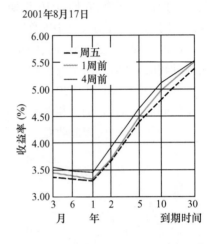

图 7.10　2001 年美国国债收益率曲线

资料来源:联邦储备体系理事会。

收益率曲线不能预测 2007—2009 年这场危机的深度或持续时间,1 年期和 2 年期的市场利率并不能预测隔夜利率的持续下滑。由于这场危机影响了金融机构,风险利差的扩大意味着经济的严重下滑,因此收益率曲线提供了这一阶段一个更为有用的预测方式。

在本章的开始,我们提出了为什么不同类型的债券具有不同的收益率,以及可以从这些差别中获知哪些信息。在学习了本章的内容后,我们现在知道风险和到期时间的不同都会影响债券的收益率。债券发行者的偿还能力越弱或债券的到期时间越长,债券的风险就越大,收益率也就越高。更重要的是,风险利差的增大以及翻转的收益率曲线都预示着未来更糟糕的经济状况。

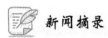 新闻摘录

银行拒绝收益率曲线的派对邀请

Caroline Baum

如果你拦住大街上的一个普通人,并询问有关国债收益率曲线的问题,他很可能会呆呆地盯着你。

"什么是收益率曲线?我为什么要关心它呢?"这个路人可能会这样问道。

我很确定大部分人都在想同一件事情,即收益率曲线为什么重要。

收益率曲线,或者按照经济学家的说法"利率期限结构",是由线连接两个点的线形图。

这两个点你必须知道。一个点是短期利率,不是由中央银行(联邦基金利率)盯住就是受其(3个月期国库券收益率)影响。另一个点是长期利率——10年期或30年期国债的收益率,其价格是由市场决定的。

为什么这两个点会这么重要呢?

很简单。这两个点彼此之间的关系简明扼要地描述了货币政策的走势……

当短期利率低于长期利率时,银行就有动力发放贷款("借短,放长"是银行的第一条规则)。这就是一个陡峭的收益率曲线表明了经济扩张的原因。这是一种达到目的的手段,最终目的是创造货币与信贷。当中央银行提供更多的基础货币时,存款机构此刻除了贷款就不会做其他的了。

当收益率曲线翻转、短期利率高于长期利率时,银行就停止贷款。

目前的超陡峭的收益率曲线让人想起20世纪90年代初。在那时候,银行背负着不良房地产贷款。在这一刻我们知道了,历史是不断重演的。

当从未听说过的一个低水平的联邦基金利率(3%)以及一条垂直的收益率曲线出现时,银行购买了全部的美国政府债券——零风险资产。这样,银行收益好转了(即银行自救成功了),然后银行把这些资产投放到市场并出售给私人部门。

人们反对银行能够自由地从美联储借款以及放宽对购买国债的限制。这到底是怎么一回事?银行借钱给"山姆大叔",这样它们就可以借钱给你。在经济衰退期间,许多私人部门的信贷需求不大,因此财政部倾向于满足银行对优质资产的需要。

作为一个虔诚的相信预期作用的人,我总是挑战那些试图破坏它的人,并塑造它的意义以适应当前的情形。历史表明,"是什么"比"为什么"更重要。

一条翻转的收益率曲线是经济衰退的最可靠的预告者。然而,当2006年曲线翻转并持续至2007年时,抗议者出来了:这一次是不同的!外国资本的流入——"储蓄过剩"——形成了令人沮丧的长期利率,翻转的收益率曲线不能解释它通常的含义。

这一次并没有什么不同,它只是需要较长的时间。

那么现在这条收益率曲线意味着什么?所有的系统都在运行。联邦基金利率接近于零,10年期国债收益率约3.8%,收益率曲线还有更深一层的含义。

然而,货币和信贷并没有增长。据美联储报道,广义货币M2——除了M1的货币及活期存款,还包括储蓄和定期存款及货币市场共同基金——的供应量上升,5—11月的年化增长率为1.2%。如果继续这样增长下去,3个月4.2%的年增长率是很令人鼓舞的。

在资产负债表的另一边,银行信贷在相同的6个月内以年化5%的速度下跌,贷款和租赁以年化9.2%的速度暴跌。

"银行不再贷款了。"芝加哥北方信托公司首席经济学家保罗·卡斯瑞尔说。

至少不向非政府实体贷款了。从5月份到11月份,银行购买的美国国债和机构证券的年化增长率为21%,下一步将针对私人借贷。

总的来说,收益率曲线并不仅仅是一种传导机制。这并不意味着它不是这样,当金融体系受损时,它需要一段较长的时间在货币和信贷的扩张之间产生一条陡峭的曲线——

就像在20世纪90年代初那样。派对请帖已经发出,银行不得不接受邀请。

随着时间的推移,这种收益率曲线将导致更多的借款和贷款。这要求美联储行动起来,防止涓涓细流汇成瀑布,进而演变为二十年后的第三次泡沫。

资料来源:© 2010 *Bloomberg BusinessWeek*. All rights reserved. Used with permission。

▶ **本文启示**

收益率曲线的斜率有助于预测经济发展的方向和速度。2010年年初,收益率曲线异常陡峭,意味着经济的强劲扩张(见图7.8B,其中2010年的斜率显示了较大的期限利差)。然而,在2007—2009年金融危机之后,虽然利差已经从危机中的顶峰大幅收窄,贷款者对于发放贷款给风险较高的借款者仍持非常谨慎的态度。本文作者认为,陡峭的收益率曲线鼓励贷款者贷出款项只是时间问题。但是,再次贷款的能力和意愿取决于中介机构修复其在金融危机中严重受损的财务报表以及重新获得借款者会按期偿还的信心的速度。

关键术语 》》》

基准债券	最高等级商业票据
商业票据	评级
期限结构的预期假说	评级下调
堕落天使	评级上调
追逐安全	风险价差
利差扩大	利率的风险结构
翻转的收益率曲线	国库券利差
投资级债券	应税债券
垃圾债券	免税债券
期限结构的流动性溢价理论	期限利差
市政债券	利率的期限结构
收益率曲线	

本章小结 》》》

1. 债券评级概括了债券发行者将兑现其支付义务的可能性。
   a. 评级高的投资级债券是那些违约风险最低的债券。
   b. 如果一家企业面临财务困境,它的债券评级可能被调低。
   c. 商业票据是私人发行的一种类似债券的短期票据。
   d. 垃圾债券是具有很低评级的高风险债券,具有高违约概率的企业发行这些债券。
   e. 投资者要求以风险溢价的形式对违约风险进行补偿。违约风险越高,债券评级越低,它的风险溢价就越高,同时它的收益率也就越高。

2. 市政债券通常是免除所得税的。既然投资者关心的是其投资的税后收益,那么这些债券与利息收入需要缴税的债券相比,具有更低的收益率。
3. 利率期限结构是到期收益率与到期时间之间的关系。用横坐标表示到期日,纵坐标表示到期收益率的图叫做收益率曲线。
   a. 任何利率期限结构的理论都必须能解释以下三个事实:
      i. 不同到期日的利率同步变动。
      ii. 短期债券的收益率比长期债券的收益率波动更大。
      iii. 长期债券的收益率通常高于短期债券的收益率。
   b. 利率期限结构的预期假说认为,长期利率是一系列预期的未来的短期利率的平均值。该假说只解释了利率期限结构的前两个事实。
   c. 利率期限结构的流动性溢价理论建立在长期债券的风险高于短期债券的风险的基础之上,解释了利率期限结构的三个事实。
4. 利率风险结构和期限结构都提供了金融市场对未来经济活动预期的信号。特别是当下列情况出现时,经济衰退的可能性将更高:
   a. 低等级债券收益率与高等级债券收益率之间的风险利差(或范围)扩大。
   b. 收益率曲线向下倾斜或者发生翻转,以至于短期利率高于长期利率。

概念性问题 ▶▶▶

1. 假设你的边际联邦所得税率为36%。你持有收益率为9%的一年期公司债券得到的税后收益是多少?你从持有收益率为5%的一年期市政债券中得到的税后收益又是多少?你怎样决定持有哪只债券?
2. 为什么在2007—2009年金融危机中商业票据的数量大幅下降?
3.* 承第2题,为什么在2007年第三季度出现的资产支持商业票据的数量也同样下降?
4. 登录美联储网站,先点击"经济研究和数据",再点击"数据发布和历史数据",在数据下载栏选择"利率"(H.15),建立一个包括2006年以来每月在二级市场上出售的3个月期非金融商业票据、3个月期金融商业票据和3个月期国库券的收益率数据包。计算这三种证券两两之间的利差,并评论你所得出的结果。
5. 在2007—2009年的金融危机中,房价波动、次级抵押贷款增长、抵押贷款支持证券这三者与金融机构面临困境之间的联系是什么?
6. 假设现在1年期债券的利率是4%,并且预计从现在起一年后和两年后的1年期利率分别为5%和6%。运用预期假说,计算未来三年的收益率曲线。
7.* 根据流动性溢价理论,如果1年期债券和2年期债券的收益率相同,你预期一年期收益率在一年内会更高、更低还是一样。并做出解释。
8. 你有1 000美元,打算进行三年的投资。债券市场提供了各种各样的选择。你可以购买(a)三只一系列的1年期债券;(b)一只3年期债券;或(c)一只2年期债券和接下来的一只1年期债券。当前的收益率曲线告诉你一年、两年和三年的到期收益率分别为3.5%、4.0%和4.5%。你预计一年期利率在明年将为4%,后年将为5%。假定所有利率为年利率,分别计算三笔投资的收益率,讨论你会选择哪一种投资。
9. *如果通货膨胀率和利率的变动更加反复无常,你预期收益率曲线的斜率会发生什么变化?
10. 随着新兴市场国家的经济条件得到改善,借入资金的成本趋向于下降。解释这种现象的产生原因。
11. 当新兴市场国家遇到金融问题时,美国国债收益率趋向于下降。你能解释这种现象吗?这种情况对风险利差会产生什么影响?你如何运用这些信息?

分析性问题

12. 假设当地政府决定对政府债券利息征税以弥补预算困境。这些债券的收益率将发生什么变化?
13. *如果在征税前,第12题所描述的债券收益率比相同期限的国库券的收益率低。征税后这个缺口会变小、消失还是变大?做出解释。
14. 假设债券的风险溢价上升。这会怎样影响你对未来经济活动的预测?为什么?
15. 如果取消对机构投资者购买投资级债券的监管限制,你认为投资级债券和垃圾债券的收益率利差会发生什么变化。
16. 假设一个陷入经济困境的国家突然在其领土发现大量有价值的矿产。这会对政府债券的级别产生怎样的影响?运用债券供求模型,分析这会对该国政府债券的收益率产生什么影响。
17. 评级机构对抵押贷款支持证券的错误评级是造成2007—2009年金融危机的主要原因。为避免未来发生此类错误,给出你的建议。
18. 你认为废除投资者保护法会对公司债券和政府债券的风险价差产生怎样的影响?
19. 你和朋友正在看《华尔街日报》,注意到国库券的收益率曲线轻微地向上倾斜。你的朋友认为收益率曲线的形状意味着经济状况良好,而你担忧经济将遇到困难。假设你们都支持流动性溢价理论,什么原因造成你们的观点差异?
20. 你认为期限利差是2007年12月开始的经济衰退的有效预测指标吗?解释原因。
21. *根据下表数据,经济是趋向于繁荣还是衰退?解释你的选择。

月份	收益率(%)		
	3个月期国库券	10年期国债	Baa级10年期公司债券
1月	1.00	3.0	7.0
2月	1.05	3.5	7.2
3月	1.10	4.0	7.6
4月	1.20	4.6	8.0
5月	1.25	5.0	8.2

(注:题号后标注*的问题均指难度较大的题型。)

第8章
股票、股票市场和市场有效性

股票在我们的经济社会中发挥着重要的作用。对个人而言，股票是持有财富的一种方式，多样化地选择股票能够分散并降低我们所面临的风险。重要的是，可分散风险是人们更有可能承担的风险。通过风险转嫁的方式，股票为增强我们的风险承受能力提供了一种保险。[①]

对于企业而言，股票是它们获得融资的一种手段。除此之外，股票与**股票市场**(stock market)还是联系金融世界和实体经济一条纽带，股票价格是市场经济正常运转的基础。股票价格能反映股票发行企业的价值，并与其他价格一样，也可以对投资资源进行配置。在股票市场上，通常被认为最有价值的企业是那些能够为其增长获得融资的企业。当经济资源流向最有价值的用途时，经济才会更加有效地运行。

提到股票市场可能会使大多数人的情绪变得激烈。人们通常把股票市场看成一个容易赚钱也容易赔钱的地方，并且对股票市场不可预测的涨跌感到恐惧。在1929年10月的某一周，纽约股票交易所损失了超过25%的市值——这起事件标志着经济大萧条的开始。1987年10月，股票价格在一周内下跌了近30%，并创下了单日下跌20%的纪录。这种严重下挫已经成为股票市场的惯见形态，从而使人们形成了股票风险很大的印象。

20世纪90年代，股票价格上涨了将近5倍，美国人也逐渐忘掉了那次"黑色10月"。到了90年代末期，许多人几乎将股票视为一种日常生活中很自然的东西：你不得不拥有股票。1998年，几乎一半的美国家庭拥有股票，无论是直接拥有还是通过共同基金和退休管理账户间接拥有。

当市场不可思议的股价上涨最终结束时，紧接而来的股价下降看起来就像一只被放了气的气球。从2000年1月到2001年9月11日恐怖袭击之后的那一周，以道琼斯工业平均指数衡量的美国最大公司的股票价格下跌了超过30%。虽然许多股票很快从下跌状态恢复过来，但是大部分股票并没有恢复。同一时期，纳斯达克成分指数也下跌了70%，

[①] 这点对于第5章中有关风险的讨论是至关重要的。我们可以通过购买保险或者改变投资策略来分散风险，如果不这样做的话就会承担风险。

从5 000点跌到1 500点;从那之后一直保持在3 000点以下。由于在纳斯达克上市的大部分公司是规模较小、创新型的科技公司,因此这起事件也被称为"因特网泡沫"。

最近的金融危机中,美国股票市场的下跌程度更大、范围更广。粗略估计2009年早期的股票市值大约为2007年鼎盛时期26万亿美元的一半。股票价格下跌得如此厉害,以至于它随后的谷底反弹是经济大萧条以来最强劲的一次。

与通常的神话故事相反,股票价格处于平稳而缓慢的上升状态,只有市场失灵时才会崩盘。对于大多数人而言,财富的突增或突降都比财富慢慢地变化更让人难忘。当我们被股价急剧下跌从而笼罩在潜在的短期损失的阴影中时,就会忽视采取长期投资策略可能实现的收益。本章的目的是试图弄清楚股票市场——揭示股票价格的波动对个体和整体经济产生的影响,了解金融体系和实体经济之间的重要联系。同时,我们也要了解是什么导致了经济泡沫和金融危机的。然而,首先我们需要定义一些基础概念:股票是什么,它们是怎样形成的以及股票如何定价。

8.1 普通股的本质特征

股票,也称**普通股**(common stock)或**股权**(equity),是指持有一家企业的所有权的份额。由于发行股票是企业在出售其所有权,因而购买股票的人将成为企业的部分所有者。据了解,股票最早出现在16世纪,其最初被创造出来是为全球探险筹集资金。当时像Sir Francis Drake、Henry Hudson和Vasco de Gama等探险家必须想办法为他们的危险航行筹集资金,然而除了国王和王后,没有人有足够的财富来单独为这些充满风险的冒险提供资金。解决办法就是通过联合股份公司(joint-stock companies)分散风险,它发行股票并使用股票发行的收入为这几次远航融资。作为投资回报,股东分得了公司利润的一部分。

这些早期的股票具有很明显的两个重要特征:首先,股票以较小的份额发行,从而使投资者可以购买任何份额的公司股票;其次,股份是可转让的,意味着股份所有者可以将其出售给其他人。现在,大多数的大公司发行可以买卖的标准形式的股票。通常,股份数量比较多,每只股票代表公司总价值的一部分,大量小面额的股票——每股价格低于100美元——使得股票买卖更加容易。

以前,所有的股东都会从发行公司那里得到一张股票凭证,图8.1的左边显示了1903年由福特汽车公司发行的第一张股票凭证,右边显示了一张最近由世界摔跤联合会(WWF)——更名为世界摔跤企业(WWE)发行的股票凭证。WWE是承办类似The Rock和Hulk Hogan等摔跤活动的传媒娱乐公司,前明尼苏达州州长Jesse Ventura在进入政界之前就在WWE工作。

图 8.1 股票凭证

现在,大多数股东不会收到股票凭证,你也没有机会看到股票凭证。取而代之的是,股票凭证上的信息被电脑化,且以代表股东的经纪公司的名义注册。这种程序更加安全,因为记录在电脑里的信息不会被盗取,这样买卖股份也更加方便。

普通股的所有权代表了一系列的权利。首先(也是最重要的),股东有权参与企业的利润分配。但是,股东只有**剩余索取权**(residual claimant),即当公司陷入财务困境时,只有在偿还完所有其他债权人的债务之后,剩余的才能分配给股东。也就是说,股东只能得到剩余的财富!

为了理解剩余索取权,让我们看一个有关软件制造商的例子。一般公司需要筹备很多东西才能正常经营,包括租借的办公场所、电脑、程序员和一些为了维持每天正常运转所需的现金。这些是生产软件产品的必要投入。如果看一下公司的财务状况,我们就会发现公司要向很多人支付,这些人包括办公场所的出租方、为公司工作的程序员、公司电脑的供应商,以及向公司借出资金的债券持有者和银行,公司用销售软件产品获得的收入来偿还这些人。在偿还完以上的每个人之后,股东才能得到剩余的收入。如果公司经营良好,几年下来会留下较多的剩余资金,股东就可以得到较好的回报;但是,如果公司经营不佳,股东就可能什么也得不到。如果企业经营惨淡,不能销售足够的软件产品来偿还债务,那么企业很可能破产并停止生产经营活动。在这种情形下,股东将失去他们的全部投资。

破产这种情形产生了一个有趣的问题。如果一家公司的收入不足以偿还非股东的债务会发生什么状况?如果公司的收入实在太少了以至于不能偿还房东、程序员、电脑供应商、债券持有者和其他借款人,那么办呢?似乎股东能够参与企业利润分配这一事实给股东带来的是责任而不是报酬。如果公司经营惨淡,股东一定要偿还企业的债务吗?

要求股东对企业的损失承担责任是不合理的,而且一定会打击人们购买股票的积极性。截至19世纪早期,股东仍然承担着这样的风险,直到引入有限责任这个法律概念,这种情况才终止。① **有限责任**(limited liability)是指,即使一家公司彻底破产,股东可能损失的最大金额也只是他们的初始投资。对公司损失承担的责任以初始投资为限,意味着投资者的损失永远不会超过他们的初始投入。这样的话,当你知道潜在的最大损失只是你最初购买股票所支付的金额时,股票将变得更有吸引力。

---

① 1811年,美国通过了第一部赋予制造业公司有限责任的一般法律。

除了参与企业的利润分配外,普通股股东还拥有在公司的股东大会上的投票权。总经理负责管理企业的日常经营活动,但由股东选举董事形成董事会,董事会每年召开几次董事会会议以监督管理层。重要的是,股东能够撤换表现不佳的董事和经理的权利在很大程度上影响了股东购买股票的意愿。① 这种投票、撤换董事及经理的权利随不同国家法律规定的不同而有所差别。在法律赋予股东权利较少的地方,股票的所有权就不那么有吸引力,而且股权融资也不是一种常用的融资形式。

而今,股票非常普遍,原因是投资者需要股票,企业想发行股票。近一个世纪以来,股票市场已经发展到股票日交易金额达几十亿美元,使这种繁荣的股票交易成为可能的主要原因是:

- 一股股份只代表股票发行公司价值的一小部分。
- 大量的股票是流通在外的。
- 单股股票的面额很低,可以允许个人进行相对较少的投资。
- 作为剩余索取权,股东只能在企业偿还其他所有债权人之后才能获得企业财产的分配。
- 由于有限责任,投资者的损失不会超过他们购买股票的初始金额。
- 股东可以换掉工作能力不强的经理。

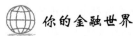 你的金融世界

房子是可以居住的地方

房子是用来居住的,这一点与股票或者债券非常不同。当你投资股票,发行股票的公司要么给你股息,要么将利润进行扩大再投资;而债券支付利息,利息也就是你的投资回报。不管是股票还是债券,你都得到了具体的投资回报。

当你买一栋房子并住进去之后,你得到的是你的居所。你不必为住房支付租金,这意味着你正在用股票股息或者债券利息享受这种经济学家所谓的**住房服务**。如果你购买了一栋房子,住了一段时间想卖掉它,那么你应该期望收回最初购买房子的价钱。这就好比你购买了一只债券,然后靠利息生活一样,最后还会得到本金。

真实房价(通货膨胀调整后)长期变化的数据与此相一致。整个20世纪期间,1900—2000年,美国房价的年实际增长率都低于0.2%。这意味着如果你以10万美元的价格购买一栋房子,住30年(按固定利率抵押贷款偿还的时间),预期你可以用经通货膨胀调整后的10.6万美元的价格出售这栋房子。

2006年,一个评论家所称房价的长期走势已经发生变化了的言论得到了证实。在这10年中的前6年,房价实际上涨了60%;但是,到2009年,这些增长随着金融危机而停止。这样,以前预测房价长期走势的模型也不再适用了。

为了比较两项金融投资——购买一栋房子与购买10万美元的股票。如果股票的年

---

① 经理和董事可能存在与股东不同的权利和目标。通常,股东希望他们投资的公司的价值增值,但是经理更感兴趣的是保住他们的工作。

收益率为4%,那么30年后你将累计得到32.5万美元。然而,与住房投资不同的是,购买股票并不会为你提供一处居住的地方。所以,当你计算购买房子获得的回报时,务必要记住你拥有了一处居住的地方——这就是这项投资的回报。

8.2 衡量股票市场的水平

股票是我们选择持有财富的一种形式。当股票价格上升时,我们的财富增加;当股票价格下跌时,我们的财富减少。这种股价变动会影响我们的消费和储蓄,从而引起经济活动的波动。不管是为了管理个人财富还是为了了解股票价值和经济环境之间的关系,我们都有必要理解股票市场的变动情况。从宏观角度来看,我们需要衡量所有股票价值波动的水平。我们引入股票市场价值这个概念,并用**股票市场指数**(stock-market indexes)来衡量股票市场价值。

你可能很熟悉价格指数和产出指数。消费者价格指数是价格指数,而工业产出指数和实际国内生产总值这两个是产出指数。计算指数的目的是对宏观经济总体进行衡量,以便计算它们的百分比变化。例如,消费者价格指数并不是以美元来衡量,它只是一个纯粹的数字。2010年1月,全国消费者价格指数为216.7。这个数字本身并没有任何意义,然而,如果你知道12个月以前(也就是2009年1月)的全国消费者价格指数为211.1,你就可以计算出在过去12个月里,价格上涨了2.6%——这就是指数的百分比变化。

股票市场指数是一样的,它为我们提供了股市上涨或下跌的程度。比如,道琼斯工业平均指数处于10 000点本身并没有任何意义,但是如果你知道道琼斯工业平均指数从10 000点上涨到11 000点,这就告诉你股价上涨了10%。正如我们将看到的,股票指数既可以告诉我们股票市场价值平均变动了多少,也可以告诉我们财富总额上涨或下跌了多少。除此以外,股票指数为基金经理的表现提供了一个比较基准,使我们可以判断某个基金经理是否比整个市场表现得更好或者更糟。

当快速浏览财经新闻时,你会发现里面有很多股票市场指数,这些指数既包含了国内的股票,也包含了由国外企业发行的股票。在本部分,我们的目标是学习这些股票指数是什么,更重要的是,我们要了解每种指数的设计目的。我们将以两个最重要的美国指数——道琼斯工业平均指数和标准普尔500指数作为开始,然后再对其他指数和美国股票市场发展的历史予以简要介绍。

8.2.1 道琼斯工业平均指数

第一个也是最著名的股票市场指数就是**道琼斯工业平均指数**(Dow Jones Industrial Average),由查尔斯·道创立于1884年。道琼斯工业平均指数最初是11只股票价格的平均值;今天,该指数建立的基础是美国最大的前30家公司的股票价格。道琼斯工业平指数衡量的是这 30 只股票价格的平均值。也就是说,加总所有 30 只股票的股价然后再除以 30 便得到该指数。因此,道琼斯工业平均指数衡量了一个每只股票各持有 1 股的指数的平均收益率。

道琼斯工业平均指数是一个**价格加权平均值**(price-weighted average)。价格加权平均值对具有较高价格的股票赋予了较大的权重。我们举个例子来解释什么是价格加权。比如一个两种股票组成的指数,一种股票的初始价格是 50 美元,另一种股票的初始价格是 100 美元,两种股票各买一股需要 150 美元。现在假设第一只股票的价格上涨 15%,那么这两只股票组成的投资组合的价值上升了 7.5 美元(或 5%),达到了 157.5 美元;但是第二只股票的价格上涨 15% 会使组合的价值提高 15 美元(或 10%),达到 165 美元。因此,高价格股票的走势决定着类似于道琼斯工业平均指数的价格加权指数的变动。①

自从查尔斯·道创立了由 11 只股票(其中 9 只股票是铁路股)组成的指数以来,美国经济的结构发生了显著的变化。在不同时代,钢铁股、化工股、汽车股都曾在道琼斯工业平均指数中占支配地位。现在该指数包括像微软、英特尔这样的信息技术公司股,以及像沃尔玛、家乐福这样的零售业公司股,通用电气是初始的 11 只股票中唯一保留至今的股票。②

8.2.2 标准普尔 500 指数

标准普尔 500 指数(Standard & Poor's 500 Index)主要在两个方面与道琼斯工业平均指数不同。第一,它由更多种股票价格构成;第二,它使用了不同的加权方法。正如指数名称所表明的,该指数是以美国经济中最大的 500 家企业的市场价值为基础;并且与道琼斯工业平均指数不同,标准普尔 500 指数记录了那些企业的总价值。在计算指数的过程中,每家企业被赋予的权重等于它相对市值的权重。因此,标准普尔 500 指数是一种**价值加权指数**(value-weighted index)。不像在道琼斯工业平均指数中,价格越高的企业拥有越高的权重;在标准普尔 500 指数中,市值越大的企业拥有越大的权重。

为了理解这一点,我们回到上面的例子。如果股票价格为 100 美元的企业有 1 000 万股流通股,它的**市场总值**(market capitalization)为 10 亿美元;如果第二家股票价格为 50 美元的企业有 1 亿股流通股,它的市场总值为 50 亿美元。两家公司的市场价值总和为 60 亿美元。

现在,让我们来看一下两家公司股票价格变动的影响。如果第一家公司的每股价格上升 15%,它的总价值上升到 11.5 亿美元,则两家公司的总价值上升到 61.5 亿美元——

---

① 你可能好奇:道琼斯工业平均指数是 30 只股票价格的平均值,每只股票的价格都低于 200 美元,它怎么会超过 10 000 点呢? 答案是平均过程考虑了股票分拆以及成分股的定期调整。有一种简便的方法计算指数水平的变化:(1) 列出指数中 30 只股票,将其从前一天的变化加总,如果每只股票上涨 1 美元,那就是 30 美元;(2) 翻开《华尔街日报》,找到一个叫"除数"的东西,它通常位于最近指数表现图的顶部,是一个像 0.132319725(这是 2010 年 3 月 10 日的数据)这样的数字;(3) 用变化的总和除以该"除数",并将其加总到前一天闭市的道琼斯工业平均指数就得到当天的道琼斯工业平均指数。或者,你也可以查找这个网站来了解道琼斯工业平均指数:www.djaverages.com。

② 对于道琼斯工业平均指数的历史和当前组成的描述,详见 www.djindexes.com。

增长了 2.5%（在上个例子中，价格加权的道琼斯工业平均指数上升了 10%）。如果第二只股票的价格上升 15%，则其总价值上升到 57.5 亿美元，在这种情况下，两家公司的总价值从 60 亿美元上升到 67.5 亿美元，增长了 12.5%（在上个例子中，价格加权的道琼斯工业平均指数上升了 5%）。

显然，价格加权指数和价值加权指数非常不同。价格加权指数赋予较高价格的股票较大的权重，而价值加权指数赋予较高市值的股票较大的权重。它与每股的价格是不相关的。

价格加权和价值加权都不一定是构造股票价格指数的最好方法。标准普尔 500 指数既不比道琼斯工业平均指数好，也不比它差，两种指数只是分别回答了不同的问题。像道琼斯工业平均指数这样的价格加权指数的变动说明，指数里的股票组成的资产的价值变化，即典型的股票价格的变化。而标准普尔 500 指数这样的市值加权指数的变动说明，一个以企业价值大小为权重的组合的收益率。因此，它们实际上是社会经济总财富变化的一个缩影。

8.2.3　其他的美国股票市场指数

除了标准普尔 500 指数和道琼斯工业平均指数，在美国最重要的指数还有**纳斯达克综合指数**（Nasdaq Composite Index），简称纳斯达克指数，以及**威尔希尔 5 000 指数**（Wilshire 5 000）。纳斯达克综合指数是全国证券交易商自动报价协会（Nasdaq）服务的、在场外交易的超过 5 000 家公司的价值加权指数。纳斯达克综合指数主要由新兴的小型企业构成，近年来高科技和因特网公司占据着支配地位。威尔希尔 5 000 指数是目前使用最广泛、最基础的指数，它涵盖了所有在美国公开交易的股票，包括在纽约股票交易所、美国股票交易所和场外市场上交易的所有股票，总共超过 6 500 只（与指数的名称不太符合）。同纳斯达克综合指数和标准普尔 500 指数一样，威尔希尔 5 000 指数也是价值加权型指数。由于其广泛的覆盖面，威尔希尔 5 000 指数是衡量市场总财富的最佳指数，你可以登录威尔希尔网站（http://www.wilshire.com/Indexes/Broad/Wilshire5000/）找到该指数的最新数据和历史数据。

看懂财经新闻里的股票指数

每天早上，财经新闻会报道前一天主要市场的股票指数。表 8.1 来自 2010 年 1 月 8 日的《华尔街日报》总结的这些股票指数，它包括除道琼斯工业平均指数、标准普尔 500 指数、纳斯达克综合指数之外的许多指数，其中的一些指数涵盖特定规模的公司。例如，标准普尔的中等规模指数涵盖了 400 家中等规模的企业，小规模指数涵盖了 600 家小企业；而罗素 2 000 指数涵盖了美国 3 000 家最大公司中 2/3 较小的公司；其他的指数也都涵盖了特定的部门或行业。注意,道琼斯公布了交通运输和公用事业指数,纳斯达克拥有保险、银行、计算机和通信等特殊指数。现在出现了越来越多的指数,而它们都是为了特定目的而设计的。当你遇到一个新的指数的时候,你必须知道这个指数的构成及设计该指数的目的。

表 8.1 2010 年 1 月 8 日美国股票市场指数

	最近一期					52周			变化率	
道琼斯	最高	最低	收益	变化值	变化率	最高	最低	变化率	年初至今 3年期	年化
工业平均指数	10619.40	10554.33	10618.19	11.33	0.11	10618.19	6547.05	23.5	1.8	−5.1
交通运输指数	4228.06	4135.55	4222.26	86.51	2.09	4222.26	2146.89	22.0	3.0	−3.0
公用事业指数	396.61	393.89	396.31	−0.30	−0.08	406.72	290.68	6.9	−0.4	−3.9
总股市	11823.38	11727.48	11820.98	38.42	0.33	11820.98	6858.43	31.6	2.8	−5.9
巴伦400指数	271.33	268.80	271.32	1.31	0.49	271.32	144.83	42.9	3.0	−2.9
纳斯达克股票市场										
纳斯达克综合指数	2317.60	2290.61	2317.17	17.12	0.74	2317.17	1268.64	47.4	2.1	−1.7
纳斯达克100	1893.25	1868.55	1892.59	15.87	0.85	1892.59	1043.87	54.1	1.7	1.9
标准普尔										
标准普尔500	1145.39	1136.22	1144.98	3.29	0.29	1144.98	676.53	28.6	2.7	−6.8
中型股400	752.27	745.13	752.08	4.31	0.58	752.08	404.62	41.8	3.5	−2.1
小型股600	341.53	339.09	341.47	1.08	0.32	341.47	181.79	33.3	2.7	−4.7
其他指数										
罗素2000	644.69	639.56	644.56	2.59	0.40	644.56	343.26	33.9	3.1	−6.0
NYSE综合指数	7426.41	7367.81	7425.35	31.42	0.42	7425.35	4226.31	30.2	3.3	−6.4
NYSE加权综合指数	320.02	317.31	320.00	1.42	0.45	320.00	152.74	40.0	3.6	−11.0
NYSE生物科技指数	973.61	962.36	973.10	2.47	0.25	973.10	541.77	52.7	3.3	8.5
NYSE制药指数	310.54	308.71	310.43	1.32	0.43	313.29	218.19	14.9	0.4	−3.7
KBW银行指数	47.30	46.51	47.00	−0.09	−0.19	49.20	18.62	17.9	10.0	−26.2
PHLX§ 黄金/白银	181.74	177.64	181.74	2.53	1.41	197.00	104.25	58.7	8.0	11.0
PHLX§ 石油服务	217.06	211.74	216.61	4.39	2.07	216.61	108.44	67.8	11.1	5.1
PHLX§ 半导体	367.97	361.54	367.68	5.38	1.48	367.68	188.97	70.8	2.2	−8.0
CBOE波动指数	19.27	18.11	18.13	−0.93	−4.8	56.65	18.13	−57.7	−16.4	14.8

§Philadelphia Stock Exchange   Sources:Thomson Reuters; WSJ Market Data Group

资料来源:*The Wall Street Journal.* Copyright 2010 by Dow Jones & Company, Inc. Reproduced with permission of Dow Jones & Company, Inc. in the formats Textbook and Other Book via Copyright Clearance Center。

8.2.4 世界股票指数

世界上大约三分之一的国家(地区)都有股票市场,每个股票市场都有股票指数,其中大多数都是像标准普尔 500 一样的价值加权指数,其他国家(地区)的股票指数在像《华尔街日报》或《金融时报》这样的报纸,以及像 www.bloomberg.com 这样的网站上都能查到(见表 8.2)。

表 8.2　2010 年 1 月 8 日世界股票市场

国家(地区)	指数名称	收盘	到期收益率百分比变动	52 周百分比变动	3 年百分比变动
世界	DJ 全球指数	233.09	2.7	35.1	-5.3
阿根廷	Merval 指数	2 352.76	1.4	99.5	4.4
澳大利亚	所有普通股指数	4 942.20	1.2	34.3	-3.4
巴西	圣保罗 Bovespa 指数	70 262.70	2.4	69.0	17.9
加拿大	S&P/TSX 比较指数	11 863.13	1.8	31.6	-1.6
中国内地	DJ CBN 中国 600	28 455.39	-2.1	81.5	20.3
法国	CAC 40 指数	4 045.14	2.8	22.6	-9.8
德国	DAX 指数	6 037.61	1.3	26.2	-3.0
中国香港	恒生指数	22 296.75	1.9	55.1	3.6
意大利	S&P/MIB	23 811.13	2.4	18.5	-16.9
日本	日经指数	10 798.32	2.4	22.2	-14.2
墨西哥	IPC All-Share	32 892.04	2.4	51.3	7.8
新加坡	海峡时报指数	2 922.76	0.9	61.8	-0.1
英国	FTSE 100 指数	5 534.24	2.2	24.4	-3.7
美国	S&P 500 指数	1 144.98	2.7	28.6	-6.8

资料来源：*The Wall Street Journal.* Copyright 2010 by Dow Jones & Company, Inc. Reproduced with permission of Dow Jones & Company, Inc. in the formats Textbook and Other Book via Copyright Clearance Center.

表 8.2 提供了一些 2010 年 1 月 8 日的世界股票市场的情况。指数水平(第三列)数据并没有什么意义，因为指数本身并不可比。即使 Bovespa 指数超过 70 262 点，标准普尔 500 指数值仅为 1 144 点，也没有人会认为巴西股票交易所比纽约股票交易所更大。相反，我们需要注意这些指数的百分比变化(表中的第五列和第六列)。处于 2 922 点水平的新加坡海峡时报指数 100 点的变动比处于 11 000 点的日本日经指数的 100 点的变动更显著，但是百分比变动并不能反映全部信息(参见本章"概念应用：注意百分比的变动")。

表 8.2 也显示了从 2009 年 1 月到 2010 年 1 月世界股票市场的繁荣。美国标准普尔 500 指数在截至 2010 年 1 月 8 日的 52 周内上涨了 28.6%，其他大的经济体的股票指数也类似。比如，德国的 DAX 指数上涨了 26.2%，英国的 FTSE100 指数上涨了 24.4%。但是 2009 年真正上涨强劲的是新兴市场：阿根廷的 Merval 上涨了近 100%，中国股票市场上涨了超过 80%，巴西的 Bovespa 指数上涨了近 70%。

表 8.2 还显示了在许多国家(地区)，股票市场指数从 2007 年 1 月到 2010 年 1 月的 3 年间处于下滑趋势，2009 年的股市繁荣只是在 2007—2009 年这场金融危机之后的一次反弹。

投资者将全球股票市场视为一种避开国内市场投资风险的多样化投资渠道。虽然该说法是正确的，但是这种多样化投资方式所获得的收益正在减少。股票市场与投资者的联系越来越紧密。投资偏好的变化让投资者很快从一个市场转移到另外一个市场，结果加强了全球股票市场之间的关联性；尤其是在经济危机期间，这种关联性更强。

8.3 股票估值

人们对于应该怎样为股票估值持有不同的意见。一些人认为通过观察股票过去价格的变化,可以预测股票未来价格的变化。因为这些人研究股票价格的图表,所以他们被称为图表主义者(chartists)。其他投资者,被称为行为主义者(behavioralists),他们通过研究投资者的心理和行为来估计股票的价值。还有一些人以研究公司财务报表为基础来估计股票价值。按照他们的观点,一家公司股票的价值既取决于它的当前资产,也取决于对公司未来盈利的预测——这就是所谓的基本面。然而,股票的**基础价值**(fundamental value)取决于股票所带来收益的时间和多少。

我们可以运用为金融工具估值的方法来计算股票的基础价值。以承诺支付的多少和时间为基础,我们可以运用现值公式来估计一只股票的无风险价值;然后,考虑到股票收益的时间和金额的不确定性,我们可以调整股票收益的风险对股票估值。这两步综合起来就得到了股票的基础价值。

8.3.1 基础价值和股利贴现模型

和所有的金融工具一样,股票代表了一种在未来特定条件下进行货币支付的承诺。对于股票而言,当公司获得盈利时,通常以**股利**(dividends)或红股的形式支付股东报酬。[①] 如果公司被出售,股东将得到相应份额的出售价格作为最后分配。

下面我们以一位现在购买并在一年后出售股票的投资者为例。现值理论告诉我们,股票的现在价格应该等于投资者从持有股票中将收到的所有支付的现值,这些支付等于一年后出售股票的价格加上期间收到的股息支付。因此,当前价格等于一年后的价格的现值加上股息的现值。如果 $P_{今天}$ 是现在购买股票的价格,$P_{明年}$ 是一年后股票的售价,$D_{明年}$ 是股息支付的多少,我们可以写为:

$$P_{今天} = \frac{D_{明年}}{(1+i)} + \frac{P_{明年}}{(1+i)} \tag{1}$$

其中,i 是用来计算现值的利率(用小数表示)。

如果投资者计划持有股票两年,情况将会怎样?为了得出答案,让一年后的价格等于两年后售价的现值加上第二年股息支付的现值,利用等式(1)中的逻辑和符号,我们得到:

$$P_{明年} = \frac{D_{第二年}}{(1+i)} + \frac{P_{第二年}}{(1+i)} \tag{2}$$

将其代入等式(1),得到的现时价格等于两年后价格的现值加上每年一次的股息支付的现值之和。

[①] 准确来说,并不是所有盈利都被分配给股东。这些收入的一部分被公司留存起来扩大企业的规模。企业也可能利用盈利来赎回他们自己的股票,以便增加剩余股份的价值,我们将不考虑这些复杂的情形。

$$P_{今天} = \frac{D_{明年}}{(1+i)} + \frac{D_{第二年}}{(1+i)^2} + \frac{P_{第二年}}{(1+i)^2} \qquad (3)$$

将这个公式扩展到 n 年的投资期限,结果为:

$$P_{今天} = \frac{D_{明年}}{(1+i)} + \frac{D_{第二年}}{(1+i)^2} + \cdots + \frac{D_{第n年}}{(1+i)^n} + \frac{P_{第n年}}{(1+i)^n} \qquad (4)$$

也就是说,今天的价格等于股息的现值之和加上股票在第 n 年末售价的现值。(注意,这个等式与第 6 章的息票债券价格的表达式相同。)

此时,你可能会问:对于不支付股息的公司怎么办呢?我们怎么计算它的股票价格呢?答案是我们估计它们什么时候开始支付股息,然后运用现值公式。从等式(4)中你可以发现,并非所有的股息都必须是正的,当股息是零时,我们仍然可以计算。因此,如果确定公司将在第 10 年开始支付股息,我们只需将前 9 年的股息值设为零,然后计算从第 10 年开始的股息支付的贴现值。

回到上面的例子。观察复杂的等式(4)可以发现,如果不知道每年的股息支付,我们就无法计算股票价格。进一步,我们假设股息每年以常数 g 的速度增长。也就是说,第二年的股息等于今年的股息乘以 1 加上增长率:

$$D_{明年} = D_{今天}(1+g) \qquad (5)$$

只要增长率保持不变,我们需要做的就是乘以 $(1+g)$ 来计算将来的股息。与计算 n 年的现值方法相同,从现在起 n 年后的股息为:

$$D_{现在起n年} = D_{今天}(1+g)^n \qquad (6)$$

利用等式(6),我们可以将等式(4)改写为:

$$P_{今天} = \frac{D_{今天}(1+g)}{(1+i)} + \frac{D_{今天}(1+g)^2}{(1+i)^2} + \cdots + \frac{D_{今天}(1+g)^n}{(1+i)^n} + \frac{P_{第n年}}{(1+i)^n} \qquad (7)$$

即使我们知道今天的股息 $D_{今天}$ 和利率 i 及股息增长率 g,如果不知道将来价格 $P_{第n年}$,仍然不能计算当前的价格 $P_{今天}$。我们可以通过假设公司永远支付股息来解决这个问题。由于 n 增大,$[1/(1+i)^n]$ 趋近于 0,因此可以忽略不计。该假设将股票转变为一种类似于统一公债的东西——一种永远进行固定的息票支付且不偿还本金的特殊债券。[①] 该假设使我们可以将公式(7)转化为下面这个更简单的形式[②]:

$$P_{今天} = \frac{D_{今天}(1+g)}{i-g} \qquad (8)$$

[①] 既然统一公债和股票都没有到期日,那么很显然它们的形式相同。

[②] 为了得到等式(8),我们稍微改变一下符号,使得 P_j 和 D_j 分别代表第 j 年的股价和股息,那么最初的等式(4)可以被重新改写为一个无限期的总和,因此 $P_0 = \sum_{j=1}^{\infty} \frac{D_j}{(1+i)^j}$ 代入股息增长率的表达式:$D_j = D_0(1+g)^j$,我们得到 $P_0 = \sum_{j=1}^{\infty} \frac{D_0(1+g)^j}{(1+i)^j}$。这个表达式看起来像统一公债,只是用当前的股息替代了息票支付且利率等于 $(1+i^*) = \frac{(1+i)}{(1+g)}$。也就是说,我们可以写为:$P_0 = \sum_{j=1}^{\infty} \frac{D_0}{(1+i^*)^j}$ 利用第 4 章附录中的方法,我们可以将此简化为 $\frac{D_0}{i^*}$,重写 $i^* = \frac{i-g}{1+g}$ 并进行替换,我们可以得到等式(8)。

这个公式就是**股利贴现模型**(dividend-discount model)。运用现值理论并假定企业的股息将以常数 g 的速度增长，我们发现股票的"基础"价格简单地等于当前的股息除以利率与股息增长率的差额。该模型告诉我们，当股息($D_{今天}$)很高、股息增长速度很大(即 g 很大)或者利率 i 较小时，股票价格就会很高。(在使用股利贴现模型时，我们需要记住将 i 和 g 写成小数的形式——像 0.03 和 0.05 这样的小数。)

股利贴现模型简单且直观，但是我们在推导它时忽略了风险。股票价格的不断变动导致投资者收益的不确定，那么股票的风险来自何处？它们会怎样影响股票估值呢？下面我们就来分析股票的风险。

8.3.2 为什么股票有风险

回想一下，股东是企业的所有者，因此他们可以获得企业的利润，但是只有在企业偿还了包括债券持有者在内的所有债务人之后才会给股东分配利润。这样，股东相当于通过自己投入一部分资金并借入余下的另一部分资金来创办企业，这种借入就形成了杠杆，杠杆就产生了风险(参见第 5 章的"交易工具")。

举一个简单的例子。假设一家软件开发企业只需要一台电脑。电脑的成本为 1 000 美元，购买电脑的资金可以通过股票(股权)和债券(债务)的任意组合来进行融资。假设债券的利率为 10%(也就是对于每借入的 100 美元，企业家必须支付 10 美元的利息)。而生产软件的这家企业在好的经济环境下赚到 160 美元，在不好的经济环境下赚到 80 美元，两者发生的概率相等。

表 8.3 显示了随着公司债务水平的改变，公司的股权收益会发生怎样的变化。债务越多，杠杆越大，所有者的风险也就越大(以股权收益的标准差衡量)。随着企业股权融资的比例从 100% 下降到 20%，股权持有者的预期收益从 12% 上升到 20%，但是伴随的风险也在显著增加。

表 8.3　在不同的融资假设下债务和股权持有者的收益分布

股权百分比(%)	债务百分比(%)	利率为10%的债券所要求的支付(美元)	股权要求的支付(美元)	股权收益率(%)	期望股权收益率(%)	股权收益率的标准差(%)
100	0	0	80—160	8—16	12	4
50	50	50	30—110	6—22	14	8
30	70	70	10—90	3.33—30	16.67	13.33
20	80	80	0—80	0—40	20	20

如果企业只有 10% 的股权融资，股东的有限责任就会发挥作用。发行价值 900 美元的债务意味着产生了 90 美元利息支付的义务，如果企业业务糟糕，那么企业的收入只有 80 美元——不足以支付利息。如果没有有限责任制，作为企业合法所有者的普通股东将对 10 美元的损失负责；但是有了有限责任制之后，股东的损失将限于他们初始投资的 100 美元，不会再多，此时企业破产。

股票是有风险的。因为股东只拥有剩余索取权（即最后才对股东进行分配利润），所以他们并不能确切知道其收益将为多少。企业收入的变动使得他们的收入大幅波动，但是债券持有者可以获得固定的利息支付，并且在破产时优先于股东得到偿付。

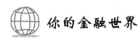

你的金融世界

注意百分比的变动

2001年4月20日，星期五，《华尔街日报》上出现了一篇题为"跌入波谷的基金又将如何东山再起？"的文章。故事写的是一位在20世纪70年代市场衰落期间所管理的基金损失惨重的货币基金经理如何成为下一个10年的投资明星。一只叫做"美国传统"的基金，其价值在1972年12月到1974年9月的21个月里下降了75%以上；但从1974年年底到1984年年底的10年时间里，这只基金又上涨了250%。这则故事告诉我们，基金在1973年和1974年遭遇重创，但是后来又弥补了损失并大赚了一笔，事实真的是这样吗？

为了了解基金的真实表现情况，假设你在1972年12月对"美国传统"基金投资100美元，并在1984年12月将其出售，你实现的收益率是多少呢？首先，到1974年9月，你的100美元下跌到23.20美元；在接下来的10年里，你的这项投资累计实现了250%的收益率（也就是58美元的收益），当在1984年年底出售该基金份额时，你会得到81.20美元。也就是说，在从1972年年底开始的超过12年的时间里，你损失了18.80美元！相比之下，如果你在1972年12月投资标准普尔500指数100美元，那么你将会持续损失42.6%，然后获得298%的收益，即在1984年年底，你会拥有228.45美元。

有时候，投资报告诱导你通过简单地将一段时间的百分比损失与投资的百分比收益加总来评估一只基金的整体表现；但是，正如上面那个例子所揭示的，事实并非如此。

需要多大百分比的增长才能够将"美国传统"基金75%的投资损失拉回到初始水平呢？最简单的方法就是针对将一笔损失的投资拉回到它的初始水平所要求的百分比得出一个一般的公式。如果 d 是100美元投资价值最初的下跌金额，$(100-d)$ 就是余额，那么需要多大的增长率才能回到100美元的水平呢？回想一下百分比变化就是余额，即100美元减去初始值 $(100-d)$，除以初始值 $(100-d)$，并乘以 100%，将这些结合起来，就得到我们想要的公式：

$$\text{回到初始值需要的百分比} = \frac{100-(100-d)}{(100-d)} \times 100\% = \frac{d}{(100-d)} \times 100\%$$

当 d 增加时，该公式会发生什么样的变化？对于像1%到5%之间的很小的损失，所需要的增长百分比与损失差不多。但是随着 d 的增加，所需要的增长百分比将上升更快。虽然10%的损失只需要11.1%的增长就能回到初始水平，但是75%的损失需要300%的增长才能回到初始水平。因此，注意百分比的变动！

8.3.3　风险和股票价值

股东要求对他们所面临的风险进行补偿:风险越高,补偿越大。为了将风险纳入股票估值里,我们将回到前面的问题:具有一年投资期限的投资者怎样对股票估值？我们初始的答案是,股票价格等于一年后股票价格的现值加上期间收到的股息支付的现值。在该表述中,我们得到了股利贴现模型;但是当我们意识到购买股票存在风险时,问题的答案就必须变化了。新的答案是,投资者将购买能够获得一定收益的股票,收益中包括对股票风险的补偿。

下面是估值的过程。以初始价格 $P_{今年}$ 购买股票赋予了投资者在一年后得到股息 $D_{明年}$ 以及出售股票获得收入 $P_{明年}$ 的权利,从购买和随后出售股票中获得的收益等于股息加上买卖价格的差额除以初始价格:

$$持有股票一年的收益率 = \frac{D_{明年}}{P_{今年}} + \frac{P_{明年} - P_{今年}}{P_{今年}} \tag{9}$$

由于将来股票的销售价格是未知的,因此股票是有风险的。投资者要求以风险溢价的形式进行补偿,我们认为收益率是无风险利率和风险溢价(有时候也称为股权风险溢价)之和。回忆前面章节的内容,我们可以认为无风险利率是期限为几个月的美国国库券利率。这样的债券投资几乎是无风险的,因为政府不会垮台;而且几乎没有通货膨胀风险,因为通货膨胀具有高度的稳定性,不可能在短短一年的时间里变化。除此之外,几乎也不存在利率风险,因为利率通常不会迅速或突然发生变化。① 这样,可以将要求的股票收益率分为两个部分,我们可以写为:

$$要求的股票收益率(i) = 无风险利率(rf) + 风险溢价(rp) \tag{10}$$

将这个式子与前面的分析结合起来。我们应明白的是,在等式(8)的股利贴现模型里,用于现值计算的利率是无风险利率和风险溢价之和。应用这个观点,我们将等式(8)重新改写为:

$$P_{今天} = \frac{D_{今天}(1+g)}{rf + rp - g} \tag{11}$$

观察等式(11),我们可以发现投资者持有股票的风险溢价越高,股票的价格就越低。同理,无风险利率越高,股票的价格也越低(见表8.4)。

表8.4　有风险的股利贴现模型

当下面的情况发生时,股票价格会升高:
1. 当前股利很高($D_{今天}$ 很高)
2. 预期股利会快速增加(g 很高)
3. 无风险利率很低(rf 很低)
4. 股权的风险溢价很低(rp 很低)

---

① 我们在第6章中提到的TIPS(国债指数型债券)是调整了通货膨胀的无风险利率的一个现成来源。TIPS使得我们可以直接衡量市场上的真实的无风险利率。

利用等式(11)，我们可以考察当前的股价是否有基本面的保障。首先，查一下标准普尔500指数的当前水平，在2009年年末大约为1100点。接下来，我们需要估计公式中的诸多参数，国债指数型债券(TIPS)告诉我们实际的长期无风险利率大约为2%，因此 $rf = 0.02$；历史信息表明风险溢价大约为4%，因此 $rp = 0.04$；股息增长率大约为2%，即 $g = 0.02$。最后，在2009年由众多标准普尔500股票构成的一个1000美元的投资组合中，持有者大约收到40美元的股息。① 将这些信息代入等式(11)得到当前股票价格为1020美元。

$$P_{今天} = \frac{D_{今天}(1+g)}{rf + rp - g} = \frac{40 \times 1.02}{0.02 + 0.04 - 0.02} = 1\,020(美元)$$

该价格低于实际水平(1100美元)7.3个百分点，存在几种非常合理的原因解释这种差异。其中一个原因是风险溢价偏低，如果是3.73%就刚合适。或者，如果我们假定股利增长率为2.5%，而非2%，则标准普尔指数为1100点就是合理的。最后得出结论：这个简单的股利贴现模型非常好用。

概念应用

中国股票市场

中国股票市场停市五十多年之后，在20世纪90年代初再次开放并且发展迅速。截至2015年年末，股票市场上已有2000多家公司上市，市值突破了10万亿美元，这超过了当年中国GDP的2/3。

中国有两个股票交易所，一个在上海(在中国内地东海岸)，一个在深圳(靠近中国香港地区)。它们在20世纪90年代初成立时主要是为了国有企业股份制的改造。在当时的思想观念下，政府官员仍想保留对这些改制的国有企业的控股权，于是就对股权进行限制，设立两种类型的股权。一种是A股，它是以人民币为面值的股票；另一种是B股，它是以美元或者港币为面值的股票。为了保持控制权，政府持有2/3的A股。

直到2001年以前，中国国内投资者只能买卖A股，国外投资者只能买卖B股。尽管同一公司的股票在A股和B股市场上代表同样的所有权，但是平均来看，A股股票价格是B股股票价格的4倍。根据一价定律，这有点奇怪。

一些观察者认为，上面的股票价格溢价是中国投资者思维单一、缺乏信息和盲目跟风投资共同导致的结果。但也有重要的证据表明，高股价是因为市场上股票供应不足。几年前，中国政府放松对经济的管控并决定减少政府对A股的持有，于是宣布在市场上卖出A股。在这种情形下，股票价格崩溃了，一下子从最高点跌落50%。这符合供需理论。它告诉我们当供给大于需求时，价格上涨；当供给小于需求时，价格下跌。

以上事实带来的教训是，价格不同有可能是制度约束导致的。如果真是这样，那么当制度约束放松时，价格就会发生变动。

---

① 股票的数量经过了调整，因为那时公司通常将回购股票作为发放股利的补充手段。这一举措促进股票价格上涨，增加了投资者的资本利得。因为资本利得相比股利征收更少的税，所以相对于股利，投资者更希望公司回购股票，公司也这样做了。

8.3.4 有效市场理论

股票价格几乎一直都在变化,这是为什么呢? 有一种解释与股利贴现模型一样也是基于基础价值的概念。当基本面改变时,价格也随之而改变。

这就产生了所谓的**有效市场理论**(theory of efficient markets)。该理论的基础就是所有金融工具的价格(包括股票价格)都反映了所有可以获得的信息。所以,市场能够对基础价值的变化做出迅速而连续的调整。如果有效市场理论是正确的,图表主义者就注定会失败。

有效市场理论意味着股票价格的变动是不可预测的。如果它们可以被预测——你能准确地预测某只股票价格明天会上涨——你就会立即尽可能多地购买该股票。你的行为会增加对股票的需求,促使其价格在今天就上涨。① 如果市场是有效的,那么股票当前交易的价格反映了所有可以获得的信息,因此未来价格的变动是不可预测的。

如果没有人能够预测股票价格的变动,那么什么是好的投资建议呢? 根本就没有。如果有效市场理论是正确的,那么就没有人能够一贯地击败市场平均水平。这意味着积极的资产组合管理——根据投资策略购买并出售股票——将不能产生比普遍的股票市场指数(平均市场指数)更高的收益。

有相当多的证据支持股票价格的变化是不可预测的。专业的投资经理不可能有规律地跑赢像标准普尔这样的指数。平均来看,管理的资产组合的收益大约比股票市场平均收益低2%。但是我们确实每年都会看到一些宣称他们的投资至少能超过市场平均收益率的经理。② 为什么会这样? 有四种可能性:(1) 他们拥有非法的内幕信息;(2) 他们正在冒险,可能存在高收益的风险补偿,但同时也存在高额的损失;(3) 他们非常幸运;(4) 市场并不是有效的。

认为高(或低)的投资收益率只是碰运气的说法是很有意思的。Peter Bernstein 所著的《资本理念》里的一则寓言故事可能有助于解释。③ 假设有3亿人都参加掷硬币的游戏。在第一天,每个人找到一个对手并在掷硬币上赌1美元,赢者得到2美元,输者出局。每天重复进行掷硬币的比赛,输的人把他们的钱给赢的人,然后赢的人把钱用于第二天掷硬币的赌博。偶然性法则告诉我们,在连续10个早晨掷10次硬币之后,只剩下220 000人仍然在比赛,每个人所赢超过了1 000美元,然后比赛进入高潮。10天以后,在掷20次硬币后,只剩下286人仍然在比赛,每个人将获得约1 050 000美元。这些赢的人并没有特别的知识,他们获得高收益并不涉及任何技能,纯粹是运气。

你可能会问这与投资和有效市场有什么关系。答案是当许多人下赌注时——一定会有许多投资者试图从股票市场上获利,将有相当多的人只是纯粹靠运气而获得收益的。也就是说,股票市场上的赢家都是运气比较好的投资者。

---

① 如果确信股票价格会下跌,你就可以使用一种叫做"卖空"的策略来利用你的预测。你借入股票并将其出售,并在将来以更低的价格将它们买回。这项策略增加了用于出售的股票的供给,从而促使股价下跌。

② 记住有些人拥有股票市场里的每一股,因此一个人超过平均的收益必须与其他人低于市场平均的收益率相匹配。

③ 参见 Peter Bernstein, *Capital Ideas: The Improbable Origins of Modern Wall Street* (New York: Free Press, 1993)。

你的金融世界

你应该持有股票吗?

你应该持有股票吗?答案是肯定的,尤其是如果你还年轻!许多人回避股票而投资于债券(或其他附息资产),但是请记住,债券也是有风险的——即使是美国国债也有利率风险和通货膨胀风险。虽然股票看起来风险更高,但是历史表明一个分散化程度很高的股票组合的风险并不高。最重要的是如何选择股票。

在购买股票的时候,我们需要考虑以下五个问题:可支付性、流动性、多样化、管理和成本。股票组合,又称**共同基金**(mutual funds),它考虑了以上所有方面,问题是存在成千上万只共同基金。那么,我们应该如何选择呢?以下是一些需要记住的关键点:

1. 可支付性。大多数共同基金都允许一个较小的初始投资额,你甚至可以用1 000 美元投资。
2. 流动性。在紧急情况下,你或许需要立即收回投资,流动性保证你能在需要时快速地收回投资。
3. 多样化。绝大多数的共同基金都会分散投资于多只股票。即便如此,你还是有必要在购买时仔细了解。
4. 管理。共同基金由专业机构管理操作,但你要注意,由于管理基金都是由人做决策,其表现往往不如指数基金,即那些被设计用来跟踪像标准普尔500这样的股票市场指数的基金。
5. 成本。需要向共同基金经理所提供的服务支付费用。管理基金的费用大约为每年 1.5%,相比而言,指数基金大约为0.5% 或更低。这就会形成很大的收益差别。在20 年间,一笔10 000 美元、年收益率8% 的投资将达46 610 美元。如果你支付1% 的费用,则平均收益率只有7%,投资的价值将降低到38 697 美元,少了7 913 美元。

综上所述,许多投资者会选择投资于指数基金。指数基金更易于支付,流动性、多样化程度都很好,而且费用也低。但是为了保险,在投资之前还是多咨询一下!

8.4 长期股票投资

股票风险似乎很大,但是还是有很多人以股票的形式持有财富。我们可以从两个方面来解释这种现象。要么股票的风险不是那么大,要么人们并不那么厌恶风险,因此他们对于持有股票并不要求很高的风险溢价。哪种解释更为合理呢?

为了了解持有股票的风险,我们可以观察在过去140 年持有1 年期标准普尔500 指数的年收益。图8.2 中的虚线描绘了持有这个投资组合的年实际收益(包括股息支付和用消费者价格指数对通货膨胀的调整),过去140 年的平均实际收益大约为8%。

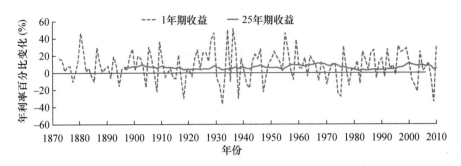

图 8.2　1 年期和 25 年期股票的收益率(1871—2009)

注:收益率是实际收益率,是用 CPI 调整过通货膨胀的收益率。
资料来源:From *Irrational Exuberance*, 2/e. Princeton, 2005. Reprinted with permission by Robert J. Shiller. Estimated after 2004 using source data from the following Web site:http://www.irrationexuberance.com/index.htm。

注意观察坐标,本图中纵坐标的刻度是从 -60% 到 +60% 的这个大范围,最低回报将近 -40%(1932 年),最高回报超过 50%(1936 年)。在过去的 50 年间,这个范围在一定程度上变窄了,最高回报为 31%(1996 年),最低回报为 -34%(2008 年)。将近一半的时间里,持有股票的收益率或低于零(即为负),或高于 25%(正很多)。这张图说明了股票价格波动剧烈,持有股票的风险很大。

然而在 1994 年,宾夕法尼亚大学沃顿商学院的 Jeremy Siegel 教授出了一本书《长期股票》[1],书中他解释道:只有你短期持有股票时,股票投资的风险才是相当大的;如果你购买股票并持有足够长的时间,股票投资的风险实际上并不大。

为了进一步理解 Siegel 教授的观点,我们可以考察持有股票 25 年而非 1 年的收益率。图 8.2 中的实线显示了投资于标准普尔 500 指数 25 年里获得的平均年收益,而起伏的虚线显示了 1 年期收益率。我们可以发现,实线更加平滑且波动的范围更小——并且一直都大于 0。事实上,25 年间调整通货膨胀后的最低年收益率为 2.5%,而最高年收益率为 11.3%。Siegel 的观点是,如果你购买股票并长期持有它们——25 年左右——你的投资风险并不大。

这并不是 Siegel 教授的最终分析结果,他的下一步是比较持有债券的收益率和持有股票的收益率,结果是令人震惊的。Siegel 报告称,1871—1992 年,债券的表现超过股票的年份不到 30 年。换句话说,如果是长期持有,股票的风险比债券小。

对于很多人而言,投资股票是一种为退休而进行储蓄的方式,因此他们的投资期限很长。Siegel 教授的分析结果告诉我们应该把退休储蓄转化为股票投资,并且也不必担心它们每年的价格变动。[2]

---

[1] 参见 Jeremy J. Siegel, *Stocks for the Long Run: A Guide to Selecting Markets for Long-Term Growth*, 4th ed. (New York: McGraw-Hill, 2008)。

[2] 关于股票市场在 20 世纪 90 年代末的上涨和近 10 年来房地产市场的泡沫的一种更为严肃的观点,参见 Robert J. Shiller, *Irrational Exuberance*, 2nd ed. (Princeton, NJ: Princeton University Press, 2005)。

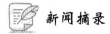 新闻摘录

有效市场理论和危机

Jeremy J. Siegel

这个夏天,财经记者和畅销书作者 Roger Lowenstein 在《华盛顿邮报》的一篇文章中直言不讳地写道:"这次大衰退的好处是它推动了所谓有效市场假说的发展。"广受盛赞的投资经理和金融分析师 Jeremy Grantham 上年 1 月在他的季度报告中写道:"难以置信的、不准确的有效市场理论引发了资产泡沫,控制不严、错误的激励机制和复杂金融工具的交错组合导致了我们当前的困境。"

但是有效市场理论是否应该为此次金融危机负责? 答案是否定的。有效市场假说(EMH)最早由芝加哥大学的尤金·法玛教授于 1960 年提出。该理论认为证券价格反映了影响证券价格的所有已知的信息,但是该假说并没有说市场价格一定是公允的;相反,它意味着市场价格通常都是错误的。在任何给定的时点,很难说明证券价格是过高还是过低。华尔街那些最聪明的人犯了如此多的错误,这证明了要战胜市场是多么困难。

但是,这并不意味着破产的金融公司的 CEO 或者那些没有发现次级抵押贷款支持证券对金融稳定会造成威胁的监管者可以将有效市场理论作为借口。监管者错误地相信金融公司可以抵消其信用风险,而银行和评级机构也被错误的模型愚弄了,低估了房产的真实风险。

……

根据耶鲁大学的罗伯特·希勒收集的数据,在 1945 年到 2006 年的 61 年间,房产平均价格累计跌幅最大为 1991 年的 2.84%。如果这种房价的低波动性持续到未来,由全国前 80% 部分的房价组成的分散化抵押支持证券永远不会出现违约。购房者的信贷质量是次要的,因为它假设在房屋所有者违约时,相关抵押品(房屋的价格)总是高于贷款。这些模型导致了信贷评级机构将这些次级抵押支持证券评为"投资级"。*但是这种评估是错误的。2000—2006 年,全国房价上涨了 88.7%,远高于居民消费者价格指数的 17.5% 或者中等家庭收入增长率的 1%,以前从未出现过房价上涨比价格和收入上涨高出这么多的情形。

这应该引起关注,并且对以往的只凭历史来判断未来风险的模型提出质疑。

……

评级机构的错误以及金融公司对次级抵押贷款支持证券的过度杠杆化经营都不是有效市场的错误……除了少数例外,金融公司忽略了这些警告,执行总裁们没能很好地把握公司的整体风险,而是相信技术人员的那种不能把握整体经济趋势的模型。

……

不仅仅是私人部门对经济趋势的发展存在误判,前美联储主席艾伦·格林斯潘在上年 12 月的国会上表示,他本人非常震惊于金融企业的高管将他们的股东暴露在如此大的风险中。但如果看到这些公司的资产负债表,他就会意识到这些公司不仅将其股东置于很大的风险中,而且它们的杠杆头寸会对整个金融体系造成威胁……

我们的危机并不能归因于对有效市场假说的盲目迷信。风险溢价低并不意味着它们不存在,市场价格是公允的。尽管最近经济发生了衰退,但经济总体上是稳定的、安全的。[†]

但是这也并不意味着风险已经消失。打个比方,现在的汽车很安全,但并不意味着你可以以 120 英里的速度驾驶。道路上的一个小凸点也许在低速驾驶时无关紧要,但是在高速驾驶时却很容易造成翻车。我们的金融机构发展得太快,以至于中央银行不能很好地管理它们,因此房价下跌就会使银行和整个经济体崩溃。

Siegel 先生,宾夕法尼亚大学沃顿商学院的金融学教授,《长期股票》(第 4 版)一书的作者,该书由麦格劳-希尔出版。

[*] 对次级抵押贷款的描述,参见第 7 章"危机的教训:次级抵押贷款"。
[†] 从 20 世纪 80 年代中期开始出现的经济稳定增长和通货膨胀期有时被称为稳定时期(参见第 22 章)。

资料来源:Reprinted from *The Wall Street Journal* © 2009 Dow Jones & Company. All rights reserved. The Wall Street Journal Online。

▶ **本文启示**

市场可以非常有效地使用信息,但在信息不完整或不准确时也面临很大的缺陷。2007—2009 年金融危机的一个很重要的原因就是没能理解并控制美国房地产市场的风险。当新信息——例如抵押贷款的违约风险上升——被广泛获得时,有效市场假说并不能消除市场价格的大幅波动。

8.5 股票市场在经济中的作用

股票市场在现代资本市场经济中起着至关重要的作用。股票市场上的价格告诉我们公司的市场价值,从而引导资源配置。股票价值高的企业是投资者所重视的,因此这些企业更容易筹集到它们需要的资金;相反,股票价值低的企业在为它们的生产经营融资时会比较困难。

只要股票价格能准确反映股票的基础价值,这种配置资源的价格机制就能很好地发挥作用。只要信号是正确的,经济资源就会流向社会效益最高的领域。但是股票价格常常显著地偏离其基础价值,并且这些偏离并不是由实际利率、风险溢价或将来的股息增长率的变动引起的。

虽然许多经济学家认为市场总是有效的,且价格不会偏离基础价值;但是需要考虑的是,投资者的心理变化可能会扭曲价格。事实上,兴奋和沮丧是可以传染的,所以当投资者对市场的前景变得盲目乐观时,不管基础价值如何,股票价格都会上涨。这种狂热导致了**泡沫**(bubbles),即实际股票价格与基础价值之间持续的并不断扩大的差距。这些泡沫会不可避免地破灭,从而造成股票价格的急剧下跌。这个现象是对股票收益参差不齐的一种解释——高的收益同时伴随高的损失,如图 8.2 所示。①

当股票价格偶然上涨或下跌时,投资者确实很关心他们获得的大幅收益或损失;但是这并不是唯一应该关心的地方。泡沫会影响我们所有人,因为股票价格扭曲了公司和消费者的经济决策。公司经常发生这样的事:当公司的股价上升时,更加容易获得融资,它们可以卖出股份并运用获得的收入为新的商业机会提供资金。在泡沫逐渐膨胀的时候,公司可以按更高的价格出售股份,因此为新的投资进行融资变得更容易。在 20 世纪 90 年代末,高科技公司在股权市场上筹集巨额资金并没有受到太多的挑战;不料就在几年后,公司股价急剧下降,这些公司将所筹资金投资于设备和建筑,但不管是对它们自己还是其他人而言,这些投资都变得一文不值。②

这种泡沫的结果是相当有害的。股票价格上涨最厉害的公司最容易筹集资金,造成的结果是它们过度投资。同时,投资者最不看好的行业中的企业很难获得资金,因此它们的投资过少。这种扭曲可能会很严重,且恢复起来又极其缓慢,造成的结果是泡沫破灭后,公司发现几乎不可能再为新的项目融资了。

股价泡沫对于消费者行为的影响同样极具破坏性。股价上涨导致人们的财富增加,人们变得越富有,其花费越高,储蓄越少。不能辨别真假的高股票价格导致我们购买豪华轿车、大房子、奢侈旅游,从而引发经济活动的膨胀。人们开始认为在退休前不需要工作那么长时间,因为股票市场会使他们变得富有,而富人是不需要工作的。

这种疯狂的热情是不可能持续下去的。当泡沫最终破灭时,人们被迫重新评估自己的财产,发现相对于自己的薪水来说,其房子的抵押贷额太高了,其股票投资账户上的财富也变成了泡影。现在他们需要做的就是比任何时候都更加努力地工作,以便维持基本的生活,并且提前退休的计划早已破灭。情况还不仅仅如此,为富有的消费者提供奢侈品的公司也陷入了困境。当泡沫破灭时,富有的消费者消失了,奢侈品生产商留下的只是一堆人们买不起的奢侈品。

如果泡沫导致投资过度以及分配无效,那么股价的急剧下降则相反。从过度乐观转向过度悲观造成了投资和经济增长的崩溃。通常,股市正常运转,投资资金流向收益最大的领域。偶然出错时,股价会严重偏离基础价值。当这些泡沫变得足够大时,股价就会急剧下跌,这时股票市场会动摇实体经济的发展。

最后,即便股票价格没有偏离基础价值,股价的大幅波动也会改变人们对经济的预期。在最近的金融危机中,流动性和信用的崩溃导致很多公司的预期收益受到影响,使这些公司的股价急剧下滑,公司加速缩减投资,从而放大了 2007—2009 年金融危机的影响。

---

① 正如 Siegel 教授所注意到的那样:大涨之后必然有等量的大跌这一事实使得长期持有股票的风险较低。
② 关于 20 世纪 90 年代末互联网繁荣的故事,以及股票价格和市场价值的数据,收集于 John Cassidy, *Dot. com: How America Lost Its Mind and Money in the Internet Era*(New York:HarperCollins,2002)。

概念应用

什么是互联网泡沫?

在20世纪90年代末,许多新兴的高新技术公司(通常被称为互联网公司),股票价格急速上升,然后迅速下滑。VA Linux 公司就是一个典型的例子。该公司通过免费转让其基于 Unix 的网络操作系统和数据库服务器而声名大噪。在1999年12月公开交易的第一天,该股票以每股300美元的价格开盘;一年多以后,该股票的交易价格仅为每股5美元。类似的例子还有很多。实际上,由众多小型成长期企业和大型信息技术企业构成的纳斯达克综合指数,其价值在1999年9月到2000年3月期间上涨了1倍,但在接下来的一年中下降了70%。

互联网泡沫确实带来了一些好处,其中之一就是为新公司提供了一种融资方式。1995年之前,新公司能够得到的唯一资金来自风险投资家。这些人专门为高风险行业的新公司提供资金,但是需要支付极高的回报;否则风险投资家们不愿投资。到了20世纪90年代末期,刚起步的公司可以绕过风险投资家而直接在资本市场上筹集资金,个人投资者可以按照一种几年前根本不可能的方式分散进行一些投资组合。

然而,互联网泡沫的坏处大于其好处。不仅在最高价时购买股票的人们遭受了巨大的损失,而且人为的失真价格膨胀也给人们造成了投资股票物有所值的错误印象。股票价格的膨胀也导致了公司的过度投资,到2001年,仓库里堆满了由破产的互联网公司留下的新电脑。这种不可辨别的高股价造成的价格扭曲误导了投资者的投资决策,使得许多具有投资价值的项目缺乏投资——这是一种对我们大家都不利的结果。

关键术语

泡沫
普通股
股利贴现模型
股利
道琼斯工业平均指数
股权
基础价值
有限责任
市场总值
共同基金

纳斯达克综合指数
价格加权平均值
剩余索取权
标准普尔500指数
股票市场
股票市场指数
有效市场理论
价值加权指数
威尔希尔5 000指数

本章小结

1. 股东拥有他们持有股份的企业。
   a. 拥有剩余索取权,这意味着他们在所有其他的债权人之后得到支付。
   b. 拥有有限责任,因此他们的损失不会超过其初始投资。
2. 有两种基本类型的股票市场指数。
   a. 道琼斯工业平均指数是一种价格加权指数。
   b. 标准普尔500指数是一种价值加权指数。
   c. 对于世界上的每一个股票市场,都有用来衡量整体表现的综合指数。
3. 有几种对股票进行估值的方法。
   a. 一些分析师观察股票过去的表现情况,其他人分析投资者心理。
   b. 股票的基础价值取决于对企业未来盈利能力的预期。
   c. 为了补偿股票的投资风险,股票投资者要求风险溢价。
   d. 股利贴现模型是一种估计基础价值的简单方法。根据该模型,股票价格取决于股息的当前水平、股息的增长率、无风险利率和股权风险溢价。
   e. 根据有效市场理论,股票价格反映了所有可获得的信息。
   f. 如果市场是有效的,那么股票价格的变动是不可预测的,且投资者不能系统地获得高于标准普尔500指数这样的综合股票市场指数的收益。
4. 长期持有股票的风险低于短期持有股票的风险。
5. 股票价格是市场经济的核心要素,因为它们确保经济资源流向最能获利的领域。当偶尔的泡沫和经济危机扭曲股票价格时,经济会变得不稳定。

概念性问题

1. 请解释为什么剩余索取权使得股票持有者面临风险。
2. 浏览一份最近的报纸(或者一个财经网站)的财经新闻部分,找出下列每种指数的当前水平以及它们在过去12个月里的变化:
   a. 道琼斯工业平均指数
   b. 标准普尔500指数
   c. 纳斯达克综合指数
   d. 威尔希尔5 000指数
   说明你所发现的差异(包括指数间的差异)。
3. 一只以100美元价格出售的股票赋予你得到4美元股息的权利,你估计公司股息的年增长率大约为每年2%,无风险利率为3.5%。这只股票揭示的风险溢价是多少?该风险溢价是低还是高?如果股票价格是150美元而不是100美元,你的答案又是什么呢?

4. 当你浏览《华尔街日报》时,你注意到投资公司出售产品的广告。通常,所有这些广告都宣称公司拥有超过平均市场水平的表现记录。请解释它们怎么会都超过平均市场水平。这是否与有效市场理论不一致?
5. 解释由标准普尔500指数里所有的股票构成的投资组合的风险比由随机选择的20只股票构成的投资组合更低的原因。
6.* 持有一家公司的股票与持有这家公司发行的债券相比有什么好处?
7. 回到表8.3中概括的例子。在这个例子中,一家公司购买了一台价值1 000美元的电脑。假设公司只有20%流通在外的股份,因此它需要800美元的贷款。经理预期在好的时候有200美元的收入,在坏的时候有100美元的收入。如果第一年收入为200美元,第二年收入为100美元,请计算收入和利润(收入减去利息支付)的比例变化以及股东每年的回报。
8. 如果Siegel教授认为的股票的风险低于债券是正确的,那么股票的风险溢价应该等于零。假设无风险利率为3.5%,股息增长率为2%,当前的股息为30美元,用股利贴现模型计算由基本面确认的标准普尔500指数的水平,将计算结果与标准普尔500指数当前的水平进行比较,并做出评论。
9.* 为什么繁荣的股票市场不总是经济状况良好的预兆呢?
10. 当道琼斯工业平均指数急剧上升或下降时,财经新闻往往变得很兴奋。在急剧的上涨或下跌后,报纸可能会刊登将当天的结果与股票价格在历史上较大升幅或降幅的纪录进行排序的表格。你是怎样看待这种报道的?如果要求你构造一个股票市场历史上最好和最坏的一天的表格,你会怎么做?为什么?

分析性问题

11. 你正在考虑投资一家公司的股票。当年,这家公司承诺了10美元的分红,你预期红利将以每年4%的速度增长,无风险利率为3%,风险溢价为5%。如果股票价格为200美元,你是否应该购买?
12.* 再次考虑第11题中的股票。是什么原因造成市场上的股价和你愿意支付的股价之间的差异?
13. 你正在考虑是否购买X公司或者Y公司的股票。两家公司都需要1 000美元的资本投资,在好的年份有200美元的收入(0.5的可能性),在坏的年份有60美元的收入。这两家公司唯一的差别是X公司计划用股权融资筹集1 000美元,而Y公司计划用股权融资筹集500美元,剩下的500美元通过发行利息率为10%的债券筹集。建立一张包括每家公司股权投资回报的期望值和标准差的表格(你可以参考表8.3)。基于这张表格,你将购买哪家公司的股票?解释你的选择。
14. 你的兄弟有1 000美元,计划做一年期的投资。他征求你的建议,是否应该投资一家特定公司的股票。你应该建议他在做决定时分析什么信息?你是否应该建议他考虑一个针对股市风险的替代投资策略?

15. 假设世界的许多股票市场指数在2007—2009年金融危机期间都是同步上涨或者下跌，那么在世界金融市场上投资是否是一种减少风险的有效方式？给出你的解释。
16. 在你看来，一项废除股东的有限责任制的提议是否会得到发行股票的公司的支持？
17. 你仔细研究了你所在领域有关公共数据的可用报告，并且注意到那些能够持续获得高于股票市场平均收益的投资回报。作为一个有效市场理论的信仰者，你会如何解释这些较高的投资收益率？
18. 是有效市场理论的普及导致了2007—2009年的金融危机吗？给出你的解释。
19. 利用股利贴现模型分析，当投资者感知到债券市场的风险增加时，股票价格会怎么变动？
20.* 利用股利贴现模型分析，为什么股票价格上涨经常是经济好转的一个很好的指标？

(注：题号后标注*的问题均指难度较大的题型。)

第9章
衍生产品：期货、期权、互换

衍生产品是2007—2009年金融危机的罪魁祸首之一。全球最大的保险公司——美国国际集团(AIG)的倒闭是此次危机中的关键事件之一。通过衍生合约，美国国际集团向政府和贸易伙伴隐瞒了其所承担的巨大风险。每个衍生合约都是通过场外交易(OTC)的方式签订的，即美国国际集团直接和合作伙伴签约，而不是通过有组织的交易场所。在这次危机中，这些潜在的风险威胁了整个金融体系。

作为金融危机的先导，场外交易衍生品将这些大型的跨国金融机构紧紧联系在一起，并且这种联系具有一定的隐蔽性，使得这些金融机构成为整个系统中最脆弱的环节。由于场外衍生品是引起系统性漏洞的因素之一，报纸和媒体上充斥着诸如"牵涉太广，不能倒下！"和"规模太大，不能倒下！"之类的词语(参见第5章"危机的教训：系统性风险")。著名投资者沃伦·巴菲特称，衍生产品是"给金融业造成巨大破坏的利器"。

在金融危机前，商业新闻中就详细报道了许多关于衍生产品滥用的事例。2001年11月安然公司宣布破产后，人们就注意到衍生产品在这一案例中所起的作用。正如我们所知道的，安然公司致力于不同类型的衍生交易以期达到低债务、低风险和高盈利能力的效果。这种策略使得安然公司的股票价格维持在高位，股东们很高兴，也没有人觉得有什么不妥。事实上，甚至没有人注意到这种策略的问题所在。但是最终报应的日子来了，公司倒闭了。

金融衍生产品也与一只于1998年秋在康涅狄格州注册的对冲基金——长期资本管理(LTCM)的破产有关。在1998年8月的一个交易日，LTCM损失了令人惊骇的5.53亿美元；到9月底，又损失了20亿美元。这使LTCM公司欠下了超过990亿美元的债务，而其资产只有1000亿美元。由于贷款占了总资产的99%，因此偿还债务几乎是不可能的。长期资本管理公司还有大量的记录在资产负债表外的衍生产品头寸，这些具有更高风险的表外协议是造成基金极速损失的主要原因。

如果衍生产品总是带来灾难的话，为什么它们还会存在呢？答案是当正确运用时，衍生产品是相当有用的金融工具。它们可以用于降低风险，从而使得企业和个人达成在其他情形下他们不愿意接受的协议。衍生产品也可以用于保险。例如，在1998年冬，一个名叫 Bombardier 的雪地汽车制造商承诺,如果在 44 个城市里总的降雪量低于过去 3 年平均降雪量的一半,他们就向购买者提供 1 000 美元的退款。结果该公司的销售量增长了 38%。"天气衍生产品"的存在使得 Bombardier 可以采用这种冒险的市场策略。支付退款很可能会使公司破产,但 Bombardier 购买了降雪量低就会有回报的衍生产品。通过利用这种非传统形式的保险,Bombardier 将风险转嫁给了其他人。

衍生产品到底是什么呢?为什么它们如此重要?虽然它们在我们的金融世界里起着至关重要的作用,但是大多数人几乎不知道它们是什么。本章将介绍衍生产品的应用和滥用。

9.1　基础:衍生产品的定义

让我们从基础开始了解什么是衍生产品。**衍生产品**(derivative)是一种金融工具,它的价值取决于或衍生于被称为标的资产的金融工具的价值。一些常见的标的资产有股票、债券、小麦、降雪量和像标准普尔 500 这样的股票市场指数。

一个简单的衍生产品例子是,两个投资者签订一份合约,该合约规定,一方有义务根据利率在下一年的波动向另一方进行支付。这种类型的衍生产品被称为利率期货合约。两个方面的原因使得这样一种安排与直接购买债券有显著的区别。首先,衍生产品为投资者提供了一种从价格下降中获利的途径;相反,购买债券是一种认为其价格会上涨的对赌。[①] 其次,更加重要的是,在衍生产品的交易中,一方的损失总是另一方的收益。买卖双方就像打扑克牌的两个人,每个人赢多少或输多少取决于游戏的进展,但是桌上的总金额是不变的。

虽然衍生产品可以用来对将来的价格变动进行投机或赌博,但是投资者也可以利用它们管理和降低风险,因而它们对于现代经济是必不可少的。Bombardier 利用衍生产品对冲了降雪量较低时支付退款的风险。正如我们将见到的,农民定期使用衍生产品针对农作物的市场价格波动进行保险;利用衍生产品,可以实现风险的买卖。因此,衍生产品的目的是实现风险从一个人或企业向另一个人或企业的转移。

当人们可以转移风险时,他们可以做一些以前不能做的事情。考虑一位种小麦的农民和一位面包师。如果农民认为小麦的价格会下降,那么他将种植较少面积的小麦;如果面包师认为面粉的价格会上升,那么他将建一个较小的面包房。这些是对价格波动风险的谨慎反应。当引进使农民和面包师都能确定小麦价格的机制时,农民将种植更多的小麦,面包师也将建一个更大的面包房。衍生产品为他们扩大生产做了保险。事实上,通过将风险转移给那些愿意承担它的人,衍生产品可以提高整体经济的风险抵御能力,改善了资源配置并提高了产出水平。

---

① 投资者可以运用所谓的卖空技术从价格下跌中获利。投资者可以以一定的费用从其他投资者手中借入资产,并按当前的市场价格将其出售,以后再将其重新买回。卖空者认为在出售资产的时点与重新买回该资产的时点之间其价格将下跌。

虽然衍生产品使得个人和企业可以管理风险,但它们也使得这些个人和企业可以隐藏某种金融交易的真实性质。与剥离一只息票债券、使其息票支付和本金支付分离的方法一样,买卖衍生产品可以使得一组未来的支付和风险分开进行交易。由于担心分析家对额外负债的诟病,对发行息票债券犹豫不决的公司可以按零息债券方式单独发行息票组分和本金组分,并运用衍生产品交易把它们归类为借款之外的东西。因而,如果股票市场分析家由于公司以某种方式获得资金而指责公司,那么衍生产品(正如我们将见到的)允许公司以同样的风险但在不同的名目下获得同样的资金。

衍生产品可以分为三种主要的类型:远期和期货、期权以及互换。下面让我们逐一考察。

9.2 远期和期货

在所有的衍生金融工具中,远期和期货是最容易理解和使用的。**远期**(forward)或**远期合约**(forward contract),是指双方约定在未来的某一确定时间,按确定的价格买卖一定数量的某种商品或金融工具的合约。远期合约是双方之间的私人协议,与客户自身的特点相契合,所以远期合约很难转售给其他人。

为了说明远期合约很难再转售的原因,考虑一个一年期的房屋租赁的例子。承租人同意每月向房东支付房租以获得居住权,这份租约是一系列共12笔的远期合约。租金在事先确定的未来日期按确定的金额进行支付以换取居住权。虽然有一些标准化的租约,但是一个特定的承租人和一个特定的房东之间的合约与其他的租约还是有所不同的。因此,不存在房屋租赁合约的转售市场。

相反,**期货**(future)或**期货合约**(future contract),是指一种通过有组织的交易所进行交易的标准化远期合约。期货合约规定卖方——拥有**空头头寸**(short position)的一方——以事先约定的价格在一个被称为结算或交割日的特定日期,卖出一定数量的某种商品或金融工具给买方——拥有**多头头寸**(long position)的一方。合约签订时不需要进行初始支付。卖方/空头从标的资产价格的下跌中获利,而买方/多头从标的资产价格的上升中获利。[①]

以在芝加哥期货交易所交易的美国国债期货合约为例。合约规定可以在一个确定的月份(交割月)中的任何时间,进行息票率为0.6%、面值为10万美元的10年期美国国债的交割。[②] 表9.1显示了2010年1月21日该合约的价格和交易安排。合约是特定的这一

---

① 空头这个术语涉及合约的一方有义务交割某物的事实,不论他或她当前是否拥有;多头这个术语表示另一方有义务在未来的时刻买入某物。

② 美国财政部发行的10年期以内的债券被称作"中期国库券",但在本章中我们简单地用"长期国库券"这个术语代表。美国国债期货合约的卖方并不需要交割合约里规定的那只特定的债券。当进行其他债券的交割时,芝加哥期货交易所使用转换因子的电子表格来调整数量(面值)。纵然这些特定的期货允许在交割月的任何时间交割,但其他期货只能在规定的日期交割。更详细的合约可查询:http://www.cmegroup.com/trading/interest-rates/us-treasury-note_contract_specifications.html。

事实意味着不需要进行谈判,而且交易所提供了一个自然场所,使得对某种特定期货合约感兴趣的投资者可以相互接触和交易。历史上,交易所曾经是一个物理场所,但是伴随着互联网的兴起出现了在线的期货交易。最近几年,企业为不同种类的产品创造了虚拟的期货市场,这些产品包括能源、带宽和塑料等。

表9.1 利率期货

国债期货(芝加哥期货交易所)——10万美元;100%的1/32

(1)	(2)	(3)	(4)	(5)	(6)	(7)
	开盘	最高	最低	结算	变化	未平仓合约
3月	117-31	118-27	117-23	118-20	21	653 111
6月	116-08	117-08	116-08	117-04	21	1 220

本表显示了标的为息票率6%、面值10万美元的10年期美国国债期货合约的信息。

第1列显示了合约要求空头/卖方交割债券给多头/买方的月份。

第2列中,"开盘"是当交易所在2010年1月21日早晨开盘时所报的价格,这并不需要与前一天下午的收盘价相同。第一行的价格117-31以1/32的形式报价,代表了息票率为6%、面值为100美元的10年期美国国债的成本。

第3列和第4列中,"最高"和"最低"是在交易日期间出现的最高价格和最低价格。

第5列中,"结算价"是在交易日结束时的收盘价或结算价。这是用来盯市的价格。

第6列中,"变化"是以1/32度量的、与前一天的收盘价相比今天的收盘价的变化。

第7列中,"未平仓合约"是流通在外的或未平仓的合约数量。对于临近到期的合约,这个数字通常相当大。在大多数情况下,合约的卖方会购回他们的头寸而不是交割债券,这是一种被称为通过平仓来结束的程序。

资料来源:*The Wall Street Journal.* Copyright 2010 by Dow Jones & Company, Inc. Reproduced with permission of Dow Jones & Company, Inc. In the formats Textbook and Other Book via Copyright Clearance Center。

在买卖期货合约之前还要明确一件事:确保买卖双方将兑现他们的义务。在美国国债期货合约的例子中,买方要确保卖方将交割债券,卖方必须相信买方将购买债券。市场参与者找到了解决这个问题的一个灵活办法。不对期货合约的双方分别进行履约安排,而是双方都与一家清算公司(clearing corporation)达成协议。清算公司的运作就像一家大型保险公司一样,扮演合约双方的交易对手,从而保证双方将兑现他们各自的义务。这种安排降低了买卖双方可能面临的风险。清算公司有能力对交易进行监管,也有动机去控制交易风险(参见"危机的教训:共同对手方和系统性风险")。

9.2.1 保证金账户和盯市

为了降低面临的风险,清算公司要求期货合约的双方在清算公司存放一笔存款,这笔存款就称作**保证金**(margin)。保证金存款保证了当合约到期时,合约双方能兑现他们的义务。清算公司不仅在一份期货合约签署时收取初始保证金,还要将合约每天的盈亏反映在双方的保证金账户里。① 这个过程被称为盯市,并且每天都必须做。

盯市类似于扑克牌游戏。在每一手结束时,赌金从输家转移到赢家。按金融学的说法就是,每一方游戏者的账户都被盯市。替代性的会计方法十分复杂,以至于很难确定哪一方因为资金耗光而应该被逐出游戏。出于类似的原因,清算公司每天对期货账户盯市。这么做使得卖方总是有资源交割,买方总是能够支付。就像在扑克牌游戏里,如果某人的保证金账户低于最小金额,那么清算公司将出售其合约,终止这个人参与市场交易。

举个例子将有助于你理解盯市是如何进行的。考虑以每盎司 7 美元的价格购买 1 000 盎司银的期货合约。合约规定期货合约的买方(即多头),将支付 7 000 美元交换 1 000 盎司的银;合约的卖方(即空头),将收到 7 000 美元并交割 1 000 盎司的银。我们可以将这份合约视为对多头有能力以 7 000 美元购买 1 000 盎司银的担保和对空头有能力以 7 000 美元出售 1 000 盎司银的担保。当银价变动时会发生什么呢?如果价格上涨到每盎司 8 美元,卖方需要给买方 1 000 美元以便买方只需要为 1 000 盎司银支付 7 000 美元。相反,如果价格下跌到每盎司 6 美元,期货合约的买方需要支付 1 000 美元给卖方以确保卖方出售 1 000 盎司银可以收到 7 000 美元。盯市是为了确保买卖双方能得到合约中所承诺的东西而在每天收盘后进行的资金转移。

9.2.2 利用期货套期保值和投机

期货合约允许买卖双方之间进行风险的转移。这种转移可以通过套期保值或投机来完成。让我们首先考察套期保值。比如说一个政府债券的交易商希望对债券存货价值的下跌进行保险。回忆第 5 章所述,这种风险可以通过找到另一种当债券价格下跌时产生高回报的金融工具来降低。出售美国国债期货合约就可以达到这个目的:卖方/空头从价格下降中获利。不同的是,期货合约的卖方——这个例子中的债券交易商——可以确保债券以合约规定的价格出售。这项交易的另一方可能是正计划在未来购买债券并希望对可能的价格上涨进行保险的养老基金经理。② 购买期货合约固定了基金的支付价格。在这个例子中,双方都使用期货合约来套期保值。他们都是套期保值者(hedgers)。③

商品的生产者和使用者也利用期货市场来对冲他们的风险。农民、矿产公司、钻井者等都是期货合约的卖方,即处于空头头寸。他们完全拥有商品,所以他们想要稳定其出售商品的收入。相反,磨坊主、珠宝商和石油经销商想要购买期货以取得多头头寸。他们需要商品开展业务,因此他们购买期货合约以降低原料成本波动所带来的风险。

对于投机者(speculators),他们的目标很简单:千方百计地赚取利润。为了达到这个目的,他们对价格的变动下赌注。期货的卖方赌价格将下跌,而买方则赌价格将上涨。期

---

① 2010 年 1 月 21 日,表 9.1 中的 2010 年 3 月到期的美国国债期货合约价格每 100 美元面值债券上涨 21/32。单份合约包含 1000 乘以涨跌的幅度,因此每份合约的价值上涨了(21/32)(1000) = 656.25 美元。盯市意味着,在当天收盘时,对每份流通在外的合约,清算公司贷记 656.25 美元到多头/卖方,并借记 656.25 美元到空头/买方。

② 由第 4 章和第 6 章可以得知,债券的价格与利率朝相反的方向变动。这意味着出售期货合约的债券交易商正对利率上升进行保险。

③ 购买期货的套期保值者称为多头套期保值者,出售期货的套期保值者称为空头套期保值者。

货合约是用于投机的常见工具,因为它们很便宜。投资者只需要相对很小的投资金额——保证金——就能购买价值高出好几十倍的期货合约。通常要求的保证金比例为10%或更低。在交割息票率为6%、面值为10万美元的10年期美国国债期货合约的例子中,芝加哥期货交易所(对合约进行担保的清算公司)只要求每份合约2 700美元的初始保证金。也就是说,一笔区区2 700美元的投资给了投资者与购买价值10万美元的债券同样的回报。这就相当于投资者可以借入剩下的97 300美元而不需要支付任何的利息。①

为了了解这种杠杆作用对期货合约买卖双方收益的影响,回顾一下203页脚注①的例子。美国国债期货合约价格上涨21/32意味着多头/买方盈利656.25美元而空头/卖方亏损656.25美元。利用每份合约2 700美元的最低初始投资,这表明期货合约买方获得24.3%的收益率以及期货合约卖方-24.3%的收益率。对应的,债券本身的拥有者对于近100 000美元的投资会盈利656.25美元,这只有0.656%的收益率!那么,投机者可以运用期货以非常低的成本获得巨大的杠杆作用。

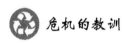

共同对手方和系统性风险

我们知道流动性和透明度的缺失可以对整个金融体系造成威胁(参见第5章"危机的教训:系统性风险")。流动性的缺失使交易不可能达成,而透明度的缺失使交易者之间不愿意互相信任。两者都可能导致市场失灵并引发一系列的损失。具有透明度和流动性的金融市场不太会造成系统性破坏。

我们如何使市场更加坚固?一种方式是将商品化产品的场外市场交易转换为标准化金融工具和共同对手方(CCP)交易。*

场外市场交易是双边的。也就是说,直接在买者和卖者之间进行交易,而不是通过中介机构进行。相比之下,共同对手方是置于交易双方之间的经济实体,变成一个买者对应每个卖者和一个卖者对应每个买者。许多股票、期货和期权的交易都是通过共同对手方交易的。因此,当你购买或者出售一只股票时,你无须知道或关心谁是最终的卖者或者买者,因为你是和共同对手方交易。

当在场外市场交易时,一家企业可以构建过多的头寸并承担风险。相反,一个共同对手方有能力也有意愿监控它的交易对手们的风险。因为所有的交易都与共同对手方进行,它可以查看一个交易者在一次交易中是否承担了大头寸。标准化合约有助于共同对手方交易。如果共同对手方发现自己正在与一个具有风险的交易者交易,那么它们可以要求一定的风险溢价以保护自己。共同对手方可以拒绝与一个可能没有支付能力的对手交易;并且,共同对手方可以经常根据市场定价以有效估量和控制风险。

共同对手方也可以通过规模经济控制自己的风险。因为它们管理的许多交易可以相互抵消,所以在给定日期必须支付的数量只是交易总量的一小部分,这大大减弱了拒付的风险。

---

① 甚至有可能商定保证金账户的余额可以获得利息。

共同对手方的历史展示了它们所获得的实际收益。自从 1925 年,当美国所有的期货合约开始通过一个共同对手方交易后,尽管随后发生了很多次金融震荡(包括大萧条),但都没有发生合约违约。共同对手方有助于市场良好地运行,甚至当交易者不能支付时也能维护经济的良好运行。例如,2006 年一家大的能源期货交易者(Amaranth)破产,期货市场只是进行了小幅调整,因为共同对手方可以用其抵押品来满足其他公司的合约。相反,伴随着场外市场合约的繁荣,其对系统的威胁和破坏反复上升:1998 年,美国长期资本管理公司(LTCM)对冲基金可能的违约威胁了它的场外市场利率互换的众多交易者;再者,在 2007—2009 年的金融危机中,许多公司活跃在场外衍生品市场,包括贝尔斯登公司、雷曼兄弟、美国国际集团。

* 欲知更多关于 CCP 的信息,参见 Stephen G. Cecchetti, Jacob Gyntelberg, and Marc Hollanders, "Central Counterpaties for Over-the-Counter Derivatives," *BIS Quarterly Review*, September 2009, pp. 45—58。

9.2.3　套利和期货价格的决定

为了说明期货价格是如何决定的,让我们从结算日向后倒推。在结算日或交割日,期货合约的价格必须等于卖方有义务交割的标的资产的价格。原因很简单:如果在到期日,期货价格偏离了资产的价格,那么通过现金和期货的对冲交易就有可能赚取无风险利润。如果一只债券当前的市场价格低于期货合约的价格,那么某人可以按低的价格买入债券并同时出售期货合约(取得空头头寸并承诺在将来时刻交割债券)。期货合约的立即执行和债券交割会产生一个等于市场价格与期货价格之间差额的利润。认真考虑一下这个例子可以发现,从事这些交易的投资者能够在不承担任何风险且不进行任何投资的情况下赚取利润。

为了从暂时的价格差异中获利而同时买卖金融工具的行为称为**套利**(arbitrage)。从事这项活动的人被称为套利者(arbitrageurs)。套利意味着具有相同风险和收益的两种金融工具将按同样的价格出售。例如,如果一只债券在一个市场上的价格高于另一个市场,套利者将以低的价格买入并以高的价格卖出。价格较低市场上需求的增加驱使其价格上升,而价格较高市场上供给的增加驱使其价格下跌,这个过程一直持续直到两个市场上的价格相等为止。只要存在套利者,那么在期货合约的交割日,债券期货合约的价格就将与债券的市场价格——现货价格(spot price)相同。

因此我们知道在交割日,期货合约的价格必须等于标的资产的现货价格。但是在交割日之前会发生什么呢?套利原则仍然适用。期货合约的价格取决于有人能购买债券并同时出售期货合约的事实。下面是价格决定过程。首先,套利者以当前的市场利率借入资金。利用这笔资金,套利者买入债券并出售债券期货合约。现在套利者拥有一笔必须偿还利息的贷款、一只支付利息的债券、在期货合约的到期日以固定的价格交割债券的承诺。因为在贷款上所欠的利息与从债券上得到的利息相抵消,所以这个头寸在初始时的成本为零。① 如前面所述,如果债券的市场价格低于期货合约的价格,这种策略将获得利润。因此,期货价格与债券市场价格的变动必须步伐一致。

为了了解套利是怎样进行的,考虑下面的例子。在这个例子中,息票率为 6% 的 10 年期债券的现货价格为 100 美元,3 个月期贷款的当前利率也为 6%(以年利率报价),用于交割的息票率为 6% 的 10 年期债券的期货市场价格为 101 美元。投资者可以借入 100 美元购买 10 年期的债券,并以 101 美元的价格出售承诺在 3 个月后交割的债券期货。投资者可以利用从债券得到的利息来偿还贷款的利息,并在交割日向期货合约的买方交割债券。这项交易是完全没有风险的,甚至不需要投入任何资金,却能使投资者获得 1 美元的净利润。无风险利润是极其诱人的。为了得到它,投资者将继续从事这项交易。在这里意味着继续购买债券(驱使其价格上升)和出售期货(驱使其价格下跌),直到两者价格收敛并且不再有利润可获为止。②

表 9.2 概括了期货市场上买卖双方的头寸。

表 9.2 期货合约的买卖方

	期货合约的买方	期货合约的卖方
投资者	多头	空头
义务	在结算日购买商品或资产	在结算日交割商品或资产
标的市场价格上升对保证金账户的影响	贷记	借记
谁采用这种头寸来套期保值?	需要对价格上升进行保险的商品使用者或资产购买者	需要对价格下跌进行保险的商品生产者或资产拥有者
谁采用这种头寸来投机?	认为商品或资产的市场价格将上升的人	认为商品或资产的市场价格将下跌的人

9.3 期权

每个人都喜欢拥有期权。拥有去度假或购买一辆汽车的期权是令人愉快的。如果没有期权,则我们的未来状况要差很多。因为期权是有价值的,所以当它可以买卖时,就有人愿意购买它们。金融期权也是一样,因为它们值得拥有,所以我们可以为它们标上价格。

计算期权的价格是非常复杂的。在 1973 年 Fischer Black 和 Myron Scholes 计算出来之前,没有人知道应该怎么办。交易者将著名的 Black-Scholes 公式编入电脑程序,从而期权市场诞生了。截至 2000 年 6 月,流通在外的期权的市场价值在 5 000 亿美元左右。今天,数百万的期权合约在市场上流通,而且每天换手的合约达数百万之多。

---

① 不像你和我,套利者能以接近于债券票面的利率借入资金。对此存在两个原因:其一,套利者可能是具有很高信用评级的大金融中介机构;其二,贷款由债券本身作担保。

② 在商品期货合约里,期货价格将等于在交割日的预期现货价格以无风险利率贴现的现值。

在我们学习如何为期权定价之前,须掌握一些相关词汇。在我们了解了描述期权的语言之后,就可以转向讨论如何使用期权以及如何对它们定价。

9.3.1 看涨期权、看跌期权及其他:定义

像期货一样,期权也是双方之间的合约。存在一个卖方,称为期权签发者,以及一个买方,称为期权持有者。正如我们将见到的,期权的签发者负有某项义务,而期权持有者拥有某项权利。有两种基本类型的期权:看涨期权和看跌期权。

看涨期权(call option)是在一个特定的日期或之前的某一日以一个事先确定的价格——称为**执行价格**(或协议价格,strike price),购买一定数量的某种标的资产的权利。例如,一份到期日为2011年1月、标的资产为IBM公司100股股票、执行价格为90美元的看涨期权赋予期权持有者在2011年1月的第三个星期五之前以每股90美元的价格购买100股IBM股票的权利。当持有者选择执行看涨期权时,看涨期权的签发者必须出售股票。期权持有者拥有选择执行期权的权利,但是没有这项义务,即他可以选择不执行。因此,只有当执行期权有利可图时他才会选择执行。当IBM股票的价格超过期权的执行价格90美元时,期权持有者可以通过执行期权从期权签发者那里买入100股股票,或者在获得一定利润的情况下将期权出售给其他人。例如,如果市场价格上升到95美元,那么执行看涨期权允许持有者以90美元的价格从签发者购买股票,并在每股上获得5美元的盈利。在股票价格高于期权的执行价格时,执行看涨期权对持有者而言都是有利可图的,此时的期权被称为处于**实值状态**(in the money)。如果股票价格正好等于执行价格,此时期权被称为处于**平价状态**(at the money)。如果执行价格超过标的资产的市场价格,那么此时的期权被称为处于**虚值状态**(out of the money)。

看跌期权(put option)赋予持有者在一个固定的日期或之前的某一日以一个事先确定的价格出售标的资产的权利,但不是义务。如果持有者选择执行期权,那么期权签发者有义务购买标的资产。回到IBM股票的例子中,考虑一份执行价格为90美元的看跌期权。这是一个以每股90美元的价格出售100股IBM股票的权利,它在IBM股票的价格跌到低于90美元时是有价值的。如果IBM股票的价格为80美元,那么执行看跌期权将获得每股10美元的盈利。

用来描述看涨期权的术语——实值、平价和虚值——也适用于看跌期权,但是使用的情况刚好相反。既然看跌期权的买方获得了出售股票的权利,那么当期权的执行价格高于股票的市场价格时,看跌期权就处于实值状态。反之,当执行价格低于市场价格时,看跌期处于虚值状态。

虽然有可能像远期合约一样为客户量身定做期权,但是许多期权是标准化的且在交易所进行交易,就像期货合约。两者的交易机制是一样的。清算公司为确保期权签发者履行义务,要求期权签发者存入保证金。由于期权持有者没有义务,因此不要求他们存入保证金。

有两种类型的看涨期权和看跌期权:美式和欧式。**美式期权**(American options)可以在期权签发日与到期日之间的任意时刻执行。在期权到期之前,美式期权的持有者有三

种选择:(1)继续持有期权;(2)将期权出售给其他人;(3)立即执行期权。**欧式期权**(European options)只有在到期日才能执行。因此,欧式期权的持有者在期权到期前有两种选择:持有或出售。在美国交易的绝大多数期权都是美式期权。

9.3.2 使用期权

谁在买卖以及为什么买卖期权?为了回答这个问题,我们需要理解期权是如何使用的。期权将风险从买方转移到卖方,因此它们既可以用来套期保值,也可以用来投机。我们首先考察套期保值。记住,套期保值者是在购买保险。对于那些想在将来购买股票或债券等这些资产的人而言,看涨期权确保购买资产的成本不会上升。对于那些计划在将来出售资产的人而言,看跌期权确保出售资产的价格不会下降。

为了理解期权和保险之间紧密的相关性,考虑汽车所有者与保险公司之间的协议。汽车所有者向保险公司支付保险费,取得发生事故时获得索赔的权利。如果满足保单的条款,那么保险公司就有义务支付赔偿;如果没有事故发生,那么就没有索赔,保险公司也就不用进行支付,此时汽车所有者损失了保险费。实际上,保险公司向汽车所有者出售了一份标的资产为运行的汽车、执行价格为零的美式看涨期权。当且仅当汽车在保单到期之前的任何一天出现的事故中损坏时,这份看涨期权才会被执行。

期权也可以用于投机。比如说你认为利率在未来几个月将会下降。对于这种可能性有三种方式进行投机。第一种策略是直接购买债券,希望其价格将随着利率的下降而上升。这是比较昂贵的,因为你需要购买债券的资金。第二种策略是购买期货合约,取得多头头寸。如果债券的市场价格上升,你将盈利。正如我们在前述所发现的,这是一种非常有吸引力的方法,因为它只要求很少的投资;但是它的风险也很大,因为这种投资存在高度的杠杆作用。不论是购买债券还是期货合约,都包含着你将遭受损失的风险;而如果利率大幅上升的话,你的损失将会很大。

利用利率下跌进行投机的第三种策略是购买美国国债的看涨期权。如果你的估计是对的,利率确实下跌了,看涨期权的价值将上升。但是如果你的估计是错的,利率实际上上升了,看涨期权到期时将毫无价值,但你的损失仅限于你为期权支付的价格。这种方式同时具有高度的杠杆作用和潜在损失的有限性。

与投资者购买看涨期权、利用标的资产价格上涨来盈利一样,投资者也可以购买看跌期权并在标的资产价格下跌时获得收益。同样,如果投资者的估计是错误的,那么所有的损失仅为购买期权的价格。因此,期权提供了利用标的资产价格变动来盈利的一种便宜方法。它具有高度的杠杆作用,因为一笔很小的初始投资就创造了获得巨额盈利的机会。与期货合约不同的是,期权的潜在损失是有限的。

到目前为止,我们的讨论仅仅限于期权的购买方。对于每一个买方而言,必须相应地存在一个卖方。卖方是谁呢?毕竟,期权的签发者可能会承受巨额的损失。然而,为了赚取期权费,有些人愿意承担风险,并认为价格不会朝不利于他们的方向变动。这些人就是投机者。另一类愿意签发期权的人对于可能出现的任何损失都进行了保险,他们大多是频繁买卖标的资产的交易商,这些人被称为**做市商**。由于他们从事标的资产的买和卖,因此做市商既拥有标的资产以便可以进行交割,也愿意购买标的资产以便将其出售给其他人。如果你拥有某种标的资产,那么签发一份使你有义务以固定的价格将其出售的看涨期权并不是那么有风险。这些人以签发期权来获得由买方支付的期权费。

签发期权也能够获得明确的收益。为了了解这是怎么回事,考虑一名电力生产者的例子,他拥有当电价超过一个相当高的水平时才值得运转的设备。这种最大负荷的设备是相当普遍的。它们在大部分时间里都闲置不用,只有当需求旺盛以至于价格上升到较高时才会开工。问题是当它们不运转时——通常的状态,所有者必须对其支付维修费。为了节省这笔费用,生产者可以选择签发标的资产为电力的看涨期权。我们来看看该策略是如何起作用的。为了获得期权费,设备所有者以高于设备投入运行成本的价格为执行价出售一份看涨期权。期权的买方可能是使用大量电量并想对电价上升到很高时进行保险的一些人。期权费将覆盖当设备停工时生产者的维修成本。而且,因为期权签发者拥有标的资产——电,所以他对于看涨期权将偿付的可能性进行了对冲。当电价上升的时候,设备的收入也随之增加了。

期权是非常灵活的,它们能以很多组合的形式进行买卖。它们允许投资者规避他们不想承担的风险,而保留他们可以承担的风险。事实上,期权可以用来复制几乎其他任何金融工具。例如,购买一份平价看涨期权,同时出售一份平价看跌期权就可以得到与购买期货合约相同的回报形式。如果标的资产的价格上升,看涨期权的价值将像期货合约一样增加,而此时看跌期权没有价值;如果价格下跌,看跌期权的卖方将亏损,就像购买期货合约一样,而此时看涨期权处于虚值。最终,期权允许投资者利用价格波动投机。如果购买相同执行价格的一份看涨期权和一份看跌期权,那么只有当标的资产的价格显著上涨或下跌时,才会产生回报。

总之,期权是非常有用的。还记得本章开始的那个例子吗?雪地汽车制造商 Bombardier 购买了保险,因此他能够向消费者提供退款。它所购买的是具有与降雪量相联系的回报的看跌期权。看跌期权承诺倘若出现低的降雪量就进行支付,这对冲了公司向其雪地汽车购买者提供退款时引起的风险。这项保险的提供者(即降雪期权的卖方),可能认为降雪量不会很低。也就是说,他们可能在投机——但是也不一定。毕竟,存在许多在温暖的天气期间销售额和利润都上升的公司,它们很愿意承受这种风险。例如,保险公司在温暖的冬季期间支出较少,因为当降雪量较低时事故索赔也较少。如果几乎没有怎么下雪,那么保险公司拥有进行支付的资金;而如果降雪量很大,那么它们可以用签发期权而得到的期权费来帮助支付它们面临的索赔成本。①

表9.3 提供了一个关于期权定义、买卖双方和买卖原因的总结。

---

① Bombardier(在安然倒闭之前)购买了安然的降雪量保险。其结果是,由于有充足的降雪量,因此 Bombardier 没有向雪地汽车的购买者进行支付,安然也没有向 Bombardier 进行支付。

表 9.3　期权指南

	看涨期权	看跌期权
买方	在到期日或之前以执行价格购买标的资产的权利	在到期日或之前以执行价格出售标的资产的权利
卖方	在到期日或之前以执行价格出售标的资产的义务	在到期日或之前以执行价格购买标的资产的义务
期权处于实值状态	标的资产的价格高于看涨期权的执行价格	标的资产的价格低于看跌期权的执行价格
潜在买方	• 想要在将来购买资产并确保支付的价格不会上升的人 • 想要利用标的资产价格将上升来投机获利的人	• 想要在将来出售资产并确保支付的价格不会下跌的人 • 想要利用标的资产价格将下跌来投机获利的人
潜在卖方	• 想要利用标的资产价格不会上升来投机获利的人 • 总是愿意出售标的资产并通过承担风险获得收入的经纪商	• 想要利用标的资产价格不会下跌来投机获利的人 • 总是愿意购买标的资产并通过承担风险获得收入的经纪商

 你的金融世界

你应该相信公司财务报表吗？

公司总是千方百计地展现出高的盈利能力。它们雇用许多会计人员和理财能手来粉饰财务报表，以便报告的利润尽可能地高而稳定。虽然财务报表必须符合严格的财务标准，但是那并不意味着它们准确地反映了公司的真实财务状况。问题正是在于标准太过明确，当公司利用这些标准粉饰财务报表时，也更容易误导人们。衍生产品是与特定的风险和回报相联系的，但其名称看起来却和这些不相关；而会计规则与这些名称都相关。这就是该系统运作的方式，没有任何非法的因素。

那么投资者应该怎么办呢？首先，如果一份会计报表不符合金融监管者设定的标准，那么就永远不要相信。近年来，特别是 20 世纪 90 年代末因特网繁荣期间，企业公布的财务报表都是基于它们自己对收入和成本的定义而做出来的。为了使公司看起来具有盈利性，这些公司不得不制定它们自己的会计规则。这些随意性意味着企业隐瞒了一些东西。

其次，一家公司在其财务会计上越公开，它就越有可能是诚实的。安然倒闭的后续影响之一是，现在投资者会惩罚财务报表公布不透明的公司。真正的诚实是最好的策略。一家企业公开的信息越多，它将越值得投资者信赖。

最后，记住多样化降低了风险。如果你持有许多不同公司的股票，你就能更好地防范其中一些公司可能在披露中不够诚实的风险。

9.3.3 期权定价:内在价值和时间价值

期权价格包括两个部分:第一个部分是如果期权被立即执行时它的价值;第二个部分是为期权的潜在收益所支付的费用。我们把第一个部分,即期权被立即执行时的价值称为**内在价值**(intrinsic value)。第二个部分,即为了从购买期权中获得潜在收益而支付的费用,我们称之为**期权的时间价值**(time value of the option),以强调它与期权到期时间的关系。这意味着

期权价格 = 内在价值 + 期权的时间价值

在我们进入一般性的期权估值的讨论之前,让我们应用我们所知道的现值和风险进行分析。考虑一个标的为 XYZ 公司股票、一个月后到期的平价欧式看涨期权的例子。回忆一下欧式期权只能在到期日执行,且平价期权是指当前价格等于执行价格。在这个例子中,它们都等于 100 美元。因此,刚开始时,这份看涨期权的内在价值为零。如果它在某种程度上有其他价值的话,那么这部分价值全部属于期权的时间价值。假设在下一个月中,XYZ 公司的股票将以相同的概率上升 10 美元或者下降 10 美元。也就是说,有 0.5 的概率价格将上涨到 110 美元,有 0.5 的概率价格将下跌到 90 美元。那么该看涨期权的价值是多少呢?

为了找出答案,可以计算期望回报的现值。让我们假定利率非常低以至于我们可以忽略它(如果回报被推迟到足够远的将来或利率足够高,那么我们就不能忽略现值的计算,而必须除以 1 加上利率)。现在注意只有当价格上升的时候,期权才有价值。如果 XYZ 公司的股价下降到 90 美元,那么在期权到期时你将不会执行。因此,对于看涨期权,我们需要关注价格上涨的情况,回报的期望值是概率 0.5 乘以回报 10 美元,即 5 美元。这就是期权的时间价值。

现在考虑如果 XYZ 公司的股票价格将上升或下降 20 美元,而不是 10 美元,又会发生什么呢?这种变化增加了股票价格的标准差。按期权交易中使用的术语,股票价格的波动率增强了。进行相同的计算,我们发现现在的期望回报为 10 美元。当股票价格波动率上升的时候,期权的时间价值也随之上升了。

综合考虑 一般而言,我们需要找出一些规则以计算期权的内在价值和时间价值,并进而得到期权的价格以及它可能的变化。我们可以利用第 3 章的框架来进行。回忆一下,任何一种金融工具的价值都取决于四个属性:承诺支付的金额、支付的时间、获得支付的可能性和进行支付的环境。① 当我们对这些属性逐一考虑时,记住对于期权来说最重要的是买方没有义务要执行它。期权给了买方一项选择!这就意味着持有期权的人将永远不用进行任何额外的支付来执行它,因此它的价值不可能低于零。

因为期权可以被执行也可以在到期时失效,所以我们可以推论出,内在价值只取决于当期权被执行时持有者所收到的收益。内在价值是标的资产价格和期权执行价格之间的

---

① 因为欧式期权的定价更容易理解,所以我们讨论期权时假设它们只能在到期日被执行。然而,对美式期权定价的基本原理是相同的。

差额。这是期权代表的支付大小,它必须大于或等于零——内在价值不可能为负。对于处于实值的看涨期权或买权,它的内在价值对于持有者(多头)来说是标的资产的市场价格减去执行价格。如果看涨期权处于平价或虚值状态,那么它就没有内在价值。类似地,看跌期权或卖权的内在价值等于执行价格减去标的资产的市场价格与零之间的较大者。

在到期日,期权的价值等于其内在价值。但是提前执行会怎样呢?为了解答这个问题,考虑一份平价期权———一份内在价值等于零的期权。在到期日之前,总是存在标的资产的价格变动使得期权有价值的机会。这种潜在收益由期权的时间价值来表示。到期时间越长,当期权到期时可能的回报就越大。记住期权的回报是非对称的,所以重要的是赚取利润的机会。在上个例子中,考虑如果期权在三个月后到期,而不是一个月,且股票价格每个月以相同的概率上升或下降 10 美元,这将会发生什么呢?这时,看涨期权的期望回报从一个月后的 5 美元上升到三个月后的 7.5 美元。(在三个月后,股票价格可能以 1/8 的概率上升 30 美元,或以 3/8 的概率上升 10 美元,或以 3/8 的概率下降 10 美元,或以 1/8 的概率下降 30 美元。当价格下降时,看涨期权不会被执行,因此三个月到期的看涨期权的期望回报为 $1/8 \times 30 + 3/8 \times 10 = 7.50$ 美元。)

期权产生回报的可能性取决于标的资产价格的波动率或标准差。为了了解这一点,考虑一份当前处于平价的 IBM 股票期权——执行价格等于股票当前价格的期权。该期权在到期时处于实值的机会随 IBM 股票价格波动率的增强而增加。考虑一份资产价格固定的期权——也就是说,资产价格的标准差为零。该期权将永远不会有回报,因此没有人会愿意购买它。然而,在价格上加入一些波动性,就存在价格将上涨从而使得期权进入实值的机会。这是人们愿意购买的。因此,期权的时间价值随着标的资产价格波动率的增强而增加。将这种分析更进一步,我们知道不论标的资产的价格下降多少,看涨期权的持有者都不会损失更多。相反,每当价格上升到更高时,看涨期权的价值随之增加。波动率的增强对投资者而言没有成本,只有收益。

我们强调期权提供了保险,允许投资者对冲特定的风险。被保险的风险越大,保险就越有价值,投资者将支付的价格就越高。因此,进行支付的环境对期权的时间价值有重要的影响。然而,像期货一样,期权的签发者和持有者都可能对冲风险,因此不可能确切地知道风险将如何影响期权的价格。表 9.4 概括了影响期权价值的因素。

表 9.4 影响期权价值的因素

其他因素不变的情况下,一种因素增加	看涨期权(买权)	看跌期权(卖权)
执行价格上升	减少(内在价值降低)	增加(内在价值上升)
标的资产的市场价格上升	增加(内在价值上升)	减少(内在价值降低)
到期时间增加	增加(时间价值上升)	增加(时间价值上升)
标的资产价格波动率上升	增加(时间价值上升)	增加(时间价值上升)

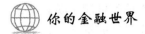 你的金融世界

你应该接受期权作为支付的一部分吗?

如果有人提供给你一份以薪水和股票期权为回报的工作会怎样呢?你应该接受吗?在你接受之前,先咨询一些问题。让我们看看你需要知道些什么。许多提供自身股票期权的企业将期权视为工资的替代。员工收到赋予他们以固定价格购买公司股票权利的看涨期权。执行价格通常设定为股票的当前市场价格,以便当员工收到期权时,期权处于平价。通常,到期日为将来的1—10年。既然期权是长期的,那么就时间价值来说,该期权的价值是很高的。但是其中有另一些安排,如一般不允许员工出售这些期权,并且只有员工留在公司才可以执行它们。

然而,公司股票的价格可能突然上升,因此期权可能产生巨大的回报。举个极端的例子。从1991年1月到2000年1月,微软的股票价格从每股2美元上升到116美元,一位拥有1 000份以2美元的价格购买股票期权的员工通过执行期权赚取了114 000美元。虽然微软的员工是赢家,但是在期权游戏里有许多输家。持有在2008年破产的通用汽车或者雷曼兄弟的看涨股票期权的员工,将什么也得不到。

你应该怎么做呢?如果持有期权要求接受较低的薪水,这意味着你正在购买期权,因此在你接受工作之前应该仔细考虑。股票期权差不多类似于彩票,但是这种抽奖可能几年内都不会进行。它们只是给了你一个很小的赚取巨额利润的机会。因此投资于你供职的公司是有风险的。如果公司破产或者你失业,期权对你而言都是没有价值的。所以,当你用一个高薪工作换取一个带有期权的低薪工作之前请仔细考虑一下。

9.3.4 期权的价值:一些例子

为了说明期权是怎样估值的,我们可以考察一个简单的例子。每天新闻都报道了在有组织的交易所交易的期权价格。表9.5显示了如《华尔街日报》所报道的,标的为IBM股票的看涨和看跌期权在2010年1月22日的价格。A栏显示了执行价格不同但到期日都是2010年4月的期权价格。B栏显示了到期日不同但执行价格相同的期权价格。在表的顶端是IBM股票(即这些期权的标的资产)的价格,在那天的收盘价为每股125.50美元。

表 9.5　IBM 看涨期权和看跌期权的价格

2010 年 1 月 22 日，星期五
IBM 股票的收盘价格 = 125.50 美元　　　　　　　　　　　　　　　　　　　　　　　　（单位：美元）

A. 到期日为 4 月

执行价格	看涨期权			看跌期权		
	期权价格	内在价值	看涨期权的时间价值	期权价格	内在价值	看跌期权的时间价值
110	16.79	15.50	1.29	1.04	0.00	1.04
120	8.33	5.50	2.83	3.00	0.00	3.00
125	5.08	0.50	4.58	5.10	0.00	5.10
130	2.85	0.00	2.85	7.85	4.50	3.35
135	1.46	0.00	1.46	11.30	9.50	1.80
140	0.67	0.00	0.67	15.35	14.50	0.85

B. 执行价格为 120 美元

到期月份	看涨期权			看跌期权		
	期权价格	内在价值	看涨期权的时间价值	期权价格	内在价值	看跌期权的时间价值
2 月	6.35	5.50	0.85	1.11	0.00	1.11
4 月	8.33	5.50	2.83	3.00	0.00	3.00
6 月	10.25	5.50	4.75	5.20	0.00	5.20

看涨期权的内在价值 = 股票价格 – 执行价格或 0 两者之间的较大者
看跌期权的内在价值 = 执行价格 – 股票价格或 0 两者之间的较大者
期权的时间价值 = 期权价格 – 内在价值

资料来源：*The Wall Street Journal.* Copyright 2010 by Dow Jones & Company, Inc. Reproduced with permission of Dow Jones & Company, Inc. In the formats Textbook and Other Book via Copyright Clearance Center。

考察表 9.5，我们可以发现：

- 给定标的资产价格和到期时间，看涨期权的执行价格越高，它的内在价值越低，期权越便宜。也就是说，当你从 A 栏中标有"执行价格"的那一列从上往下看时，"看涨期权"的内在价值（IBM 股票价格减执行价格）逐渐降低。例如，随着执行价格从 120 美元上升到 125 美元，内在价值从 5.5 美元下降到 0.5 美元。

- 给定标的资产价格和到期时间，看跌期权的执行价格越高，它的内在价值越高，期权越昂贵（见 A 栏看跌期权的"内在价值"一列）。随着执行价格从 130 美元上升到 135 美元，IBM 看跌期权的内在价值（执行价格减 IBM 股票价格）从 4.5 美元上升到 9.5 美元。

- 执行价格与标的资产的当前价格越接近，期权的时间价值越高（见 A 栏中标有"看涨期权的时间价值"和"看跌期权的时间价值"两列）。对于执行价格为 125 美元和内在价值为 0.5 美元的看涨期权而言，期权的时间价值为 4.58 美元。当执行价格下降到 120 美元时，期权的时间价值下降到 2.83 美元。

- 深度实值的期权有较低的期权时间价值（见 A 栏中看涨期权的时间价值）。因为深度实值的看涨期权很有可能在到期时处于实值，所以购买这种期权更像是购买股票本身。注意执行价格为110美元和内在价值为15.50美元的看涨期权只有1.29美元的时间价值,远远低于内在价值为0.5美元的看涨期权的时间价值4.58美元。

- 在给定的执行价格下,到期时间越长,期权价格越高。当从表9.5中的B栏从上往下观察看涨期权和看跌期权的价格时,你可以发现到期时间越长,价格上涨得越多。那是因为期权的时间价值上升了。在4月份到期的执行价格为120美元的IBM看涨期权以8.33美元的价格出售,而3个月后到期的同种期权则以10.25美元的价格出售。同样的规则也适用于看跌期权。

9.4 互换

和其他衍生产品一样,互换也是一种交易者用来转移风险的合约。互换的种类繁多,我们将学习两种类型。互换的交易者利用利率互换改变其收到的现金流并获得互换合约费。利率互换被用来使交易者的收入和支出同步,这已经有几十年的历史了。信用违约互换出现的时间则要晚得多。信用违约互换是一种保险,它可以使购买者在不承担违约风险的情况下持有债券或者抵押贷款。我们将了解信用违约互换在2007—2009年金融危机中所起的重要作用。

长期资本管理公司在做什么?

从1998年8月中旬到9月底,长期资本管理公司(LTCM),一家位于康涅狄格州格林尼治镇的对冲基金,损失了超过25亿美元,使其处于违约的边缘。(有关对冲基金的详细描述,参见第13章的"交易工具"。)长期资本管理公司破产的可能性造成了世界金融市场的恐慌,促使纽约联邦储备银行成立了一个由14家银行和投资公司组成的集团来收购该公司。大量的财富为何消失得如此之快呢?为什么又有如此多的人关注呢?直到2007—2009年的金融危机之前,还没有出现过金融团体如此不惜代价地去挽回一家公司的破产。

答案是长期资本管理公司进行了大量的复杂的投机性交易,包括利率互换和签发期权,但这些都在同一时间出现了亏损。长期资本管理公司进行的赌博之一是相信利率差额会缩小。随着俄罗斯政府债券在1998年8月17日违约,金融市场参与者的风险承受能力急剧下降,因此风险溢价暴涨(回忆在第6章中对这起事件的讨论)。结果,公司债券与美国国债之间的利差以前所未有的方式增长。根据历史数据,长期资本管理公司损失了数十亿美元。虽然利率差额最终确实缩小了,使得长期资本管理公司的赌博从长远来看收到了回报,但是衍生产品的逐日盯市制度使得该基金破产了。

这起事件真正可怕的地方在于,长期资本管理公司从事了太多的不易转售金融工具的交易,包括高达1.25万亿(是的!万亿!)美元的利率互换。诚然,这是所有交易加总起来的名义本金,但问题在于互换是一种个性化的双边交易。长期资本管理公司愿意与一个特定的对手方签订互换协议,但其他投资者可能不愿意。因此,长期资本管理公司并不能像一个正常的破产清算程序一样,将其资产在市场上出售,用获得的收入支付给它的债权人,因为其大量的利率互换并不具有足够的流动性。长期资本管理公司的破产意味着它不能履行其协议义务,也意味着对手方不能履行它自己的协议,从而造成一系列的破产。因而长期资本管理公司的破产会危及整个金融体系,与它有业务往来的大银行、保险公司、养老基金和共同基金都处于破产的危险之中。

简而言之,虽然一个人在衍生产品上亏损是另一个人的获利,但是该体系只有在赢家可以得到收益时才能正常运转。在这个例子里,美联储除插手以确保金融体系保持正常运转之外别无选择。长期资本管理公司实质上出售给了它的债权人——它借款的银行——然后在大约一年后就关闭了。*

---

* 查阅更详细的长期资本管理公司的历史,参考 Roger Lowenstein, *When Genius Failed* (New York: Random House, 2000)。

9.4.1 利率互换

政府债务管理者——美国财政部中决定何时以及怎样发行中长期国债和国库券的人——尽他们最大的努力来降低公共借款成本。这意味着:(a) 以尽可能低的利率出售债券;(b) 确保政府收入在债务必须进行支付时正好同步实现。由于金融市场的结构,保持低的借款成本通常比较容易,因为市场对政府长期债券的需求很高(它们被用来作为许多金融交易的担保)。从而政府债务管理者能以相当高的价格出售它们。

管理政府收入是一个更大的挑战。收入往往在经济繁荣时期上升,在经济衰退时期下降。即便税收收入下降,政府仍然必须进行其债券的支付。短期利率往往也像税收收入一样随商业周期而波动,在繁荣时期上升,在衰退时期下降。(一般商业状况的改善会提高公司债券的供给,降低债券价格并提高利率。)如果政府借款者发行短期债券,那么确保将来的利息支出与税收收入相匹配可能会容易些。

这种境况使得公共债务管理者很为难。通过发行长期债务以降低利息成本还是通过发行短期债务使得成本与税收收入相匹配,哪个更加重要呢?幸运的是,衍生产品允许政府债务管理者通过一种称为利率互换的工具实现这两种目标。

理解利率互换 利率互换(interest-rate swaps)是在两个对手方之间,基于确定的本金金额——所谓的**名义本金**(notional principal),在将来的一段时间中定期交换利率支付的协议。术语"名义"被用在这里是因为**互换**(swap)的本金并不借贷或交换,它只作为互换交易者之间定期的现金流计算的基础。利率互换最简单的一种类型是,一方同意进行基于固定利率的支付,以获得另一方同意进行的基于浮动利率的支付。这份协议的效果是将固定利率支付转换为浮动利率支付;反之亦然。

图9.1显示了一种典型的利率互换。一家银行同意向一个互换交易商按固定利率

(如7%)进行支付,以交换基于市场决定的浮动利率的支付。① 双方的支付都基于同样确定的本金(如1亿美元)。也就是说,互换的名义本金为1亿美元。银行是**固定利率支付者**(fixed-rate payer),互换交易商是**浮动利率支付者**(floating-rate payer)。稍微换个角度,相当于双方都签订一系列的远期合约,他们今天同意在互换期内的一系列确定的时刻交换利息支付。像在期货合约里一样,在初始时刻没有支付进行。

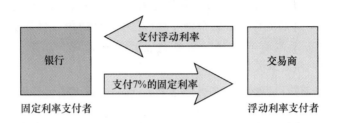

图9.1 利率互换协议

注:银行同意向互换交易商支付固定利率以交换基于浮动利率的支付。固定利率支付与银行的贷款收入相匹配,而浮动利率支付与银行对存款持有者承诺的支付相匹配。

现在让我们回到政府债务管理者的问题上。记住政府可以低成本地发行长期债务,但是它的收入往往随短期利率而波动,即当短期利率上升时增加,当短期利率下降时降低。解决办法是出售长期债券,然后进行一笔利率互换。政府成为债券期限里浮动利率的支付者。

利率互换的定价和应用 对利率互换定价意味着计算出支付的固定利率。为了这么做,金融企业开始注意到与互换相同期限的美国国债的市场利率,称为基准利率。由固定利率支付者支付的利率,称为互换利率,它等于基准利率加上一个溢价。基准利率和互换利率之间的差额,称为**互换差额**(swap spread),是对风险的衡量。近年来,互换差额作为经济中系统性风险或整体风险的衡量,吸引了极大的注意(参见第5章)。当它扩大时,表示一般经济状况正在恶化。

利率互换只是交换未来回报的一个例子。虽然利率互换是最重要的一种,但投资者也从事包括外汇和股权等不同种类的互换。有人估计到2009年6月底,全世界利率互换的名义价值超过400万亿美元——比同期外汇互换和股权相关互换总和的20倍还要多。②

那么都是谁在使用这些利率互换呢?是两组在发行特定期限的债券上拥有比较优势的人。第一组是政府债务管理者,他们发现发行长期固定利率债券的成本更低,但是却更偏好可变的短期利率义务,以使得收入与支出相匹配。第二组是使用利率互换以降低由商业活动产生的风险的人。主要的例子是通过提供附息支票账户来获得资金,但是以固定利率进行抵押贷款的银行。实质上,银行在发行短期可变利率债券(支票账户),并用借

---

① 浮动利率是银行之间互相进行贷款的利率。尤其要注意的是,它是伦敦银行同业拆借市场利率(LIBOR),即在伦敦的银行间互相进行贷款的利率。

② 有关利率互换的数据由巴塞尔的国际清算银行收集并定期公布。最近的信息可参见国际清算银行的网站,www.bis.org。

入的资金购买长期固定利率债券(抵押贷款)。问题是收益率曲线斜率的变化会带来风险。也就是说,来自抵押贷款的收入可能不足以应付在支票账户上的支出。互换为银行避免这种不足提供了保险。

在考虑特定利率互换的规模和重要性时,我们需要记住几点。首先,互换的主要风险是一方违约的风险。除非发生大规模的金融危机,这种风险并不是很高,因为另一方总是能够签订另一份协议以替换违约的一方。(在本章"概念应用"中描述的长期资本管理公司的例子是一个例外,这时普遍的违约变成实际的可能性。)其次,与期货和期权不同,互换不在有组织的交易所交易,它是两家金融中介机构之间的双边协议。由于各种各样的原因,与另一家银行进行利率互换的银行可能并不想与一家养老基金公司保持同一种类的协议。所以,互换很难被转让。

9.4.2 信用违约互换

2008年9月16日,纽约联邦储备银行给美国国际集团放贷850亿美元。美国国际集团是世界上最大的保险公司,由于出售了价值数千亿美元的**信用违约互换**(credit-default swaps,CDS)而濒临破产。

信用违约互换是一种信用衍生产品,允许贷款者用于防范借款者违约的风险。买者付款(类似保费)给卖者,卖者同意在标的贷款或者证券违约时向买者支付赔偿。买者通过支付一定费用将违约风险——信用风险——转移给卖者。

通过信用违约互换,贷款者可以进行无风险放贷。贷款和信用违约互换的组合可以防范违约风险,擅长识别有潜力的贷款机会的贷款者可以有效地运作贷款支付,并将违约风险转移给他人。这样的工作分配可以改善资源配置。

信用违约互换协议通常在一年以上,要求设置抵押品,这样在卖者无力支付时可以保护买者。例如,卖者提供抵押品以确保标的贷款或者债券发生违约而自己无力支付时,保证买者的利益。根据买者和卖者不同的信用等级,信用违约互换的抵押品也是多种多样的。

在2007—2009年金融危机前,信用违约互换市场快速扩张,但随后迅速收缩。信用违约互换的数量(基于标的资产的名义价值)在2004年年末大约有6万亿美元,而在2007年年末迅速增长到58万亿美元,两年后又急降至33万亿美元。

信用违约互换从以下三个方面加剧了金融危机:(1) 关于谁承担给定资产或证券的违约风险具有不确定性;(2) 使信用违约互换卖者的支付能力普遍脆弱;(3) 使卖者更容易隐藏风险。

金融机构不会主动报告它们所出售和购买的信用违约互换的数量,这样储蓄者和投资者就不知道他们承担了多少风险。透明度的缺失致使金融体系在交易者出现信用危机时更加脆弱。

因为信用违约互换协议在场外市场交易,所以交易者不能确定交易对手方是否承担了过于集中的风险。总之,信用违约互换的交易者——以大型金融机构为典型——都要承担因某一个交易者的失误而带来的损失,就好比火车的一节车厢脱离轨道就会导致整个火车脱离轨道。当你在金融新闻中看到"牵涉太广,不能倒下!"之类的词语时,你会想起大型信用违约互换的出售者共同隐藏的风险。只要信用违约互换的交易缺乏透明度,就会存在由于一家机构的倒闭而引发整个金融体系的崩溃的可能(参见本章"危机的教训:共同对手方和系统性风险")。

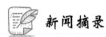
新闻摘录

美国国际集团仍面临数十亿美元的信贷损失

Henny Sender

根据该公司的报告,美国国际集团——受美国政府控制的保险机构——由于给复杂的次级抵押贷款提供了信用担保,不但第四季度损失了 620 亿美元和放松了对其所持股份的监管,还面临数十亿美元的潜在损失。

昨天美联储主席 Ben Bernanke 在美国参议院预算委员会前对美国国际集团表示愤怒,美国国际集团和当局之间的交易所面临的困难随之公之于众。

"如果说最近 18 个月有一件事让我很愤怒,那么这件事的主角就是美国国际集团,"他说,"它们没有金融产品的监管部门。这是一家大型稳定的保险公司面对巨大的对冲基金的基础。"

美国国际集团的危机起源于它在市场上交易信用违约互换的行为——衍生产品被当做贷款保险进行运作。美国国际集团对诸如债务抵押债券(CDOs)、次级抵押贷款支持债券提供担保特别活跃。

当美国国际集团的信用等级下调时,它所担保的 CDOs 的价值下跌,美国国际集团陷入困境,这就迫使它将数百亿美元的额外抵押品交付交易对手方。这个过程耗尽了它的资源,迫使政府在 9 月份对其进行救援。

在 11 月份,纽约联邦储备银行建立了一家名叫 Maiden Lane III 的有限责任公司——50 亿美元来自美国国际集团,300 亿美元来自美联储借款,以解决当前的困境。主要解决方法是 Maiden Lane III 从美国国际集团的交易对手方那里购买 CDOs,然后撕毁美国国际集团发行的信用保单。

美国国际集团这周报告显示,公司仍有 120 亿美元的信用保险处于次级抵押贷款。2 月 18 日,美国国际集团不得不向交易对手方支付 80 亿美元。

在 Maiden Lane III 成立后,美国国际集团和美联储向 20 个交易对手方购买 CDOs。

2009 年年末,美国国际集团说,Maiden Lane III 花费了 300 亿美元购买了面值 620 亿美元的 CDOs。美国国际集团用 325 亿美元终止了 CDOs 的信用保险,承认 2008 年损失了 210 亿美元。

一个知情人透露,交易对手方从这些 CDOs 收到的是 1 美元(100 美分),但是 Maiden Lane III 支付的价格暗示这些 CDOs 仅值 1 美元的 47%(47 美分)。

周一,美国国际集团报告了 617 亿美元的损失,确认它会给美国政府的两大部门一定的股份作为新的 300 亿美元救助资金的一部分。

资料来源:Henny Sender, *Financial Times*, March 4, 2009. Copyright © 2009 by The Financial Times Limited. Reprinted with permission。

▶ 本文启示

这篇文章强调了信用违约互换在美国国际集团的崩溃(更广泛地,在 2007—2009 年金融危机)中扮演的重要角色。信用违约互换的场外市场交易(参见本章"危机的教训:共同对手方和系统性风险")使美国国际集团承担了足以对整个金融体系产生威胁的巨大风险,直到美国政府于 2008 年 9 月救援该集团。由于美国国际集团的崩溃,它所造成的违约引发了它的贷款者破产的浪潮,包括从该集团那里购买信用违约保险的大型中介机构。

关键术语

美式期权	期货合约
套利	利率互换
看涨期权	保证金
共同对手方(CCP)	名义本金
信用违约互换(CDS)	看跌期权
衍生产品	执行价格
欧式期权	互换
固定利率支付者	互换差额
浮动利率支付者	期权的时间价值
远期合约	

本章小结

1. 衍生产品将风险从一方转移到另一方。它们可以被用来对风险进行任意的分类组合并转售它们。
2. 期货合约是在事先约定的将来时刻,以确定的价格交割规定数量的某种商品或金融工具的标准化合约。它们是对双方签订的标的资产价格变动的赌博,不论标的资产是商品还是金融工具。
    a. 期货合约既可以用来降低风险,这被称为套期保值;也可以用来增加风险,这被称为投机。
    b. 期货清算公司作为所有期货合约的对手方,为买卖双方的行为提供担保。
    c. 期货市场上的参与者必须在清算公司建立保证金账户,并存入一定金额以确保他们将履行自己的义务。

d. 期货价格每天盯市，就好像合约每天都被出售，然后再重新买回。
　　e. 既然期货合约在签订时不用进行任何支付，那么该交易就允许投资者以非常低的成本创造大量的杠杆作用。
　　f. 期货合约的价格由在市场上立即交割标的资产的套利行为决定。
3. 期权赋予买方(期权持有者)一种权利和卖方(期权签发者)一种义务，即在固定的将来时刻或之前以事先确定的价格购买或出售某种标的资产。
　　a. 看涨期权赋予持有者购买标的资产的权利。
　　b. 看跌期权赋予持有者出售标的资产的权利。
　　c. 期权既可以用来通过套期保值降低风险也可以用来投机。
　　d. 期权价格等于其内在价值(即当期权被执行时的价值)加上期权的时间价值的总和。
　　e. 内在价值取决于期权的执行价格和期权标的资产的价格。
　　f. 期权的时间价值取决于到期时间和标的资产价格的波动率。
4. 利率互换是双方之间在将来时期用固定利率支付交换浮动利率支付的协议。
　　a. 互换中的固定利率支付者支付美国国债利率加上一个风险溢价。
　　b. 互换中的浮动利率支付者通常支付伦敦银行同业拆借市场利率(LIBOR)。
　　c. 当政府、企业或投资公司可以在一个时期以较低的成本借款但却更愿意在不同的时期借款时，利率互换是很有用的。
　　d. 互换可以基于任何两种将来的一系列支付的确定交换。
5. 信用违约互换(CDS)是一种保险形式，买者付款(类似保费)给卖者，卖者同意在标的贷款或者证券违约时赔偿买者。
　　a. 信用违约互换协议通常在一年以上，要求设置抵押品，这样在卖者无力支付时保护买者。
　　b. 因为金融机构不会报告信用违约互换的出售和购买，所以对于是谁承担着既定的贷款或证券的信用风险并不明确。
　　c. 因为信用违约互换在场外市场交易，以致交易者都不能确定交易对手方是否承担集中风险。
6. 衍生产品允许企业对风险和将来的支付进行任意的分割与重新命名，使得它们与实际的名称没有关系。

概念性问题

1. 租赁一辆汽车的协议可以被视为一系列衍生产品的合约，请描述这些合约。
2. 2002年春，一种电子交易的指数期货合约(称为E-mini期货)被引入。这种合约只有标准期货合约规模的1/5且能通过CME Globex电子交易系统24小时交易。为什么有人要引进具有这些性质的期货合约呢？
3. 一位套期保值者在小麦期货市场上购买了一份合约。套期保值者的头寸是什么？描述在这笔交易中被对冲的风险并举例说明该种合约的参与者。

4. 一种按 250 美元乘以标准普尔 500 指数进行支付的期货合约在芝加哥商品交易所交易。在 1000 点或更高的指数水平下,合约要求超过 25 万美元的支付。它通过买卖双方之间的现金支付来结算。谁是标准普尔 500 指数期货市场上的套期保值者和投机者?
5. 解释为什么在集中交易场所交易衍生产品比在场外市场交易有助于减少系统性风险。
6. 签发和购买期权的风险与回报分别是什么?存在你有可能被牵连进去的任何情况吗?为什么?(提示:假设你正考虑签发一份你已拥有股份的看涨期权。)
7. 考虑一份 XYZ 公司的 3 个月期平价欧式看涨期权。XYZ 公司的股票从前一个月底开始,每个月以相同的概率上升或下降 20 美元。当期权被购买时,股票价格为 100 美元,这份看涨期权的价值是多少?
8.* 一个借款者希望进行固定利率支付,他可以选择固定和浮动利率贷款。为什么他可以从固定和浮动利率互换中获利?
9. 考虑到来自中东地区的石油可能遭遇破坏,美国航空公司的 CFO 决定对冲燃料价格上涨的风险。他可以用什么工具对冲风险呢?
10.* 衍生产品市场如何促进经济发展?
11. 信用违约互换提供了一种避免违约风险的手段,其要求买者和卖者提供抵押品。解释这些"听起来安全"的衍生产品如何导致了 2007—2009 年的金融危机。

分析性问题 ▶▶▶▶

12. 在下列期权中,你觉得哪一个期权的价格最高?
    a. 一个欧式 3 个月期的卖出股票期权,股票市场价格为 90 美元,期权执行价格为 100 美元。股票价格在过去五年中的标准差为 0.15。
    b. 一个欧式 3 个月期的卖出股票期权,股票市场价格为 110 美元,期权执行价格为 100 美元。股票价格在过去五年中的标准差为 0.15。
    c. 一个欧式 1 个月期的卖出股票期权,股票市场价格为 90 美元,期权执行价格为 100 美元。股票价格在过去五年中的标准差为 0.15。
13. 如果你要在一年内卖出 100 万美元的国债,并希望对冲利率上升的风险,你应该购买哪种期权?
14. 你卖出了一份债券期货合约,一天后,清算机构通知你,你的保证金账户增加了资金。在这一天中,利率是如何变化的?
15. 你确信铜的价格在未来一年将要大幅上涨,你决定持有多头,但是资金受限。你将怎样利用期货市场使你的头寸杠杆化?
16. 假设你有 8 000 美元,你决定用第 15 题中的策略进行投资。铜的价格为 3 美元/磅,对于 25 000 磅期货合约要求 8 000 美元的保证金。
    a. 如果铜的价格上涨到 3.1 美元/磅,计算你的收入。
    b. 如果你仅仅是购买了价值 8 000 美元的铜并在一年后出售,那么你将获得的收入是多少?将这个收入与购买期货所得的收入相比较。

c. 比较以上两种策略中的风险。

17.*下表展示了三家公司固定利率借款和浮动利率借款的利率。A 公司和 B 公司想要浮动利率,而 C 公司更倾向于支付固定利率。哪一家公司必须在市场上进行不情愿的借款,然后购买固定-浮动利率互换协议?

	固定利率	浮动利率
A 公司	7%	LIBOR + 50 基点
B 公司	12%	LIBOR + 150 基点
C 公司	10%	LIBOR + 150 基点

注:LIBOR 指伦敦银行间同业拆借利率,是浮动利率。

18. 假设你是一家银行的主管,资金大多来自短期变动利率存款,并把资金用于固定利率抵押贷款。你是否更应关心短期利率的上升和下降?你怎样利用利率互换对冲你面临的利率风险?

19.*基础互换是指双方支付流都基于浮动利率,而不是一方支付流基于固定利率。为什么每个人都对浮动-浮动利率互换感兴趣?(你应当假设两方的支付流都用同一种货币。)

(注:题号后标注*的问题均指难度较大的题型。)

第10章
外　汇

　　每年,商品和服务在全球的流动都在变得越发容易。截至2009年,国际贸易总额已经超过30万亿美元,占世界GDP总值的一半还多。今天,美国人可以购买在中国制造的鞋子、在新加坡组装的电脑和在智利种植的水果。但是全球商业交易不仅仅限于商品和服务,个人、公司和政府也进行海外投资,在全球金融市场购买和销售股票、债券。商品、服务和资产在国际流动的量级已经不容忽视。为了理解这些交易的本质,我们必须了解汇率,正是汇率这种工具使得这些交易成为可能。

　　当你购买国外生产的物品时,无论它是一件衣服、一辆汽车还是一只股票或债券,你都必须在某个地方将美元兑换成该物品生产国的货币。理由很简单:你希望用美元在本国商店购买一件进口衬衫,但是马来西亚的生产商希望收到林吉特。所有跨国交易都像这样:买者和卖者都希望使用他们自己的货币。从最基本的意义上说,汇率是用一国货币衡量另一国货币价格的工具。

　　汇率对国家和个人都有广泛的影响。以1998年冬天的韩国为例。随着1997年夏季开始的经济和金融混乱蔓延到整个亚洲,产出和就业大幅下降。在韩国,大型工业公司和金融机构濒临破产。从1997年10月到1998年1月,购买1美元所需的韩元数量增加了一倍多,从900韩元上升到1 900韩元(见图10.1)。这对国内和国外的影响都是巨大的。由于购买韩元的成本大幅下降,对于外国购买者而言,韩国的商品便宜了许多。由于韩元价格下降,现代汽车和三星彩电的美元价格也随之下降。同时,对于韩国购买者而言,美国生产的商品变得非常昂贵。事实上,危机非常严重,这使许多在美国留学的韩国学生不得不回国。在美国接受教育的韩元价格增加了一倍,许多韩国学生都无力支付。

　　汇率处于长期波动中,有时也会出现突然变化。1973年,英国使用的货币——**英镑**(British pound)值2.50美元。随后的36年,英镑的价值逐渐下降,到2009年年底,1英镑仅值1.62美元——下降了35%(见图10.2)。然而,2009年夏天去英国旅游的美国人并不觉得他们的度假费用低。基于1∶1.62的汇率,伦敦的低价旅馆和纽约的相当贵的旅馆的价格几乎一样,甚至麦当劳的价格也比美国高。

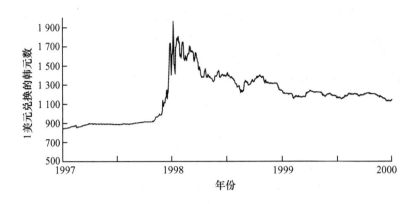

图 10.1　韩元兑换美元的汇率（1997—1999）

图 10.2　美元兑换英镑的汇率（1971—2009）

如何决定汇率？哪些因素可以解释汇率在数天、数月、数年甚至几十年的波动？本章将对汇率和外汇市场做一个介绍。

10.1　外汇基础知识

假设毕业后，你打算去欧洲旅行。你想去参观巴黎的埃菲尔铁塔、罗马的圆形剧场和雅典的巴特农神殿。在打点行装的时候，你会有些担心旅馆和餐馆的账单支付问题。法国、意大利和希腊的餐馆服务员对你的美元不感兴趣，他们希望收到他们自己的货币。但你是幸运的，虽然法国人、意大利人和希腊人讲不同的语言，但是他们都使用相同的硬币和纸币。

事实上，在欧洲购买任何东西——至少在欧洲货币联盟的成员国——只需要将你的美元兑换成**欧元**（euros）。因此，当你到欧洲时，你需要关注美元和欧元的兑换比率。用美元表示的1欧元的价格称作美元兑换欧元的汇率。

10.1.1　名义汇率

将美元兑换成欧元类似于其他经济交易：你用你的钱去购买某种东西——在这种情

形下,是购买其他国家的货币。你支付的价格称作名义汇率,或者简称为汇率。**名义汇率**(nominal exchange rate)的正式定义:一国货币交换另一国货币的比率。美元兑换欧元的汇率是指 1 欧元所能兑换的美元数。2010 年 1 月,1 欧元(欧元符号是)能够购买 1.41 美元。因此,2010 年 1 月去欧洲的美国人需要用 141 美元购买 100 欧元。

汇率每天都在变化。图 10.3 描述了欧元开始流通数年的时间内(从 1999 年 1 月到 2010 年 1 月),美元兑换欧元的汇率的变化。该图绘出了 1 欧元兑换的美元数,这是美元兑换欧元的汇率通常的报价方式。当欧元启动时,它价值 1.17 美元。但是到了 2000 年 10 月,还不到两年时间,1 欧元就只能兑换 83 美分。一种货币相对于另一种货币的价值的下降称作**贬值**(depreciation)。在欧元发行后的前 22 个月,它相对于美元的价格几乎贬值了 30%。在本章的后面章节,我们将讨论汇率大幅变动的原因。

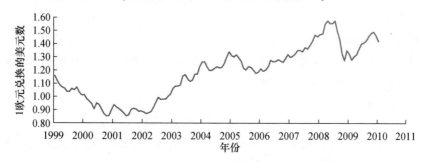

图 10.3 美元兑换欧元的汇率(1999—2010)

在欧元价格下降的同时,美元价格上升。毕竟,如果 1 欧元所能购买的美元数减少,那么 1 美元所能购买的欧元数就会增加。一种货币相对于另一种货币的价值的上升称作**升值**(appreciation)。1999—2000 年,欧元贬值,美元升值;事实上这是一回事。当一种货币相对于另一种货币的价值上升时,另一种货币相对于这种货币的价值必然下降。

请注意,理论上,汇率可以用两种货币中任意一种货币作为报价单位。例如,可以用购买 1 欧元所需的美元数或者购买 1 美元所需的欧元数。两种价格是等价的,它们互为倒数。但实际上,每种货币都有自己的惯例。英镑的报价方式与欧元一样,因此人们说 1 英镑(£)所能兑换的美元数。**日元**(yen,¥)的报价方式是 1 美元所能购买的日元数。

遗憾的是,并不存在一种决定汇率报价方式的简单规则。大部分汇率都是用大于 1 的数字报价。1999 年 1 月 1 日欧元发行时,1 欧元相当于 1.17 美元,这可能是我们说购买 1 欧元所需美元数的原因。从那时起,即使许多时候这个数字小于 1,人们仍然用 1 欧元兑换的美元数报价。如果你要猜测某种汇率的报价方式,那么最好的猜测就是数字大于 1 的那种方式。但真正的解决方法是明确地表明单位,以避免混淆。

10.1.2 实际汇率

虽然你可能对知道 1 欧元值 1.41 美元感兴趣,但是你感兴趣的不止这些。你真正想知道的是,当你去欧洲旅行时,你用欧元所能购买的商品数量。当一切都完成后,你回家时会思考你这次的旅行费用是便宜还是昂贵吗?

因为名义汇率无法提供这个问题的答案,所以我们需要引入一个概念——**实际汇率**(real exchange rate),即一国的商品和服务交换另一国的商品和服务的比率。它是一国的一篮子商品与另一国的一篮子同样商品的相对价格。为了理解这个概念,我们首先看看一杯美国浓咖啡与一杯意大利浓咖啡之间的实际汇率。在美国的星巴克,一杯浓咖啡的价格是1.65美元;而在意大利的佛罗伦萨,一杯浓咖啡的价格是1欧元(的确,意大利的浓咖啡更好喝,而且在美国浓咖啡是奢侈品,但这只是举个例子,我们假定它们是一样的)。为了简化计算,假定名义汇率为1欧元兑换1.50美元,这意味着你在欧洲度假时,购买一杯浓咖啡需要支付1.50美元。更重要的是,你大约可以用1杯星巴克的浓咖啡交换1.1杯意大利的浓咖啡。这就是实际汇率。当你从欧洲度假回来时,你会觉得意大利的浓咖啡非常便宜。

我们可以从浓咖啡的计算中推断实际汇率和名义汇率之间的简单关系。为了计算实际汇率,我们将一杯意大利浓咖啡的欧元价格乘以名义汇率(1欧元兑换的美元数),然后用它去除一杯美国浓咖啡的美元价格。

咖啡的实际汇率

$$= \frac{\text{一杯美国浓咖啡的美元价格}(\$1.65)}{\text{一杯意大利浓咖啡的欧元价格}(€1.00) \times 1\text{欧元兑换的美元数}(\$1.50/€)}$$

$$= \frac{\text{美国浓咖啡的美元价格}(\$1.65)}{\text{意大利浓咖啡的美元价格}(€1.00) \times (\$1.50/€)}$$

$$= \frac{\$1.65}{\$1.50}$$

$$= 1.10 \tag{1}$$

基于以上的价格和汇率,一杯美国星巴克的浓咖啡可以购买1.1杯意大利的浓咖啡。注意等式(1)中的度量单位相互抵消了。在分母中,我们将欧元价格乘以名义汇率(以1欧元兑换的美元数表示),得到用美元表示的数量。然后我们用这个数去除同样以美元表示的分子。实际汇率没有度量单位。

总之,为了计算等式(1)中咖啡的实际汇率,我们将美国咖啡的美元价格除以意大利咖啡的美元价格。我们可以使用相同的方法,通过比较一系列最常被购买的商品和服务的价格来计算更广泛的实际汇率。如果美国生产的一篮子商品和服务所能换取的欧洲生产的商品和服务多于一篮子,正如咖啡的例子一样,那么当我们从巴黎、罗马和雅典旅行回来后,可能会觉得欧洲的生活成本相对更低。根据这条思路,我们可以写出实际汇率的计算公式:

$$\text{实际汇率} = \frac{\text{本国商品的美元价格}}{\text{外国商品的美元价格}} \tag{2}$$

从实际汇率的定义可以看出,当等式(2)的比率大于1时,外国商品更便宜。

实际汇率比名义汇率重要得多。它是衡量各国商品和服务相对价格的比率,告诉我们哪里的东西便宜,哪里的东西昂贵。实际汇率是国际贸易背后的支配力量。当外国商品比本国商品更便宜时,就会刺激人们购买进口商品。本国生产商就更难于与外国进口商品竞争。考虑一下如果你从意大利运输浓咖啡到美国并在一家进口商店销售,那么会发生什么事情。星巴克将会失去生意。显然,你无法进口现煮咖啡,但是你可以进口衣服、电子产品、汽车、飞机和其他各种商品和服务。因此,美国出口商品的竞争力由实际汇率决定。实际汇率升值会使美国的出口商品对于外国人而言更贵,降低它们的竞争力;而实际汇率贬值会使美国的商品对于外国人而言更便宜,提高它们的竞争力。

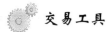
交易工具

理解新闻中的汇率

我们在财经新闻中经常会听到"汇率"这个词。《华尔街日报》有一个"外汇"专栏每天登载相关事件,同时提供最新的美元和各国(地区)货币的名义汇率表(因为这些报价通常适用于100万美元以上的交易,所以它们对旅游者没有什么用处)。该专栏有印刷版和在线版,我们从其中一期翻印了一份汇率表。让我们看看如何阅读表10.1。

表 10.1 货币报盘
2010 年 1 月 21 日美国纽约尾盘外汇汇率

国家(地区)/货币	1 单位外币所能购买的美元数	1 单位美元所能购买的外币数	美元(2010 年年初到 2010 年 1 月 21 日)的变化(%)
美洲			
阿根廷(比索)*	0.2627	3.8066	0.2
巴西(里亚尔)	0.5545	1.8034	3.5
加拿大(元)	0.9511	1.0514	unch
1 个月远期	0.9511	1.0514	unch
3 个月远期	0.9511	1.0514	unch
6 个月远期	0.9509	1.0516	unch
智利(比索)	0.001995	501.25	-1.2
哥伦比亚(比索)	0.0005058	1 977.07	-3.2
厄瓜多尔(美元)	1	1	unch
墨西哥(比索)*	0.0772	12.9618	-0.9
秘鲁(新索尔)	0.3509	2.850	-1.4
乌拉圭(索尔)†	0.05120	19.53	unch
委内瑞拉(强势玻利瓦尔)	0.232845	4.2947	100.0
欧洲			
捷克(克朗)	0.05394	18.539	0.6
丹麦(克朗)	0.1894	5.2798	1.6
欧元区(欧元)	1.4094	0.7095	1.6
匈牙利(福林)	0.005179	193.09	2.2
挪威(克朗)	0.1720	5.8140	0.3
波兰(兹罗提)	0.3445	2.9028	1.2

（续表）

国家(地区)/货币	1 单位外币所能购买的美元数	1 单位美元所能购买的外币数	美元(2010年年初到2010年1月21日)的变化(%)
俄罗斯(卢布)‡	03360	29.762	-1.8
瑞典(克朗)	0.1381	7.2411	1.2
瑞士(法郎)	0.9596	1.0421	0.6
1 个月远期	0.9598	1.0419	0.6
3 个月远期	0.9601	1.0416	0.6
6 个月远期	0.9607	1.0409	0.7
土耳其(里拉)**	0.6722	1.4877	-0.6
英国(英镑)	1.6199	0.6173	-0.2
1 个月远期	1.6195	0.6175	-0.2
3 个月远期	1.6188	0.6177	-0.2
6 个月远期	1.6178	0.6181	-0.2
亚太地区			
澳大利亚(元)	0.9022	1.1084	-0.4
中国内地(人民币元)	0.1465	6.8269	unch
中国香港(港元)	.1287	7.7717	0.2
印度(卢比)	0.02163	46.232	-0.4
印度尼西亚(卢比)	0.0001077	9285	-1.5
日本(日元)	0.011061	90.41	-2.9
1 个月远期	0.011062	90.40	-2.9
3 个月远期	0.011065	90.38	-2.9
6 个月远期	0.011073	90.31	-2.8
马来西亚(林吉特)§	0.2968	3.3693	-1.6
新西兰(元)	0.7119	1.4047	1.9
巴基斯坦(卢比)	0.01182	84.602	0.3
菲律宾(卢比)	0.0218	45.977	-1.1
新加坡(元)	0.7122	1.4041	-0.1
韩国(元)	0.0008734	1 144.95	-1.8
中国台湾(新台币)	0.03131	31.939	-0.2
泰国(铢)	0.03033	32.971	-1.2
越南(盾)	0.00005413	18 474	unch
中东地区/非洲			
巴林岛(第纳尔)	2.6526	0.3770	unch
埃及(镑)*	0.1837	5.4451	-0.7
以色列(谢克尔)	0.2683	3.7272	-1.7
约旦(第纳尔)	1.4139	0.7073	-0.1
科威特(第纳尔)	3.4803	0.2873	0.1

(续表)

国家(地区)/货币	1 单位外币所能购买的美元数	1 单位美元所能购买的外币数	美元(2010 年年初到 2010 年 1 月 21 日)的变化(%)
黎巴嫩(英镑)	0.0006656	1502.40	unch
沙特阿拉伯(里亚尔)	0.2666	3.7509	unch
南非(兰特)	0.1317	7.5930	2.5
阿拉伯联合酋长国(迪拉姆)	0.2723	3.6724	unch
特别提款权**	1.5550	0.6431	0.8

注:第 2 列和第 3 列比率的倒数性质。对于任何条目,如果你用第 2 列的数字乘以第 3 列的数字将等于 1,因此用 1 除以任何一列的数字将等于另一列的数字。

第 1 列:国家(地区)以及货币名称。

第 2 列:按 2010 年 1 月 21 日星期四的收盘价,1 单位外币所能购买的美元数。从"英国(英镑)"这一个条目可以看到,1 英镑可以购买 1.6199 美元。

第 3 列:按 2010 年 1 月 21 日星期四的收盘价,购买 1 单位美元所需的外币数。从"日本(日元)"这一个条目可以看到,90.41 日元可以购买 1 美元。

第 4 列:2010 年年初到 2010 年 1 月 21 日美元变化的等价物。也就是说,从 2010 年 1 月 1 日起,购买 1 单位美元的外币数的变化。因此,正值意味着美元相对外币升值,而负值暗示美元贬值。在一些情形中,汇率不变,因此用"unch"代表。为考察它的运作,注意到"欧元区(欧元)"是 1.6%,这就意味着在 2010 年的前三个星期美元相对欧元升值,从 0.6983 欧元/美元到 0.7095 欧元/美元,上涨了 1.6%。

对于大的外币市场(例如英国和日本的外币市场),汇率表不仅提供即期汇率,还提供远期汇率。即期汇率是立即交易的汇率(交割期为两天)。远期汇率是外币自营商承诺在未来买入或卖出货币的汇率,所以它们能够提供关于市场参与者预期未来货币升值或贬值的一些暗示。

在考虑汇率的时候,你必须明确你是用 1 单位外币所能兑换的美元数报价(如表中第 2 列),还是用 1 美元所能购买的外币数量报价。两者很容易混淆。如果你去欧洲,将 1 欧元兑换 1.4094 美元误解为 1 美元兑换 0.7095 欧元,那么你会觉得任何东西都比实际上更便宜,结果你会购买许多本来没有打算购买的东西。

* 浮动汇率。
† 金融汇率。
§ 政府汇率。
‡ 俄罗斯中央银行汇率。
** 以 2005 年 1 月 1 日定基。
†† 特别提款权(SDR);来自国际货币基金组织;基于美国、英国和日本货币的汇率。注意:基于银行间 100 万美元以上的交易,路透社下午 4 点的报价。

10.1.3 外汇市场

外汇交易量是巨大的。2007 年,在一个全天 24 小时运作的市场里,平均每天的外币交易量为 3.2 万亿美元。① 为了理解这个数字有多大,我们将它与世界的产出和贸易量相比较。国际货币基金组织估计,2007 年全球 GDP(市场价格)大约为 55 万亿美元,国际贸易量(出口量加进口量)为全球 GDP 中的 17 万亿美元。但这些是年度数据。如果以一年 260 个交易日计算,那么外汇交易量大约为 830 万亿美元——为全球 GDP 的 15 倍,世界贸易总量的 50 倍。

美元的流动性使它成为大约 85% 货币交易的通用货币。② 这意味着希望将泰铢兑换成日元的人可能要进行两次交易。首先将泰铢兑换成美元,随后将美元兑换为日元。这些交易可能大部分在伦敦进行,因为超过三分之一的外汇交易在英国进行——大约是纽约交易量的两倍。其他重要的外汇交易在东京(6%)、新加坡(6%)和苏黎世(6%)进行。

10.2 长期汇率

汇率如何决定?为了回答这个问题,我们将讨论分为两个部分。本节讨论在一个特定的时期(一年或者更长时间)决定和推动汇率长期变化的力量。下节将讨论汇率短期(几天或几个月)变化的原因。

10.2.1 一价定律

我们从一价定律开始讨论长期汇率的决定。**一价定律**(law of one price)基于套利这个概念——相同的产品应该具有相同的价格。回忆一下第 9 章所讨论的,具有相同的风险和相同的承诺回报的两种金融工具应该具有相同的价格。我们可以将这种现象称作金融套利。如果将套利这个概念从金融工具扩展到商品和服务,那么我们可以推断无论在哪里出售,相同的商品和服务都应该具有相同的价格。无论在圣路易斯还是在费城出售,相同的电视或汽车的价格都应该相同。如果不是这样,那么就会有人获利。

举个例子,如果一台特定型号的电视机在圣路易斯的价格比费城的价格便宜,那么就会有人在圣路易斯购买彩电,并将它运到费城出售而获利。这种套利机会的存在会增加圣路易斯的彩电需求(那里的价格低),增加费城的彩电供给(那里的价格高)。需求增加使价格上升,供给增加使价格下降。这个过程将持续到两个城市的电视机的价格相等为止。当然,只有在不考虑运输成本时,价格才会完全相等。如果从密西西比河沿东海岸运输 900 英里的成本为 10 美元,那么套利将持续到圣路易斯的价格比费城的价格低 10 美元为止。

---

① 该估计值来自位于瑞士巴塞尔的国际清算银行每三年一次的调查报告。你可以在 www.bis.org 找到这份调查报告的完整版。

② 美元的流动性产生了溢价,使美元价值上升,正如流动性使债券价格上升一样。

我们可以将一价定律从同一国家的城市之间扩展到不同国家的城市之间。我们考虑一下密歇根州的底特律和安大略湖的温莎——两个城市被底特律河和加拿大国界分开。我们大约花一分钟就能从桥或隧道通过这条河。忽略运输成本,如果我们将价格从美元转换为加拿大元,那么两个城市电视机的价格就应该相等。如果电视机在美国的价格是500美元,那么以1美元兑换1.05加拿大元的名义汇率计算(参见表10.1),加拿大的价格应该为500×1.05=525加拿大元。也就是说,一价定律告诉我们:

一台电视机在安大略湖的温莎的加拿大元价格
= 一台电视机在底特律的美元价格 × 1 美元兑换的加拿大元数 (3)

这个例子再次表明,在处理与汇率有关的问题时,使用正确的单位的重要性。我们通过乘以购买1美元所需要的加拿大元数,将美元价格转换为加拿大元价格。也就是说,美元价格乘以1美元所能兑换的加拿大元数等于加拿大元价格。这和先前计算一杯意大利浓咖啡的美元价格的方法是相同的。那时,我们将欧元价格乘以1欧元所能兑换的美元数,从而得到美元价格。

回到一价定律,我们马上可以看出它几乎总是不成立的。事实是在不同国家,相同的商品或服务的价格差别很大。为什么呢?运输成本非常高,尤其是很重的物品,比如大理石或者石板。关税——经过一国关境时征收的税收——有时很高,尤其是在设法保护本国产业的国家。有时技术规格也不同。在巴黎购买的电视机在圣路易斯不能用,因为它要求的输入信号不同;在英国销售的汽车在美国或欧洲大陆无法使用,因为它的方向盘在右边。而且,不同国家的喜好不同,因此价格也不同。最后,一些东西无法交易。新德里的理发价格可能比费城便宜,但是大部分美国人无法从这种价差中获利。

你的金融世界

投 资 海 外

多样化总是好的。通过在一个更广泛的股票和债券的范围内分散投资增加投资组合中相互独立的风险量有助于减少风险,而不会降低预期回报。这是共同基金投资的基本原理,也是投资海外的原因。同样,在堪萨斯州生活的人会毫不犹豫地投资一家在俄州亥俄的公司。这就是为什么生活在美国的人会毫不犹豫地投资国外的理由。

许多年来,在美国,一些金融顾问一直忠告顾客应持有一部分外国股票组成的股权投资组合。其实,你并不需要一位投资顾问帮你留心这个建议。只要你开始为退休储蓄——这应该从你得到稳定的工作就立即开始——你就应该从国际化角度使投资多样化。只要在其他国家的股票回报和美国股票市场不一致,持有它们就会减少你的投资组合的风险。数据显示,其他国家股票市场的回报波动有点独立于美国股票市场。但是,多样化的益处不能抵消汇率波动的风险。的确,购买英国股票意味着用美元交换英镑,然后在稍晚的时候换回美元。在此期间,汇率可能发生变动。但是现实向我们证明了尽管存在汇率波动的风险,持有外国股票既可以减少风险也不会牺牲收益。

10.2.2 购买力平价

一价定律通常不成立,那么为什么我们还要研究它呢?虽然它有明显的缺陷,但是一价定律在解释汇率的长期行为时非常有用,比如 10 年或 20 年。为了弄清楚原因,我们需要将一价定律从单一商品扩展到一篮子商品和服务。结论就是**购买力平价**(purchasing power parity,PPP)理论,它意味着 1 单位美国国内货币在世界上任何地方都能购买到的相同的一篮子商品和服务。这种观点听起来可能很可笑,但是让我们看看它的含义。

根据购买力平价理论,美国的一篮子商品和服务的美元价格应该与墨西哥、日本或英国的一篮子商品和服务的美元价格相同。以英国为例,这就是说:

$$\text{美国一篮子商品的美元价格} = \text{英国一篮子商品的美元价格} \tag{4}$$

将表达式重新排列,可以得到:

$$\frac{\text{美国一篮子商品的美元价格}}{\text{英国一篮子商品的美元价格}} = 1 \tag{5}$$

等式(5)的左边非常熟悉:它是实际汇率。因此,购买力平价意味着实际汇率总是等于 1。结论显而易见,即不管你走到哪里,1 美元的购买力总是一样的。

这种观点看起来非常可笑。如果 1 美元在意大利和美国无法购买相同数量的咖啡,那么它怎么可能在任何时候、在世界各地都具有相同的购买力呢?在任何一天,它都不可能。但是从长期看,汇率一定会变动,因此这个概念有助于我们理解几年或几十年的变化。为了看看如何变化,记住一篮子外国商品的美元价格等于一篮子商品的外币价格乘以 1 单位外国货币兑换的美元数。这意味着如果英国的一篮子商品以英镑而不是美元报价,那么:

$$\frac{\text{美国一篮子商品的美元价格}}{\text{英国一篮子商品的英镑价格} \times 1 \text{英镑兑换的美元数}} = 1 \tag{6}$$

因此,

$$\frac{\text{美国一篮子商品的美元价格}}{\text{英国一篮子商品的英镑价格}} = 1 \text{ 英镑兑换的美元数} \tag{7}$$

也就是说,购买力平价意味着当一个国家物价变化而另一个国家物价不变时,汇率也应该发生变化。当一个国家的物价上升时,这种现象称作通货膨胀。如果一个国家发生通货膨胀而另一个国家没有发生,那么价格的变化就会产生国际通货膨胀差异。因此,购买力平价告诉我们各国的通货膨胀差异导致了汇率变化。具体来说,高通货膨胀国家的货币将会贬值。

为了理解这种观点,考虑一下如果英国没有发生通货膨胀,而美国的物价上涨一倍会发生什么。我们不会认为美元与英镑的汇率会保持不变。我们能够预测,现在 1 美元所能购买的英镑数为以前的一半(也就是说,购买 1 英镑所需要的美元数增加一倍)。[①] 有强

---

① 可以用数学公式表达。如果 P 代表一篮子商品的本国(美国)货币价格,P^f 代表外国(英国)一篮子商品的外国货币价格,e 代表名义汇率,以外国货币的本币价格表示(1 英镑兑换的美元数),那么购买力平价告诉我们(P/eP^f) = 1[公式(5)],因此 $e = (P/P^f)$[公式(7)]。这个等式意味着汇率的变化等于本国与外国的通货膨胀差异。

有力的证据支持这种推论,但是这需要相当长时间的数据,而且这种关系并不是绝对的。

我们以图10.2所描述的美元兑换英镑的汇率为例。1973年,1英镑大约值2.50美元。到2010年5月,1英镑值1.44美元——贬值了42%,这37年大约平均每年贬值1.5%。在这段时间,美国物价平均每年上涨4.45%,英国物价平均每年上涨6.44%——平均每年的差异为1.99%。虽然通货膨胀与汇率的关系并不绝对,但是它的确解释了这37年来美元兑换英镑的汇率的大部分变动。

这一点对英国是正确的,对世界上其他国家也是正确的。为了证明这一点,我们可以看看一幅图,该图描述了(a)其他国家的通货膨胀与美国的通货膨胀的历史差异与(b)购买1美元所需要的其他国家货币数的百分比变化(即汇率的年平均贬值)的关系。

图10.4描述了71个国家的数据,这些数据来自国际货币基金组织。每一个点代表一个国家。横坐标表示各国平均每年的通货膨胀与美国的差异,纵坐标表示各国货币与美元的汇率平均每年的百分比变化。越右边的点代表通货膨胀率越高的国家,越上面的点代表25年的时间内对美元的汇率贬值越多的国家。实线是一条45°直线,它与购买力平价的理论预测是一致的。在这条线上,汇率变动完全等于通货膨胀率的差异。诚然,并不是全部点都落在这条线上,但规律非常清楚。一个国家的通货膨胀率越高,它的汇率贬值越多。

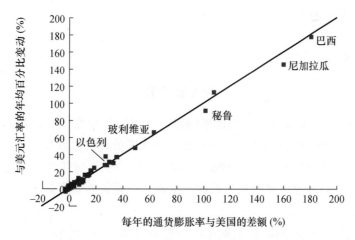

图10.4 汇率变动与通货膨胀差异(1980—2005)

资料来源:国际货币基金组织。

以玻利维亚的极端情况为例。1980—2005年,玻利维亚平均每年的通货膨胀率超过美国63%,玻利维亚的货币(原先是玻利维尔,现在是玻利维诺斯)平均每年贬值66%。从总体上看,2005年玻利维亚的物价水平比1980年的物价水平的340 000倍还高,而汇率也大约贬值相同倍数。这意味着2005年在外汇市场购买1美元所需要的玻利维诺斯数是1980年的330 000倍。重要的是,图10.4告诉我们,通货膨胀差异大的国家间的汇率不可能小幅变化;同样,通货膨胀差异小的国家间的汇率不可能大幅变化。所有点都在45°直线附近。

图 10.4 的数据告诉我们,在 25 年的时间内,购买力平价是成立的。即使以 10 年为时间长度,汇率变动与各国通货膨胀差异之间的关系仍然成立。但是如果以几个星期、几个月或几年为时间长度,这种关系就不成立了。这可以从图 10.1 中韩元兑换美元和图 10.3 中欧元兑换美元的汇率中看出。1997 年年末,韩元突然大幅贬值,仅几个月就由 1 美元兑换 900 韩元跌至 1 美元兑换 1 900 韩元。在这段时间内,韩国的通货膨胀率相对稳定在 7.5%,而美国的通货膨胀率为 1.5%,这无法解释汇率的突然变化。

类似地,1999 年 1 月欧元发行以后,欧元兑换美元的汇率连续两年下降,跌幅超过 25%(见图 10.3)。在这段时间内,欧元区的通货膨胀率比美国低 1 个百分点。这样的例子很正常,不是特例。以周、月和年为时间长度时,名义汇率可能大幅偏离购买力平价的理论水平。因此,虽然这个理论有助于理解汇率的长期波动,但是它无法解释汇率的短期变动。幸运的是,我们有用来解释汇率短期变动的工具。

在继续讨论之前,我们应该注意另外两个术语的含义。我们经常听到用**价值低估**(under valued)或**价值高估**(over valued)来描述货币。当人们使用这些术语时,他们指的是当前的市场汇率偏离了购买力平价的理论水平。例如,某个人认为 1 美元应该兑换 1 欧元——也就是说,根据某种方法,1∶1 是"正确"的长期汇率——他会认为如果 1 美元只能购买 0.90 欧元,那么美元相对于欧元被低估了,或者说欧元相对于美元被高估了。

概念应用

巨无霸指数

20 世纪末,巨无霸已经在 121 个国家(地区)销售。不管在哪里销售,巨无霸都是"两个纯牛肉饼,撒上特制起司酱、生菜、干酪、泡菜和洋葱的芝麻圆面包"。毫无疑问,每家麦当劳餐厅都要求用当地货币支付。1986 年,《经济学人》杂志的工作人员意识到这里存在一个机会。他们可以根据汇率和巨无霸的价格估计一国货币偏离购买力平价的理论水平的程度。

每年两次,《经济学人》在"巨无霸货币"和"汉堡经济学"的标题下列出大约 50 个国家(地区)的巨无霸价格。图 10.5 摘抄了 2009 年 7 月 16 日的巨无霸价格和 2010 年 3 月 10 日的汇率(来自 http://www.oanda.com/currency/big-mac-index)。以巨无霸的价格作为比较基础,它表明每个国家(地区)的货币相对于美元的低估或高估程度。从图中可以看出,除了英镑和欧元外,所有汇率都以购买 1 美元所需要的该国(地区)货币数报价。英镑和欧元例外——汇率用购买 1 英镑或者 1 欧元的美元数报价。

国家(地区)	巨无霸的价格		隐含的PPP*理论汇率	实际美元汇率(10/3/2010)	相对于美元低估(-)/高估(+)的比率(%)
	以该国(地区)货币表示	以美元表示			
美国††	$ 3.57	3.57	—	1.00	—
阿根廷	Peso 11.5	2.98	3.22	3.86	-17
澳大利亚	A $ 4.34	3.95	1.22	1.10	11
巴西	Real 8.03	4.48	2.25	1.79	25
英国	£ 2.29	3.43	1.56‡	1.50‡	-4
加拿大	C $ 3.89	3.78	1.09	1.03	6
智利	Peso 1 750	3.36	490	521	-6
中国内地	Yuan 12.5	1.83	3.50	6.84	-49
哥伦比亚	Peso 7 000	3.64	1 961	1.923	2
哥斯达黎加	Colones 2 000	3.60	560	555	1
捷克	Koruna 67.9	3.60	19.0	18.9	1
丹麦	DKr 29.5	5.39	8.26	5.48	51
爱沙尼亚	Kroon 32.0	2.78	8.96	11.5	-22
埃及	Pound 13.0	2.36	3.64	5.51	-34
欧元区§	3.31	4.50	1.08**	1.36**	26
中国香港	HK $ 13.3	1.71	3.73	7.76	-52
匈牙利	Forint 720	3.66	202	197	3
爱尔兰	Kronur 640	4.98	179	129	39
印度尼西亚	Rupiah 20 900	2.27	5 854	9 208	-36
以色列	Shekel 15.0	3.98	4.20	3.77	11
日本	¥ 320	3.56	89.6	89.9	nil
拉脱维亚	Lats 1.55	2.96	0.43	0.52	-18
立陶宛	Litas 7.1	2.79	1.99	2.54	-22
马来西亚	Ringgit 6.77	2.03	1.90	3.34	-43
墨西哥	Peso 33.0	2.60	9.24	12.7	-27
新西兰	NZ $ 4.90	3.43	1.37	1.43	-4
挪威	Kroner 40.0	6.76	11.2	5.92	89
巴基斯坦	Rupee 190	2.22	53.2	85.6	-38
秘鲁	New Sol 8.06	2.79	2.26	2.88	-22
菲律宾	Peso 99.4	2.17	27.8	45.9	-39
波兰	Zloty 7.60	2.66	2.13	2.85	-25
俄罗斯	Rouble 67.0	2.25	18.8	29.8	-37
沙特阿拉伯	Riyal 11.0	2.93	3.08	3.76	-18
新加坡	S $ 4.22	3.01	1.18	1.40	-16
南非	Rand 18.0	2.42	5.03	7.43	-32
韩国	Won 3 400	2.99	952	1 135	-16
斯里兰卡	Rupee 210	1.84	58.8	114	-49
瑞典	SKr 39.0	5.45	10.9	7.15	52
瑞士	SFr 6.50	6.04	1.82	1.08	69
中国台湾	NT $ 75.0	2.36	21.0	31.8	-34
泰国	Baht 64.5	1.96	18.1	32.8	-45
土耳其	Lire 5.65	3.67	1.58	1.54	3
阿拉伯联合酋长国	Dirhams 10.0	2.72	2.80	3.67	-24
乌克兰	Hryvnia 14.0	1.73	3.92	8.11	-52
乌拉圭	Peso 61.0	3.04	17.1	20.1	-15

* 购买力平价:该国(地区)价格除以美国价格。最新的价格和对应的 PPP 理论汇率来自《经济学人》。用互联网货币交易公司(OANDA)最新汇率报价计算相对美元低估或高估的汇率:100×(PPP-汇率)/汇率。

†† 纽约、亚特兰大、芝加哥和旧金山的平均值。

‡ 每英镑的美元数。

§ 欧元区价格的加权平均。

** 每欧元对应的美元数。

图 10.5 "汉堡包"经济学盛宴——巨无霸指数

为了理解**巨无霸指数**(Big Mac Index)如何发挥作用,我们来看看丹麦的例子。丹麦的货币被称作克朗(意思是"皇冠"),在2009年6月,在哥本哈根购买一个巨无霸需要29.5克朗。按照5.48克朗/美元的汇率,29.5克朗等价于5.39美元。为了计算由购买力平价决定的1美元的克朗数,我们可以用公式(7),用一个巨无霸的克朗表示的价格除以美元表示的价格:29.5克朗/3.57美元=8.26克朗/美元。在购买力平价理论下,购买1美元需要8.26克朗。但是,在货币市场上购买1美元须花费5.48克朗,意味着丹麦克朗被高估了51%。对于中国的人民币亦如此,可计算得出人民币被低估了49%。

巨无霸指数是个聪明的想法,它的效果很好。它基于一种无法进行贸易的商品来衡量汇率,这些商品的价格由工资、租金和税收等决定。

资料来源:ⓒ The Economist Newspaper Ltd. All rights reserved. Reprinted with permission. Further reproduction prohibited. www.economist.com. 图中数据来自 www.oanda.com。

10.3 短期汇率

虽然购买力平价有助于理解名义汇率几十年的变动,但是它无法解释汇率每周、每月或者每年的变动。什么能够解释呢?什么现象会导致汇率的持续变动呢?为了解释名义汇率的短期变动,我们需要分析货币的供给和需求。因为在短期内,价格不会大幅变动,所以名义汇率的变动能够代表实际汇率的变化。也就是说,如果一天或一周,美元兑换欧元的名义汇率变化1%或2%,那么美元兑换欧元的实际汇率也会变化大致相同的数量。

10.3.1 美元供给

在讨论外汇时,我们总要选择一个本国作为讨论基础。最自然的选择就是美国,因此我们使用美元作为本国货币。我们将以此为基础讨论购买1美元所需要的外国货币数。例如,我们将讨论购买1美元所需的欧元数。

谁为外汇市场提供美元呢?当然是拥有美元的人——主要是美国人。拥有美元的人希望将美元兑换成欧元或日元的原因有两个:(1)购买外国生产的商品或服务,比如一台日本电视机,在巴黎用餐,或者国外大学的学费;(2)投资外国资产,比如德国电信公司(德意志电信)发行的债券,或者日本汽车、摩托车制造商本田公司发行的股票。

图10.6描述了美元兑换欧元市场的**美元供给**(supply of dollars)。像其他供给曲线一样,它是向上倾斜的。美元的市场价格越高,美元的供给就越多。美元越值钱,在美国市场上,相对于本国商品和资产而言,购买外国生产的商品和外国资产就越便宜。

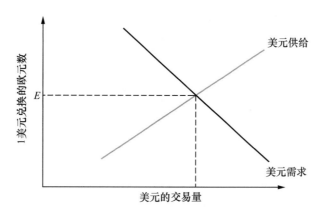

图 10.6　美元兑换欧元市场

为了弄清楚原因,假设你打算购买一辆汽车。你将目标锁定为德国大众生产的捷达和美国福特生产的福克斯。价格对你是很重要的。因为大众在国外生产,所以美元价格的变化会影响你的决定。当美元升值时,捷达的价格下降,你就更可能购买捷达。如果你这样做,那么你将向外汇市场提供美元。购买汽车如此,购买所有其他物品都如此。美元越值钱,外国商品、服务和资产就越便宜,美元兑换欧元市场的美元供给就越多。因此,美元的供给曲线向上倾斜。

10.3.2　美元需求

希望购买美国生产的商品、资产或服务的外国人需要美元。假设一个欧洲学生希望就读美国的大学,而学校只接受美元,因此要支付学费就必须将欧元兑换成美元。美元兑换欧元的汇率越低——购买 1 美元所需要的欧元数越少——对于这个欧洲学生而言,学费就越便宜。基于给定的美元价格,购买 1 美元所需要的欧元数越少,美国生产的商品和服务就越便宜。商品和服务越便宜,对它的需求就越多。投资也是如此。美元越便宜——美元兑换欧元的汇率越低——在美国投资就越有吸引力,**美元需求**(demand for dollars)就越多。因此,美元的需求曲线向下倾斜(见图 10.6)。

　你的金融世界

不要在汇率上打赌

许多人对汇率的可能走势抱有看法。你应该听从他们的主张,试图利用汇率波动获得收益吗?答案肯定是否定的。为了了解原因,我们来查看一件经济史上最近发生的事件。2008 年,美国进口超过出口的量接近 GDP 总值的 5%(这是一个相当大的经常项目赤字)。经济在衰退,股市在下滑,但是美元仍旧强劲。而且,日元在经济停滞和低利率水平长达十多年后仍然保持强劲。任何人经历了这些事件都会认为,美元和日元应当贬值。但是意识到长期中会发生什么事并不能对短期起到帮助。专家们无法告诉你美元何时贬值。

你如何预期未来的汇率呢？你可以查看外汇远期市场上的主要货币。在这些市场上，外币交易商们达成协议——在三个月后以一个固定价格出售欧元（或者日元、其他主要货币等）。由于他们不愿产生损失，因此这些交易商会利用所有可能的信息（包括利率）对交割当天的汇率进行精确的预测。但是如果查看报纸，你会发现远期汇率实质上总是浮动在偏离即期汇率的1个百分点或者2个百分点的范围之内。也就是说，最佳预测是指汇率不会变化多少。（查看《华尔街日报》的商业板块"汇率"栏目来证实这个观点。）这种趋势是正确的，即使在巨无霸指数或者基于购买力平价理论的更复杂的计算告诉我们汇率应该有更大的变动的情况下依然如此。

问题是，在短期内，汇率本来就不可预测。没有人知道下周、下个月，甚至下一年将发生什么。总之，未来汇率的最佳预测总是今天的汇率。因为你真的不能比这做得更好，所以在汇率上下赌注不是一个好主意。

10.3.3 美元市场的均衡

图 10.6 中的 E 点表示均衡汇率，在该点，美元供给等于美元需求。因为世界上主要货币的价格（包括美元、欧元、日元和英镑）都自由浮动，所以它们由市场力量决定。因此，它们价格的波动是供给或需求变动的结果。

10.3.4 美元供给和需求的变动

美元供给或需求的变动会改变均衡汇率。我们首先看看美元供给的变动。记住，希望购买外国产品或外国资产的美国人将向外汇市场提供美元。任何增加他们从国外进口商品和服务的渴望或增加他们对外国股票和债券的偏好的事情，都会增加美元供给，导致美元贬值。图 10.7 描述了这个过程的原理。

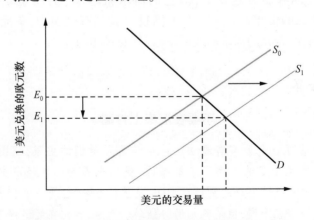

图 10.7　美元兑换欧元市场的美元供给增加的影响

是什么原因导致美国人对外国商品、服务和资产的偏好增加，进而增加对外汇市场的美元供给并最终使得供给曲线右移呢？这个问题有许多答案。下面列出了可能的答案。

美国人用于购买外国商品和服务的美元供给增加是因为：

- 美国人对外国商品的偏好增加。例如，成功的广告活动说服美国消费者去购买更多的进口橄榄油。为了满足新的订单，美国的进口商将美元兑换成欧元，使美元的供给曲线向右移动。

美国人用于购买外国资产的美元供给增加是因为：

- 外国债券（相对于美国债券）的实际利率上升。当美国的实际利率保持不变时，外国债券的回报上升会使它们更有吸引力。因为购买德国债券需要将美元兑换成欧元，所以购买外国债券的渴望的增加会使美元的供给曲线向右移动。（记住，实际利率等于名义利率减去预期通货膨胀率，因此实际利率上升可能是因为名义利率上升而预期通货膨胀率保持不变，也可能是因为预期通货膨胀率下降而名义利率保持不变。）
- 美国人的财富增加。正如收入增加使任何物品的消费增加一样，财富增加使任何投资增加。我们越富有，我们就会进行越多的外国投资，兑换成欧元的美元数就会越多，这使美元的供给曲线向右移动。
- 外国投资相对于美国投资的风险降低。无论在哪个国家发行，低风险的债券总是更受欢迎。如果外国投资的风险降低，那么美国人将会进行更多的外国投资。为了进行投资，他们会增加外汇市场的美元供给。
- 预期美元贬值。如果人们认为因为通货膨胀，美元可能将贬值，那么他们会希望将美元兑换成外国货币。为了弄清楚原因，假设目前的汇率是1美元兑换0.66欧元，而你预计下一年的汇率是1美元兑换0.6欧元。如果你现在将100美元兑换成欧元，那么你将得到66欧元。一年后你进行反向交易，你将得到110美元，获得10%的回报。这种观点很简单：如果投资者认为美元价格会下降——它将贬值，那么他们会卖出美元，这会增加外汇市场的美元供给。

为了理解美元需求的变动，我们只需回顾一下刚才列举的答案，这次从外国人的角度考虑。任何增加外国人购买美国生产的商品和服务或投资美国资产的渴望的事情，都会增加美元需求。当美国债券的真实收益（相对于外国债券的收益）增加时，当外国的财富增加时，当美国投资的风险降低时，以及当美元预期升值时，对美元的需求增加。所有这些情况都会使需求增加，使需求曲线向右移动，导致美元升值（见图10.8）。表10.2总结了使外汇市场上美元供给和需求增加的所有情况。

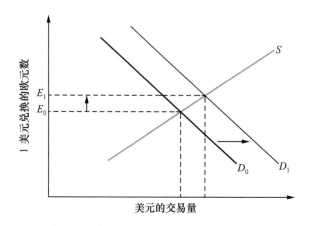

图 10.8　美元兑换欧元市场的美元需求增加的影响

表 10.2　美元供给和需求增加的原因

供给增加(导致美元贬值)	需求增加(导致美元升值)
美国人对外国商品的偏好增加	外国人对美国商品的偏好增加
外国债券(相对于美国债券)的实际利率上升	美国债券(相对于外国债券)的实际利率上升
美国人的财富增加	外国人的财富增加
外国投资(相对于美国投资)的风险降低	美国投资(相对于外国投资)的风险降低
预期美元贬值	预期美元升值

10.3.5　解释汇率变动

汇率决定的供给和需求模型有助于解释货币价格的短期变动。回顾一下从 1999 年 1 月到 2000 年 10 月，美元相对于欧元升值 30%(见图 10.3)。在这段时间内，购买 1 美元所需要的欧元数增加。通过这个模型，我们可以推断原因可能是美国人的美元供给减少，也可能是外国人的美元需求增加。前者使供给曲线向左移动，后者使需求曲线向右移动，两者都提高了均衡汇率，使美元更值钱。为了弄清楚是哪个原因，我们需要寻找其他证据。

看看美元供给的统计数据，我们发现美国的经常账户赤字——进口与出口的差额——从 1998 年年末的 2 000 亿美元增加到 2000 年年末的 4 500 亿美元。也就是说，这段时间内，美国人增加了对外国商品的购买，增加了美元供给。同时，国外的投资基金涌入美国(参见本章"交易工具：理解新闻中的汇率")。1998 年秋天是金融压力极大的时期，在危机期间，投资者倾向于将投资转移到最安全的地方，他们认为这个地方就是美国。1999 年是美国股票市场泡沫的波峰。外国资本涌入互联网公司，尤其是在纳斯达克上市的公司(参见第 8 章的讨论)。因此，外国人对美元的需求大幅增加，超过了美元供给的增加，导致"价格"——汇率——上升。但是，从长期看，这种变动是无法维持的，因此美元最终会贬值，回到更符合购买力平价理论的水平。

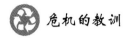 **危机的教训**

货币风险和展期风险

在 2007—2009 年的危机中,一些非美国银行的生存面临突然的威胁:当银行间市场枯竭时,它们发现很难借到美元为其美元贷款和证券融资(参见第 3 章"危机的教训:同业拆借")。*

当银行用一种外国货币贷款时,它通常也用这种货币借款。当银行用一种货币借款,用另一种货币贷款时,它们就面临货币风险。如果银行用于贷款的货币相对于用于借款的货币升值,银行就获利;反之,银行将有损失。用于贷款和借款的货币错配的幅度越大,货币风险就越大。

但是简单地将资产和贷款的货币相匹配并不能消除银行面临的全部风险。因为贷款的期限总是长于借款的期限,所以银行仍面临外国货币的资金流动性被耗尽的危险。这种危险被称作展期风险。如果一家银行不能将它的短期外国货币借款展期(也就是说,重新确定到期日),那么它必须出售所拥有的外国货币资产或者接受本国货币借款所增加的货币风险。一场危机甚至会使得银行无法选择,从而威胁银行的生存。

为了了解货币风险和展期风险的关系,考虑一家日本银行的资产负债表(见表 10.3)。这家银行用美元和日元进行短期借款与长期贷款。但是由于这样的借贷,使得银行面临 1 亿美元的货币缺口,这是它的借款和贷款在外国货币上的缺口。在初始汇率 100 日元/美元上,这个缺口是 100 亿日元。银行的货币风险是什么?如果日元升值到 99 日元/美元——现在只需要 99 日元而不是 100 日元购买 1 美元——银行损失 1 亿日元。如果日元贬值到 101 日元/美元,银行获益 1 亿日元。银行也有美元展期风险。如果不能将 1 亿美元展期,银行必须通过出售美元贷款或者用日元借款支付。后者增加了它的货币风险。

表 10.3 假设的日本银行的资产负债表

资产(长期)	负债(短期)
100 亿日元	200 亿日元
2 亿美元	1 亿美元

在 2007—2009 年的金融危机中,展期风险对于在国际上活跃的银行是严重的,并对整个金融体系造成威胁。从政策角度来看,目标不仅是创造充足的美元供给,而且是要把美元分给需要美元的银行。只有美国的中央银行(美联储)可以创造美元,但是美联储并不知道所有非美国私人银行的美元需求。

因此,为限制信贷风险,美国中央银行特别安排与另外 10 家中央银行进行美元互换。这些中央银行承担将这些新创造的美元借给国内银行所带来的货币风险和信用风险。中央银行间的空前合作,使得通过强力且有效的政策应对货币灾难的威胁成为可能。

* 我们在第 2 章定义了资金流动性,它是指金融机构借款购买证券或者贷款的难易程度。

10.4 政府政策和外汇干预

一个国家对出口和进口的依赖越大，它的汇率就越重要。货币升值会使外国人对本国出口品支付的价格上升，而本国居民对进口品支付的价格下降。外国价格相对于本国价格的这种变动会损害本国企业。出口量大的公司及那些与进口商品竞争的企业受损最大。它们经常向公选官员施压，以使货币贬值。毕竟，政府的政策制定者控制许多商品和服务（包括牛奶、租金和电力）的价格。为什么不能控制汇率呢？

政府官员可以通过多种方式干预外汇市场。一些国家实行固定汇率制，力图使汇率维持在它们希望的水平。我们将在第 19 章中讨论这种方法的含义。现在我们只要知道，如果政策制定者拥有足够的资源并且愿意采取必要的行动，那么汇率就能够被控制。

大的工业化国家和共同货币区（比如美国、欧洲和日本），通常由货币市场决定它们的汇率。虽然如此，这些国家的官员有的时候也设法影响货币价值。有时候，他们发表公开声明，希望影响货币投资者。但是语言是廉价的，这种声明很少产生影响。又有时候，政府会购买或卖出货币，试图影响供给或需求。这种方法称作外汇干预（foreign exchange intervention）。

有些国家几乎不曾尝试使用这种方法影响它们的汇率，而有些国家频繁干预市场。1997—2009 年，美国只干预过两次，每次都是因为其盟国施压才这样做。在主要的工业化国家中，日本是外汇市场最频繁的参与者。2002 年春天是一个很好的例子。

在 20 世纪 90 年代后半期，日本经济停滞；实际 GDP 的增长率大约为 1%。2001 年，经济状况恶化，产出下降 2%。在尝试其他各种所能想到的方法都无法复苏经济后，日本官员决定看看日元贬值是否有作用。这种方法是通过降低外国人对日本产品支付的价格，帮助日本出口商增加它们的国外销售。2002 年 5 月下旬，日本财政部卖出日元，买进美元，希望通过增加日元供给来降低日元价格。虽然由于干预，日元轻微贬值，但是到了月末，它的价格比干预前更高了。

为什么日本政府的政策会失败？无论供给从何而来，难道日元供给增加不应该导致日元贬值吗？干预失败的主要原因是，当日本财政部卖出日元时，日本银行将它们买入。我们将在第 19 章详细讨论，这里只作简单介绍。日本银行负责日本的货币政策，它必须控制短期利率。在操作上，几天内日本银行进行了财政部外汇干预的反向操作。如果它不这么做，它希望控制的利率就会改变。因此，除非利率变化，否则外汇干预无效。这就是像美国这样的国家很少干预外汇市场的原因。

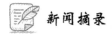 新闻摘录

美国和北京在中国货币问题上的僵局

Don Lee & David Pierson

通过使人民币(Yuan)随着美元贬值而贬值,中国使得美国出口商很难获得海外市场。

奥巴马总统对北京的访问证明,美国领导者可以呼吁并使得中国经济政策做出重要改变的日子一去不复返了。中国不仅否定奥巴马的呼吁,而且高谈阔论美国的缺点。

……

在北京讨论的直接议题,主要集中在货币价值和进出口政策等高度技术性的问题上。

……

奥巴马不是唯一建议北京重新考虑其经济政策的人,其他发达国家和亚洲一些新兴经济体也有相似的呼吁。国际货币基金组织的执行总裁 Dominique Strauss-Kahn 在奥巴马访问期间向北京提出同样的主张。他主张中国利率应与世界利率一起改变。

所有的呼吁都被礼貌地避开了。

……

这件事意味着,中国至少在下一年仍很可能坚持让政府执行人民币盯住美元的政策——而不是使人民币升值;作为对独立市场力量的回应,逐步使人民币自由浮动。这样,人民币汇率变动就如其他主要货币那样。

自2008年下半年以来,人民币与美元的汇率就固定在6.8元/美元。

中国对美元的一套政策有助于中国经济,但阻碍了美国创造就业机会和提高出口。

理论上,美元贬值,美国商品在海外市场相对更便宜、更有竞争力。

但是,人民币随着美元贬值而贬值,使得美国公司很难获得市场。已经非常便宜的中国商品继续保持低价。

一个结果是,美国对中国巨大的贸易赤字。即使贸易赤字有所缓和,但仍旧在2009年的前九个月达到1658亿美元。

大多数的国家(包括中国的一些邻国),仍旧挣扎在全球金融危机之中。

中国的政策表明,中国正在寻求货币更大的灵活性,但是应符合它的时间表,而不是别人的。

在某种程度上,中国的拒绝反映了一种民族主义的抬头。

在这些现象的背后,两股势力之间产生了分裂——中国央行与中国容纳大量就业和缴纳巨额税收的制造业,后者是由商务部支持的。

中国央行官员已经警告政策制定者,若继续人为地使人民币贬值,就会加剧贸易失衡问题,引发热钱和投机资金涌入,并最终损害中国经济。

为了继续保持人民币盯住美元,"央行不得不大幅干预"。北京大学一位金融学教授 Michael Pettis 说道。这就是为什么中国2009年9月的外汇储备几乎达到2.3万亿美元,其中美元资产占了大部分。

中央银行的职能是对制造业和出口商起到决定性的推动——尤其是在中国富有的海

岸线——对那些坚持短期收益为主的企业。如果人民币升值,那么中国出口到美国和其他外国市场的商品会变贵。

"现在不是人民币升值的正确时间。"佛山纺织厂总秘书吴浩亮说。他代表了中国东南部广东省 3 000 家企业的意见。

"出口看起来并不是那么乐观,我们在持续下滑。"他补充道。

……

每年两次,一小群的行业协会领导者(像吴浩亮这些人,通常不超过 20 人)会一起与政府官员讨论他们所关心的事。吴说他们的上次见面是在夏天,和中央政府一个重要政策制定部门(国家发展和改革委员会)的一位官员座谈。

"他们会注意,"吴说,"但是大多数时候他们不会给你直接的回答。他们不得不回北京商讨政策。"

除了在部门和组织之间进行关于货币的游说别无他法,因为任何关于这些的决定都由中共中央政治局审核研究,而中共中央政治局是中国共产党的核心机构,Arthur Kroeber 说道。他是北京一家经济研究企业 Dragonomics 的总经理。

……

资料来源:Don Lee and David Pierson,*Los Angeles Times*,Nov. 19,2009. Copyright © 2009. Reprinted with Permission。

▶ **本文启示**

2009 年,大多数分析师认为人民币被低估了,许多公司抱怨这使得中国商品拥有不公平的优势。作为回应,许多国家试图使中国允许人民币升值。但是中国的出口商倾向于人民币保持弱势,使得中国政策制定者继续使人民币保持在低价上。这项政策的另一个结果是,中国积累了超过 2 万亿美元的货币储备,成为美国国债的最大持有者。中国将人民币升值的时间推迟多久仍有待继续观望。

关键术语 ▶▶▶

升值	价值高估
巨无霸指数	购买力平价(PPP)
英镑	实际汇率
美元需求	美元供给
贬值	价值低估
欧元	日元
一价定律	人民币
名义汇率	

本章小结

1. 世界上不同的国家和地区在它们的交易中使用不同的货币。
    a. 名义汇率是一国货币与另一国货币交换的比率。
    b. 一国货币相对于另一国货币的价格下降称为贬值。
    c. 一国货币相对于另一国货币的价格上升称为升值。
    d. 当美元相对于欧元升值时,欧元相对于美元贬值。
    e. 实际汇率是一国的商品和服务与另一国的商品和服务交换的比率。
    f. 每天有价值超过3万亿美元的货币在市场上通过经纪商和外汇自营商交易。
2. 从长期看,一国货币的价格由该国的商品和服务的价格决定。
    a. 一价定律认为,两种相同的商品无论在哪里销售,它们的价格都应该相等。
    b. 由于运输成本、税收和技术规格的差异,以及某些商品无法移动,一价定律不成立。
    c. 购买力平价理论将一价定律应用于国际交易,它认为实际汇率总是等于1。
    d. 购买力平价认为通货膨胀更高的国家的汇率将会贬值。
    e. 在几十年的时间内,汇率的变化近似等于通货膨胀差异,这意味着购买力平价成立。
3. 从短期看,一国货币的价格由外汇市场上货币的供给和需求决定。
    a. 当美国人希望购买外国商品和服务或者投资外国资产时,他们一定会向外汇市场提供美元。
    b. 1美元所能兑换的外国货币数越多,美元的供给就越大。也就是说,美元的供给曲线向上倾斜。
    c. 希望购买美国生产的商品和服务或者投资美国资产的外国人是外汇市场上美元的需求方。
    d. 购买1美元所需要的外国货币数越少,美元的需求就越大。也就是说,美元的需求曲线向下倾斜。
    e. 任何增加美国人购买外国生产的商品和服务或投资外国资产的渴望的事情,都会增加美元供给(美元的供给曲线向右移动),导致美元贬值。
    f. 任何增加外国人购买美国生产的商品和服务或投资美国资产的渴望的事情,都会增加美元需求(美元的需求曲线向右移动),导致美元升值。
4. 一些政府买卖它们自己的货币以尽力影响汇率。这种外汇干预通常是无效的。

概念性问题

1. 如果美元兑换英镑的汇率是1.5美元/英镑,美元兑换欧元的汇率是0.9美元/欧元:
    a. 1欧元能够兑换多少英镑?
    b. 如果市场上1欧元兑换的英镑数大于你在a中所计算的值,你将如何获利?如果更小,你将怎样做?

2. 如果一个电脑游戏在美国出售30美元,在英国出售26英镑,那么实际汇率是多少?查看报纸或者网络资源公布的当前美元兑换英镑的汇率,比较这两种汇率。你可以总结出什么?
3. 假设欧元兑换美元的汇率从1欧元兑换0.90美元上升到1欧元兑换0.92美元。同时,欧洲生产的商品和服务的价格上升1%,美国生产的商品和服务的价格上升3%。那么美元兑换欧元的实际汇率将如何变化?假设名义汇率的变化相同,如果欧洲的通货膨胀率为3%,美国为1%,那么实际汇率将会如何变化?
4. 同样的电视机在美国的价格为500美元,在法国的价格为450欧元,在英国的价格为300英镑,在日本的价格为100 000日元。如果一价定律成立,那么欧元兑换美元、英镑兑换美元、日元兑换美元的汇率分别为多少?为什么一价定律可能不成立?
5.* 在长期中,考虑一国的通货膨胀率,用购买力平价理论预测其相对美元的汇率是多少?
6.* 为什么用购买力平价理论在短期汇率波动中预测投机不是一个好主意?
7. 你需要购买日元,于是你要求两个经纪商报价。第一个经纪商的报价是1美元兑换125日元;第二个经纪商,忽视了市场惯例,报价是1日元兑换0.0084美元。你会与哪个经纪商交易?为什么?
8. 20世纪90年代,美国财政部长经常宣称"强势美元符合美国的利益"。
   a. 这种说法正确吗?解释你的答案。
   b. 事实上,财政部长对美元相对于其他货币的价值能做什么?
9. 你的投资顾问建议你投资收益率为8.5%的墨西哥债券——比美国国债利率高3%。你应该这样做吗?在你做决定时,你应该考虑哪些因素?

分析性问题

10. 如果一篮子商品在英国的价格(用普通货币衡量)比在美国的价格高10%,那么根据购买力平价理论,哪个国家的货币被低估了?
11.* 你听了一位著名经济学家的访谈,她声称美元在未来五年或十年将比英镑强势。这位经济学家因支持购买力平价理论而为人所知。用一个公式总结购买力平价理论预测的两国汇率波动和通货膨胀率之间的关系,在此期间,与英国相比,你认为美国的预期通货膨胀率将上升还是下降并解释。
12. 用美元供求决定模型分析,如果地理政治环境恶化,美国人认为外国债券比以前更具有风险,你认为美元汇率将会发生怎样变化。(此处美元汇率是1美元兑换的外国货币数量。)
13. 最近,中国央行为使本国货币(人民币)贬值而一直购买美元。用美元供求模型分析,中国允许货币自由流动的决定将对人民币兑换美元的汇率立即产生什么影响?
14. 再次考虑第13题中描述的情况,即中国允许人民币自由流动的决定。下列现象将会发生什么变化?
    a. 美国对中国的出口。
    b. 美国对中国的进口。

c. 美国对中国的贸易赤字。

解释你的回答。

15. 由于对在温哥华举行的冬季奥运会的宏伟景象印象深刻,法国和德国的游客涌入加拿大西海岸。用加拿大元供求决定模型分析和解释这会对欧元兑换加拿大元的汇率在短期内产生什么影响。

16. 假设全球的顾客(包括美国)都被一股民族自豪感驱使,决定尽可能购买本国生产的商品。这会对美元的供给和需求产生怎样的影响?会对美元均衡汇率产生怎样的影响?

17. 假设一家意大利银行拥有4亿欧元的短期借款、1亿美元的短期借款、3亿欧元的长期借款、2.5亿美元的长期借款。欧元兑换美元的汇率最初是1.5美元/欧元。

    a. 简单画出这家银行的资产负债表。

    b. 列出这家银行所面临的风险。

    c. 如果欧元兑换美元的汇率变成1.6美元/欧元,那么这家银行将盈利还是损失?写出计算过程。

18. *假设在一个小型开放经济体中,政府官员决定使本国货币贬值以促进出口。他们将用哪种方式干预外汇市场以使其货币贬值?如果央行不采取措施抵消外汇市场干预对利率的影响,利率将会发生什么变化?

19. 假设美国一年期国债利率为10%,与之相同的加拿大国债利率为8%。如果坚持利率平价条件,在下一年中美元相对于加拿大元将会升值还是贬值?解释你的选择。

(注:题号后标注*的问题均指难度较大的题型。)

第 10 章附录
利率平价和短期汇率决定

这是决定短期汇率的另一种方法。我们不考虑货币的供给和需求,而是从投资者的角度看汇率。如果不同国家发行的债券可以完全替代,那么套利将使本国债券和外国债券的回报相等。因为投资国外意味着要交换货币,所以这就形成了本国利率、外国利率和汇率这三者之间的关系。从直觉上,我们可以这样理解汇率的短期变动。

举个例子,一个美国投资者有一年的投资期限,他拥有 1 000 美元,或者投资一年期的美国国债或者投资一年期的德国政府债券。因为投资者是美国人,所以我们假设一年末债券到期时,他希望收到美元。问题是:哪种投资更有吸引力?为了找出答案,我们需要计算购买一年期 1 000 美元美国国债的美元回报,并将它与将 1 000 美元兑换成欧元、购买德国政府债券、一年后又将收入兑换成美元的美元回报相比较。第一种投资的价值很容易计算。如果一年期美国国债的利率是 i,那么一年后 1 000 美元的初始投资的价值是 $1\,000\times(1+i)$ 美元。但是货币兑换使外国投资回报的计算复杂化。

计算将 1 000 美元投资一年期德国政府债券的回报需要几个步骤。首先,投资者需要将 1 000 美元兑换成欧元。如果 E 是以 1 美元兑换的欧元数度量的美元与欧元的汇率,那么 1 000 美元可以购买 $E\times 1\,000$ 欧元。接下来,投资者购买德国政府债券。如果一年期德国政府债券的利率是 i^f,一年后 1 000 美元的投资可以收到 $E\times 1\,000\times(1+i^f)$ 欧元。最后,年末投资者必须将欧元兑换成美元。如果我们把 E^e 称作预期的远期汇率——一年后美元兑换的欧元数——那么 1 000 美元投资外国债券的美元回报等于:

$$1\,000\text{ 美元投资外国债券一年后的价值} = \frac{1\,000 E(1+i^f)}{E^e} \quad (\text{A1})$$

看看这个等式,我们可以发现对于美国投资者,投资德国债券的回报分为两部分:(1)利息收入;(2)汇率的预期变化。通过代数变换和近似,我们可以改写等式(A1),将回报分为这两部分。结果是:

$$1\,000\text{ 美元投资外国债券一年后的价值} = 1\,000(1+i^f)\left(1-\frac{\Delta E^e}{E}\right) \quad (\text{A2})$$

其中,ΔE^e 是汇率的预期变化。

这个表达式告诉我们,外国债券的收益等于外国利率减去美元兑换欧元的汇率的预期百分比变化。

为了弄清楚为什么收益依赖于汇率的变化,我们举个例子。假设年初美元兑换欧元的汇率为 1 欧元/美元,年末为 1.05 欧元/美元。也就是说,年初你将 1 美元换成 1 欧元,但是年末 1 美元价值 1.05 欧元——美元升值5%。如果德国利率为6%,那么1 000 美元的投资将收到1 000 美元×1.06/1.05 =1 010 美元。因为美元升值5%,所以利率为6%的德国债券的回报只有6% −5% =1%。

回到本国债券与外国债券的比较。我们知道如果对于投资者,两种投资是无差异的,那么它们的回报一定相等。也就是说,两种债券是完全替代的。含义就是:

1 000 美元投资美国国债一年的价值 = 1 000 美元投资外国国债一年的价值   (A3)

这就意味着:

$$1\,000(1 + i) = 1\,000(1 + i^f)\left(1 - \frac{\Delta E^e}{E}\right) \quad (A4)$$

或者

$$i = i^f - \frac{\Delta E^e}{E}$$

这个等式称作利率平价条件,它告诉我们美国利率等于德国利率减去美元的预期升值。(这些计算忽略了汇率非预期变动的风险。)

如果利率平价条件不成立,那么人们就会转换他们的投资,直到利率平价条件成立。例如,如果美国利率超过德国利率与美元预期贬值的差额,那么外国和本国投资者将卖出德国债券,买入美国国债。他们的行为会使德国债券的价格下降,美国债券的价格上升,从而提高外国利率,降低本国利率,直到利率平价条件再次成立。

因为我们知道当前的美国利率和德国利率,所以利率平价条件告诉我们对于给定的美元与欧元的预期远期汇率,当前的美元与欧元的汇率应该等于多少。利率平价条件告诉我们,在以下的情形中,当前美元的价格将上升:

(1) 美国利率上升;
(2) 德国利率下降;
(3) 预期的美元远期价格上升。

这些结论与使用供给和需求理论的结论相同。

第 3 篇

金融机构

第 11 章　金融中介的经济学分析
第 12 章　存款机构:银行与银行管理
第 13 章　金融业的构成
第 14 章　金融体系的监管

第 11 章
金融中介的经济学分析

2007—2009 年的金融危机提醒人们,总体经济的良好运行与组成金融体系的金融机构的健康发展密不可分。金融体系就如同管道,当它运行良好的时候,我们很少注意到它。但是一旦出现问题,几乎不可避免地造成高成本的经济混乱。从 20 世纪 30 年代第一次大萧条至今,最近的这次危机中的金融动荡给我们带来的影响无论是广度、深度还是持久性,都超过以往任何时间,几乎是第二次大萧条。

正如第 1 章所描述的,我们的金融体系由货币、金融工具、金融市场、金融机构、政府监管部门和中央银行六个部分组成。在第 1、第 2 篇中,我们讨论前三个组成要素;在第 3 篇中,我们重点讨论第四个要素——金融机构和第五个要素——政府监管部门。在本章中,我们研究金融机构的目标,也就是我们通常所说的金融中介。正如我们在第 3 章中所学到的,金融中介是存在于储蓄者和借款者之间的以资产与负债为主要金融工具的公司。各种银行、经纪公司、投资公司、保险公司和养老基金都属于金融中介机构。它们吸收个人和公司的存款,然后向那些需要资金的个人和公司发放贷款,在进行资产转移的同时为客户提供进入金融市场的通道。它们将储蓄者的盈余资金用于房屋抵押贷款、商业银行贷款和投资。

正如我们在第 3 章所讨论的,金融中介的业务范围同时涉及了直接融资(借方在金融市场上把证券直接出售给贷方)和间接融资(在提供资金的贷方和使用资金的借方之间还有一个第三方)。金融中介通过调查想要融资的个人和公司的财务状况,从而确定最佳的投资机会。作为间接融资的第三方,银行只希望向那些高质量的借款者发放贷款。如果金融中介按正常程序工作,它可以起到增加投资的作用,从而促进经济增长、降低投资风险和减少经济波动。

确定最佳投资机会和高质量的借款者是十分重要的。任何国家如果希望健康发展,就一定要保证金融体系的正常运行。一国的金融体系一旦出现危机,它的经济也会随之面临崩溃。20 世纪 30 年代的美国大萧条就是这样的情况。先是大批的银行倒闭,随之而来的就是超过 25% 的高失业率,经济活动水平(用 GDP 衡量)下跌了近三分之一。更近的例子就是 1997 年的亚洲危机,泰国和印度尼西亚的金融体系崩溃。2008—2009 年的更严重的经济长期大幅下挫进一步凸显一旦经济危机开始,它是如何蔓延并破坏全球经济,并且引发难以停止的经济和金融衰退的恶性循环的。所以,如果没有一个稳定、运行良好的金融体系,国家就不可能繁荣发展。

数据清楚地显示了金融发展和经济发展之间具有很强的关联性。图11.1 的绘制使用了一种常用的衡量金融活动的工具——包括私人部门在内的信贷总额(包括通过金融中介和直接通过金融市场)和国内生产总值(GDP)的比值作为横坐标,人均实际 GDP 作为纵坐标。结果显示出的接近 0.7 的强相关性并不令人惊讶,因为不存在金融发展水平低却经济发达的国家(地区)。

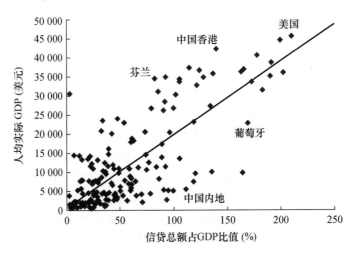

图 11.1　金融和经济发展

资料来源:*Financial development is measured as total financial system credit extended to the private sector. World Development Indicators, the World Bank. All data are for 2007. www.worldbank.org.*

从理论上看来,市场体系似乎是单纯而简单的。但实际上,经济增长对一个国家(地区)来说是一个复杂的问题,尤其是市场体系中存在各种影响信息传递的问题。这些问题如果处理不当,则会对经济增长产生很大影响。本章中,我们将讨论这些问题,包括一些引起 2007—2009 年金融危机的因素,以及金融中介是如何试图解决这些问题的。

11.1　金融中介的作用

市场在协调经济体中上百万个公司和家庭行为方面显然是有效的。而在所有市场中,金融市场是最重要的;它对资源定价并配置资源,使它们流向最有效的部门。在过去的二十多年中,许多国家的股票和债券的价值总额(直接融资的主要途径)已经与通过金融中介的贷款(间接融资的主要途径)总额相当。但是,正如我们将看到的,包括银行、证券公司在内的金融中介仍然在两种融资方式中起重要作用。

表 11.1 比较了两种融资的相对重要性。在阅读这张表时,要注意两个问题:第一,对经济总量差异较大的国家进行比较,采用的数据都是以 GDP 为基数的相对值;第二,一个

国家的股票市场资本总额、发行在外的债券总额或者银行贷款的价值有可能超过该国的GDP。实际上,当一家公司的价值大于它一年的销售额时,它们的价值会更大。这意味着当你把各种融资(包括直接融资和间接融资)占GDP的比重加总起来,总量会超过100%。

表11.1　直接融资和间接融资的相对重要性(1990—2007年平均值)

国家	直接融资		间接融资	
	股票市场资本总额占GDP的百分比(%) A	发行在外的国内债券总额占GDP的百分比(%) B	银行和其他金融机构的信贷额占GDP的百分比(%) C	间接融资与直接融资的比例 C/(A+B) D
工业化国家				
法国	59.0	45.0	88.2	0.8
德国	40.7	47.4	107.2	1.2
希腊	38.9	2.3	45.4	1.1
意大利	34.0	35.8	68.0	1.0
日本	78.7	43.9	154.0	1.3
英国	131.1	15.6	125.4	0.9
美国	113.2	94.9	154.3	0.7
新兴市场国家				
阿根廷	31.6	4.7	16.7	0.5
巴西	34.0	9.8	34.1	0.8
印度	38.3	0.9	27.5	0.7

注:A、B和C列的数据只是与GDP的百分比,而不是GDP的构成部分,所以它们的加总不等于100%。

资料来源:数据来自Thorstein, Beck, Asli Demirguc-Kunt, and Ross Eric Levine, "A New Database on Financial Development and Structure," updated May 2009, World Bank. www.worldbank.org.

以法国为例(第一行),我们从该表可以得到如下启示:法国股票市场的资本总额(在交易所上市的所有公司的股份总额)大约占GDP的59%(A栏);债券价值大约占GDP的45%(B栏)。加总A栏和B栏的数据(即法国的直接融资)大约占GDP的104%,超过了法国银行及其他金融中介的信贷额占GDP的比重——88.2%(C栏)。D栏是间接融资与直接融资的比率。在法国,该比率为0.8,意味着间接融资量略小于直接融资量。在该表比较的工业化国家中,这一比率分布在0.7至1.2这一范围内,所以法国的表现是正常的。在许多新兴市场上,由于近十年来股票市场的显著扩大,使得这一比率较低。

这些数据强调了金融中介的重要性。尽管银行贷款可能不再是融资的主要来源,但在世界范围内银行仍然是资金的重要提供者。金融中介的作用不仅限于银行贷款,它还决定了哪些公司可以进入股票和债券市场。正如银行可以决定贷款规模和利率大小,证券公司将所购买的证券再出售给投资者时也可以决定新发行的股票和债券的数量与价格。而其他中介机构(比如共同基金)帮助个人投资者对上千只股票和债券进行分类,然后依据风险特征建立多样化的投资组合。

为什么金融中介如此重要?答案与信息有关。为了理解信息在金融中介对经济产生影响的过程中的重要性,我们来看一下在线拍卖公司 eBay 的例子。虚拟拍卖场似乎是很难想象的,但是 eBay 却能交易有形商品;不过它也和金融公司一样面临信息问题。作为在线中介,所有人都可以在这里拍卖任何物品。无论什么时间,在 www.eBay.com 都有 1 500 万种以上的商品等待出售——无论是 5 美元的西餐餐具还是 300 万美元的度假屋。人们会在这里购买!仅一年内,eBay 公布有超过 1 亿的注册用户,总交易额超过了 500 亿美元。

在 eBay 出售的上百万种商品中,如果仔细观察,就会发现并没有金融产品。你在这里可以购买到收藏用的硬币和纸币,却不能进行贷款,至少这里不出售萨曼莎(Samantha)的学生贷款、查德(Chad)的汽车贷款、克洛伊(Chloe)的信用证结算或者莫特(Mort)的抵押贷款。尽管在这里可以买到违约的债券凭证(比如第 4 章提到的铁路债券可以在 eBay 购买),但是不能对正在偿付的债券进行交易。人们在 eBay 上卖车甚至卖房地产,但是没有人会出售支票账户。(这种情况有可能会发生改变,参见本章"新闻摘录"。)

eBay 为什么不拍卖抵押贷款?首先,莫特可能需要一份 10 万美元的抵押贷款,但是并没有人能提供这么多金额的贷款。于是操作 eBay 的人试图通过建立一个百人系统,每人借给莫特 1 000 美元。但是这个系统非常地复杂和烦琐。先是收集款项,然后计算如何偿付,并签订交易的法律合同。还有一点同样是很重要的。投资者在给莫特提供贷款之前,肯定想了解一些有关莫特及其所购房屋的信息。莫特能够明确表明自己的偿付能力吗?他确实会将这笔贷款用于购房吗?问题很多,回答是非常困难而且耗时的。

金融中介的存在使个人投资者不必担心如何得到这些问题的答案。大多数人都十分信任金融体系的资源转移能力(从储蓄者转移给投资者),但是假如仔细观察一下其中的细节部分,就会发现这是一项极其复杂的任务。不过令我们感到诧异的是,这个体系居然运作起来了。借款和贷款都需要交易成本(比如签订贷款合约的成本)和信息成本(比如调查借款者是否具有信用度时所花费的成本)。金融机构的存在能够降低这些成本。

金融机构作为金融中介,具有五个功能(见表 11.2):(1) 汇集小额储蓄者持有的资源;(2) 提供保管和记账服务以及支付功能;(3) 提供流动性,当需要时将储蓄者账户余额直接转移到支付系统;(4) 提供分散风险的多种途径;(5) 以降低信息成本为目的收集和处理信息。五个功能中的前四个都与降低交易成本有关,即金融公司通过向广大顾客提供专项服务,可以降低交易成本。正如在某些领域,因为该领域的专家最精通这方面的工作,所以成本就比较低。第五个功能——收集和处理信息,我们将其单独作为一个问题详细探讨。

表 11.2 金融中介的作用小结

1. 汇集存款	吸收大量小额储蓄者/借款者的存款
2. 保管和记账及支付	维护储蓄者的存款安全,为储蓄者提供支付途径,提供账目记录以便他们了解投资者的收入和支出情况
3. 提供流动性	允许投资者快速、方便、低成本地将金融资产转换成货币
4. 分散风险	给予小投资者分散风险的能力
5. 收集和处理信息	生成大量标准化金融信息

虽然我们没有进一步探讨国际银行,但是有一点应该注意:国际银行提供了一些额外的服务,这些服务对邻国银行的服务起到了补充作用。国际银行管理国际间的交易,这也许意味着将一个国家储蓄者的存款拿到另一个国家去投资,还意味着为了方便顾客进行商业交易或者出国旅游,为其兑换货币。

11.1.1 汇集存款

金融中介最直观的经济功能就是汇集小额储蓄者持有的资源。通过汇集小额存款,将其投放出去形成大额贷款。例如,莫特从银行或者融资公司获得一笔10万美元的抵押贷款,而这笔贷款或许就是由100个储蓄者、每人投资1000美元汇集而成的(见图11.2)。类似地,政府或大型公司想要通过发行债券借入上亿美元资金,它们就会委托金融中介寻找购买者。

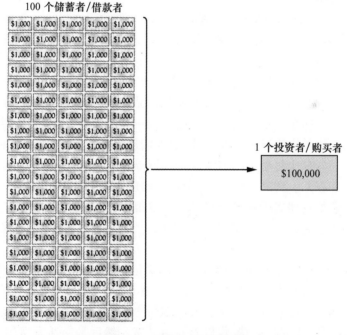

图11.2 金融中介汇集存款

注:金融中介机构将小额储蓄者的资金汇集起来,然后借给那些大的资金借入者。

为了使这项工作(指汇集小额储蓄者的存款,将其以大额贷款投放)顺利进行,金融中介必须吸引大量的储蓄者。这是间接融资的关键,也意味着要使潜在的存款者相信银行的能力。银行最擅长说服顾客相信资金存放的安全性。过去,银行通过在宏伟的银行大楼外安装大型安全标志来证明这一点;如今,它们靠的是声誉以及类似存款保险这样的政府担保。我们在第14章将继续讨论这个问题。

11.1.2　保管、提供支付体系和记账

金匠可以说是最初的银行家。为了保证黄金和珠宝的安全，金匠建造金库。不久人们开始让金匠帮他们储藏黄金，同时签写一张收据以证明黄金储存在这里。没多久人们就意识到交易这种收据远远比交易黄金容易。随后，金匠们注意到，每天金库里都会留下一点黄金，其中的一些可以安全地借给其他人。于是金匠们将这一天储蓄者手中的盈余黄金转移给需要黄金的那些借款者。如今，银行已发展成为我们保管物品的地方——不仅包括黄金和珠宝，还包括我们的金融财富。我们将薪资存入银行或其他金融机构，并托付它们保管这些储蓄，因为相信它们在我们使用前会保证这些财富的安全。

保管仅仅是银行提供的许多服务中的一种，其他服务包括自动取款、支票簿和每月的银行账单等。通过提供的这些服务，储蓄者可以进入支付系统——将资金从一个人或公司的账户转移到另一个人或公司的账户。银行通过某种方式使存款者将现金存入他们在银行的钱包，最终通过信用卡、借记卡或者支票进行支付。由于银行擅长管理支付交易，因此它们提供这些服务的费用相对较低。所以，金融中介能降低金融交易的成本。

假如我们不能方便地支付购买的物品，将会给我们带来许多麻烦，这不是一件小事。然而，金融中介为我们解决了这个问题，方便了商品和服务的交换，促进了专业化。在一个有效的经济中——即在一定的投入下产出最大——人们和公司都关注结果最优、机会成本最低的活动。比较优势导致专业化，因而人们最终都只做一项工作并且通过各种形式得到支付。但随着专业化趋势的增强，需要进行越来越多的交易以保证我们最终能够获得所需的商品和服务。商品交易越多，金融交易就越多；金融交易越多，交易成本的降低也就越重要。假如得到货币并进行支付的成本很高，那么就会抑制人们进行专业化分工的意愿。金融中介通过为我们提供一个可信的、低成本的支付体系，促进经济的有效运转。

除了保管和提供支付体系外，金融中介还提供记账服务。它们能帮助我们管理财务。回想一下过去这几个月所进行的金融交易。如果你已经工作了，而且赚取了工资，那么你所进行的金融交易就很可能不止一次。如果你租房或者按揭买房，你就要支付租金或者偿还抵押贷款，还可能要支付电费、煤气费及电话费。然后是交通方面的。假如你买车，可能就要进行贷款支付；你还要支付汽油费和维修费。你还得购买食物，包括从食品店购买的和在餐馆消费的。另外还有购买影碟和书籍的费用。随着年龄的增长，你还要承担抚养小孩的义务，伴随着这个过程的是需要储蓄他们的学费和自己的退休金。所以，生活中所接触到的金融活动非常复杂，需要有人来帮助我们。金融中介就可以做到：它们为我们提供记账服务，记录交易行为，使我们的生活更加轻松。

在我们继续研究之前，需要注意的是，金融中介提供的这几项服务（即保管、记账和支付）都需要银行签写法律合同。为了确保每位顾客持有一个存款账户或者偿还贷款，金融中介都要分别签写单个的合约，这项工作需要花费大量成本。但是金融中介可以雇用律师来完成这些工作，他们可以签写高质量的合约供反复使用，从而降低了成本。实际上，

大多数金融中介都会利用规模经济的优势,即平均成本随着所提供的商品和服务数量的增加而降低。我们在后面还将看到,信息和其他商品与服务一样,也具有规模经济效应。

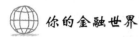 你的金融世界

第一张信用卡

信用卡的利率太高了,有时候居然超过了30%(千真万确)!我们在第4章"你的金融世界:尽快偿还你的信用卡债务"中讨论过,信用卡的借款利率有多高?为什么你要尽快还清信用卡?你或许觉得很奇怪,为何当你拿到第一张信用卡时,利率如此之高?

除非你的父母为你支付信用卡(或者你在上大学之前有稳定的收入),否则作为学生你是不可能有信用记录的,所以发行信用卡的公司也做了最坏的打算。他们将你归为信用最差的那类人,这类人很想但不能获得低息贷款。这就是最糟糕的逆向选择问题。假设当你拿到第一张信用卡时被归为违约率最高的那类人,毫无疑问,发行者将向你收取高额利息,作为对其所承担的高风险的补偿。这就说明,信用卡并不是一个盈利很好的业务。*

为了证明能及时地偿还,你需要一张信用卡以建立信用记录。之后,你就可以获得一张低息的新卡。但与此同时,要记住你的利率仍旧非常高,因此你的借款将是非常昂贵的。

* 关于信用卡行业人们进行了大量研究。Paul S. Calem and Loretta J. Mester, "Consumer Behavior and the Stickiness of Credit-Card Interest Rates," *American Economic Review* 85, no.5 (December 1995), pp. 1327—1336。

11.1.3 提供流动性

与提供支付体系相关的一个功能就是提供流动性。回忆第2章所讲的流动性,是指衡量将一项资产转为支付手段的难易程度和成本高低的标准。当一项金融资产能够迅速、容易且成本较低地转化为货币,我们就认为它的流动性很好。金融中介就为我们提供了这种以较低成本进行转化的能力。这也就是自动取款机等所做的事情——根据需求将存款余额转化为货币。

金融中介以一种有效的途径为我们提供流动性,使我们从中受益。为了理解这一过程,以你的银行为例。来银行的顾客有两类:持有资金的顾客想在这里发放贷款;需要资金的顾客想在这里获取贷款。存款者希望能便捷地从账户取现——不仅包括每周能够提取的现金,还包括当一些突发事件发生时,他们需要提取的大量现金。但是借款者并不想立即就归还资金,当然,他们也不被期望能迅速偿还所有的借款。

保险公司认为,在同一天不可能所有的投保人都遭遇车祸;同理,银行也认为,在同一天不可能所有的存款者都遭遇突发事件,需要提取大量现金。因此,银行可以相应地调整

其资产结构。以流动性好的短期金融工具来持有足够的现金,以满足少数人的提现需求;同时,将剩余资金用来发放贷款。由于长期贷款的利率要比短期货币市场工具——例如商业票据和美国短期国库券——高许多,因此银行可以向存款者提供他们在其他地方得不到的较高的利率。银行的短期投资也比个人存款好,因为银行可以利用规模经济效应降低交易成本。购买100万美元的国库券所需的交易成本并不一定比购买1000美元的高。银行通过从小额投资者那里汇集资金,降低了总的投资成本,从而为单个投资者提供流动性和高收益率。这种汇集大量资金的方式是十分有效的。通过这种方式,金融中介就可以向存款者提供他们个人无法从金融市场上获得的收益。

金融中介提供的这种流动性服务可以使存款者便捷地从账户取现。金融中介为个人和公司提供的信用贷款都有最高限额,类似于防止支票账户透支的保护。信用贷款的最高限额是指允许顾客在需要资金的任何时候都可以获得一定资金的提前承诺贷款。房屋产权信用贷款、信用卡现金提前支取额、公司信用贷款最高限额都是这方面的例子。与存款账户类似,信用卡贷款服务为顾客提供了流动性需求;除非账户余额不足。为了使这项服务能够盈利,金融中介必须进行专业化的流动性管理。也就是说,必须精心安排账户余额,以应付突然的支取事件。

11.1.4 分散风险

如果你用1 000美元,或者10 000美元,甚至100 000美元去投资,你会将资金都投向一个地方吗?你愿意将其都借给一个人或一家公司吗?你已经学习了第5章的内容,你知道答案应该是:不要把所有的鸡蛋都放在一个篮子里,毫无疑问这是存在风险的。尽管你对如何通过对冲和分散风险来进行多样化投资了解得并不多,但直觉告诉你,向1 000个借款者每人出借1美元要比仅向1个借款者出借1 000美元的风险小得多;向1 000只股票各投入1美元要比向1只股票投入1 000美元的风险小得多。金融机构可以帮助我们进行多样化投资,降低风险。

银行以一种直观的方式降低风险:它们从成千甚至上百万个人那里吸收存款,然后将这些存款分成上千份贷款发放出去。因此,每个存款者就只承担了一小部分的贷款风险。例如,银行从100万个储蓄者那里吸收存款,每人存1 000美元,然后将总额10亿美元分成1万份、每份10万美元的贷款。所以,每个储蓄者只承担了这1万份贷款中的1/1 000 000的份额。

请回过头来看图11.2,想象一下如果当10 000乘以这么多的存款,10 000乘以这么多的贷款时,会发生什么情况。接着,将每份存款分为10 000份,每份对应不同的贷款,则每份贷款只获得了每份存款的10美分。这就是分散化!由于银行的专业是吸收存款和发放贷款,因此它能将签订这些法律合同的成本最小化。

所有的金融中介为个人分散投资提供了一条成本较低的途径。共同基金公司使小额投资者能较低成本地购买到一个分散化的股票资产组合,从而降低了单个投资的特有风险。许多基于标准普尔500指数(其概念在第8章讲过)的共同基金至少需要投资几千美元。因为在该指数中,每只股票的平均价通常在30—40美元,小额投资者如果是从这500

家公司每家购买一只股票,也需要超过 15 000 美元(更不用说还要向经纪人支付一定的费用)。因此,共同基金就使投资者能够从这 500 家公司每家公司买一只股票组成的基金中,购买其中的一小部分。因为共同基金公司的专业就是从事这项活动的,所以其成本是比较低的。

11.1.5 收集和处理信息

个人储蓄者面临的最大问题之一就是,如何计算潜在借款者的信用度。大多数人没有时间或者技术去收集和处理广大潜在借款者的信息。但是对于缺少信息的投资,我们不愿去参与。事实上借方知道自己的信用度,但贷方要了解这些同样的信息就需要花费成本,这就会产生信息不对称问题。简单地说,就是借方拥有贷方不知道的信息。

金融中介通过收集和处理标准化信息,减少了信息不对称引起的许多问题。它们调查贷款申请人以确定其信用度,然后监督贷款者,以保证他们确实按规定使用这些资金。为了理解这个过程如何运作,以及它对整个金融体系的意义,我们需要进一步研究信息不对称问题。

11.2 信息不对称和信息成本

信息在金融市场和金融机构的框架中起核心作用。市场的良好运转需要复杂的信息;如果获取信息的成本过高,市场运转就会受到影响甚至停滞。正如金融市场的重要性一样,金融市场的信息成本是所有市场中的最大问题。事实上,金融工具的发行者(想发行债券的借款者和想发行股票的公司)与潜在的贷方和投资者(想购买债券和股票的个人与公司)相比,更加了解自己公司的前景及其工作意图。这种**信息不对称**(asymmetric information)给金融市场的运转造成了极大的障碍。解决这个问题是促进金融市场良好运转的关键。

为了理解这个问题的本质及可能的解决办法,让我们来看一下 eBay。为什么一年内拍卖成功的总金额就可以达到 500 亿美元?这里牵涉到大量的诚信问题。为了能买到所需的商品,买方应该相信该商品的描述是准确的。并且由于正常的购买程序是买方先支付给卖方款项,因此拍卖成功的买方也应该相信卖方得到支付后会将商品发出。

假设商品已经收到,买方如何确定自己是否对该商品满意呢?事实上卖方更了解自己的商品,他们的可信度就引起了一个信息不对称问题。建立 eBay 的人注意到了这个问题,他们有两步措施:第一,为没有收到商品的买方提供保险;第二,设立了一个信息反馈论坛,收集并储藏有关买方和卖方的信息。所有人都可以看到论坛上的评论以及对买方和卖方的评级。在信息反馈论坛里具有良好声誉的卖方,其商品价格要比其他人高一些;声誉不好的买方会被禁止进行买卖活动。如果没有这些收集信息的方法,eBay 可能就不会像如今这么成功了。总之，买方保险和信息反馈论坛使 eBay 运作良好。①

在金融市场上，eBay 也面临两个问题。实际上，信息问题是理解金融体系的构成以及金融中介核心作用的关键。信息不对称问题对资金顺利地由储蓄者流向投资者造成了两个障碍。第一个障碍叫做**逆向选择**(adverse selection)，发生在交易之前。正如 eBay 的买方需要知道卖方的相对信用度，贷方需要知道如何区分信贷风险。第二个障碍叫做**道德风险**(moral hazard)，发生在交易之后。同理，eBay 的买方需要确保卖方在收到支付后发出商品，贷方需要以某种方式确定借方是否按规定使用这笔资金。下一节将进一步讨论这些问题，以及它们对金融体系结构的影响。

概念应用

麦道夫丑闻

诈骗是最极端的道德风险。而麦道夫所犯下的诈骗在这类案件中"脱颖而出"。在麦道夫诈骗案中，成千上万的投资者共损失了数十亿美元，使其成为历史上最大的骗局。*这一骗局持续了数十年而未被发现，影响的是全世界在融资方面有丰富经验并且有一定财富积累的个人和金融公司。

事实上，麦道夫的诈骗不过是一个典型的庞氏骗局。庞氏骗局得名于查尔斯·庞兹，是因为第一次世界大战后，他曾在美国做过类似的事情。在庞氏骗局中，中介收集来自新投资者的资金，但是这些资金并没有被用来投资，而是被用于偿还更早期的投资者。这要求资金的流入至少要与它的流出速度一样快；一旦发生逆转，骗局将被揭开并且最后的投资者将成为最大的损失者。

这类诈骗是如何成功地在不同时间、不同地点一次次上演的呢？它们又是如何能够持续这么长时间，并且产生如此大的破坏性呢？

答案是，投资者无法监督、检查基金经理人的行为(比如麦道夫和庞兹)。监督和检查需要付出高昂的成本。早期投资者对基金经理人的满意降低了新进入投资者付出成本得到信息的意愿。大部分投资者假定其他投资者已经根据需要付出成本进行监督了。

庞氏骗局成功的关键是建立了一个良好的、高层级的公众形象，而麦道夫也同样通过不断打磨其声誉，成为公众眼中的大师。他既是一个重要股票交易所(Nasdaq)的董事长，也是美国证券交易组织(NASD)的董事长。此外，他还是一位慈善家。

负责监督麦道夫公司的美国政府机构以及证券交易委员会都没能有效地监测、阻止这场诈骗的发生。早在 2000 年，一位举报人就曾警告相关监管机构其中存在欺诈的可能性。直至 2008 年，金融危机导致现金的提取量大幅增加，才使得诸如麦道夫之类的诈骗被揭穿；否则，这场骗局仍将继续下去。

---

① 一个低成本、可靠的支付系统也能达到那样的效果。买者越容易支付给卖者，两者就越可能利用拍卖网站。发现了人们对于支付系统的需求，eBay 创造了 PayPal，它允许买卖双方建立电子账户，通过电子账户，买卖双方可以支付或收取他们在 eBay 上的交易款项。由于许多卖者太小以至于不能办信用卡，这个创新便大大地方便了在线交易，PayPal 成为 eBay 成功的关键。

尽管存在事前的红色警告,每个人还是希望别人监督,自己享受"搭便车"的好处。麦道夫骗局留给人们一个惨痛的教训,即这种"搭便车"的好处是根本不存在的。

* 截至2009年10月,政府委任的受托人负责将"赃款"退回投资者,损失估计超过210亿美元。

11.2.1 逆向选择

二手车市场和"柠檬"市场 乔治·阿克洛夫(George A. Akerlof)、迈克尔·斯彭思(A. Michael Spence)和约瑟夫·斯蒂格利茨(Joseph E. Stiglitz)凭"他们对不对称信息市场的分析"而获得了2001年诺贝尔经济学奖。阿克洛夫教授的贡献最早来自他在1970年发表的一篇论文《柠檬市场》。① 这篇论文解释了为什么二手车市场——有些二手车可能是"柠檬"——运作得并不好。下面是其基本逻辑。

假设二手车市场上只有两辆汽车要出售,都是2007年的本田雅格。一辆是一位老年妇女的,她很少开,维护得很好,基本上是新的。另一辆是一位年轻人从父母那里得到的,他很喜欢飞车,甚至不怕撞车。这两位车主都十分了解车况,但是二手车店主不了解这些。

一个买者愿意支付15 000美元购买一辆维护得很好的汽车,但对于"柠檬"——一辆有许多配件问题的车,他只愿支付7 500美元。这位老妇人知道她的车维护得很好("桃子"),肯定会受欢迎,所以低于12 500美元她不卖。这位年轻人知道他的车很糟糕,所以只卖6 000美元。但是如果买者不知道这两辆车的差别,在没有新信息的情况下他只愿意支付一个平均价11 250美元。这要比老妇人开出的价格低,所以她不卖了从而退出市场。现在问题是如果买者只愿意支付市场上所有汽车的平均价,那么汽车状况高于平均水平的车主就不会出售其汽车。只有最差的车——"柠檬"仍留在市场上。

先暂时不谈信息不对称问题。人们喜欢购买新车,这时就需要出售旧车。那些买不起新车或者不愿买新车的人,就会买那些维护较好的二手车。总之,这些潜在的二手车买者和卖者,极大地刺激了人们去想办法解决二手车市场上的逆向选择问题。一些公司试图帮助买者区分"桃子"(高品质车)和"柠檬"(次品车)。例如,《消费者报道》为人们提供了有关某些车型可信度和安全性的信息。汽车经销商也不再把很糟糕的车当作维护良好的车出售,以此维护自己公司的名誉。机修工人通过收取一定费用,帮助有意买车的买者检查二手车的性能,因特网也会提供车辆曾经发生意外的记录。另外,许多汽车制造商也为那些他们认证的二手车提供保修。我们发现有许多方式可以克服阿克洛夫教授指出的信息问题,所以无论好车还是坏车都能以较接近其真实价值的价格出售。

金融市场上的逆向选择问题 对于信息成本问题,金融市场和二手车市场的情况大

---

① 参见"The Market for 'Lemons': Quality Uncertainty and the Market Mechanism," *Quarterly Journal of Economics* (August 1970)。这篇文章很少用到数学,十分容易阅读。你可以在你所在大学的图书馆,通过JSTOR电子储藏系统找到这篇文章。

致相同。二手车的卖者了解的信息要比买者多;同样,潜在的借款者要比可能的投资者更了解融资项目。信息不对称问题会使维护良好的二手车退出市场;同样,它们也会使好的股票和债券退出金融市场。让我们从股票开始探讨。

考虑一个简单的例子。有两家公司,一家前景光明而另一家前景黯淡。如果你无法区分这两家公司,你仅愿意支付一个相当于其平均水平的价格。这样一来,好公司的股票被低估,由于该公司的管理者知道其股票价值高于平均水平,他们就不会发行股票。现在市场上就只剩下了坏公司。又因为投资者不看好前景黯淡的公司,所以金融市场很可能就无法启动。

同样的事情也会发生在债券市场。风险是需要补偿的。风险越大,风险溢价就越高。在债券市场上,风险与收益之间的关系会影响融资成本。融资风险越大,融资成本就越高。如果贷方不了解借方的借贷风险,那么贷方就会根据平均风险水平要求风险溢价报酬率。信贷风险较小的借方不愿以这种较高的利率借款,就会退出市场。市场上只剩下那些信贷风险较大的借方。结果与二手车市场和股票市场相同,贷方不愿购买信贷风险较大的借方发行的债券,所以债券市场也将消失。

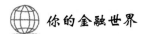

你的金融世界

私人房屋贷款保险

你想购买房屋,希望首付金额不超过购买价格的20%,那么贷款人或许会要求你购买私人贷款保险(PMI)。PMI主要针对借款人的违约行为,为贷款人提供保险。这类保险是相当昂贵的。例如,假设你购买房屋的价格为100 000美元,则10%的首付为10 000美元,余下的资金你通过一个30年期、固定年利率为6%的抵押贷款获得,那么你必须购买的私人贷款保险将使你每月支付的金额从530美元提高到570美元。所以,如果你想购买房屋却没有能力支付20%的首付,那么你别无选择,只能购买PMI。

幸运的是,当你的欠款减少到低于购买价格的80%的时候,你就可以通过两种方式取消这笔保险。第一种方式是通过支付,逐渐减少贷款本金(回忆第6章讲过每笔贷款支付等于利息部分加上本金部分)。但是要偿还这笔30年期、金额为90 000美元贷款的第一个10 000美元至少需要十年的时间。第二种方式是你的房屋价值升高。如果发生这种情况,你就可以联系保险公司,要求降低保费。法律是有利于你的。只要你及时偿还贷款,当你的房屋净值上涨20%时,你就有权取消PMI。

11.2.2 解决逆向选择问题

从社会的角度来说,由于公司管理者知道市场对其公司的定价是错误的,因此他们就不会发行股票或债券,但这样对社会是不好的。这意味着这家公司将错过一些好的投资机会,而经济就不会迅速发展并达到其应有的水平。因此,寻找某些办法帮助投资者和贷款者区分好公司与坏公司是极其重要的。对于好公司,应该突显其公司的质量,从而使其能较低成本地进行融资。投资者应该能够区分高风险和低风险投资,以调整其预期收益。问题是如何区分呢?

回忆一下二手车市场上的买者和卖者是如何解决区分好车与坏车的问题的。答案是类似的。第一,因为这个问题是由于信息不足引起的,所以我们就应该向投资者提供更多的信息。第二,以签写金融合约的形式为投资者提供担保,在公司经营失败的情形下,公司所有者与投资者一起承担损失。这样就有助于投资者相信这家公司的股票和债券是高质量的。我们在后面还将看到,金融中介在降低股票和债券投资的信息成本问题上起到了重要作用。

信息披露　信息不对称的一个显而易见的解决方法是披露更多的信息。这可以通过两种方法实现:一种是政府要求信息披露;另一种则是由民间收集并提供信息。在多数工业化国家,公众公司——也就是那些发行在公开金融市场进行买卖的股票和债券的公司,有义务披露大量的信息。例如,美国证券交易委员会规定公司必须根据标准会计准则编制公开的财务报表。同时,公司有义务持续地披露可能对公司价值有影响的信息。另外,自 2000 年 8 月后,美国公司必须向大众披露它们向专业股票分析家所提供的信息。[1]

但是我们发现,在 2001 年和 2002 年,这些规定最多只能保证投资者有较多的信息。尽管政府管制为投资者提供保护,但是 Enron、WorldCom、Global Crossing 及其他公司仍然设法在公司财务报表公开的利润和负债水平上作假。在一些缺乏职业道德的会计师的帮助下,公司管理者发现了许多可以操纵报表的方法,以谎报公司的财务状况。尽管改变了会计记账方法,财务报表也比以前公开了更多的信息,但是人们还是保持警惕状态。因此,信息问题仍然存在。

私人收集与出售信息的情况如何?你或许认为私人信息可以为投资者提供一些所需的信息,以解决逆向选择问题。不幸的是,这根本不可行。尽管提供一些有关公司经营质量的可信信息是有利于投资者的,但是这些信息实际上并不存在。收集并出售给投资者的私人信息是有限的,像穆迪(Moody)、价值线投资公司(Value Line)和邓白士咨询公司(Dun and Bradstreet)等研究机构都是直接从公司收集信息并进行评估的。

做出这些报告并不便宜。例如,价值线投资公司每周要印刷出版物,这项费用每年就要 600 美元。为了保证可信度,被研究的公司自己不能支付这项费用,投资者只好埋单。尽管一些投资者愿意支付,但他们觉得没必要而最终没有支付。所以私人信息研究机构面临着"搭便车"问题。**搭便车者**(free rider)指那些不愿支付费用就想从一件商品或一项服务中受益的人。而在股票市场上搭便车是很容易的。尽管这些出版物很贵,但公共图书馆还是订阅了一些。像《华尔街日报》和其他一些杂志的记者就是通过阅读这些出版物,写一些文章来公布一些关键的信息。个人投资者只需阅读这些被推荐的杂志。当然,

---

[1] 有些人担心这种管制 FD(即公开披露)会给公司信息的公开化带来负面影响。幸运的是,有证据表明,现在上市公司同时向专业股票分析人士和单个投资者提供更多的信息。如今,几乎所有的公司会议决定——公布公司财务状况信息的机制——都对单个投资者公开。

所有的这些行为都降低了私人信息生产者的能力,因为他们的辛勤付出并不能得到超额回报。

抵押品和资产净值 尽管政府要求的信息披露和私人收集信息是重要的,但它们并不能解决投资者和公司所有的信息不对称问题。幸运的是,还存在其他解决办法。其中一种是假如借方违约,贷方就得到补偿。如果一项贷款以某种方式得到担保,那么借方的信贷风险就比较小。

确保借方偿还贷方的机制有两种:抵押品和资产净值。回忆第3章,**抵押品**(collateral)是指为了防止借方违约而抵押在贷方那里的有价值的物品。抵押品用来支持或担保一项贷款。房屋可以作为抵押品来申请住房抵押贷款;汽车可以作为抵押品来申请汽车贷款。假如借方不能按期偿还住房贷款或者汽车贷款,贷方就会没收房屋或汽车,将其出售以弥补贷款损失。在这种机制下,逆向选择问题就不存在了,这也是抵押品在贷款合约中如此普遍的原因。没有抵押品的贷款——**无担保贷款**(unsecured loans),比如信用卡贷款——一般就要支付相当高的利息。原因是存在逆向选择问题。(参见本章"你的金融世界:第一张信用卡"。)

资产净值(net worth)指公司所有者投在公司的股份,它等于公司资产价值减去负债价值。在许多情形下,资产净值与抵押品有相同的功能。如果一家公司违约,没有偿还贷款,则贷方就有权要求该公司用资产净值赔偿。如果一家资产净值很高的公司贷款投资一个项目,但最终没有成功,会发生什么情况呢?如果该公司没有资产净值,贷方将面临很大的风险;相反,如果有资产净值,公司所有者就可以以此偿还贷款。

住房抵押贷款也是这个道理。如果房屋购买者支付了较多的首付,就很容易申请到住房抵押贷款,而且利息也比较低。贷方所面临的风险是房屋价格下跌的风险。在这种情形下,如果借方违约,房屋的价值就不足以补偿贷方。但如果支付较多的首付,意味着房屋购买者已经对该房屋拥有一定的股份,则就算是价格下跌甚至是借方违约,贷方也能获得补偿。从抵押贷款贷方的角度来看,房屋产权与公司贷款中资产净值的作用是一样的。

由于公司资产净值对减少逆向选择风险十分重要,因此新成立公司的所有者很难获得贷款。例如,你想开一家面包店,你需要贷款购买设备、支付房租以及前几个月的薪资。这种种子基金是很难获得的。大多数小型公司所有者必须将其房屋和所有的其他财产作为抵押,为公司贷款。只有当他们的公司成功了,具有一些资产净值后,他们才不需要通过抵押私人财产获得贷款。

概念应用

通货紧缩、资产净值和信息成本

看一下商业新闻,你会发现平均物价水平正在下降,这种**通货紧缩**(deflation)不应该是我们这代人的宿命。20世纪30年代的大萧条时期出现了通货紧缩,那时的消费品价格和产出都下降了近30%。而20世纪90年代,日本经济停滞时期也出现了通货紧缩,在连续五年里产出没有任何增加,价格持续下跌。

通货紧缩与我们熟悉的通货膨胀是相对的。通货膨胀是平均物价的上涨,而通货紧缩是平均物价的下跌。我们厌恶通货紧缩的最大原因是它会通过降低公司资产净值来加剧信息问题,而通货膨胀不会存在这种情况。我们通过一份典型的企业资产负债表来分析为什么是这样。该公司的资产有大楼、机器和产品存货,负债包括各种债务,大多数是固定数量的美元贷款。现在想想当价格下跌时的结果。当价格下跌时,公司负债的美元价值保持不变;然而,资产价值会随着物价下跌而减少。所以,通货紧缩使公司资产净值减少,使其作为借方的信用度降低。高的资产净值使公司获得贷款,解决了逆向选择和道德风险问题。而当资产净值较低,由于贷款者无法克服信息不对称问题,公司便不能获得融资。

了解资产净值、信息以及信贷可行性之间的关系,可以帮助我们解释经济周期的动态变化。考虑一下在经济刚刚开始萎缩时会发生什么。公司价值(根据将来预期销售量的现值计算)下跌,同时产生了贷方的信息问题。这时贷方就会开始更多地关心起借方的信用问题,也就更不愿提供贷款。因此,融资的可获得性降低,加剧了经济萎缩。

11.2.3 道德风险:问题与解决

研究保险政策的经济学家发现,保险政策可以改变投保人的行为,由此他们提出了道德风险问题。这样的例子很多。火险金额超过被保财产价值就会诱导投保人自己纵火;同样,机动车辆保险诱使了违规驾驶。工作方面也存在道德风险问题。假如你无论是否努力工作,这周都会获得薪酬,那么你的老板怎能确定你是否会努力工作呢?如果不去观察人们的行为,我们就不能判断某种坏的结果是人们故意造成的还是运气不好,这时道德风险就产生了。

解决了逆向选择问题并不等于解决了贷方或投资者的信息问题。由于借方了解的信息要比贷方多,他们知道这笔资金的用途以及投入的项目,因此又产生了第二个信息不对称问题。股票和债券融资时也存在道德风险问题。除一些大型的极具声誉的公司可以成功地发行股票或债券实现融资以外,其他公司想要融资是很困难的。让我们以每种融资方式为例,看一看人们是如何努力解决道德风险问题的。

权益融资的道德风险 如果你购买一只股票,你如何知道该公司是否会将这笔资金进行对你而言最有效的投资?答案当然是不确定的。你将资金贷给公司管理人,他们会以最有利于自己的方式经营公司。所有权与经营权的分离引起了委托-代理问题,这会增加股票持有者的成本。看一看那些经理人,阔气的办公室、精美的装潢、豪华小轿车以及昂贵的艺术品,更不用说他们上百万的薪资。管理人损害股票持有人的利益,而使自己受益。

我们用一个简单的例子解释这一点。你的堂妹 Ina 是一个软件编程高手,她想编写一个加快无线上网的程序。你们俩估计她编写这个程序需要 10 000 美元,写好后卖给感兴趣的买者。但是她只有 1 000 美元的储蓄,所以你不得不资助她 9 000 美元。因为受到家庭礼节的约束,所以一旦你投入资金,你就不能再过问 Ina 的编程过程了——询问她是否在努力工作甚至是否在工作。如果一切都进展顺利,你认为将该程序卖给微软公司可以获得 100 000 美元,这相当于初始投资的 10 倍。但是 Ina 最好快一些,否则可能其他人会抢先一步,这样她的程序就失去价值了。

现在这项投资的问题显而易见了。如果 Ina 努力工作,一切都按计划进行,她只能得到 100 000 美元的 10%(即 10 000 美元),而你得到剩余的大头(即 90 000 美元)。但是如果 Ina 遇到了编程问题或者将一部分时间用来上网玩游戏,那么可能会有人抢先一步,从而使 Ina 的软件价值降低到 10 000 美元。问题是,Ina 的行为对她来说,成本只有 9 000 美元,而对你来说是 81 000 美元!因为你不知道这笔投资为何会失败,所以你不可能第一时间撤回投资。

关于权益融资道德风险问题的解决　权益融资的道德风险问题很难解决。关于管理人水平的信息可能是有用的,但公司所有者有权解雇管理人——所以这个问题就极其复杂了。还有一种可能是管理人拥有公司的一定股份。如果 Ina 独自投入全部资金 10 000 美元,则所有权与经营权就不会分离,毫无疑问她会采取有利于所有者利益的方式——她就是所有者。但是有创意的人往往缺乏资金,Ina 拿不出她需要的 10 000 美元。

20 世纪 90 年代,为了使管理人重视股票持有者的利益,政府出台了一项办法。给予管理人一定的股份期权,当公司股票价格高于一定水平时,他们将获得回报。这个办法很有效,但是后来由于管理人做假账,谎报公司利润,通过临时抬高股票价格的方式从他们的期权中牟取利益。会计方法被改进以阻止这种作弊行为,但截止到目前没有人能设计出一种简单有效的方法,使管理人能够为所有者利益服务,而不是牟取私利。

债券融资的道德风险　如果公司管理人就是公司的所有者,那么就可以解决股票融资的道德风险问题。这说明投资者应该更喜欢债券融资。但是债券融资也有其自身问题。如果你不是去买 Ina 软件投资 90% 的股权,而是将 9 000 美元以每年 11% 的利息借给她,那么根据债券合约,一年后她要归还给你 9 990 美元。这样一来就极大地改变了 Ina 的动机。这样,如果她努力工作,她就能得到 90 010 美元;如果她荒废时间,她仍然要支付 9 900 美元,年末时就变得一无所有。这确实解决了你的问题。

债券融资与权益融资相比在很大程度上解决了道德风险问题,但并不完善。因为债券合约允许所有者还清贷款后保留其余所有收益,所以债券融资鼓励了高风险。假设 Ina 将 10 000 美元的一部分或者全部去购买彩票,我们知道这样做的风险是极大的。问题是,如果她中奖了,她将得到奖赏;但是如果没有中奖,就损失了所有的钱,债权人就得承担成本。对债权人来说,他们并不希望看到这种结果。尽管现实生活中的风险并没有如此大,但是这个问题仍然存在。不幸的是,借款者具有有限责任,就像保险公司对于投保人的责任一样。从事较大风险项目的人喜欢利用债券融资,因为他们将获得高于成本的最大收益,而抵押品是他们损失的上限。

关于债券融资道德风险问题的解决　在某种程度上,一份好的法律合同可以解决债券融资固有的道德风险问题。债券和贷款常常要签订一份限制合约,以便对借款者的风险进行控制。例如,一份限制合约可以限制借款者购买商品或服务的范围;它还可以要求公司维持一定的资产净值水平,银行账户要有一个最小余额,或者是最低的信贷级别。住房抵押贷款的限制合约要求房屋所有者购买火险或逐月支付财产税(如果不支付财产税,政府会没收借款者的房屋,这样抵押贷款公司就不能获得违约补偿)。

表11.3总结了本节讨论的信息问题对财务关系的影响,并列出了信息成本问题的解决方案。

表 11.3　信息成本的负面影响

1. 逆向选择。贷方不能区分信贷风险的好坏,这会阻碍交易的发生。
   解决办法:
   - 政府强制信息披露
   - 私人收集信息
   - 通过抵押品担保防止借方违约时给贷方造成损失
   - 要求借方将自己的大量资源投入项目
2. 道德风险。贷方不能确定借方是否会按规定使用借入的资金;借方可能承担过大的风险。
   解决办法:
   - 要求管理人向所有者报告情况
   - 要求管理人将自己的大量资源投入项目
   - 签订限制合约,限制借方对借入资金的使用范围

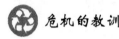

信息不对称和证券化

本章强调了监控信用风险对于限制逆向选择的重要性,以及监督资金使用者的行为对于限制道德风险的重要性。此外,它还警示我们"搭便车"现象将减弱监管的作用。2007—2009年金融危机发生的一个重要原因就是,对于住房抵押贷款证券化的监管不充分(参见第6章"概念应用:证券化")。

住房抵押贷款证券化问题源于最初按揭贷款发起人放宽标准,降低检查要求,以此来增加贷款量和短期利润。结果,当2006年住房价格开始回落时,这种高风险抵押贷款的违约猛增。

在证券化的下一个阶段,公司将这些抵押贷款捆绑包装成证券然后出售给分销商。如果分销商愿意,他们可以要求发起人证明其具有较高的资产净值,并且投资于他们所出售的抵押贷款。然而分销商并没有阻止发起人下调贷款标准。

当贷款的标准下降,证券成为了类似于"烫手山芋"的游戏。游戏中的玩家都试图以最快的速度将风险贷款这一"烫手山芋"传给下一玩家。当违约猛增时,游戏结束,使得一些人承受大量的损失。

评级机构在早期就可以停止这个游戏。相反,它们给予大部分住房抵押担保证券最高评级,严重低估了这些贷款的风险。回想起来,我们可以发现几乎没有激励可以促使这些机构投入资源去监管基础贷款或者贷款人。

最终,许多投资者(以及一些有责任监管中介机构的政府部门)以为可以依靠其他人

监管,然后自己搭便车。与其自己花费大量成本去监管,不如相信评级机构的评定是正确的。

这意味着,这一过程的每一位参与者都认为最终的抵押品——房屋的价值——足以弥补逆向选择带来的损失。正如他们预期的那样,当作为抵押品的住房价格无限上升,它可以保护投资者免受任何损失。但是,一旦住房价格跳水,逆向选择带来的影响将威胁整个金融体系的稳定。

11.3 金融中介和信息成本

逆向选择和道德风险问题使直接融资成本过高而且难以获得。这些缺点使我们立即想到间接融资以及金融中介的作用。金融中介收集信息,主要目的在于降低信息成本,减少逆向选择和道德风险的负面作用。为了减少逆向选择潜在的成本,金融中介对贷款申请人进行审核。为了减少道德风险,它们对借款者进行监督。当借方不能按规定履行与贷方签订的合约时,金融中介就要通过强制执行合约对他们进行处罚。下面让我们详细了解金融中介是如何通过审核和监督借款者来降低信息成本的。在简要介绍公司是怎样使融资和投资的规模增长后,我们将做一个总结。

11.3.1 通过调查和审核减少逆向选择

为了获得贷款,无论是向银行,还是向抵押贷款公司或者是融资公司,你都要进行申请。作为贷款流程的一部分,你需要提供社会保障号码。贷方通过你的这些号码去一家公司进行核对,这家公司专门负责收集和分析信用信息,以及为潜在的贷款者进行信用评级。

你的个人信用级别(参见第7章"你的金融世界:你的信用评级")将使贷方了解你偿还贷款的概率。这类似于 eBay 的信息反馈论坛上的评级,或者是对一幅新绘画作品的专家鉴定。这家信用评级公司对你进行调查,然后证实你的信用级别。假如你具有较低的信用风险,信用评级分数较高,你就比别人更容易获得贷款,而且利率也较低。注意,这家收集你的信用信息并做出评级的公司每次都会向索取信息的一方收取一定的费用。这就克服了"搭便车"问题。

银行可以收集到一些贷款申请表和信贷报告上没有的信息。通过了解你的存款种类和取现情况以及信用卡使用状况,银行可以了解到关于你的更多信息。银行对个人和商业客户都以这种方式进行监管。而且,它们收集的信息易于保护和利用。银行拥有的特殊信息使其在审核客户和降低逆向选择成本方面处于一个特殊的位置。这种专业技术还可以解释其他一些现象,比如大多数中小型公司都通过银行进行融资。

金融中介调查和审核借款者的能力已经不仅仅局限于发放贷款,其业务范围已经扩大到发行股票和债券。证券承销商——具有良好声誉的大型投资银行,比如高盛、摩根大通和摩根士丹利——对那些寻求在金融市场上直接融资的公司进行调查和审核。如果没有这些投资银行的审核,公司就很难进行融资。投资银行竭尽全力地使其证券包销的专业技术市场化;它们希望自己扬名四海,就像每个人都知道可口可乐。可口可乐是世界上销售量最大的软饮料。一罐可乐,无论其商标用英文、中文、阿拉伯文还是瑞典语印刷,人们都认得它。金融机构也将这种理念——在市场上人们把它叫做品牌——运用到金融产品的认证上。如果摩根大通——一家著名的商业银行兼投资银行——想出售一只债券或股票,则品牌效应会使大家相信这肯定是一项高质量的投资。

11.3.2 通过监管减少道德风险

如果不对你进行监管,你很可能将某项目融资获得的资金用于飞去大溪地(Tahiti)度假。为了减少卖者携款而逃的风险,eBay 建立了买者保险。在金融世界里,金融中介通过对发行股票和债券的公司进行监管来防范道德风险。

关于这个过程如何运转,汽车交易提供了一个很好的例子。汽车交易商先要借入资金购买那些崭新的汽车,然后等待买者购买。借入资金的一种方式就是以这些汽车为抵押品获得贷款,但是银行并不完全相信交易商会按照他们所说的使用这笔资金,所以银行管理人常常会派出一位工作人员去点清汽车的数量。汽车的数量会让管理人知道交易商是否如实使用了这笔资金。在这种监管方式下,银行强制借方在贷款合约中遵守限制条款。由于银行专长于监管工作,因此比起个人的借款者和贷款者,银行从事这项工作的成本就要低得多。

银行之外的许多金融中介都持有单个公司的一些股份,这时,它们也通过某些方式来监管该公司。例如,加利福尼亚公共退休职工系统(CalPERS)管理着 2 000 亿美元以上的资产,其收入用于支付退休职工的养老金。CalPERS 大约有 110 万"成员",他们都依靠 CalPERS 管理人对基金的谨慎监管来领取自己的养老金。在购买任何一只公司股票之前,CalPERS 管理人都要对该公司做大量研究;一旦购买了这只股票,它们就开始密切监督该公司的活动。在某些情况下,它们会派一个人进入公司董事会,对 CalPERS 的投资进行直接的监管和保护。

对于新公司,有一种叫做风险资本公司的金融中介对其进行监管。风险资本公司专长于向有风险的新项目进行投资,以一定的股权和收益作为回报。为了防范道德风险,确保新公司的成功概率,风险资本公司管理人也要密切监督这些新公司的活动。

最后,迫于监管的压力,公司管理人就不得不考虑股票和债券持有者的利益。如果一家公司的管理人在这方面的工作做得不好,它就会为其他公司所替代,最终被收购。在 20 世纪 80 年代,一些公司专门从事这项工作。当新的所有者让其自己人管理公司时,就可以减少道德风险问题。

新闻摘录

市场紧缩之下，借贷转向个人

Nancy Trejos

随着银行提高借贷标准、信用卡公司提高利率，越来越多的借出者把借款对象转向个人。

近来，尽管受到制度的限制，但是提供个人对个人借贷服务的网站数量仍在增加。在这些网站上交易的双方互不相识，也不通过银行进行。借款者往往能获得比银行和信用卡利率低的借款，同时投资者也可以获得比购买传统的银行产品（如储蓄存款）更高的回报。

分析家预计，随着信用卡利率的上升，消费者需要寻找新的途径来还债，个人借贷这个行业会得到发展。与此同时，很多投资者对于不稳定的股市已经丧失信心，开始寻找其他的现金投资方式。因此，个人对个人借贷业务的参与人数和资金规模都在不断增加。根据一家波士顿研究公司的调查，2006 年，个人借贷额高达 2.82 亿美元，预计到 2010 年，借贷额可以达到 58 亿美元。

由于这一行业已经吸引了大量的参与者，而贷款被视为证券的一种，因此证券交易委员会（SEC）去年规定凡从事个人借贷业务的公司必须经过注册。

贷款网站的工作人员说，他们贷款量增加的主要客户来自那些信用卡利率极高的借款者。……在房地产市场的繁荣时期，许多消费者都能够通过房屋净值信用额度还清他们的信用卡债务。但是，当许多地区的房屋价值暴跌时，那些借款人因资金来源缺失而承受了巨大损失。克里斯·拉森（Chris Larsen）——美国 Proper 公司首席执行官曾说，其公司的贷款中近 50% 都用来帮助借款人偿还信用卡债务。Proper 公司的贷款利率可以低至 4%。拉森还说，"他们大概需要 20 年才能还清信用卡债务"。

萨姆·沃尔特斯（Sam Walters）是安纳波利斯（Annapolis）的一名商业分析师，当银行告诉他不能以低于 20% 的利率进行贷款时，他转向了贷款俱乐部。7 月，他通过贷款俱乐部借了数千美元去偿还信用卡债务。据他所说，这些贷款都是在他 20 岁时由于年轻的浮华所积累下来的。

现在他 31 岁，他希望将来某一天可以买一幢房子，但是他清楚自己无法偿还利率超过 20% 的贷款。但是贷款俱乐部的贷款利率只有 11%，他在未来三年就可还清。

贷款俱乐部允许投资者选择借款人，这些借款人的 FICO 评分（850 分为满分）至少要达到 660 分。投资者可以看到借款人的信用评分，债务支出占收入的比例以及影响银行决定向谁贷款的其他因素。他们可以投资于尽可能多的人，分配给每个人的贷款额可以低至 25 美元。平均投资金额为 6 000 美元，可以在几个借款人之间分摊，平均利率为 12%—13%。

……

其他个人对个人借款网点有不同的操作方式。Proper 公司允许贷款者对于贷款利率进行竞标，这样最终产生了较低的贷款利率。维珍理财（Virgin Money）设计了朋友和家人之间的贷款,而其他公司也专注于特定类型的贷款。例如,TuitionU 专为学生提供贷款以支付学费。

这些网点通常要求借款人提供信用报告并且设定最低信用评分,只有借款人达到这些要求才可以获得贷款。但是这些贷款仍存在一定的风险。贷款俱乐部的借款人违约率约为 3%,Proper 公司的违约率约为 5%。如果借款人没有按时付款,这些网点将报告给信用当局。网点的官员指出,那些信用卡的违约率都在两位数。

尽管如此,马克·施万豪瑟(Mark Schwanhausser)——加利福尼亚州 Javelin 策略研究公司的一位研究员——在研究了个人对个人贷款之后表示,投资者应对借款人努力偿还贷款的表象抱以警惕。他说:"我认为你们都应该注意,这不是'买了件东西然后把它带走'这么简单的事情。"

……

资料来源:摘自 *The Washington Post*, © September 20,2009。The Washington Post. All rights reserved. Used by permission and protected by the Copyright Laws of the United States. The printing, copying, redistribution, or retransmission of the Material without express written permission is prohibited. www.washingtonpost.com。

▶ **本文启示**

这真的会起作用吗?个人对个人贷款真的能够解决逆向选择和道德风险问题从而取代金融中介吗?答案的关键在于一些事情是否能够解决。首先,信用评分是否能够准确预测违约率?其次,贷款人能够充分分散风险吗?最后,这种方式真的比银行更有效率而且成本更低吗?对比金融中介,以上问题的答案都是肯定的。

11.3.3 公司财务增长及投资

在本章结束之前,我们一起讨论股份制。我们注意到两件事情:(1) 所有富裕国家都具有较高的金融发展水平;(2) 无论是直接融资还是间接融资,金融中介都起到了很重要的作用。第一件事情可以以以下事实进行解释:金融体系可以提高经济运行效率并且使资金配置到最具生产性的用途上。我们的讨论表明,信息问题是第二件事情的主要解释。

但是一家公司要进行项目投资,不仅可以通过在金融市场上发行股票、债券进行直接融资,或者通过金融中介以贷款的形式进行间接融资,还可以使用公司自己的利润进行融资。也就是说,将公司的收益留存作为项目投资的一种融资渠道,而非将利润作为股利分配给股东。

最让我们感到吃惊的是,最大的融资渠道是通过内部资源融资。如图 11.3 所示,在美国和英国,80% 以上公司的投资资金来源于公司内部。唯一可能的解释是信息问题使外部融资(包括直接通过金融市场和间接通过金融机构)的成本过高而且难以获得。不仅是个人要在没有外界帮助的情况下融资,公司也一样。而管理人对自己的公司比较了解,知道公司的具体情况以及应该如何运作,所以内部融资就成为最理性的选择。

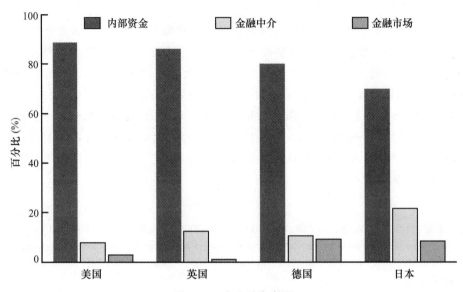

图 11.3　企业融资来源

资料来源:图中数据为 1970—1994 年数据的平均值,根据 Jenny Corbett and Tim Jenkinson,"How is Investment Financed?" *The Manchester School Supplement*,1997,pp.69—93 的表 1 计算。Used with permission。

关键术语

逆向选择　　　　　　　　　搭便车者
信息不对称　　　　　　　　道德风险
抵押品　　　　　　　　　　资产净值
通货紧缩　　　　　　　　　无担保贷款

本章小结

1. 金融中介降低成本的方式有:
   a. 汇集小型储蓄者的资金,然后贷给大型借款者。
   b. 为顾客提供保管、记账服务,以及提供支付体系。
   c. 为顾客提供流动性服务。
   d. 提供小额投资多样化的能力。
   e. 提供信息服务。
2. 对于潜在的贷款,调查借方的信用度需要支付成本。这个问题(即信息不对称)在交易前后都存在。
   a. 在交易前,诚信最差的借方最有可能获得资金。这个问题被称为逆向选择。

b. 贷方和投资者可以通过以下手段减少逆向选择风险：
   i. 收集和披露借方信息。
   ii. 要求借方提供抵押品,并且具有充足的资产净值。
c. 交易后,借方可能不把借入资金投入生产。这个问题被称为道德风险。
   i. 在股票市场上,当管理者与所有者的利益分离时,就会产生道德风险。
   ii. 寻找股票融资道德风险的解决办法是十分困难的。
   iii. 在债券市场上,因为借方具有有限责任,所以存在道德风险。当投资成功时,他们获得全部收益;但是一旦失败,他们并不遭受损失。
   iv. 债券融资会刺激管理人或借方投资于有风险的项目,这个事实促使了限制合约的出台。限制合约要求借方只能将资金用于某些方面。
3. 金融中介可以解决逆向选择和道德风险问题。
   a. 它们通过收集借方信息并审核其信用状况,以此减少逆向选择问题。
   b. 它们通过监管借方的资金使用情况,以此减少道德风险问题。
   c. 最后,由于信息问题对于金融中介来说也很难解决,因此大部分公司选择使用内部资源进行融资。

概念性问题

1. 请描述雇主在雇用新雇员时面临的信息不对称问题。有什么解决办法？当这个人被雇用后这一问题还存在吗？假如存在,有什么解决办法？对于支付固定薪资的雇员,这一问题是更严重了还是有所缓解？请解释原因。
2. 在一些城市,报纸每周会列出一个清单,上面是本周被当地卫生检查部门查出未达到卫生标准的餐厅名字。这项措施想要解决什么信息问题？是如何解决的？
3. 麦道夫长时间地欺骗了如此之多的投资者,与信息不对称相关的什么因素是这项诈骗成功的关键呢？
4. 金融中介并不局限于可以贷款的银行,也包括如共同基金公司之类的非银行机构。在金融市场上,共同基金如何克服信息不对称问题呢？
5. 在一些国家,尽管许多管理人经营得十分糟糕,但股东很难解雇这些管理人。这些国家应该通过哪种方式融资？
6. 给出规模经济的定义,并解释金融中介如何利用规模经济的优势。
7. 解释因特网对信息不对称问题的影响。
   a. 因特网是如何帮助我们解决信息问题的？
   b. 因特网能解决这些信息问题吗？
   c. 因特网对哪种问题的影响最大？逆向选择还是道德风险？
8. 金融部门受到严格监管。请解释政府监管如何帮助我们解决信息问题,从而增加金融市场和金融机构的有效性。
9. 信息不对称问题中针对逆向选择的一个解决办法是提供抵押品。为什么在2007—2009年金融危机中,这一办法对于解决住房抵押贷款证券化中的逆向选择问题失效了呢？

10.* 通货紧缩使得借款者的抵押品价值下降。给出通货紧缩的定义并解释它如何降低抵押品的价值。这对借款者所面临的信息问题有什么影响?
11. 2002 年,许多公司都篡改其过去几年的财务报表,公司财务报表的可信度成了问题。这种行为对金融市场有何影响?

分析性问题

12.* 你的父母给你 2 000 美元作为毕业礼物,你决定把这些钱投入股票市场。如果你是风险厌恶者,你应该以较低的交易费用通过互联网购买几家不同公司的股票,还是把 2 000 美元全部用于购买共同基金? 解释你的答案。
13. 假设有一家新网站可以提供所有要发行债券的公司的实时、可靠信息。你预计整个债券市场的利率水平会发生什么变化。
14. 假设有两类公司想通过债券市场借入资金。A 类公司的财务状况良好、风险较低,相对于无风险利率而言,这类公司的风险溢价为 2%。B 类公司的财务状况较差、风险较高,相对于无风险利率而言,这类公司的风险溢价为 6%。作为一个投资者,除了知道 A、B 两类公司的数量相当,你不了解关于公司的其他任何信息。
    a. 若无风险利率为 5%,你愿意以何种利率水平贷出资金?
    b. 这样的市场运转良好吗? 这个例子中存在哪种类型的信息不对称问题?
15. 再次考虑第 14 题中描述的 A 类低风险公司。如果你是这类公司的财务顾问,关于获得资金,你会给管理者什么建议?
16. 考虑一家小公司,所有者和管理者是同一人。当公司借入资金时,为何还会存在道德风险?
17.* 乌托邦岛有着不寻常的经济体系。乌托邦岛上的每一个人都认识其他人并且了解有关他们所拥有或经营的公司的一切信息。这种金融体系在乌托邦岛很好地运行着。在其他条件不变的情形下,与其他国家相比,你认为乌托邦岛的内部融资(公司利用自己资金,比如留存收益)和外部融资(公司通过金融市场吸收资金)应该怎样组合? 金融中介在这样的经济体中起到何种作用?
18. 你和你的朋友参观一家公司的总部,并对每间办公室内昂贵的艺术品和独特设计的家具感到震撼。你的朋友对这家公司有很好的印象,鼓励你购买这家公司的股票,他认为能够支付得起如此奢侈装潢的公司必定是非常成功的。你同意你朋友的观点吗? 在进行投资之前你还要了解什么信息(除了普通的财务数据)?
19. 在哪些情形下,你会选择作为贷方参与个人对个人的借款协议中?

(注:题号后标注 * 的问题均指难度较大的题型。)

第 12 章
存款机构：银行与银行管理

银行是经济体中最常见的金融中介。我们大多数人将金融界人士所言的**存款机构**（depository institutions）称为银行。这类金融机构吸收储户存款，并向贷款者放贷。存款机构和**非存款机构**（nondepository institutions）的主要区别在于资金来源，即它们资产负债表的负债一方。存款机构包括商业银行、储蓄与贷款机构以及信用合作社等。在我们的日常生活中，经常会接触到这类金融机构。

银行业作为商业经营活动，实际上是一种旨在为我们提供在第 11 章所讨论的各种服务的商业综合体。第一类业务是向客户提供会计记账和记录保管服务，跟踪账户余额变动状况；第二类业务可以使您通过支付体系，将账户余额转为现金或者支付给他人；而第三类业务是将众多散户储蓄者的存款聚集起来，向诚信度高的借款者提供大额贷款；第四类业务活动旨在向客户提供多样化服务，通过在金融市场上买卖金融工具获得盈利。所以，在金融市场上参与交易活动的银行，不仅为其客户提供服务，而且为其所有者赚取利润。

当然，银行的目的是希望从各类业务中盈利，本章研究银行是如何实现这一目的的。并非所有的银行都能盈利。一些银行尽管规模巨大，资产负债表上有上千亿美元的贷款和证券，但并不能保证这些资金都能盈利。银行破产倒闭的风险不仅是其所有者和经营者需要考虑的问题，也同样值得我们思考。2009 年，有 140 家美国银行骤然破产，其他银行也深陷困境，这是继 20 世纪 30 年代大萧条以来最为严重的一次金融危机。

我们一再强调，金融与经济发展息息相关。如果没有金融机构在储蓄者与投资者之间有效地调剂资源，经济发展不可能兴旺繁荣。这个道理放之四海而皆准，美国和日本就是强有力的证明。从各方面来看，两个国家都发展良好。但到了 20 世纪 90 年代，美国银行盈利良好，而日本银行却遭受空前的损失。同期，日本经济增长率仅为 1% 多一点，而美国经济增长率在 3% 以上。日本银行的金融问题是导致日本经济一蹶不振的重要因素。银行至关重要，一旦银行经营不善，经济就会遭受牵连，我们的生活也会受到影响。在 2007—2009 年的经济危机中，美国银行受到重创，经济发展也难免低迷，只是状况不如当年日本那样糟糕而已。

在本章,我们主要讨论银行业经营的问题。我们将研究存款机构的资金来源及如何运作资金,学习银行负债来源及如何管理资产。由于银行是风险行业,我们还将讨论银行的风险来源,以及如何进行风险管理。

12.1 商业银行的资产负债表

为了研究存款机构,我们首先关注一下什么是商业银行。商业银行的建立是向企业提供银行服务,使其能够安全存储资金,并在需要时借贷资金。如今,许多商业银行也向个人提供账户服务及贷款。为了了解商业银行的业务经营,我们要从学习它的资产负债表开始。我们知道,资产负债表是一个家庭或公司的资产与负债的财务报表:资金的来源(负债)与资金的使用(资产)。在银行的资产负债表中:

$$银行总资产 = 银行总负债 + 银行资本 \qquad (1)$$

银行可从个人储蓄者及公司获取资金,从其他金融机构借入或者通过金融市场融入资金。它们将这些资金用于发放贷款、购买市场证券或者以现金形式持有。银行资产与银行负债的差额即银行资本,也称为资产净值——银行所有者拥有的价值。银行利润有两大来源:一是服务费用,另一个是银行支付的负债成本和其资产收益之间的差额(我们稍后将继续讨论这个问题)。

表12.1是2010年1月美国所有商业银行的总资产负债表。该表公布了美国在该时期存在的将近6 800家商业银行资产负债表中各个项目的总和。政府在监管金融体系的过程中,收集这类统计数据,以确保银行业发展的安全与稳健。表中的数据与第2章所讨论的货币口径也是相关的。我们已经知道,货币总量M2所包括的存款,就是银行系统的负债。

表12.1 美国商业银行的资产负债表(2010年1月)

资产(十亿美元,括号里表示该数额占总资产的百分比)				
现金			1 246.7	(10.6)
证券*			2 336.8	(19.9)
美国政府及代理机构	1 421.2	(12.1)		
其他证券	915.5	(7.8)		
贷款			6 693.8	(57.1)
商业和工业贷款	1 320.1	(11.3)		
不动产贷款(包括抵押贷款)	3 794.3	(32.4)		
消费贷款	817.7	(7.0)		
银行间贷款	212.4	(1.8)		
其他贷款	761.6	(6.5)		
其他资产			1 439.5	(12.3)
商业银行总资产			11 716.8	

(续表)

负债(十亿美元,括号里表示该数额占总负债的百分比)				
存款			7 716.1	(74.0)
大额定期存款	1 886.2	(18.1)		
借款			1 901.6	(18.2)
从美国银行机构	256.3	(2.5)		
从其他机构	1 645.4	(15.8)		
其他负债			807.8	(7.7)
商业银行总负债			10 425.5	
银行资产－银行负债＝银行资本			1 291.3	

* 证券包括价值11 953亿美元的抵押担保证券,相当于总资产的10.2%。

资料来源:表中数据是经过季节性调整的2010年1月13日的数据,来自"Asset and Liabilities of Commercial Banks in the United States," Board of Governors of the Federal Reserve System statistical release H.8, available at www.federalreserve.gov/releases/h8/current。

12.1.1 资产:资金的运用

我们从资产负债表的资产——银行对融入资金的运用开始学习。如表12.1所示,资产可以分为四大类:现金、证券、贷款、其他资产。大约20%或者说2.3万亿美元的资产以证券形式持有;将近57%(约6.7万亿美元)的资产以贷款形式持有;余下的23%以现金或其他资产的形式持有。最后一项"其他资产"包括建筑、设备以及从违约贷款者那里获得的抵押品。为了进一步了解表12.1中的加总数据,我们将其与名义GDP进行比较。2010年冬季,美国名义GDP大约为14.5万亿美元,所以银行总资产相当于该年GDP的80%。

现金类　现金资产分为三种。第一种也是最为重要的一种是**准备金**(reserves)。基于监管以及审慎操作的要求,银行须持有准备金。准备金包括银行金库里的现金(包括自动取款机里的纸币),称为**备用现金**(vault cash),以及银行在联邦储备银行的存款。现金是最具有流动性的银行资产,银行持有现金以满足储户的取现需求。

现金类还包括托收中款项(cash items in process of collection)。当你将薪金支票存入你的支票账户后,可能几天后你的银行才会从你雇主所在的银行那里取得这笔款项。这时,这笔尚未收到的资金就可以被看作你的银行资产,因为银行预期会收到这笔资金。最后,现金类还包括一家银行在其他银行拥有的账户余额。就如同个人会在地方银行拥有一些存款账户一样,小银行在大银行也有存款账户,这些账户被看作银行的现金。随着时间的推移,持有这类账户的习惯慢慢改变,因而这类所谓的代理银行存款的总数量在不断减少。

2010年1月,银行持有的现金资产超过了10%(见表12.1)。而在2007—2009年的金融危机之前,这一比例明显小得多(在2007年早期,这一比例约为3%,见图12.1)。由于现金资产的利息远不如贷款和证券的收益所得,银行通常会尽量减少其现金持有量。

然而,金融危机迫使银行改变这一策略:银行挤兑、信用限额的下降以及贷款者违约的高频发生迫使银行对流动性的需求增加;而由于市场利率的下降,持有现金的成本也骤跌。

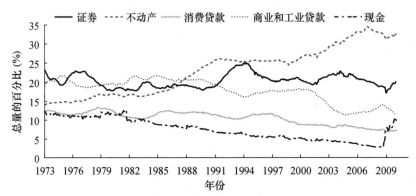

图 12.1　美国商业银行的资产(1973—2009)

资料来源: Monthly data, seasonally adjusted from "Assets and Liabilities of Commercial Banks in the United States," Board of Governors of the Federal Reserve Systerm Statistical Release H.8。

证券　银行资产的第二大部分是市场证券。尽管许多国家的银行都可以持有股票,但美国银行却不被允许,所以这部分资产仅包括债券。在银行持有的债券中,美国政府和机构债券占证券资产的12.1%,其他证券(包括州及地方政府债券)约占7.8%。值得注意的是,证券资产约一半都为抵押类资产证券(约占总资产的10.2%)。不过,大多数证券具有较高的流动性。当银行需要现金时,这类资产可被快速出售,因而是银行现金的坚强后盾。正因为如此,证券有时也被称为二级准备金。

图 12.1 表明了在过去约四十年间,银行资产构成的变化趋势。注意代表证券的这条线的走势,我们可以看出证券持有量占银行资产的比重在整个观察期间约有 20% 的变动幅度。

贷款　贷款是现代商业银行的主要资产,占资产总量的半数以上。我们可以将贷款分为五大类:工商业贷款,也称为工业和商业(C&I)贷款;不动产贷款,包括房屋抵押、商业抵押及房屋产权抵押贷款;消费贷款,如汽车贷款及信用卡贷款;银行间贷款(一家银行向另一家银行的贷款);其他类型的贷款,包括购买其他证券的贷款。这几类贷款的流动性大相径庭。一些贷款(如房屋抵押和汽车贷款)可以证券化或者再出售(我们在第 3 章中学习资产担保证券时,对这一过程进行过讨论);其他类型的贷款(如小额工商业贷款)不能再出售。

各种存款机构的主要差别在于其贷款组合的构成不同。商业银行主要向工商业提供贷款;储蓄贷款机构主要向个人提供抵押贷款;信用合作社则专门发放消费贷款。本章"交易工具"向您提供了各类存款机构的进一步信息。

图 12.1 表明,随着时间的推移,商业银行更多地涉入不动产相关的业务中。出现这种转变有诸多原因:第一,商业票据市场的产生为大公司的直接融资提供了更多的便利,减少了工商业贷款的需求(第 7 章详细介绍了商业票据)。第二,抵押担保证券的产生意味着银行可以出售抵押贷款。这一创新降低了非流动资产的风险,鼓励银行开展房屋抵

押贷款业务。但是,如前所述,高风险的抵押担保证券(MBS)是2007—2009年金融危机的重要诱因(参见第11章"危机的教训:信息不对称和证券化")。还需要注意的是,不动产贷款并不包含约占证券持有量1/2的担保抵押证券。

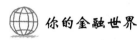 **你的金融世界**

选择适合你的银行

选择一家合适的银行颇费工夫。首先,你需要明确为什么你需要一家银行,以及这家特定的银行能否为你提供价廉物美、方便快捷的服务。货比三家、反复斟酌之后,确定所选的银行能为你的存款提供一个令人满意的利率,而且在你不使用该账户时也不必支付任何服务费用。或许你还想确定是否能够随时取现。对你来说,在几个小时内通过他人或电话能够联系到你附近的人也是非常重要的。还要确保银行具有服务周全、高效的名声。由于服务是要付费的,因此还要确定费用是多少。向出纳员咨询需要付费吗?提取现金需要付费吗?如果你的朋友也有和你类似的需求,问清楚他们的银行的地点,以及他们是否对其费用和服务感到满意。

因特网推动了银行的发展。传统的"砖头混凝土"银行如今通过互联网提供了更多的服务。通过电脑,你可以登录账户、核对账单、支付购买或者转移资金。实际上,当你决定开户时,你就可以考虑建立你的网上银行———一家没有任何分支机构的银行。不过这么做也要小心谨慎。注视着电脑屏幕,你不可能知道所浏览的网页位于哪里。虽然很多人认为这种与地理位置不相关的特点正是互联网的优势所在,但在金融交易中,这意味着风险。遗憾的是,美国的法律法规对美国境外机构提供的交易并不实行保护。但境外机构所属国家的法律对其会有约束力的。所以,如果你选择了一家网上银行,要确保其业务在美国境内。最简便的方法是确认该银行是否是联邦存款保险公司(Federal Deposit Insurance Corporation,FDIC)的成员。可以登录网站 www.fdic.gov 点击"我的银行保险了吗",如果该银行在列表内,它就是一家合法的美国银行,你的存款是可获得保险的。

12.1.2 负债:资金的来源

银行的运作需要资金。银行通过储蓄者的存款以及金融市场融资获取资金。为了吸引个人及企业在银行存款,银行通过一系列的存款账户,向储户提供安全保管和记账、支付体系、流动性、分散风险及账户利息支付等服务。有两种存款账户:交易账户和非交易账户。交易账户即我们熟知的支票账户。截至2009年12月,支票账户总额达8 140亿美元,仅占商业银行系统总存款额的10%左右。

支票存款 银行为其客户提供一系列可供选择的支票存款账户,包括可转让支付账户(NOW)、超级可转让支付账户(super-NOW)以及投保的市场利率账户。一家典型的银行可以提供五六个甚至更多这样的账户,各账户间都会有细微的差异。除了银行市场部门所创造的这些账户名称外,经济学家还用各种其他术语描述这些支票存款账户。例如,一些经济学家将它们称为"活期存款",因为存款者可以随时取现。

多年来,金融创新大大降低了支票存款在银行日常业务中的重要性。支票存款占总负债额的比例由20世纪70年代的40%跌至2009年的10%。下降的原因在于支票账户不支付利息或者支付极少的利息。这对于银行来说是低成本的资金来源,但是对于储户来说则是低回报的投资。随着利率从20世纪70年代起一路上涨至20世纪90年代并维持着高位,个人及企业都意识到应该减少支票存款,转而寻找更高利息的投资方式。当顾客的支票账户开始减少时,银行不得不试图提供可以自动转账的新式账户来吸引客户。因而,传统的存款账户不再是银行资金的主要来源。

非交易存款 2009年,非交易存款(包括储蓄存款和定期存款)约占商业银行负债的一半还多。储蓄存款,即通常所说的存折储蓄账户,尽管现在不怎么流行,但在过去几十年里十分常见。定期存款是有固定期限的存款凭证(CDs)。当你将储蓄存入当地银行的定期存款账户时,就相当于你购买了这家银行发行的债券。但它与政府或公司债券不同,并不存在小额CD的流通市场。如果你想在CD到期之前提取资金,就必须到银行办理。为避免提前取现,银行会对提前取现者收取一定的罚金。

存款凭证有两类:小额存单和大额存单。小额存单是指存款金额在100 000美元以下的存款凭证;大额存单是面值超过100 000美元的存款凭证。大额存款凭证是可以转让的,这意味着它可以在金融市场上像债券和商业票据一样进行买卖。由于大额存单可以再出售,它就成为银行资金的一大重要来源。当银行需要资金时,除了可以出售商业票据、发行传统债券外,还可以发行大额存单。

借款 借款是银行资金的第二大重要来源。图12.2表明在过去的四十多年间,借款的重要性日益增强,直到2007—2009年金融危机的发生才使银行更加谨慎。如今,借款占银行负债的20%以上。银行的借款方式有许多种。它们可以向联邦储备银行借款。我们在第4篇将详细研究**贴现贷款**(discount loans),现在我们考虑银行向政府借款,但银行很少采用这种方式借款。

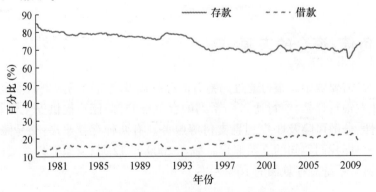

图12.2 美国商业银行的负债(1979—2009)

资料来源:Monthly data, seasonally adjusted from "Assets and Liabilities of Commercial Banks in the United States," Board of Governors of the Federal Reserve Systerm Statistical Release H.8。

更多的时候,银行向其他银行借款,即具有**超额准备金**(excess reserves)的银行通过**联邦基金市场**(federal funds market)将盈余资金借给需要资金的银行。联邦基金市场上的这种融资是不安全的——它没有抵押品——所以贷方银行必须要确认借方银行的诚信。观察表12.1你会发现,在美国,银行间贷款作为资产记入,而从其他银行借入的款项作为负债记入。① 除了通过联邦基金市场从美国银行借款外,商业银行还向外国银行借款。

最后,银行通过一种叫做**回购协议**(repurchase agreement,repo)的金融工具借入资金。这种协议要求一方将证券作为抵押进行交换,获得短期抵押贷款,并约定在将来一定时间(最快可以是第二天)以一定价格赎回证券。例如,一家持有美国短期国库券的银行需要资金,而养老基金或许有现金,并且这些现金整晚是闲置的。通过回购协议,银行将国库券卖给养老基金换取现金,并约定在第二天支付一定的利息将其买回。简而言之,银行获取隔夜的贷款,而养老基金获得一些额外的利息,具体如图12.3所示。

第一天

银行将美国短期国库券出售给养老基金,交换现金

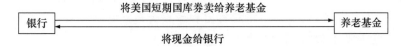

第二天

银行从养老基金购回美国短期国库券,归还现金并支付利息

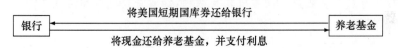

图 12.3　隔夜回购协议机制

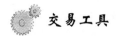

存款机构的分类

尽管金融业总是在不断地发展变化,但我们姑且假设在一段时间内存款机构是存在的。下面是一些以存款作为主要资金来源的金融中介。存款机构可以分为三类:商业银行、储蓄机构和信用合作社。

商业银行

商业银行是吸收存款,发放消费贷款、商业贷款以及不动产贷款的机构。起初建立商业银行是为了满足工商业的需要,如今商业银行也向个人提供服务。商业银行朝着专业

---

① 细心的读者会注意到,资产负债表中,资产部分的"银行间贷款"金额并不等于负债部分的"美国银行借款"金额。实际上,这两部分几乎相差400亿美元。如果表里的数据涵盖了所有银行系统,那么银行贷款(资产)应不应该等于银行借款(负债)呢? 关于它们为什么不相等,有两个原因。第一,表中的数据涵盖了所有的大型银行,但只涵盖一小部分的小型银行。大型银行大多是借方,而小型银行大多是贷方。那么以这种方式收集数据,就扭曲了事实。第二,小型银行一般会把借给大型银行的资金算作自己的存款,而不是银行间贷款。出于这两个原因,表12.1中的负债部分的"银行借款"金额要大于资产部分的"银行间贷款"金额。

化的社区性的、区域性的、超区域性的或者货币中心银行的方向发展。经过2007—2009年的金融危机,美国银行业进行合并,存款总额的40%为四家商业银行所占有:美国银行、摩根大通、富国银行、花旗集团。

社区银行

社区银行指小型银行——资产不到10亿美元的银行——主要是为消费者和小型公司提供服务。他们吸收当地人的存款,然后借给当地的公司和消费者。2009年年末,美国有8 000家银行和存款机构,其中将近97%都是社区银行。

区域性银行和超区域性银行

区域性银行和超区域性银行的规模要比社区银行大,业务范围也超出了当地。除了消费者贷款和居民贷款外,这些银行还发放工商业贷款。区域性银行通过存款和借款获得资金,这些银行是非常大的。最大的区域性银行——美联银行在2008年遭遇了银行挤兑,最终被富国银行接管。

货币中心银行

仅有五六家的大型银行并不依靠存款获得资金,而是通过借款获得资金。它们是货币市场(即短期借贷市场)的核心。花旗集团和摩根大通就是这样的银行。(第3章讲过货币市场工具指期限在12个月以内的债券。)

储蓄机构

储蓄机构是为家庭和个人提供服务的金融中介。它们提供抵押贷款和其他贷款服务,为家庭提供存款储蓄账户。储蓄机构有两种:储蓄贷款机构和储蓄银行。

储蓄贷款机构

储蓄贷款机构(S&Ls)建立于19世纪,主要目的是帮助工人成为房屋所有者。它们吸收工人的储蓄存款,然后将这笔资金作为贷款发放给房屋购买者,而传统的银行并不为这些人提供这种服务。储蓄贷款机构专门吸收短期存款,然后将其转化为居民抵押贷款。储蓄贷款机构今天仍然存在,它不仅提供抵押贷款,还涉及一些融资活动。

储蓄银行

大多数储蓄银行是共同所有的,即存款者也是银行合法的所有者。这些机构专门通过吸收存款获取资金,然后提供居民抵押贷款。仅仅几个州允许设立这种银行。当最大的储蓄银行——华盛顿互助银行在2007—2009年的金融危机中破产时,摩根大通收购了它的存款。

信用合作社

信用合作社是由警察协会、工会会员、大学学生和雇员等持有共同债券的人所拥有的非营利性存款机构。信用合作社专门提供小额消费贷款。它们建于19世纪,目的是帮助那些不能从传统的贷款人那里借款的人获得贷款。在信用合作社建立之前,当那些普通人遇到维修房屋或者处理医疗状况时却无处借钱。

并非所有的存款机构都能经得起未来的金融创新和经济剧变的考验。商业银行还可能会继续存在,但是随着抵押行业的发展,储蓄机构的重要性已经逐渐减弱,正处在消失的边缘。信用社是否还将存在,取决于其成员的信用优势是否具有可持续性。

12.1.3 银行资本和收益

无论是个人资产净值还是银行资产净值,资产净值都等于资产减负债。但是银行资产净值指的是**银行资本**(bank capital),或者叫**股本**(equity capital)。假如银行所有者出售所有资产(没有损失),然后用收益偿还所有负债,则剩下的收益就是银行资本。我们可以把银行资本看作所有者对银行的权利。

资本是银行的储备,可以在资产价值突然下跌或者顾客临时取现时起到作用。它对破产(如果一家公司的负债大于资产,它就不具备偿还债务的能力)提供保险。银行资本的一个重要组成部分是**贷款损失准备金**(loan loss reserves),是银行用来负担违约贷款潜在损失的资金。有时银行认为一项贷款不可能收回,就会将这笔贷款做减值处理或者从银行资产负债表中注销,这时银行的贷款损失准备金就要减少这笔贷款违约的金额。

再看表 12.1,2010 年 1 月,美国商业银行系统的资本总额超过了 1.3 万亿美元。用这 1.3 万亿美元加上 10.4 万亿美元的负债购买 11.7 万亿美元的资产。所以美国银行系统的负债/股本比大约是 8:1。这是一个较高的杠杆率,但它仍比 2007—2009 年金融危机前商业银行杠杆比率的平均水平低了近 25%。正如我们在第 3 章"危机的教训:杠杆"中所看到的,金融危机迫使银行大幅度降低它们的杠杆比率。

将 8:1 的比率与美国非金融业的负债/股本比(1:1)相比较。家庭杠杆率更低,不到 $\frac{1}{3}$:1。回忆第 5 章"交易工具",可知杠杆率会增加风险和预期收益率。假如你购买房屋,自己支付一半资金,另一半借入,则你的风险和收益都将增加一倍。假如你自己支付 1/5 的资金,而借入 4/5 的资金,则你的风险和收益都将增加 4 倍(参见第 5 章"交易工具:杠杆对风险的影响")。因此,如果一家银行对于每 1 美元的资本就要借入 8 美元,则风险和收益将增加 8 倍!所以这样看来,银行业是风险很大的行业。我们在第 14 章还将看到,关于银行高杠杆率的一个解释是,政府会为存款提供保险,允许银行获得高风险所得收益的同时不使存款者遭受潜在的损失。

下面是关于银行收益率的几个基本衡量指数。第一个叫做**资产收益率**(return on assets,ROA)。资产收益率等于银行税后净利润除以银行总资产。

$$ROA = \frac{税后净利润}{银行总资产} \tag{2}$$

资产收益率是衡量一家银行资产使用效率的重要指数。例如,通过比较不同部门的资产收益率,大型银行管理人就可以比较不同部门的业绩。但是对于银行所有者,当平均杠杆率是 9:1(杠杆率等于总资产除以银行资本)时,他们更加重视投资收益。银行所有者的收益率由**股本收益率**(return on equity,ROE)衡量,它等于银行税后净利润除以银行资本。

$$ROE = \frac{税后净利润}{银行资本} \tag{3}$$

不足为奇的是,资产收益率和股本收益率都与杠杆率有关。关于杠杆率的一个衡量指数是银行资产与银行资本的比率,它乘以 ROA 就等于 ROE。

$$\text{ROA} \times \frac{\text{银行资产}}{\text{银行资本}} = \frac{\text{税后净利润}}{\text{银行总资产}} \times \frac{\text{银行总资产}}{\text{银行资本}} = \frac{\text{税后净利润}}{\text{银行资本}} = \text{ROE} \qquad (4)$$

对于一家美国银行,在 2007—2009 年金融危机之前,资产收益率一般是 1.3%,而股本收益率是资产收益率的 10—12 倍。大型银行的股本收益率一般比小型银行要高,这意味着银行业存在高杠杆、风险资产组合和规模经济效应。大型银行在金融危机中的表现说明,高收益在一定程度上反映了高杠杆或高风险组合的特点。

在继续之前,有必要介绍另一种衡量银行利润的指标:利息净收入。该指标与银行对其负债支付利息、创造利息支出、对其资产收取利息、创造利息收入等事实相关。存款和银行借款产生利息支出;证券和贷款产生利息收入。两者之差即为银行的利息净收入。

利息净收益率(net interest margin)也可以表示成净利差和总资产的比率。它是银行的**利率差额**(interest-rate spread),等于银行资产收到的利息与为负债支付的利息(加权)之间差额的平均值。银行的利息净收益率与资产收益率密切相关。将银行手续费收入减去经营成本,除以总资产,再加上利息净收益率,就得到了 ROA。利息净收入和利息净收益率大致相当于制造商或零售商的总利润或利润率,它们反映了银行业的经营状况。

经营良好的银行具有较高的利息净收入和利息净收益率。因为考虑到大多数贷款都是要偿还的,所以利息净收益率不仅告诉我们现在的利润率,还告诉我们将来的利润率,它是一个有远见的衡量指数。假如一家银行现在的利息净收益率很高,则它将来的盈利很可能会上升。

概念应用

中国和印度的增长和银行业

中国和印度每年都经历着 7%—11% 这样显著的经济增长率。尽管如此,但人们认为,如果中国和印度的银行业能更好地运营,其经济增长率还会更高。我们探究一下其中的原因。

尽管中国的金融体系很庞大,银行在其中却占据不相称的比重。2004 年,中国 75% 的资本——190% 的 GDP 总量——有银行介入。*这一比例是韩国(根据其 GDP)的 2 倍,是智利的 3 倍。如此高的对银行融资的依赖性是金融体系不发达的表现。解决办法是鼓励债券和股票市场的发展,让更多的小型储蓄者参与进来。

造成银行占据金融体系极大比重的另一个原因是,中国的银行对资源的非有效分配。国有企业贡献了 48% 的 GDP 却占据了 73% 的信用额度。也就是说,银行给政府喜欢的企业分配资金,政府通过作担保给自己的公司融资,这一点并不令人惊讶。要改善,必须做到:政府停止提供担保,银行学习如何评价借款人的信用价值。

至于印度,银行没有吸收很多的存款;相反,其吸收的存款太少了。印度金融体系是 GDP 的 1.4 倍,是中国的一半,银行仅仅吸收了占 GDP 60% 的存款。造成这样的原因是印度人不信任银行,而把一半多的财富投资于实体资产,如土地、房子、家畜甚至黄金。改善的方法是,寻找一种方式鼓励人们在银行存款。

尽管印度的私企比起中国私企更容易获得银行融资，但是还能做得更好。第一，印度银行应该停止大量持有政府债券——相当于其存款的46%；第二，政府应该停止操纵银行直接向其偏好领域的小借贷者放款——至少相当于存款的40%。改革应当使银行借款给资源能得到最好利用的地方。

如果中国和印度能够以最有效率的方式正确地使用直接融资渠道，将提高这两个国家人民的生活水平。没有运行良好的金融体系，经济增长不可能达到其应有的水平。

* 此处的估计值及下文的资料来自 the McKinsey Global Institute, "Putting China's Capital to Work: The Value of Financial System Reform," May 2006; and Diana Farrell and Susan Lund, "Reforming India's Financial System," *The McKinsey Quarterly Report*, June 5, 2006。

12.1.4 表外业务

金融公司的资产负债表仅提供了一部分信息。为了收取费用，银行还经营大量**表外业务**（off-balance-sheet activities）。回想一下，银行的存在是为了减少交易成本和信息成本，并转移风险。银行在提供这些服务时，是要得到补偿的。尽管有些业务是银行利润的一部分，但许多业务并没有作为资产或负债记入资产负债表。

例如，银行常常向一些信用度好的顾客提供授信——与信用卡的贷款限额类似。公司向银行支付一笔费用就可以换取在任何需要时借款的能力。协议签订后，银行收取费用，顾客得到一份贷款承诺。然而，在贷款实际发生前——该顾客动用授信前——该笔交易都不会显示在银行的资产负债表上。

同时，银行降低交易成本和信息成本的作用也会得到补偿。如果没有贷款承诺，公司会发现贷款比较困难，而且这种临时贷款的成本（交易成本）过高。而由于银行对自己常常提供授信的公司比较了解，因此调查其信用度的成本（信息成本）就可以免去了。

 你的金融世界

发薪日贷款的成本

假如你穿过美国大多数的街道，总会经过一个商店，里面立着一块牌子写着"支票兑现"。这些金融中介为那些不能从主要的金融机构（如银行）借款的人提供贷款。除了支票兑现业务外——它们兑现薪金支票或者政府支票时要收取3%的手续费（如果持有者不能出示满足其要求的证明，可能要收取更多的手续费）——这些金融中介还提供小额贷款。

这些金融中介提供的最常见的贷款是发薪日贷款。办理该贷款，只需携带身份证、公用事业费用收据或者电话账单、支票簿和一些支付存根来到商店换取现金后离开。为什么需要所有这些单据呢？公用事业收据可以提供你的住址；支付存根可以证明你受雇于哪家公司，薪金是多少以及支付时间。需要支票簿是因为你得开张支票给商店，它会将支票保留到你的下一个发薪日,再把支票送到银行。只要满足这些要求,商店就可以向你发放为期一到两周、最高额为 500 美元的贷款,直到你发工资为止。

该贷款的陷阱在于,它要收取费用,且相当高昂。发薪日贷款人会收取相当于贷款本金 15% 的费用。所以,如果你借了 500 美元,你至少要还 575 美元。你在申请贷款开立支票时,金额数目就要写 575 美元。为了更好地理解这一问题,假设你需要在下一个发薪日延长贷款期限,不希望商店兑现你给它的支票,那么你就要再次支付费用。所以,如果保留贷款一年,你就需要每两周支付 75 美元。到年底,你就要为这笔 500 美元的贷款付出 1 950 美元的利息(商店称之为"费用")。稍不留意,你还会欠着 500 美元的本金。

由于利率很高,发薪日贷款仅仅对那些实在无法获得贷款的人有吸引力。尽管数据很难收集,但半数以上的发薪日借款人似乎都无法偿付贷款,这也解释了费用高昂的原因。这些贷款虽然是合法的,但只适用于那些走投无路的人。*

* 法律在不断改变,试图阻止这些行为,例如,在 2006 年秋天,美国国会代表注意到了发薪日贷款的影响,特别是对武装部队成员。美国五角大楼的一份报告显示,发薪日贷款的军方借款人平均为 339 美元的贷款支付 834 美元。在这份报告出来后,国会议员为现役军人及其配偶的发薪日贷款设置了利率上限。

信用证是银行的另一项重要的表外业务。它能保证银行客户在将来获得一定的支付。例如,一家美国的电视机进口商或许需要向中国的出口商保证货到付款。他就会向银行提出请求,要求银行向中国出口商发出一份商业信用证,以保证自己会货到付款。通过发行信用证,银行就承担了这家美国进口商的信用风险,从而使交易顺利进行。由于承担了一定的风险,银行会收取一笔费用。

与信用证相关的一种形式是备用信用证。这些凭证,是面向那些想在金融市场上融资的公司和政府而发行的,是一种保险形式。甚至大型知名公司发行的公司票据也要由银行提供备用信用证作为担保,以保证在发行者违约时银行支付给贷方。大多数情况下,大型公司及州和地方政府发行债券需要得到银行的担保。与贷款承诺相比,信用证也会使银行承担一定的风险,但是银行并不愿将这种风险体现在资产负债表上。

由于表外业务会给金融机构带来风险,因此近些年来它们受到越来越多的审查。回忆第 9 章讨论的有关长期资本管理公司(LTCM)的案例。当 LTCM 陷入困境时,尽管它的资产负债表上的资产有 1 000 多亿美元,但并不包括风险工具——12 500 亿美元的利率互换——这令每个人都十分吃惊。相同的问题在 2007—2009 年的金融危机时也发生了,一些大银行无形的表外业务风险引起了人们对它们偿付能力的怀疑(参见第 3 章"危机的教训:影子银行")。由于现代金融工具可以使金融机构转移风险,从而提高了单个机构的风险,而这种风险局外人是难以察觉的。

12.2 银行风险:银行风险的来源和管理

由于存款机构的高杠杆性以及它们从事的业务,银行业是有风险的。银行的目标是每项业务都能盈利。有些业务仅仅是通过提供服务收取费用。例如,金融机构可以扮演经纪人的角色,以客户的名义买卖股票和债券,同时收取一定费用作为回报。银行也可以将存款负债转换为贷款和证券等资产。在这个过程中,它们汇集存款、提供流动性服务、分散风险,并利用信息优势资本化。一直以来,银行的目的是,对吸收存款的支付要少于所发放的贷款和购买的证券那里获得的收益,即银行支付给存款者用以吸引负债的利率要低于资产的收益率。

在所有的业务中,银行都要面临许多风险。这些风险包括存款者突然取现的风险、借款者不偿还贷款的风险、利率变化的风险,以及银行证券交易中经营管理不善的风险。每种风险都有一个名字:流动性风险、信用风险、利率风险和交易风险。为了理解这些风险如何产生以及如何管理,我们将逐一详细介绍。

12.2.1 流动性风险

所有的金融机构都面临负债持有者(存款者)要求提现的风险。支票账户持有者总是可以进入银行,提走其账户的现金余额。这种突然要求提走流动现金的风险就是**流动性风险**(liquidity risk)。银行的资产和负债都面临流动性风险。存款提现是负债一边的风险,但它也是资产一边的风险。回忆我们在讨论表外业务时,银行为客户提供授信——在客户需要时发放贷款。一旦这种贷款承诺被要求执行,银行就必须提供能满足其要求的流动资金。

如果银行不能满足客户立即提现的要求,它就将面临破产的风险。即使银行有资本净值,它还是会由于流动性不足而被驱逐出市场。谁会把自己的资金放在不能随时取现的银行呢?鉴于此,银行非常重视流动性风险的管理。2007—2009年金融危机就使很多银行和非银行金融中介机构破产了,如在2008年9月破产的美联银行(Wachovia)。

我们以一个简化的资产负债表为例来理解流动性风险以及银行是如何管理流动性风险的。图12.4是一家假设银行的一小部分资产负债表。要记住资产负债表的两边必须平衡。资产水平的任何变化,必然对应着相同水平的负债的变化。

资产(美元)		负债(美元)	
准备金	1 500万	存款	1亿
贷款	1亿	借入资金	3 000万
证券	3 500万	银行资本	2 000万

图12.4 持有500万美元超额准备金的银行的资产负债表

在图12.4中,银行负债主要由存款,一些借入资金和2 000万美元的银行资本构成,负债总额为1.5亿美元。银行资产包括1 500万美元的准备金。银行监管机构要求银行必须将一定比例的资产,以金库现金方式或存入联邦储备银行的无息存款形式持有。该比例是特定的。如果假设**法定准备金**(required reserves)占存款的10%,就意味着在资产负债表里1亿美元存款的银行要持有1 000万美元的准备金。如果银行持有1 500万美元的准备金,那另外500万美元就是超额准备金。

为了评估流动性风险,我们需要知道银行如何处理客户的资金需要。假如一家公司客户来到银行,要求提现500万美元,银行该怎么办?因为银行有500万美元的超额准备金,所以它可以没有任何困难地立刻满足客户的要求。同样,如果银行突然必须要执行一项500万美元的贷款承诺,它也可以利用准备金满足客户的要求。在过去,这是一种管理流动性风险的常用方式;银行只需持有充足的超额准备金,就可以满足客户的提现需求。但这是管理流动性风险的一种消极方式。

问题是,持有超额准备金的成本是相当高的,因为银行放弃了用它发放贷款和购买证券所得的利息收入。银行努力寻找其他方式,以对这种突然提现和执行贷款承诺的风险进行管理。对于客户需求现金的风险,有两种管理方式:调整其资产或负债。图12.5解释了这是如何操作的。拥有1亿美元存款的银行持有1 000万美元的准备金,且没有超额准备金。如果客户要求提现500万美元,银行就不能从准备金里拿出这笔资金。因此,银行需要调整资产负债表里的其他部分。

资产(美元)		负债(美元)	
准备金	1 000万	存款	1亿
贷款	1亿	借入资金	3 000万
证券	4 000万	银行资本	2 000万

图12.5 没有超额准备金的银行的资产负债表

对于由500万美元提现引起的资金不足,银行有两个选择:调整资产或负债。对于资产,银行有几个选择。最快、最容易的方式是卖掉一部分证券。由于大部分是美国国库券,它们能够以相对较低的成本快速、方便地出售。该行为的结果如图12.6的上半部分所示。注意,资产和负债都要比提现之前少500万美元(与图12.5相比)。极为重视流动性风险的银行可以通过调整证券持有量来满足客户的需求。

通过出售证券满足提现

资产(美元)		负债(美元)	
准备金	1 000万	存款	9 500万
贷款	1亿	借入资金	3 000万
证券	3 500万	银行资本	2 000万

通过减少贷款满足提现

资产(美元)		负债(美元)	
准备金	1 000万	存款	9 500万
贷款	9 500万	借入资金	3 000万
证券	4 000万	银行资本	2 000万

图12.6 要求提现500万美元后做出资产调整的银行的资产负债表

第二个选择是银行向另一家银行出售一些贷款。该行为的结果如图12.6的下半部分所示。尽管并非所有的贷款都能出售,但有一些贷款是可以的。出于这个目的,一般银行会确保一定比例的贷款是可售的。

管理银行的流动性还有一个方法,即一个客户的贷款到期后拒绝继续提供贷款。公司客户拥有定期续贷的短期贷款,而银行有权拒绝继续为其提供下一周、下一个月或下一年的贷款。但是这种做法不被看好。拒绝继续贷款使银行疏远了客户,驱使客户去其他银行。回忆第11章,银行通过审查客户的诚信度并进行监督,确保客户能够偿还贷款,以此来解决信息问题。这个做法是将好的客户与坏的客户区分开来,并与好的客户建立长期的合作关系。银行最不愿做的就是拒绝向一个已经花费成本确定下来的诚信客户提供贷款。

此外,银行不愿通过缩减资产负债表的资产部分来满足存款客户的取现要求,因为这样做会缩小银行规模。由于银行通过将负债转换为资产来盈利,而资产负债表中的资产越少,利润就越少。出于这个原因,如今的银行家更喜欢通过负债管理来解决流动性风险问题。即,对于存款提现要求并不出售资产,而是寻找其他的资金来源。

银行获得额外资金的方式有两个。其一,银行可以借入资金来弥补不足,可以向联邦储备银行或者其他银行借款。这种行为的结果如图12.7的上半部分所示。可以看到,尽管存款减少了500万美元,但借款弥补了这个空缺。

通过借款满足提现

资产(美元)		负债(美元)	
准备金	1 000 万	存款	9 500 万
贷款	1 亿	借入资金	3 500 万
证券	4 000 万	银行资本	2 000 万

通过吸收存款满足提现

资产(美元)		负债(美元)	
准备金	1 000 万	存款	1 亿
贷款	1 亿	借入资金	3 000 万
证券	4 000 万	银行资本	2 000 万

图12.7　要求提现500万美元后做出负债调整的银行的资产负债表

其二,吸收其他存款来弥补该项存款的流出。最常见的办法是发行大额定期存单(价值超过100 000美元),如图12.7的下半部分,这种非交易存款与支票账户相连。正如我们之前看到的,大额存单成为银行越来越重要的资金来源。现在我们知道了为什么会这样,因为它们允许银行在不改变资产部分的前提下管理流动性风险。

在2007—2009年的金融危机中,很多通常使用的控制流动性风险的机制都失效了。银行既不能卖掉非流动性资产,也不能以适当的成本获得所需资金去持有这些资产。当同业拆借市场也萎缩的时候,许多银行就面临破产的威胁(参见第3章"危机的教训:同业拆借")。

12.2.2 信用风险

银行利润等于银行支付给存款者的利息与它们从借款者那里收到的利息的差额。可以大致理解成资产收益减去负债成本。但是为了确保这个利润创造过程能够正常运行从而使银行获得利润,借款者必须偿还贷款。不过违约风险一直存在。银行贷款不能偿还的风险叫做**信用风险**(credit risk)。银行通过各种工具管理信用风险,最基本的是分散化(即银行通过提供各种不同的贷款来分散风险)和信用风险分析(即银行通过对借款者的信用记录进行审核,确定合适的利率)。

分散化意味着尽可能地分散风险,这对于银行比较困难,尤其是那些从事特定种类贷款业务的银行。由于银行专门从事信息收集工作,它们就试图在这个狭窄的行业里获得竞争优势。问题是,假如银行只面向一个地区或者一个行业发放贷款,它们就会受到当地或该特定行业经济低迷的影响。如果这些风险真的产生了,银行是否能够找到对冲这些风险的途径就尤为重要。

信用风险分析提供信息的过程与第 7 章所讨论的债券评级体系非常相似。穆迪和标准普尔等评级机构为想要发行债券的大型公司进行评级。银行对想要借款的小型公司也进行类似分析,信用评级机构为单个借款者提供评级(参见第 7 章"你的金融世界:你的信用评级")。信用评级通过使用统计模型并结合贷款申请人的特定信息,对该借款者违约的可能性进行评估。当银行发放贷款的负责人决定发放贷款时,他们利用客户的信用级别来确定利率高低。由于银行要为其负债支付利息,因此在确定贷款利率时必须高一些,以保证盈利。借款者的信用级别越低,他们要支付的利率就越高。

在 2007—2009 年的金融危机中,许多银行都严重低估了房屋抵押信用的风险。它们没有预料到,全国性房地产价格发生了自大萧条以后的第一次下跌,大量的失业以两位数的速度增长。虽然没有危机驱动的按揭抵押证券交易的影响那么大,但是违约数量的上升还是引起了大量的资产损失。

12.2.3 利率风险

银行所从事的业务是将存款负债转换为贷款资产,但资产负债表的两边不匹配。这两边的一个重要差别在于,银行负债大多是短期的,而资产大多是长期的。资产负债表两边期限的不相等就产生了**利率风险**(interest-rate risk)。

为了理解这个问题,我们把银行资产和负债都视为债券,即银行的存款负债和贷款资产都类似于债券(银行也必须持有一些资本)。我们知道利率的变化会影响债券的价值。当利率上升时,债券价格下跌。更重要的是,在利率变化一定的情况下,债券期限越长,债券价格的变化就越大(可以重新学习第 4 章以增强记忆)。因此,当利率上升时,银行面临资产价值比负债价值下跌更快的风险,从而减少银行资本。换句话说,假如银行发放长期贷款,则它所收到的借款者的利息支付并不会随利率变化。但是它的短期负债——那些可变利率的短期负债——当利率上升就会要求银行支付更多的利息。所以,相对于支出,利率上升会降低收入,从而直接减少银行利润。

理解这一点的最好途径是观察银行的收入和支出。我们先把银行资产和负债分为两类:对利率敏感的和不敏感的。利率敏感度意味着利率变化将引起资产收入的变化。由于新购买的短期债券总会反映利率变化,通常到期并且被新债券代替的短期债券就会产生利率敏感性收益。相反,当银行购买长期债券时,它会收到固定的收入流。购买一只利率5%、10年期、面值为100美元的债券意味着,无论在这10年中利率发生什么变化,每年都会获得5美元的收入。所以,长期债券的收入流对利率变化不敏感。

假设银行资产的20%属于第一类,即它们是对利率变化敏感的资产。另外80%属于第二类,即它们是对利率变化不敏感的资产。假设利率在一段时间里保持5%不变,则对于每100美元的资产,银行会收取5美元的利息。

银行负债的构成则不同。我们假设银行有一半存款是利率敏感的,另一半是利率不敏感的。换句话说,一半银行负债的存款是赚取可变利率的,所以其成本将随市场利率变化而变化。付息支票账户就属于这一类。剩下的银行负债是定期存款,如存款单。银行支付给存款单持有者的利率并不随着市场利率的变化而变化。

银行为了获取利润,负债的利率肯定会比资产的利率低,两者的利率差额就是银行的净利差。假设负债利率为3%,则每100美元的负债就要支付3美元。因为银行资产的利率是5%,所以其净利差是2%(5%-2%)。这个收益率就是银行的利润率。

现在考虑,如果利率上升1%,对于利率敏感的资产和负债会发生什么变化。对于每100美元的资产,银行收入从5美元(0.05×100)增加到5.20美元(0.05×80+0.06×20)但是负债成本也增加了,从3美元(0.03×100)增加到3.50美元(0.03×50+0.04×50)。所以利率上升1%使银行从每100美元资产获利2美元(5-3)下降到1.70美元(5.20-3.50),下降了0.30美元(或者说15%)。这个例子说明了一个一般原理:当银行的负债比资产对利率更敏感时,利率的上升会减少银行的利润。

管理利率风险的第一步是,确定银行资产负债表随利率变化的敏感度。管理人必须对利率每变化1个百分点所引起的银行利润的变化进行估计。这个过程叫做缺口分析(gap analysis),它强调利率敏感性资产的收益率和利率敏感性负债的收益率之间的差额或差距。在我们的例子中,这个差距是-30个百分点(20个百分点-50个百分点),这个缺口数值乘以利率的变化等于银行利润的变化。-30个百分点的缺口意味着利率每增加1个百分点,银行每100美元资产的利润就减少30美分,这与我们在上一段得到的答案相同。缺口分析可以通过计算资产和负债期限的不同来提高精确性,但是这样一来分析就变得十分复杂了。表12.2总结了所有的计算。

表 12.2 利率风险的一个例子

利率上升对银行利润的影响（每 100 美元的资产）

	资产	负债
利率敏感的	$20	$50
利率不敏感的	$80	$50
最初的利率水平	5%	3%
对于利率敏感性资产和负债的新利率	6%	4%

	资产收入	负债成本
在最初的利率水平：	$(0.05 \times \$20) + (0.05 \times \$80) = \$5.00$	$(0.03 \times \$50) + (0.03 \times \$50) = \$3.00$
利率变化后：	$(0.05 \times \$80) + (0.06 \times \$20) = \$5.20$	$(0.04 \times \$50) + (0.03 \times \$50) = \$3.50$

利率为最初水平时的利润： 每 100 美元资产为（$5.00）－（$3.00）＝ $2.00

利率变化后的利润： 每 100 美元资产为（$5.20）－（$3.50）＝ $1.70

缺口分析

利率敏感性资产和利率敏感性负债的缺口：
20 美元的利率敏感性资产 － 50 美元的利率敏感性负债 = －30 美元的差距

银行管理人使用大量工具对利率风险进行管理，最简单的办法是使利率敏感性资产与利率敏感性负债相等。例如，假如银行接受一份可变利率的存款，它就应该利用这笔资金购买短期证券。类似的办法是以浮动利率发放长期贷款——比如可调节利率贷款，而不是按照传统的固定利率发放贷款。尽管这种方法可以降低风险，但是它却增加了信用风险。利率上升给浮动利率借款者增加了压力，也增加了他们违约的可能性。

除了利用这些方法重新调整资产构成外，银行还利用衍生品（尤其是利率互换）对利率风险进行管理。回忆第 9 章，利率互换是一方承诺以固定利率支付交换浮动利率支付的协议。对于一个持有长期资产和短期负债的银行来说，利率互换指一种将利率上升的风险转移给其他人的金融工具。

 危机的教训

不充足的银行资本

2007—2009 年的金融危机所导致的衰退使得美国银行业损失了将近 1 万亿美元的资产。*相比而言，金融危机爆发前美国全部存款者的总资产才 1.3 万亿美元。如果美国政府没有给银行系统提供足够的支持，许多银行就要违约了——由于债务已经超过了资产而不能偿还债务。

什么是银行资本？为什么银行要持有它们？什么机制导致危机侵蚀了银行资本？

银行资本即为净值——资产和负债的差额。银行资本是其应对许多风险的缓冲物，例如银行资产贬值的市场风险。银行的资本越多，缓冲能力越强，其违约的可能性越低。

在金融危机中，美国银行资本不足以缓冲它们所面临的市场风险。换句话说，银行过于杠杆化了:它们每单位的资本对应太多的资产,导致它们很容易受到市场风险的冲击。

资产市值的贬值在危机中是怎样发生的?这一过程开始于2007年,大量增加的抵押贷款违约事件减少了以抵押贷款为担保的证券的市值。美国银行对此非常敏感,因为它们持有超过4万亿美元的抵押资产。

即使借款者能够及时偿还利息,抵押贷款以及以它们为担保的证券一样能造成市场风险。逐日盯市的会计制度要求银行当资产价格发生变动时,调整其资产负债表上资产的记账价值。当市场价格上涨时,资产升值;当市场价格下降时,资产减值。因为银行资本是资产和负债之间的差额,所以资产价值降低减少了银行资本。

为什么银行不持有更多的资本以缓冲市场风险和其他风险呢?答案是,资本是昂贵的,金融机构必须为资本付费,用分红等方式补偿投资人。

为提升利润,中介机构试图降低成本,如减少资本量。杠杆在扩大的同时,也增加了风险。越杠杆化,资本回报率越高,但风险越大。高杠杆的企业甚至不能抵御温和的市价下跌。在金融危机之前,当一家金融机构的杠杆率为30倍时,只要区区3%的资产价格的下跌就可以完全破坏银行资本缓冲并导致破产。此外,当许多高评级的抵押担保债权价格下跌1/3时,关于持有它们的金融机构将违约的恐慌也就散布开来。

* 参见IMF在2009年4月发布的《全球金融稳定报告》中的表1.15。

12.2.4 交易风险

曾经有一段时间银行仅仅从事吸收存款和发放贷款业务,并持有这些资金直到付清为止。如今,银行不仅从事这些复杂的资产和负债管理工作,它们还雇用交易者,让他们用一定比例的银行资产买卖证券、贷款和衍生品,希望为银行所有者创造额外的利润。但是交易性金融工具是有风险的。假如一个金融工具的购买价格与出售价格不同,它可能就存在价格下跌而不是上升的风险。这种类型的风险叫做**交易风险**(trading risk),有时也叫做市场风险。

管理交易风险是当今银行的主要问题。世界上的一些大型银行,由于它们的雇员在交易中不重视风险管理,导致了几十亿美元的损失。问题是,交易者参与分配投资收益,但投资失败所遭受的损失却由银行全部承担。成功了,交易者获益;失败了,银行遭受损失。这种管理制度就引发了道德风险:交易者试图承担更多的风险,而这些风险超出了银行管理人愿意承受的范围。

道德风险的解决办法是,利用标准差和在险价值等衡量标准计算组合交易者制造的风险(参见第5章)。然后由银行的风险管理人对任何单个交易者允许承担的风险做一定的限制,并对其投资至少每天一次进行严格监管。此外,银行资产组合的风险越高,银行为确保自己的偿付能力所要持有的资本就越多。

在2007—2009年的金融危机中,一些银行(尤其是大银行)极大地低估了按揭抵押贷款证券及相关衍生品的风险。当这些金融工具的市场价格大跌时,银行因大量持有所遭受的损失必将严重消耗自有资本,并可能造成银行资不抵债(参见本章"危机的教训:不充足的银行资本")。

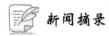 新闻摘录

流氓外逃:Leeson 事件重现——法兴银行 Kerviel 事件

Peter Robison

一名流氓交易员外逃,致使一家知名银行陷入动荡。股东们跳出来询问发生了什么问题。

自从十多年前巴林银行交易员 Nick Leeson 由于 14 亿美元的损失在全球范围内被搜捕后,交易员们使用那些连老板都可能无法理解的复杂工具获得财富之类的故事,在现代金融机构间早已不再陌生。

Jerome Kerviel,31 岁,在昨天遭法国兴业银行谴责,因造成了 49 亿欧元(约 72 亿美元)的交易损失,这一损失为银行史上最大的一笔。Kerviel 是 1994 年以后至少第七个由于非授权交易而落马的个人。这其中,一些人藏匿起来,一些人被调查查处,大部分人则身陷囹圄。

"这也是为什么你想使所有的衍生品交易都在汇率交易的标准化工具下进行的原因。"拥有数十部金融学著作的布鲁金斯学会访问学者马丁·梅尔(Martin Mayer)在华盛顿指出,"其他的任何工具都会制造各种麻烦,只有这种标准化工具会维持平衡。"

1995 年 2 月,当 28 岁的 Leeson 从巴林银行新加坡办公室失踪时,一个交易员如何摧毁一家有着 233 年历史的英国商业银行的故事引起了轰动。Leeson 在监狱服刑的三年半期间写成的回忆录《流氓交易员》被拍成了电影,并由 Ewan McGregor 主演。

自那以后,包括住友商事(Sumitomo Corp.)、大和银行(Daiwa Bank)、爱尔兰联合银行(Allied Irish Banks Plc)等金融机构纷纷由于非授权交易而倒闭,造成了数十亿美元的损失。交易危机的频频发生使得现居于爱尔兰高地的 Leeson 通过一位代理人呼吁重新剖析当今的金融丑闻。

......

"我认为流氓交易在金融市场可能是日常发生的事件,"BBC 引用 Lesson 的话,"人们始终关注系统不健全、内控不完善的情况。"

总部位于巴黎的法兴银行——法国市值第二大的银行指出,Kerviel 建立了一个秘密基地,在这里,交易可以不受欧洲股指期货所设置的限制约束。在银行网站的一封信里,法兴银行主席 Daniel Bouton 说交易员通过"极其复杂和多变的技术"暗中交易。

......

银行指出,Kerviel 并没有从 2007 年年初就开始的交易中为自己创造收益。他从 2000 年起在法兴银行工作并且据说每年的薪金和奖金不到 10 万欧元。

梅尔指出,"从本质上讲,交易趋向于吸引冒险投机和愿意突破限制的竞争者"。

"我并没打劫银行。"前大和银行交易员 Toshihide Iguchi 因为诈骗和伪造文件罪被判处在宾夕法尼亚州监狱中服刑 4 年,这是他 1997 年在狱中接受《时代周刊》访问时谈

到的。

……

总部位于东京的大和银行在1995年被迫关闭其美国分行,原因是其纽约政府债券首席交易员Iguchi签发的11年期的无授权交易所带来的11亿美元的损失。Iguchi出生于日本神户,曾在密苏里州斯普林菲尔德的西南密苏里州立大学学习,之前供职于大和银行内勤办公室。

Iguchi对《时代周刊》讲:"对我而言,这是对内部规则的违背。我认为所有的交易员都有可能掉进同样的陷阱,因为总是有办法弥补损失。"

1年之后,住友商事发生了一笔26亿美元非授权铜的交易损失。日本公司将其归咎于其首席铜交易员Yasuo Hamanaka,他在市场上因激进的交易风格而被称为"铜先生"。Hamanaka在1998年被判入狱8年并于2005年被释放。

2005年,《彭博新闻》(*Bloomberg News*)在Hamanaka位于东京附近的川崎的两层小楼里对其进行了采访,他说对当今铜的高价格表示吃惊并希望能够重返工作。

……

位于巴尔的摩的爱尔兰联合银行交易员鲁斯纳克(John Rusnak)在监狱里服刑了7年半,因其曾聚敛并藏匿了6.91亿美元的损失超过5年时间。爱尔兰联合银行在2002年发现了这笔损失,并且将鲁斯纳克工作过的全先金融(Allfirst Financial)卖给了纽约布法罗(Buffalo)的M&T银行。

资料来源:© 2008 Bloomberg L. P. All rights reserved. Used with permission。

▶ **本文启示**

对管理者来说,监管交易活动十分困难,而监管不力又会造成巨大损失。这个问题与债务融资中的道德风险十分相似(在第11章讨论)。交易者用别人的钱赌博,分享利润但并不承担风险带来的损失。结果,他们倾向于承担更多的风险——在这里讨论的例子中,则表现为在交易失败后隐瞒损失。这种道德风险是对银行所有者的一个挑战。他们必须寻找某种办法来控制交易者承担过多风险的趋势。当一个交易者承担过多风险以赚取巨额利润时,就要对其进行警告。奇怪的是,一些人在某几天获得巨额利润,在其他几天却发生巨大损失。不承担高风险就不可能获得巨额利润。

12.2.5 其他风险

除了流动性风险、信用风险、利率风险和交易风险外,银行还面临一些其他风险。经营国际业务的银行将面临外汇风险和政治风险。外汇风险来自以一种货币表示资产却以另一种货币表示负债的风险。例如,一家持有美元负债的美国银行可能会购买索尼公司的债券或者向一家日本公司发放贷款,这两种资产都以日元表示。因此,当美元/日元汇率发生变动时,银行资产的美元价值就会发生变化。银行通过两种方式管理外汇风险。他们吸引与其贷款使用相同货币的存款,从而使资产和负债相匹配;同时利用外汇期货和互换合约进行套期保值(参见第 10 章"危机的教训:货币风险和展期风险")。

一些外国的借款者可能无法偿还贷款,并不是因为他们不愿偿还,而是因为其政府的阻碍,这就产生了政治风险。如果某个国家正遭受金融危机,其政府就可能会限制美元支付,在这种情境下美国银行就难以获得该国的贷款支付。这样的情况很多,比如 1997 年的亚洲金融危机、1998 年的俄罗斯金融危机以及 2002 年的阿根廷金融危机。在所有这些情境下,政府和公司都难以获得足够的美元来偿还其美元债务。在这些危机中,银行根本无法向法庭寻求追索权,也就无法追回贷款。

管理政治风险是十分困难的。银行有三个办法:第一,分散化,意味着将银行持有贷款和证券的范围扩大到全世界,以避免某国发生危机带来的损失过多;第二,银行可以拒绝与某个或某几个国家进行业务往来;第三,银行可以利用衍生品对政治风险进行套期保值。

银行面临的最后一个风险是它们的计算机系统可能会崩溃,或者是它们的大楼会失火(或爆炸),这叫做**操作风险**(operational risk)。当 2001 年 9 月 11 日恐怖袭击摧毁了世贸大厦时,曼哈顿的大部分能源和通信系统都瘫痪了。许多位于世贸大厦周边的金融公司都迅速地打开备份开关,但还是有许多公司没能来得及进行这项操作。纽约银行——一家大型商业银行,就是操作风险的受害者之一。纽约银行(现在的纽约美林银行)在美国金融体系中发挥着极其重要的作用,它每天在美国国库券市场上的交易额就高达上千亿美元。在"9·11"事件之前,银行的主机和备份操作中心与世贸大厦仅有几步之遥。恐怖袭击后,不但所有大厦的能源和通信系统崩溃,甚至没有任何人能进入大厦。银行歇业了几天,然后才慢慢恢复运作,这个过程估计损失近 1.4 亿美元。纽约银行犯了一个极大的错误,它们将备份中心与主机中心建得如此之近:没有考虑到操作风险。

这些风险是由多方面因素造成的。一项调查显示,截止到 2002 年年底的近 10 年间,超过 100 多次的突发事件使金融机构总共损失了超过 1 亿美元。

原则上,管理操作风险是直观的,但是却十分困难。银行必须确保它的计算机系统和大楼能经得起潜在的灾害。这意味着要预测将来可能发生的灾害并进行测试,从而确保系统的稳固。这种预测是十分困难的。有谁能预测到"9·11"事件呢?

表 12.3 概括了银行面临的四种主要风险,并对各风险的管理策略给出建议。

表 12.3 银行面临的风险及其管理策略

风险类别	风险来源	推荐策略
流动性风险	存款者突然提现或在信用额度下贷款	1. 持有充足的准备金以满足客户需要 2. 管理资产——出售证券或贷款(缩减资产负债表) 3. 管理负债——吸收更多存款(维持资产负债表不变)
信用风险	借款者违约	1. 分散风险 2. 利用统计模型计算借款者的信用度 3. 监管以降低道德风险
利率风险	资产和负债期限的不同以及利率变动	1. 匹配资产负债表两边的期限 2. 利用利率互换等衍生品
交易(市场)风险	银行自有账户的交易损失	利用风险管理工具(包括在险价值)密切监管交易者

概念应用

20世纪90年代日本和美国的商业银行

1990年,在排名世界前15位的金融公司中(根据股票市场价值排名),日本银行有13家。到了2001年,这13家中没有一家进入前15位。在这十几年里,日本商业银行的资产下降了近15%,但是美国商业银行的资产上升了80%。1993—2001年,日本银行的收益率为负,累计损失大约占日本年GDP的16.5%。

根据表12.4的数据可以清晰地得出:第一,通过利息净收益率的数据,我们可以看到美国银行在传统的存贷款运营上做得很好;相反,日本银行在这方面做得不够好。2001年,日本银行的利息净收益率只占到美国银行的1/3。第二,美国银行的净利息收入占银行总收入从1991年的大约70%下降到2001年的不足60%(表中最后一行数据);而日本银行的净利息收入约占银行总收入的80%。近年来,美国银行的手续费收入(表12.4的B行)而不是利息收入(表12.4的A行)占了美国银行总收入的近一半,而这项数据在日本只占了很小的比例。

表12.4 日本商业银行的利润表

	日本银行(万亿日元)		美国银行(十亿美元)	
	1991年	2001年	1991年	2001年
A. 利息收入-利息支出(净利息收入)	8.9	9.8	121.3	210.8
B. 其他收入*	2.2	3.1	59.5	153.7
C. 经营成本	7.5	7.0	124.2	218.7
D. 总利润(A+B-C)	3.5	5.9	56.5	145.8
E. 贷款损失(坏账准备金)	1.0	9.4	34.2	41.0
F. 净经营利润(D-E)	2.5	-3.5	22.4	104.8
G. 出售不动产实现的资本利得	0.7	-2.4	3.0	4.4
H. 税前净利润(F+G)	3.3	-5.9	25.4	109.3
I. 资产	914.4	772.0	3 420.5	6 454.5
利息净收益率(A/I)(%)	1.0	1.3	3.5	3.3
税前资产收益率(H/I)	0.4	-0.8	0.7	1.7
税前股本收益率(%)	10.5	-18.0	12.6	18.6
净利息收入/总收入[A/(A+B)](%)	80.2	76.0	67.1	57.8

*包括手续费收入和自有账户利润(由于最初数据不够精确,因此最后的加总可能不够准确)。

资料来源:Anil K Kashyap,Sorting Out Japan's Financial Crisis,Economic Perspectives of the Federal Reserve Bank of Chicago,4th quarter 2002,pp.42—55,表1。对于日本银行,权益收益率是利用 http://www.boj.or.jp/en/siryo/siryo_f.htm 上日本银行的"Financial Statements of Japanese Banks"中的信息计算的。对于美国银行,权益收益率是利用联邦存款保险公司网站 www.fdic.gov 上 Liabilities and Equity Capital FDIC-Insured Commercial Banks,United States and Other Areas,Balances at End of Year,1934—2001 中的数据计算的。

20世纪90年代,美国银行采用了新方法去获取收入和利润。结果,2001年美国银行的税前股本收益率为18.6%。在这段时间里,日本银行的利润持续下跌为负数,最终其股本收益率为-18%(那时,日本银行的杠杆比率是30,远高于美国银行的11)。*

20世纪90年代,日本银行的拙劣表现有两个原因。第一是贷款损失。2001年,日本银行公布的损失是94 000亿日元——超过了未偿付贷款的2%、资产的1%。这两项数据都比美国银行高出两倍。除了这些贷款损失外,还有出售股票和不动产的24 000亿日元的损失。美国银行不被允许持有股票,但日本允许;它们将大约5%的资产以股票的形式持有。从20世纪80年代末的高速发展到2001年,日本股票市场价值大约下跌了2/3,从而引起银行业的巨大损失。

表12.4中的悲惨数据并没有反映出所有的问题,原因在于日本银行允许利用资产的支付价格计算资产负债表。由于股票市场和不动产市场的崩溃,现在的市场价格要远远低于其账面价值,因此银行资产和资本都被高估了。除了资产价值被高估外,需要关注的是日本银行对待违约借款人的方式。它们对违约贷款并不是承担损失,而是扩大贷款额,将借款者不能偿还的利息作为新贷款的本金。这种方式夸大了银行资产负债表的规模,作用仅仅是推迟了借款者违约的时间。由此得出,日本银行的资产负债表测量的资产被高估了,同时也低估了损失。

可以说这些问题给日本的经济带来了灾难性的影响。因为银行需要持有资本作为不可预测的贷款损失的缓冲器,所以它们不能发放新的贷款。没有新的贷款,公司就无法发展,经济也就无法发展。

* 更多的细节参见第8章的Takeo Hoshi and Anil K Kashyap, *Corporate Financing and Governance in Japan:The Road to the Future* (Cambridge Mass:M. I. T. Press,2001)。

关键术语 >>>>>

银行资本	非存款机构
信用风险	表外业务
利息净收益率	操作风险
贴现贷款	回购协议
超额准备金	存款机构
联邦基金市场	准备金
利率风险	资产收益率(ROA)
利率差额	股本收益率(ROE)
流动性风险	交易风险
贷款损失准备金	备用现金
法定准备金	

本章小结

1. 银行资产等于银行负债加上银行资本。
   a. 银行资产指银行资金的使用。
      i. 银行资产包括准备金、证券和贷款。
      ii. 这些年,证券作为银行资金的使用,其重要性越来越小,而抵押贷款的重要性则越来越大。
   b. 银行负债是银行资金的来源。
      i. 银行负债包括交易和非交易存款以及从其他银行的借款。
      ii. 这些年,交易存款作为银行资金的来源,其重要性越来越小。
   c. 银行资本指银行所有者的出资;它可以作为铺垫来缓冲银行资产价值的下跌,或者存款者的突然提现。
   d. 银行为其所有者创造利润。银行盈利能力的衡量指标有资产收益率(ROA)、股本收益率(ROE)、利息净收入、利息净收益率。
   e. 近几年,银行的表外业务越来越重要。包括:
      i. 贷款承诺,公司客户需要资金时可以得到的贷款额度。
      ii. 信用证,保证了客户的未来支付。
2. 银行在每天的业务中都要面临几种风险。
   a. 流动性风险——客户要求立即获得现金的风险。
      i. 存款提现导致负债一边的流动性风险。
      i. 利用贷款承诺借款导致资产一边的流动性风险。
      iii. 银行可以通过调整资产或负债来管理流动性风险。
   b. 信用风险——客户不能偿还贷款的风险。银行可以通过以下方式管理信用风险:
      i. 分散其贷款组合。
      ii. 利用统计模型分析借款者的信用度。
      iii. 监管借款者以确保他们能合理地利用借入资金。
      iv. 购买信用违约互换合约,以确保借款人违约时获得补偿。
   c. 利率风险——利率变动引起的资产价值变化大于负债价值变化所引起的风险。
      i. 当银行发放长期贷款、借入短期资金时,利率的上升会减少银行的利润。
      ii. 银行利用各种工具(如缺口分析)评估资产负债表对利率变动的敏感性。
      iii. 银行通过匹配资产和负债的期限,以及利用利率互换合约等衍生产品管理利率风险。
   d. 交易风险——为银行工作的交易者引起银行自有账户损失的风险。银行利用复杂的统计模型管理这些风险。
   e. 银行面临的其他风险有外汇风险、政治风险、操作风险。

概念性问题

1. 请解释为什么银行比其他行业持有更多的流动资产。
2. 请解释为什么在最近这几年,作为资产负债表的一部分,银行持有的现金大幅增加。
3. 为什么支票账户不再是美国商业银行重要的资金来源?
4. 在过去的几十年,银行的商业贷款量和工业贷款量都有所下降,而房地产贷款量却在不断增加。为什么会出现这种现象?这种现象又是如何造成2007—2009年金融危机中的银行困境的?
5.* 为什么美国银行被禁止将持有权益作为投资组合的一部分?
6. 在美国联邦储备体系理事会网站 http://www.federalreserve.gov/release/ 的统计数据里,你会发现一个叫做 H.8 的周发布——美国商业银行的资产和负债。根据连续7个月的数据,观察以下项目的趋势:
   a. 银行持有的抵押贷款担保证券(包括"国债和机构债券"和"其他证券")
   b. 现金资产
   总结你的看法。
7. 请解释银行如何利用负债管理处理存款的流出问题。与资产管理相比,为什么银行更偏爱负债管理?
8. 银行很重视资产和负债的到期期限结构。期限结构的重要性表现在哪里?银行调整期限结构是为了管理什么风险?
9. 银行发行5 000万美元、利率为2%的1年期存款单。同时,银行购买利率为4%的2年期国库券。银行在从事这些交易时会面临什么风险?假如利率上升1%会发生什么情况?
10. 给出操作风险的定义,并解释银行如何管理操作风险。
11.* 在过去的二十多年里,由于银行立法的变化,美国银行的州际分支机构显著增加。你认为这种形式的发展会对银行业务风险水平产生怎样的影响。

分析性问题

12. 考虑 A、B 两银行的资产负债表。如果法定准备金是交易性存款的10%,而且两家银行有同等的机会进入同业市场以及从美联储借款,哪家银行面临更大的流动性风险?请解释你的答案。

A 银行(百万美元)		B 银行(百万美元)	
资产	负债	资产	负债
准备金 50	交易性存款 200	准备金 30	交易性存款 200
贷款 920	非交易性存款 600	贷款 920	非交易性存款 600
证券 250	借入资金 100	证券 50	借入资金 100

13. 再看A、B两家银行,根据可得到的信息,哪家银行的破产风险更大?要评估这些银行的破产风险,你还需要哪些其他信息?
14. Y银行和Z银行都有10亿美元的资产。两家银行具有相同的资产收益率;Y银行有8亿美元的负债,而Z银行有9亿美元的负债。你更想拥有哪家银行的股权?请解释你的选择。
15.* 你是一位银行经理,你已经与一位互换交易者商量好了一份互换协议,即以固定利率交换浮动利率。如果你的银行有典型的利率期限结构,那么你希望付出互换协议的哪一边,收到哪一边呢?
16. 根据定义,银行的信贷额度和其他资产负债表外活动并不直接影响资产负债表。那么它是如何影响银行的流动性风险水平的呢?
17. 假设一家银行的利率敏感性资产和利率敏感性负债之间存在 -20 的风险缺口。如果利率降低1%,会对银行的利润有什么影响?以每100美元资产利润的变化来说明你的答案。
18.* 久期分析是代替缺口分析的另一种衡量利率风险的方法。久期衡量的是一项资产或者负债的市场价值变化对于利率变化的敏感程度:敏感度越大,久期越大。在第6章,你可以看到,在给定利率变动的情况下,债券的期限越长,价格变动越大。已知利率上升会给银行带来损失,那么银行资产的平均久期是长于还是短于其负债的平均久期呢?
19. 假设你是一位银行经理,你的银行资产负债表如下所示:

银行的资产负债表(百万美元)

资产		负债	
准备金	30	活期存款	200
证券	150	定期存款	600
贷款	820	借入资金	100

活期存款的法定准备金为10%。如果有3 000万美元定期存款的客户突然要求提现,你会选择以下哪种方式?

a. 取出1 000万美元的超额准备金,并向美联储借2 000万美元。

b. 取出1 000万美元的超额准备金,并出售2 000万美元的证券。

请解释你的选择。

20. 假设你要对一家银行的资产负债表的管理提出建议。考虑到2007—2009年金融危机,你如何说服该银行去持有额外资本?

(注:题号后标注*的问题均指难度较大的题型。)

第13章
金融业的构成

加拿大,一个有着3 300万人口的国家,拥有22家国内银行。假如按照同样的银行-人口比例,则美国应该只有205家银行。实际上,美国境内有6 800家商业银行和16 000家存款机构,它们竞相服务于3.1亿美国人。尽管美国和加拿大是两个极端,但大多数国家的银行系统更接近于加拿大的结构。例如,日本有着1.27亿人口,拥有148家银行;英国有着0.62亿人口,拥有260家银行;中国拥有接近200家银行,为13.5亿中国人服务。

令人惊奇的是,美国曾经一度拥有比现在还要多的银行。正如图13.1所示,银行数量在1984年达到最高的近15 000家,从那之后开始减少。该图也反映出银行机构的奇怪模式。几十年来,大多数的美国银行是**单一制银行**(unit banks),或者是未设置分支机构的银行。在20世纪50年代和20世纪60年代,超过2/3的银行都是单一制银行,坐落在同一幢大厦里。然而,在20世纪最后的二十多年里,这种模式发生了变化。如今的美国,不到1/3的银行是单一制银行。什么能够解释这种模式的变化呢?

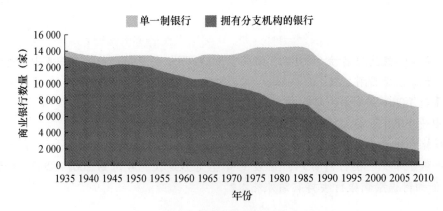

图13.1 1935—2009年美国接受存款保险的商业银行数量

资料来源:FDIC Historical Statistics on Banking,http://www2.fdic.gov/hsob/hsobRpt.asp。

近几年,银行总数的减少和具有分支机构的银行数量的增加并不是美国银行业的唯一变化。1998年4月,旅行者保险公司和它的投资银行及其经纪业务分支机构——所罗门美邦,与花旗银行合并形成花旗集团,成为美国第二大商业银行。在其创建初期,花旗集团持有7000亿美元资产和来自100多个国家的1亿多客户。这也是不合法的。但是到了1999年年末,禁止兼并的法律被取缔了,花旗集团开始收购更多的金融公司。如今,花旗集团和少量其他几家巨型银行不仅像商业银行一样提供存款和贷款服务,还提供几乎其他所有金融机构的各种产品。花旗银行将保险公司、养老基金、证券经纪公司、共同基金、财务公司、商业银行的角色合为一体。

2007—2009年的金融危机已经改变了美国的金融行业。几家大型银行和其他储蓄机构的经营失败或被迫合并加速了行业集中,使得排名前四的商业银行的存款占全行业的比重从7%上升到40%左右。2008年7月,美国政府任命两家大型政府持股企业拥有房地产信贷监管权(排除了企业的私人股东,但允许他们在公司破产时行使其权利)。2008年9月,随着最大的四家独立性投资银行破产、被兼并或者成为银行持股的公司,这个从20世纪30年代就已经盛行的投资银行时代突然走到了尽头。政府对货币市场共同基金债务的担保,使得货币市场共同基金接下来的运作都停止了。联邦政府投资数亿美元恢复美国最大的一些金融机构的资本。大多数此类金融机构已经偿还了政府的投资,但是截至2010年,仍然存在少量的私人中介机构,政府仍是其最大的股东。

为了理解不断变化的金融行业结构,我们将讨论储蓄类金融机构和非储蓄类金融机构提供的各种服务。总的来说,它们提供一系列广泛的服务,包括买卖证券,提供贷款、保险、养老金管理,提供账户查询、信用卡、借记卡。大多数金融机构提供至少上述服务中的一部分。例如,你在访问任何一家大型银行的网站时会发现,不仅可以查询、储蓄、贷款、申请信用卡,而且可以享受保险和股票经纪服务。本章的前半部分将考察银行业当前的趋势,包括非储蓄机构的合并趋势;本章的后半部分将研究非储蓄机构的功能和特点。

13.1 银行业的构成

当今的银行业体系与1960年或者1970年美国人所熟知的银行系统完全不同。那时,人们选择区域性银行,不但要走到银行去办理业务,而且认识银行的出纳和银行经理。如今,大多数人只需站在大厅的自动取款机前面就可以进行操作,也不需要认识大厅里面的职员。银行所在的位置也不像以前那样重要了。这个变化不仅表现在国内银行,还表现在国际银行。

理解银行业体系的最佳途径是追溯其起源。这就意味着需要了解银行的法律史。在本章我们将了解到,美国之所以有如此多银行的原因在于银行立法。我们将看到20世纪80年代中期之后美国银行数量大幅度减少的趋势。我们还将简要地介绍全球化的影响。

13.1.1 美国银行简史

假如你想开办一家银行,仅仅租店面、张贴布告、开门营业是不够的。你需要以**银行执照**(bank charter)的形式获得批准。在南北战争之前,所有的执照都由州银行权力机构发放。由于美国国会的创建者畏惧强大的中央政府,在美利坚合众国成立的早期,联邦政府还是比较软弱和无效的。相比之下,州政府的实力更为强大。实际上,在1863年之前,还没有国家货币。相反,当时州政府发行的钞票像如今的美钞一样流通得很好。尽管州立银行向人们许诺钞票可以兑换黄金,但是人们只能将钞票带到银行才能兑换。当人们离开银行去很远的地方时,这些钞票的价值就下降了。所以,纽约银行发行的钞票在费城的价值肯定要比在纽约的低。

除了货币在不同地方的价值不同外,早期的美国金融体系还存在资本金不足和欺诈等问题。银行管制失败了,银行钞票也就失去了价值。正如我们在第2章看到的,如果允许印刷货币,大多数人都会过量印刷。对于流通着的如此多的不同货币,区分好的货币与无价值的货币就变得非常复杂和无效。印刷货币是为了降低信息成本,并为交易提供方便,而且谨慎的人们也会犹豫是否接受他们所不熟悉的银行发行的钞票,因此货币不能被广泛接受。最终,金融体系瘫痪了。

发生根本性变化是在南北战争时期,美国国会于1863年通过了《国家银行法》,促使权力从各州转移到联邦政府。尽管新的法律不能消除州立银行,但是要向其发行的钞票收取10%的税收。同时,该法律还创建了联邦政府特许的银行系统,或者叫做国民银行,由美国财政部的通货监理司监管。这些新创建的国民银行可以免税发行钞票。国会的意图是通过截断州立银行的资金来源,迫使其退出金融体系。

尽管该法案极力消除州立银行发行的钞票,但是州立银行通过创立活期存款开辟了新的融资渠道。这就解释了现在的**双重银行系统**(dual banking system)的起源,即银行可以选择是得到美国财政部通货监理司的特许,还是得到州立政府的特许。现在大约有2/3的美国银行是州特许的,其余的是联邦政府特许的。这种选择与银行盈利能力有关。在批准经营的业务范围方面,州立银行的权力部门比联邦银行的权力部门更积极。由于银行经营越灵活,越有可能获利,因此州立特许银行是更大众化的选择。

此外,如果美国财政部的通货监理司不允许一家银行从事某项业务,这家银行就可以改变其特许机构。这种银行对特许机构的可选择性引发了监管竞争,加速了金融业的创新。20世纪90年代,银行法的变化要求联邦和州立监管部门在金融中介的监管工作上互相配合。但是金融体系的全球化,以及银行能够跨越国际界限自由转移资金的能力,使如今的监管竞争不仅存在于州立和联邦政府的监管者之间,也存在于国家监管者之间。

紧接着的美国银行业历史上的重大事件发生在1933年的大萧条时期。1929—1933年,1/3以上的美国银行破产;个人存款者损失15亿美元,是全部银行存款的3%。这时,个人收入总额不到500亿美元,大约一周10亿美元。所以,大萧条时期美国银行的损失相当于存款者一周半的收入。(如今,美国个人收入总额超过12万亿美元,每周大约2 500亿美元,相比之下的损失应该是3 750亿美元。)因为大多是小型银行破产,所以主要是小型储蓄者遭受损失,使上百万的小型储蓄者失去了生活储蓄。

国会为了拯救这次危机,于1933年颁布了《格拉斯-斯蒂格尔法案》(Glass-Steagall Act),创建了联邦存款保险公司(FDIC)来限制商业银行的业务范围。FDIC为个人储蓄者提供保险,这样银行破产时储蓄者的存款就不会遭受损失。这项法律也限制银行将资产转换为某些特定类型的负债,并禁止银行涉足证券业。存款机构被禁止交易证券、提供保险、参与非存款机构从事的任何业务。但是,随着商业银行被迫剥离其投资银行业务,法律限制了金融机构运用规模经济和监管业务部门的能力。直到1999年,这些禁令才被《GLB金融服务现代法》(Gramm-Leach-Bliley Financial Services Modernization Act)取缔。我们将很快回到这一话题。1999年《格拉斯-斯蒂格尔法案》的废除解除了对银行经营活动的限制,但转而出现巨型金融控股公司的无效管理问题。在2007—2009年的金融危机期间,美国一些最大的金融中介机构的糟糕表现和彻底的失败验证了这些金融控股公司确实存在无效管理问题。

13.1.2 竞争与合并

我们所讨论的历史事件都不能说明,为什么如今美国有近6 800家商业银行,以及为什么从20世纪80年代中期以后银行的数量开始减少。为了解开这个谜团,让我们再次回到图13.1。注意银行分为有分支机构的和没有分支机构的。没有分支机构的银行叫做单一制银行。另一种,也就是现在大多数人所熟悉的,在广泛的地域设立分支机构的银行。像四大银行——美国银行、花旗银行、摩根大通、富国银行,它们在许多州的许多城市都设立分支机构。我们稍后再来分析这些银行。现在,注意图13.1在1935年的数据,那时大多数银行没有分支机构;如今,几乎3/4的银行都设有分支机构。实际上,1935年,美国有14 125家银行,共有17 237个分支机构;到了2009年年底,美国有6 839家银行,共有90 159个分支机构。如今的银行不仅设有分支机构,而且数量还很多。

美国银行及其分支机构的数量仅仅告诉了我们部分原因,我们还要关注银行的规模。表13.1表明,美国银行系统由大量的小型银行和少数的大型银行组成。大约1%的银行拥有所有银行资产的75%。实际上,美国四大银行就占有美国银行系统全部资产和存款的40%。

表13.1 美国商业银行的数量和资产

机构规模(资产)	数量	占总资产的百分比(%)
低于10 000万美元	2 525	1.2
10 000万—10亿美元	3 800	9.4
10亿—100亿美元	429	9.5
100亿美元以上	85	80.0
总计	6 839	100(11.8万亿美元)

资料来源:FDIC Quarterly Banking Profile,2009,Table Ⅲ-A。

这种构成的主要原因是1927年《麦克法登法案》(McFadden Act)的颁布,要求联邦特许银行应该受到其所在州对分支机构设立的限制。① 由于一些州的法律禁止设立分支银

---

① 1956年的《道格拉斯修正法》对于银行持股公司实施了同样的限制条款,即要求任何超越州范围的业务扩张都必须得到当地州政府的特许。

行,导致出现大量的小型银行。① 提倡对分支机构进行法律禁止的人们认为,这些法律可以防止银行业的集中和垄断,就像反托拉斯法可以防止制造业的垄断行为一样。他们担心如果没有这些禁令,少数几个银行就会吞并小型银行,从而降低在小型区域的金融服务质量。

《麦克法登法案》造就了一个分散的银行系统,避免了大型机构的产生。结果是形成了一个实际上不存在竞争的小型的、分散的银行网——这恰恰与那些法律提倡者的意图相反,最终导致这个体系的失败。在许多州,经营效率高且先进的银行被禁止设立分支银行,去与那些已经建立的低效的小型银行竞争。结果,区域性的小型银行网没有创新的竞争压力。同时,因为它们的贷款申请人来自自己的社区,所以贷款资产组合不能充分分散化。在一个农业小镇,银行的收益取决于天气,因为它的贷款组合几乎都由农业贷款组成。意识到这个问题后,银行管理人最终会因为风险太大而停止发放贷款。当贷款突然停止时,农民就要减少经营规模。最后,银行由于不受竞争的威胁而获得良好的收益率——但是这个小镇每一个人的生活水平都受到影响。

一些银行通过创建**银行控股公司**(bank holding companies)来规避设立分支机构的禁令。控股公司是指拥有其他几个公司的集团。在一些教科书上,也被认为是拥有几个子公司的母公司。银行控股公司诞生于 20 世纪早期。最初,创建银行控股公司不仅是为了规避设立分支机构的禁令,还为了在许多州提供非银行金融服务。1956 年,美国国会通过了《银行控股公司法》(Bank Holding Company Act),放宽了银行控股公司的业务范围,允许其提供各种非银行的金融服务。这些年,法律法规的变化使其增加了资产管理、投资顾问、保险、租赁、托收和不动产等服务。

从 20 世纪 70 年代早期开始,技术进步使银行可以对远距离的客户提供存款和贷款服务。加上邮件、电话服务、因特网,这些显著地降低了有形场所对银行的重要性。个人不需要亲自去银行办理业务,人们也不再关注居住小区是否有银行。如今,就算是在离家很远的地方,人们也能利用自动取款机、掌上电脑、手机、信用卡、借记卡进行支付。信用评级公司可以对任何个人或公司的信用度进行评估,所以银行无须考虑借款者所处的地理位置就可以向其发放贷款。1976 年,小型公司与其银行的平均距离是 16 英里;而到了 1992 年,平均距离是 64 英里。如今,多数的小额交易都是通过各种形式的网上银行进行支付的,使得银行实体的位置显得无关紧要。

技术进步改变了人们使用金融体系的方式,降低了地方银行垄断的价值。20 世纪 70 年代和 20 世纪 80 年代,州政府放松了对设立分支机构的限制,以应对人们使用金融体系方式的转变。② 然后到了 1994 年,国会颁布了《Reigle-Neal 州立银行和分支机构效率法》。

---

① 在美国成立的早期,州政府收入极少;它们既不能发行自己的纸币,也不能征收利息税。它们批准设立银行的费用以及对银行利润征得的税收成为州政府收入的重要来源。这促使州政府建立更多的小型银行,而征税就需要对银行进行保护,确保其盈利。其结果是出现了一个缺乏竞争的分散的银行系统。参见 R. Kroszner and P. Strahan, "What Drives Deregulation? Economics and Politics of the Relaxation of Bank Branching Restrictions," *Quarterly Journal of Economics* 114 (November 1999), pp. 1437—1467.

② 一系列其他的变化也在发生。例如,到 1980 年,联邦政府收紧了银行存款市场利率。在 Q 管制下,银行被禁止向支票账户支付利息,同时把储蓄存款的最高利率控制在 5% 左右。随着 20 世纪 70 年代末通货膨胀和利率的上升,这些限制成为了阻碍银行发展的因素。许多储蓄者从银行取出现金,并用现金购入货币市场共同基金,这里的利率不受法律的管制。

该法案取缔了七十多年前《麦克法登法案》的禁令。从 1997 年起，银行可以在国内开设分支机构，数量不受限制，导致商业银行的数量几乎减少了一半。此外，储蓄机构的数量（储蓄和贷款机构加上储蓄银行）减少得更多。尽管有些银行是因为无法应对新竞争而破产的，但更多是由于被兼并而消失的。

《Reigle-Neal 州立银行和分支机构效率法》允许银行位置的分散化。如今一家银行想要在另外一个州建立分支机构，可以通过购买这个州的一家银行来实现。这样，它不仅得到了客户资源，也得到了了解这个州经济状况和法律环境的雇员。结果是可喜的。银行的利润率越来越高：其运作成本和贷款损失在下降；尽管向借款者收取的利率在下跌，但支付给存款者的利率却在升高。唯一遭受损失的人是那些低效率的银行雇员，由于新的竞争，他们更加努力工作，却获得比以前更少的工资。所以，总的来说，解除银行管制给经济带来了可观的利益。①

表 13.2 总结了 20 世纪美国银行业发展过程中的重大事件。

表 13.2 影响美国银行业的重要法律

1927 年《麦克法登法案》	禁止州立银行设立分支机构，并要求国民银行遵守其所在州的法律规定
1933 年《格拉斯-斯蒂格尔法案》	建立联邦存款保险公司，禁止商业银行从事保险和证券交易活动
1994 年《Reigle-Neal 州立银行和分支机构效率法》	废除《麦克法登法案》对州立银行设立分支机构的禁令
1999 年《GLB 金融服务现代法》	废除《格拉斯-斯蒂格尔法案》对商业银行与保险公司（或证券公司）合并的禁令

2007—2009 年的金融危机使人们关注放松金融机构管制的代价。一些巨型银行糟糕的管理是否揭示了银行的规模和范围已经扩展到最大限度？这些大银行的存在是否已经超越经济发展的需要？放松管制是否鼓励银行去冒太多的风险寻求利润？放松管制是否会驱动一些银行发展成"大而不倒"的金融主体，以便在面临经济危机时得到政府的保护？

回答这一系列的复杂问题几乎就是政府监管的议题，这是我们第 14 章的主题。然而，学者和政策制定者也在审视前面提到的放松管制带来的利益是否能够消除在金融危机期间成为纳税人和国民经济包袱的与巨型中介机构相关的额外风险。一些分析人士指出，金融危机引起的银行业兼并的增加，使得未来金融危机的可能性和可以预见的危机代价不断增大。②

---

① 说明放松管制有助于经济增长的一个方法就是考察不同州的现实状况。将放松管制对经济增长的影响与其他影响因素隔离。不同时期州立法机构解除金融管制的法律规定不同，使经济学家能够对其影响进行分析。参见 J. Jayaranthe and P. Strahan, "The Finance-Growth Nexus: Evidence from Bank Branch Deregulation," *Quarterly Journal of Economics* 111(1996), pp. 630—670。

② 参见第 7 章的 Annual Report of the Bank for International Settlements, 2009。

13.1.3 银行全球化

20世纪末,美国银行业同时面临国内和国际的改革。国际间商品和服务交易的兴起增加了对国际金融服务的需求。举个简单的例子,当一家日本公司购买美国生产的软件,或者一个美国人购买中国制造的电视机时,就要跨越国界进行支付。如今,国际银行系统已经适应了这种相互依赖的全球化的需要。如摩根大通银行和花旗银行等大型银行将自动取款机安装在法兰克福、布宜诺斯艾利斯和其他主要首府城市的街道上。在纽约,细心的人可以看到国民西敏寺银行和东京三菱银行的国外分支机构。总的来说,截至2009年,接近50家大型美国银行已经以某种方式建立了国外分支机构,国外资产总额超过了1万亿美元。总资产超过3万亿美元的300多家国外银行已经在美国建立了分支机构。

银行可以通过各种途径在国外经营,这取决于法律环境因素。最直接的途径就是设立分支机构,像在自己国家一样提供同样的服务。特定的法律结构也允许美国银行在国外开展业务,看起来就和分支机构一样(不过可能有不同的法律地位)。例如,银行可以设立国际银行机构(international banking facility, IBF),允许其接受外国人的存款,并向他们发放贷款。或者银行可以设立一个叫做埃奇法公司(Edge Act Corporation)的附属公司,专门从事国际银行交易业务。还有一种途径,银行控股公司可购买外国银行的控制权(controlling interest)。在我们看来,美国银行利用各种途径在国外开展业务,要比对特定公司进行分类重要得多。

当然,外国银行也可以利用同样的途径。它们可以购买某家美国银行的股权,在美国设立分支机构,建立在美国境内的附属公司,或者设立一个所谓的代理机构。它们根据提供的服务不同来进行选择。

与美国的解除管制对经济有影响一样,国际银行的发展对经济也有一定的影响。如今,法国、巴西或者新加坡的一个借款者可以在世界上的任何地方贷款,存款者也可以在任何地方存款。所有这些竞争使银行业成为一个更加艰难的行业。1970年,存款者和借款者都迷恋于当地的小型银行,如今,银行获得利润变得更加困难。尽管银行家的生活或许更加艰苦了,但是金融体系效率的增加加速了世界的发展。

国际银行业最重要的一个方面就是欧洲美元市场。**欧洲美元**(Eurodollars)是指在国外银行的美元存款。我们要简单解释为什么伦敦、苏黎世或者开曼群岛的银行会向它最好的客户发放美元贷款。福特汽车公司或许会将纽约银行的100万美元存款转为欧洲美元存入纽约银行在开曼群岛的分支机构。当这100万美元存入开曼群岛的福特公司账户之后,它又被借给纽约银行。这一系列交易既为福特公司提供了与存款一样的服务,同时纽约银行也从它的海外分支机构那里得到了一笔贷款负债。

福特公司和纽约银行都愿意这么做。对于银行,开曼群岛的存款成本较低,而且不受法定准备金的限制,也不用支付存款保险费。此外,墨西哥湾中部的监管也要比美国松得多,这就降低了执行成本。最后,对离岸银行的利润征收的公司所得税税率要比对美国国内低。这些优势使银行能向福特汽车公司支付较高的存款利息,同时也增加了银行的净利差。

大量外力的共同作用产生了欧洲美元市场。第二次世界大战末期,布雷顿森林体系建立,该体系制定了限制国际资本流动的法规。起初,欧洲美元市场就是为了应对这一体系而建立起来的(我们在第19章将了解更多有关国际货币体系和资本控制的知识)。为了确保英镑价值,英国政府限制英国银行参与国际交易。伦敦银行为了规避这些法律法规,开始向外国人提供美元存款和美元贷款。最终的结果就是形成了我们如今所知道的欧洲美元市场。冷战时期,由于苏联政府担心美国冻结或没收其美元存款,便将存款从纽约转移到伦敦,因此冷战加速了欧洲美元市场的发展。在美国,各种因素综合起来也加速了欧洲美元的发展。20世纪60年代,美国权力机构试图阻止美元流出本国,对于那些想要借入美元而在世界上其他地方使用的外国客户收取相当高的费用。然而到了20世纪70年代早期,美国对国内利率进行控制,通货膨胀率也不断上升,而欧洲美元存款则支付相对较高的利率,这些综合因素使国内存款远不如欧洲美元存款吸引投资者。

如今,伦敦的欧洲美元市场是世界上最大也是最重要的金融市场之一。银行之间互相借贷欧洲美元的利率叫做**伦敦同业拆借利率**(London Interbank Offered Rate,LIBOR),它是用来衡量许多私人贷款的标准利率。例如,美国一些可调整的住房抵押贷款就采用盯住LIBOR的办法。2007—2009年金融危机期间银行间,LIBOR在借贷市场紧缩时发挥了显著作用。LIBOR与预期联邦储备政策利率之间的差额是流动性危机强度和持续性的重要衡量标准(参见第3章"危机的教训:同业拆借")。

13.1.4 银行的未来

如今的银行与不久以前的银行相比,规模更大、数量更少、更加国际化,提供的服务品种也更多。一家典型的商业银行不仅提供更便利的存款账户和贷款,还提供投资和保险产品。这个趋势始于1998年花旗集团的建立。花旗集团建立的时候,保险公司被允许拥有投资银行,所以旅行者保险公司与一家从事经纪和投资银行业务的所罗门美邦公司合并。但是两者合并后并不能合法地购买花旗银行。它们这样做了,并被给予5年时间来出售法律禁止它们持有的业务。花旗集团不但没有出售花旗银行,反而反其道而行之。花旗集团的管理人努力使所有的业务一体化,并打赌认为国会一定会修改法律规定,使花旗集团这种创新合并合法化。

1999年11月,《GLB金融服务现代法》生效。这项新的法律有效地取缔了1933年的《格拉斯-斯蒂格尔法案》,允许商业银行、投资银行与保险公司合并成为一个**金融控股公司**(financial holding company)。花旗集团,这个拥有1亿多客户、遍布100多个国家、资产超过1万亿美元的大型集团,终于合法化了。从那以后,曾经只能交易证券的美林证券和JP摩根等公司也都被商业银行收购(如大通银行),然而也有些银行(如美国银行)选择了购买交易商和零售经纪商证券的形式扩大业务范围。为了满足客户的所有金融需求,银行控股公司正向金融控股公司转化。

金融控股公司是**全能银行**(universal banks)的一种有限责任形式。全能银行可以从事非金融业务和金融业务。根据国家的不同,它们或多或少将银行、保险和证券业分离开来。最极端的例子就是德国,其银行提供所有服务,包括直接投资于非金融公司。在美国,不同的金融业务由不同的附属公司承担,金融控股公司仍然被禁止向非金融公司进行权益投资。这些大型金融公司的所有者和管理者创立该公司的原因有三个。第一,经营范围的分散化使得其利润并不取决于某一特定业务,由此降低的风险可以提高公司的价值。① 第二,金融控股公司的规模很大,从而可以利用**规模经济**(economics of scale)。不论其规模有多大,一个金融控股公司只需一个 CEO 和一个董事会,一个记账体系就足以运作整个公司。第三,金融控股公司希望利用**范围经济**(economics of scope)优势获得利润。像超市会提供各种食物类和非食物类的商品一样,金融控股公司也向客户提供各种服务,而所有的服务都来自一个公司品牌。这也会降低成本——或者公司的管理人正在试图建立商业帝国。

在花旗集团创立美国第一家全能服务金融公司的同时,其他的公司也并非按兵不动。它们正努力向自己的客户提供传统金融中介所从事的服务。货币市场共同基金开始与银行竞争,向客户提供流动性服务。抵押贷款经纪人让客户自主选择如何为购买房屋借款,并可以将贷款在金融市场上进行出售。如今,需要汽车贷款或任何形式的保险的人们,只需登录因特网就可以在几小时内获得各种报价。对贷款申请人进行审查,曾经是区域银行的主要工作,如今已经被标准化,任何人都可以操作。然后是嘉信理财和线上金融服务公司等贴现经纪公司,它们让我们能够以较低成本进入金融市场。和过去的银行不同,这些金融中介并没有自己的资产负债表。它们为顾客提供进入金融市场是为了获取一定的费用。

实际上,由于技术的进步,由传统金融中介提供的几乎所有服务,如今都可以被独立提供,而不需要大型机构的帮助。贷款经纪人可以汇集众多小型储蓄者的资金,并提供给大型借款者。各种金融公司(包括经纪公司和共同基金公司)都能够提供支付体系并具备将资产迅速且低成本地转换为货币的能力。总有一天,甚至连电力公司也会行动起来。同时,许多中介公司(包括共同基金和养老基金)都帮助客户分散、承担、转移风险。最后,提供减少逆向选择和道德风险问题的信息本身也成为一项业务。

当我们观察整个金融业时,会发现有两种相反的趋势:一方面,大型公司努力提供一站式的金融服务;另一方面,整个金融业正在分割为众多的小型公司,每个公司执行其特殊的功能。未来的银行是通才还是专才,还是两者兼而有之呢? 我们拭目以待。与此同时,让我们重点关注一下非存款金融机构所扮演的角色。并考虑一下,它们的产品是单独还是和其他金融服务一起提供比较便利和便宜?

13.2 非存款机构

对金融业的一项调查表明,金融业存在各种金融中介。除了存款机构,还有五大非存

---

① 对于降低的风险能否提高公司的价值,金融学家并无一致看法。一些人认为金融控股公司不应自己分散风险,而应将这种选择留给其股东。投资者总是可以根据自己所愿承受的风险来购买两家本可合并的公司的股票。同样值得关注的是,管理拥有多种不同业务的公司可能比管理那些专门经营一项业务的公司更加困难。

款机构;保险公司;养老基金;证券公司,包括经纪公司、共同基金公司和投资银行;财务公司;政府资助的公司。这种分类并没有包括所有的非存款机构,也并不意味着只有这一种分类方式。非存款机构还包括许多其他的金融中介,比如当铺(参见本章"你的金融世界:当铺"),发薪日贷款(参见第12章"你的金融世界:发薪日贷款的成本"),租赁中心,个人对个人借贷公司,放高利贷者。

表13.3表明,2009年金融中介机构持有的资产总额为45.7万亿美元,而存款机构占有了超过1/3的资产。在1970年之后的几十年里,银行所持有的金融中介的股份一直下降,2007—2009年的金融危机使得许多非银行机构的资产也贬值。保险公司也遭受了同样的命运,它们所持有的中介机构的股份从1970年的18.5%下降到2009年的12.9%。与此同时,共同基金成为最大赢家,它们持有中介机构的股份从1970年的3.5%上升到2009年的超过20%。养老基金也是如此,它们持有中介机构的股份从1970年的12.5%经过39年时间上升到超过18%。

表13.3 1970—2009年美国金融中介相对规模

机构	资产 (十亿美元) 2009年	占所有中介机构资产的百分比(%)		
		1970年	1990年	2009年
存款机构				
商业银行	14 200	37.2	29.3	31.0
储蓄机构	1 398	18.8	12.1	3.1
信用合作社	877	1.3	1.9	1.9
保险公司				
人寿保险	4 552	14.8	12.1	10.0
财产和事故保险	1 317	3.7	4.7	2.9
养老基金				
私人养老基金	4 758	8.1	14.4	10.4
政府养老基金	3 587	4.4	6.5	7.8
共同基金				
货币市场基金	3 584	0.0	4.4	7.8
股票和债券基金	6 473	3.5	5.7	14.1
财务公司	1 777	4.7	5.4	3.9
政府资助的公司	3 224	3.4	3.7	7.0
2009年美国所有金融机构总资产=45.7万亿美元				

资料来源:联邦储备体系管理委员会,Flow of Funds of the United States,November 26,2009,Tables L.109 to L.128。

我们的目标是理解金融体系中每种类型的非存款机构所担当的角色。我们通过研究每种类型的作用来进行分析。回忆第11章,金融机构的作用可以分为五类:(1)汇集小额储蓄者的存款;(2)提供保管和记账服务,允许人们进行支付并了解账目;(3)提供流动性,当人们需要时将资源转化为支付手段;(4)提供分散化服务;(5)收集并处理信息以降低信息成本。我们将利用同样的体系对非存款机构进行分类。

你的金融世界

当　　铺

实际上,当铺并不是电影或者电视中描述的那样——通常由犯罪分子开设、专门出售偷来的东西。它们是合法的行业,并且提供有用的服务。可以把当铺看作一家区域型的非存款机构,发放抵押贷款,同时出售各种商品。当铺的主要业务是发放小额贷款(规模比银行贷款小),为那些不能通过一般的金融体系获得资金的人提供服务。

假设你有一些有价值的东西,比如珠宝、自行车或者照相机。你需要现金,所以你把这些值钱的东西带到当铺。当铺经纪人将依据你所提供的抵押品发放贷款。你将贷款、利息和其他费用一并偿还后,就可以从当铺拿回抵押品。但是如果你没有准时偿还,当铺经纪人就有权利没收抵押品,并将其出售。所以,当铺出售的商品一般是违约贷款的抵押品。

毫无疑问,贷款条件对于当铺经纪人有利,对你不利。贷款价值通常小于抵押品的价值,利息却相当高——一般是每月3%—5%。另外还要支付一笔费用,以至于年利率算下来高达百分之几百。尽管这种制度似乎是令人无法忍受的,但它也要比第12章所讲的发薪日贷款要好,因为当铺的贷款是有抵押品担保的,所以利率就要比发薪日贷款合理得多。因此,如果生活非常窘迫,并且没有其他的资金来源,可以考虑去当铺。

13.2.1　保险公司

保险公司是从远洋海上航行开始的。几百年前,越洋交易和勘探充满风险,这种风险就产生了对保险的需求。随着时间的推移,远程勘探的风险之旅变得规范化,加上海上航行的实质变化,保险也随之变化。现代保险业的形式可以追溯到1400年,当时羊毛商人为从伦敦到意大利的陆上运输购买保险,保费是商品价值的12%—15%(越洋运输的保险费用更高)。第一份保险合同产生于1523年的佛罗伦萨。他们为通用的保单制定标准,比如保单有效期的起始和终止时间,以及遭受损失后获得赔偿的时间限制。他们还制定了控制欺诈行为的程序,以减少道德风险问题。

1688年,伦敦的劳埃德保险社成立。如今劳埃德保险社非常出名,它为歌星的声音、舞蹈家的腿,甚至美食家的味蕾提供保险,同时还提供航空业和轮船等传统保险业务。作为全球最知名的保险公司,它的建立始于伦敦的一家小咖啡馆。它的经营者Edward Lloyd为那些曾经从事东印度香料交易的退休老船长们提供食物。这些老船长航行了多年,拥有海上航行风险的专业知识。他们利用自己的知识对某条特定航线的风险进行评估,并涉足航海保险。这些风险并非不合逻辑。在17世纪,去史拜斯群岛(印度尼西亚的一部分)的航行往返需用三年时间。三艘船中只有一艘能载着货物回来,八名海员中仅有一人能活着回来并叙述其冒险经历。一次成功航行的奖励是肉豆蔻之类的香料,仅仅一袋肉豆蔻就可以使船长的下半辈子不愁吃穿了。

为了获得保险,船只的所有者会在纸上写下航行途中的细节问题,以及他为保险服务所愿意支付的金额,然后将这张纸交给爱德华劳埃德咖啡馆的人们。对这些服务感兴趣的人就会确定愿意承担的风险大小,然后在这张纸签上自己的名字。这种传统的交易方式就发展成为如今的担保人。保险向任何愿意承担海上航行风险的人开放。由于劳埃德保险社在有限责任概念出现之前的几百年就已存在,因此在当时保险意味着无限责任,出现了保险商的最后一颗纽扣都得用来赔偿的说法。

人们可能把劳埃德保险社看作是一个保险市场,而不是一家保险公司。为了参与市场,拥有共同利益的个人加入一个叫做辛迪加的集团。每当有新的保险合同时,几个辛迪加集团就共同签署,按一定比例分担风险,获得保费。

历史上,成为劳埃德保险社的一员就意味着名誉和风险。20世纪90年代早期,这种风险最为明显,当时劳埃德保险社由于为企业提供石棉司法损失保险而遭索赔,造成了超过100亿美元的损失。这个损失超过了34 000家劳埃德保险社的所有资产。由于它的无限责任,近2 000人濒临破产;他们当中许多人提出法律诉讼,控告劳埃德的经营者误导他们。结果,劳埃德保险社被迫重组。如今这家公司以有限责任公司的形式继续为人们提供保险。辛迪加集团里的个人投资者,其损失只限于他的初始投资,而不会面临破产的可能。

两类保险 所有保险公司的基本业务都与伦敦的劳埃德保险社提供的一样。它们接受保险客户的保费,并承诺当特定事件发生时给予补偿。房屋所有者支付保费,房屋失火时,保险公司要支付重建费用。对于单个客户,保险是一种转移风险的途径。在整个金融体系中,保险公司专门提供金融中介五大功能中的三个功能:汇集小额保费,然后进行大额投资;将风险分散到许多人身上;审查并监管保险人,以减少信息不对称问题。

保险公司提供两类保险:人寿保险和**财产及意外伤害保险**(property and casualty insurance)。人寿保险——像美国信诚人寿保险公司(Prudential)、大都会人寿保险公司(Metropolitan Life)和恒康人寿保险公司(John Hancock Mutual Life)——为了防范由于残疾、退休和死亡带来的收入损失而提供保险。财产及意外伤害保险指为了防止由于意外事故、火灾和自然灾害对个人或公司带来的损失而提供的保险。这两类保险中介都是将个人风险转移到一个群体。虽然一家保险公司能够提供两类保险业务,但是这两类保险的运作方式完全不同。

人寿保险有两种基本形式——定期人寿保险和终身人寿保险,还有一些混合形式。**定期人寿保险**(term life insurance)指以保险期限内被保险人的死亡为向投保人的受益者给付保险金的条件。保费取决于对被保险人死亡的可能性预期。只要被保险人未满65周岁,定期人寿保险的保单就要每年更新一次。许多人通过雇主购买的团体人寿保险来获得自己的定期人寿保险。

终身人寿保险(whole life insurance)是定期人寿保险和储蓄账户的结合。投保人在有生之年支付固定的保费,当他死后将获得一笔固定收益。如果投保人决定终止该保险,其现金价值就会被退还。随着时间的流逝,投保人的年龄越来越大,这种终身保险的重心由保险转移到储蓄。购买终身人寿保险的高龄老人如果将其换成现金,则是一笔不菲的储蓄。实际上,大多数终身人寿保险随时可以变现。不过它更像是一种成本较高的储蓄,所以当人们发现了成本较低的其他储蓄时,这种储蓄量就开始下降。

大多数成年人都要购买财产及意外伤害保险,因为不给汽车购买财产保险是违法的。汽车保险是对汽车的财产保险与对司机的意外伤害保险的结合,购买汽车保险是为了防止汽车对他人或者他人财产造成危害而使所有者承担责任。财产及意外伤害保险的持有人支付保费,以获得这项保险。

在保险公司的资产负债表上,对保险人的索赔是负债项目。尽管一些索赔正在进行,但是大多数都是将来才会兑现的。在资产项目一栏,保险公司持有股票和债券及其组合。财产及意外伤害保险公司的利润来自管理保单所收取的费用;保费用于支付赔偿。因为资产是用来应付突然的索赔,所以资产必须具有流动性。观察一下财产及意外伤害保险公司的资产负债表,你就会发现基本都是短期的货币市场工具。

与财产及意外伤害保险公司相比,由于人寿保险公司的支付都发生在将来,因此它们持有期限较长的资产,能够更好地与负债的期限相匹配。尽管股票在持有25年以上时的风险比较小(回忆第8章的讨论),但是保险公司还是不能排除这种可能性,即保险公司不得不以很低的价格出售股票,以支付投保人要求的索赔。所以,人寿保险公司的资产大多以债券形式持有。

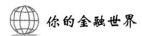 你的金融世界

你需要价值多少的人寿保险?

我们在第3章讨论了残疾保险,在第5章讨论了机动车辆保险。人寿保险?你需要购买价值多少的人寿保险呢?首要的问题是你是否需要购买人寿保险。购买人寿保险的目的是,如果你遭遇不幸,它能够帮助你照顾你的家人。它可以被看作你不在时的替代收入。孩子尚小的人是最需要购买人寿保险的。如果父母去世,就要有人抚养孩子,送他们读书,人寿保险就提供这笔资金。人寿保险并不适合一个还不需要承担任何责任的大学生,所以如果你不需要的话,就不要购买它。

如果你认为你需要人寿保险,下一步就是决定需要哪一种。最好的办法是购买**条件人寿保险**,当你死了它才会支付。由于其他种类的人寿保险包括投资成分,因此成本比较高。因为购买人寿保险的大多是年轻家庭,他们的收入较少而开销很大,所以保单的成本越低越好。使你的保险和投资决策分离,要比利用一种途径实现所有的目的要容易得多。*

最后,你应该购买价值多少的人寿保险呢?假如你已经结婚了,带着两个小孩,大多数公司会建议你购买价值是你收入6—8倍的条件人寿保险。尽管这足以支付你全家的生活费用直到孩子长大成人,但是你也要仔细考虑一下这是否能够支持孩子读大学。如果你和你的配偶每年分别能赚到35 000美元,则你们每人或许需要价值400 000美元的人寿保险。对于一个年龄介于30岁到40岁的人来说,一张400 000美元的保单意味着每年

支付 500 美元，你的家庭年收入是 70 000 美元，每年在定期人寿保险上支付 1 000 美元。成本是相当高的，所以购买你需要的就好，不要过量购买。

* 你的父母和祖父母可能会购买终身人寿保险，有两个原因：第一，在过去，个人不像现在能够获得所有的投资选择；第二，税收规定的不同，对有些人，通过终身人寿保险进行储蓄具有税收优势。但是随着税收抵免储蓄机制的建立，如个人退休账户（IRAs）的出现，这些优势就消失了。如今，你购买条件人寿保险要比购买终身人寿保险划算得多。

保险公司的作用　像人寿保险、财产及意外伤害保险都是通过将未来可能出现的风险进行组合来降低风险的，即通过将风险分散到许多保单上来降低风险。回忆第 5 章，一组收益率互不相关的投资风险要比单个投资的风险小。对于保险合同也是这样。尽管我们无法知道保单要求支付的具体金额是多少——发生汽车事故、房屋失火或者死亡——但保险公司可以精确地估计将来要求索赔的被保险人所占的百分比。这样，就使公司管理人能够在没有任何不确定性的条件下，精确地计算出在某一年需要支付的金额。从保险人的角度来看，财产及意外伤害保险使他们将个人遭受损失的风险转移到一群人身上。

在第 11 章，我们讨论了股票和债券市场的信息不对称问题。回忆一下，当贷方或投资者不能区分借款者或者投资的好与坏时，最后的结果是只留下了信誉最差的借方和最差的投资机会。这种现象就叫做逆向选择。此外，一旦借方获得了贷款，他们就不会像贷方和投资者那样尽可能地规避风险，这个问题就叫做道德风险。

尽管逆向选择与道德风险在股票和债券市场造成了严重的问题，但它们在保险市场上产生了更坏的影响。癌症病人乐意购买人寿保险，因为他获得赔偿的概率最大——这就是逆向选择。如果没有火险，房屋失火时人们或许会积极抢救。火灾保险中存在道德风险问题，促使投保人不像未购买保险时那样认真保护他们的房子不受灾害的影响。保险公司努力减少这些问题。通过审核申请人，可以减少逆向选择问题。一个想要购买人寿保险的人必须接受体检：体重、血压、血检及健康状况记录。只有通过体检的人才能够购买人寿保险。想要购买机动车保险的人必须提供驾驶记录，包括交通违章和意外事故记录。尽管条件不合适的人依旧可以购买汽车保险，但是他们需要支付较多的保费。通过审核申请人并相应调整保费，保险公司可以降低逆向选择带来的损失。

保险公司也利用多种方法降低道德风险。保单常常包含一些要求做什么和不做什么的规定。为了符合火险的要求，一个饭馆老板就要定期检查自动喷水灭火系统；为了获得人身意外保险，一个棒球运动员或者篮球运动员就不能骑摩托车。除了这些规定，保单一般还包括扣除条款，要求被保险人自己支付意外事故的一些最初的费用，直到金额达到一个最大值。或者提供共同保险，保险公司承担索赔的 80%—90%，其余由被保险人自己承担。

对保险公司的未来进行预测是十分有趣的，看看哪家公司能以越来越少的成本获得越来越多的信息。保险可以将个人的风险转移给许多人，而不是将确定的会发生的事情的责任转移出去。例如，没有人认为保险公司会将人寿保险卖给一个即将死去的病人。

这里有一个潜在的问题。在人类的染色体解码中，如果有一组检测可以用来确定某人最后患某种病的概率,那么利用这些信息,每个人都能够对自己的平均寿命以及卫生保健的相对成本有个大致的了解。如果申请人拒绝将这些信息告诉保险公司,那么逆向选择问题将非常严重,甚至造成保险业的瘫痪。但是,如果申请人透露这些信息,这些不幸携带不良基因的人就不能获得保险。一个极可能患心脏病的年轻人仍然可以获得汽车保险,但是他获得人寿或者死亡保险的可能性很小。

这个问题的解决办法还不是很明确,但是似乎任何办法都会牵涉到政府的干预。政府会要求保险公司向所有的人提供赔偿,或者自己充当最后的保险人。

 概念应用

再保险和巨灾债券

为了获得房屋的抵押贷款,你需要购买保险。无论你住在哪里,贷方都要求你购买火险。在一些地方,你或许还需要购买财产保险以防止洪水、地震或飓风等自然灾害。没有保险你就不能获得抵押贷款,没有抵押贷款你就不能购买住房。很明显,购买保险分散风险对每个人都是有利的;但是有时候这种保险是不容易获得的。

想象一下,一家保险公司正在考虑在加利福尼亚州提供地震保险。它与汽车保险不同,一旦地震发生,许多被保险人都会同时要求索赔。这对于保险公司来说是一项巨大的无法分散的风险。为了提供地震保险并立足于保险业,财产及意外伤害保险公司就必须寻找其他方式来为自己保险,以防止自然灾害——巨大的自然灾害会使得公司同时支付大量索赔款。

再保险公司通过向保险公司提供保险,从而解决了这个问题。加利福尼亚州的保险公司估计地震会造成 150 亿美元的索赔(这是 1994 年洛杉矶地震的大致损失)。该公司可能只能赔偿 10 亿美元的索赔额。为了签订价值 150 亿美元的保险,该公司需要购买 140 亿美元的再保险。

再保险公司非常庞大,它们的业务遍布全世界。它们的地理位置允许其将风险分散到全世界,因为加利福尼亚州和日本不可能同时发生地震。它将风险分散到全世界的能力使其能经得起单个损失,尽管这种损失是巨大的。所以,再保险公司的规模必须很大,非常大。实际上,它们近乎垄断,使再保险的价格很高。

再保险的高成本问题促使人们去寻求解决自然灾害保险的第二个办法。金融专家设计了巨灾债券(atastrophic bonds,或者 cat bonds),使个人投资者承担很小比例的再保险风险。它的运作原理是这样的:通过投资银行,保险公司出售一定数额的巨灾债券,并将其收益直接投入低风险的金融工具,比如美国国库券。假如灾害发生了,出售美国国库券,将获得的资金支付保险公司的索赔。但是如果在保险期间没有发生地震、火灾或者飓风等自然灾害,巨灾债券持有人就可以获得超过相同期限的美国国库券收益率 10% 的回报。*这种高补偿性,以及与其他投资收益的低相关性,意味着巨灾债券可以在提高预期收益率的同时,降低投资者资产组合的风险。

再保险和巨灾债券的存在有利于每个人。这些转移和分散巨灾风险的机制改善了单个投资者的风险-收益权衡,使保险公司能够提供更多的保险,也使想要购房的人能够获

得他们需要的保险——获得抵押贷款购买房屋。

* 第一份巨灾债券是由 USAA 在 1997 年提供的 4 亿美元的债券。债券协议承诺,如果飓风的等级为 3 级、4 级或者 5 级,并且造成下一年的损失超过 10 亿美元,债券持有者将按照协议支付下一年 5 亿美元的 80%。

13.2.2 养老基金

与保险公司一样,养老基金使人们现在支付一定的保费并得到在将来一定条件下获得养老金支付的承诺。与保险公司一样,养老基金也不接受存款。它们帮助人们建立规律的存款习惯,帮助人们很早就开始储蓄,并坚持下去。正如我们在第 4 章看到的,一个人越早开始储蓄,就越容易养成储蓄的习惯,他将来的生活也就越好。较早的储蓄意味着退休后能拥有较高的收入。养老金计划不仅能帮助一个工作的人储蓄,使得其年老后拥有足够的生活来源;还能帮助储蓄者分散风险,通过汇集小型投资者的存款,养老基金分散了风险,确保投资者在年老时可以使用这笔资金。

人们通过各种方式为退休后的生活进行储蓄,包括公司发起的计划和个人储蓄计划。在这两个计划中,员工储蓄都能获得所得税优惠,在退休后领取养老金时再缴纳所得税。在美国,几乎每个大公司的职员都购买公司养老金计划。它们有两种基本类型:固定收益的养老金计划和固定缴款的养老金计划。无论哪种类型,许多公司的养老金计划都规定,只有职员为其工作的时间达到一定的年限后才有资格参与该计划。这个资格过程叫做**赋予退休金权利**(vesting)。我们可以把赋予退休金权利看做是,你的雇主以你的名义向养老基金缴纳的款项属于你的时点。如果你在得到这个权利之前换工作,这个成本是相当高的。

让我们看看这两种养老金计划是如何运作的。**固定收益计划**(defined-benefit plans,DB)曾经非常普遍。根据 DB 参与者在公司的工作年限以及最后的工资,获得一份终身的退休收入。例如,一个人在同一家公司工作了 30 年,退休时的工资是 100 000 美元,以该工资水平作为每年服务的酬劳,他每年可能就会收到总酬劳的 2%,即每年 60 000 美元。这看起来很好,但是为了获得这份回报,大多数人要在同一家公司工作很长的时间。

固定缴款计划(defined-contribution plans,DC)正在逐步替代固定收益计划,它们是完全不同的。这个计划记入美国国内收入法典后,有时就被称为"401(k)"或者"403(b)"账户。DC 计划要求雇主和雇员都要向一个属于雇员的投资账户缴款。与 DB 计划不同,在 DC 计划里,雇主不必对雇员退休收入的多少负责。退休时雇员得到该账户的累计资金,并决定如何处理。雇员可以选择一次性提取、每次提取一小部分,或者将余额转为购买年金,每月获得固定收入。

你可以认为养老金计划与人寿保险相反。一个是活着才有收入,一个是死了才有收入。这两种机制非常相似,同一个机构常常会同时提供这两种机制。不足为奇的是,养老基金的资产负债表和人寿保险公司的很像,都持有公司债券和股票等长期资产。唯一不同的是,人寿保险公司持有的股票数量差不多只有养老基金的一半。①

最后,值得注意的是,美国政府为私人固定收益养老体系提供担保。如果一家公司破产,养老基金担保公司(PBGC)将接管该基金的债务。PBGC 为 29 000 家养老基金、大约 4 400 万工作人员和退休人员提供担保。由于养老基金担保公司的保险是有上限的,因此像飞行员这样的高薪雇员并不能得到完全的保护,这鼓励公司管理者采取高风险活动。为了应对这种可能性,监管人员应该严格管理养老基金。即使这样,一些专家仍然相信养老基金担保公司会在不久的将来因数千亿美元的欠款而倒闭。的确,2007—2009 年金融危机期间,大量养老基金的倒闭和投资的减少使得养老基金担保公司在 2009 年的财务赤字较上年增加了一倍,达到了 220 亿美元。

概念应用

公共养老基金和社会保障体系

为老人提供保障是社会的一项艰巨任务。传统的做法是,当父母年老时,孩子要负责赡养。但是随着现代工业化社会的迅猛发展和地理位置迁移性的相应增加,许多老人不再与孩子住在一起。如今的做法是,人们努力工作、储蓄,以支撑退休后的生活。如果有人做不到这样,一般的观点是,在一个文明社会里,政府应该照顾穷人。

在 20 世纪,许多国家的政府建立了养老基金体系,目的是为老人提供可靠的收入。这些计划的资金来自青年人的税收。只要工作人员的收入增加足够快,随着人口的增长,这种计划就能正常运转。然而,大约到了 1970 年,工业化国家的经济增长和人口增长都慢了下来。与此同时,卫生保健水平在增加,人们的平均寿命在增加。逐渐地,工作人员与退休人员的比例开始下降,越来越少的工作人员支撑着越来越多的退休人员。

如今,为了使这项计划能够正常运转,这些体系必须改革。将退休年龄从 65 岁甚至 60 岁提高到 70 岁的解决办法至今还未得到政府允许。如果不能处理好这些问题就要出现危机。在美国,不久后社会保障体系就无法承担其账面债务了。

社会保障并不是传统意义上的养老基金,所有在美国工作的人都要缴纳社会保障税;反过来,政府承诺在他们年老时为他们支付生活费用。但是,政府向工作人员征收的社会保障税收只能用于两件事的其中之一:要么将这笔资金付给现在的退休人员,要么用于养老基金计划上。同样,社会保障是一个"现收现付"体制,将现在向工作人员收取的资金直接用于现在的退休人员。

这项机制与私人养老基金完全不同。后者是将积累的缴款用于长期投资,很多年后才发放给退休人员。它们不仅资金来源不同,而且风险转移途径也不同。在现行的社会保障体系里,向退休人员支付的责任由年轻一代承担。他们支付账单;他们还要承担风险。例如,经济萧条时期年轻人的工资下降,则他们支付税收的担子就会更加沉重。但

---

① 对权益证券的重点投资使得养老基金的风险更大。这个风险是由每个养老基金参与者承担的。但是像我们在之后所提到的,实行固定收益计划的养老基金是由美国政府担保的,所以实际上这个风险是由整个国家的所有公民一起承担的。

是,在私人养老基金体系里,个人的退休收入由自己的储蓄提供,自己承担投资收益下降的风险。

社会保障体系的财务状况已经处于很糟的境况。2009年,政府估计,到2037年的税收将只能满足76%的支付金额。只有几个办法能够解决这个问题。政府可以降低未来退休人员的退休金;增加未来工作人员的税收;或者将该体系转化为一种类似私人养老基金的体系,设立个人账号。维护社会保障体系的大多数建议都是围绕上面这三个办法展开的。例如,认为该体系应该私有化的建议包括降低现有工作人员的福利,提高其社会保障税,并将新的收入存入类似于固定缴款养老基金的个人账户。在这样一个体系下,政府可以保证穷人不挨饿,但是足以养活自己的那些人就不得不缴纳税收。

此时,所有的人都认为社会保障体系到了非要改革不可的地步了,而且越快越好。对于越来越严重的危机现象,人们提出了很多建议。为了分析这些建议,必须时刻注意两个关键问题:谁来埋单?谁来承担风险?

13.2.3 证券公司:经纪公司、共同基金和投资银行

证券公司从广义上可以分为经纪公司、共同基金、投资银行。它们都是金融中介。经纪公司提供的主要服务是会计(跟踪客户的投资账户)、保管(确保股票凭证等有价值记录的安全性)、进入二级市场(客户可以在这里买卖金融工具)。经纪公司还向想要进行保证金购买的客户提供贷款。同时,它们还提供流动性,允许用投资账户开立支票,使客户迅速地出售资产。像先锋、富达和德雷费斯等共同基金公司也提供流动性服务;它们的货币市场共同基金就是一个典型例子。但是共同基金的主要作用是汇集个人的小额储蓄,形成由许多金融工具组成的分散化的资产组合。

所有的证券公司都擅长收集信息。尽管经纪公司和共同基金也向其零售客户提供一些投资建议,但信息是投资银行的核心业务。现在所有银行控股公司的分部如高盛、美林和摩根大通等投资银行就为企业在资本市场上融资提供方便。通过提供**承销**(underwriting)服务,这些投资银行发行新股票及各种债务工具。最常见的情况是,投资银行估计新发行工具的价格,然后以较高的价格出售给投资者,这项业务叫做配售新股。承销商以发行证券的公司的买价和出售给投资者的卖价之间的差额,作为利润。但可能会出现投资银行在金融市场上出售股票或债券的价格低于从发行公司买入价格的情况,这样就产生了承销风险。对于大多数的巨额发行,一般不由单个投资银行独自承担风险,而是由几家投资银行共同承销,以此分散风险。

信息和声誉是承销行业的核心。承销商收集信息以确定新发行证券的价格,出售时以自己的声誉作为担保。一家大型的运作良好的投资银行绝不会不加选择地承销发行。这样做不仅会降低银行的声誉,银行收取的费用也会减少。

除了承销,投资银行还为想要购并的公司提供建议。投资银行的工作人员对潜在的购并行为进行研究,并估计合并后的公司的价值。它们收集的信息和提出的建议都是有

价值的，必须付费才能获得。在从事这项业务时，投资银行其实是为社会提供服务的。购并能使公司管理人尽自己最大的努力工作，如果管理人不能利用股东委托给他们的资源创造最大的回报，就会面临其管理的公司被其他经营更好的公司所并购的风险。这种并购风险形成了对单个公司管理层的惩戒，从而促进了资源在整个社会的有效配置。

13.2.4 财务公司

财务公司从事贷款业务。它们通过发行商业票据和证券在金融市场上直接融资，然后将这些资金向个人和公司发放贷款。由于这些公司专门从事贷款业务，也就大大降低了中介融资固有的交易成本和信息成本。财务公司的工作主要包括审核潜在借款者的信用度，在贷款期间监督借款者的行为，以及借款者违约后没收抵押品。

对 冲 基 金

严格地讲，**对冲基金**(hedge funds)是专门为百万富翁设计的。这种投资关系(有时叫做非传统的投资基金)将那些拥有特定投资需求的人聚集在一起。为了规避各种法律管制，对冲基金有两种基本规模：最多99位投资者，每人至少拥有100万美元的净资产；或者最多499位投资者，每人至少拥有500万美元的净资产。较大的对冲基金还可以接受净资产在2 500万美元以上的机构投资者的资金，如养老基金、共同基金、保险公司。对冲基金的最小投资额是10万美元。它的确是百万富翁的投资乐园。

对冲基金由一个股东或管理人进行管理，制定每日的决策。管理人的薪酬很高，至少是资产的2%加利润的20%。若某一年对冲基金的投资收益是10%，规模为5亿美元，则管理人可以获得2 000万美元的薪酬。

对冲基金是无人监管的，即使对于该基金的投资者来说要了解其投资组合的构成都是一种挑战，因为管理人不会告诉任何人。这样就会产生道德风险。如果一家对冲基金开始亏损，那么想确定其价值下跌的原因几乎是不可能的。为了确保管理人的行为是为投资者而不是只为自己的利益，管理人必须将自有资金的很大一部分投入该基金。这基本解决了道德风险问题，在这里欺诈行为是比较少见的。

一看对冲基金的名称，会以为它是第5章讲过的分散工具，但实际上并非如此。对冲(或称套期保值)是通过将那些投资收益变动方向相反的单项投资聚集起来以降低风险的，但对冲基金并不是低风险的行业。由于它是一种私人合伙关系，因此不受投资决策的限制；它可以交易衍生品，还可以借款以提高杠杆率。

琼斯(A. W. Jones)于1949年建立第一家对冲基金。他通过卖空(当你认为某只股票或者债券价格会下降时，将它借入并卖出，然后以更低的价格买入这只股票或者债券以还给借出者)产生了很高的杠杆率。琼斯将对冲基金的股票分为两组：他认为股票会下跌的公司和他认为股价会上涨的公司。他卖空第一组，并用这笔资金买入第二组。对冲基金中"对冲"两个字来自如下事实：当市场繁荣或萧条时，所有股票的价格同方向运动，那么一组股票亏损的同时另一组股票会获得利润。这样就对冲了整体的风险。实际上,当琼斯卖空的股票价格相对于他购买的股票价格下跌时,他就会赚钱。这种利润是丰厚的。

因为琼斯卖空一些股票,买入另一些股票,所以我们把琼斯的基金叫做"多空对冲基金"。如今有超过10 000只对冲基金,这种多空对冲的办法只是管理人选用的一种策略而已。宏观基金管理人希望通过利率变化或者全国市场条件的变化获得利润。全球基金管理人在全世界挑选股票。相对价值基金管理人试图利用相关证券(比如美国短期和长期国库券)价格在短时间的细微变化获取利润。长期资本管理公司,这只在1998年破产的对冲基金(参见第9章),采用的是这种办法:利用不同期限的美国国库券在价格上的细微差别获得利润。玩这种利率游戏使该公司在利率互换上投入了12 500亿美元。

无论对冲基金使用哪种策略,其管理人都努力赚取相当于市场水平的收益率(一般用标准普尔500等常见指数衡量),但却与市场收益率不相关。尽管对冲基金的风险很高——每年都会有10家破产——但是投资于多只对冲基金就可以以非常小的风险获得股票市场的平均收益率。这就是人们喜欢对冲基金以及对冲基金管理人的薪酬如此之高的原因。

大多数财务公司的贷款业务有三种:消费者贷款、工商业贷款、销售贷款。一些财务公司还提供商业贷款和住房抵押贷款。消费者贷款为个人消费者提供小额分期贷款。如果你去家电商场购买电冰箱,它们就会给你一份合同,上面写着"无需首付,六个月内无需支付"。如果你接受了,你就要填写申请表,等候几分钟让工作人员核对你的信用记录。这份贷款并不是由商场而是由财务公司提供的,如富国银行。这种消费者贷款允许客户在储蓄不足的情况下,仍然可以购买电视机、洗衣机和微波炉等家电。

工商业贷款公司为工商业提供贷款。比如,你想设立自己的航线,就需要获得一些飞机。这听起来很困难,其实并非如此,因为你并不需要支付一架新飞机的全部价格——1亿美元。飞机和汽车一样,可以租赁。一家商业财务公司购买这架飞机,然后出租给你,这样就降低了你设立新公司的成本。尽管这个例子很极端,但是财务公司就是以购买各类型的设备并出租给公司的方式来经营的。

除了设备租赁外,工商业融资还提供存货贷款和应收账款贷款。存货贷款使公司保证持有一定的存货,当顾客需要某产品时,公司能满足其要求。应收账款贷款使公司在应收账款未收到时获得一笔贷款。这两种贷款的目的都是为公司提供短期流动性。

销售贷款公司专门为一些大型采购(如机动车采购)提供贷款。一般汽车交易商会为即将购买新车的人提供融资。如果你购买一辆新车,在签订协议时销售方会问你以哪种方式付款。除非你有充足的储蓄或者买一辆廉价的汽车,不然你就需要借款。你不必走出交易场所就可以获得贷款,这里的人会为你打理好所有的事情。融资业务是通过专门发放汽车贷款的公司进行的。每家大型的汽车制造商都拥有自己的财务公司,大型零售商也是如此,比如西尔斯百货公司。

新闻摘录

美联储理事 Tarullo 认为拆分银行不能解决"大而不倒"问题

Craig Torres & Michael McKee（Alison Vekshin 协助）

美联储理事 Daniel Tarullo 表示，大银行把投资银行事务和储贷业务分开，不会消除有些银行"大而不倒"的问题。

昨天，中央银行的官员在纽约大学对货币市场人员的发言中称，"过去一些大型金融机构在进行风险借贷时遇到了非常严重的困难"。在大萧条时期，风险抵押贷款造成大型金融机构的信贷亏损超过 1.6 万亿美元。美国立法者随即起草了关于金融监管最彻底的改革方案；立法者也讨论是否应该给予政府权力，用来打破或限制那些若失败就可能危及整个金融体系的企业的规模。

1999 年，美国国会通过《GLB 金融服务现代法》，改革金融监管，废除大萧条时期制定的将商业银行业务和投资银行业务分离的法律。法律的更改使得涉足保险、证券经纪和商品交易业务的金融集团繁荣起来。

奥巴马政府希望提高美联储的能力，给大型金融机构制定更严格的资本和流动性标准，以遏制系统性风险。尽管如此，一些经济学家说，大型金融机构的规模需要缩减。他们提倡限制或分离一些商业银行的业务来遏制风险。新泽西州普林斯顿大学的斯通－麦卡锡研究协会的常务董事 Ray Stone 说："Tarullo 是代表美联储的立场进行游说，归根究底在于资本充足率和流动性需求。这是政府监管的主要工具。"

Tarullo 认为，金融业风险管理的重大失策才是风险的成因，政府也严重欠缺监管。他说："像贝尔斯登和雷曼——没有商业银行业务的机构，现在也表现出一种过大而不能倒闭的危险。"雷曼兄弟控股公司于 2008 年 9 月破产，贝尔斯登在美联储的援助下被摩根大通公司并购。

Tarullo 说："'大而不倒'的观念减弱了正常约束的力量，商业银行和投资银行业务分家似乎不太可能有效地限制'大而不倒'问题。"Tarullo 认为，另一个分离银行和业务部门的方法是限制公司规模。可由监管政府定义大到多大会提高系统性风险或被视为"大而不倒"——像投资者和社会团体所支持的那样，联邦政府为了拯救整个金融体系而为那些公司作担保。Tarullo 认为对于公司而言，建立特殊基金是非常重要的。在经济繁荣时期，要求银行补充资本也应是被呼吁和需要长久考虑的问题。

根据众议院的提案，美联储获得了对那些大型且互相之间联系密切的公司的控制权，而失去了对个别公司给予紧急救助贷款的权力。众议院提出的法案是要赋予美联储权力，可限制构成金融体系风险的从业者的资本、流动性、杠杆操作的标准。美联储也将获得限制扰乱市场和经济的公司规模的权力。美联储在这次危机中，解救了美国国际集团并对贝尔斯登注资 290 亿美元，撮合其和摩根大通银行合并。

资料来源：© 2009 Bloomberg L. P. All rights reserved. Used with permission.

▶ **本文启示**

2007—2009 年的金融危机后,政策制定者重点关注危机的防范。补救的提案包括拆分最大的金融公司,禁止从事特定的风险活动以及向高风险经营活动收取一定的费用。本文强调政策制定者关于限制无法消除系统性风险的大型金融中介所从事的活动的讨论。

13.2.5 政府资助公司

当你听说政府直接参与金融中介体系时,你并不会感到奇怪。与政府相关联的中介结构所承担的风险也是造成 2007—2009 年金融危机的一个重要因素。

有些情形下,政府为贷款提供担保;有些情形下,政府要求金融机构提供某些特定的贷款,比如房屋抵押贷款、农业贷款、学生贷款。1968 年,当国会希望增加对于中低收入家庭的抵押贷款时,政府设立了房利美公司。1970 年,政府又设立了一个类似的竞争机构——房地美。它们都是政府为了一个公共目标而设立的,由政府控股的一种混合制公司形式。当房利美和房地美发行的债务得不到政府担保的时候,市场参与者们普遍认为危机将至。

1968 年,美国国会也建立了吉利美(美国政府国民抵押协会),它是一家完全以政府控股形式存在的政府所有的企业。美国政府明确给吉利美提供的学生贷款作债务担保(为了提供学生贷款,1974 年国会特许建立萨利美(即一家学生贷款市场协会)作为政府资助的公司,但是到了 2004 年,国会终止了这项特许,把它转变为一家完全私人控股的公司)。

金融类政府资助企业在建立时有相似的金融特点。它们发行短期债券,并提供一两种形式的担保。由于它们和政府的明确或者潜在的关联,会比私人借贷者付出更少的成本,同时也会以贷款的形式得到补贴,从而获取利益。

正如在 2007—2009 年的金融危机中强调的,房屋中介被最大的几家政府资助企业的行为影响。2009 年,由政府资助企业和其他联邦机构发行的抵押贷款与抵押担保超过了 6 万亿美元,超过了住房抵押市场总额 12 万亿美元的一半。相比较,未偿付的国库券——包括债务、票据和债券——总共是 7 万亿美元。

在 2007—2009 年金融危机之前的几年里,房利美和房地美利用政府的支持,运作缓冲资本。每家的杠杆率都比美国银行平均值的三倍还要高(回忆第 12 章的讨论)。例如,在 2005 年,它们的财务报表显示杠杆率是 30∶1。在保持如此低的资本水平下,当 2006 年房地产价格在全国范围内下跌时,这两家巨型政府资助企业便无法承受巨大的违约。

尽管政府付出巨大的努力试图救助它们,但是在 2008 年夏天发生的政府资助企业的债务,使得美国财政部将房利美和房地美放到了监管位置。进入破产程序后,不管它们是否破产都可以继续运作。一年后,国会预算办公室估计在 2009 年政府资助企业的管理委员会给联邦赤字增加了 3 000 亿美元,大多数反映的是当监管程序启动后这些企业的资产和负债价值。

在危机中，房利美和房地美是"大而不倒"的——它们的倒闭将使整个金融体系崩溃。这并不让人惊讶。在早些年，许多经济学家与政策制定者已经对房利美和房地美对于整个金融体系的危害提出了警告。然而，到了2010年年初，究竟应该怎么处理这两家公司，美国政府仍然没有结论。它们会被肢解成几家公司并私有化，还是被政府持有并管理？政府的行为是否能够阻止将来另一个政府资助企业的危机？你必须通过金融新闻来找出答案。

表13.4总结了金融中介及其特征。

表13.4 金融业构成概述

金融中介	资金的主要来源(负债)	资金的主要用途(资产)	提供的服务
存款机构(银行)	支票存款 储蓄和定期存款 从其他银行的借款	现金 贷款 证券	汇集小额储蓄，发放大额贷款 分散化、流动性的存款账户 支付体系 审查和监督借款者
保险公司	将来的索赔	公司债券 政府债券 股票 抵押贷款	汇集风险 审查和监督保险人
证券公司	短期贷款	商业票据 债券	管理资产 清算和交易
投资银行			资产的中介销售 提供各种资产，允许分散化 为有意发行证券的公司定价 研究并为投资者提供建议
共同基金公司	出售给客户的股份	商业票据 债券 抵押贷款 股票 不动产	汇集小额储蓄，提供大额、分散化的、流动性的资产组合
财务公司	债券 银行贷款 商业票据	抵押贷款 消费者贷款 工商业贷款	审查和监督借款者
养老基金	将来支付给退休人员的养老金	股票 政府债券 公司债券 商业票据	汇集雇员和雇主的缴款 分散长期投资，确保将来退休人员的收入
政府资助公司	商业票据 债券 贷款担保	抵押贷款 农业贷款 学生贷款	为无法在其他地方获得贷款的人提供贷款

你的金融世界

养 老 金

大多数大学生还不必担心养老金问题,至少现在不必担心。但是当你退休时,你将会把你的退休储蓄转变为养老金。与此同时,某个人可能会试图向你推销一种养老金。以下介绍养老金是什么以及它们是如何运作的。

养老金是一种金融工具,它是指一个人为了持续获得未来收入而现在进行支付的行为。类似于债券,保险公司发售养老金,它们有许多类型和许多名字。有固定期支付型和终身年金支付型。固定期支付型养老金就是在一个特定的10年或者15年每年支付或者每月支付。与此相对的是,终身年金保证在年金受益人余生定期支付(有可能在其配偶余生也定期支付)。年金正好与保险相反。一个人寿保险的参与者每月或者每年向保险公司支付保费,当他或者她去世以后,他们的后人将得到一大笔收益。而养老金受益人一次性支付一大笔费用,他们可以在去世之前获得持续的收入。

还有延期年金和即期年金。即期年金就是马上生效,而延期年金是在投入一笔资金的一段时间后才能得到投资回报。

一旦你认识到养老金是一种投资后,接下来的事情就变得更加复杂了。保险公司提供定额年金和变额年金。定额年金保证支付本金和一定利率的利息,就像一只债券。变额年金可以投资于保险公司提供的各类共同基金,其增长取决于共同基金的表现。变额年金是复杂的,保险公司将它们与人寿保险产品组合出售。

什么时候我们不再需要它们? 养老金是有用的,但是你可以一直推迟购买它们直到你准备好退休。向低费用比率的指数型共同基金投资你的退休储蓄,购买定期人寿保险。当退休时,给一家保险公司打电话,买一份养老金。这将是最为便宜、容易、简单的方式。

对于养老金是什么以及它们怎么运作的更多信息,你可以登录 www.iii.org/individuals/annuities/ 寻找答案。

关键术语

银行执照
银行控股公司
固定收益养老金计划
固定缴款养老金计划
双重银行系统
规模经济
范围经济
欧洲美元
房利美
金融控股公司

对冲基金
伦敦同业拆借利率
财产及意外伤害保险
定期人寿保险
承销
单一制银行
全能银行
赋予退休金权利
终身人寿保险

本章小结

1. 美国银行的数量较多但是却在逐渐减少。
   a. 美国之所以拥有这么多家银行,是因为 1927 年联邦政府限制设立分支机构,州内以及州与州之间都不得设立。
   b. 美国银行数量的庞大标志着其法律环境是非竞争的。
   c. 自 1997 年,银行被允许在一个以上的州经营。这项规定促进了竞争,使许多小型的、低效的银行退出银行业。
   d. 1933—1999 年,银行被禁止从事证券和保险业务。
   e. 银行业务不仅向其他州扩张,而且跨越国界向国际扩张。
      i. 美国的许多银行都在国外开展业务,同时大批外国银行进入美国。
      ii. 欧洲美元——外国银行的美元存款——在国际金融体系中发挥着重要作用。
   f. 金融业在不断发展。随着监管的变化,可以将金融服务分为两类:
      i. 大型全能银行,提供任何人需要的所有服务。
      ii. 小型专业银行,以较低价格提供有限服务。
2. 非存款机构在金融体系中发挥着越来越重要的作用。非存款机构可以分为五类:
   a. 保险公司。
      i. 人寿保险公司。通过条件人寿保险以被保险人的死亡为给付条件提供保险;通过全面人寿保险为保险人提供储蓄机制。
      ii. 财产及意外伤害保险公司。为个人和公司提供保险,防范意外和火灾等特定事件带来的损失。
      iii. 保险公司的两大功能:允许保险人转移风险;审查和监督保险人,以减少逆向选择和道德风险问题。
   b. 养老基金提供两项服务。
      i. 雇员和雇主现在支付一定金额,退休后雇员可以获得收入。
      ii. 通过分散风险,确保那些比其他人活得久的雇员将继续获得收入。因此,可以把养老基金看作人寿保险的反向操作。
   c. 证券公司包括三种:经纪公司、共同基金和投资银行。
      i. 经纪公司帮助投资者进入金融市场,买卖证券。
      ii. 共同基金使投资者可以购买到小份额的、全面分散化的投资。
      iii. 投资公司在公司发行证券之前对其进行审查和监督。
   d. 财务公司专门向消费者和公司发放贷款,以便购买或租赁某种特定产品(如汽车和工商业设备)。
   e. 政府资助的公司提供直接融资,并为低息抵押贷款、学生贷款、农业贷款提供担保。

概念性问题

1. 多年来,你都在当地小镇的银行办理业务。有一天,你听说这家银行被美国银行收购了。以一个零售银行的客户的角度,分析一下购并的成本与收益。
2. 为什么说技术进步阻碍了法律对银行设立分支机构限制的作用力?
3. 2007—2009年的金融危机是怎样影响美国银行业的集中度的?
4. 在吸引客户资金方面,为什么说银行比起其他金融机构已经失去了优势?
5. 一个拥有众多小公司的行业通常被认为是激烈竞争的。这样的假设对于银行业也是如此吗?对于美国银行业现有结构下的客户,哪些是成本和利益?
6.* 在1933年的《格拉斯-斯蒂格尔法案》中,关于商业银行和投资银行分离的行为背后的主要原理是什么?为什么这一法案会被废止?
7. 解释在描述金融机构"大而不倒"这个词语的含义。针对2007—2009年金融危机而提出的政策是如何影响"大而不倒"问题的?
8. 遗传基因信息更加广泛地被获得,人寿保险公司如何面对这一情况的发生?
9. 当股票和债券的价格波动时,它们对保险公司的资产负债表产生影响。为什么人寿保险公司比财产及意外伤害保险公司更容易受到这类影响?
10.* 作为当前劳动力大军的一员,让部分社保体系私有化、开立私人账户对于你来说到底有什么好处?主要的潜在问题是什么?
11. 大型家用电器零售商和财务公司合作会带来什么好处?
12. 为什么像房地美和房利美这样的政府资助企业的杠杆率会比2007—2009年金融危机前美国银行业的平均水平高很多?为什么这样的企业在预示着危机到来的房地产价格下降面前显得更加脆弱?

分析性问题

13. 考察具有以下特征的两个国家。A国对于银行设立分支机构没有限制,在经营传统的银行业务以外;A国的银行被允许提供投资和保险业务。在B国,对于银行设立分支机构和经营业务地域上有严格的限制;另外,B国的银行不能提供保险和投资服务。
    a. 哪个国家的银行系统更加集中?
    b. 哪个国家的银行系统更富有竞争力?
    c. 在同等条件下,哪个国家的银行产品会更加便宜?
    解释你的答案。
14. 审查一家保险公司的资产负债表,发现它的资产主要是美国财政部的债券和商业票据。这更像是财产及意外伤害保险公司还是人寿保险公司的资产负债表?请你解释。
15.* 据统计,青年司机比成年司机更容易遭遇异常机动车事故。结果是,保险公司对于青年司机收取更高的保费。假设一家保险公司决定依据所有群发事故的平均风险向青年人和成年人收取同样的保费。运用信息不对称的相关知识思考这个问题,你认为保险公司的做法是否合理。请解释。
16. 运用信息不对称的相关知识解释为什么保险公司将免责条款作为其政策的一部分。
17. 假设你拥有固定缴款养老金计划。当度过你的工作期后,你将会选择以下哪个资产组合？(a) 100%的债券和货币市场工具;(b) 100%的股票;(c) 50%的债券和50%的股票。
18. 作为一名雇员,你愿意参与固定收益养老金计划还是固定缴款养老金计划？解释你的答案。
19. 鉴于2007—2009年金融危机的后果,已经有人呼吁恢复废除的《格拉斯-斯蒂格尔法案》,重新分离商业银行和投资银行的业务活动。这是一个降低系统性风险的好方式吗？
20. 假设一家非常知名的金融控股公司同意承销一只新股的发行。在向发行公司保证发行价格之后,股票发行之前,有关该金融控股公司商业操作的丑闻被曝光。你预测这件丑闻会如何影响以下两家公司？(a) 金融控股公司;(b) 发行股票的公司。

(注:题号后标注*的问题均指难度较大的题型。)

第 14 章
金融体系的监管

2007—2009 年全球金融危机带来的痛苦告诉我们,金融体系在我们的生活中具有重要作用。数百万人失去了他们的工作、家庭和财富,需要临时借入资金以支付员工工资和供应商货款的优质企业面临倒闭。2008 年秋天,金融危机达到顶峰,全球经济遭受了从大萧条时期至今范围最广、程度最深的衰退。政策制定者采取了史无前例的措施,防止这次危机成为第二个大萧条时期。

自从 20 世纪 30 年代,没有一次金融危机的严重程度比得上 2007—2009 年的金融危机,此次金融危机带给金融体系的破坏是惊人地频繁和普遍。在 2007 年之前的 1/4 个世纪里,93 个国家一共经历了 117 次全金融体系的危机和 51 次较小的金融体系动荡。换句话说,平均下来,每年大概有 6 个国家经历一些金融动荡。实际上,任何国家都不例外。大型工业国家和更小的、不发达国家一样遭受危机的影响。

当金融危机发生时,政府介入并引导金融中介机构回到正轨。政府经常通过为银行系统的债务作担保的方式,确保储户不会损失他们的存款。但是这样的清理方式也需要向陷入困境的金融机构注入资本。这些危机不仅需要很高的清理成本,而且对于危机爆发国家的经济增长有显著的影响。

图 4.1 描绘了 1970—2007 年关于银行危机的财政成本和经济影响的信息,横坐标表示解决危机的成本,纵坐标表示经济产出的损失。图上的数据表明:危机规模越大,对经济增长越不利。

一定程度的违约是每家银行(包括经营良好的银行)都会遇到的正常情况。但 1998 年,由于违约,韩国银行贷款总额的 35% 遭受了损失,损失额高达韩国年度总产值的 1/4,这恐怕不仅仅是运气问题了。为了更好地理解这一数字,我们先来看看如下数字:在正常年度内,一国会把其国民生产总值的 10%—20% 用来投资,因此韩国的损失金额相当于其一到两年的投资总额。很明显,韩国的金融体系没有发挥其主要的功能:将资源有效地从储户手中转移到资金需求者手中,以确保投资业绩良好的公司能够获得信贷。情况恰恰相反,不应获得资金的人获得了资金,不应获得信贷支持的项目得以继续进行。因为资源被浪费了,所以韩国的经济增长和收入比理想状况要差得多。

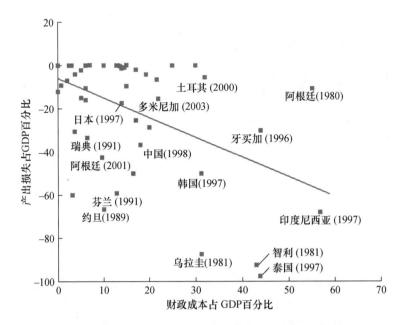

图 14.1　1970—2007 年金融危机的规模与经济产出损失的关系

资料来源：The loss of output is measured as the deviation from trend output. The data are from Luc Laeven and Fibian Valencia, "Systemic Banking Crises: A New Database," IMF Working Paper WP/08/224, November 2008. Used with permission。

　　银行危机并不是一种新现象：过去两个世纪，商业银行的发展历史中充满了危机和动荡。本质上，金融体系十分脆弱，在危机面前常显得无能为力。不幸的是，当一个国家的金融体系崩溃时，它的经济也随之崩溃。随着经济危机的到来，暴力和革命的风险也随之而来。确保银行业的开放和正常运作，就像国防建设一样，对于保持我们正常的生活方式具有重要的意义。因为一个良好的金融体系使每个人都受益，所以政府与银行和其他中介机构的运作息息相关。结果，金融业受到大量法规的制约，金融机构必须接受监管者经常性的监督。政府监管对确保金融体系稳定性的重要性，无论怎样强调都不为过。当政府监管不力，就像在 2007—2009 年金融危机前几年大多数国家所发生的那样，将造成巨大的损失。

　　本章的目标有三个。其一，我们将探寻金融体系脆弱性的原因和后果。总的来说，金融危机是银行业危机，因此我们将重点集中在这一部分。**影子银行**（shadow banks）位列其中，像其他银行一样，它们的债务能够以票面价值收回而不被察觉，但是通常受到更少的监管。其二，我们将分析政府在金融体系中所采取的化解金融危机的措施，例如存款保险。其三，我们将分析银行业的监管环境。我们将分析针对金融体系而不是个体金融机构的安全性的新兴管理方法。

14.1 银行挤兑、恐慌、危机的原因及其后果

在市场经济中,成功的机会常常又是失败的机会。有新餐厅开张,就有老餐厅倒闭。三年中十家餐厅中只有一家能够存活下来。理论上,银行和餐厅并没有不同:新的设立了,不受欢迎的关门了。但恐怕没有人希望生活在一个银行倒闭得如同餐厅一样快的世界中。银行在我们的经济生活中起到几个基本的作用:提供货币系统的使用、记录,监控借款人以减少信息问题。如果你喜欢的餐厅关了,你还可以吃饭;但如果你的银行关门了,你就没法买东西或者付房租。所以没人建议政府任命官员控制餐厅的倒闭速度,但人人都希望政府能够管理好银行。

银行的脆弱性根源于其向储户提供流动性。也就是说,银行允许储户在需要时从其余额中取现。如果想把储蓄账户的全部资金换成现金,你需要做的仅仅是去你的银行,向它们提出以上要求。仅此而已,因为银行出纳必须把钱给你。如果银行由于流动资产不足而无法兑现客户因需取款的承诺,银行就会倒闭。

银行不但保证储户可以在需要时立即取现,还承诺根据先到先得的原则满足储户的取款要求。这一承诺具有重要的意义。假设储户开始对银行满足其取现要求的能力产生怀疑,他们听说了银行一笔最大的贷款因为违约无法收回,现在银行资不抵债。不管真实与否,关于银行**破产**(insolvent)的说法使人们恐惧。储户们知道银行是根据先到先得的原则提供服务的,他们就会疯狂地冲到银行抢先一步把账户的余额取现提走。这种**银行挤兑**(bank run)能使一家银行倒闭。

简言之,银行挤兑的爆发,既可能是因为银行本身的问题,也可能是由于某些传言。一家银行,即便盈利性再高、运行再良好,都无法保证不让储户失去信心。现实中,挤兑通常开始于经营不善的银行,然后随着储蓄人信心的动摇而传递到经营良好的银行。

2007—2009 年的金融危机期间,银行挤兑的例子多如牛毛,同样给金融体系提供流动性的、缺乏监管的影子银行也经常出现挤兑现象。英国面临超过一个世纪以来的第一次大型银行挤兑。2007 年 9 月,储蓄者冲向主要的房产贷款机构——诺森罗克银行取回现金。2008 年 9 月,美国最大的储蓄银行——华盛顿互惠银行由于储户的大批流失而倒闭。同月,美联银行——当时美国第四大商业银行,由于大批客户提款而不得不紧急出售其资产。

平心而论,随着金融危机顶峰的到来,影子银行的隐性挤兑更加剧烈。2008 年 3 月,回购的借出者和其他债权人停止向美国第五大投资银行——贝尔斯登公司贷款。当纽约联邦储备银行逐步救济美国第二大商业银行——摩根大通银行时,挤兑才得以停止。2008 年 8 月,一个类似的私人贷款的突然终止使得美国政府接管了房利美和房地美(这是第 13 章介绍的两家政府资助的房地产金融企业)。2008 年 9 月,雷曼兄弟公司——美国第四大投资银行——发生挤兑并导致破产,使金融危机达到了顶峰。不久之后,雷曼兄弟公司的债务损失迫使一只货币市场共同基金跌破其面值——每股价值低于 1 美元。所有货币市场的共同基金承诺保持其价值的稳定,以至于它们的客户可以把基金股份视为银

行存款。一家货币市场共同基金价值的下跌使得其他基金也开始发生挤兑,从而削弱了美国支付体系的一个重要组成部分。

银行挤兑风波中,最为关键的不是银行是不是有偿付能力,而是流动性问题。有偿付能力意味着银行的资产价值超过债务价值——换句话说,银行的净值为正。流动性是指银行有充足的准备金和适销资产,能够满足储户的取款要求。关于银行破产的不实谣言会导致挤兑风波,进而造成银行的**流动性问题**(illiquid)。如果人们觉得银行有问题,那么这个想法本身就会给银行带来麻烦。

银行倒闭时,储户会失去其全部或者部分的储蓄,关于借款人资信状况的信息也会消失。从这些角度出发,政府官员的努力目标就是确保所有银行的正常运行,将倒闭的可能性最小化。但倒闭并不是这些政府官员最担心的,他们最担心的是一家银行的倒闭可能引发小规模的银行挤兑,并演变成系统性的**银行恐慌**(bank panic)。恐慌在银行储户之间传播的现象称为**传染**(contagion)。在 2007—2009 年金融危机的顶峰时期,储户和债权人甚至对于全球范围内优秀的金融中介机构都表示出担忧。

信息不对称是一家银行的挤兑演变成危及整个金融体系的银行恐慌的原因。在第 11 章中,我们谈到如果没法区分一辆好的二手车和差的二手车,那么市场上唯一的一辆二手车就会变成"柠檬"。这些原理,对汽车成立,对银行同样也成立。我们多数人都无法评估银行资产负债表的质量,只有专家才能预测银行资产的价值。储户的地位就像是二手车市场上一无所知的买家:他们无法分别好的银行和差的银行;并且,谁会想把存款放在一家可能发生哪怕是一丁点儿破产风险的银行呢?所以当谣传一家银行出现问题时,每个地方的储户都会开始担心自己银行的财务状况。一家银行的问题随即演变成一场席卷全国的恐慌,即使盈利的银行也无法幸免而倒闭,最终导致整个金融体系的崩溃。

不实谣言固然可以轻易地引发银行恐慌和金融危机,但其他一些具体原因也会导致这个结果。银行的资产是其贷款和证券的总和,因此任何能够影响借款人还款能力或使证券市场价格下跌的因素都可能影响银行的财务状况。美国房价的下跌和 2006 年开始的按揭贷款违约降低了全球金融中介机构资产负债表上的资产价值,从而导致 2007—2009 年的金融危机。经济萧条——商业活动的普遍下滑——就对银行的资产负债表有明显的负面影响。当商业发展缓慢时,公司的偿债能力就受到影响。不少人突然失业,无力偿还贷款。随着违约率的升高,银行资产贬值、资本减少。随着资本的减少,银行被迫缩减其资产负债表,减少贷款数量。贷款数量的减少反过来又减少了商业投资,经济进一步下滑。巨大资产价值的下降和严重的经济衰退导致银行与影子银行大范围的倒闭。

美国银行业的发展历史表明,商业周期的下滑会给银行带来压力,显著增加银行恐慌的危险。为了说明这一点,我们观察 1871—1914 年联邦储备体系建立之前的情况。在这四十多年中,经历了 11 次商业周期,其中 7 次引发了银行恐慌,5 次给银行业带来了严重影响。接下来的一系列严重的银行恐慌发生在 20 世纪 30 年代的大萧条时期,这一时期的产值下降至原来的三分之一左右。从中我们可以看出:银行恐慌是由真正的经济问题引发的,而不仅仅是谣言。

当借款人的资产净值在通货紧缩时期减少时(参见第 11 章"概念应用:通货紧缩、资产净值和信息成本"),金融崩溃也会发生。公司借入一定款项投资于建筑物和机器之类的资产上,这些资产在通货紧缩时期会贬值,因此价格的下跌会减少公司的净值(但不一定会影响贷款的偿还)。公司净值减少加剧了信息不对称引发的逆向选择和道德风险问题,贷款更加难以获得。而公司如果没有获得新的融资,商业投资就会减少,整体经济活动就会下滑,贷款的违约率也会提高。随着贷款违约事件的接连发生,银行的资产负债表日趋恶化,加上信息不对称问题,共同促成了金融危机的全面爆发。

14.2 政府安全网

政府介入金融体系有三个原因:
(1) 保护投资者。
(2) 保护银行客户免受垄断剥削。
(3) 确保金融体系的稳定性。

第一,政府有义务保护小投资者,因为多数小投资者无法判断金融机构的稳健性。理论上,虽然竞争可以让全行业的机构实现自律,但实践中,只有法律的权威才能保证银行的诚实。因此,小投资者自然指望政府保护他们免受经营不善和渎职行为的侵害。

第二,小公司越来越多地通过兼并组成大型公司,这不仅减少了竞争而且最终会形成垄断。总的来说,垄断者会盘剥其客户,抬高价格以获得不正当利益。由于垄断降低了效率,政府就会介入,防止某个行业的某家公司规模过大。在整个金融体系中,这意味着即便是大银行也要面临竞争。

第三,流动性风险和信息不对称的存在极易引起金融危机,这也说明金融体系本身具有内在的不稳定性。金融公司的倒闭速度要比工业公司快得多。例如,一家钢铁公司、电子制造公司、汽车制造公司是随着顾客的慢慢减少而渐渐倒闭的,但一家金融机构却可以在极短的时间内创造和毁灭其全部资产,而且一家公司的倒闭甚至能够摧毁整个金融体系。[1]

政府官员采用了多种方法保护投资者并确保金融体系的稳定性。首先,他们提供了保护小储户的安全网。一方面,政府作为最后贷款人,向突然遭遇存款流出的银行提供贷款;另一方面,政府提供存款保险,保证储户即便是在金融机构倒闭时也能够全额收回其存款。但是这一安全网制度也使银行的管理人员承担了极大的风险,我们在本章后面的管理和监督中会谈到。

本节的内容主要是讨论存款机构在金融体系中的独特地位。核心是我们需要银行。

---

[1] 造成这种高风险的罪魁祸首是金融衍生工具。金融衍生工具和炸药一样,运用得当,则极为有益,可以把风险转移给最能承受风险的人。但如果运用不当,哪怕是最大的、最受尊敬的银行也会断送在衍生工具手中。1995年巴林银行的倒闭就是一个例子。巴林银行是英国最为古老、最为著名的银行之一,但在一个交易员投资价值170亿美元的期货头寸并给银行带来超过10亿美元的损失的两个月后,巴林银行资不抵债而倒闭了。像这样的高额赌注,只有通过金融衍生工具才能办得到。因为金融衍生工具很难被政府监管者发现,所以如此高风险的行为有可能给整个金融体系带来风险。在2007—2009年的金融危机中,美国国际集团,这家美国最大的保险公司,就是威胁整个金融体系的最典型的例子。2008年9月,美国国际集团已经无法承担来自信贷违约互换的数千亿美元的债务。

虽然它们是必需的,但是它们很脆弱。接下来,我们讨论安全网制度的构成要素及其带来的问题。下一节则是分析政府如何应对这些问题。

14.2.1 银行和影子银行的独特地位

作为流动性的重要提供者,银行确保充足的支付手段的供给,以保障经济高效和平稳地运行。如此关键的角色以及与它相关的众多问题,使得银行成为政府监管者的重点关注对象。影子银行也是流动性的主要提供者,考虑到它们在2007—2009年金融危机中的作用,它们也已经受到监管者的密切关注。

我们严重地依赖这些中介机构进行资金支付。如果有一天,银行、货币市场共同基金和证券经纪人都消失了,我们就再也不能转移资金——除非自己去银行提取。其他的金融机构——保险公司、养老基金和类似的机构——不具有支付体系的日常功能。

进一步说,由于在提供流动性上的地位,银行和影子银行容易发生挤兑。这些中介机构持有流动资产以应对流动债务。在银行业,它们给予储户的长期稳定和流动性充足的存款价值,是基于不确定价值的资产之上的。货币市场共同基金的固定价值份额也与银行储蓄的原理一样,只是名字不同而已。其他影子银行的债务有些不同,但是仍具有很多重要的类似于银行储蓄的性质。例如,回购协议通常是隔夜合同,所以回购贷款人可以在任何时间拒绝延期偿还一个证券经纪人的贷款,同样的行为也适用于一个储蓄者提款的例子。相反,养老基金和保险公司可以持有流动资产,但是它们的债权人不能够随心所欲地取回资金。

此外,银行和影子银行在它们的资产负债表与客户意愿上具有相关性。快速浏览表12.1,你将看到在2010年1月,同业拆借占美国商业银行系统资产的1.8%——这大概是所有银行资本的1/6。在危机爆发前,同业拆借持续增加,几乎占到整个银行业资本的1/3。如果一家银行开始倒闭,它对其他银行的贷款将无法偿还,从而把财务危机传导给其他银行。同样,货币市场共同基金持有大量的商业票据,其中大多数是银行发行的;而银行也是券商主要的贷款回购方。银行和影子银行的联系是如此的紧密,以至于它们能够通过金融体系相互传导危机。

其他金融机构也面临这样的风险,但是这些中介机构通常是非常庞大的,数量很少。虽然在银行和影子银行系统以外产生的金融危机的衍生作用有限,但是它们依然具有很强的破坏力。因此,政府也应该保护与财务公司、养老基金和保险公司发生业务联系的个人。

例如,政府监管制度要求保险公司向政策制定者提供适当的信息,以此限制保险公司的资本运作方式。对于证券公司和养老基金也是如此,它们的资产组合必须保证在未来的多年内能够满足其债务的偿还。[1]

---

[1] 所有的非存款机构也受到某种形式的监督。州监管机构监管保险公司;养老金收益保证公司监管私人养老基金;证券公司则受到证券交易委员会、纽约证券交易所、全国券商协会的联合监管,其中只有证券交易委员会是政府机构;财务公司则由州监管机构进行监管,如果它们是银行控股公司的子公司,还受到联邦储备委员会的监管。

14.2.2 政府作为最后贷款人

防止一家银行倒闭引发银行恐慌的最好方法,是保证金融机构能够满足储户的取款要求。1873 年,英国经济学家沃尔特·巴格霍特建议设立**最后贷款人**(lender of last resort)来履行这一职能。这种机构能够提供贷款,使银行免于倒闭;它也可以提供充足的流动性,以防止或者结束金融恐慌。具体来讲,巴格霍特建议英国中央银行在有充足抵押的情形下按高利率自由提供贷款。自由贷款是指只要银行需要并提出要求,中央银行就应提供流动性。充足抵押将保证银行的偿债能力,而高利率则是为了惩罚那些未持有足够准备金或者容易变现的资产以应付存款外流的借款银行。

最后贷款人的存在减少了金融传染的风险,但是不能消除它。20 世纪 30 年代经济大萧条时期,三大银行恐慌正好说明了最后贷款人没有成功地发挥其作用。尽管联邦储备银行在 20 世纪 30 年代就有能力作为最后贷款人,但图 14.2 表明,即便是在急需的情形下,银行也没有利用联邦储备银行的贷款。实际上,在银行恐慌时期,银行的借款减少,其借款水平远远低于 20 世纪 20 年代繁荣时期的正常水平。所以随着银行的流动性出现问题,联邦储备银行的贷款也减少了。这说明,仅仅有最后贷款人的存在是不足以防止金融体系崩溃的。

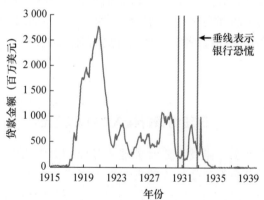

图 14.2　1914—1940 年美联储向商业银行提供的贷款

注:该图表明了美联储按贴现率向商业银行提供的贷款。

资料来源:银行危机的数据来自 Milton Friedman and Anna J. Schwartz, *A Monetary History of the United States:1863 to 1960*(Princeton,NJ:Princeton University Press,1963)。

最后贷款人的概念还有一个缺陷。为了使机制能够有效地运作,审批贷款申请的中央银行官员必须能够区分流动性出现困难的银行和资不抵债的银行。但在金融危机中,几乎无法计算银行资产的市场价格,因为根本没有相应的市场价格(如果银行可以在金融市场上销售其适销资产,就没有必要向中央银行贷款了)。银行只会在走投无路的时候——用尽了各种销售资产的方法以及向其他银行进行无担保拆借等方式之后,才会向中央银行申请直接贷款。因此流动性困难和向政府申请贷款自然会引发一个问题:银行是不是已经资不抵债了。中央银行官员迫切期望阻止危机的深化,因此在评估银行的资产和提供贷款时可能会采取宽容的态度,即便他们怀疑银行已经资不抵债了。而知道这一点之后,银行的管理层就更加容易铤而走险。

换句话说,中央银行无力甄别银行的偿债能力和流动性问题,这造成了银行管理层的道德风险。对于中央银行这样的最后贷款人而言,在其运作中努力将银行管理层铤而走险的风险最小化是至关重要的。

最后,我们从2007—2009年的金融危机中可以看出,美国的最后贷款人制度没有跟上金融体系变革的脚步。一些易受大量短期贷款人突然打击的中介机构往往不是银行(美联储会给它们贷款),而是那些一般很难获得美联储贷款的影子银行。美联储唯一能够向非银行中介机构提供的、用于阻止这场危机的工具是紧急贷款权——这是在20世纪30年代大萧条时期最后采用的措施。①

在经济动荡期间,当需要向证券公司、货币市场共同基金、保险公司、其他非银行中介机构甚至非财务公司提供贷款时,美联储反复采用紧急贷款权。在该权限的基础上,美联储创造了一系列新的政策工具——包括通过交易商信用工具直接向证券交易商贷款,在任何需要的时间和场所提供流动性。这种灵活的方式有助于阻止挤兑,消除挤兑的影响。但当这个方式被告知众议院时,降低了它在第一时间阻止挤兑和消除影响的价值。

向非银行中介机构贷款也大大增加了与最后借款人相联系的道德风险。这些中介机构没有接受美联储的管理或监管,比起银行,它们得到的来自其他机构的监管往往不严格。因此,在缺乏新的监管的情况下,在金融危机期间经美联储批准而能够成功获得中央银行贷款的事实,将鼓励这些借款者在未来进行更高风险的投资。

概念应用

当日纽约银行借入 230 亿美元

虽然最后贷款人的存在可能鼓励银行管理人员承担过多的风险,但很少有人想取消这一保障制度。有时我们会看到最后贷款人制度发挥了它的作用,1985年11月20日就是这样的时刻。这一天,纽约银行的计算机系统出错。而纽约银行在美国国债市场上发挥着核心作用——纽约银行扮演清算所的角色,向卖方买进债券再转售给买方。

11月20日,纽约银行软件系统出错,导致无法追踪国债的交易。*在90分钟内交易持续涌入,银行不断累积交易,买进了大量美国短期、中期、长期国债。很重要的是,纽约银行承诺付款,但实际上却缺乏资金。到了交付证券并向买方收费时,纽约银行员工没法确认谁是买方和卖方,以及成交的数量和价格。这些信息都被清洗掉了。这一天,纽约银行买入大量证券却无法交付买方,为此不得不付出230亿美元;但纽约银行没有这么多钱。

---

① 在《联邦储备法》的第13章可以找到美联储向非银行机构贷款的权限条款。在这条规则下,地方政府委员会可以在"非常规和紧急情况下"向"个人、合伙企业或者公司"提供抵押贷款——这些都不是银行。然而,国会正在考虑限制这项权限的建议,例如,通过要求使用该权限前必须获得财政部长的同意的方式来限制这项权限。你可以在 http://www.federalreserve.gov/aboutthefed/fract.htm 上查询该法案。

因为缺乏相应的资金,纽约银行无法向已经交付证券的卖方付款,而这些卖方同时又进行了其他交易,一心等着收到银行的付款。除非纽约银行兑现付款承诺,否则问题就会扩散到其他机构,这时作为最后贷款人的联邦储备银行介入了,提供了 230 亿美元贷款给纽约银行,从而避免了一家重要银行所发生的计算机故障演变为系统性的金融危机。

* 纽约银行的计算机一次可存储约 32 000 项交易。如果交易数量超出计算机的存储极限,软件的计数器就会归零,重新计算。而计数器的号码是交易信息存储的关键,计数器重新计算就意味着相关交易信息实际上被清洗掉了(如果所有的原始交易在计数器重新开始之前得到处理,就不会发生任何问题了)。

14.2.3 政府存款保险

由于联邦储备银行未能阻止 20 世纪 30 年代银行恐慌的发生,美国国会采取的对策是**存款保险**(deposit insurance)。联邦存款保险公司保证即使银行倒闭,储户仍然可以全额收回其存款(有最高额度限制)。银行的倒闭问题实际上转化为保险人的问题。银行的客户就无须再担心银行承担了多少风险,只要银行有存款保险,客户的存款就会很安全,即使在发生挤兑或银行倒闭的时候也同样如此。

整个制度是这样运作的:银行倒闭时,联邦存款保险公司(FDIC)通过关闭银行或者寻求买家来解决银行资不抵债的问题。第一种方法(也就是关闭银行)又称偿付方法(payoff method),保险公司偿还全部储户的债务,然后卖出银行的全部资产,试图收回一定的偿付款。根据这种偿付方法,账户余额超过保险限额(目前为 25 万美元)的储户会遭受一些损失。

第二种方法又称购买及承受方法(purchase-and-assumption method),由联邦存款保险公司找到一家愿意接管倒闭银行的买家。由于倒闭银行已经没有偿债能力,其资产负债表表现为资不抵债,显然没有买家会愿意购买这类银行,事实上联邦存款保险公司需要倒贴钱让买家收购倒闭的银行。也就是说,联邦存款保险公司以负的价格将倒闭银行卖出。相对于偿付方法,储户更喜欢这一方法。因为它可以实现自然过渡:银行如同往常,周末关闭,下周的星期一早上又重新开业;只不过换了新主人。在购买及承担方法中,所有的储户(包括账户余额超过保险限额的储户)都不会遭受损失。

任何私人的保险基金都无力承受其承保的所有银行的挤兑风波——也就是说,除了联邦存款保险公司,没有任何保险基金能够胜任这一任务。联邦存款保险公司有美国财政部作为坚强后盾,因此足以应对任何金融危机。

在联邦存款保险公司成立初期,它有效地阻止了一些商业银行的挤兑。即便如此,它仍没能阻止 2007—2009 年的金融危机和随之而来的银行业挤兑,原因是联邦存款保险公司的业务范围仅限于存款机构。但是随着金融体系的发展,影子银行(货币市场基金、保险经纪人等类似的角色)越发重要。这些实体机构也像银行一样,面临短期借款人的挤兑风险。然而,这些非银行机构没有从存款保险公司获益,直到危机发生的后期,它们也得不到最后贷款人的支持。虽然一些传统银行在危机中遭遇挤兑——挤兑的人群大多是存款超过 10 万美元保险限额的储户,但是危机中的大多数挤兑都发生在影子银行之间。

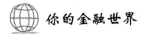

证券投资者保护公司

经纪公司会打广告说,它们是证券投资者保护公司(SIPC)的成员。SIPC 为经纪公司因拖欠其客户现金和证券而倒闭这类事件提供保险服务,它是应对可能发生的错误的保险。

了解什么是 SIPC 保险和什么不是 SIPC 保险是十分重要的。如果银行接受了你的存款并用于不良贷款,当银行倒闭时,你的储蓄会受到联邦存款保险公司的保障。相比之下,SIPC 保险取代损失的证券或现金,保险的上限是 500 000 美元。但它不会赔偿个人因市场价格下跌而引起的投资价值的损失,或者是个人卖掉毫无价值的证券的损失。SIPC 保护的是针对经纪人的欺骗行为。最近几年,一笔大宗的 SIPC 赔付是针对麦道夫投资证券公司庞氏骗局的受害人(参见第 11 章"概念应用:麦道夫丑闻")。

更多的关于 SIPC 的知识,可以查询 www.sipc.org;关于投资者权利的更多信息,参见国家证券交易者网站 www.nasd.com。

14.2.4 政府安全网带来的问题

我们知道保险会改变人们的行为。储户受到保护,就没有动力去监督其银行的行为。而知道这一点之后,银行家更加容易铤而走险,因为他们获得了好处,而承担这一成本的却是政府。所以,政府在保护储户的同时,也带来了道德风险。这绝不仅仅是理论问题,如果把存款保险实施前后银行的资产负债表进行对比,就可以证实这一说法。我们在第 12 章讲到,美国的商业银行有很高的杠杆率,其资产是资本额的 9 倍。20 世纪 20 年代,设立存款保险制度以前,银行的资产—资本比率为 4∶1。许多经济和金融历史学家认为,政府的存款保险是风险增加的直接原因。

而这并不是唯一的问题。政府官员整天考虑的是大型的金融机构,因为它们能够给整个金融体系造成威胁。一家小型社区银行的倒闭固然不幸,然而大型金融集团的破产足以成为监管者的噩梦。一家价值高达万亿美元的金融机构的倒闭引起的金融混乱是大多数人想都不敢想的事情。

这样一来,一些中介机构就被视为大而不倒或者大而不可能倒。通过解决商业失败的普通机制——破产——来对待这样一类机构,可能会使得与这家大型破产的金融机构有联系的家庭、公司、其他中介机构大量破产。因此,"大而不倒"更确切的意思是指机构太大或者太复杂而无法在没有大量痛苦的溢出者的情况下,以井然有序的方式倒闭或者出售。管理者称这样的机构是太大而难以解决。

经验使那些"大而不倒"的金融中介机构的经理们认为:如果他们的公司出了问题,政府将为它们埋单。监管者允许雷曼兄弟在2008年9月倒闭,但雷曼兄弟倒闭带来的痛苦和经济萧条,只会使得更多的人确信:政府将为那些大型的、相互关联的金融机构埋单。

对于一家破产银行的救济可以有多种形式。在大多数案例中,储蓄保险公司能很快找到一个买家;否则,作为最后贷款人的政府,通常会提供贷款为制定解决方案争取时间。那些存款没有超过保险限额的储蓄者会获得全部存款。但是在2007—2009年的金融危机中,大多数银行的债权人都受到了保护,而不仅仅是被保险的储蓄者。在雷曼兄弟倒闭的案例中,欧洲和美国的政府为其大型银行的所有债务提供担保。特别是,它们承诺那些银行发行的债券的持有者将不会受到损失。如果没有这些担保,资金流动性的蒸发将导致银行业的快速崩溃,因为银行无法为自己提供流动性。在一些案例中,不同于普通破产,破产银行的管理者能够保住他们的工作。

在危机期间,政府也会对一些中介机构进行重组——向它们注入一些公共资本来取得部分所有权,防止这些机构债权人的挤兑。实际上,政府一方面声称资产重组机构太大而不能倒闭,另一方面允许较小的机构倒闭。例如,在美国,联邦存款保险公司在2009年关闭了140家银行,这是从1992年以来关闭银行最多的一年。按照这样的方式,应是政府而不是市场选择胜利者和失败者。

因为这样的方式破坏了储蓄者与债权人施加在银行和影子银行上的市场规则,使得**大而不倒政策**(too-big-to-fail policy)需要改革。给定一个25万美元的保险上限(2014年上限调整到10万美元),一家持有数百万美元存款的公司通常会考虑银行持有资产的质量和风险。如果这家银行或者货币市场共同基金破产了,这家公司将面临重大损失。因此,提取大额存款的威胁限制了银行或者货币市场共同基金承担太高的风险。① 但是对于大型银行来说,大而不倒政策使得储蓄保险限额失去了意义。2007—2009年金融危机的后果为:每个人都知道银行"大而不倒",政府会支持它们。因为储户几乎不会流失,使得银行经理们完全不考虑风险问题。大而不倒政策包括了道德风险问题,刺激大型银行的经理采取极端冒险行为(使得小银行处于竞争不利地位)。

在金融危机期间,许多影子银行也接受了政府的紧急救助和担保,这些措施助长了道德风险。就如同它们的兄弟银行一样,一些巨型的影子银行也获得了政府的救助,因为它们在危机中倒闭将会让社会付出巨大的代价。这样的问题不仅局限于"大而不倒"的层面,还包括政府为了防止挤兑而担保的所有货币市场共同基金的债务。无论何时,如果政府提供一张没有收取合理费用的安全网,它都会刺激金融机构去承担会威胁整个金融体系的风险。

为什么政府会在金融危机时提供一张免费的安全网呢?毕竟,它们知道一些权宜之计会产生不良刺激,给纳税者添加巨大包袱。然而,在危机的中期,它们必须平衡经常互相冲突的目标——减轻危机和预防危机。它们往往找不到好的选择。就像是急症室的医

---

① 中介机构可能会遭受无声挤兑,分为两种情况:回购贷款方拒绝向证券经纪人延期付款;在谣传货币市场共同基金出现问题时,投资者直接通过网络卖掉他们的股份。今天,即便是传统的银行也会遭受无声挤兑。如果持有超过保险上限存款的储户担心银行出问题,他们无须排队通过出纳窗口把钱取走,他们可以轻松地通过网络取走现金。

生试图抢救将死的病人一样,一个政府经常采取行动去拯救受到严重危机破坏的金融体系。如果任由其发展,将导致一个国家经济的崩溃。当然,由纳税者最终为此埋单。

理所当然,在一场危机之后,监管者面临的首要问题就是如何消除政府安全网所带来的意外后果。一些监管者认为"大而不倒"的机构规模太大而不能存在,需要将它们拆分。通过剥离某些商业活动,降低这些机构采取风险行为的动机。然而,这样的方式不能消除那些不良激励,因为这些激励来自在危机时期存款保险公司和政府给予小机构的承诺。在本章的后面部分,我们将讨论政府如何通过征收一系列的费用来降低某些机构承担风险的可能性,从而减小系统性风险。

2010年年初,阻止过高风险的大量监管创新得到了广泛的关注。在一项有趣的提议中,那些展现最大系统性威胁的金融机构(称它们为"系统性重要金融中介",或者 SIFI)将公开发表"生前遗嘱",这些文件将详细说明一个失败的 SIFI 在没有获得政府支持的情况下将怎么关闭或者出售。系统性重要金融中介必须恪守它们的"生前遗嘱",直到它们有所改变。在衡量新的商业活动时,它们的管理者必须说明这些活动将如何影响它们的危机解决方案;同时监管者们判断是否能够接受相关的风险。通过强迫系统性重要金融中介为它们可能出现的倒闭做准备,使它们对于政府可能的紧急救助不抱有太大的幻想,从而抑制它们采取一些威胁到金融体系的行动。

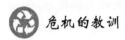
危机的教训

最后贷款人是否应接受监管

由谁来监管金融行业?监管者怎样和作为最后贷款人的中央银行交流?不同的国家针对上述问题给出了不同的答案。一些采取多个监管部门重叠的司法管辖,另一些采取专门的监管。另外,一些国家给予中央银行一定的管辖权,另一些却不是。

这次金融危机使每个体系的缺陷都暴露无遗,而且强化了中央银行对金融业的监管地位。让我们简短而严肃地分析一些例子。

监管者的一端是美国(存在大量的重复监管者)。表14.1列举了2010年早期存款机构的监管者,另外的机构监管其他的金融活动,比如债券的交易和保险产品的销售。尽管美联储监管银行控股公司(它主要运作规模较大的银行),但许多大的金融中介机构却游离于美联储的监管。

与美国相对应的一端是英国,以英国金融服务监管局作为统一的监管者。金融服务监管局不仅负责银行而且负责大多数金融机构、市场、交易的监管。但英国金融服务监管局与美联储不同,它从属于中央银行——英格兰银行。

欧洲大陆国家的做法大都与英国类似而与美国迥异,但一些国家的中央银行并不扮演监管的角色。欧洲中央银行既非管理者也非监督者,但欧元区成员本国的中央银行有着与美联储相同的职能。*

2007—2009年的金融危机对上述监管体系进行了很好的检验。有效的危机处理方式需要政策制定者迅速行动,防止危机从倒闭的金融机构、失效的市场及流动性威胁中扩散并蔓延。哪一种监管体系能够迅速对系统性风险做出反应?能够有效地应对流动性短缺？每个国家的中央银行能否真正区分金融机构是流动性短缺还是无力偿债？

不幸的是，没有哪一种监管体系能做得更好。2007—2009年金融危机的经验表明：危机前任何国家的监管方式都未能给市场注入信心。

多重监管使美国不能迅速地应对危机。美联储对于贝尔斯登、雷曼兄弟、美国国际集团这类机构缺乏监管，为了防止这些机构给金融体系带来威胁，美联储限制其信息的传播。美联储为美国国际集团和贝尔斯登注入了流动性，却没有给雷曼兄弟注入流动性。是否有充足的证据表明美联储这样的区别对待是正确的？我们不得而知。

再来看下英国，我们很难说精简的监管体系能够对危机迅速做出反应。如果非要说出精简的监管体系的特点，我们只能得知它强化了中央银行不是金融监管者所带来的问题。英国金融服务监管局、英格兰银行及英国债券委员会在危机发生时缺乏有效的配合。[†]

缺乏迅速且直接的监管也是欧盟面临的巨大问题。政策制定者已经强调在欧元区加强信息的流通。在危机期间，欧盟可能会通过欧元区内信息的交流来弥补流动性不足的问题。

[*] 欧洲委员会（欧盟的行政分支）提出创建欧洲系统性风险理事会，它能够监管潜在的宏观风险，这个提议期望在欧元区和各个国家发挥突出的作用。

[†] 参见 Stephen Cecchetti，"Why Central Banks Should Be Supervisors，"VOX，November 30，2007，http://www.voxeu.org/index.php？q=nod/755。

14.3　金融体系的管制和监督

政府官员采用三种方法确保安全网所带来的风险得到控制。政府管制：制定一套具体规则，银行管理层必须遵守这些规则；政府监督：对金融机构进行总体监督；正式审查：由专家对银行账簿进行审查，提供银行业务的详细信息。我们在讨论这些方法的时候需要注意的一点是，政府管制的目标不是消除投资者面临的全部风险。金融中介机构本身起到转移和配置风险的作用，并在此过程中提高经济效率。如果通过政府管制消除这些风险，就等于取消了金融机构的一个重要职能。

银行破产，最终是由纳税人埋单的。因此，为了避免这种情形的发生，政府官员制定了许多管制要求，以便把银行倒闭给大众带来的成本支出降到最低。第一重保护措施是新设立的银行必须取得特许证，其目的是确保银行的所有者和经营者不是刑事罪犯。银行一旦获得特许证并开始经营，就处于一张由极为复杂的详细规章组成的网络的笼罩下。这些规章限制银行的竞争，规定银行可以拥有或者不能拥有哪些资产，要求银行持有最低水平的资本并将银行资产负债表的相关信息公之于众。

正如我们所知，制定规则是一方面，执行规则又是另一方面的事情。打个比方，在州际公路上设置限速标志仅仅是防范驾驶员超速的第一步而已。除非有警察在公路上巡逻并处罚超速的驾驶员，否则这些法律就毫无意义。这一道理对银行管制也成立。如果没有人负责监管银行的守法情况，那么即便是世界上制定得最完善的管理规章也一文不值。

政府监管人员就是银行世界的巡警。他们负责对银行展开监控、核查、检查,以确保其业务实践符合管理规定。

银行由包括美国财政部、联邦储备银行、联邦存款保险公司、州银行监管部门等多家机构共同监管(见表14.1)。管理体系上的重叠性说明,每家银行的稳健性都有一个以上的机构进行监管。实际上,银行可以通过选择是否为州银行或者国民银行,是否归属于联邦储备体系来选择其监管者。如果有的监管机构允许的活动被另一家禁止,银行的经理层就会威胁要更换其监管者,或者抗议说受较为消极的监管者监管的竞争者拥有不公平的竞争优势。

表 14.1　美国存款机构的监管者

中介机构类型	监管者
商业银行	1. 联邦存款保险公司 2. 货币监察署(国民特许银行) 3. 联邦储备体系(属于联邦储备体系的州立特许银行) 4. 州监管部门(所有的州立特许银行)
储蓄银行 存款和贷款机构	1. 储蓄机构管理局 2. 联邦存款保险公司 3. 州监管部门
信用合作社	1. 国家信用合作社管理局 2. 州监管部门

这种**监管竞争**(regulatory competition)具有双重结果。首先,管制者之间相互迫使对方进行革新,改进其制定的管理规则的质量。但是管制竞争会产生不尽如人意的结果:它允许银行经理寻找最为仁慈的监管者——制定规则和执行规则最不严厉的监管者。特别是取消了设立州际分支机构的限制之后,各个监管机构更是力图防止这一结果的发生。现在,美国各州监管部门通常顺从联邦储备体系,由联邦储备体系的监管者为所有州立特许银行制定统一的规则。货币监察署则和联邦储备体系一道,立志于确保国民银行也享受类似待遇。

然而,2007—2009年的金融危机强调了"寻找监管者"的案例,这些案例都是无效管理。一个例子就是美国国际集团(美国最大的保险公司)的监管。它由储备机构监管局监管,这个机构曾经监管过破产的储蓄银行,比如全国金融公司和华盛顿互惠银行。储备机构监管局对于保险业务,特别是美国国际集团出售的复杂衍生品,自然比其他的监管者缺乏经验。事实上,几年前美国国际集团通过购买一家小型储蓄银行,选择了自己的监管者。直到2010年年初,美联储打算取消储备机构监管局,将它并入监察署。

美国金融监管当局专制和复杂的结构未能阻止银行业。一些影子银行(比如一些证券交易商)同时受证券交易委员会和商品期货交易委员会监管。证券交易委员会也管理着货币市场共同基金,而对冲基金则完全没有受到监管。

概念应用

存款保险制度真的有效吗？

我们的存款受到了政府的保护,这个观点普遍被世人接受。只有一些疯狂的经济学家才会质疑存款保险制度是否有意义。那么,它有意义吗？令人惊讶的是,证据显示它可能没有意义。存款保险,这个被视为稳定金融体系的制度,带来的危害可能多于好处。

问题出在保险改变了人们的行为。受保护的储蓄者没有了监管银行行为的动机。认识到这一点,银行的经理会从事风险更大的行为,因为他们能从高风险产品中得到利益。在保护储蓄者的同时,政府滋养了道德风险。1980 年,美国的存款保险上限提高到 10 万美元,是它早期水平的 4 倍。在接下来的 10 年里,数千家存款机构(银行、储蓄所、贷款公司)倒闭。从 1935 年存款保险制度建立以来的最近半个世纪里,倒闭银行的数量是以前的 4 倍还不止。尽管在 20 世纪 80 年代倒闭的一大批机构都是小规模的,但偿还存款人的成本却超过了 1 800 亿美元。

所以,为了消除银行系统的恐慌,存款保险引发了其他的问题。为了应对银行承担过度风险的问题,政府被迫建立了监管体系。除此之外,政府还严格限制银行持有的资产,制订了银行必须持有的最低资本水平的规则和银行对外披露资产负债表信息的要求。

这些复杂的机制对于金融体系的稳定是否起到了实际作用呢？现实并不乐观。一项研究明确表明,存款保险实际上加大了金融危机发生的可能性。* 当国家实施一项新的存款保险计划或者调整现有的制度安排时,危机发生的可能性就上升了。

因此,如果存款保险计划弊大于利,那么我们该怎样做才能稳定金融体系呢？一种可能是制定更加详细的管制规则。这就是本章"交易工具"中描述的对《巴塞尔协议》的修订。但是对于老练的银行来说,这似乎不起作用。不论规章制度是怎样写的,大型银行有实力去雇用人想出办法来从事银行经理想要的风险项目。

如果详细的规定不管用,那又该怎么做呢？关键是找到一种方式,它能够激励银行经理和银行所有者从他们自身的角度出发保护存款人的利益。一项建议是要求大型银行发售次级债券。这些债券没有保险,只能在所有债券持有人都得到支付之后,借款人才能得到支付。购买了次级债券的人有着强烈的动机去监督银行从事的风险活动。这些公开交易债券的价格,反映了市场对于一家银行资产负债表和服务的质量的评估,进而规范银行的经营。

* A. Demirgüç-Kunt and E. Kane, "Deposit Insurance around the Globe: Where Does It Work?" *Journal of Economic Perspectives* 16, no. 2(2002), pp. 175—195。

你的金融世界

你的存款保险了吗？

银行里的牌子写着："每个储户的存款保险最高限额是25万美元。"*这到底有什么含义呢？你的存款是否受到充分保护呢？这一问题的答案十分复杂，有一些问题需要弄清楚。

首先，存款保险是对个人而不是对账户，它是对储户保险。也就是说，如果你和你的配偶、父母、同胞兄弟姐妹、朋友或者商业伙伴共同拥有一个账户，且每个人在这个账户中的份额都相同的话，联邦存款保险公司会为你们每个人提供最高限额为25万美元的保险。比方说，你和你的配偶或合伙人共同拥有一个储蓄账户，那么存款保险的总额是50万美元或每人25万美元。

其次，因为存款保险针对的是储户而不是账户，如果你在一家银行有多个账户并且都在你的名下，则它们的保险总金额加起来也不得超过最高限额。例如，你有三个账户——支票账户、储蓄账户、个人商业账户（为私营企业设立的账户），三个账户的保险总金额不得超过25万美元。

最后，如果你在多家银行有多个账户，它们将分别被承保。在每家银行存款保险的最高限额都是25万美元。但如果两家银行合并，这些账户的保险金额就按在一家银行开立的账户那样计算。

大多数人不太可能在他们的支票和储蓄账户中一共有25万美元的存款，所以25万美元的保险上限没有引起太多的关注。但是联邦存款保险公司也为"自主的退休金账户"提供保险。这些你所持有的退休金是在个人退休金账户和类似的账户中。许多人的存款会在他们退休前达到保险上限。如果利率是6%，你每个月向这些账户中的一个存入250美元，那么你将在30年后达到25万美元的保险上限。正如第4章所阐述的，25万美元的退休储蓄并不如想象中的那么多，所以为你的退休金账户购买保险是值得关注的。

像所有政府管理制度一样，政府储蓄保险制度也能够改变。如果你真的想知道你的保险状况，或者只是想保证你所知道的是最新的信息，你可以访问联邦存款保险公司的网站 www.fdic.gov。

* 25万美元的存款上限在2014年已降到10万美元。

14.3.1 竞争的限制

金融监管者的一个长期目标是防止银行变得过于庞大、实体过强。这是因为：一方面，这种银行的倒闭会危及整个金融体系；另一方面，没有真实竞争的银行会剥削其客户。就像我们在第13章所见到的，在整个20世纪，银行面临诸多限制，其目的就是防止银行规模不至于过于庞大。1999年以前，银行甚至不能拥有证券公司或保险公司。

尽管最近的立法改变了银行业，但对银行规模的限制仍然保留着。银行的兼并需要政府的批准。要想获得批准，必须说服政府官员两件事：第一，新的银行在任何地方都不会构成垄断；第二，如果一家小的社区银行被一家大型的区域性银行收购，那么小银行的原有客户会从收购者那里得到很好的服务。

但政府官员也担心，银行之间的竞争越激烈，就越难盈利。竞争会降低客户支付的价格，公司必须进行革新才能生存下去。这一效应不仅对汽车和计算机市场成立，对储蓄和贷款市场也成立。竞争使银行为储蓄而支付的利率升高，同时贷款利率下降。竞争推动银行改善其服务质量。我们通常认为竞争的这种效果是积极的，但竞争也有其负面作用。利息收益减少、费用收入降低会导致银行寻找新的利润增长点。一些银行可能经受不住诱惑而承担更多风险——贷出风险很高的资金，购买风险很高的证券。

避免这种道德风险有两种方法。第一种方法是政府官员可以明确限制竞争。这是许多国家的监管者选择的道路，同时也是限制开设分支机构的目的之一。① 限制开设分支机构形成了由小型的、地理上相互分离的独立银行组成的网络，这些银行在各自所处的地区面临的竞争极为有限。防止银行承担过多风险的第二种方法是禁止其贷出某些类型的款项以及购买特定证券。

2007—2009 年的金融危机加速了美国金融体系的集中。当银行和影子银行在危机中变弱或者倒闭时，监管者鼓励其他机构收购这些银行。摩根大通公司——美国第二大银行，收购了贝尔斯登（美国第五大券商）和华盛顿互惠银行（美国最大的储蓄银行）。美国银行——美国第一大银行，收购了美林证券（最大的券商）和全国金融公司（最大的房地产贷款机构）。富国银行——美国第五大商业银行，收购了美联银行（第四大商业银行）。在这样的背景下，美国商业银行大约 40% 的存款集中到了四家银行——美国银行、摩根大通、富国银行和花旗银行。

因此，在通过由大型银行兼并破产银行来防止危机进一步加剧的过程中，当权者使得"大而不倒"问题更加严重——在未来的危机中，允许这些巨大的中介机构破产将使民众付出更大的成本。除非控制它们所承担的风险水平，这些巨型银行受保护的地位将刺激它们的经理冒更大的风险，从而增加另一次危机的可能性。在本章的后面部分，我们将看到如何通过资本金要求、限制杠杆作用、监管机构的审查、限制银行活动等方式的整合，帮助降低这样的系统性风险。

14.3.2　资产持有限制与最低资本要求

防止银行利用安全网最简单的方法是限制银行的资产负债表。这种管理方法有两种形式：限制银行持有资产的种类；要求银行保持最低水平的资本。因此，虽然银行可以建造高大的办公楼，为高级管理人员购买专机，但其金融资产却受到严格限制。美国银行不

---

①　直到 20 世纪 70 年代早期，法规限制了美国银行的存款利率，Q 条例禁止支付活期存款利息，并且为定期储蓄存款利息设置了最高限。它的目的是限制竞争以提高银行利润。

能持有普通股。① 这些规定还限制银行持有的债券的等级和数量。例如,银行不得购买投资级别以下的债券,其持有的单个私人发行者发行的债券不得超过资本额的 25%。银行向特定借款人贷款的数额也受到限制。例如,联邦储备银行规定银行向另一家银行的贷款额不得超过其资本的 25%。尽管对资产持有的限制规定十分具体,但实际上这些规定只是一些常识问题、稳健的风险管理问题。实质上,监管者只不过是让银行做它们本该做的事情:持有多样化的、由流动性强的高等级债券和贷款构成的投资组合。

除这些银行资产限制以外,还有最低资本要求的规定。银行资本是银行对其所有人的净值。银行资本是应对银行资产价格下跌、减少银行倒闭风险的屏障,同时也是减少道德风险问题的方法。资本要求有两种基本形式。第一,要求大多数银行的资本对资产比必须高于最低水平,而不管其资产负债表的结构如何。这个方法等同于限制杠杆,限制杠杆是控制风险的重要工具(参见第 3 章"危机的教训:杠杆")。

第二,要求银行持有与业务的风险性相对应的资本。计算极为复杂,而且相关规定的修订也极为频繁,但银行基本上必须根据贷款或者债券违约的风险计算出经风险调整后的资产水平。当然,银行面临着许多其他的风险,包括交易风险、操作风险、表外业务相关的风险。监管者也要求银行对这些风险进行评估,并持有相应的资本(参见本章"交易工具"关于最新资本要求变革的讨论)。

不幸的是,随着时间的推移,银行学会了利用和回避这些固定规则。例如,在 2007—2009 年金融危机的前 6 年,美国和欧洲的银行购买了大量的美国抵押支持证券,因为这些资产拥有很高的利率。这使得银行减少了本国持有资本规定所要求的资本量。低资本量意味着更高的杠杆,这增加了风险和预期收入(参见第 5 章"交易工具")。正如图 14.3 所示,美国和欧洲大型银行的全部资产比它们的风险加权资产增长得快。为了改变银行的激励,监管者正在给杠杆制定一个上限,并且改革风险加权资本的规定,因为实践证明这些规定太容易被银行应对。

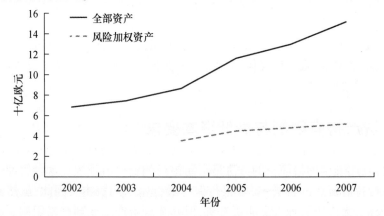

图 14.3　2002—2007 年美国和欧洲前十大上市银行的总资产和风险加权资产

资料来源:IMF, *Global Financial Stability Report*, Box 1.3, April 2008。

---

① 持有普通股是 20 世纪 90 年代日本银行经营产生问题的原因之一。当时,日本股票市场崩溃,日本银行资产急剧下跌,大多数银行破产。

 交易工具

新旧《巴塞尔协议》

20世纪80年代,银行家开始认识到可以跨越国境拓展业务,在全球范围内实现盈利。虽然这一进步受到了多数银行客户的欢迎,但并不是每个人都欢迎来自外国的竞争。在一些国家,银行家开始抱怨外国银行利用不公平的竞争方式,侵占了它们的势力范围。

没有人喜欢竞争,我们对这种抱怨完全可以不以为然。但是在某种意义上,这些银行家是对的。某些外国银行的母国允许它们持有较低水平的资本,与这些银行竞争是不可能的。持有额外资本是非常昂贵的。资本要求较低的银行,其杠杆率较高、成本较低,因而能向借款人提供更低的利率。

这些合理的抱怨,促成了一项制定国际规则的运动,以提高各国之间的金融稳定性,确保全球银行经营上的竞争均衡。这一运动的成果就是1988年的《巴塞尔协议》。《巴塞尔协议》是以银行管理者举行会议的瑞士小镇命名的。这项协议规定,国际经营的银行必须持有等于或者多于风险调整资产8%的资本。银行资产根据其违约风险归属于四个不同类别之一,相应的风险权重从0到100%不等(见表14.2)。

表14.2 1988年《巴塞尔协议》的风险权重

借款人	权重(%)
工业化国家发行的债券*	0
工业化国家银行发行的债券	20
住房抵押贷款	50
消费贷款和公司贷款	100

*工业化国家指OECD(经济合作与发展组织)成员。目前,OECD有30个国家,包括墨西哥、土耳其、韩国、美国、德国、日本、英国等。

《巴塞尔协议》有几个方面的积极意义:首先,它把最低资本要求与银行风险相关联,使得监管者改变了对银行资本的看法;其次,它建立了一套统一的国际协议;最后,该协议为那些不发达的国家改进银行管理提供了现成框架。

虽然《巴塞尔协议》有积极意义,但是依然有一些缺陷。在对资产风险调整的过程中,美国政府债券与像土耳其这样的新兴市场国家债券没有区别:其权重都是0。同时,所有公司债券的权重都是1,不管这个公司债券是AAA级还是垃圾级。不仅如此,银行通过多样化降低风险也无法改变其风险权重。这就意味着1笔1亿美元的贷款与1000笔10万美元的贷款具有相同的风险权重。协议的这些缺陷激励银行家持有风险较高的资产,而无须增加其银行资本。

20世纪90年代中期,银行监管者认为应该对《巴塞尔协议》进行修订。从1998年开始,负责起草《巴塞尔协议》的巴塞尔银行监管委员会讨论并制定了新的框架,以决定银行是否持有充足的资本。新《巴塞尔协议》基于三大支柱:一套修订的最低资本要求;银行资产负债表的监管审查;更加依赖市场自律,鼓励稳健的风险资产管理制度。第一个措施是

改进风险调整资产的评估方式，更为准确地反映银行实际承担的风险。例如，高等级公司发行的债券的风险权重为20%，垃圾债券的风险权重则为150%。但是，对于抵押支持证券的低风险权重促成了风险杠杆的扩大，最终导致2007—2009年的金融危机。第二个措施是要求监管者核实银行管理层风险评估和控制方法的稳健性。监管者现在会对银行风险评估方法进行审查，并确定银行需要持有多少资本。第三个措施是要求银行公开其风险暴露和资本持有水平。能够证明其行为负责任的银行就会在市场上得到相应的回报：信用等级提高，股票价格上升。*

《巴塞尔协议》不是法律，而只是一些对于银行监管的建议。负责起草和修订《巴塞尔协议》的巴塞尔委员会对任何国家的银行都没有直接的管辖权，而是通过其成员的协作来制定出最佳规则，帮助世界上所有国家的政府官员实现金融体系的安全和稳健。

受2007—2009年金融危机的影响，监管者正在致力于进一步修订《巴塞尔协议》，新协议将限制银行运用"游戏规则"的能力，同时使得监管者的注意力集中于对整个金融体系产生威胁的事件，而不是某个具体的中介机构。在2009年，巴塞尔委员会提议改善银行的资本质量，促进"构建可以承受一定时期压力的资本缓冲"，对现有的风险加权资本施加了杠杆率要求。该委员会还提出了从事国际业务的银行的最低流动性标准。

* 巴塞尔银行监管委员会常常修订其向银行管理者提出的建议。委员会活动的相关信息和《巴塞尔协议》的基本情况，可访问委员会网站 www.bis.org/bcbs/aboutcbs.htm。

14.3.3 披露要求

银行有义务提供信息，既要向客户提供关于其产品成本的信息，又要向金融市场提供关于其资产负债表的信息。正是由于这些有关披露的规定，我们可以在贷款申请和储蓄账户协议上看到相关说明。这些规定旨在保护消费者。银行必须告诉你贷款利率，而且要用一种标准化的方式加以告知，从而使你可以对不同银行的利率进行比较。（这一规定类似于要求杂货店必须把每盎司奶酪、花生酱、爆米花的价格标示出来，让顾客能够辨别哪种品牌或者规格最为便宜。）银行还必须告诉你所收取的维护账户的成本——支票结算、每月服务费、透支费用，如果账户有余额的话，还要说明余额利息。

向金融市场披露信息则是对储户的另一种保护。监管者和金融市场据此评估银行资产负债表的质量。由于信息是根据明确的会计准则按标准格式公布的，政府官员就可以判断银行是否遵守管理规定，金融分析家也可以对不同银行进行比较。借助这些信息，监管者和金融市场就可以对承担过多风险的银行进行惩罚。①

信息披露在结束2007—2009年金融危机的过程中扮演了一个至关重要的角色。2008年年末，最大的中介机构的偿付能力受到质疑。这种不确定性从内部和外部两方面影响

① 起草披露规定是十分困难的，特别是表外业务。例如，监管者必须知道买卖利率互换的银行是否对资产负债表的风险进行对冲交易，是否承担了更多风险。由于头寸是快速变化的，有时甚至是每分钟都在变化，规定哪些信息需要报告、何时报告，对于监管者而言也是非常有挑战性的。

着这些金融机构；它使得经理人对于承担风险更加谨慎；使得潜在借款人谨慎地与银行交易。这种怀疑和审慎使得许多金融市场极端脆弱。正如在第3章看到的，2008年9月雷曼兄弟破产之后，银行同业拆借市场也出现萎缩。补救措施的一部分是一项特殊的披露程序，即美国财政部对各大银行实施一项压力测试，并于2009年5月公布结果。这项测试表明，通常，即使在严重的衰退中，美国最大的19家银行机构的预期资本需求也是正常良好的。尽管观察家质疑这项测试是否足够严格，但是结果还是使得政府、市场参与者和大多数（或者所有的19家银行）确信自己是有偿付能力的。因此，金融市场的状况得到改善。同时，有这份在压力测试下运营良好的证据，大多数大银行都能够在雷曼兄弟垮掉之后第一时间吸引到新的私人资本。

14.3.4 监督和核查

政府通过一个精心策划的过程来执行银行法律和法规，这一过程叫做**监督**（supervision）。监督取决于多种监控和核查方法，可以通过使用银行依法提交的详细报表进行远程监控，也可以进行现场**审查**（examination）。所有特许经营的银行都必须提交财务决算表。财务决算表详细说明了银行收入的水平和来源、持有的资产、银行负债。监管者利用统计模型处理决算报表，辨别偿付能力恶化的金融机构，并总结行业发展趋势。

审查人员有时也会亲自拜访银行。联邦存款保险公司承保的每一家金融机构每年至少要被审查一次。审查人员暗地拜访这些金融机构，调查它们的经营状况，甚至曾一度清点了每个出纳员抽屉里的现金。虽然现在不再这么做了，但审查人员还会打电话给随机挑选出的借款人，正式证实贷款、银行账簿中的余额属实。审查人员还会核实抵押贷款是否存在，甚至跑到农场检查作为农场贷款抵押物的粮食是不是在粮仓里。对于大型金融机构，检查人员全天候地进行现场检查。他们采取的是一种叫做"不间断检查"的方法：检查快结束时再回到起点，重新检查，有点类似于粉刷桥梁。

银行检查中，最为重要的一项工作是评估逾期贷款。银行管理人员常常在借款人开始不还贷款时仍不愿意注销贷款，而把贷款尽可能久地保留在账簿上。贷款经理对于何时宣布贷款违约有极大的自主权。例如，他们可以选择把借款人未偿还的款项记入贷款总额中。检查人员的工作就是保证当贷款人停止付款时贷款被注销，以保证银行资产负债表能够正确地反映其损失。

监管者使用**骆驼评级**（CAMELS）标准评估他们所监控的银行的健康状况。这个缩略语代表：资本充足率（C）、资产质量（A）、管理（M）、收入（E）、流动性（L）、风险敏感性（S）。检查人员在这几栏中对银行分别进行评级（1—5级，1级最高），然后综合各个栏目等级，得出综合评级分数。骆驼评级分数是不公开，只是用来作为是否采取针对银行的正式行动（甚至是关闭）的决策的参考依据。现在的做法是，监管者扮演银行顾问的角色，为银行出谋划策，使其能够获得尽可能高的收益，同时把风险维持在保证银行可以持续经营的、可接受的水平。

14.3.5 对监管者和监督者的挑战

到目前为止,我们的讨论主要集中在对存款机构的管制和监督上。法律的新近修订以及技术的革新都对传统的监管和监督框架提出了挑战。今天,我们的金融世界,是一个大量中介机构提供多种服务的世界。我们不知道也不关心我们所购产品或者服务的提供者到底是本地机构还是位于国家另一端的企业。实际上,当你打电话给银行时,接电话的人可能就住在印度。随着电信技术的发展,金融服务提供者的地理位置变得无关紧要。

除了金融服务的全球化,其他的变革也对监管者和监督者提出了挑战。首先,当今金融市场上的金融工具能够让任何个人和机构将任何可以想象得到的风险进行定价与交易。不仅如此,由于衍生工具可以在不改变资产所有权的情况下实现风险的转移,因此金融机构的资产负债表无须对其健康状况做过多的说明。为了理解这一变革,试想一下关于计算银行最低资本要求的传统规定。一直以来,最低资本水平都是根据诸如银行资产违约风险之类的标准进行计算的。但在这个世界中,银行可以买卖承诺在违约发生时付款的衍生工具——信用衍生工具,这些标准几乎变得毫无意义。监管者和监督者必须做出必要的调整(参见本章"交易工具"关于金融管制现代化的各种尝试的讨论)。

20世纪90年代,除全球化和金融创新的挑战之外,国会取消了将商业银行和其他形式的中介机构分离的职能限制与地域限制,并取消了禁止州际银行业的限制规定。监管者和监督者还没有适应这些立法变革,像美国银行、摩根大通现在不仅是商业银行,还是投资银行、保险公司、证券公司。这些大型机构的每一部门在职能上、地域上都由不同机构进行管制和监督。相对于对每一项业务进行分别监管,采取对整个机构进行监管、将其破产风险降到最低,无疑更符合大众的利益。

认识到这一点后,监管者和监督者开始反思其职责。未来,他们别无选择,只能整合不同地域和不同职能部门的力量。州和联邦的机构要学会合作或者兼并,银行、保险公司、证券公司的管制者也是如此,甚至有必要设置超级管理者进行统一的协调监管。最后,随着国际金融体系一体化进程的加深,跨境合作的必要性越来越迫切。有朝一日,整个世界会需要一个国际超级监管者,以制定全球金融体系的管制规则。

在基本的层面上,监督者仍是专业化的,不同机构明确分工、各司其职。某一机构可能负责监督银行,另一机构负责监督保险公司,即便这些银行和保险公司同属于某一大集团。监督者的角色也发生了变化。过去,监督者会仔细审查每项交易,如贷款;但今天,监督者对银行设立的风险管理系统进行检测,把发生危机的可能性降到最低。若监督者发现这些系统存在缺陷,就会帮助改进。

14.3.6 微观审慎监管和宏观审慎监管

同样重要的是,监管者必须认识到金融稳定的目标并不是个别金融机构的稳定。监管者常常误以为他们的作用在于确保没有公司倒闭。政府官员的职责并不是保证个别银行或者保险公司利润的稳定,这样做违反了竞争的目的,降低了整个金融体系运作的效率。相反,监管者的目标在于防范出现大规模的金融危机。

2007—2009 年的金融危机使得避免系统性的威胁成为政府的第一要务(参见第 5 章"危机的教训:系统性风险")。其结果是,监管者正在扩大他们的关注范围,从**微观审慎监管**(micro-prudential)扩大到**宏观审慎监管**(macro-prudential)。传统的监管是微观审慎监管——它致力于将风险限制在中介机构的内部,从而达到削减(并非消除)单个独立机构破产的可能。金融危机之前,微观审慎监管是监管者的核心关注点,但是它对于防范系统性风险是无效的,这正是宏观审慎监管的目的。①

宏观审慎监管是如何针对性地限制系统性风险呢?② 它将由中介机构引发的系统性风险视为一种可以传播至其他金融机构和市场的污染物。为了限制这种代价高昂的溢出效应,或称**外部性**(externalities),监管者可以使用一系列宏观审慎监管工具的组合,其作用就像政府采用税收和收费治理污染。

有两种类型的外部性可造成系统性风险,从而需要监管者的介入。它们被称为**共同暴露**(common exposure)和**顺周期性**(pro-cyclicality),指的是金融部门与扩张的和收缩的经济体系之间的关系。

共同暴露 当许多机构暴露于相同的特定风险时,整个金融体系就很容易受到风险冲击。冲击也许会很小,但暴露在这个风险因素下的机构将很容易垮掉。举个例子,生物学上,在一个特定生态系统中生存的动物对气候的变化、化学因素的变化、新物种的引进可能非常敏感。想象一下,狼重回黄石国家公园给美洲麋鹿带来的风险。更富戏剧性的是,想想在地球生命演进史中发生的物种大灭绝。物种大灭绝是很罕见的,但它代表了一种现象,即许多生物都易受到它们生存环境改变的影响。

在金融领域,共同暴露以直接和间接的方式上升着。中介机构可能通过金融合约直接暴露为一个脆弱的机构,也可能不知不觉中通过风险机构(它们的合作伙伴)间接暴露为一个脆弱的机构。如果一个脆弱的中介机构被迫以极低的价格贱卖它们的资产,这可能进一步削弱市场的流动性,导致任何机构都有崩溃的可能性。最终,所有的金融机构都易受相同的潜在风险(比如抵押贷款违约浪潮或者短期贷款无法展期)的影响。

在 2007—2009 年的金融危机中,高风险抵押贷款被嵌入了许多金融工具中,进而流入金融市场,如资产支持商业票据市场(参见第 7 章"危机的教训:资产支持商业票据")和贷款回购市场,它被视为债权人的生命线(参见第 12 章)。流入金融市场的高风险抵押贷款通过金融机构的资产组合和授信渠道破坏它们。当这种危机蔓延至回购市场时,按照生物学家的说法,对于美国的大型投资银行,它已经成为了"灭绝级别"的事件:在 2008 年 9 月雷曼兄弟倒闭后的一周之内,美国最大的三家投资银行或者与银行合并,或者成为银行控股公司以获取美国政府的支持。

共同暴露的问题可能与金融机构的规模有关系,但并不一定是这样。大型中介机构往往与共同暴露有更多的联系,因而它们通常是更大的系统性风险的来源。然而,即使是

---

① 其实,大多数中介机构的破产并不对金融体系造成威胁,因此旨在增加单个金融机构偿债能力的措施对增强金融体系的安全性只有很小的作用。

② 下面的部分对 BIS Annual Report,June 2009,pp.128—135 中系统性风险的讨论具有重要意义。

一些小型机构,它们拥有具有相同风险的资产负债表,也可能带来系统性风险。这里我们再次使用一个有意义的生物学类比。生物需要液态水(流动的水)才能存活,它们的大小无关紧要。流动性对于金融机构来说同样至关重要。

顺周期性 金融和经济活动中的循环模式是如何导致系统性风险的?2007—2009年金融危机表明,经济活动易出现良性和恶性相间的循环。金融和经济活动相辅相成的相互作用(经济学家所说的"逆向反馈循环"),导致不可持续的繁荣与萧条。

繁荣时期,投资者盲目乐观,从而降低了市场风险溢价(投资者的乐观情绪使其对他们承受的风险接受了较低的风险补偿)。较低的风险溢价推高了资产价格,提高了支出和利润,进而又助长了市场的乐观情绪。资产价格上涨引发的财富和抵押品价格的上升,使贷款者更容易克服因信息不对称而带来的逆向选择和道德风险。中介机构资本的价值和杠杆率增加,导致信贷供给增加,进而刺激新的经济活动,导致乐观情绪的进一步上涨,监管者也不例外。资产价格的上升同样降低了成本,增加了市场流动性,扩大了乐观情绪。

正如我们在2007年金融危机开始时看到的一样,衰退扭转了这种趋势。资产价格下跌使财富减少、抵押品价值降低、银行资产减少、信用供给萎缩、流动性减弱。高度杠杆化的中介机构争相去杠杆化(减少风险),但是金融体系无法以一种安全的方式消除全部的杠杆作用。流动性需求和去杠杆化相互作用(参见第2、3章的"危机的教训"),加剧了金融和经济活动的恶性循环。资本的枯竭使脆弱的金融体系甚至无法承受温和的冲击。监管机构变得更加谨慎,要求银行限制风险贷款(即使高风险贷款是在繁荣时期贷出的)。整个金融体系之外只有一个实体——政府——可以提供流动性以应对金融危机;如果必要,恢复被破坏的中介机构的资本。

宏观审慎政策 为了限制可能导致系统性危机的风险,宏观审慎政策致力于使中介机构承担或者内部化其行为带给他人的成本。同样,污染税也被设计出来,旨在使排污者承担污染成本。

宏观审慎监管以不寻常的方式运用一些熟悉的政策工具。举个例子,监管资本要求可能因一家机构引发系统性风险的可能性的不同而不同。这种可能性取决于中介机构之间的相关系数,其资产负债表的风险程度及其规模。为了有效地限制系统性风险,引发系统性风险可能性越大的公司,它的系统性资本附加税——想一下污染税——更多。[①] 通过这种方式,中介机构才有动力去降低它们引发系统性风险的可能性,正如污染税促使排污者减少污染一样。

为了应对经济繁荣/衰退带来的系统性风险,宏观审慎监管者可以规定:资本要求随着商业周期的变化而变化。在经济繁荣时期,资本要求可能会上升而超过长期平均水平,从而创造一个资本缓冲以应对经济反转的冲击。在经济衰退时期,管理者允许中介机构运用它们充足的资本缓冲满足健康客户的信贷需求。总而言之,这项政策的目的是平缓信贷供给的周期性波动,它可能是经济不稳定的根源之一。

---

① 查阅Nikola Tarashev, Claudio Borio, Kostas Tsatsaronis,"金融机构系统的重要性",国际清算银行季度报告, 2009年9月,第75—87页。作为一个美国金融机构对于系统性风险影响的测量方式,查阅The NYU Stern Volatility Lab 的网站:http://vlab.stern.nyu.edu/welcome/risk/。

其他的宏观审慎监管工具也许是新的、与众不同的。例如,监管者可以要求银行购买巨灾保险:发生系统性危机时,如果金融体系需要,银行可以根据保险合同获得赔偿,从而补充其资本金。① 另一种方法是使银行发行可转换债券(CoCo 债券),它指银行能够在资本短缺的时将债券转换为股票。通过这些方法,中介机构可以提前支付在危机时筹措的资本的潜在成本,而不是等到危机发生时,依赖政府的资本注入,从而给纳税者带来负担。保险的价格(或发行 CoCo 债券的成本)也可以起到降低承担风险的作用,因为它会随着中介机构承担的系统性风险的增大而提高。

最终,为了应对系统性风险,要求宏观审慎监管具备一个广泛的框架,包括两种类型:(1) 规则和机制,促进部分中介机构加强风险管理;(2) 改革,减少一家公司破产清算对金融体系造成的冲击性。本章前面部分提到的"生前遗嘱"就属于后者。第二种类型的另一种方法就是要求交易须进行集中结算,从而减少与柜台交易相关的系统性风险(参见第 9 章"危机的教训:共同对手方和系统性风险")。

 新闻摘录

新的银行准则重挫股市

Jonathan Weisman,Damian Paletta & Robin Sidel

(Michael R. Crittenden & Susanne Craig 协助)

奥巴马的提案将限制像 Battle Looms 这样的巨型公司承担风险的能力。

华盛顿——贝拉克·奥巴马总统对国内最大的几家银行的规模和经营活动提出了新的限制,推行一项更加严厉的监管措施,通过大幅打压银行股并提高股权来彰显他对华尔街的强硬态度。

奥巴马先生说他希望通过巩固现有的针对金融公司规模的限制条款,强迫它们在政府提供的安全网保护以及它们自己所拥有的私人基金、对冲基金或者自身账户交易的长期盈利之间做出选择。

奥巴马先生在周四宣称:"银行再也不能依靠大而不倒的现状来要挟美国的纳税人了……"

行政当局宣布不再试图恢复大萧条时期的法案——众所周知的《格拉斯-斯蒂格尔法案》——该法案严格地分离商业银行和债券承销商。官方发言人说,当局的建议不会强迫现有的金融公司缩减规模。

如果奥巴马的提议被国会批准,那么全国最大的几家银行的经营方式都会大幅度地改变。新的利润管理规则的出台在周四重挫了银行股,使道琼斯工业平均指数下跌 213.27 点(或者 2%),降至 10 398.88 点。一些金融股的跌幅超过了 5%,直至众议院金融服务委员会主席兼马萨诸塞州民主党议员巴尼·弗兰克表明"新的规则需要 3—5 年的时

---

① 可参阅 Anil Kashyap, Raghuram, and Jeremy Stein,*Rethinking Capital Regulation*, Federal Reserve Bank of Kansas City Symposium at Jackson Hole,August 2008。http://www.kc.frb.org/publicat/sympos/2008/KashyaRajanStein.03.12.09.pdf。

间,而不是立即生效",才使得这些股票的价格轻微回升。

奥巴马的提议的命运还不得而知。众议院已经通过一项规定,赋予监管机构新的权力以限制银行的范围和规模。现在主要取决于参议院共和党国会是否通过……

但是在对大型银行充满敌意的政治环境下,民主党人只需少量共和党投票就可以实施稍加变化的奥巴马提议。

大型银行和贸易团体抨击奥巴马的提议是不必要与不明智的。高盛首席财务总监戴维·维尼亚表示,"如果人们关注金融危机真正的始作俑者或实际的推动者,那绝不是贸易"。在过去的几年中,银行利润的增长来源已经不再局限于接受存款、发放贷款、代表客户进行股票和债券交易的范围。

一些银行购买或者发起了对冲基金,另一些银行将自己的资本投入市场。

2008年秋天,在雷曼兄弟倒闭和救援美国国际集团之后,高盛和摩根士丹利两家投资银行正式成为了银行——它们能够获得美联储贷款以及在金融市场贷款的联邦担保。

当金融危机消退,高盛和其他一些银行就能够以低利率借款为它们自己的账户进行利润交易……

白宫的经济学家Austan Goolsbee说:"关键的问题是,以纳税人作为后盾的金融机构不应该从它们自己的投资中赚钱。"

周四,银行的高管们集中讨论这些提议,特别是在银行资本和客户资金相互渗透的领域。例如,新的规则会使得像摩根大通这样的公司放弃股权合作人的私募股权业务(主要投资于公司)。然而,要求高盛放弃私募股权业务可能比较棘手,因为它们将自己的钱投入了客户投资的基金中。

在奥巴马的提议下,持有联邦保险存款或者有权从美联储借钱的银行,将被禁止自有、投资、发起对冲基金或者私人股权投资公司。"你可以选择从事专有证券交易,或者拥有一家银行,但你不能同时拥有两者。"一位官员如此解释。

总统还呼吁扩大1994年法案的影响范围——这项法案禁止银行收购另一家银行,如果这笔交易超过国家保险存款的10%。他将扩大针对其他类型的融资(如银行在金融市场进行短期借款)的限制,也许会给定任何一家公司可以持有的资产份额的上限。

周四公布了白宫针对华尔街和银行的最新举措。本月早些时候,奥巴马总统提出对大银行和保险公司征收新的费用。未来10年将征收超过900亿美元,表面上这些费用是为了抵消金融公司和汽车巨头的救助花费。

资料来源:*The Wall Street Journal Oline*, "New Bank Rules Sink Stocks" by Jonathan Weisman, Damian Paletta, and Robin Sidel, January 22, 2010. Copyright 2010 by Dow Jones & Company, Inc. Reproduced with permission of Dow Jones & Company, Inc. In the formats Textbook and Other Book via Copyright Clearance Center.

▶ **本文启示**

在2007—2009年金融危机之后,监管者们把更多的注意力放到降低系统性风险上。除了向风险行为征收新的费用,政策制定者打算减小那些看起来"大而不倒"的中介机构的经营范围和机构规模。理论上,一家中介机构的规模与系统性风险没有关联。实际上,它们是相关的。限制大型中介机构的经营范围的提议是为了抵消由政府安全网引发的过度冒险的动机。因为这样的管理限制一旦启动也会降低利润,所以中介机构试图回避这些管制。

关键术语

银行恐慌	破产
银行挤兑	最后贷款人
巴塞尔协议	宏观审慎监管
骆驼评级（CAMELS）	微观审慎监管
共同暴露	顺周期性
传染	管制
存款保险	监管竞争
审查	影子银行
外部性	监督
流动性问题	大而不倒政策

本章小结

1. 银行和银行系统的倒闭会扰乱支付体系以及对借款人的审查与监督。
    a. 资不抵债时，银行就会倒闭。
    b. 因为银行是根据先来先到的原则满足储户的取款要求，所以容易遭受挤兑。
    c. 银行挤兑的爆发，可能仅仅是因为储户担心其稳健性。
    d. 由于普通储户无法判断银行是否稳健，因此一家银行的倒闭可能变成银行恐慌，导致财务状况良好的银行也随之倒闭，这一过程叫做传染。影子银行也面临类似的问题。
    e. 在金融危机中，整个银行系统都停止运作。金融危机可以由下列因素引发：
        i. 不实传言。
        ii. 银行资产负债表因经济而实际恶化。
2. 政府介入整个金融体系的每一方面。
    a. 政府官员介入整个金融体系中，以便
        i. 保护小储户。
        ii. 保护银行客户免受剥削。
        iii. 保证整个金融体系的稳定性。
    b. 多数金融管理规定都适用于存款机构，但影子银行通常面临更少的监管。
    c. 中介机构（比如养老基金和大多数保险公司）较少发生挤兑，政府监管的力度也没有银行那么大。
    d. 美国政府已经设立由两部分组成的安全网以保护国家金融体系。
        i. 美联储扮演最后贷款人的角色，向有偿还能力的机构提供流动性以防止一家中介机构的倒闭演变成系统性的恐慌。
        ii. 联邦存款保险公司承保个人储户，防止他们在银行出现问题的第一时间取款，从而消除银行挤兑风波。

e. 政府安全网鼓励银行管理层承担比原来更多的风险,加重了道德风险问题。
3. 通过管制和监督,政府部门减少了银行承担的风险,降低了它们破产的可能性。监管者和监督者的职能：
   a. 限制竞争。
   b. 限制银行持有资产的类型。
   c. 要求银行保持最低资本水平。
   d. 要求银行向储户公布费率,向投资者公布财务指标。
   e. 依据政府规定监管银行。
4. 监管者通过宏观审慎工具来减少金融体系的系统性风险。这些风险通常来自外部性——中介机构行为昂贵的溢出效应。这些外部性有两个来源：(1) 共同暴露使中介机构面临脆弱的机制和基础性风险;(2) 金融和经济行为之间的顺周期关系,它会放大繁荣和萧条的周期。

概念性问题

1. 说明银行挤兑演变成银行恐慌的原因。
2. 现行技术允许大型银行的存款者在任何时间通过电子方式提现。他们在任何人都没有察觉的情况下,同时进行所有的提现,这叫做隐形挤兑。什么时候可能会发生隐形挤兑？为什么？
3. 解释为什么养老基金和保险公司这些金融机构不像货币市场共同基金与券商一样不容易受到挤兑。
4. 解释在 2007—2009 年金融危机期间,房价下跌和银行倒闭之间的联系。
5. 讨论那些被设计用于减少由存款保险引起的道德风险的规定。
6. 最后贷款人是如何引起道德风险的？
7. 在 2007—2009 年的金融危机期间,美联储利用它的紧急贷款权给影子银行贷款。解释它是怎样扩展了针对道德风险的最后贷款人的功能。
8. 区分资不抵债和缺乏流动性。为什么最后贷款人难以区别资不抵债和缺乏流动性？区别两者很重要吗？
9. *相比其他经济领域,为什么要对银行系统施加更严格的管理？
10. *为避免金融危机,作为金融体系监管者的政府不应该只保护破产的单个金融机构。解释这样做的原因。
11. 解释宏观审慎监管是怎样限制金融体系中的系统性风险的。

分析性问题

12. 你为什么会认为在 2007—2009 年金融危机期间,银行和影子银行很大程度上暴露于次级抵押贷款的风险？

13. 对于下面的情况，你认为银行最有可能立即面临的问题是流动性不足还是偿债能力不足？说明你做出选择的原因。
    a. 政府宣布将要废除存款保险项目。
    b. 经济进入萧条时期，失业严重。
    c. 中央银行发布了三倍于以往存款准备金的要求并立即生效。
14. *你认为中央银行，作为最后贷款人，应该监管金融业吗？为什么？
15. 假如你在一家银行有两笔总额为 280 000 美元的存款。当该银行宣布资不抵债时，你是偏向用"偿付方法"还是"购买及承受方法"来解决偿债能力不足问题？解释你做出选择的原因。
16. *政府安全网的存在是怎样导致银行业集中程度的增强？
17. 你认为金融监管者应该怎样解决由大型的、对金融体系举足轻重的金融机构引发的"大而不倒"问题？
18. 如果银行的风险主要受它能够提供给储蓄者的流动性的影响，作为银行经理，你应该怎样降低银行的风险？
19. *为什么你认为银行经理不一定总是追求能够降低银行风险的策略？
20. 基于银行资产负债表中资产的规模与结构，监管者总要求银行将资本/资产比保持在一定水平，从而确保充足的净值。为什么这样的资本充足要求不一定有效？
21. 你是最后贷款人，一家金融机构想从你这里获得贷款。你估计这家金融机构有 8 亿美元资产，其中大多数都是长期贷款，还有 6 亿美元负债。这家金融机构正面临大量储蓄者收回存款，希望获得贷款以度过这次危机，你应该贷款给它吗？
22. 你是银行审查者，并且担心你所审查的银行有偿债能力不足的问题。在审查银行的资产时，你发现部分银行贷款的规模每个月都在增加。这是由什么引起的？你应该采取什么措施？

（注：题号后标注*的问题均指难度较大的题型。）

第4篇

中央银行、货币政策和金融稳定性

第15章　当今世界的中央银行

第16章　中央银行的结构：美联储与欧洲中央银行

第17章　中央银行的资产负债表和货币供给过程

第18章　货币政策：稳定国内经济

第19章　汇率政策与中央银行

第 15 章
当今世界的中央银行

2007年夏初,大萧条后最严重、最持久的金融危机席卷全球金融机构、金融市场和经济体。一些大型金融机构相继倒闭,市场萧条引发了第二次世界大战后最严重的全球经济衰退。美国第四大投资银行雷曼兄弟于2008年9月发生挤兑后倒闭,使金融恐慌达到了顶峰,因为全球投资者总是寻找那些安全性高、流动性好的金融资产来持有。投资者不再借钱给金融机构,金融机构也无法继续发放贷款。第一次大萧条发生75年后,随着金融风暴的蔓延,全球金融体系第一次濒临崩溃。

中央银行既没能预见也没能阻止2007—2009年的这场危机,甚至在金融风暴开始了一段时间后仍束手无策。随着不断扩大的风暴持续冲击着这艘金融小船,政策制定者研究出新的工具来填补船上的窟窿。2008年年末,在金融风暴愈演愈烈的情况下,世界主要的中央银行在护航这艘小船回到安全港的途中扮演了关键的角色。它们依靠自身并联合其他中央银行和金融管理部门,以一种前所未有的方式阻止金融体系遭到破坏,逐步恢复了金融和经济的稳定。

美国的中央银行被称为联邦储备体系(简称"美联储"),其职员负责确保金融体系功能的稳定,使普通民众能够正常地生活。在金融危机期间,美联储没能实现其目标。不过,美联储在2008年阻止了金融体系的崩溃,并在2009年,为结束长期严重的经济萧条留下了广阔的发展空间。

这些具有转折性意义的事件为全球经济、金融体系以及政策制定留下了深深的烙印,许多转变的影响可能历时久远而非昙花一现。正如我们在第12章和第13章看到的,危机已经改变了美国金融行业的结构甚至范围。第14章介绍了新调整后的环境,尤其是应对系统性风险的新方法。

在第4篇,我们将研究中央银行角色的演变。中央银行不仅在危机中发挥作用,其工作在现代经济的日常运作中都起到至关重要的作用。全球目前大约有170家中央银行:实际上每个国家都有一家。然而,尽管这些机构拥有很大的权力,并且有媒体频繁地报道其动向,但是关于它们是什么、做什么,大部分人仍只有一个模糊的概念。

本章介绍中央银行在金融体系和经济体中扮演的角色,描述了现代中央银行的起源和决策者为履行其职责所面临的种种考验。本章还重点介绍一个核心问题：中央银行和政府的关系怎样才更合理？这已成为美联储在危机中采取措施后而随之出现的一个有争议的政治问题。

15.1 基础：中央银行的起源及其作用

起初，中央银行仅仅是政府的银行，随着时间的流逝，它的作用逐渐多样化。现代中央银行不仅管理政府资金，同时为商业银行提供大量服务。它是银行的银行。让我们看看这些安排是如何产生的。

15.1.1 政府的银行

政府有自身的金融需求。有些统治者（如奥兰治的威廉国王）建立中央银行为战争提供资金；有些统治者（如拿破仑·波拿巴）建立中央银行以稳定国家的经济、金融体系。[1]

从 17 世纪末开始，中央银行逐渐发展起来。随着 20 世纪中央银行的大规模发展，这些早期的例子已经是一种例外。在 1900 年，只有 18 个国家拥有中央银行，甚至美国的联邦储备体系也是直到 1914 年才开始运作。[2] 随着政府和金融体系的重要性逐渐增强，国家对中央银行的需求不断增加。如今，一个国家没有中央银行已成为一件无法想象的事情。

作为政府的银行，中央银行拥有一种特权：垄断货币发行。中央银行创造了货币。从历史上看，中央银行发行的货币比国王、女王或皇帝发行的货币具有更高的信用。统治者可能拖欠债务，导致他们发行的货币没有价值。相反，早期的中央银行有足够的储备，能够用黄金兑换货币。历史告诉我们，中央银行这种制度上的安排使人们树立了对所使用货币的信心。现在，联邦储备体系是美元发行的唯一合法机构。[3]

货币发行权意味着中央银行能够调控国家经济中的货币和信用总量。在后面的章节可以看到，大部分的中央银行通过调整短期利率来实现这一功能。这就是我们所说的**货币政策**（monetary policy）。当今世界，中央银行运用货币政策稳定经济增长和通货膨胀，通过降低利率的扩张型货币政策，能够在短期内促进经济增长和通货膨胀，而紧缩型货币政

---

[1] 英格兰银行于 1694 年成立，是为了征税以及为奥地利、英格兰、荷兰与法国路易十四之间的战争提供资金。法兰西银行于 1800 年成立，原因是法国革命期间的经济严重衰退和恶性通货膨胀。更详细的论述参见 Glyn Davies, *The History of Money from Ancient Times to the Present Day* (Cardiff: University of Wales Press, 1994)。

[2] 在 19 世纪的两个短时期内，美国都有一家国有银行行使中央银行的许多职能。早期的美国人不喜欢中央集权，因此导致了美国第一国民银行(1791—1811 年)和美国第二国民银行(1816—1836 年)的关闭。接下来的章节，我们将看到南北战争后的工业和金融的发展是如何说服人民——没有中央银行是不行的。对这段历史的简要描述参见 Michael F. Bryan and Bruce Champ, "Fear and Loathing of Central Banks in America," *Economic Commentary of the Federal Reserve Bank of Cleveland*, June 2002。

[3] 从前人们可以将美元兑换成黄金，现在美联储允诺人们可以将破旧的美钞换成崭新的美钞，这树立了公众对美联储的信心。

策则用于减缓经济增长和通货膨胀。我们将在后续章节详细论述货币政策的运行机制。

理解一个国家为什么需要独立的货币政策是很重要的。一般来说,发行货币具有高利润。一张面值 100 美元的钞票成本仅几美分,却可以交换价值 100 美元的商品和服务。因此,政府理应垄断货币发行,并通过使用该收入为普通民众谋福利。(我们在后面章节列出中央银行的目标,其中没有利润最大化。)

政府官员明白失去货币发行的控制权他们将无法控制通货膨胀。高的货币增长导致高通货膨胀,这是苏联的加盟共和国建立中央银行的真实原因。苏联解体后,俄罗斯卢布在该地区流通,俄罗斯中央银行控制卢布的发行速度。这种安排取得的效果很差,到 1992 年,卢布的通货膨胀率每年超过 1000%。毫无疑问,货币体系迅速崩溃。到 1993 年年末,每个国家都发行了自己的货币,试图局部地控制通货膨胀。摩尔多瓦是相对成功的一个国家,该国到 1995 年将通货膨胀率降低到 30%。

一个国家建立自己的中央银行的主要动机是保证对本国货币的控制,赋予其他机构货币发行垄断权将导致灾难性的后果(事实上,利用伪钞扰乱货币稳定已经成为战争中的一种武器)。然而,一些国家这样做了,我们可以立刻想到欧洲货币联盟。最近,16 个欧洲国家将它们执行独立货币政策的权力交给欧洲中央银行,这是迈向经济一体化的一大步。但是,这些都是在实行严格控制、确保较低通货膨胀率后进行的。欧洲货币政策几乎没有被滥用的风险。①

15.1.2 银行的银行

政府的政治支持以及它们所拥有的庞大的黄金储备,使早期中央银行成为各国最大且信誉最高的银行。中央银行票据比小银行票据更安全,票据持有人也更容易将存款变现。这种安全性和便利性使得大多数银行开始在中央银行持有存款。

首先,作为银行的银行,中央银行须认真做好本职工作。中央银行重要的本职工作包括:(1) 在银行资金紧张时期提供贷款;(2) 管理支付系统;(3) 监管商业银行和金融体系。中央银行的货币发行权意味着即使在没有其他银行可以贷款的时候(如金融危机时期),中央银行仍能发放贷款。我们在第 14 章讨论了金融恐慌,我们认识到如果一家银行的所有存款人同时提取现金,银行将会倒闭。不管银行管理得多好,都没有一家银行能够抵御挤兑。为了预防这种危机,中央银行可以将资金借给信用高的银行。我们将在第 18 章讨论"最后贷款人"的职能。现在需要说明的是,通过保证信誉高的银行和金融机构继续经营,中央银行可以使整个金融体系更加稳定。许多人相信这是现代中央银行最重要的职能。

其次,每个国家都必须拥有一个安全、有效的支付系统。人们需要各种支付方式,金

---

① 对欧洲中央银行政策的评价,参见 Stephen Cecchetti and Kermit Schoenholtz, "How Central Bankers See It: The First Decade of ECB Policy and Beyond," NBER Working Paper No. w14489, November 2008。

融机构也需要成本低廉、能将资金转移到其他地方的支付方式。① 所有银行在中央银行都拥有账户,这自然使中央银行成为银行间支付的清算中心。当今世界,银行间支付极其重要。让我们看看美联储的联邦电子资金划拨系统每天的交易量。2009 年,联邦电子资金划拨系统平均日交易量超过 2.5 万亿美元——超过美国年 GDP 的 1/6。

最后,如我们在讨论银行监管时看到的,必须有相应机构监督私人银行和非银行金融机构,这样才能使储户和投资者信任银行。监管金融体系的机构必须掌握敏感信息。例如,它们必须知道银行发放贷款和信用评级的方法。毫无疑问,这些信息对于银行的竞争者相当重要。政府监管机构是唯一的掌握该信息并与银行没有利益冲突的机构。在有些国家,该机构附属于中央银行;而在其他国家,该机构是独立运作的。正如我们在第 14 章看到的,在美国,包括联邦储备体系在内的监管机构都在不同地方展开监管工作。

作为政府的银行和银行的银行,中央银行是一国金融和经济体系中最大、最具影响力的机构。中央银行有能力稳定经济,提高人民生活水平,大多数时候它们也做到了这一点。但任何有能力保证经济和金融体系平稳运行的机构都有可能发生问题。2007—2009 年金融危机早期,英格兰银行限制贷款,这可能导致一个多世纪后大型英国银行首次发生存款挤兑。俄罗斯银行无力控制货币和信贷扩张,导致了高通货膨胀,从而使 20 世纪 90 年代俄罗斯经济缩水了近 50%。

在详细论述中央银行的目标之前,我们必须知道现代中央银行不能做什么。首先,虽然中央银行可以监管并参与债券和股票市场,但是它不能调控证券市场。其次,中央银行不能决定政府预算。在美国,政府预算由国会和总统决定,并通过**财政政策**(fiscal policy)执行。美国财政部作为政府的代理,通过税收系统分配资金并为政府支出开具支票。美联储只是财政部的银行,代理财政收支、经营国库、为政府融资。不止在美国,当今世界各国的中央银行都像商业银行为企业和个人服务一样为政府服务。财政部执行财政政策,中央银行则提供一系列的服务保证财政政策的有效执行。

表 15.1 列出了现代中央银行的职能。

表 15.1　现代中央银行的职能

1. 政府的银行
   a. 管理政府资金
   b. 通过利率调控货币和信用总量
2. 银行的银行
   a. 通过贷款,保证有信誉的银行即使在危机时期也能正常运行
   b. 管理银行间支付系统
   c. 监管金融机构,树立公众信心

---

① 在建立联邦储备支付系统之前,银行都不愿意按面值承兑其他银行的债务。这样,一家费城的银行 100 美元的票据在纽约可能仅值 95 美元。这种折价依据费城的银行的信誉而变化。这种体系非常烦琐和昂贵。美联储的工作之一就是作为中介,保证所有银行的承诺都按面值支付,消除人们的担忧。

概念应用

为什么货币稳定是件极其重要的事情*

David E. Altig

1940年7月10日星期三,阿道夫·希特勒的空军袭击了苏格兰沿岸、英格兰东部和东南部空军基地。四个月后,空袭结束,德国直接军事征服英格兰岛屿的企图落空了。

空袭结束并没有终结德国对英国的袭击。在英国失利后,德国马上开始生产一种新武器。它既没有空军炸弹的杀伤性,也没有毒性;该武器就是伪造英镑。

伯恩哈德行动以伯恩哈德·克鲁格的名字命名,因伪造钞票而著名。纳粹党卫军军官使用柏林附近萨克森豪森集中营的囚犯劳动力来生产伪钞,该计划通过当期账户制造了1.5亿各种面值的英镑——按今天的标准大约7亿美元。伯恩哈德行动招募了知名的伪钞专家和集中营里熟练的手工艺者,使用分析技术从多种形式的伪钞中挑选出高质量的给集中营里的手工劳动者"处理",他们通过不断地传递、褶皱、弄脏伪钞,使它们表现出用旧的假象。

这次行动的目标虽很简单,但很致命:这样做破坏了公众对英镑的信心,严重损坏了英国的经济秩序。最终,该计划没有成功地击垮英国人民对本国货币的信心。伪钞计划的重心转向在英国外部为纳粹地下活动融资。可笑的是,这次转换计划取得了成功。

伯恩哈德行动是使用伪钞作为战争武器的一个比较特殊的例子,但并非史无前例的。最早所知的一个用伪钞作为战争武器的例子发生在意大利文艺复兴时期的城邦战争(这一历史时期促使马基雅维利创作了《君主论》)。始作俑者是米兰的一位公爵——加莱亚佐·斯福尔扎。1470年(这时马基雅维利还是个孩子),斯福尔扎想要破坏对手城邦——威尼斯的经济秩序,他伪造了威尼斯货币。(历史记载这位公爵是一个令人憎恶的人物,他的残暴导致了他在1476年被米兰精英暗杀。)

还有许许多多的例子,包括美国在越南战争中伪造大量越南盾以及将伪钞用于现代恐怖主义入侵。事实证明,战争中无所不用其极地去破坏敌军货币的价值和公众持有货币的信心这两点是现代经济中稳定及可靠的货币标准。实际上,一次成功的伪钞破坏行动的潜在影响是深远的。一些报道指出,专业的德国军官最初反对伯恩哈德行动的部分原因是该行动对普通民众是一次残酷的袭击。那么,在战争时期制造敌军货币与在和平时期决定推行他国货币有什么共同之处呢?它们都受稳定的货币标准的影响且最终这一货币标准都被破坏了。它们还说明,维护国家货币的价值是中央银行的重要职责之一。

* 摘选自 Why Is Stable Money Such a Big Deal? *Economic Commentary of the Federal Reserve Bank of Cleveland*, May 1, 2002。

15.2 稳定：中央银行的主要目标

中央银行隶属于政府。① 任何时候，当我们看到政府机构干预经济时，我们都应该知道为什么。为什么委托政府做的事情我们不能做呢？对于国防和污染治理，原因显而易见。大部分人既不会主动援助军队，也不会自发治理空气污染。而政府干预是因为外部性或公共产品，即私人成本或收益与社会成本或收益不一致。

建立中央银行的必要性也显而易见。大部分时候，经济和金融体系都是相当稳定的，但是自由的经济和金融体系可能会产生剧烈的波动。在美联储成立之前，美国的金融体系非常不稳定，经常出现恐慌。即使在有了中央银行以后，这些体系也并非一直运行良好。

历史上有很多失败的例子。比如20世纪30年代美国的经济大萧条，当时银行系统崩溃，经济倒退1/3，有1/4的美国人失业将近十年。经济史学家把这次衰退归咎于美联储，他们认为货币政策的制定者没有提供足够的货币和信用量，导致了全国25 000家银行中的将近10 000家承担了13%的存款的银行相继倒闭。美联储也要为2007—2009年金融危机承担重要责任。当金融机构面临房地产泡沫风险增大时，美联储选择消极应对，使得金融风暴从开始到增强持续了一年多。不同于大萧条时期的是，2008年危机达到顶峰时，美联储动用了历史上没用过的应急措施来稳定金融体系。美联储的不屈不挠和灵活性为2009年金融环境的大复苏做出了贡献，也避免了第二次大萧条。

中央银行通过实现以下五个具体目标来降低经济和金融体系的波动：

1. 低而稳定的通货膨胀。
2. 高而稳定的真实增长、高就业。
3. 稳定的金融市场和金融机构。
4. 稳定的利率。
5. 稳定的汇率。

我们必须认识到，通货膨胀、经济增长、金融体系、利率、汇率中任何一个不稳定，都会造成个人无法分散的系统性风险。从第5章我们知道，个人无法避免的系统性风险相比只有特定的组织或人才会遭受的非系统性风险是不同的。中央银行的任务就是通过降低系统性风险提高全社会的福利。记住，中央银行的五个目标不可能同时达到，这其中有互相权衡的关系。接下来我们将看到，稳定通货膨胀可能会导致低增长，稳定的利率可能与其他四个目标矛盾。

---

① 技术上，中央银行的法定机构相当复杂。有些是设置在政府内部的，有些是私人银行，其他的是两者的混合体。就像我们在第16章看到的，美联储属于最后一种——一部分政府和一部分私人银行。事实上，因为所有的中央银行都有在政府允许的情形下才能做的事，我们常把中央银行看作政府的一部分。

15.2.1 低而稳定的通货膨胀

2002年,国际货币基金组织(最接近世界中央银行的组织)研究部负责人总结了几乎所有经济学家的观点,指出"缺少控制的通货膨胀抑制了经济增长,损害了人民特别是贫困人民的利益"。① 这是许多中央银行把**稳定价格**(price stability)作为主要目标的原因,即中央银行努力消除通货膨胀。多数人认为中央银行必须对通货膨胀率上升负责。

保持经济没有通货膨胀的道理是简单的。假如每个人都认可同一个标准,那么它就成了标准。1磅的物品应该重1磅,1满杯的液体应该是1满杯,1码的距离应该是1码。同样,1美元应该值1美元。对物理重量和计量是正确的,对账户单位也应该是正确的。从长期来看,1美元、1日元或者1欧元的购买力应该是稳定的。不管是账户单位还是物品价值,保持物价稳定对于货币都是有利的。

市场经济中,价格是一切问题的核心。它们为个人和公司资源的优化配置提供信息。当卖者提高产品价格时(如需求上升时),增加产量是有利的。但是通货膨胀会使价格信息失真。当所有价格同时上升时,要判断上升的原因很困难。是消费者的偏好增加导致需求增加而引起价格上升,还是产品成本上升导致供给减少而引起价格上升呢?或者是通货膨胀引起价格上升吗?如果经济是有效运行的,我们就必须辨别其中的差别。

如果通货膨胀率可以预测(比如说一年到头都是10%),那么我们可以在年末进行调整。不幸的是,当通货膨胀率上升时,它变得更加不稳定。如果预测接下来一年通货膨胀率为2%,那么我们可以确定价格水平的增加在1%与3%之间。但是经验告诉我们,当我们预测通货膨胀率大约为10%时,它最终处于8%与12%之间是不足为奇的。通货膨胀率越高,可预测性就越差,系统性风险也越大。②

此外,通货膨胀对增长是不利的,在极端的情况下尤其明显。1985年,玻利维亚的通货膨胀率高达11 000%;1983年,乌克兰的通货膨胀率接近5 000%。在**恶性通货膨胀**(hyperinflation)的情况下——价格每两到三个月就会翻番——价格不能反映任何信息,人们全力应对危机,无暇顾及其他,经济增长率骤降。在玻利维亚,经济增长率从20世纪70年代末的超过6%降到恶性通货膨胀时的-5%;乌克兰经济在通货膨胀率最高的年份缩水超过20%。只有当通货膨胀得到控制以后,经济才能恢复增长。

低通货膨胀是经济繁荣的基础,因此大部分人认为这应该是货币政策的主要目标。但通货膨胀率应该多低呢?在本章末尾的新闻摘录中,我们会看到零通货膨胀是过低的。这有两个原因。首先,如果中央银行保持零通货膨胀,那么经济就会陷入通货紧缩——价格下降。通货紧缩使偿还贷款更加困难,贷款违约率提高,影响银行的健康发展。在第11章我们认识到,通货紧缩增加了贷款人的信息不对称,阻碍借款人获得贷款。其次,如果通货膨胀率为零,雇主只能通过降低名义工资来降低劳动力成本,这是难以实现的。低通

---

① 参见 Kenneth S. Rogoff, "An Open Letter to Joseph Stiglitz," *International Monetary Fund*, July 2, 2002.
② 从其他方面看,通货膨胀也是代价高昂的。这包括更频繁地出入银行的代价,更频繁地改变价格的代价,以及税收系统产生的扭曲。

货膨胀可以在雇主不降低工资的情况下,使工人的真实工资减少,所以适度的通货膨胀可以活跃劳动力市场,至少从雇主的角度来看是这样的。

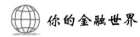 **你的金融世界**

为什么通货膨胀对你是不利的

如果你问人们通货膨胀为什么是不利的,大部分人会回答通货膨胀使他们收入的购买力下降。对于他们而言,通货膨胀引起生活水平下降:价格上升,但是他们的收入(包括工资在内)却没有增加。经济学家对通货膨胀的认识不同。他们认为通货膨胀是指包括价格、收入和储蓄账户余额在内的一切以美元表示的产品价格的上升。这就好像是一切产品突然用美分,而不是用美元来度量。它是如何损害人们利益的呢?

答案是高通货膨胀比低通货膨胀有更强的波动性,因此通货膨胀率越高,风险越大。当通货膨胀率为每年2%时,它几乎不可能突然上升到5%。这样的增长意味着中央银行已经失去,至少是暂时失去了控制力。但是如果通货膨胀率为每年15%,它很可能在下一年年末达到18%,仅仅1/5的变化(3%)很容易发生。

为了分析这如何影响每一个人,我们回忆一下第6章中介绍的非预期通货膨胀引发债券风险的问题。高于预期的通货膨胀率会减少债券持有人的真实收益。真实收益率等于名义收益率减去预期通货膨胀率。如果名义利率为5%,通货膨胀率为2%,那么真实收益率为3%;如果通货膨胀率为5%,那么真实收益率为0。这就存在风险,而风险需要补偿,因此通货膨胀风险就会要求利率上升以吸引投资者购买债券。

现在我们考虑两项普通的金融业务:住房抵押贷款和养老基金。当你买房时,你总是希望支付最低的贷款利率。但是通货膨胀风险促使贷款利率上升,增加了月偿付额,使我们只能购买更便宜的房屋。再看看养老基金,通货膨胀风险使我们不知道该储蓄多少,因为不知道在40年或50年后这些钱的购买力如何。总之,如果没有考虑通货膨胀风险,我们将很难制订长期计划。

15.2.2 高而稳定的实际增长

当本·伯南克当选为第14位联邦储备体系理事会主席时,他说:"就像国会提出的,我们的目标是很关键的:保持物价稳定,实现经济产出最大增长和高就业,建立一个服务于所有美国人的稳定且高效的金融体系。"[①]我们只讨论这些目标中的第一点——保持物价稳定(类似于保持低而稳定的通货膨胀)。这样,金融稳定很快就能实现。现在,让我们看看伯南克主席列出的第二点——实现经济产出最大增长和高就业。当中央银行这样陈述时,它们是想努力消除经济周期的波动。大家都希望经济繁荣,不希望经济衰退。在经

---

① 2006年2月6日,由布什总统任命的美联储理事会主席伯南克在华盛顿宣誓就职仪式上的言论。

济衰退期,人们下岗、企业倒闭;没有稳定的收入,人们很难偿还汽车贷款、信用卡贷款、抵押贷款;消费者紧缩开支,企业业绩下滑。销售额减少产生了诸多问题,如失业率提高。衰退期越长,经济状况变得越差。

通过调整利率,中央银行能够缓和经济周期,稳定增长和就业。这就是说存在一个依赖于技术、资本规模和劳动力投入的长期的可持续产量,也称作**潜在产出**(potential output)。这些投入的增加引起潜在产出的增加——**可持续增长**(sustainable growth)。在美国,大约一年增长3%。从短期来看,产出可能会偏离潜在产出水平,增长可能偏离长期可持续增长率。在经济衰退时期,经济停滞,收入下降,失业率上升。货币政策制定者可以调低利率以减缓衰退。①

同样,有时增长也会高于可持续增长,出现经济过热。这会带来繁荣增长,但是不会永远持续下去;接下来便会出现支出减少,企业投资减少,失业增加。高于平均增长时期过后便是低于平均增长时期。在经济过热时,中央银行的任务就是上调利率,使经济恢复到可持续增长水平。

从长期来看,稳定带来的高增长是非常重要的。不稳定会造成风险,投资者需要更高的利率补偿风险。利率高,商人借款减少,意味着他们拥有更少的资源进行投资和生产。为了理解这一原理,思考一个贷款买车的例子。你越是确定在未来几年内有一份稳定的工作,你就会借更多的钱买车。如果你总是害怕可能会丢掉工作,你就会谨慎贷款买车。同样的道理推广到每个人和每家公司也是一样的。对未来商业环境的不确定性越大,人们会越谨慎地进行各种投资活动。因此,稳定能促进高增长。②

保持高的可持续增长水平非常重要。年增长4%与年增长2%的经济的差别可以看作18年规模增长1倍和18年规模增长不到50%的经济的差别(计算依据是第4章"你的金融世界:你的投资多久能翻倍"中阐述的72法则)。保持高就业也是很重要的。要事后恢复失业工人在衰退期本可以生产的产品是不可能的,正如我们不能拾回逝去的时光。我们希望政策制定者能够尽职尽责,使经济处于高且可持续增长的水平。

增长和就业并不是唯一重要的目标,稳定性也同样重要。经济的波动是不可分散的系统性风险的主要来源。正如我们所说的,在许多时候,未来的不确定使计划变得更加困难,因此消除不确定性可以提高社会福利。

15.2.3　金融体系的稳定

设立美联储的目的是阻止19世纪末20世纪初美国的金融恐慌。一段时间后,美联储自身的一些缺陷暴露了出来。正如我们所看到的,在20世纪30年代初,美国金融体系再次崩溃。从那时起到2007年,美联储阻止或缓解了危机的爆发,并保持经济总体增长。然而,近期发生的事件证明了金融和经济危机并不只是历史。同样,维护金融体系的稳定是

---

① 金融危机往往抑制了经济的可持续增长。美国最严重的危机的例子,大萧条使美国经济直至1942年才恢复1929年前的水平,这时的战争物资需求旺盛。

② 关于增长水平与增长稳定性的关系,论据和理论参见 Garey Ramey and Valerie A. Ramey,"Cross-Country Evidence on the Link between Volatility and Growth," *American Economic Review* 85(December 1995), pp.1138—1151。

所有中央银行的重要责任。**金融体系稳定**(financial system stability)是现代中央银行的一项必要工作。政策制定者必须保证股票市场、债券市场平稳、有效地运行。

如果人们对银行和金融市场失去信心,他们就会将资金转向其他低风险的投资,市场中介就不再存在。储户不再借款给银行,借款人也借不到资金。人们不能取得汽车贷款和住房抵押贷款,企业也不能为了维持正常运转或扩张而发行债券。当金融体系崩溃时,经济活动也停止了。

金融市场的严重破坏是一种系统性风险,个人是无力消除的。中央银行必须控制这种系统性风险,保证金融体系正常、有序地运行。我们主要应用在险价值而不是标准差来衡量这种风险。在第5章我们知道,在险价值是测量最大的可能损失水平。当考虑金融稳定时,中央银行希望灾难发生的可能性最小,并确保最大损失发生的可能性最小。2007—2009年,它们所做的努力也反映了实现这些目标的困难。

15.2.4 利率和汇率稳定

如果你问中央银行在做些什么,大部分中央银行会回答它们尽力保持利率和汇率的稳定,阻止它们过度波动。中央银行希望消除利率和汇率的意外波动。但是如果你继续问,中央银行会说这些目标从属于低通货膨胀、稳定增长和金融稳定。**利率稳定**(interest-rate stability)和**汇率稳定**(exchange-rate stability)是次要目标的原因是,它们是实现经济稳定的手段,它们自己并不是最终目标。

我们很容易理解为什么利率波动是一个问题。首先,面对低利率,人们总是增加借款、增加支出。个人取得贷款去购买汽车等新的设备,企业则发行更多的债券并用这些收入去扩张业务。相反,当利率上升时,人们会减少借款、减少支出。利率下降时,人们增加支出;利率上升时,人们减少支出。因此,利率波动使产出不稳定。其次,利率波动意味着更高的风险,这样长期债券就要求有更高的风险溢价。(从第7章我们知道,长期利率是预期的未来短期利率的均值加上补偿短期利率波动的风险溢价。)风险使投资决策变得更加困难,生产率降低,经济低效运行。中央银行能够调控短期利率,因此它们能够控制这种风险以稳定经济。

稳定汇率是所列举的最后一个目标。一国货币的价值会影响购买进口产品的本国消费者和购买出口产品的外国消费者。当汇率稳定时,一辆德国生产的汽车的美元价格是可以预测的,这就使外国汽车厂商、国内零售商、美国汽车购买者感到轻松。大家能事先制订计划。

不同的国家有不同的考虑。美联储和欧洲中央银行可能不太在意汇率稳定,而其他小的较不发达的国家可能十分在意。在新兴市场国家,出口和进口对它们的经济结构十分重要,因此其官员认为必须进行宏观调控以稳定汇率。

表15.2总结了现代中央银行的五个目标。

表 15.2　现代中央银行的目标

1.	低而稳定的通货膨胀	通货膨胀引起混乱,使制订计划变得困难;高通货膨胀率对应低经济增长率
2.	高而稳定的经济增长	稳定的可预测的增长高于不稳定的不可预测的增长
3.	稳定的金融体系	稳定的金融体系是经济有效运行的前提
4.	稳定的利率	利率波动导致借贷风险
5.	稳定的汇率	汇率波动使国外销售收入和购买进口产品的成本很难预测

15.3　应对挑战:建立成功的中央银行

过去几十年各方面的巨大变化使我们震惊。因特网和移动电话在世界各地被广泛使用。世界各地的经济状况不断改善,特别是快速发展的新兴经济体,如巴西、中国、印度。高增长,低通货膨胀,两者都较20世纪80年代更为稳定。在美国,通货膨胀率从90年代初的6%降至90年代末的不足2%。同时,真实经济增长率从不足3%上升至高于4%并保持到2007年金融危机爆发。

不只是美国,其他国家的经济增长也突飞猛进。1980年,世界近2/3的国家每年的通货膨胀率超过10%,1/3的国家负增长。25年后,只有1/6的国家出现两位数的通货膨胀率,大约150个国家的年经济增长超过2%。通货膨胀率低、增长率高,并且都很稳定,直至金融危机的出现。

我们该如何解释这种现象呢?经济繁荣的主要推动力是技术进步,还有中央银行的出色表现。首先,货币政策制定者意识到可持续的增长水平提高,因此他们保持低利率,而不用担心通货膨胀。其次,中央银行都发生了重大的变革。中央银行不再是刚成立时的中央银行,也不再像苏联解体后15个共和国刚成立的中央银行那样。中央银行的体系发生了重大的变化。英格兰银行成立于三百多年前(它的大楼屹立在伦敦将近二百年),但是它于1998年重新制定了运作规则。同年,日本中央银行的组织结构也发生了重要的变化。1994年2月4日,美联储第一次公开宣布联邦基金利率的变动。从2002年1月19日起,定期发布报告解释利率决策成为美联储的职责。

许多人认为20世纪90年代的经济增长至少与调整后的中央银行制定的政策有部分关系。改进货币政策并不只是寻找该工作的合适人选,因为社会上有许多高素质的精英能胜任此工作。事实上,世界上曾经有很多中央银行表现欠佳,因为它们无法不受约束地执行货币政策。成功的决策不仅需要人,也需要一个良好的制度环境。对于中央银行,这是十分重要的。

如今,经过金融危机的洗礼,经济学家正在探讨如何改善金融监管,重新考虑中央银行在金融管制中的作用。一个成功的中央银行必须具备以下几个因素:(1) 不为政治压力所左右;(2) 由委员会制定政策;(3) 对公众负责,政策公开透明;(4) 在一个明晰的框架下运作,明确表明政策目标和各种政策的权衡选择。

15.3.1 中央银行独立性的必要性

中央银行的独立性(central bank independence)——中央银行应该不为政治压力所左右——是一个新的要求。毕竟,中央银行最初是政府的银行。它必须首先执行国王或皇帝的命令,其次才是执行民主选举的议会或国会的意见。政治家一般很少放弃对事情的控制,尤其是十分重要的货币政策。但是在 20 世纪 90 年代,几乎每个政府都这样做了,它们同意中央银行独立于财政部。法国中央银行于 1993 年独立;英格兰银行与日本中央银行于 1998 年结束了政府控制;欧洲中央银行在 1998 年 7 月 1 日刚成立时就具备了独立性。

独立性包括两个方面。其一,货币政策制定者必须能够独立控制预算。如果政治家能够控制中央银行的预算,那么他们就能左右政策的制定。其二,中央银行的决策不能因中央银行外部的人而改变。1998 年以前,英格兰银行的决策者需要向财政部大臣汇报利率变动。也就是说,利率政策最终由英国政府机构裁定。1998 年以后,英格兰银行的货币政策委员会开始独立制定货币政策。美国也这样做了,总统、国会或者最高法院都无权推翻联邦公开市场委员会关于何时调高或调低利率的决策。

利率政策的效果要很长一段时间才能显现。今天的政策影响不可能立刻显现——在大多数情形下,需要若干年。民主选举的政治家并没有耐心等待若干年,他们的任期只能延至下次选举。政治体系促使国会和议会的议员在下次选举之前尽力为他们的利益集团服务——包括操纵利率导致短期繁荣,即使这样会牺牲长期稳定。大多数政治家都无法抗拒牺牲长远目标、追求短期目标的诱惑。如果可以选择,政治家一定会选择过度调整的货币政策。他们会保持过低的利率和过高的货币增长率。这可以迅速增加产出和就业(下次选举前),但是之后会导致通货膨胀上升(下次选举后)。低利率是非常受欢迎的,因为更多人愿意借款而更少人愿意贷款。

明白了这种可能,政府就应该将货币政策的决策权赋予独立的、不受政治左右的机构。为防止政策制定者遭受政治压力,政府应该给予中央银行自主控制预算以及独立决策的权力,并延长这些决策人员的任期。

2007—2009 年的危机中,美联储采取了非常规的措施,尽管这些措施最后成功地阻止了第二次萧条,但也导致了美国在中央银行独立性问题上的政治分歧。经济学家们一致支持中央银行独立性。但是,美联储在危机中采取的紧急救助措施——包括大规模救助机构和超常信贷供给——招致司法机构介入美联储的日常货币政策工作,使得保持低而稳定的通货膨胀目标难以实现。由于人们对 2009 年美联储的救助措施的反感,介入货币政策的提案得到了国会的广泛支持。接下来的问题就是,国会是否选择通过降低美联储的独立性来牺牲这来之不易的低通货膨胀率。如果真是这样,将会留下一场代价更大的金融危机。(参见本章"危机的教训:美联储独立性受到威胁")。

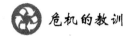

危机的教训

美联储独立性受到威胁

2007—2009年金融危机期间,美联储和财政部紧密合作。在恢复金融稳定的同时,美联储扮演的角色更像政府的银行。*

美联储这样做会牺牲货币政策独立性和低而稳定的通货膨胀率的目标吗?金融危机的确使经济和通货膨胀产生了不确定性,但是一些分析师担心高而持久的通货膨胀是没有必要的。

的确,美联储在危机中采取的许多措施都是彻底且有先例的。自从20世纪30年代首次使用其紧急权力以来,美联储直接贷款给非银行机构(包括贝尔斯登投资银行和美国国际集团),并购买了非金融机构的票据。同样,为了消除2008年9月的流动性危机,美联储在2个月间增加了1倍于自身的资产。为了降低抵押成本,美联储收购了超过1万亿美元的抵押债券,并且首次将政策性利率调整到接近0的水平。

这场危机使得美联储成为美国政府政策实施的工具了吗?答案是否定的。在一场金融危机中,金融稳定、增长稳定、物价稳定的政策目标应该要保持相互一致。因此,独立的中央银行也希望与财政机构(在美国就是财政部)合作,推动金融稳定和预防衰退。

但是,一家独立的中央银行必须在保持低通货膨胀时采取反向操作。中央银行的资产负债表保持长期增长最终将导致通货膨胀(参见第17章)。因此,中央银行需要在适当的时机使用合理的工具反向操作应急措施(参见第18章关于利率反向操作的讨论)。

如果中央银行及时采取反向操作,通货膨胀将不会产生(参见第18章关于非常规政策的退出策略的讨论)。判断何时收回政策是困难的。考虑到金融体系和经济体的不确定性,政策误判的可能性很高。不及时使用政策收回将导致通货膨胀,而政策收回使用过早将破坏经济体的复苏,正如美联储在1936年和日本银行在1999年所做的那样。

美联储的做法破坏了它在反通货膨胀上的可信度吗?答案同样是否定的。自2010年春季起,专业的分析师和国债市场的参与者似乎对美联储能成功控制通货膨胀在长时间内保持低水平抱有信心。分析师的调查和债券市场的价格显示,下一个10年的平均通货膨胀率在2%左右,与危机前的预期相差并不大。

可能影响美联储独立性的最大因素是在危机中救助像美国国际集团这样的金融机构后产生的。如果国会加强对美联储的监管而导致政策效果减弱并影响到未来的货币政策决策,那么公众将很快失去对美联储实施低通货膨胀措施的信心。

---

* 例如,2008年3月,在匆忙决定收购贝尔斯登的情况下,纽约联邦储备银行不得不接受具有极大不确定市场价值的抵押。这一举动使美国纳税人面临亏损的风险,此举通常只有财政部能做出。2008年3月17日,财政部部长以书面形式同意这项措施(http://finance.senate.gov/press/Bpress/2008press/prb040108a.pdf)。一年后,财政部称将从美联储的资产负债表项目中"寻找解决办法",或者"清偿"它们。事实上,美联储正作为"政府的银行"这一暂时性的应急角色处理系统性危机,直到财政部有能力偿还。

15.3.2 由委员会制定政策

重要的决定应该由个人还是由委员会做出呢？军事指挥官知道在战争白热化时，不能由一些人共同做决定，必须由一个人独立决策。但是制定货币政策不是打仗。货币政策必须在收集大量信息并仔细分析后谨慎制定。在危机突发时，必须由一个人独立决策。但是在正常时期，最好由委员会而不是个人制定政策。虽然有些人制定的政策能与委员会制定的政策相媲美，但是依据这个前提去建立一个机构是不明智的。要开除一名中央银行的主管人员是很困难的——他的个人特征已经深深融入了中央银行系统——任命不合适的人去负责是成本很高的。

这个问题的解决方法就是由委员会制定政策。汇集一些人的知识、经验和意见可以降低政策被个人控制的风险。而且，在民主社会，赋予一个人如此大的权力会产生法律问题。基于以上这些原因，世界上所有主要的中央银行都由委员会制定货币政策。我们在第16章讨论了，美联储有联邦公开市场委员会，欧洲中央银行有管理委员会，日本中央银行有货币政策委员会。日本有9位成员而欧洲中央银行(现在)有22位成员——这总比一个人更好。

概念应用

独立的中央银行实现更低的通货膨胀

为什么最终政治家会放弃对货币政策的控制呢？这是因为他们意识到独立的中央银行能够实现更低的通货膨胀。研究人员注意到在不同国家，政治家对中央银行的控制度有很大的不同，并且导致了不同的通货膨胀水平。在图15.1中，横坐标表示中央银行的

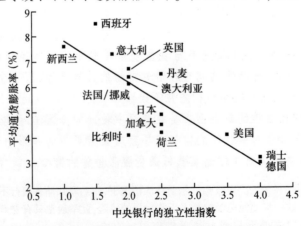

图15.1　1973—1988年通货膨胀率和中央银行独立性

资料来源：Central Bank Independence and Macroeconomic Performance：Some Comparative Evidence，*Journal of Money, Credit, and Banking* 25（May 1993），pp. 151—162。Copyright 1993 The Ohio State University. Reproduced with permission。

独立性指数*,纵坐标表示 1973—1988 年的平均通货膨胀率。德国和瑞士是中央银行最具独立性的两个国家,拥有最低的通货膨胀水平,在 15 年间平均每年大约为 3%。相反,新西兰和西班牙是中央银行独立性最差的两个国家,拥有最高的通货膨胀水平——在 7% 与 9% 之间。甚至连政治家也相信存在这种关系。他们知道对中央银行施加更多的控制,他们就有可能发行更多的货币。发行更多的货币可以解决短期的财政困难,最终却会产生更高的通货膨胀率。因此,政治家自愿捆紧双手,将货币政策的控制权移交独立的中央银行。

欧洲中央银行的设计是一个运用独立性实现更低通货膨胀率这一原理的很好例子。几十年来,每年的通货膨胀率一直超过 6% 的西班牙、意大利和法国的政治家希望他们国家的经济能像德国一样。因为希望新的机构能够实现低通货膨胀,所以他们选择德国中央银行——德意志联邦银行——作为新机构的模式。从很多方面来看,欧洲中央银行是世界上最具独立性的中央银行。正如我们所期望的那样,在欧洲,经济长期处于低通货膨胀水平。

* 中央银行独立性指数是对中央银行受政治干扰程度的衡量。它由以下信息组成:央行官员的任期长度,官员能否被解雇,政府代表能否直接参与货币政策的制定,是否要为政府赤字融资。政府对中央银行的约束越小,中央银行的独立性越强。

15.3.3 责任性和透明度的要求

中央银行的独立性存在一个很大的问题:与代议民主不一致。任命技术专家官员负责政府最重要的工作并不民主。[1] 政治家会回应选民,独立的中央银行却不会这样做。如果我们不知道中央银行在做什么,那么我们怎么会对金融体系有信心呢?只有我们相信政策制定者的决策,经济才能有效运行。

支持中央银行应具有独立性这一观点的人意识到,要使他们的提议被采纳,他们必须解决这个问题。他们的解决方案包括两个方面:其一,政治家要确定一系列目标;其二,政策制定者必须公布他们实现这些目标的进程。明确的目标凸显**责任性**(accountability),而信息的公开要求**透明度**(transparency)。中央银行作用巨大,我们选出的代表告诉他们该做什么,并且监督他们的进程。这就是说,他们需要对其决定做出合理的解释,并提供数据支持。

在不同国家,保证责任性和透明度的制度安排是不尽相同的。在有些国家,政府明确提出目标通货膨胀率;而在其他国家,中央银行制定这个目标。在英国,政府每年提出具体的目标;欧盟只要求中央银行以保持物价稳定作为主要目标;而在美国,物价稳定只是目标之一。中央银行公布信息的时间和内容也有不同。如今,几乎每个中央银行都十分迅速地公布政策信息,但是公开程度因声明内容和回答问题的意愿不同而不同。美联储

---

[1] 高级法院(例如联邦高级法院)就是独立民主体制的主要例子,由专家共同制定核心的政治决策。在德国,德意志联邦银行拥有不一样的权力,被认为是"政府的第四个部门"。

的公开声明只有几句话,而且不回答问题。相反,欧洲中央银行的行长和副行长会举行新闻发布会,回答若干页声明的有关问题。

我们很难理解传达策略的不同有多重要。如今,中央银行的声明与20世纪90年代初有很大的不同。例如,在1994年以前,美联储不会公开自己的政策决定。过去中央银行的特点之一——保密性,在现在看来会损害政策制定者以及他们试图调控的经济。为了使货币政策成为稳定的力量,中央银行必须在定期的公开声明中解释其政策行为,就像联邦公开市场委员会每次会议之后的公开声明一样。从本质上讲,经济和金融市场应该对公开的政策信息而不是对推测的信息做出反应。因此,政策制定者应该清楚地告诉大家他们试图达到的目标以及他们会怎样做。市场不应对此感到惊讶。

2007—2009 年的危机爆发提高了中央银行透明度的重要性,无论是在有效的政策制定上还是对支持非常规措施的保护上。就像我们在第 18 章看到的,只有通过沟通讨论,一些非常规的货币政策才能被执行。透明度要求有助于帮助人们解决不确定性以及对补充流动性和减少债务一类措施的担忧。

15.3.4 政策框架、政策权衡、可信度

现代中央银行具有一系列的目标——低而稳定的通货膨胀,高而稳定的增长,稳定的金融体系,稳定的利率,稳定的汇率。为了实现这些目标,中央银行必须独立,对公众负责并且能够很好地传达政策信息。这些特征构成了**货币政策框架**(monetary policy framework)。该框架是为了解决中央银行运作过程中产生的含糊不清的问题。看看中央银行的目标,我们可以发现一个问题:确定低通货膨胀的目标是容易的,但是度量通货膨胀的方法有很多。中央银行必须确定采用何种度量方法并持续使用。因此,欧洲中央银行明确了通货膨胀的度量方法,用于评价政策的成功或失败。该方法被称作调整的消费物价指数,或 HICP。而更重要的是,官员告诉我们他们试图做什么,官员对公众负责的声明可以帮助人们制订好计划。①

货币政策框架也阐明了目标发生冲突时可能的反应。政策制定者几乎不可能同时实现所有的目标,他们只能运用利率来工作;但使用单一的工具去实现一系列目标是不可能的。我们看一个最近的例子。2004 年中期,经济从 2001 年的萧条中完全复苏,商人开始增加产量并雇用新的工人。随着经济的繁荣,通货膨胀率开始上升。而紧缩政策和提高利率是比较适合用来应对通货膨胀的措施。因此,联邦公开市场委员会于 2004 年 6 月 30 日开始这样做。两年内 17 次提高目标利率——每次提高 25 个基点。显然,如果利率每月都变动,它们将变得很不稳定。更重要的是,提高利率意味着降低货币和信贷的利用,存在经济增长放缓的风险。保持低而稳定的通货膨胀目标与反衰退目标是矛盾的。到 2006 年年末,通货膨胀率降低但是经济增长放缓。2007 年 8 月的金融危机爆发后的一年,美联

---

① 近年来,联邦公开市场委员会将注意力集中在"包含食品和能源在内的个人消费支出物价指数"。每个季度,委员会都会以该指数为依据提供三年后的通货膨胀预期。然而,委员会还是欠缺明确的通货膨胀目标衡量方法来评估物价稳定目标的成功与否。

储都没有再提高利率。

中央银行必须根据每天的情况在通货膨胀和增长之间权衡。2008年3月,通货膨胀率自1991年后首次超过5%,联邦公开市场委员会还是大幅降低政策利率75个基点至2.25%,并且声明要"降风险,保增长"。尽管委员会成员表达了他们对通货膨胀上升的担忧,但是他们认为通过降低利率来阻止由美国第五大投资银行——贝尔斯登破产引起的金融风险蔓延更加重要。同样,政策制定者被迫在一系列矛盾和不确定的目标中进行选择。的确,有两位联邦公开市场委员会成员持反对意见,他们更支持缓慢地降低利率。结果证明,金融危机随后逐渐加重,通货膨胀的担忧已经被第二次世界大战后最严重衰退预期的恐惧替代。

因为政策目标经常会发生冲突,所以中央银行必须明确什么是需要优先考虑的事情。公众需要了解政策制定者是否主要关注物价稳定,这是多数国家的情况;或者他们是否愿意通货膨胀适度地上升以避免经济活动的减缓。公众也需要了解在政策研究中利率和汇率稳定的作用。政策框架这一最重要的部分限制了中央银行的自主权,保证它们做好受托的工作。因此,这是银行传达职责最本质的部分。

最后,一个设计良好的政策框架帮助政策制定者提高**可信度**(credibility)。要使中央银行能够实现其目标,人们必须相信政策的制定者会按照他们的承诺去做。在保持低通货膨胀时,这尤其重要,因为大部分经济决策都是基于对未来通货膨胀的预期。在我们学习利率的决定时就知道了这种关系:名义利率等于实际利率加预期通货膨胀率。工资和价格的决定也是如此。公司制定价格时,部分根据对未来通货膨胀率的预期。他们基于预期通货膨胀率与工人达成薪资协议。他们对未来通货膨胀率的预期越高,价格、工资、利率也就越高。预期的通货膨胀会引起通货膨胀。成功的货币政策必须控制住通货膨胀预期。中央银行最直接的方法就是公布它的目标,提出解决方案,并且解释政策行为。

表15.3总结了中央银行的设计原则并且可以用于评价任何一家中央银行的运作。

表15.3　中央银行的设计原则

1.	独立性	为了保持低通货膨胀,必须在不受政治影响的情形下制定货币政策
2.	由委员会制定政策	汇集一些人的知识可以比单个人做出更好的决策
3.	责任性和透明度	政策制定者必须对公众负责并清楚地传达他们的目标、决策、方法
4.	政策框架	政策制定者必须清楚地表明他们的政策目标与权衡

15.4　将一切联系起来:中央银行和财政政策

一个欧洲国家在加入共同货币区采用欧元之前,它必须符合很多的条件。其中两个最重要的条件是该国每年的预算赤字——每年的政府支出超过政府收入的部分——不能超过GDP的3%,以及政府的总负债——累计的公开发行的债券和其他借款——不能超过 GDP 的 60%。① 一旦一个国家成为货币联盟的成员国,它就必须维持这些标准水平;否则将遭受处罚。②

中央银行不能够控制政府预算。税收与支出决策的财政政策是由选民选出的官员负责的。但是通过具体规定可接受的借款水平范围,欧盟试图限制成员国制定的财政政策。为了确保欧洲中央银行的有效运行,所有成员国的政府必须遵守规定。

尽管财政政策和货币政策的制定者具有相同的最终目标——提高人们的福利——他们之间也可能发生冲突。财政政策的制定者有责任为国防、儿童教育、建设和维护运输系统、资助病人和穷人提供资金。他们需要资金以支付这些费用。因此,资金需求很自然地导致货币政策和财政政策的制定者产生了冲突。中央银行必须努力稳定物价,并为高的可持续增长奠定基础。因此,从长远考虑,他们对货币和信用量的增长速度进行了限制。相反,财政政策的制定者忽视了其行为对长期通货膨胀的影响,他们努力寻找途径增加现在的支出,牺牲了今后的繁荣。不论好坏,他们的任期只会延长至下次选举。一些财政政策的制定者借助一些手段,试图摆脱中央银行的限制,从而损坏了有效的、负责的货币政策。

在中央银行刚成立的时候,如果政府需要资金,它就可以命令中央银行发行货币。当然,其结果就是发生通货膨胀或者偶尔发生恶性通货膨胀。这就是中央银行向独立性演变的原因。如今,中央银行拥有自主权,这使财政政策的制定者只有两种为政府开支筹集资金的选择:他们可以以税收的形式从公民那里获得部分的收入和财富,也可以在金融市场上发行债券融资。

没有人喜欢税收,官员也害怕激怒选民,因此政治家经常通过借款来为政府支出筹集部分资金。但是一个国家只能发行一定数量的国债,超过这个限制,将来的税收收入就不足以偿付债务。在那个时候,唯一的办法就是向中央银行借款。作为一个技术问题,政府会将新发行的国债——其他人不愿意购买的国债——直接"卖"给中央银行。但是这样做会使货币扩张,从而导致通货膨胀。事实上,如果官员无法征税并且很难借款,那么通货膨胀将是唯一的选择。

尽管中央银行讨厌通货膨胀,但对于目光短浅的财政政策制定者来说,通货膨胀确实是个诱惑。这是他们获得资金的一种途径。这种机制是十分直接的。政府强迫中央银行购买国债,并用该收益为政府支出提供资金。但是这样做会增加流通中的货币量,导致通货膨胀。通货膨胀的上升最终会对人民的福利造成很大的损失,但是这对财政政策制定者是有利的;它降低了发行在外的国债的价值,使他们更容易偿付债务。

美国用来应对 2007—2009 年危机的财政和货币政策导致许多观察家担心,未来可能面临通货膨胀风险和金融体系的再次动荡。在财政政策方面,美国联邦政府的赤字自第

---

① 事实上,政治解释可以排除这些限制,因此有些不符合要求的国家也可以加入。例如,1998 年秋天,比利时的负债为 GDP 的 122%——超过限制条件的两倍;但是,因为预计未来负债会降低,这个要求被取消了。

② 《1997 年稳定与增长协定》规定了"中期预算"必须"接近平衡或盈余"。这个机制在 2003 年发生了很大的变化。先前一致同意的预算赤字超过 3% 的国家必须遭受处罚的规定已不再执行。2007—2009 年金融危机后,许多国家突破了这一赤字限制。2010 年,希腊(以及其他一些欧元区国家)的金融危机反映了民众对大量财政赤字的担心。作为应对措施,欧元区政策制定者建立了成员国面对借款困难时的公共借款体系,并且开始考虑改革以恢复地区财政纪律。

二次世界大战后首次达到 GDP 的 10%。在货币政策方面,美联储不断地快速积累资产,以防止金融体系的崩溃。

在财政政策方面,2009 年,美国联邦政府的财政赤字自第二次世界大战后首次达到 GDP 的 10%;在货币政策方面,美联储不断地快速积累资产,以防止金融体系崩溃。在某些情境下,美联储必须逆向操作货币政策和财政政策,以防止未来出现严重的通货膨胀。倘若政策未能扭转未来可能出现严重通货膨胀的局面,那么最终将损害投资者对美国国债的信心。

许多政治家确实干预了长期利率,我们可以举出许多差劲的财政政策的例子。苏联解体后,俄罗斯几乎没有什么收入来源。税收很难征收,贷款人也很怀疑新政府偿还贷款的能力,所以利率非常高;而且几乎每个人都为政府工作。简言之,费用高而收入少。俄罗斯政治家于是向中央银行求助。这导致了连续五年每个月的通货膨胀率都高于 14% 的结果。

2002 年年初,阿根廷的银行拒绝兑现存款人的取款要求,导致阿根廷的经济全面崩溃。失业率迅速上升,产出迅速下降,总统被迫辞职。整个事件是很复杂的,但是我们可以理解其中的一个方面。在 2001 年,阿根廷的各省政府(相当于美国的州政府)开始出现严重的预算问题,结果它们开始用政府债券支付雇员工资。但是与我们通常看到的债券不同,这些债券都是小面值的——1、2、5、10、20 比索等。毫无疑问,这些小面值的债券迅速成为一种有效的货币支付方式。到 2002 年年中,这种新形式的货币大约占阿根廷流通中货币的 40%,阿根廷中央银行对经济中流通的货币失去了控制。

因此,财政政策制定者的行为会使中央银行的努力付诸东流。阿根廷的中央银行是独立的,其政策制定者也备受称赞。但是如果政府关闭银行系统,自己发行货币,中央银行的独立性也就没有意义了。在政府高兴的时候,美联储、欧洲中央银行、日本中央银行,以及世界上其他 170 多家中央银行都是独立的。当发生财政危机时,政治家总会寻找最容易的解决方法。如果该方法是引起现在的通货膨胀,那么他们就得担心未来的后果了。

这让我们想起了欧洲货币联盟的标准。该体系的创始人希望以此保证各成员国的政府管好财政部,防止它们强迫欧洲中央银行制造通货膨胀,帮助它们脱离困境。只有政府根据自己的预算开支,而不是强迫中央银行为财政赤字提供资金,货币政策才能实现物价稳定的目标。2010 年,大量财政赤字推动几个欧元区国家的国债收益率大幅上升并引发了希腊债务危机,使欧元贬值。欧盟建立了一个机制,专门借款给在市场上融资困难的成员国。作为借款的条件,成员国政府必须恢复本国的财政纪律。自此,尽管部分地区仍存在财政困难,但欧洲中央银行的可信度和独立性使得欧元区的通货膨胀预期始终保持在低水平。

总的来说,负责任的财政政策是货币政策成功的基础。在本章先前的讨论中我们知道,不管政府怎样做,要使一个设计差劲的中央银行去稳定价格、产出、金融体系、利率、汇率是不可能的。为了取得成功,中央银行必须以一种特殊的方式运作。它必须是独立的、负责的、目标明确的。它必须有一个明晰的沟通策略和一个合理的决策机制。我们在第 16 章会详细阐述世界主要中央银行的结构,分析它们成功的条件。

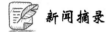 新闻摘录

小心愤怒的结果

Andrew Ross Sorkin

什么是上周最大的新闻故事?

或许你会说是奥普拉·温弗里宣布她要退出 2011 年的日间节目。

但这还不是最大的新闻,上周四华盛顿发生了一件重要程度双倍于奥普拉事件的事件。啊!撼动世界金融的时刻。

得克萨斯州代表罗恩·保罗的一项意义深远的修正案获得议会通过。这一修正案将赋予国会更大的权力监管美联储。美联储已经习惯了做"独行侠",如果最终议案通过,美联储的自主性将很快结束。

其他的代表们也阐述了他们对于选民们仍然因美联储紧急救助事件而愤怒的观点:下一次政府不得不开始救助公司,而有担保的债权人的利益也将受到损害。

这样做对债券持有人来说是巨大的转变。如今,他们本身持有了全部债券,部分人还被要求分担更多的痛苦。于是一部分人开始担心,债权人担忧还款问题,而贷款活动也将停止。

作为一项 300 页金融业改革法案的一部分,这项修正案正在众议院受到热议,以便帮助平息因紧急救助事件导致的民众愤怒。

美联储已经开始印发钞票来交换国家银行的资产,但这些操作是不透明的。实质上,这已不符合对资产负债表的法定要求。

从表面上看,保罗修正案的用意是好的。毕竟,谁不喜欢多一点希望呢?

但是来自新罕布什尔州的参议员格雷格警告说:"国会已经用时间再次证明其不能很好地实施财政政策,超过 12 万亿美元的惊人国债就是最好的证明。因此,我们如何相信他们参与货币政策的制定对国家有好处呢?"

任何修正案的非预期影响——参议员格雷格所称的"国会为了讨好愤怒民众的危险举动"——都会导致美联储的独立性减弱,最终结果可能对经济不利。

这与美联储主席伯南克的观点一致,他不希望美联储成为国会的傀儡。在这一点上,他可能是对的。如果有国会的干预,美联储在 20 世纪 80 年代初期还能够大幅调高利率吗?在选举的年份会发生什么?利率一定会下降,在选举之后再上升。

然而参议员保罗不只是想要监管美联储,他是想要完全关闭美联储!他的团队也在不停地宣传:保罗出版了一本书,名叫《终结美联储》。在一次访谈中,保罗告诉我的同事:"这不是在讨好民众,而是在倾听他们的声音。"

"人们会愤怒是因为他们认识到了美联储的行为。"他说。

另一项修正案则更具有争议性。

它要求银行的担保债权人——地位最高的债权人——在政府接管或托管破产银行的情形下,仅有权获得 80% 而不是 100% 的资金。

这个观点有争议是因为上年许多人都指责政府救助了债券持有人。换句话说,除非

纳税人愿意解救,否则放弃那些债权人才应该是公平的。

然而,事实上并不止那么简单。由于新的风险,银行融资成本不断上升——特别是当它们出现问题的时候。

甚至处于"食物链"顶端的担保债权人都将发生损失,谁会愿意借钱给一个有可能被政府接管的银行?

……

的确,有观点称这项修正案会增加而不是减少系统性风险。

"庞大的系统性的重要企业更易受流动性危机的影响——正如去年秋天所发生的那样。"巴克莱银行报告称。

所有的建议伴随着改革的色彩被提出,最终将获得正确的解决方案。但是起码我们知道了紧急救助方案可能会带来非预期的结果。

资料来源:Copyright © 2009 by *The New York Times Co.* Reprinted with permission。

▶ **本文启示**

本文着重阐述了两点。第一,危机中美联储救助大型金融公司导致的民愤促使国会做出威胁美联储独立性的举动。自2010年年初,奥巴马政府提出加强监管责任至今,仍然不清楚国会是否颁布法律来弱化或者替换美联储。第二,如何调整改革步伐,加强金融体系的稳定,以减少"非预期的结果"。总之,使用有效的监管体系将保持来年工作的进步。

关键术语

责任性　　　　　　　　　　货币政策
中央银行　　　　　　　　　货币政策框架
中央银行的独立性　　　　　潜在产出
可信度　　　　　　　　　　稳定价格
金融体系稳定　　　　　　　可持续增长
财政政策　　　　　　　　　透明度
恶性通货膨胀

本章小结

1. 现代中央银行的职能:
   a. 通过调节利率控制经济中的货币和信用总量。
   b. 管理支付系统。
   c. 在银行存在压力的时候,借款给信誉好的银行。
   d. 监管金融体系。

2. 中央银行的目标是降低经济和金融体系中的系统性风险。具体的目标包括：
    a. 低而稳定的通货膨胀。
    b. 高而稳定的增长和就业。
    c. 稳定的金融市场和金融机构。
    d. 稳定的利率。
    e. 稳定的汇率。
    由于这些目标经常会发生冲突，因此政策制定者必须明确应优先考虑的目标。
3. 最好的中央银行：
    a. 不为政治压力所左右。
    b. 由委员会而不是个人制定决策。
    c. 向公众清楚地传达其目标、行动和政策考虑。
    d. 清楚地告诉公众在目标发生冲突时，它们会怎样做。
    e. 公众相信它们会尽力实现目标。
4. 财政政策会使中央银行无法做好自己的工作，这是因为：
    a. 政治家目光短浅，忽视了他们的行为的长期通货膨胀影响。
    b. 政治家倾向于选择会带来通货膨胀的融资方法。
    c. 通货膨胀可以迅速产生收益，降低发行在外的政府债券的价值。
    d. 负责任的财政政策是货币政策成功的前提。
    e. 只有政治家高兴时，中央银行才是独立的。

概念性问题

1. 1900年，世界上有18家中央银行；一百多年以后，世界上有174家中央银行。为什么当今世界几乎每个国家都有一家中央银行？
2. 中央银行的巨大作用是基于中央银行垄断货币发行。经济学告诉我们，垄断是不好的，竞争才是好的。若干家中央银行间的竞争会更好吗？请提供论据支持或反对它。
3. 解释下面每种情况的成本并解释成本由谁承担。
    a. 利率不稳定
    b. 汇率不稳定
    c. 通货膨胀
    d. 不稳定的增长
4. 有建议说，中央银行应该被允许设定自己的目标。请提供论据支持或反对它。
5. 列出美联储导致2007—2009年金融危机的一项做法和控制危机的一项措施。
6. 欧洲中央银行制定的《马斯特里赫特条约》规定，欧洲货币联盟的成员国政府不能影响中央银行政策制定机构的成员。为什么独立于政治影响对欧洲中央银行保持物价稳定的能力是至关重要的？
7. *为什么最独立的中央银行仍然要依赖政府的支持并有效地满足政府的政策目标？
8. 请解释透明度是如何解决中央银行独立性所产生的问题的。

9. 2007—2009年金融危机是以何种方式突出了中央银行透明度的重要性？
10.* 中央银行透明度的要求被广泛接受，但是过度公开会产生很多弊端。讨论有哪些弊端可能产生。
11. 1993年以来，英格兰银行定期公布《通货膨胀报告》(季刊)。请在该银行网站 http://www.bankofengland.co.uk 上找一篇报告，描述它的内容并解释为什么银行会公布这样的报告。

分析性问题

12. 以下哪种情况对经济体更有害——年均通货膨胀率在5%但有一个高的偏差，或者年均通货膨胀率在7%但偏差几乎为0。
13. 假设你们国家的中央银行以稳定物价作为首要目标。面对两种选择：一种是一位极其厌恶通货膨胀的专家做出的货币政策决策；另一种是一位水平相同但是有远见的专家做出的决策。你会选择哪种决策？
14. 假设一位刚刚取得独立的国家的总统要你为本国中央银行的设计提建议。以下列出了几个设计要素，你会选择哪些建议，简要说说你的原因。
    a. 中央银行做出的决策不可逆；或者中央银行的决策可以被民主选举政府推翻。
    b. 中央银行必须每年提交一份为政府融资的建议；或者中央银行用自身的资产利润融资来保持政府财政平衡。
    c. 中央银行的政策制定者任期四年，与政府选举周期一致；或者中央银行政策制定者的任期为十四年。
15. "中央银行应该保持各种目标之间模糊的关系，那样才能随时及时地选择重点目标。"从你所学的关于建立一家成功的中央银行的观点评价这段文字。
16.* 中央银行的众多目标包含了利率和汇率稳定。你浏览中央银行网页时注意到，上年每次会议结束后都上调了利率。阅读金融新闻报道，看看汇率是如何随这些利率的变动而变化的。你如何使这一举动和中央银行所追求的目标一致？
17. 提供论据说明2007—2009年金融危机是否影响了美联储的独立性。
18. 假设到了大选之年，经济开始下滑；同时，通货膨胀压力信号明显。那么，以稳定物价为主要目标的中央银行会如何反应？执政党成员想重新当选该如何反应？
19. 假设它们都能实现，你认为以下政府哪个更有可能严重阻碍中央银行低而稳定的通货膨胀目标？解释你的观点。
    a. 在国内外有高信誉的政府，并且政治稳定，税收系统运行良好。
    b. 有高负债的政府，政治不稳定，总想从国际市场借款。
20.* 假设政府有高负债。为什么这可能引起政府财政政策制定者出售额外的债券给中央银行，且明知这一行为将导致通货膨胀？

(注：题号后标注*的问题均指难度较大的题型。)

第 16 章
中央银行的结构：美联储与欧洲中央银行

金融恐慌带来的不稳定和混乱并不只是损害了银行，储蓄可能遭受损失的担忧也极大地阻止了人们在银行存款。更少的存款对银行意味着更小的规模和更少的贷款。金融恐慌后，恢复对金融体系的信心对人们来说是一个漫长的过程，在这期间人们很难融资。新企业无法获得开始运转所需要的资金；已成立的公司无法获得公司扩张所需要的资金。恐慌越频繁，情况就越糟，经济增长也就越慢。

这样的描述似乎正是 2007—2009 年金融危机后的世界，但是用它来描述美国 19 世纪末 20 世纪初的金融体制缺陷更加合理。1870—1907 年，美国经受了 21 次程度不同的金融恐慌。在那个以农业经济为主的时期，典型的危机是这样开始的：或者农作物减产，农民没有东西卖；或者农作物丰收，但价格低于成本。在这两种情形下，农民都会拖欠贷款。这种损失破坏了农业银行的资产负债平衡，导致它们从其存款的纽约或芝加哥的较大银行提取资金。如果农业银行的提款足够多，城市银行会被迫收回贷款或者在贷款到期后拒绝继续贷款。金融困难的消息传开后，其他银行也开始收回贷款。最后，当普通民众（小的存款人）听到这个消息后，他们纷纷奔向银行，要求以货币或黄金的形式取回存款。[①]

除非公众迅速恢复对金融体系的信任，否则银行除了倒闭别无选择。在 1907 年恐慌时，有 2/3 的银行无法用现金偿付存款。一位著名的德国银行家评论，20 世纪初的美国银行系统与 15 世纪初的欧洲银行系统是一样的。在这期间，欧洲建立了中央银行体系；但是美国没有。

许多 19 世纪的美国人都认为，任何形式的集权机构都应该最小化。但是频繁的金融恐慌使人们重新认识到强大的中央银行的价值。1913 年，国会通过《联邦储备法》，建立了美国的联邦储备体系。随着中央银行对政策机制的认识的提高，它的管理水平也逐渐提高。到 20 世纪 90 年代，人们广泛认为中央银行是低通货膨胀和高可持续增长的主要推动力量。

[①] 这个过程也可能以另一种形式（从大的银行到小的银行）发生。例如，在纽约，大额贷款拖欠会迫使大的城市银行试图从小的乡村银行那里提取准备金。这样，小的银行也会被迫开始收回贷款，这个过程将从那里继续。

在20世纪以前,中央银行稳定了欧洲金融体系;而在20世纪,却是另一种情形。当时,欧洲经历了高通货膨胀、低增长、高且不稳定的利率和不稳定的汇率。在第二次世界大战以后,政府开支不受约束,导致财政赤字不断。当20世纪70年代和80年代欧洲经济停滞时,大多数人认为通货膨胀是主要问题,纷纷指责差劲的货币政策。领导人认为,确保政治和经济稳定的唯一方法就是欧洲大陆国家间形成更紧密的联系,最好的解决方法就是统一货币和建立一家中央银行。结果,使用同一种货币(欧元)的欧洲货币联盟和它的中央银行——欧洲中央银行(ECB)成立了。

欧洲货币联盟是在一个拥有5亿人口的大陆建立商品、服务、资本的自由流通体系的数十年进程的必然结果。像美联储一样,欧洲中央银行基于物价稳定原则(我们在第15章学习了这些原则)。我们现在分析这两家中央银行,看看其结构是如何帮助它们实现目标的。

16.1 联邦储备体系的结构

1913年通过并经历了多次修订的《联邦储备法》,建立了由具有重叠职能的三个部门组成的体系。它们有一个中央政府机构——联邦储备体系理事会,位于华盛顿;12家区域性的联邦储备银行,分布在全国;联邦公开市场委员会;还有一些顾问委员会为理事会和区域性的联邦储备银行提供建议;私人银行也是这个体系的成员。这种复杂的结构分散了权力,是典型的美国政府结构,建立了制约和平衡的体系,减少了权力集中的趋势。

所有国民银行(由联邦政府特许设立)都属于联邦储备体系。州银行由各个州的银行管理机构颁发营业执照,它们有权选择加入联邦储备体系;但是由于成本问题,加入该体系的州银行不足20%。在1980年法律修订之前,成员银行都应该在美联储存入无息的准备金存款,而非成员银行可以存入付息的证券(比如美国国库券)。如今,成员银行和非成员银行都必须在美联储存入无息的准备金存款。所以,它们之间不存在实质的差别。

16.1.1 联邦储备银行

在华尔街中心,距世界贸易中心双塔楼遗址两个街区的地方,坐落着一幢如堡垒般的建筑,这就是纽约联邦储备银行总部。这里的地下第四层是世界上最大的金库,那里储藏的金块比纳克斯堡的还多。所有金块都属于其他国家和国际组织(比如国际货币基金组织)。储藏是免费的。如果事先申请,你就可以参观金库;但是如果没有得到邀请,你是不能进入大楼的其他地方的。银行在建的时候,有一个金库是用于储藏现金的,但是现在那个金库已堆满了废旧的家具。现金储藏在新泽西州哈得逊河沿岸,一个与足球场一样大的三层仓库。人们很少进去,那里也不允许观光旅游——只有厚厚的围墙、电子监控系统和配枪的警卫。(现金储藏在托盘上,每个上面大约有160个真空包装袋,每个包装袋里面有4 000张纸币。这里完全靠小的自动升降机移动它们。)

纽约联邦储备银行的金库

注：纽约联邦储备银行的金库。它容纳了世界上 1/6 的官方黄金储量；这里的黄金储量超过 2 亿盎司，按 2010 年 5 月的市价计算，价值超过 2 500 亿美元。图中的每条金块重 400 盎司，价值大约 50 万美元。

纽约联邦储备银行是 12 家区域性的**联邦储备银行**（Federal Reserve Bank）中最大的，这些银行和它们的分支机构形成了**联邦储备体系**（Federal Reserve System）的核心（12 家银行都储藏现金，但只有纽约联邦储备银行储藏黄金）。图 16.1 标出了每家银行的位置还有它们的服务区域。从现代观点来看，这张图十分不对称。为什么美国大陆部分将近 1/3 的区域只由旧金山一家银行提供服务，而费城的区域那么小却由好几家银行提供服务？为什么 12 家银行中有两家在密苏里州？

图 16.1　联邦储备体系：12 家联邦储备银行的服务区域

一种解释是这个区域是 1914 年划定的,代表了那时的人口密度;此外,这里面也有政治因素。参议员 Carter Glass 是《联邦储备法》的修订者之一,来自弗吉尼亚州的里士满——第五个区域的总部;立法会议的发言人 Champ Clark 来自密苏里州,那里有两家储备银行。更重要的是,政治家认为一个区域不应该只包括一个州。例如,纽约联邦储备银行服务纽约州的所有区域,新泽西州的北部区域(那里储藏现金),以及康涅狄格州西南部的一小部分和维尔京群岛。这种安排的目的有两个:保证每个区域包括广泛的经济类型;没有人或组织可以获得储备银行的特殊待遇。

储备银行的组建方式很奇怪——部分公有与部分私有。它们是联邦特许设立的银行,也是这些区域的商业银行拥有的私人的非营利组织。正因为如此,它们既由董事会监督,又由联邦政府的一个机构——美联储理事会监督。董事会由 9 人组成。这保证了董事会不仅包括银行家,还包括其他企业的领导和公众利益的代表。一些董事由银行挑选,另一些由美联储理事会挑选。虽然代表们的观点跨度很广,但是每个人都认为保证经济和金融的稳定是大家的共同利益。

每家储备银行都有一位总裁,他任期五年,由银行董事会任命并经美联储理事会批准(所有 12 个总裁的任期相间,几乎同时开始,同时结束)。总裁一般来自以下三者之一。一些人在联邦储备体系中工作,是区域银行运作的专家;一些人是研究金融体系的经济学家;一些人是以前的银行家,曾经是美联储的顾问。因为总裁们是一起工作的,不同的背景意味着他们能共同执行好联邦储备银行的各种职责。

在 2007—2009 年危机期间,政府紧急救助并提供信贷给金融机构,使人们觉得联邦储备银行在同情它们。结果导致一些人提议通过改变联邦银行总裁的任命方式来降低私人银行的影响力。一种可能是由美国总统直接任命,并由参议院讨论批准。

储备银行负责中央银行的日常工作,作为政府的银行、银行的银行。这里简要列举它们的职责:

1. 作为美国政府的银行,它们
    a. 发行新的货币(美联储规定的纸币),销毁旧的、残缺的纸币。
    b. 管理美国财政部的银行账户,进行电子支付。
    c. 管理美国财政部的融资。这就是说,负责发行、转让、赎回美国国库券和中长期国债。财政部决定做法,联邦储备银行负责执行。
2. 作为银行的银行,它们
    a. 为该地区的银行持有存款准备金。
    b. 管理并保证负责支付清算和转移资金的电子支付网络正常运行。
    c. 通过贴现贷款向该地区的商业银行提供资金,以贴现率计息。
    d. 监督管理该地区的金融机构,保证它们运作安全、信誉良好,评估银行并购申请和新业务申请。
    e. 收集并分析有关企业状况的数据。

除了这些职责,纽约联邦储备银行还向外国中央银行和在该行拥有账户的国际组织提供服务。纽约联邦储备银行也是联邦储备体系与金融市场的联系点。在那里拍卖国库券,买卖外国货币,通过公开市场操作并管理美联储的资产组合。在 2007—2009 年危机期间,纽约联邦储备银行使用一系列特殊的流动性和信贷工具,为金融中介机构提供资金,允许美联储接收非国债类的资产组合,范围从商业票据到抵押担保证券(参见第 18 章"交易工具")。

最后,储备银行在制定货币政策方面也发挥着重要的作用。它们既通过其在 FOMC(联邦公开市场委员会)的代表制定利率政策、决定美联储资产负债表的规模和构成,也参与设定**贴现率**(discount-rate,向商业银行提供贷款的利率)。《联邦储备法》明确规定贴现率由各个储备银行的董事会设定,并经美联储理事会批准。① 事实上,董事对贴现率没有话语权,因为贴现率是根据 FOMC 控制的隔夜利率加一个溢价自动设定的。一旦 FOMC 做出决策,大家都无法改变。这就是在图 16.2 展示的复杂的联邦储备结构中,从 FOMC 到贴现率的实线标注着"控制"的原因(我们将在第 18 章更深入地论述这个问题)。

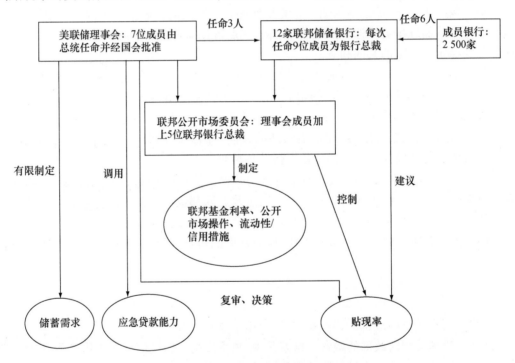

图 16.2 联邦储备体系的结构和政策组织

16.1.2 美联储理事会

联邦储备体系的总部位于华盛顿西北部 20 街和宪法大道的交叉口,在那里朝某个方向走几步路就是白宫,另一个方向是国务院。理事会的 7 位成员称为理事,由总统任命并经参议院批准,任期 14 年。任期长是为了避免理事会受政治压力左右,任期是交替

---

① 至今唯一一次例外就是 2007—2009 年金融危机期间,官员调低了贴现率和联邦基金利率的差额以鼓励借款。

的——每两年任命一位新成员——避免总统控制所有成员。① 理事会有主席和副主席,由总统从 7 位理事中任命,每四年任命一次。理事会成员一般包括经济学家、经济预测家、银行家。为了保证理事会中有足够的地区代表,不允许有 2 位理事来自同一家联邦储备银行服务的区域。《联邦储备法》明确要求"公平地代表金融业、农业、工业、商业的利益"。

与几千名工作人员一道,**联邦储备体系理事会**(Board of Governors of the Federal Reserve System) 具有以下职责:

- 设置存款准备金要求,这决定了储备银行应该持有的准备金水平。
- 批准联邦储备银行关于贴现率的推荐。
- 执行消费者信用保护法。
- 批准银行的并购申请。
- 监督、管理区域性储备银行,包括它们的预算和总裁的薪资。
- 和储备银行一起,监督、管理银行系统,检查银行的安全性、信誉、守法状况。
- 当经济环境被认为"异常和紧急"时,调用**应急力量**(emergency powers)贷款给非银行机构。这些应急力量为 2007—2009 年危机中美联储的紧急贷款提供了权威性。
- 分析国内和国际的金融与经济状况。
- 收集并公布关于金融体系运作和经济状况的详细数据。在理事会的网站,你可以找到货币总量(M1 和 M2)、利率、汇率、银行系统的资产和负债、美国工业生产水平、家庭财富水平等的信息。

7 位理事没有他们自己的工作人员。他们从各个部门的管理人员那里获取帮助和信息,这些管理人员负责安排每个人的具体工作。这些部门的管理人员对理事会主席负责。

 你的金融世界

国债直接交易系统

美联储负责美国财政部的银行业务。它是政府的银行,当政府需要借款时,发行美国国债,记录国债持有人,每 6 个月支付一次利息,到期偿还本金。虽然许多财政部债务是由银行、养老基金和保险公司等大型金融机构购买并持有的,但你也可以自己通过**国债直接交易系统**(Treasury Direct)购买,而不需要任何人的帮助。

通过国债直接交易系统,你可以购买价值 1000 美元以上的国债而不需要经纪费用,你所需要做的只是填一些表格,写张支票,递送出去(第一次必须使用纸张,以后你就可以进行电子化交易了)。你可以在公共债务网了解该如何开始交易。

这里存在一个技术问题,购买政府债券意味着在一个星期两三次的拍卖中出价。你如何知道应该出价多少?普通人不是债券定价的专家,因此如果由他们决定出价,国债直接交易系统就无法运行。解决方法就是非竞争性出价。这种方法保证你能以平均拍卖价

---

① 在最近几年,每 5 位理事中就有 4 位在任期结束前辞职。有人被任命在该任期的剩余时间工作,在这种情况下被任命的人可以在下个任期连任(这就是为什么艾伦·格林斯潘能够担任主席将近二十年)。但是,一个任期完整的成员不能再连任。

格购买债券,该价格是基于需要购买国债的人的出价而制定的。人们递送与其想要购买的债券面值相等的支票,因为拍卖机制设计为:如果购买价格低于面值,在几个星期以后你会收到退款。唯一复杂的就是如何选择应该购买的债券。

一旦购买了债券,你就会收到利率支付通知,还有列举了你所持有的债券的定期报告。如果你决定出售债券,美联储会保证你以市场最高价格出售。国债直接交易系统是迄今为止最便宜的购买美国国债的方式,尤其是小额买卖或者像通货膨胀保护证券这类的国债发行(参见第6章"你的金融世界"中对TPS的讨论),这些在公开市场很难购买但在拍卖中容易购买。

16.1.3 联邦公开市场委员会

大部分人一想到美联储,就会想到利率调控而不是支付系统或银行监管。当企业谈论美联储时,其真正在意的是**联邦公开市场委员会**(Federal Open Market Committee,FOMC)。这是调控利率以控制经济中的货币和信用量的机构。FOMC 从1936年开始运作,由12位有表决权的成员组成。他们是美联储理事会的7位理事,纽约联邦储备银行的总裁和其他4家储备银行的总裁。美联储理事会主席同时担任FOMC的主席,纽约联邦储备银行的总裁担任副主席。虽然一次只选出12家储备银行总裁中的5位,但是12位总裁都要参加会议。

FOMC 能够调控任何利率,但是它选择调控的是**联邦基金利率**(federal funds rate),这是银行利用在美联储的超额准备金在银行间提供隔夜贷款时所要求的利率。在接下来的两章,我们将详细论述这种安排,暂时记住,FOMC 调控的是名义利率。因为通货膨胀水平不会立刻变化,所以FOMC 能够有效地调控实际利率(实际利率等于名义利率减预期通货膨胀率)。实际利率在经济决策中起着重要的作用。实际利率越高,借款成本就越高,一个公司要建立一家新的工厂或一个人要购买一辆新车就越不可能。而且,公司和家庭的购买力水平越低,经济增长水平也越低。因此,FOMC 通过调控联邦基金利率来影响真实增长(第5篇将用宏观经济模型解释这种机制)。

FOMC 一般每年召开8次会议,或者说大约6个星期一次,会议地点在华盛顿美联储大楼中的理事会会议室。在发生危机时,委员会通过电话协商并改变政策。由于这种政策调整会告诉金融市场FOMC 认为情况紧急,因此这种方式被用于非常时期(如2001年9月恐怖分子袭击世界贸易中心)。2007—2009年金融危机促使FOMC 召开了12次非计划会议,累计超过了近十年的总次数。

自2009年起,所有FOMC 计划会议要持续两天,一般某个下午2:00开始,直到第二天下午1:00结束。除了7位理事和12位储备银行的总裁,许多委员会工作人员也参加,而且每个储备银行至少有1位高级职员参加。会议总共有50—60人参加,其主要目的是制定目标利率,提供政策指示。FOMC 自己不从事为实现短期目标而进行的金融市场交易。这种工作落到公开市场账户的管理人员身上,他们及其工作人员为纽约联邦储备银行工作。政策指示指导纽约联邦储备银行的工作人员购买或销售美国国债,将联邦基金利率维持在目标水平上或配置要求的资产组合。

为了弄清楚谁控制利率决策,我们必须看看 FOMC 是如何工作的,尤其是事先发布的信息和会议的机制。每次会议之前,都要将三份重要的文件发给与会人员。这些文件以其封面的颜色命名,分别称为黄皮书、绿皮书、蓝皮书。黄皮书是关于当前经济状况的信息汇总,由储备银行的工作人员收集、整理,并于每次会议前两个星期左右发布。这是会议前 FOMC 唯一对公众公开的文件。绿皮书是委员会的工作人员对未来几年的经济预测,在会议前的星期四发布。在会前三天,每个与会人员会收到蓝皮书,其中阐述了金融市场状况和当前的政策选择。绿皮书和蓝皮书属于秘密文件,直到会议召开后五年才向公众公开。

FOMC 会议是一次正式的会议,它可以分为两个部分,每个部分以与会人员(包括 12 位投票成员及 7 位储备银行总裁)上一轮讨论后的成员报告开场。以下是与会人员的发言次序:

1. 美联储公开市场账户的主管人员报告金融市场的状况和上次会议以来维持目标利率的举措。
2. 国际金融部门的主管人员发表对近期国际经济发展的看法。
3. 美联储理事会研究和统计分析部门的主管人员陈述经济预测(在绿皮书中)。
4. 委员会成员(包括当前没有表决权的储备银行总裁)依次阐述自己对经济的看法,包括具体的区域性信息。每个人的发言大约五分钟。在开会过程中,发言者可以对他人的观点做出回应。主席最后发言,总结对经济周期的看法。
5. 货币事务部门的主管人员(兼任 FOMC 的秘书)介绍两个或三个政策选择(在蓝皮书中),其中一个选择总是维持目标利率不变。
6. 委员会成员再一次依次讨论政策选择,主席最后发言。
7. 投票表决。主席首先投票,副主席第二,接着委员会成员按字母顺序依次投票。

成员在做完报告后可以回答他人的提问,但是 FOMC 正式会议的提问—回答是有限制的。会议持续两天的一个好处就是,成员们能够在非正式场合深入交流,如第一天晚餐结束后。会议持续至第二天下午 1:00,一个小时后或者东部标准时间下午 2:15 分之前,委员会向公众宣布决议,并做简短的解释。三周后,经过总结的详细会议记录将被发布在 FOMC 的公共网站上。

为了弄清楚委员会的权力由谁掌握以及谁控制利率决策,我们需要注意一些事情(见表 16.1)。第一,也是最重要的一点,主席是联邦储备体系的"喉舌",由他/她向国会和公众汇报 FOMC 的行动。第二,委员会是由官员们组成的,他们每天一起在华盛顿美联储总部工作。第三,除了向公众公开的黄皮书,在会议之前,向所有委员会成员公布的信息是绿皮书的预测和蓝皮书的政策选择。这些都是由美联储理事会的工作人员准备的,他们受主席控制。另外,在 2008 年,FOMC 成员(即官员们和 12 位联邦储备银行总裁)开始分配他们自己负责的季度经济报告。第四,主席制定 FOMC 会议的议程,决定成员发言顺序,并提交自己的 FOMC 政策建议报告。最后,尽管投票是由成员公开进行的,但是在 FOMC 会议开始前和结束后的一周内,委员会成员不能公开发表自己的经济预期或者货币政策观点。反对者的观点可在会后新闻发布中被辨别出来,但一周后才能公开自己反对的原因。请记住,理事会控制着联邦储备银行的财政预算及总裁的薪资。

表 16.1 美联储指南

联邦储备体系是复杂的,以下列举了美联储的主要人员:	
理事会主席	联邦储备体系中权力最大的人,同时担任 FOMC 主席;他/她有效地控制 FOMC 会议和利率政策,由总统任命,任期 4 年,人选必须是理事会成员之一。
理事会成员	监督、管理金融体系;所有人都是 FOMC 的成员,由总统任命,任期 14 年。
纽约联邦储备银行总裁	运行、管理储备银行中最大、最重要的银行;在那里进行货币政策操作并负责大部分的国债业务;由银行董事会任命,经美联储理事会批准,任期 5 年,同时担任 FOMC 副主席。
其他 11 位联邦储备银行总裁	为该地区的商业银行提供服务;11 位总裁都参加 FOMC 会议,每年依次轮流有 4 位成员拥有 FOMC 投票权。
美联储理事会和所有储备银行都有自己的网站,网站上会公布数据、经济研究、声明和有关客户服务的信息。此外,FOMC 有一个网站,在那里列出会议时间,并且提供委员会的会议副本、记录和声明的链接。这些网站都可以从 www.federalreserve.gov 链接。	

发布报告这件事,可以让我们知道 FOMC 的权力由谁掌握。事实上是由主席控制货币政策,因此如果你想知道利率可能会上升、下降还是不变,你应该关注的人就是主席。为了对政策选择施加影响,美联储理事会的成员或储备银行的总裁通过会议发言和公开声明获得支持,使得主席除同意之外别无选择。虽然主席权力巨大,但是委员会的结构设置对主席的权力形成了很重要的监督机制。的确,在 FOMC 会议出现两位反对者的情况都是不常见的,若出现三位反对者——这一情况在 20 世纪 80 年代以来都没有发生——将会使人们对主席的领导能力产生质疑。

交易工具

解读 FOMC 报告

随着 2008 年金融危机的加深,联邦公开市场委员会的政策措施的范围不断扩大,维护金融稳定这一目标被美联储提上了头号议程。相应地,联邦公开市场委员会日常计划会议结束后的 **FOMC 报告**(FOMC statement)的发布形式也发生了显著的改变。然而,一些熟悉的报告要素依然保持不变:

- 委员会关于联邦基金利率(联邦公开市场委员会控制的利率)目标及其范围的决定有明确的表述。
- 委员会对当前经济形势的观点的概述,特别是对通货膨胀的预期。
- 预期的经济前景如何影响未来政策的描述。
- 除联邦基金利率外,美联储对为了达到政策目标所使用的工具的描述(要理解这些,你必须紧跟当前的时事)。
- 投票结果报告。

以下是 2008 年 12 月 16 日的联邦公开市场委员会的报告摘录,委员会第一次对联邦基金利率设定为接近于 0 的低目标范围:

联邦公开市场委员会决定自今日起将联邦基金利率目标范围设置在 0—0.25%。

自从委员会的上次会议以来,金融市场和信贷条件保持紧缩。总的来说,对经济活动的预期进一步减弱。

同时,通货膨胀压力也明显下降,委员会预期通货膨胀在未来几个季度将进一步放缓。

美联储将使用各种政策工具恢复经济的可持续增长并维持物价的稳定。特别地,在经济低迷的环境下,委员会认为低水平的联邦基金利率可能要持续一段时间。

委员会的政策重点仍然是支持金融市场的运行,并利用公开市场操作和其他能维持美联储高水平资产负债表的方法刺激经济。美联储将继续考虑使用资产负债表,进一步支持信贷市场和经济活动。

投票参与联邦公开市场委员会货币政策制定的有:主席本·S.伯南克,克里斯蒂娜·M.卡明,伊丽莎白·A.杜克,理查德·W.费舍尔,唐纳德·L.科恩,兰德尔·S.克罗兹纳,桑德拉·皮亚纳尔托,查尔斯·I.普洛索,加里·H.斯特恩,凯文·M.沃什。

弄懂这些报告需要花些时间,特别是在金融危机这样的大环境下。本文可以总结如下:"威胁稳定的主要因素包括金融市场的破坏、信贷的减少、经济活动的下降。考虑到低而趋于下降的通货膨胀预期,联邦公开市场委员会计划一段时间内保持利率接近于 0,以帮助刺激经济。另外,美联储准备在金融市场再次萧条时,直接提供信贷以大力支持经济活动。"

通过访问联邦公开市场委员会网站 http://www.federalreserve.gov/fomc/,你能够找到最新发布的报告,看看它们是如何改变的。你认为美联储下一步会做什么?

16.2 评价联邦储备体系的结构

在上一章,我们提供了一张用于评价中央银行结构的表格。一家有效的中央银行必须符合以下几个条件:政策制定者独立于政治影响;由委员会制定决策;负责、透明、清楚地传达政策目标。让我们用这些标准评价联邦储备体系。

16.2.1 独立于政治

我们制定了三个标准用于判断中央银行的独立性:预算的独立性,不可改变的决定,任期长。美联储符合这三个标准。它控制自己的预算。美联储的实际收入是由以下两个方面构成的:它持有的政府债券带来的利息;向银行间支付系统收取的服务费,包括支票清算、电子资金转移等。事实上,美联储的收入很多,因此每一年其收入的 95% 都返还美国财政部。① 利率调整是立即执行的,而且只能由 FOMC 改变决策——其他任何人都无权改变。美联储理事会的成员任期 14 年;主席任期 4 年;储备银行总裁任期 5 年(他们并非由政治家任命)。

虽然美联储符合保持货币政策独立性的标准,但是它偶尔也会遭受政治攻击。正如我们所说的上调利率是不受欢迎的。2009 年,公众对于金融危机和美联储救助大型金融机构的愤怒使美联储成为众矢之的,这对美联储的独立性产生了多年来最大的威胁。许多立法者都支持对美联储进行更大力度的监管。然而由于金融危机,美国政府还是提议增强美联储的监督权力,但是一些国会的人仍在寻找机会剥夺美联储的这些权力。

16.2.2 由委员会制定决策

美联储是由委员会制定决策的,因为 FOMC 是一个委员会。虽然美联储理事会的主席可能控制决策,但是由 12 位成员投票表决可以避免任何一个人的专制。在美联储,没有人可以成为独裁者。

16.2.3 责任性和透明度

FOMC 向公众发布大量信息。在每次会议之前,委员会都会发布黄皮书并向公众公开;在每次会议之后,都会立即宣布决策并做出解释。大约 6 个星期后(下次 FOMC 会议结束两天后),将会公布一份详细的匿名摘要——会议记录。5 年以后,FOMC 会公布该会议详细的副本。除了这些文件,还有一年两次的"致国会的货币政策报告",这包括成员对未来两年的通货膨胀和经济增长的预测。主席根据这份报告向国会陈述国家的经济状况。FOMC 成员也经常发表公开演说,偶尔向国会陈述观点。一般情况下,主席每年公开演说 15—20 次,其他美联储理事会成员和储备银行总裁公开演说 5—10 次。所有这些信息——黄皮书、声明、会议记录、副本、一年两次的报告、陈述和演说——都能够在美联储的网站上找到。

这些大量的信息似乎足以让每个人知道 FOMC 在做什么,为什么要这么做。但是许多信息并非总是准确的。美联储传达的信息会遗漏一些事情。首先,没有定期的新闻发布会,也没有对主席关于 FOMC 当前政策的实质提问。在 FOMC 会议召开前和结束后都有一小段时间没有成员公开谈论货币政策。其次,有关政策制定的信息——像绿皮书的经济预测和蓝皮书的政策选择这样的文件——和会议副本直到五年后才公开。最后,正如我们将要阐述的,委员会拒绝简明、清晰地陈述目标,阻碍信息传达。

---

① 2009 年的危机与以往的不同,因为利率相当低并且美联储资产负债表扩张的幅度大。你可以将美联储持有的证券价值——大约 2 万亿美元——乘以美国国债 1 年期利率(大约 0.25%)得到美联储的利息收入,结果大约是 50 亿美元(同样方式在 2007 年的计算结果是 400 亿美元)。然而,美联储 2009 年的净利润达到 520 亿美元,原因是美联储持有大量高利率的非国债资产(主要是抵押支持证券);美联储将其中的 460 亿美元返还财政部。

概念应用

联邦储备体系独立性的发展

像大部分大的官僚机构一样,美联储的发展十分地缓慢与谨慎。但是有些时候,美联储的结构会突然发生重大的变化。第一次重大变化发生在 1935 年,即 20 世纪 30 年代经济大萧条引发金融机构大范围破产之后。为了将货币政策撤出政治舞台,财政部部长和货币审计官——两位当时受总统器重的政治官员——被踢出联邦储备理事会,并成立了 FOMC。

但是独立性有名无实。第二次世界大战期间,美联储为战争效力,保证财政部能够获得低成本的资金。美联储维持低利率以保证债券价格高企。重要的是,当财政部发行债券时,为了维持高价,美联储必须购买公众不愿意购买的债券。1951 年年初,财政部部长屈于政治压力为朝鲜战争融资,试图强迫美联储直接从财政部购买大量的债券。面对上升的通货膨胀,FOMC 宣布降低它购买的政府债券的利率,以限制信用扩张。总统杜鲁门被迫干涉并解决这个问题。1951 年 3 月 4 日,总统、财政部部长和美联储主席达成一致,公开发表联合声明,赋予 FOMC 独立调整利率和控制货币扩张速度的权力。*

这两起事件建立了美联储货币政策独立性的基础。当然,FOMC 的工作能力也依赖于政治家减少干预的意愿。总统和财政部部长可以批评 FOMC 的货币政策,国会也的确有能力取消美联储的独立性。2007—2009 年金融危机爆发后,国会对美联储的批评变得相当尖锐,并提议要限制美联储的权力。相反,美国政府提议增强美联储的监管权力,以阻止下一场金融危机的爆发。

* 关于这段历史的概要,参见 Carl E. Walsh,"Federal Reserve Independence and the Accord of 1951," *Federal Reserve Bank of San Francisco Weekly Letter*,No. 93(21),May 28,1993。

16.2.4 政策框架

美国国会确立了美联储的目标:"联邦储备体系理事会及联邦公开市场委员会应该保持货币和信用总量的长期增长水平与经济的长期潜在产出的增长相当,以有效地促进高就业、物价稳定、稳定的长期利率这些目标的实现。"

我们该怎样理解这一含糊的陈述呢?有些人认为这种含糊不清是有利的,因为法律很难改变。他们不希望美联储的目标非常具体;这种不精确的语言意味着美联储能够确定自己的目标。过去,联邦公开市场委员会不愿意告诉我们确切的目标指令,直到笔者写作本书之时,情况仍是这样。但是,在伯南克还是普林斯顿大学教授并未成为美联储主席时,他就认为制定货币政策最好的方式就是发布一个某一水平上的准确数字的目标通货膨胀率。至今,联邦公开市场委员会在伯南克的带领下,通过发布与通货膨胀预期接近的长期通货膨胀预期报告,已经逐渐向这种方式靠近。但是,联邦公开市场委员会还是没有发布一个代表委员会一致意见的目标利率。这反映了其担心国会反对稳定通货膨胀率优先于稳定就业率的政策框架。

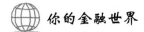 你的金融世界

美联储无法将你从股市崩溃中挽救出来

美联储可以防止股市崩溃,使我们晚上睡得更好吗?我们已经说过,中央银行的工作是通过稳定物价、经济增长和金融体系来降低系统性风险,但是中央银行能做的、应该做、会做的就只有这么多。没有人能将我们从我们所面对的风险中挽救出来。

20世纪90年代末到21世纪初的股票市场的历史很好地说明了中央银行面对的压力和它们的作用限制。当1998年和1999年股价上升时,许多投资者认为联邦储备理事会主席艾伦·格林斯潘不会让股市大幅下跌。他和FOMC的同事会保证人们免遭损失。他们的理由是这样的:财富的变化改变消费类型。也就是说,我们变得越富,我们的支出就会越多;相反,我们变得越穷,我们的支出就会越少。股市崩溃会使我们减少开支,经济严重衰退——这是"格林斯潘的美联储"所不允许的。对于投资者这种假设意味着他们买股票时不用担心股价下跌;他们不必害怕崩溃。虽然过去拥有股票是有风险的,但是现在已不再有风险。在1999年许多人是这样想的。风险越小,风险溢价就越低,这使价格进一步上升。(记住风险越小,你购买金融产品的成本就越高。)

那么结果如何呢?美联储并没有控制股票市场;它仅仅设定利率,保证银行拥有资金兑现承诺。当2001年和2002年股市下跌时,FOMC将目标利率从6%下调到1%以防止衰退。经济增长放缓了几年,通货膨胀轻微上升。但是保持股价处于不可持续的高位超出了美联储的能力,不管美联储的成员想不想这样做。没有人能够消除隐含在投资中的风险——就算是世界上最强有力的中央银行也不行。

16.3 欧洲中央银行

1998年,罗马人用里拉购物,而柏林人用马克,巴黎人用法郎。意大利中央银行控制流通中的里拉数量,德国中央银行控制马克数量,法国中央银行控制法郎数量。但是在1999年1月1日,大多数西欧国家采用了同一种货币。如今,罗马、柏林、巴黎的居民都用欧元购物。货币政策成为**欧洲中央银行**(European Central Bank,ECB)的工作。一张1美元的钞票在美国的每个地方都值1美元,一张1欧元的钞票在**欧元区**(euro area)的每个地方都值1欧元。到2010年,欧元已经成为16个国家的货币(见图16.3)。

1992年,以荷兰城市命名的《马斯特里赫特条约》正式同意建立欧洲货币联盟。这份条约开始了一个漫长的过程,最后促成**欧洲中央银行体系**(European System of Central Banks,ESCB)的建立。该体系由位于德国法兰克福的欧洲中央银行和欧盟的27个成员国的国家中央银行(NCBs)组成。ECB和16个同家的NCB组成了货币联盟,即我们所知道的**欧元体系**(Eurosystem),该体系使用同种货币和同一货币政策。在写作本书时,丹麦、瑞典、英国还有其他12个国家中的8个于2004年5月1日加入了欧盟,但是它们仍处于欧元体系之外,独立控制自己的货币政策。

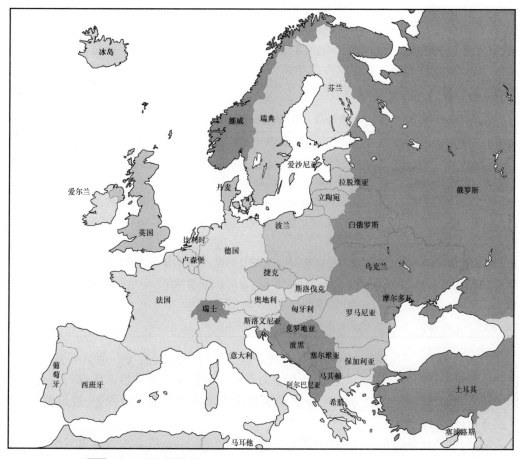

图 16.3 中央银行的欧洲体系

欧洲的中央银行有许多名称和缩写。为了避免混乱,我们称负责欧元区货币政策的机构为欧洲中央银行。我们的目标是理解它的基本组织结构。① 记住,从经济意义上说,欧洲比美国更大,但欧元区却比美国小一点。

16.3.1 组织结构

欧元体系的结构在很多方面与联邦储备体系相似。**ECB 的执行董事会**(Executive Board of the ECB)拥有 6 位成员,这与美联储理事会相似;**国家中央银行**(National Central

---

① 有两本书对理解欧洲货币政策很有帮助。ECB 的首位首席经济学家 Otmar Issing,任职于 ECB 的执行董事会的第一个 8 年,在 *The Birth of the Euro*(Cambridge,UK:Cambridge University Press,2008)阐述了 ECB 政策的发展历程。2004 年 ECB 出版的 *The Monetary Policy of the ECB*,提供了关于货币政策运作的技术性描述。

Banks)与联邦储备银行具有许多相同的作用;**管理委员会**(Governing Council)制定货币政策,与 FOMC 的工作一样。① 执行董事会有 1 位主席(时任主席是法国的吉恩克劳德·特里歇,任期到 2011 年 10 月)和 1 位副主席(葡萄牙的维克多·康斯坦西奥任期到 2018 年 5 月),他们与美联储的正副主席作用相同。执行董事会的成员由欧洲货币联盟成员国的首脑组成的委员会任命(见表 16.2)。

表 16.2　欧洲中央银行的主要成员

欧洲中央银行(ECB)	位于德国法兰克福的中央银行,负责监督同一货币区的货币政策(1998 年 7 月 1 日成立)
国家中央银行(NCBs)	建立货币联盟之前欧盟各成员国的中央银行
欧洲中央银行体系(ESCB)	由 ECB 和欧盟各成员国(包括那些未加入货币联盟的国家)的 NCBs 构成
欧元体系	由 ECB 和货币联盟各成员国的 NCBs 构成;它们共同履行欧元区中央银行的职责
ECB 的执行董事会	位于法兰克福,由 6 位成员组成,负责监督 ECB 和欧元体系的运作
管理委员会	22 位成员(目前)组成的委员会,负责制定同一货币区的货币政策
欧元	欧洲货币联盟的各成员国使用的货币
欧元区	将欧元作为法定货币的国家

　　ECB 和 NCBs 一起执行中央银行的传统职能,这些我们已经在上一章学习了。除了使用利率控制经济中的货币和信用量,它们也对保证支付体系完整和货币发行的平稳负责。因为每个国家的具体情况不同,NCBs 必须为自己国家的银行和政府服务,就像美国的联邦储备银行一样。

　　但是,联邦储备体系和欧洲中央银行也有很大的不同。一些是由设计方式引起,其他则与体系的产生方式有关(见表 16.3)。第一,ECB 不需要监督、管理金融机构;第二,货币政策的执行——ECB 每天与金融市场的相互作用——是由所有国家中央银行完成的,而美国则是集中进行的;第三,ECB 的预算是由 NCBs 控制的。这种安排意味着 NCBs 控制着执行董事会的资金和 ECB 总部。

表 16.3　FOMC 与 ECB 管理委员会的比较

	FOMC	ECB 管理委员会
独立性		
预算控制	由美联储理事会控制	由 NCBs 控制
决策不可改变	是	是
任期	美联储理事会成员 14 年,储备银行总裁 5 年	执行董事会成员 8 年,NCBs 的总裁最短 5 年

---

　　① 大家也许会认为 ECB 是模仿联邦储备体系的,但是事实上它的结构是以德国中央银行——德意志联邦银行为基础的。欧洲国家一致认为德国中央银行是成功的,它稳定了第二次世界大战后德国的经济,所以它自然成为一种模式;但是采用新结构的真正原因是政治。ECB 的设计者必须找到一种方式建立一家联合所有现存国家中央银行的中央银行。这意味着添加一家新的中央管理机构,而已经存在的机构保持不变。

(续表)

	FOMC	ECB 管理委员会
法规的修订	要求国会的批准	要求《马斯特里赫特条约》的所有签约国家一致同意
政策制定	19 位委员会成员,每次 12 位投票表决	22 位委员会成员,所有人都参加
责任性和透明度		
政策考虑	立即公布目标利率和委员会成员的投票情况,并做简短的解释 下次会议结束两天后公开会议记录 副本于 5 年后公开	立即公布目标利率,并做解释性发言,主席和副主席回答问题 于 20 年后公开会议记录 没有副本
其他信息	一年两次向国会作报告 成员的公开演说 数据的收集和传播 发布研究报告对通货膨胀和增长的季度预测	每季度向欧洲议会作报告 成员的公开演说 数据的收集和传播。 发布研究报告以及每年两次对通货膨胀和增长的季度预测
政策框架	物价稳定和可持续的经济增长的双重目标 对两个目标的权衡选择没有明确的定义和解释	物价稳定是非常重要的并且用数字定义,所有其他目标都是次要目标
与财政政策制定者的协作	没有明确的机制	成员国的赤字和负债水平的刚性要求

  对于 ECB 的行为,我们关注的是它对欧元体系中的货币和信用的控制,即货币政策。管理委员会等同于美联储的 FOMC,由 6 位执行董事会成员和 16 位(2010 年)欧元区中央银行的总裁组成。讨论货币政策的会议每个月在法兰克福(ECB 总部)召开一次。根据大多数成员的意见制定决策,并没有正式的投票表决。投票表决是一个有争议的问题,但是 ECB 坚决拒绝采用投票表决制(或者公开地接受它)。这种立场的解释看起来非常合理。管理委员会的成员负责制定整个欧元区的政策,不管其各自国家的经济状况如何。如果采用投票表决制,这最终会公开。当法国经济衰退时,法国中央银行的总裁要投票表决上调利率的方案是很困难的,即使对于整个欧洲而言也是正确的事情。像 FOMC 的正式投票表决可以产生好的政策。①

  《马斯特里赫特条约》包含了许多保证中央银行独立性的重要条款。第一,关于任期规定:执行董事会成员任期八年(不能连任),成员国中央银行的总裁任期至少 5 年;第二, ECB 的金融利益必须独立于任何政治组织;第三,条约明确指出管理委员会不能执行任何政府的指示,因此它的政策是不可改变的。ECB 是根据欧盟各成员国一致同意的条约成立的,这使得要改变任何条款都十分困难。研究中央银行的人一般都认为,这些条款使

---

① ECB 的管理委员会与 FOMC 的一个重要的不同是,联邦储备理事会的成员在 FOMC 中占大多数席位(12 位中有 7 位),而 ECB 执行董事会的成员在管理委员会中只占少数(现在 22 位中有 6 位)。欧元体系与美联储相比,权力更不集中。

ECB成为世界上最具独立性的中央银行。

在继续论述之前,很有必要注意其他的欧盟国家(特别是东欧的国家),在未来几年它们有可能加入货币联盟。如果这样,管理委员会就必须做出一些困难的决定。从1999年开始,人们已经很难想象ECB中由17位成员组成的管理委员会如何制定政策。想象一下,当成员扩大到33个会怎样——6位理事会成员加上27个成员国的代表!考虑到这些问题,管理委员会采取了像FOMC一样的复杂的轮换体系(当成员国达到19个时采用)。执行董事会成员在管理委员会拥有永久席位,就像美联储的管理委员会一样;而剩下的席位由各成员国中央银行的总裁轮换。慢慢地,ECB获得了广泛的合法地位,委员会成员面临被本国批评的风险更小,渐渐扩大的管理委员会可能决定使用投票方式使其制定政策的过程更加有效率。

16.3.2 责任性和透明度

像美联储一样,ECB在报纸和网站上公布了大量的信息,包括每周的资产负债表、每月的统计报告、当前经济状况分析、半年一次的通货膨胀和增长预测、当前政策的研究报告、年度报告。除此之外,ECB的主席每季度向欧洲议会做货币政策报告并回答问题,管理委员会的成员定期发表公开演讲。但是,ECB的传达策略中最重要的方面是注重对管理委员会的政策考虑的陈述。(像FOMC一样,ECB的管理委员会设定银行间贷款的短期利率目标。)

在管理委员会每月召开的关于货币政策的会议结束后,ECB的主席和副主席会在法兰克福召开新闻发布会。首先,主席会宣读几页有关委员会利率决策的报告,以及关于欧元区当前的经济和金融状况的简短报告。接下来主席和副主席会回答问题。他们所有谈话的副本随后会在ECB的网站(www.ccb.int)上公布。这与FOMC完全不同。一方面,FOMC在会后立即发布简短的声明,但不会回答问题;另一方面,FOMC于6个星期后公布会议记录,而ECB在20年内都不会公开会议记录。ECB第一次管理委员会会议的记录,没有区分不同人的发言,直到2019年才能公开;而且,管理委员会也没有逐字记录会议内容,观察家一般认为副本消除了会议的自发性,会议记录却不行。我们很难证明很长时间以后公开的有关管理委员会的匿名摘要是真实的。

在评价ECB的传达策略是否充分时,我们需要提两个问题:第一,公开的信息会使人们对未来政策的惊讶度最低吗?第二,这能够使政策制定者对他们的决策负责吗?对于第一个问题,主要在于经常会有许多互相冲突的观点发表。当ECB开始运行时,传达的混乱确实是一个问题,但是现在管理委员会已经意识到公开观点一致性的重要性,委员会成员的公开声明也更加一致。对于第二个问题,有迹象表明系统运作良好,具有责任性。ECB还是被迫向欧洲人民证明它的行为的合理性,用超过12种语言解释它的政策并对批评做出回应。

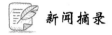 新闻摘录

美联储推行实际通货膨胀率目标

Krishna Guha

美联储昨天推行了略低于2%的实际通货膨胀率目标——与欧洲中央银行的正式目标很相似。

此次举动主要因为美联储大幅调低了对当年的增长率预期,并且提高当年年底的失业率预期,失业率超过了它们10月份的预期近1个百分点。

美联储主席本·伯南克在一次演讲中说道,当年的经济数据很"惨淡",并保证美联储将"在自己职权范围内,继续尽最大努力恢复我们国家的金融稳定和经济繁荣"。

但是伯南克没有提到购买国债的可能性,这表明美联储如今想通过直接降低私人借款成本来进行目标干预。

美联储发布了"中心趋势"——联邦公开市场委员会代表的主流观点——经济萎缩在0.5%和1.3%之间,第四季度失业率在8.5%和8.8%之间。

官员也公布了他们的通货膨胀预期报告,核心通货膨胀率(包括不断变化的食品和能源价格)今年预计在0.9%至1.1%之间,直至2011年达到0.7%至1.5%之间——这表明了通货紧缩风险加大。

美联储第一次发表了对经济增长、失业率、通货膨胀的长期预测。这次报告表明了美联储主要官员在寻找实现长期通货膨胀率在1.7%—2%的目标的方法——这与欧洲中央银行维持通货膨胀率接近但低于2%的目标相似。

伯南克主席在昨天的演讲中解释,此次长期通货膨胀目标预期代表的是实际通货膨胀率目标。他认为通货膨胀计划应该被解释为"联邦公开市场委员会参与并配合国会制定的双重管理的通货膨胀率"。

伯南克还表示,"增加关于联邦公开市场委员会对长期通货膨胀率的观点描述有助于更好地稳定公众对于通货膨胀的预期,从而有利于通货膨胀的稳定"。

然而,实际通货膨胀率目标仍然达不到像其他大部分中央银行制定的正式的通货膨胀目标,它代表的是个人的目标范围而不是统一商定的目标范围。大部分人的目标为2%,但是一部分人以1.75%为目标,另一部分人则以1.5%为目标。更进一步,实际通货膨胀率会随着联邦公开市场委员会成员的变动而渐渐发生偏离。

同时,对增长和失业率的长期预期表明,美联储认为今年美国的增长率在2.5%—2.7%,自然失业率在4.8%—5%——严重地高于过去周期的低点。

资料来源:Copyright © 2009 by The Financial Times Limited. Reprinted with permission。

▶ **本文启示**

作为普林斯顿大学的经济学家,本·伯南克指出了中央银行推行通货膨胀目标的好处。但是一个新的政策框架的推行需要依靠建立联邦公开市场委员会和国会(负责监督美联储的行为)共同监管的机制。联邦公开市场委员会渐渐调整它的进程,让美联储在保

有其原有特色的前提下慢慢成为一个具有通货膨胀目标的中央银行。请问,联邦公开市场委员会已经发布了一个明确的通货膨胀率目标了吗?

16.3.3 稳定价格的目标和货币政策策略

《马斯特里赫特条约》指出,"ESCB 的主要目标是保持物价稳定。在不影响物价稳定目标的前提下,ESCB 应该支持欧盟的一般经济政策",其中包括可持续增长和无通货膨胀增长的目标。这种目标和美联储法律规定的目标一样,是十分含糊的。管理委员会已经对此做出解释并描述了指导政策制定的要素。1999 年 1 月 1 日,管理委员会开始运作之前,它准备了一份新闻稿,标题为"以稳定为目标的货币政策策略"。这种策略包括两个方面:第一,用具体的数字定义物价稳定;第二,致力于对未来价格前景做出广泛的评价,其中货币起着重要的作用。[1]

ECB 的管理委员会基于欧元区消费者价格水平的度量,将物价稳定定义为通货膨胀率接近 2%。该指数称为调整的 HICP(消费者物价指数),与美国的 CPI 类似。HICP 是欧洲货币联盟的各成员国的零售价格上涨水平,以国内生产总值的规模为权重的加权平均。德国的经济规模超过整个欧元区经济规模的 1/4,而爱尔兰的经济规模大约为德国的 1/15,因此与爱尔兰相比,德国的通货膨胀水平对政策制定的影响更大。这种安排对货币政策运作的影响很大,有的时候,对于爱尔兰上调利率是合适的政策,而对于德国下调利率才是合适的政策。因为爱尔兰的规模相对较小,该国的通货膨胀或增长的变化对整个欧元区几乎没有什么影响。对于许多欧元区的其他小国也是如此。

大国相对于小国的经济影响力更大,这会影响管理委员会的决策。记住,一个包括欧元区所有国家中央银行总裁和执行董事会成员的机构负责制定利率政策。管理委员会的任务是稳定整个欧元区的物价水平,人们不知道小国的经济状况是否对决策产生了过度影响。为了弄清楚这个问题,想象一下如果管理委员会的所有成员都坚持对各自国家有利的政策,结果将会怎样。这样做的结果是最终政策对中等国家有利。如果 ECB 只有三个大国——德国、法国、意大利,那么中等国家很可能是相当小的国家。执行董事会一半成员来自大国、一半成员来自小国的惯例不能有效地阻止这种趋势。

尽管存在这些潜在的不足,还是存在强有力的证据表明 ECB 做好了本职工作。这就是说,管理委员会的政策对欧元区是合适的,不会偏向小国。ECB 将《马斯特里赫特条约》提出的物价稳定的目标具体化,这降低了政策制定者制定政策的自由度,保证他们尽职尽责。[2]

---

[1] ECB 称这份声明是它的"双支柱"策略。观察家批评这种将货币包含在政策框架中的方式。如果目标是稳定物价,那么为什么货币增长不仅仅是一系列影响决策的因素之一呢?

[2] ECB 的有效性和信用度的有力论据参见 Stephen Cecchetti and Kermit Schoenholtz, "How Central Bankers See It: The First Decade of ECB Policy and Beyond," NBER Working Paper 14489, November 2008。

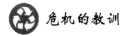 **危机的教训**

欧元区的政府基金

欧洲中央银行的设计者总是希望它能确保在不牺牲物价稳定的前提下弥补财政赤字。他们推行了一项法规,即称为《马斯特里赫特条约》的不救助条约,禁止欧洲中央银行直接救助出现财政危机的各国政府。

随着2007—2009年金融危机的爆发,这项法规面临考验。2010年年初,投资者担心几个欧元区政府的大规模财政赤字导致债务利率扩大并超过以低利率为标杆的德国债务。正如在第7章看到的,主权债务收益的扩大通常反映了违约风险。

欧元区的政策制定者意识到一个严重的问题:政府基金流动性会慢慢减少,就像危机中大量的银行、家庭、商业一样。主权国家借款的历史里有很多这样的例子,如俄罗斯(1988年)和阿根廷(2001年)的危机。

如果一些欧元区国家不能够借款,危机将可能波及整个欧元区。欧元区的经济通过国际贸易和公司的跨境经营紧密地联系在一起,这些联系也促使欧元区的政治家们团结在一起。

考虑到不救助条约制约着欧洲中央银行,防止主权债务破产的重担就落在了欧元区的财政领导人身上。他们能做些什么来防止成员国的政府融资危机呢?一种方法就是要其他欧元区国家贷款给发生危机的国家。另一种方法就是确保债券的发行(就像许多政府在金融危机达到顶峰时为新发行的银行债券提供担保)。

然而,政策制定者明白,欧元区安全网要求小的主权国减少它们的借款动机并提高它们的财政预算。随着时间的推移,它将导致欧元区更大的财政恶化。为银行提供的政府担保将引发道德风险——这会鼓励它们冒更大的风险(参见第14章)。

2010年春,在公布欧元区国家第二次财政预算赤字名单后,希腊政府经历了巨额的借款困境。担忧主权债务危机的投资者也引发其他几个欧元区国家的债券收益率进一步上升。

为了阻止危机的迅速发展,欧元区与国际货币基金组织合作,以低于市场收益为代价提供给希腊一笔大规模的贷款。这一举动——对于贷出国和希腊都是不常见的——意味着希腊赤字的负担将由欧元区的纳税人共同承担。另外,欧元区政府建立了另外一套公众借款措施,给除希腊以外的其他成员国在市场上面临财政借款困难时采用。欧洲中央银行接受低于投资评级的希腊债券作为抵押并首次购买成员国债券,这对解决危机起到重要的作用。有条件的借款计划和欧洲中央银行的行动增加了欧元区领导者面对财政危机可使用的政策工具,这些新的、具有争议的措施如何维护区域的长期稳定还有待观察。

关键术语

- 联邦储备体系理事会
- 贴现率
- 应急力量
- 欧元区
- 欧洲中央银行(ECB)
- 欧洲中央银行体系(ESCB)
- 欧元体系
- 国家中央银行(NCBs)
- ECB 的执行董事会
- 联邦基金利率
- 联邦公开市场委员会(FOMC)
- 联邦储备银行
- 联邦储备体系
- FOMC 报告
- ECB 的管理委员会

本章小结

1. 联邦储备体系是美国的中央银行,它的分散化的结构由三个主要的机构组成:
   a. 12 家联邦储备银行,每家银行都有自己的董事会,这些银行
      i. 作为政府的银行,发行货币、管理美国财政部的银行账户、买卖国债。
      ii. 作为银行的银行,持有存款准备金、管理支付系统、发放贷款、评价该地区的金融机构的安全性和信用度。
   b. 位于华盛顿的包括主席在内有 7 位成员的美联储理事会
      i. 监督管理金融体系。
      ii. 监督联邦储备银行。
      iii. 公布经济数据。
   c. 联邦公开市场委员会
      i. 通过设定利率制定货币政策。
      ii. 拥有 12 位具有投票权的成员,包括 7 位美联储理事会的成员和 12 位储备银行总裁中的 5 位。
      iii. 一年召开八次会议。
      iv. 很大程度上由主席控制。
2. FOMC 成功地实现目标得益于:
   a. 它的独立性,这源于成员任期长、自主预算、决策不可改变。
   b. 通过每次会议结束后立刻发布的解释性报告和下次会议结束后公布的会议记录,清楚地传达决策。
   c. 委员会成员定期发表公开演说。
   削弱的原因是:
   a. 不愿意准确地定义物价稳定和可持续的经济增长的目标。
   b. 不愿意及时回答有关政策方面的问题。

3. ECB 是为欧洲货币联盟各成员国服务的中央银行。
   a. ECB 由三个不同的部分组成：
      i. NCBs 为各自国家的银行和政府提供服务。
      ii. 位于法兰克福的欧洲中央银行，拥有一个 6 位成员组成的执行董事会，监督货币体系。
      iii. 管理委员会制定货币政策。
   b. ECB 的主要目标是稳定同一货币区的物价水平。
   c. ECB 成功地实现政策目标得益于及时宣布决策，ECB 的最高官员召开新闻发布会回答问题，每年两次公布经济预测。
   d. ECB 的成功因 20 年内不公开政策会议的会议记录而被削弱。

概念性问题

1. 美联储的目标是什么？美联储的官员是如何实现这些目标的？
2. 进入联邦储备理事会的网站并找出 FOMC 最近的报告。在最近的会议上，就物价稳定和可持续的经济增长的目标，理事会的成员说了什么？报告中是否提到金融稳定目标？
3. 一些人认为 20 世纪 70 年代以来的高通货膨胀是联邦储备委员会主席亚瑟·伯恩斯执行理查德·尼克松总统的指示的结果。请解释其中的联系。
4. 2007—2009 年金融危机是如何使区域性联邦储备银行总裁的任命方式发生改变的？
5. *20 世纪 90 年代早期的政策思潮是如何影响联邦储备体系的？
6. 虽然在 FOMC 的 12 张选票中联邦储备委员会主席只有 1 票，但是他从来不是少数派。是什么使他有能力控制委员会？
7. ECB 的目标是什么？ECB 的官员是如何尽职实现这些目标的？
8. 进入 ECB 的网站并找出 ECB 总裁在最近的管理委员会会议中关于货币政策的报告。管理委员会的决策是什么？如何证明这是正确的？有提到维护金融稳定的措施吗？
9. 你认为相对于 ECB 的管理委员会，FOMC 更容易还是更难就货币政策达成一致。为什么？
10. *确保欧元体系权力分散的两个最重要的因素是什么？
11. 在 2007—2009 年金融危机的压力下，为什么出现了《马斯特里赫特条约》的"不救助"条约？
12. 英格兰银行的货币政策委员会（MPC）负责制定英国的利率政策。进入该银行的网站 www.bankofengland.co.uk，尽可能多地获取有关 MPC 的信息。它有多大？它的成员包括哪些？它隔多久召开一次会议？它提供什么类型的报告和出版物？它独立于英国议会吗？

分析性问题

13. 你认为当今管理委员会的聘用制度符合一家好的中央银行的设计标准吗？解释你的观点。

14.*如今,欧元体系所有国家的中央银行都涉及货币政策的决策。你认为 ECB 在法兰克福集中管理金融市场的好处是什么。有什么不足之处吗?
15. 如果你被要求重新划分联邦储备体系区域图,你会用什么标准完成这项任务?
16. 2009 年 2 月,美联储首次发布了通货膨胀率长期预期报告。这有助于美联储控制通货膨胀吗? 这相当于发布了一个正式的通货膨胀率目标吗?
17. ECB 的管理委员会成员应该使用正式的投票来决策吗? 为什么? 如果采用投票方式,应该如何分配票数?
18. 如果 ECB 的管理委员会成员采用投票方式决定货币政策,投票结果应该被公开吗? 为什么?
19. FOMC 会议后发布的报告要保持它原有的基本框架结构吗? 为什么?
20. 基于利率的透明度要求,美联储主席须详细地解释敏感环境下的政策决定吗? 为什么?
21.*如果你被要求设计一家新的中央银行,你会从联邦储备体系和欧洲中央银行中采用哪些设计要素? 解释你的原因。

(注:题号后标注*的问题均指难度较大的题型。)

第17章
中央银行的资产负债表和货币供给过程

2001年9月11日上午,四架被劫持的飞机中的两架撞向位于纽约的世界贸易中心双塔楼,一架撞向位于华盛顿的五角大楼,一架坠毁在宾夕法尼亚州的西部乡间。这次袭击造成的破坏是巨大的,数千人死亡,世界格局也因此改变。美国所有非军用飞机立即降落,所有机场立即关闭。在华尔街,交易和通信网络关闭了,也就关闭了整个金融市场;但是纽约居民仍能用自动取款机提取现金。尽管华尔街遭到巨大的破坏,但是处理取款的电子网络仍然继续运行。

彼时,美国金融市场的情况瞬息万变,并且存在系统性崩盘的风险。但是由于美联储官员的快速反应,使得整个金融体系保持了完整,大部分人没有意识到曾经离灾难是这么近。上午11:45,袭击发生3小时后,联邦储备理事会发布了一份简要声明:"美联储仍在运转之中。贴现窗口是开放的,能够满足流动性需求。"在接下来的一个星期,联邦储备体系的人员确认确实有足够多的货币保证经济的正常运行。他们买了近1 000亿美元的国债,增加了数百亿美元的贷款给美国的银行,提供给外国中央银行数十亿美元以保证那些国家的商业银行能满足偿债要求。他们在临时地点完成这些工作,因为美联储主要的工作地点(世贸中心的两幢楼)已无法进入。

这是现代中央银行最大的成功之一。在非常情况下,美联储的快速反应保证了金融市场的正常运行。虽然一些机构和个人永远无法从恐怖袭击中恢复过来,但是恐怖分子的主要目标(美国金融体系)却在几周之后恢复了正常。

许多观察家把2007—2009年的金融危机归咎于美联储的政策。然而,很多人会同意,美联储在2008—2009年的极端手段对美国甚至整个世界金融体系避免瓦解是非常重要的。就像某位前美联储主席说的,在危机中,为了保证金融体系的稳定,本·伯南克把美联储的作用发挥到了极致。

2007—2009年的危机中,美联储采取的措施是空前的或者说20世纪30年代后从未采取过。30年代大萧条后,美联储第一次借钱给商业银行及一些非金融公司;不管何时何地,中央银行按照需要创造新的机制以增加流动性供给。2008年9月雷曼兄弟破产后,美联储变成"最后贷款人中介",让自己的资产在两周内极不正常地翻了一倍。为了代替失灵的市场,美联储获得了先前在市场交易的超过 1 万亿美元的贷款和证券。对比 2001 年 9 月美联储简明的政策,这种极端行为会影响美联储的资产负债表很多年。

2001 年 9·11 事件和 2007—2009 年金融危机与七十多年前发生的事情截然相反。那时政策失败导致美国银行系统的崩溃,进而演变成 20 世纪 30 年代的经济大萧条。那时的美联储官员没有完全理解他们的行为将如何影响经济中的信用供给。他们没有意识到美联储的资产负债表的变化与货币增长率的联系。他们认为只要提供给经济越来越多的货币,只要商业银行在联邦储备银行账户的余额增长,货币和信用就很容易获得。他们错了。因为美联储的官员没有满足有信誉的银行的流动性要求,金融体系崩溃了。最终,没有人能够获得贷款,经济中的信用和货币总量大幅下降。

20 世纪 30 年代的美联储政策制定者当时也尽力了,但是依然不够好。至少他们公开做了,虽然这不是通常的情况。当经济遭受困难,或者中央银行采取了不应采取的行动时,它们往往会隐瞒自己的行为。有时,中央银行会推迟公布统计信息或歪曲信息,这就是 1997 年泰国中央银行所做的。泰国中央银行允诺以 1 美元兑换 26 泰铢的汇率稳定该国货币(泰铢)的价格。为了这样做,官员必须使外汇投资者相信如果市场参与者开始出售泰铢时,他们有足够多的美元去购买泰铢。但是,投资者必须通过数据才会相信。当年夏天,泰国银行的官员拒绝告诉包括财政部长在内的任何人他们拥有多少美元。① 当真相大白,每个人意识到泰国外汇储备不足时,泰铢暴跌,在 1997 年年末跌到 1 美元兑换 50 泰铢。

为了理解美联储在 2001 年 9 月和 2007—2009 年为什么是正确的,以及 20 世纪 30 年代的美国和 1997 年的泰国为什么是错误的,我们有必要理解中央银行与金融体系的相互作用。中央银行买什么,卖什么?中央银行的资产和负债包括什么?它们如何控制这些资产和负债?为什么它们可能隐藏某些资产和负债?更确切地说,中央银行的资产负债表与经济中的货币和信用量有何联系?中央银行账户中数万亿的美元从何而来?为了回答这些问题,我们要将中央银行与商业银行的运作知识联系起来,让我们看看这个系统是如何运作的。

17.1 中央银行的资产负债表

作为政府的银行和银行的银行,中央银行进行大量的金融交易。它供应货币,提供政府和商业银行存款账户,发放贷款,买卖债券和外国货币。所有这些活动导致**中央银行资产负债表**(central bank's balance sheet)的变化。资产负债表是任何金融机构的基础,理解中央银行的日常运作必须从理解它的资产负债表以及它们如何变化开始。资产负债表为我们提供了一个研究机构是如何运作的途径。

---

① 泰国银行没有在公开市场上销售美元储备。政府致力于能够满足它们在将来销售美元的交易。因此,政府可能声称它们有美元,而实际上这些美元都是别人的。为了更多地了解这一过程的细节,参见 Paul Blustein, *The Chastening: Inside the Crisis That Rocked the Global Financial System and Humbled the IMF* (New York: PublicAffairs, 2001)。

中央银行定期公布它们的资产负债表,美联储和欧洲中央银行每星期公布一次,你能从它们的网站获得这些信息。信息发布是货币政策透明、有效的一个重要组成。发布的数据是十分复杂的,其中有些是我们在这里不需要考虑的。我们只关注资产负债表的简化版本,它只包括最重要的部分。图17.1描述了每家中央银行不同形式的资产负债表中包括的主要资产和负债。注意,条目不仅按列分——左边为资产,右边为负债,而且按种类分。上面一行描述了中央银行作为政府的银行所拥有的资产和负债,下面一行描述了中央银行作为银行的银行所拥有的资产和负债。让我们研究每个条目,从资产开始。

	资产	负债
政府的银行	债券 外汇储备	现金 政府账户
银行的银行	贷款	商业银行的账户(准备金)

图17.1 中央银行的资产负债表

17.1.1 资产

中央银行的资产负债表描述了三种基本资产:债券、外汇储备、贷款。前两种是中央银行作为政府的银行所必需的资产;贷款是提供给商业银行的服务。下面逐个进行分析:

1. **债券**是大部分中央银行的主要资产。传统上,美联储基本只持有没有违约风险的美国国债。但是,在2007—2009年的金融危机中,美联储选择购买了各类风险资产,包括超过1万亿美元的抵押支持证券,它成为美联储资产的最大组成部分。美联储通过**公开市场操作**(open market operation)来决定其持有的证券数量。需要强调的是:决定证券购买种类和数量的是独立的中央银行,而非财政机构。

2. **外汇储备**(foreign exchange reserves)是中央银行和政府的外汇余额,它们以外国政府发行的债券的形式持有。例如,美联储持有德国政府发行的以欧元标示的债券和日本政府发行的以日元标示的债券。当官员试图改变各种货币的市场价值时,这些储备被用作**外汇干预**(foreign exchange interventions)。

3. **贷款**通常是提供给商业银行的。但是在2007—2009年的金融危机中,美联储为了救市也给非银行机构提供了大量贷款。贷款种类有很多种,根据中央银行不同的操作需要,其重要性也不一样。**贴现贷款**(discount loans)是商业银行需要短期资金时,美联储发放的贷款。贴现贷款通常都以数百万美元的规模发放。但是在2008年美联储应对流动性危机的时候,贷款规模却达到了1 000亿美元的规模(参见第2章"危机的教训:市场流动性、融资流动性和做市商")。①

美国2007—2009年金融危机最重要的启示为:国债是美联储在资产负债表上最多也最重要的资产。通过其持有的流动性债券,美联储能够有效地控制联邦基金利率,以及货

---

① 在美国,你可能会在文献中看到叫做浮动贷款的负债,其产生的原因是管理纸质支票的复杂规则。许多变化,包括第2章"你的金融世界"里描述的那样,纸质支票的电子化实际上使浮动贷款已从美联储的债务中消失了。

币和信用总量。虽然外汇也有一定的规模,但是其在政策制定上只有很小的作用,贷款(危机时期除外)的作用通常也是中性的。但是在其他中央银行,这个排序通常不一样。例如,一些小的国家首要关注的往往是该国的外汇储备水平。

17.1.2 负债

现在转向中央银行资产负债表的负债栏,我们可以看到三项主要的条目:货币、政府的存款账户、商业银行的准备金账户。同样,它们可以根据中央银行的目标分为两组。前两种负债是中央银行作为政府的银行所必需的,第三种负债是中央银行作为银行的银行所必需的。让我们逐个分析,再根据美国的例子说明一些重要细节。

1. 现金。几乎所有中央银行都垄断了日常交易中使用的货币的发行权。在所有美钞的顶部,你都可以看见"Federal Reserve Note"的字样。现金——实际上是非银行的公众手中流通的现金——是中央银行主要的负债。

2. 政府账户。政府像我们一样需要一个银行账户,它们需要一个地方存入收入和支付。中央银行给政府提供一个账户,政府将资金(主要是税收收入)存入账户,并从账户中开出支票,进行电子支付。财政部通过相互转移它在商业银行账户和美联储账户上的资金,稳定它在美联储的账户余额。然而,在金融危机中,为了提高美联储购买资产的能力,财政部增加了它在美联储的存款。2008年11月,财政部在美联储的存款达到了5 000亿美元的高点。

3. 商业银行账户(**准备金**,reserves)。商业银行的准备金是两部分之和:在美联储的存款、银行自己的现金。银行在中央银行的存款与你在商业银行的活期存款相似,像你从商业银行提取现金一样,银行能够从它在中央银行的存款账户提款。只要你开出一张支票,指示你的银行将你账户余额中的一部分钱转给其他人,商业银行就必须从它在中央银行的账户余额中转给另一家银行。**金库的现金**(vault cash)是准备金的一部分;它不是第一种类型的负债,它只包括非银行的公众持有的现金。银行金库的现金是为了满足储蓄者的取款要求而存在的,它发挥着准备金所要求的保险作用。准备金是商业银行系统的资产和中央银行的负债。

虽然银行系统的准备金不是中央银行最大的负债,但是它们在决定经济中的货币量方面是最重要的。中央银行通过改变这些准备金进行货币政策操作。增加准备金导致存款增加,因此增加货币和信用总量;减少准备金会产生相反的效果。正如我们在第12章所看到的,有两种类型的准备金:要求银行存入的部分称为**法定准备金**(required reserves),银行自愿存入的部分称为**超额准备金**(excess reserves)。最初,政府要求银行存入一定水平的准备金以保证银行的安全性和声誉;然而,金融创新使得支票存款的需求减少,银行不再受到存款准备金的约束。相反,现在银行持有超额准备金是用于非预期资金流出的保险和处理日常交易。

概念应用

美联储的资产负债表：危机的影响

美联储对 2007—2009 年金融危机的反应使得它的资产和负债的规模与组成有了前所未有的改变。表 17.1 对比了危机前期（2007 年 11 月）和危机最坏时期过去（2009 年 11 月）两个阶段的资产负债情况。

表 17.1 美联储的资产负债表　　　　　　　　　　　　　单位：十亿美元

	2009 年 11 月	2007 年 11 月
资产		
证券：	1 835	797
抵押支持证券	901	0
联邦机构债务	158	0
外汇储备	25	47
贷款	276	25
黄金	11	11
其他资产	91	14
总计	**2 239**	**894**
负债		
现金	883	792
政府账户	149	5
商业银行存款	1 073	11
其他负债	81	49
总计	**2 187**	**857**
资本（资产减负债）	52	37
说明（平均值）：		
名义 GDP	14 454	14 338
M1	1 696	1 376
M2	8 544	7 501

注："证券"包括所有形式的回购协议，"外汇储备"不包括美国国库外汇平准基金。

资料来源：Federal Reserve release H. 4. 1 and U. S. Treasury and Federal Reserve Foreign Exchange Operations, *Quarterly Report*, Table 1。

对比显示，两年后资产负债大规模增加。资产增长了 2.5 倍——从 9 000 亿美元增加到 2.2 万亿美元。大部分增加发生在雷曼兄弟倒闭后不久的 2008 年的 9 月和 10 月。通常情况下，这样的增加会使物价上涨和名义 GDP 上升。但这次，名义 GDP 几乎没有上升；相反，这次美联储的行动避免了大萧条时期所发生的货币供给和名义 GDP 的大幅下降（参见本章"概念应用：20 世纪 30 年代的货币政策"）。

在资产组成方面可以看到，增长集中在证券上。从最初的量剧增 2.3 倍达到 1 万亿美元之多，其构成是购买大量的抵押支持证券和政府债券。美联储也大量放贷，接受各种抵押，有些贷款是通过其紧急贷款贷出去的（包括 2008 年 3 月对贝尔斯登和 2008 年 9 月对美国国际集团的紧急贷款）。这些贷款似乎会长期存在于美联储的账目上。在第 18 章非常规货币政策的讨论中,我们会详细解读危机中美联储资产在规模和组成上的变化。

负债方面也发生了很大变化:商业银行存款增长了将近 100 倍。这个强劲的增长是由"后雷曼恐慌"导致的。美联储通过购买更多证券并且进行大量贴现房贷来安抚急于寻求流动性的商业银行。然而,即便在 2009 年补贴流动性危机之后,银行依然渴望拥有大量的超额准备金。相比危机之前,以低利率向高风险借款者发放房贷将付出更多的资本成本,这种贷款对银行缺乏吸引力。2008 年 10 月开始,银行在美联储的准备金将获得利息(第 18 章将对准备金支付利息这一政策工具进行讨论),进一步消除了准备金的机会成本。

17.1.3 信息披露的重要性

在每家中央银行公布的大量信息中,都有一份该银行自身财务状况的报告。资产负债表很可能包括任何中央银行公布的最重要的信息。世界上每家负责任的中央银行都会定期公布它的财务状况,大部分是每周一次。像股东要求公开定期的会计报告一样,我们有权利获取中央银行资产负债表的信息。如果不公开外汇储备和货币持有量的水平与规模的变化,我们就不能知道政策制定者是否尽职。公开资产负债表是中央银行透明度的一个基本要求。像墨西哥 1994—1995 年债务危机期间的推迟公布是即将发生危机的征兆。

困境的另一个征兆是中央银行财务状况的不真实。一个尤其惊人的例子是当 1986 年菲律宾总统马科斯急于保持权力时,菲律宾中央银行的谎言。我们知道,只要马科斯命令中央银行发行大量的货币,他就能够得到足够多的个人选票赢得选举。在选举前的四个月,菲律宾经济中流通的货币量增加了 40%。政府通常能够在需要的时候发行货币,但是菲律宾却不能。作为与国际货币基金组织(IMF)签订的贷款协议的一部分,菲律宾中央银行允诺限制货币增长率。因为菲律宾人用货币进行大量的交易,国际货币基金组织执行协议的最简单的方式就是监控新发行纸币的序列号。因为每张纸币有唯一的序列号,计算出发行了多少货币是不难的。但是菲律宾政府不是一个序列号发行一张纸币,而是一个序列号发行三张纸币;但是中央银行对这种做法保持沉默。①

17.1.4 基础货币

公众手中持有的现金和银行系统的准备金——私人持有的中央银行的负债——组成了**基础货币**(monetary base),也称为**高能货币**(high-powered money)。我们在下一节将看到,中央银行能够控制基础货币的规模,这是所有其他类型货币的基础。(称为高能是因为经济中的货币和信用量是现金与银行系统准备金之和的数倍。)在本章后面的部分我们

---

① 当时的报纸报道了菲律宾发生的事情,你可以参见 Chris Sherwell,"Banknotes in Triplicate Add to Filipino's Confusion," *Financial Times*, February 22, 1986。

会看到,当基础货币增加1美元时,货币总量会增加几美元。

为了理解基础货币和货币总量的关系,我们看一些数据:2010年1月,美国基础货币为2.02万亿美元;同时,M1为1.69万亿美元,M2为8.52万亿美元。M1比基础货币少,M2几乎是基础货币的4倍多。在本章后面的部分我们将研究这些关系,首先让我们看看中央银行是如何调整资产负债表和改变基础货币规模的。

17.2 改变资产负债表的规模和结构

与你我不同的是,中央银行可以控制其资产负债表的规模。也就是说,政策制定者可以随意增加或减少资产和负债,而不需要征得任何人的同意。但是我们不能那样做。为了理解这点,考虑你定期进行的一个简单交易,比如购买价值50美元的食品。当你到达收银台时,你必须付钱。让我们看看你用支票支付时的情形。当超市将你的支票存入银行时,你的50美元将进入支付系统。这时,贷记超市账户,并借记你的账户。只要你的活期存款至少拥有50美元,这个过程就会正常进行。这家超市的银行账户增加50美元,而你的账户减少50美元。

现在,考虑一笔中央银行购买100万美元政府债券的标准交易。这种购买和你在超市的购买有什么不同?首先是规模。中央银行的交易是你的交易的两万倍;但这不是全部。为了发现另一个重要的不同,让我们看看债券购买的过程。为了购买债券,中央银行开出一张100万美元的支票给出售债券的债券自营商(在现实生活中通过电子交易完成)。在存入支票后,自营商的商业银行账户贷记100万美元。商业银行把支票交回中央银行。当支票到达时,不寻常的事情发生了。记住,你开出支票的结果是你的银行将你的活期存款减少50美元;但是当中央银行开出的100万美元的支票回到中央银行后,中央银行将银行的准备金账户贷记100万美元。这就是说,中央银行购买物品(比如100万美元的债券),而后支付时产生负债(银行系统的准备金账户增加100万美元)。它可以根据其需要扩大资产负债表的规模。

现在转向这个过程的细节,我们将看到四种类型的交易:
(1) 公开市场操作,中央银行买卖债券;
(2) 外汇干预,中央银行买卖外汇储备;
(3) 中央银行提供给商业银行贴现贷款;
(4) 个人从银行提取现金。

每种交易都会对中央银行的资产负债表和银行系统的资产负债表产生影响。公开市场操作、外汇干预、贴现贷款都会影响中央银行资产负债表的规模,改变基础货币的规模。公众提取现金是不同的。这会改变基础货币的构成,改变中央银行资产负债表的结构,但是不影响它的规模。

为了弄清楚每种交易对中央银行资产负债表的影响,我们记住一个简单的规律:当资产负债表中一种资产的价值增加时,要么另一种资产的价值下降,净变化为零;要么负债的价值等额增加。对资产、负债来说都一样。一种负债增加可以通过减少另一种负债或增加一种资产来平衡。这对任何资产负债表都适用。

接下来我们将根据美联储的结构讨论这些交易。当我们分析例子时,记住债券和外汇交易由纽约联邦储备银行进行,而贴现贷款由12家储备银行进行。

17.2.1 公开市场操作

当美联储在金融市场上买卖证券时,它进行**公开市场操作**(open market operations),这些公开市场买卖对美联储的资产负债表有直接的影响。为了研究这个过程如何进行,我们考虑一个一般的例子,纽约联邦储备银行向商业银行购买10亿美元的美国国债。[①] 为了购买国债,美联储将10亿美元转到卖者的准备金账户。这笔交易是电子化进行的。图17.2A描述了美联储资产负债表的变化。这称作**T形账户**(T-account),左边是资产的变化,右边是负债的变化。图17.2A描述了**公开市场购买**(open market purchase)对美联储资产负债表的影响:它的资产和负债都增加10亿美元,基础货币也增加相同数量。

A. 美联储的资产负债表		B. 银行系统的资产负债表	
资产	负债	资产	负债
证券　+10亿美元 (美国国债)	准备金　+10亿美元	准备金　+10亿美元 证券　−10亿美元 (美国国债)	

图17.2　购买美国国债引起的资产负债表的变化

美联储的公开市场购买对银行系统的资产负债表有何影响? 美联储用10亿美元的证券交换10亿美元的准备金,两者都是银行系统的资产。图17.2B描述了交换对银行系统资产负债表的影响。

注意,银行系统的资产负债表的负债栏没有发生变化,资产栏的变化之和为零。

看看图17.2你会发现,准备金是银行系统的一种资产,却是美联储的一种负债。这看起来有些混乱,但这就像你的银行账户一样。账户余额是你的资产,却是银行的负债。

在继续论述之前,我们应该注意到如果美联储通过**公开市场销售**(open market sale)卖出美国国债,对每张资产负债表的影响是相反的。图17.2中所有的贷方变为借方,借方变为贷方。美联储资产负债表的规模下降,基础货币也一样;银行系统的准备金下降,它持有的证券增加。[②]

---

① 美联储从包括商业银行、投资银行、证券交易商等一系列主要政府证券交易商那里购买证券。当我们不考虑美联储的交易对象时,我们可以检验美联储的购买机制。如果没有这个附加条件,分析将变得很复杂。

② 在2007—2009年金融危机之前,美联储几乎不出售证券;它总是购买,唯一的问题是购买多少。美联储有意使自己处于这样一个位置,它基于回购协议临时购买证券。然而,在金融危机时期,美联储需要出售证券以限制其急剧膨胀的资产负债表。随着时间的推移,美联储将可能通过允许一些资产到期及售卖其他资产来减少资产负债表上的资产量。

17.2.2 外汇干预

如果美国财政部命令美联储购买价值10亿美元的欧元,将会发生什么?答案就是纽约联邦储备银行从大型商业银行的外汇交易部门购买以欧元标示的德国政府债券,并用美元支付。① 像公开市场的债券购买一样,这笔交易是电子化进行的。卖出债券的银行的准备金账户直接贷记10亿美元,正如图17.3A所描述的那样,这对美联储资产负债表的影响与公开市场操作的影响几乎相同。美联储的资产和负债都增加10亿美元,基础货币也同时增加。因为美联储从商业银行购买欧元,这对银行系统资产负债表的影响是直接的,图17.3B所描述的结果几乎与美联储从公开市场中购买债券的影响相同。在这两个例子中,银行系统的证券组合减少10亿美元,准备金余额增加相同金额。唯一不同的是,规模减小的资产类型不同。在标准的公开市场操作中,减少的是银行持有的美国政府债券,而这里是它们持有的以欧元计价的资产。

A. 美联储的资产负债表		B. 银行系统的资产负债表	
资产	负债	资产	负债
外汇		准备金 +10亿美元	
准备金 +10亿美元	准备金 +10亿美元	证券 −10亿美元	
(欧元计价德国国债)		(德国国债)	

图17.3 美联储购买德国国债引起的资产负债表的变化

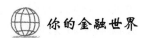 你的金融世界

为什么我们还持有现金

多年以来,专家一直预测纸制货币(现金)会被取代。先是预测信用卡将取代它;现在是预测电子货币将取代它。但是我们仍然持有现金;事实上,我们比以前持有更多的现金。在20世纪90年代,当越来越多的人持有信用卡以及聪明的人试图引入电子货币时,发行在外的美钞量以每年8%的速度增加。具体地说,10年间公众手中持有的美元数量增加了一倍(到2007年,大约每个居民拥有700美元的现金);令人惊奇的是,其他国家的居民比美国人拥有更多的现金。例如,欧元区的居民的现金持有量大约是这个数字的两倍。看起来没有什么会阻止人们持有中央银行发行的纸币。

对于这种现象有许多解释。首先是便利性:偿还20美元给你的朋友最简单的方式是使用现金。其次,许多人使用现金是为了避免缴税。例如,饭店服务员的小费不需要支付所得税。最后,现金是匿名的。当你支付现金时,没有人在意你是谁,交易也无法追踪到

---

① 作为一个操作技术上的问题,美联储首先用美元购买欧元,再购买德国国债。但是由于美联储持有欧元的时间极短(只有几个小时),因此我们忽略了这个中间交易。

你。这种安排对于从事贩毒、走私和其他黑市交易的人是很有好处的。如果只有那些进行非法活动的人使用现金,正确的方法就是禁止它。事实是,守法的人使用现金进行合法交易时,他们也希望是匿名的。当然,我们不希望失去隐藏部分购买的能力。

因为现金是完全匿名的,所以在不久的将来电子产品取代纸币几乎是不可能的。

17.2.3 贴现贷款

美联储不会强迫商业银行借款;银行要求贷款。为了获得贷款,借款银行必须提供担保物①,通常,以美国国债的形式提供。通常,美联储更愿意接受种类更加分散的证券和贷款。危机期间,当贴现贷款猛增时,这个愿望促进了借款。毫无疑问,当美联储发放这样的贷款时,它改变了两个机构的资产负债表。对于借款银行,贷款是负债,它与准备金账户的增长相匹配;对于美联储,贷款是资产,它与贷记借款银行的准备金账户相匹配(见图17.4A)。

A. 美联储的资产负债表		B. 银行系统的资产负债表	
资产	负债	资产	负债
贴现贷款 +1亿美元	准备金 +1亿美元	准备金 +1亿美元	贴现贷款 +1亿美元

图17.4 美联储发放贴现贷款引起的资产负债表的变化

注意,贷款的增加是美联储的资产,而准备金的改变增加了它的负债。这对美联储资产负债表的影响与公开市场购买和增加外汇储备的影响相同;银行系统信用的增加提高了准备金水平,基础货币扩张。

对银行系统资产负债表的影响反映了对美联储的影响,即准备金和贷款同时增加。但是在这种情况下,商业银行通过向美联储借款提高了资产负债表的规模。

总之,公开市场购买、增加外汇储备、发放贴现贷款,这三者都增加了银行系统的准备金,扩张了基础货币。我们现在转向另一种类型的交易,这种交易只影响基础货币的结构,不影响规模。

17.2.4 提取现金

美联储能够改变它所持有的任何资产。卖出美国国债,购买日元;或者在发放贴现贷款后,卖出美国国债抵补资金。但是对负债却不是这样。因为美联储总是根据需要交换准备金和现金,所以它不会同时控制它们的规模。非银行的公众——持有现金的人

---

① 记住,担保物描述借款人提供担保的具体资产。当借款人没有偿还贷款时,贷款人能够没收该资产。为了获得贴现贷款,银行必须确定具体的资产(一般是债券),这种资产是银行没有偿还贷款时美联储愿意接受的资产。

们——控制它们。

当你知道你从自动取款机提取现金会改变美联储的资产负债表时,你可能会很吃惊。原因是金库的现金是准备金的一部分,而非银行公众持有的现金——你和我的现金——不属于准备金。当你在银行的资产转换成现金时,你使美联储资产负债表上的准备金变为了现金。这笔交易是复杂的,包括了非银行公众(你和我)、银行系统、中央银行,所以要理解它意味着要看三张资产负债表。

考虑一个例子,你从你的活期存款中取出100美元。这笔交易改变了你的资产负债表资产方的结构,正如图17.5A所描述的(因为你的负债没有发生变化,你的资产负债表资产方的变化总和必须为零)。

A. 非银行公众的资产负债表

资产		负债	
现金	+100美元		
支票存款	-100美元		

B. 美联储的资产负债表

资产		负债	
		现金	+100美元
		准备金	-100美元

C. 银行系统的资产负债表

资产		负债	
准备金	-100美元	支票存款	-100美元

图17.5 个人从其银行账户提取现金引起的资产负债表的变化

但这不是全部。从自动取款机取出100美元,你也影响了你的银行的资产负债表。银行的现金——金库的现金——记入准备金账户,所以你从银行提取现金会减少银行系统的准备金。图17.5C描述了银行系统T形账户的变化。

我们知道了提取现金会使银行系统资产负债表的规模缩减,现在你应该对从银行提取现金会缩减银行资产负债表规模这个问题不再感到吃惊了。注意,银行资产的变化等于银行负债的变化。

最后看看美联储。记住,美联储控制自身资产负债表的规模,所以你的交易不会影响它;但你能做的是改变美联储的负债结构。通过提取现金,你改变发行在外的货币的数量——这个变化使美联储资产负债表上的准备金变为现金,两者都是负债。图17.5B描述了美联储资产负债表的变化情况。注意,基础货币没有变化。记住,基础货币等于现金加上准备金,在这里一部分上升,另一部分下降;但是基础货币的各个组成部分的相对规模改变了。

表17.2总结了四种交易类型对美联储资产负债表的规模和结构的影响。公开市场操作和外汇干预都是根据中央银行自己的判断进行的,而贴现贷款水平是由商业银行决定的;而非银行公众决定自己的现金持有量。

表 17.2　美联储资产负债表和基础货币的结构和规模的变化

交易	发起人	典型行为	影响
公开市场操作	中央银行	购买国债	增加准备金,增加美联储资产负债表和基础货币的规模
外汇干预	中央银行	购买德国政府债券	增加准备金,增加美联储资产负债表和基础货币的规模
贴现贷款	商业银行	提供商业银行贷款	增加准备金,增加美联储资产负债表和基础货币的规模
提取现金	非银行公众	从自动取款机提取现金	减少准备金,增加现金,美联储资产负债表和基础货币的规模不变

注意,并不是所有国家都是这么运作的。在第 19 章我们将看到,当中央银行希望控制汇率而不是利率时,一种方法就是买卖外汇。在这种情形下,中央银行无法控制外汇干预,私人部门决定买卖的数量和时间。这就是 1997 年泰国银行所做的。当它用完所有外汇储备时,系统就崩溃了。

概念应用

2001 年 9 月 11 日美联储的反应

正常情况下,美国的银行每天大概有 400 亿美元的现金在金库,100 亿美元在联邦储备银行的准备金存款账户。它们的贴现贷款额为零。纽约联邦储备银行每天在临时的公开市场操作中购买价值 30 亿—50 亿美元的债券,但不干预外汇市场。

2001 年 9 月 11 日以后的几天是非常时期。飞机停飞,无法靠近位于下曼哈顿区的华尔街。民用飞机不能飞行,这使美联储无法将支票从一个地区运送到另一个地区。到 9 月 13 日,星期四,浮动贷款猛增,从一般情况下的大约 5 亿美元增加到 500 亿美元;同时,人们无法到达位于纽约中心区的办公室,这使许多大银行暂停营业。虽然这些银行仍然能够收到其他银行的付款,但是它们无法向任何人支付。资金流向一些大的准备金账户,但是没有资金流出。这些银行吸收了金融体系的血液——它的流动性,而这很可能使支付系统停止运行。

美联储的官员发现了这场即将发生的危机,迅速反应,给任何一家需要准备金的银行提供资金。9 月 11 日晚上,大约 20 位美联储的工作人员住在美联储大楼,为了在第二天上午进行公开市场操作。随后他们搬到哈得逊河沿岸的备用办公地点继续工作。9 月 13 日星期四和 9 月 14 日星期五,美联储的债券持有量增加了 700 亿—800 亿美元,发放了 80 亿美元的贴现贷款,大约购买了价值 200 亿美元的欧元。这些交易加上将近 500 亿美元的浮动贷款,两天内美联储大约增加了 1 500 亿美元的银行系统准备金。*在接下来的一个星期,数额巨大的准备金迅速用完,系统恢复正常。银行系统顶住了巨大的冲击,兑现了承诺,使人们的财务状况免受影响。

* 这在纽约联邦储备银行 2001 年公开市场操作的年报中有详细论述,你可以在该银行的网站找到,链接地址是 www.newyorkfed.org/markets/omo/omo2001.pdf。

17.3 存款扩张乘数

中央银行的负债形成了货币和信用供给的基础,因此我们称之为基础货币。中央银行控制基础货币,使它扩张或紧缩;但是大部分人并不关心基础货币。我们主要关心的是范围更大的货币度量——M1 和 M2(第 2 章中定义的),它们是基础货币的倍数,我们把它们看作用于交易的货币。中央银行的负债和范围更大的货币度量存在什么关系呢?准备金怎样成为银行的存款呢?答案就是银行系统通过**派生存款创造**(multiple deposit creation)过程产生它们。

17.3.1 一家银行的存款创造

为了研究如何创造存款,我们从公开市场购买开始。美联储向名为第一银行的银行购买价值 100 000 美元的证券。第一银行可能出于某种原因要出售证券,我们假定美联储发起这笔交易。如果第一银行不出售证券,其他银行也会出售证券。

美联储的购买不会改变银行的总资产,但它会使证券减少 100 000 美元,准备金增加 100 000 美元。图 17.6A 描述了这项交易对第一银行资产负债表的影响。

A. 即时影响

资产		负债
准备金	+10 万美元	
证券	-10 万美元	

B. 发放贷款后

资产		负债	
准备金	+10 万美元	支票存款	+10 万美元
证券	-10 万美元		
贷款	+10 万美元		

C. 借款者提取现金后

资产		负债	
准备金	0 美元	支票存款	0 美元
证券	-10 万美元		
贷款	+10 万美元		

图 17.6　美联储购买美国国债后第一银行资产负债表的变化

第一银行对其资产结构的变化有什么反应？银行的管理人员必须有所行动，毕竟它卖出了附息的美国国债，收到了无息的准备金。如果它什么都不做，银行的收入会下降，它的利润也会下降。因为负债不变，第一银行准备金的增加不会影响要求存入的准备金数量，所以这记入超额准备金的增加。记住，银行持有准备金有两个原因：一是监管者要求银行这样做，二是银行需要准备金进行日常交易。但是当出售证券导致准备金增加时，必须用增加的准备金进行一些有利可图的交易。

对于银行，最自然的事情就是用超出的部分提供贷款。为了简化例子，假设第一银行正好收到一家OBI(办公楼建筑公司)的贷款申请。OBI想为一幢在建办公楼融资100 000美元。第一银行同意贷款，贷记OBI的支票账户100 000美元。图17.6B描述了发放贷款后第一银行资产负债表的变化。

OBI没有取出100 000美元的贷款，而是把它留在第一银行的支票账户上。公司借钱是为了支付供应商和发放雇员工资，所以OBI的财务官开出总计100 000美元的支票。当第一银行承兑OBI的支票时，OBI的活期存款下降，第一银行准备金账户的余额也下降；当100 000美元全部用完时，第一银行的资产负债表如图17.6C所示。

总之，美联储在公开市场操作中购买100 000美元的证券后，第一银行用新产生的超额准备金发放贷款。在第一银行资产负债表的资产栏中，贷款取代了证券。

17.3.2 银行系统的存款扩张

第一银行的贷款和OBI的支出并不是终点，因为供应商和雇员会将他们的支票存入银行。因为支票进入支付系统，所以第一银行的准备金转移到供应商和雇员的银行的准备金账户。只有美联储(中央银行)有能力创造和改变基础货币。非银行公众决定多少作为银行系统的准备金，多少变为现金；所有银行能做的是在它们之间转移其所拥有的准备金。所以，假设公开市场购买没有改变现金持有量，美联储创造的准备金一定会在某个地方消失。让我们看看资金如何流动。

首先我们做四个假设，以便我们抓住这个过程的本质。(1)银行无超额准备金；(2)活期存款的法定准备金率为10%；(3)当活期存款和贷款变化时，非银行公众持有的现金量没有发生变化；(4)当借款人开出支票时，支票持有人不会将资金存入最初发放贷款的银行。现在，我们考虑一下OBI用100 000美元贷款支付美国钢铁公司提供的大梁。美国钢铁公司将100 000美元存入它的银行——第二银行，这家银行贷记美国钢铁公司的支票账户。当OBI的支票清算时，第二银行在联邦储备银行的准备金账户贷记100 000美元。这是从第一银行转移过来的准备金，结果如图17.7A。

A. 美国钢铁公司存款后第二银行资产负债表的变化

资产		负债	
准备金	+10万美元	美国钢铁公司支票账户	+10万美元

B. 贷款扩张后第二银行资产负债表的变化

资产		负债	
准备金	+1万美元	美国钢铁公司支票账户	+10万美元
贷款	+9万美元		

C. 存款和贷款扩张后第三银行资产负债表的变化

资产		负债	
准备金	+0.9万美元	支票账户	+9万美元
贷款	+8.1万美元		

图17.7 资产负债表的变化

美国钢铁公司的活期存款增加100 000美元对于第二银行是有成本的。美国钢铁公司既希望闲置资金获得利息收入,又希望用这笔资金进行支付;而第二银行刚收到的准备金没有利息收入。类似于美联储公开市场购买后第一银行贷出新的准备金,第二银行在美国钢铁公司存入资金后发放贷款。这笔贷款的数额多大呢?因为法定准备金率为10%,所以在100 000美元新的存款中,第二银行必须增加10 000美元的准备金。因为银行发放的贷款不能超过它们的超额准备金,所以第二银行发放的贷款最多为90 000美元——这正是它所做的(记住,我们假设银行没有超额准备金)。如果借款人立即使用这90 000美元的贷款,则第二银行的资产负债表如图17.7B所示。

新的贷款和准备金一定也会流向某个地方。我们考虑这笔贷款存入另一家银行——第三银行,这家银行发放的贷款等于新的存款的90%。第三银行资产负债表的变化如图17.7C所示(记住,我们假设第三银行的活期存款的持有人不提取现金)。

在这个时候,100 000美元的公开市场购买使第二银行和第三银行的活期存款增加100 000美元+90 000美元=190 000美元,第一银行、第二银行、第三银行的贷款增加100 000美元+90 000美元+81 000美元=271 000美元。但是这个过程并没有停止,第三银行81 000美元的贷款存入第四银行,这使活期存款增加81 000美元;第四银行将81 000美元的90%(即72 900美元)用于发放贷款,这72 900美元继续存入银行。如图17.8所示,这个过程会继续进行下去。

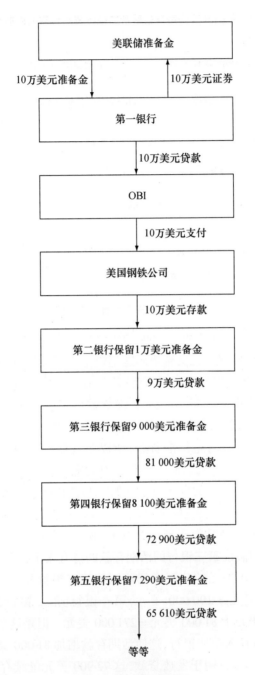

图 17.8 派生存款创造

注:假设 10% 的存款准备金率,没有超额准备金,持有的货币数量无变化。

表 17.3 描述了 100 000 美元的公开市场购买对整个银行系统的影响。当 100 000 美元新的准备金流入银行系统时,它产生了 1 000 000 美元的贷款和 1 000 000 美元的存款。由于法定准备金率为 10%,准备金增加 1 美元,存款将增加 10 美元,因此它使货币量增加了 10 倍。

表 17.3　100 000 美元的公开市场购买引起的派生存款扩张（假设法定准备金率为 10%）

（单位：美元）

银行	存款的增加	贷款的增加	准备金的增加
第一银行	0	100 000	0
第二银行	100 000	90 000	10 000
第三银行	90 000	81 000	9 000
第四银行	81 000	72 900	8 100
第五银行	72 900	65 610	7 290
第六银行	65 610	59 049	6 561
⋮	⋮	⋮	⋮
银行系统	1 000 000	1 000 000	100 000

运用一些代数知识就可以得到**存款扩张乘数**（deposit expansion multiplier）的公式——1 美元的公开市场购买引起的商业银行的存款的增加量。（假设银行系统没有超额准备金，非银行公众的现金持有量没有发生变化。）

计算存款扩张乘数有简单的方法和复杂的方法。我们先考虑简单的方法。假设整个银行系统只由一家银行组成——这家银行被称作垄断银行。当一国银行系统只由一家银行组成时，每个人都只能利用它，这意味着任何人与人之间的支付只是垄断银行的两个账户间的转移。因为垄断银行的管理者明白这个道理，所以当他们发放贷款时不用担心失去准备金。

现在提个问题。对于与美联储交易引起的准备金每 1 美元的变动，垄断银行的存款会改变多少？如果我们继续假设垄断银行没有持有超额准备金，非银行公众的现金持有量没有发生变化，那么准备金的数量就等于要求的**法定准备金率**（required reserve ratio，r_D）乘以存款。如果法定准备金用 RR 表示，存款用 D 表示，那么准备金的数额就可以表示为：

$$\text{RR} = r_D D \tag{1}$$

储蓄变化引起的准备金的变化可以表示为：

$$\Delta \text{RR} = r_D \Delta D \tag{2}$$

现在我们返回开始的问题：准备金变化 1 美元所引起的存款水平的变化是多少？从等式（2），我们可以知道答案为：

$$\Delta D = \frac{1}{r_D} \Delta \text{RR} \tag{3}$$

所以准备金增加 1 美元，存款增加 r_D^{-1}。这是简单的存款扩张乘数。如果像上述例子那样，法定准备金率是 10%，那么简单的存款扩张乘数等于（1/0.1）= 10，即 100 000 美元的公开市场购买使货币量增加 1 000 000 美元 = 10 × 100 000 美元。为了理解为什么这是正确的，注意如果准备金增加 100 000 美元，存款的增量多于 1 000 000 美元，那么银行系统会违反准备金要求。如果存款的增量低于准备金变化量的 10 倍，一些银行会持有超额准备金，这违背了我们开始时所做的假设之一。

计算简单的存款扩张乘数的复杂方法参见表17.3，并将各列加总。注意从第三银行开始，"存款的增加"这列的每个条目等于$(1-r_D)$乘以它上面的条目，在这里r_D为法定准备金率（用小数表示）。当法定准备金率为10%时，$r_D=0.10$，$(1-r_D)=0.90$，所以每个条目等于0.90乘以它上面的条目。例如，90 000美元等于0.90乘以100 000美元，81 000美元等于0.90乘以90 000美元。因此，准备金增加1美元引起的存款的增加等于这一系列之和：$[1+(1-r_D)+(1-r_D)^2+(1-r_D)^3+\cdots]$。根据第4章附录的公式计算，这个表达式等于$r_D^{-1}$。

在继续论述之前，有必要强调准备金的增加与存款的扩张并不神秘。准备金的减少也以同样的方式使存款收缩。这就是说，美联储卖出100 000美元的国债换取准备金的公开市场出售，会减少存款。从等式(3)可以看到，当法定准备金率为10%时，存款减少$10\times 100\,000$美元 = 1 000 000美元。

17.4 基础货币和货币供给

在理解中央银行资产负债表与经济中的货币量的关系方面，我们取得了很大的进展。准备金的变化会使银行系统的贷款和活期存款发生重大变化。但是简单的存款扩张乘数实在太简单了。为了得到它，我们忽视了一些重要的细节。第一，我们假设银行将超过法定准备金的部分全部借出，银行系统没有超额准备金。事实上，银行一定会持有一些超额准备金，这有许多原因，其中之一是支持它们的存款水平。例如，在2007—2009年的金融危机中，为了确保在缺乏资金流动性情况下自身的安全，超额准备金大量增加。第二，我们忽视了非银行公众持有现金的事实。当人们的账户余额增加时，他们倾向于持有更多的现金。在对中央银行资产负债表的讨论中，我们认识到当人们改变现金持有量时，他们改变了银行系统的准备金。这些考虑都会影响准备金、基础货币和经济中的货币量的关系。下面我们具体分析这种关系。

17.4.1 存在超额准备金和允许提取现金时的存款扩张

为了理解超额准备金和持有现金的重要性，我们回到存款扩张过程，这次我们把它们考虑进去。假设银行希望持有的超额准备金等于活期存款的5%，活期存款的持有人提取的现金为存款的5%，法定准备金率为10%。

为了理解这些变化的含义，我们回到前面的例子。美联储向第一银行购买价值100 000美元的债券（见图17.6A），这家银行向OBI提供100 000美元的贷款（见图17.6B）。OBI用这100 000美元向美国钢铁公司购买钢铁，这家公司从第一银行提取现金，并存入第二银行的支票账户，这个变化如图17.7 T形账户所示。如果美国钢铁公司从100 000美元的活期存款中提取部分现金，第二银行希望持有超额准备金，那么下一笔贷款就不可能是90 000美元。

假设美国钢铁公司提取的现金为新存款的5%，剩余的95 000美元同时记入该公司的支票账户的和第二银行的准备金账户（图17.5C描述了提取现金对银行系统资产负债表的影响)。因为第二银行希望持有的超额准备金等于存款的 5%,所以它希望持有的准备金为 95 000 美元的 15%,即 14 250 美元。这意味着发放的贷款只有 80 750 美元,不同于图 17.7B,第二银行的资产负债表如图 17.9 所示。

资产		负债	
法定准备金	+9 500 美元	美国钢铁公司支票账户	+95 000 美元
超额准备金	+4 750 美元		
贷款	+80 750 美元		

图 17.9 存款和发放贷款后第二银行资产负债表的变化

和前面的例子一样,第二银行的贷款存入第三银行。假设这笔贷款的存款人希望持有的现金为存款的 5%,第三银行希望持有的超额准备金等于存款的 5%,存款的增量为 80 750 美元减去 4 037.50 美元,等于 76 712.50 美元,第三银行发放贷款 65 205.63 美元,保留准备金 11 506.87 美元。将这些数据与表 17.3 的数据比较,你就可以知道如果我们把超额准备金和提取现金考虑进去,存款扩张会缩小多少。

在上节,我们知道了准备金变化 1 美元引起的存款变化量等于法定准备金率的倒数,即 r_D^{-1}。所以,当 r_D 等于 10% 时,准备金变化 1 美元使存款变化 10 美元。但是现在的分析更加复杂,存款扩张也更小。银行希望持有超额准备金,存款持有人希望提取现金,这都降低了等量的准备金变化对系统存款总额的影响。银行希望持有的超额准备金越多,公众希望提取的现金越多,影响就越小。事实上,这两个因素的影响和提高法定准备金率的影响是相同的。

17.4.2 货币乘数的计算

为了更好地理解存款和准备金的关系,我们引入货币乘数,它描述了货币量(活期存款加上现金)与基础货币(银行系统的准备金加上非银行公众持有的现金)的关系。记住,中央银行能够控制基础货币。

如果我们用 M 表示货币量,用 MB 表示基础货币,那么货币乘数 m 由以下等式定义:

$$M = m \times MB \tag{4}$$

为了得到货币乘数,我们首先了解一些简单的关系:货币等于现金(C)加上活期存款(D);基础货币(MB)等于现金加上银行系统的准备金(R);准备金等于法定准备金(RR)加上超额准备金(ER)。我们用简单的等式表示这些关系:

$$M = C + D, 货币 = 现金 + 活期存款 \tag{5}$$

$$MB = C + R, 基础货币 = 现金 + 准备金 \tag{6}$$

$$R = RR + ER, 准备金 = 法定准备金 + 超额准备金 \tag{7}$$

这些只是会计定义,接下来要考虑银行和个人的行为。先考虑银行。我们知道它们持有法定准备金依赖于法定准备金率 r_D。但是超额准备金如何决定?在前面的讨论中,我们假设银行持有的超额准备金是银行存款的一定比例,银行持有的超额准备金依赖于持有它们的成本和收益。超额准备金的成本是银行将它们用于发放贷款所获得的利息减去准备金账户收到的利息,而收益与突然提款的安全性有关。利率越高,银行的超额准备金越少;银行觉得突然提款的可能性越大,银行的超额准备金越多。

我们用 $\{ER/D\}$ 表示**超额准备金与存款比**(excess reserve-to-deposit ratio),可以对等式(7)做如下变换:

$$\begin{aligned} R &= RR + ER \quad (\text{准备金} = \text{法定准备金} + \text{超额准备金}) \\ &= r_D D + \{ER/D\} D \\ &= (r_D + \{ER/D\}) D \end{aligned} \quad (8)$$

这就是说,银行持有的准备金是银行存款的一定比例。

接下来考虑非银行公众,我们需要考虑他们的现金持有量。和前面的例子一样,我们假设人们的现金持有量等于他们存款的一定比例。这就是说,

$$C = \{C/D\} D \quad (9)$$

在这里 $\{C/D\}$ 表示**现金与存款比**(currency-to-deposit ratio)。现金持有量依赖于持有它们的成本和收益,这与持有超额准备金的决定是一样的。现金的成本是将它们存入银行所获得的利息,收益是更低的风险和更高的流动性。当利率上升时,人们更不愿意持有现金。但是如果持有其他资产的风险上升,流动性下降,人们就更愿意持有现金,则 $\{C/D\}$ 上升。

根据准备金和现金的表达式,我们可以对基础货币的表达式做如下变换:

$$\begin{aligned} MB &= C + R \quad (\text{基础货币} = \text{现金} + \text{准备金}) \\ &= \{C/D\} D + (r_D + \{ER/D\}) D \\ &= (\{C/D\} + r_D + \{ER/D\}) D \end{aligned} \quad (10)$$

我们现在可以看出,基础货币由三部分组成:法定准备金、超额准备金、非银行公众持有的现金。但是我们关心的是货币量与基础货币的关系。为了找到这种关系,我们根据等式(10)计算存款水平:

$$D = \frac{1}{\{C/D\} + r_D + \{ER/D\}} \times MB \quad (11)$$

这个表达式告诉我们基础货币变化一个单位会使存款变化多少。注意,如果我们忽视超额准备金和提取现金,那么 $\{ER/D\}$ 和 $\{C/D\}$ 都等于零。我们得到的结果与等式(3)相同,存款的变化等于 r_D^{-1} 乘以基础货币的变化。当法定准备金率为10%时,基础货币增加1美元使存款增加10美元。我们用图17.9的例子,超额准备金与存款比及现金与存款比都等于5%,等式告诉我们,基础货币增加1美元会使存款增加5美元[$1/(0.10 + 0.05 + 0.05)$]。

接下来看看货币乘数的计算,我们对货币表达式做如下变换:

$$\begin{aligned} M &= C + D \quad (\text{货币} = \text{现金} + \text{支票存款}) \\ &= \{C/D\} D + D \\ &= (\{C/D\} + 1) D \end{aligned} \quad (12)$$

用等式(11)替换 D,我们可以得到最后的结果:

$$M = \frac{\{C/D\} + 1}{\{C/D\} + r_D + \{ER/D\}} \times MB \qquad (13)$$

货币 = 货币乘数 × 基础货币

这个结果有点复杂,但是值得研究。等式(13)告诉我们经济中的货币量依赖于四个变量:

(1) 基础货币,由中央银行控制。
(2) 法定准备金率,银行接受存款时监管者要求的留存比率。
(3) 部分银行希望持有超额准备金。
(4) 非银行公众的现金需求。

为了弄明白经济中的货币量如何变化,我们分析一下每个因素的影响。第一个最容易分析。我们知道如果基础货币增加,而银行和公众的行为不变,那么货币量增加。看看第二个和第三个变量——影响准备金的因素。我们看到,不管是提高法定准备金率还是增加银行的超额准备金,都会降低货币乘数。所以当基础货币不变时,提高 r_D 或 $\{ER/D\}$ 都会降低 M。

最后,看看现金与存款比。当基础货币不变时,个人增加现金持有量会有什么影响?因为 $\{C/D\}$ 既出现在等式(13) 货币乘数的分子中,又出现在它的分母中,所以我们无法立即知道它的变化是起到扩张作用还是收缩作用。幸运的是,经过推理我们可以得到答案。当个人从银行提取现金时,他或她增加了公众手中持有的现金,减少了准备金,所以基础货币不变。但是准备金下降会使派生存款减少。(记住,1 美元准备金创造的存款超过 1 美元,增加的货币量超过 1 美元。) 因为现金持有量增加 1 美元所引起的 M 的增量仅为 1 美元,所以当准备金转换成现金时,货币供给减少。表 17.4 总结了这四个因素对货币供给的影响。

表 17.4 影响货币量的因素

因素	谁控制它	变化	对 M 的影响
基础货币	中央银行	增加	增加
法定准备金与存款比	银行监管者	增加	减少
超额准备金与存款比	商业银行	增加	减少
现金与存款比	非银行公众	增加	减少

我们用简短的数例说明货币乘数的计算。[①] 2009 年年底,银行持有的法定准备金为 650 亿美元,超额准备金为 10 754 亿美元;公众手中持有的现金为 8 653 亿美元,存款账户(活期存款加支票存款)总计为 8 481 亿美元。根据这些数据可以计算出,法定准备金率 r_D 为 $(650/8\,481) = 0.077$;超额准备金与存款比 $\{ER/D\}$ 为 $(10\,754/8\,481) = 1.268$;现金与存款比 $\{C/D\}$ 为 $(8\,653/8\,481) = 1.02$。将这些数据代入等式(13),我们可以计算出 M1 货币乘数:

[①] 下面的例子是基于美联储董事会 H3 和 H6 公告。此公告既不做季度调整也不因法定准备金率改变而调整;另外,超额准备金的数据不是官方版,但是包括剩余现金。它和传统计算的超额准备金对经济发挥相同的作用。

$$m = \frac{1.02 + 1}{1.02 + 0.077 + 1.268} = \frac{2.02}{2.365} = 0.85 \qquad (14)$$

2009年年末,M1乘数只是2007—2009年危机之前的一半。乘数锐减反映出超额准备金的剧烈增加,使得准备金与存款比从2006年年末的0.029增长到2009年年末的1.268。在等式(14)中把1.268换成0.029,M1乘数增长到1.79。2009年年末,巨额的超额准备金——那时的利率接近于零——反映出持有多余准备金的机会成本很低,以及银行间在金融危机之后的谨小慎微。

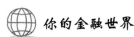

你的金融世界

你的超额准备金

银行持有超额准备金是为了保证拥有足够的资源以满足不可预测的提款要求。你的银行保证你可以随时获得你的活期存款账户的资金,或者给你现金,或者当你开出的支票到达时兑现支票。商业惯例是银行手中持有超额准备金,以防人们提取过多的现金。这就是银行运作的成本。

与银行持有超额准备金应付不可预测的大额提款一样,公众也需要持有应急资金以应付不可预测的开支。应急资金的规模大小因人而异,它依赖于你对风险的忍耐度、你家庭中有劳动收入的人数、你的收入水平、你保险单中的扣除条款,以及你工作的稳定性。大部分理财规划师建议公众持有的应急资金最少等于现金账户中3个月的收入,最适宜的应急资金量等于现金账户中6个月到9个月的收入。积累应急资金是任何投资计划的第一步。除非你爱好风险,否则在进行任何投资之前,你必须确信自己已经准备了应急资金。像银行一样,我们都需要超额准备金。

危机的教训

货币供给的影响

中央银行决定基础货币量,即银行准备金和流通中的现金;但是银行和银行系统决定货币供给。第17章中对此进行了解释:银行活动决定**存款扩张乘数**——额外1美元准备金可以带来多少货币增量。

2007—2009年的金融危机使得银行在货币供给过程中的作用得到体现。在2008年9月危机最严重的时候,存款扩张乘数大幅缩水到其正常值之下。这是为什么?

存款扩张乘数的正常过程是假设银行希望尽可能多地借出美联储提供的额外每1美元的准备金。存款扩张乘数效应发生的前提是银行系统重复借出多余的资产,直到用光美联储新增的准备金。

然而,2008年9月雷曼兄弟破产后,银行陷入恐慌。为了持有更多的超额准备金,银行简化了存款扩张过程,货币存款扩张乘数中断。

是什么引起恐慌呢?流动性危机威胁到银行的生存(参见第2章"危机的教训:市场

流动性、融资流动性和做市商")。美联储的超额准备金是美国银行系统最具有流动性的资产,它能用于支付或者马上兑换成现金。在危机中,银行因借出它们的超额准备金而可能获取的额外利润与所面临的风险(如果不能在必要的时候实现支付或者提现要求而失败)相比实在太小了。

美联储面临前所未有的迫切的流动性需求。在 2008 年 8 月后的五个月中,官方增加了 8 000 亿美元的准备金——增长了将近 20 倍。因为银行借出这些准备金几乎没有利息,所以几乎所有的增长都变成了超额准备金。*

聚焦于 M1 和 M2 的货币政策行为在谨慎的银行面前显得无计可施。在这五个月里,M2 增长 5 380 亿美元,比美联储增加的准备金还要少！相比正常的存款扩张乘数,危机使得扩张幅度很小。银行因为担心而不断积累超额准备金。结果,M2 货币乘数锐减一半,而 M1 货币乘数降至 1 以下(见图 17.11)。

如果美联储没有面临如此巨大的超额准备金需求又会发生什么呢？大萧条的经验告诉我们,渴望流动性资产的银行会大大减少对信用良好的借贷者的借款,货币供给体系将会崩溃(参见本章"概念应用:20 世纪 30 年代的货币政策")。

美联储从 20 世纪 30 年代大萧条中学会关键的一点:就算银行准备金和流通中的现金在增长,银行的恐慌也会破坏货币供给的体系。支撑货币供给可能要求基础货币的爆发式增长,直到恐慌驱动的准备金需求得到缓解。教训的好处为:美联储在 2007—2009 年危机中大量的流动性供给相比大萧条时期的政策是一个至关重要的不同点。

* 2008 年 10 月,美联储开始对准备金支付利息(参见第 18 章对这些政策工具的讨论)。这个变化解释了为什么危机减轻而准备金需求依然很大。

17.4.3 中央银行控制货币量能力的局限性

现在,我们讨论一下为什么影响货币量的因素会随时间变化。例如,市场利率影响持有超额准备金和现金的成本。所以当利率上升时,{ER/D} 和 {C/D} 下降,货币乘数和货币量增加。如果货币乘数的变化是可以预测的,那么基础货币和货币量之间就存在紧密的联系——在制定政策时中央银行可以利用的联系。在 20 世纪 30 年代的美国经济中存在这种联系(参见本章"概念应用:20 世纪 30 年代的货币政策"),在发展中国家(比如印度、中国)这种联系可能也很重要。但是在具有复杂的金融体系的国家则不存在这种联系:像美国、欧洲和日本这样的地区,中央银行的资产负债表和经济中流通的货币量的联系更弱、更不可预测,政策制定时无法利用这种联系。①

---

① 20 年来,美联储都被要求公布货币总量增长率的目标范围。在半年一次的《致国会的货币政策报告》中,我们可以看到 FOMC 的货币增长率目标,直到 2000 年 7 月发布的报告。那次报告的脚注中有以下内容:"在 6 月的会议上,FOMC 没有制定 2000 年和 2001 年货币量和负债的增长范围。制定和发布这些范围的法律要求已经取消……因为许多年来,这些范围没有提供指导货币政策的有用基准。"参见报告第一部分的注脚 2,可以在联邦储备委员会的网站上找到。

问题是货币乘数太容易变化,你能从数据上看到这一特征。图 17.10 描绘出 1980—2009 年 M1 和 M2 基础货币的比率变化。结果很明显,M1 和 M2 货币乘数在 20 世纪 80 年代都相对稳定,但是在接下来的 10 年中持续下降,然后在 2008 年雷曼兄弟破产后跌入谷底(参见本章"危机的教训:货币供给的影响")。1994—2009 年,M1 乘数从 3 左右下降到 1 以下。

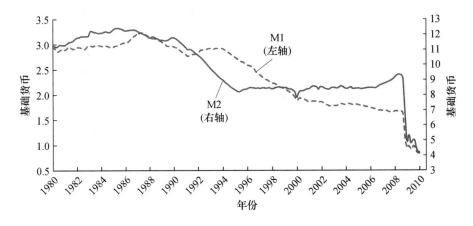

图 17.10　1980—2009 年 M1 和 M2 货币乘数

资料来源:联邦储备体系管理委员会。

如果问题仅限于 M1,那么政策制定者可以转向控制 M2。但是数据显示,M2 乘数也不稳定。它的变化与 M1 乘数几乎相同,从 20 世纪 80 年代末的 12 下降到 20 世纪 90 年代末的 8.5,接着在雷曼兄弟破产后跌到 5 以下。

结论很明显,中央银行无法利用基础货币和货币量的关系制定短期政策。相反,正如我们在第 20 章中将详细论述的,现代中央银行密切关注货币增长的趋势,因为这最终决定通货膨胀率。对于短期政策,利率是主要的货币政策工具。然而,在金融危机中,其他资产负债表工具对流动性需求和市场失灵的帮助更直接。

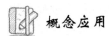 概念应用

20 世纪 30 年代的货币政策

货币乘数的概念最初是用来分析美国 1860—1960 年的货币史。*20 世纪 30 年代是那个时期最动荡的年代之一。我们不知道到底是什么导致了大萧条期间美国经济和金融体系的崩溃,但是我们获得了一些有关货币政策操作的重要经验,其中之一是中央银行必须关注基础货币和货币乘数以判断其政策是否有效。

20 世纪 30 年代初,美联储的官员发现其资产负债表的规模在增长,从 1931 年年初到 1934 年年初,现金与准备金之和增长了 14%,从 70 亿美元增加到 80 亿美元,这是 20 世纪 20 年代繁荣时期年增长率的两倍多。这似乎意味着基础货币增长太快,已经到了需要货币政策调节的程度。但是政策制定者没有意识到:他们的负债在增长,货币乘数却大幅下

降。在20世纪30年代末的前期,M2与基础货币的比率几乎连续下降,从6.5下降到3.5。银行和金融体系的大规模崩溃使银行无法保证流动性的可能性提高,公众的现金持有量和银行的超额准备金增加。结果导致在基础货币增长的同时,经济中的货币量大约下降了1/4！图17.11描述了这种变化。图17.11的上半部分,基础货币稳定增长,M2大幅下降;图17.11的下半部分,现金与存款比大幅增加,货币乘数下降。

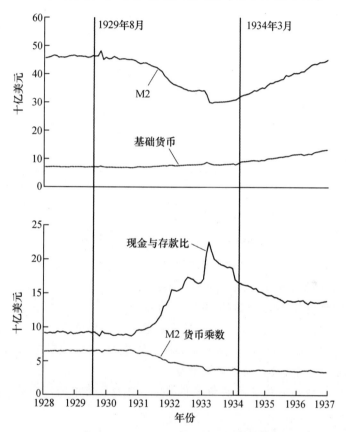

图17.11　1928—1936年货币的构成

注:数据显示在大萧条期间——1929—1934年,基础货币不断增加,而M2却不断减少。货币乘数下降,这是由于银行恐慌,现金与存款比大幅度上升。

得出的结论为:中央银行不仅要担心它的资产负债表,也要担心金融体系将准备金转换为存款的能力,两者缺失任何一个都是灾难性的。

* 你想要知道的这个时期的美国货币史几乎都包含在 Milton Friedman and Anna J. Schwartz, *A Monetary History of United States* (Princeton, NJ: Princeton University Press, 1963)。ⓒ 1963 NBER, 1991 renewed. Reprinted by permission of Princeton University Press。

资料来源:数据来自 Milton Friedman and Anna J. Schwartz, *A Monetary History of United States* (Princeton, NJ: Princeton University Press, 1963)。ⓒ 1963 NBER, 1991 renewed. Reprinted by permission of Princeton University Press。

关键术语

- 中央银行资产负债表
- 现金与存款比
- 存款扩张乘数
- 贴现贷款
- 超额准备金
- 超额准备金与存款比
- 外汇干预
- 外汇储备
- 高能货币
- 基础货币
- 派生存款创造
- 公开市场操作
- 公开市场购买
- 公开市场销售
- 法定准备金率
- 法定准备金
- 准备金
- T形账户
- 金库的现金

本章小结

1. 中央银行用它的资产负债表控制经济中的货币量和信用量。
    a. 中央银行持有资产与负债以履行政府的银行和银行的银行的职能。
    b. 中央银行的资产包括债券、外汇储备、贷款。
    c. 中央银行的负债包括现金、政府的账户、准备金。
    d. 准备金等于商业银行在中央银行的账户余额加上金库的现金。
    e. 基础货币也称作高能货币,是现金和准备金的总和,它们是中央银行的主要负债。
2. 中央银行可以控制它的资产负债表的规模。
    a. 中央银行能够增加它的资产负债表的规模,增加负债中的准备金,增加基础货币,通过:
        i. 在公开市场购买国内证券。
        ii. 购买外汇储备(以外国政府发行的债券的形式)。
        iii. 向商业银行发放贷款。
    b. 中央银行能够减少它的资产负债表的规模,减少负债中的准备金,减少基础货币,通过出售国内或国外证券。
    c. 公众从银行提取现金使资金从中央银行负债中的准备金账户转移到现金账户,减少了银行系统资产负债表的规模。
3. 银行的准备金可以通过派生存款的创造转换成活期存款。在最简单的情况下,这个过程受法定准备金率的约束。
    a. 当银行的准备金增加时,银行发放的贷款成为第二家银行的存款。
    b. 第二家银行又发放一笔贷款,但贷款量受法定准备金率的约束。
    c. 这个过程一直继续,直到存款扩张乘数等于法定准备金率的倒数时才停止。

4. 货币乘数连接基础货币和经济中的货币量。
    a. 货币乘数的大小依赖于：
       i. 法定准备金率。
       ii. 银行希望持有的超额准备金。
       iii. 公众希望持有的现金。
    b. 中央银行能够控制基础货币的水平，但是它无法控制货币乘数。
    c. 像转移存款这类的实践弱化了中央银行资产负债表和货币量的联系。

概念性问题

1. 描述提取 100 美元现金对整个银行系统的影响。假设法定准备金率为 10%，银行不希望持有超额准备金。
2. 计算希望持有的现金量从存款的 10% 增长到 15% 对货币乘数的影响。假设法定准备金率为存款的 10%，银行希望持有的超额准备金为存款的 3%。
3. 考虑美联储在公开市场购买 30 亿美元的国债。描述美联储购买债券对银行的影响。假设法定储备金率为 10%，银行不希望持有超额准备金，公众不希望持有现金，计算该行为对 M1 的影响。
4.* 为什么在非银行公众手中流通的现金被认为是中央银行的负债？
5. 2007—2009 年的金融危机怎样影响美联储资产负债表的构成和规模。
6. 在圣路易斯联邦储备银行的网站上找到并描绘过去 10 年 M1 乘数的数据，解释 2007—2009 年金融危机开始后 M1 乘数剧烈下降的原因。
7. 美国财政部保留其在商业银行的账户。如果财政部将资金从其中一个银行转到美联储，将会产生什么结果？
8. 假设美联储购买价值 10 亿美元的日元，用美元支付。这对基础货币有何影响？为了保持基础货币不变，美联储需要做什么？
9.* 为什么说中央银行不理解其资产负债表和货币供给的关系会导致大萧条？为什么说美联储在 2007—2009 年金融危机中的行为表明其已经从大萧条中吸取了有价值的教训？

分析性问题

10. 假设你检查中央银行的资产负债表并注意到前一天到当天准备金少了 1 亿美元。另外，在负债表的资产栏，证券少了 1 亿美元。当天早些时候，中央银行可能采取了什么行动致使资产负债表发生变化？
11. 你认为中央银行采取第 10 题中的行动是为了增加、减少还是保持货币规模？给出解释。
12. 还是第 10 题中的情形。银行系统资产负债表的规模会因为中央银行资产负债表的改变而受到影响吗？给出解释。
13. 美联储作为最后借款人在"9·11"恐怖袭击后的复苏中是成功的吗？为什么？

14.* 为了施行公开市场操作,美联储通常买卖美国国债。假设美国政府付清所有债务,美联储还能进行公开市场操作吗?

15. 假设你注意到中央银行资产负债表的负债栏增加了1 000万美元的准备金,其他负债不变;在资产栏,证券和贷款也没变。可能是什么导致了准备金的变化?这在中央银行的资产负债表中如何反映?

16. 下面哪种情况会导致中央银行资产负债表的规模改变?
    a. 美联储在公开市场购买1 000万美元美国国债。
    b. 商业银行向美联储借1 000万美元。
    c. 公众提取现金使得商业银行的账户上少了1 000万美元。

17. 你是一个国家的经济智囊,这个国家的中央银行刚获得货币政策的实施权。中央银行正考虑提高存款准备金要求以稳定银行系统并向你咨询。当中央银行试图预测这样一项政策的影响时,你会建议中央银行考虑什么因素?

18.* 你阅读晨报时注意到头条是一个有关房地美的、可能影响公众对银行系统信心的丑闻。如果有的话,这个丑闻对基础货币和货币供给的关系有何影响?

(注:题号后标注*的问题均指难度较大的题型。)

第18章
货币政策：稳定国内经济

中央银行有许多的目标，但是能用来实现这些目标的工具很少。这些目标是稳定物价、产出、金融体系、汇率、利率，但是它们拥有的唯一力量来自对自身资产负债表的控制，以及对现金和准备金供给的垄断。为了实现目标，政策制定者通过买卖资产——主要是政府债券——和向商业银行发放贷款来改变基础货币的规模；他们也能改变其所持资产的组合。

实际上，中央银行选择一个银行间隔夜拆借的市场利率目标，然后调整基础货币的规模以达到该目标。银行间的贷款利率（即联邦市场基金利率），是美国银行隔夜贷款的利率。通过"渠道"或"走廊"体系，美联储通过调整需要现金的银行的再贴现贷款利率（贴现率给市场联邦基金利率设了一个最大值）和它们支付给银行存在美联储的超额准备金利率（存款率给市场联邦基金利率设了一个最小值），尽量控制联邦基金市场利率和目标利率的差额。这三种利率——联邦基金利率、贴现率、存款率——是正常时候最重要的货币政策工具。① 但是在金融危机期间，当主要市场不发生作用的时候，中央银行可能调整其资产负债表的规模和资产组合以弥补暂时的市场失灵。

利率在我们所有的生活中扮演着最重要的角色。这是那些需要资源而进行借贷的人的成本，也是那些储蓄的人将得到的收益。高利率往往限制信用的增长，使得企业更难融资，个人难以保住工作。毫无疑问，人人都很关注利率。商业出版机构持续猜测FOMC（联邦公开市场委员会）是否改变它们的目标。

在2007年9月和2008年12月之间，FOMC共下调联邦基金利率10次，包括在一次会议上将联邦基金利率从5.25%降到0—0.25%的范围。这是自从20世纪30年代以来，名义联邦基金利率第一次到达**零利率底限**（zero bound）。由于银行总会持有现金——这些现金获得零利息，因此它们不会把资金按照负的名义利率贷给资金需求者，名义政策利率面临零利率底限——它永远不会跌到零利率之下。

美联储大幅度降低联邦基金利率是因为政策制定者相信自大萧条之后，这次金融危

---

① 美联储拥有四种常规的政策工具。在宏观经济管理中，法定准备金位于另外三种工具之后。

机使实体经济再次极度缺乏活力。2008年开始,实际GDP在接下来的六个季度中的五个都在减少。当GDP在2009年春天触底的时候,几乎比上年减少了4个百分点,这是六十多年来最大的降幅。失业率上升了近6个百分点——第二次世界大战后的纪录——从4.4%的低点升至10%以上的高点。2008年中期有几个月(与石油相关的通货膨胀高点),美联储马上暂停降息;但是当深度衰退降低通货膨胀后,政策利率重新向零利率底限进发。

很明显,就算联邦基金利率目标本质上是零也不足以稳定经济!危机已经使得主要金融中介没有了借款的意愿与能力。危机已经中断了主要金融市场的作用,这些市场包括银行间拆借、商业票据、住房抵押贷款,甚至地方政府债券。那些一直可以通过短期借贷来支付工资、购买产品原料等财务健康的公司,突然不能获得资金而面临破产。同时,对通货紧缩的担心(如20世纪90年代日本经历的那样)威胁着美联储对实际利率的降低。我们将在第21章中看到,是实际利率在驱动经济活动。

在这样的环境下,美联储让资金取代失去作用的中介机构和市场。为了达到目的,政策制定者对美联储的资产负债表进行了历史上最大的改变(见图18.1)。开始于2008年3月对贝尔斯登的救助,美联储大量借钱给支离破碎的金融机构。然后,2008年9月雷曼兄弟破产之后,美联储的资产负债表以前所未有的方式暴增(参见第17章表17.1和图18.1)。政府创设在通过直接或间接购买各类金融工具,向重要金融市场提供资金。在2008年到2009年的好几个时点上,美联储通过贴现窗口借出1 000多亿美元,在拍卖市场上提供5 000亿美元的信用,收购超过3 000亿美元的长期国债和1万亿美元的住房抵押贷款债券,净持有超过3 000亿美元的商业票据。当金融状况正常的一段时间后,经济触底。美联储的贴现借贷以及对商业票据市场的干预也减少了。

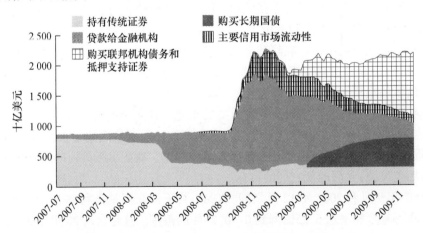

图18.1　2007年7月到2010年1月的美联储准备金资产

资料来源:克利夫兰联邦储备银行。

美联储一度被广泛指责未预期到金融危机,甚至造成了金融危机。然而,它在危机后为重新稳定金融和经济而采取激进措施作为有效的货币稳定措施也获得了广泛的好评。前所未有地,《时代》杂志让一位经济学家——美联储主席本·伯南克成为它的年度人物,因为"他杰出的领导才能确保了2009年是一个缓慢复苏的时期而非灾难性的大萧条"。

我们在某些场合下强调了在经济承受压力时,须依靠中央银行确保其稳定。在第17章我们看到,美联储通过贴现窗口贷款给银行系统注入巨额准备金,以应对"9·11"恐怖袭击。从美联储面对2007—2009年金融危机的反应来看,"9·11"这段小插曲就显得如此小儿科、简短、平静。

总之,2007—2009年的金融危机和接下来的衰退是大萧条以来最为严重和持久的。为稳固金融体系和经济,美联储利用了它的三个首要的**传统政策工具**(conventional policy tools)——联邦基金目标利率、贴现率、存款利率(包括下调联邦基金利率到零),把它们的作用发挥到了极致,以支持经济活动。然后,政策制定者继续开发并且应用各种**非传统政策工具**(unconventional policy tools),包括保证长期的市场低利率和大量买进市场中的风险资产。为了能够给更多的机构提供借贷,美联储自从大萧条以来首次利用了给非银行提供借贷的紧急权力(参见第15章"危机的教训")。这些非常规方法是常规方法的有效补充。

在这样一个极其特殊的背景下,《时代》杂志把美联储称作"最重要和最神秘的塑造美国与全球经济的力量"。在本章中,我们将了解美联储怎样运用它的政策工具(包括常规和非常规的)以实现经济稳定。这些工具和其他中央银行的工具很相似。我们会集中在三个关系上:中央银行的政策工具和资产负债表的关系;政策工具和货币政策目标;货币政策和实体经济。

让我们从定义中央银行工具的操作细节开始,然后讨论这些工具和政策制定者目标的关系。不考虑金融危机或者零利率时期,讨论为什么现代货币政策等同于利率政策,检验政策制定者怎样达到联邦基金目标利率。最后,我们转向讨论2007—2009金融危机期间所运用的非传统政策工具并解释它们如何扩充传统工具。我们也会简单地讨论中央银行怎样退出非传统政策(就像它们以加息来退出传统政策工具一样)。

为了可以掌控好讨论,我们集中在类似美国(贸易的GDP占比较小)和欧元区(一个更加开放的经济体,贸易的GDP占比较大)的大经济体的货币政策上。第19章讨论汇率和其他的对于小且开放的经济体的中央银行很重要的问题。

18.1 美联储的传统货币政策工具箱

像所有中央银行一样,只要政策制定者愿意,美联储就能够控制商业银行持有的准备金数量。准备金通过美联储资产负债表的规模的增加注入银行系统,这可能是因为美联储决定购买债券,或者是因为银行决定向美联储借款。除了准备金数量,中央银行还能够控制基础货币的规模及其构成要素的价格。像大部分现代中央银行一样,美联储选择关注价格。它所关注的价格包括银行间隔夜拆借或拆放准备金的利率和银行向美联储借入准备金的利率。[①]

在分析每天的货币政策时，必须理解中央银行和金融市场的组织结构。在一个国家是正确的，在其他地方可能正确也可能不正确。因为将全世界的组织结构和货币政策的工具编成目录的工作量太大了，所以我们首先分析美国的美联储和金融市场。在下一节，我们将看看欧洲中央银行的操作过程并分析它们的差别。

美联储有四种传统货币政策工具，也被称为货币政策用具(见表18.1)。

表18.1 美国货币政策工具

	是什么	怎样控制	有什么影响
联邦基金目标利率	银行间隔夜拆借利率	通过公开市场操作供给准备金以达到目标利率	改变经济中的利率水平
贴现率	美联储向银行发放贷款的利率	在联邦基金目标利率之上设定	联邦基金目标利率的上限，意味着在危机中及时向银行提供流动性
存款利率	美联储给银行存放于中央银行账户上的超额准备金支付的利率	联邦基金目标利率之下设定	给联邦基金利率设了一个下限
法定准备金率	银行要求持有的账户余额水平	美联储董事会在一个合法范围内设定	稳定准备金的需求

1. **联邦基金目标利率**(target federal funds rate)，银行间隔夜拆借利率。
2. **贴现率**(discount rate)，美联储向银行发放贷款的利率，是联邦基金市场利率的上限。
3. **存款利率**(deposit rate)，美联储给银行存放于中央银行账户上的超额准备金支付的利率，是联邦基金市场利率的下限。
4. **法定准备金率**(reserve requirement)，银行必须持有的账户余额水平，或者作为金库的现金，或者存入一家联邦储备银行。

我们将详细分析每种工具。记住，每种工具都可以达到多种目的。也就是说，这些工具与中央银行的许多作用和目标有关。

18.1.1 联邦基金目标利率和公开市场操作

联邦基金的目标利率是联邦公开市场委员会的主要政策工具，金融市场的参与者一直在猜测这个利率的变动。FOMC的会议总是伴随着目标水平的决定而结束，会后发布的报告也以宣布这个决定开始。广义地讲，这就是美国的货币政策。但是因为联邦基金利率是银行间隔夜拆放准备金的利率，它是由市场决定的，而不是由美联储控制的。记住这个，我们就能区别FOMC设定的联邦基金目标利率和进行银行间交易的**联邦基金市场利**

[①] 2008年10月金融危机的高峰，国会赋予美联储对准备金支付利息的权力。美联储立即开始支付，这个命令使得美联储的政策工具和诸如欧洲中央银行的其他中央银行一样了。本章的后面，我们将看到这个工具有多重要。

率(market federal funds rate)①。

之所以称为联邦基金是因为银行间交易的资金是它们在联邦储备银行的存款余额。每一天,银行在停业之前制定它们希望持有的准备金的目标水平。但是一天过后,正常的资金流动会使银行的准备金高于或低于它们希望持有的水平,真实的准备金水平和希望的准备金水平的差异产生了准备金市场。在这里,一些银行借出它们的超额准备金,一些银行借入准备金以弥补不足。没有这个市场,银行就必须持有大量的超额准备金作为保险,以防止不足。交易通常是通过经纪商(将买者和卖者集合在一起的第三方)进行的,但是它们都是银行间的双边协议。因为这种贷款是无担保的——当没有支付时就没有抵押物可以补偿,所以借款银行在贷款银行眼里必须是信誉良好的;否则贷款不会被发放。

如果美联储希望,它就可以直接进入隔夜准备金市场,既作为借款者又作为贷款者,使联邦基金市场利率一直等于目标利率。政策制定者相信联邦基金市场提供了有价值的、关于银行健康与否的信息。当一家银行无法获取其他银行的隔夜贷款时,就是这家银行陷入麻烦的重要标志。正如本章前面提到的,美联储允许联邦基金利率在贴现率和准备金利率之间随目标值浮动。

操作上,贴现率设在联邦基金目标利率之上的一个范围,存款利率设在联邦基金目标利率之下的一个范围。当市场的联邦基金利率超过贴现率时,银行会以贴现率向联储借款。当市场的联邦基金利率降到存款利率以下时,银行会以存款利率将超额准备金存在美联储。结果,贴现率成为联邦基金市场利率的上限,而存款利率则成为其下限。当希望联邦基金市场利率在一个更宽或者更窄的范围浮动时,美联储可以围绕联邦基金目标调整所谓的"渠道"或者"走廊"的宽度(参见本章"概念应用")。

美联储的方法使它处于有些尴尬的境地。在设定目标利率的同时,它又允许银行间拆借市场的活跃交易。美联储没有采取策略直接将利率稳定在目标利率上,而是选择调节准备金数量以控制联邦基金利率。利用公开市场操作,美联储调节准备金的供给,以保持联邦基金市场利率接近目标利率。也就是说,美联储通过购买或出售证券来增加或减少准备金供给,使之符合实现目标利率所预计的准备金需求。

我们可以用标准的供给-需求图来分析银行借入和借出准备金的市场。准备金的需求曲线是向下倾斜的。高利率时持有只支付联邦存款利率的准备金比低利率时的成本更高。然而,当联邦基金市场利率下降到存款利率,银行会愿意持有超过这一水平的任意多的准备金,所以需求曲线变成水平的。如上所述,保持联邦基金市场利率为目标利率意味着准备金的供给和需求在目标利率处达到平衡。公开市场交易部的员工会做这些工作。每天早上首先评估在目标利率时准备金的需求,然后在当天供给相应的数量。这意味着准备金的日供给是垂直的,即直到联邦基金市场利率达到贴现率都是垂直的。当市场利率大于联邦基金市场利率的这个点上,银行会向美联储而不是在拆借市场借款。

所有这些都在图18.2中标示出来了:准备金需求曲线向下倾斜,然后在存款利率处变为水平;而准备金供给曲线一直都是垂直的,达到贴现率之后变为水平。一天之内,联

---

① 联邦基金市场利率通常被认为是"有效"的联邦基金利率,它由美联储每天公布,是在联邦基金交易市场上的各种利率及其对应的交易额比重的加权平均。

邦基金利率可以在贴现率和存款利率之间浮动。但是由于准备金需求曲线每天都在变化,或是当 FOMC 决定提高或降低联邦基金目标利率时,美联储工作人员将利用公开市场操作改变每天的准备金供给曲线以适应变化,因此保证了联邦基金市场利率接近目标利率。图 18.3 展示了一个案例,当准备金需求增加时,美联储工作人员通过公开市场购买来增加准备金供给,使得联邦基金市场利率保持在目标利率附近。

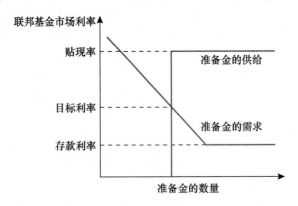

图 18.2　银行准备金市场

注:由于联邦基金市场利率越高,持有准备金所需支付的存款利率就越高,因此准备金需求曲线通常向下倾斜。当到达存款利率时,因为银行除了持有准备金外没有其他更好的选择,所以准备金需求曲线是水平的。当联邦基金市场利率低于贴现率时,准备金供给曲线是垂直的,准备金需求曲线与准备金供给曲线交点对应的利率为联邦基金目标利率。在联邦基金市场利率等于贴现率时,准备金供给曲线是水平的。

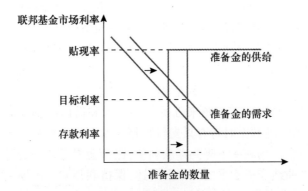

图 18.3　银行准备金市场

注:准备金需求的增长可以通过公开市场购买增加准备金的供给来满足,从而将联邦基金市场利率保持在目标水平。

让我们花一些时间比较过去 20 年 FOMC 的目标利率和市场利率,看看美联储工作人员是多么出色地实现他们的目标的。图 18.4 同时描绘了始于 1992 年的联邦基金目标利率(阶梯式前进的黑线)和联邦基金市场利率(跳跃式前进的线)。正如你所看到的,2000 年之后市场利率在大部分时间接近目标利率。1998 年准备金会计准则的改变(本章后面将描述)加上银行之间和美联储信息系统的改善,使得公开市场操作部门更容易估计准备金需求。2002年之后,用贴现率作为每天基金利率的上限在稳定市场利率上的作用更深远。

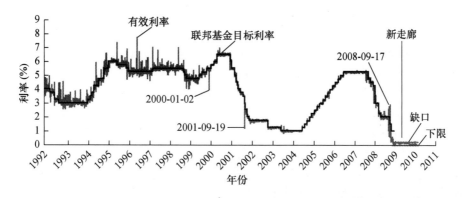

图18.4　1992—2009年联邦基金目标利率和每天的市场利率比较

图片来源:联邦储备管理委员会。

然而,2007—2009年的危机带来了新目标的困境。2008年9月,中间银行借贷市场的流动性缺失使美联储官员很难达到目标利率,结果就是我们看到的图中2008年末期的波峰。联邦公开市场委员会宣布一个基金利率范围——上限和下限,而不是一个具体的目标。当流动性条件正常化之后,峰值基本上就消失了。

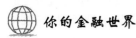 **你的金融世界**

对于你来说,联邦基金利率意味着什么

在学习FOMC控制联邦基金利率时,大部分人的反应是:"我不是银行,我也不进行隔夜拆借,为什么我应该关注它呢?"他们真正关心的是助学贷款、汽车贷款、住房抵押贷款的利率。但是因为利率经常都是一起变动的,所以关心长期利率的人也必须关心短期利率。

在第7章关于利率期限结构的讨论中,我们指出长期利率是预期的未来短期利率的平均值。因此,30年期固定利率的住房抵押贷款所支付的利率是未来30年预期年利率的平均值。那些年利率依次是未来365天预期日利率的平均值。除非每个人都希望FOMC利率长期保持不变,否则你所关心的利率将会变动——变动会小于联邦基金目标利率的变动,但是它们一定会变动。

为了认识它的重要性,我们看一个30年期抵押贷款的例子。2004年早期,联邦基金目标利率为1%,30年期固定利率的住房抵押贷款的利率为5.5%,并且100 000美元贷款的月支付额大约为570美元。到2006年7月,FOMC将联邦基金目标利率提高到5.25%,而抵押贷款的利率上升到6.75%。在这一更高的利率水平下,100 000美元抵押贷款的月支付额大约为650美元——每个月的增加额超过80美元!

18.1.2 贴现贷款、最后贷款人和危机管理

当中央银行向商业银行提供信用时,它的资产负债表会发生变化。所以中央银行能够通过控制它发放的贷款数量来控制准备金的规模和基础货币的规模,并最终控制利率。美联储能够采用这种方法(20世纪初的头十年曾使用这种方法),但是现在它已经不用了。联邦储备银行提供给商业银行的贷款称为**贴现贷款**(discount lending),除非危机时期,一般贴现贷款额是很少的。通常情况下,每个星期整个联邦储备体系只发放几亿美元的贷款。然而,现在贴现贷款是美联储保证短期金融稳定、消除银行恐慌、防止出现财务困难的机构突然崩溃的主要工具。当出现危机时,贴现贷款大幅增加。在2001年9月12日星期三,世界贸易中心倒塌后的第一个工作日,银行从美联储借入455亿美元!在前一个星期,平均每天的借款额才刚超过1亿美元。类似地,2008年9月,雷曼兄弟垮台的这个月里,贴现贷款增加到大约900亿美元,所有的贴现贷款甚至猛增到4000亿美元!

记住,危机是美联储最初成立的主要原因。这种观点是发生金融恐慌时,中央政府的权力机构应该有能力提供资金给信誉良好的银行以防止它们倒闭。中央银行不允许有偿债能力的银行失去流动性——存款者总是可以获得他们的资金,这成为防止银行倒闭的重要措施之一。中央银行是**最后贷款人**(lender of last resort),当没有其他人愿意或有能力提供贷款时,由它向银行发放贷款。但是银行必须显示出在危机时它是有能力获得贷款的。这就意味着它必须拥有中央银行愿意接受作为抵押物的资产,因为中央银行不发放没有抵押的贷款。如果一家银行无法提供用作贴现贷款的抵押物的资产,那么它很可能会倒闭。事实上,2008年9月,美联储官员解释为什么不能阻止雷曼兄弟破产时,这就是他们给出的首要原因。

在美联储的大部分历史中,它总是以低于联邦基金目标利率的利率将准备金借给银行。向美联储借款比向其他银行借款更便宜。即使如此,仍没有银行向它借款,这是因为美联储要求银行必须在没有其他融资渠道时才能向它申请贷款。而且,经常使用贴现贷款的银行在未来可能会被拒绝贷款。毫无疑问,这些规定极大地阻碍了银行向美联储借款。几乎每家银行都愿意在市场上支付高利率,而不向美联储申请贷款;银行只有在无路可走时才会向美联储求助。美联储严重阻碍了银行向它借款,使银行间准备金市场极不稳定,引起如图18.4所示的向上移动。最终,官员决定修改这个程序,使之更加合理。2002年,他们制定了现在所采用的贴现贷款发放程序。

除了提供稳定金融体系的机制外,现在的贴现贷款程序还帮助美联储实现稳定利率的目标。为了弄清楚它的作用机理,我们有必要看看贷款是如何起作用的。美联储提供三种类型的贷款,包括一级信贷、二级信贷和季节性贷款。美联储根据联邦基金目标利率控制这些贷款的利率,而不是贷款的数量。银行决定借款数量,规则也不是非常复杂。让我们逐个进行介绍。

一级信贷 一级信贷(primary credit)的期限非常短,通常是隔夜的,美联储的银行监管者认为信誉良好的机构(根据他们制定的标准级别度量)可以获得。[①] 申请贷款的银行

[①] CAMELS评级为1到2的银行才有资格进行一级信贷,评级在第14章介绍过。

必须提供美联储接受的抵押物以支持该贷款。① 一级信贷的利率比联邦基金目标利率高 100 个基点，被称为**一级贴现率**②（primary discount rate）。术语贴现率通常是指一级贴现率。

只要银行具有资格并且愿意支付惩罚利率，它就能获得借款。规则允许借款银行在愿意时再次贷出资金。当进行公开市场操作的工作人员预测错误，使当天的准备金供给少于银行系统的需求时，一级信贷就会被用来提供额外的准备金。在这种情形下，联邦基金市场利率会高于 FOMC 的目标利率。提供一种工具，使银行能以高于目标利率的惩罚利率借款，这可以给联邦基金市场利率设定一个上限。银行去贴现窗口向美联储借入准备金，而不是进入联邦基金市场，支付高于一级贴现率的利率。因此，系统既可以在危机时提供流动性，保证金融稳定，防止联邦基金市场利率的失败引起的准备金短缺；还可以限制联邦基金市场利率的变动范围，帮助维持利率的稳定。

二级信贷　二级信贷（secondary credit）提供给不具备一级信贷资格的机构。因为二级信贷提供给经营出现困难的银行，所以**二级贴现率**（secondary discount rate）比一级贴现率高。银行申请二级信贷主要有两个原因。首先是一般原因——准备金的暂时不足。但短期的二级信贷十分罕见，银行只有在没有其他借款来源时才会向美联储申请二级信贷。如果银行愿意支付高于一级贴现率的利率，那么其他银行就会知道它不具备一级信贷的资格。如果银行支付给美联储二级贴现率，就相当于向大家宣告它经营出现困难。只有极度困难的银行才会这样做。事实上，即使在 2007—2009 年的危机时期，二级信贷也没有超过 10 亿美元。

那么谁需要二级信贷呢？那些出现长期问题的银行，它们需要一段时间才能解决这些问题。有时出现严重财务问题的银行能够解决这些问题而避免破产。因错误的贷款决定而产生巨大损失的银行会出现负资产，但是只要给它足够的时间，它就有可能筹集资金继续运作。这种银行申请二级信贷不会给自己造成任何损失。没有这些贷款，它将会破产。但是只有美联储认为这些银行能够出现转机，它才会发放贷款。现在你应该明白了为什么二级信贷非常罕见。

季节性信贷　季节性信贷（seasonal credit）主要提供给中西部的小的农业银行，帮助它们管理具有周期性特征的农民贷款和存款。③ 从历史上看，这些银行很难进入全国性货币市场，所以美联储介入并为它们提供贷款，仅收取一种基于市场的利率。④ 但是，最近几年正在取消季节性信贷。虽然在夏季的那几个月，美联储仍然发放几亿美元的季节性信

---

① 可以被接受的抵押品很广泛，不仅包括政府债券、投资级公司债券，也包括消费贷款、商业和农业贷款以及一些抵押贷款。
② 在战争、军事、恐怖袭击、自然灾害或者其他灾难性事件导致金融动荡时，一级贴现率会降到联邦基金目标利率。
③ 在春天和夏天，随着农民种植和收获他们的谷物，对贷款的需求增加，对存款的需求减少，使得银行准备金下降。丰收和谷物的出售后可偿还贷款并增加存款，进而提高了银行的准备金。
④ 对季节性信贷所要求的利率就是前两周的联邦基金市场（有效）利率和 90 天期可转让定期存单市场利率的平均值。

贷，但是现在这种安排几乎不再存在合理性。过去使用季节性信贷的银行现在很容易获得大的商业银行的长期贷款。

18.1.3 法定准备金率

法定准备金率是货币政策制定者工具箱中的第四种工具。从 1935 年开始，美联储理事会就已经成立了设定法定准备金率的机构，这是银行持有的放在联储的库存现金或存款的最低水平。① 它要么持有金库的现金，要么存入美联储。法定准备金等于法定准备金率乘以要求持有的准备金存款的数量（第 17 章中，我们把这个关系表示为 $RR = r_D D$）。在上一章我们看到，法定准备金率的变化影响了货币乘数与经济中流通的货币量和信用量。提高它会降低银行系统的存款扩张能力，降低一定量的基础货币所创造的货币水平。因此，通过调节法定准备金率，中央银行能够影响经济活动。不幸的是，法定准备金率不是非常有用。原因之一是法定准备金率的小幅变动会对存款水平产生巨大——事实上，过于巨大——的影响。但也有其他原因表明它不是控制货币量的好方法。为了弄清楚这些原因，我们需要详细分析。

计算法定准备金的方法非常复杂。所有数据都建立在两个星期的均值的基础上。法定准备金率所乘以的存款数量是具有非限制支取特权的账户——交易存款——两个星期的平均余额。这种准备金的计算期在下一个星期一结束。一家银行必须持有的准备金也是两个星期的平均值，称作维持期（maintenance period），从计算期结束后的第三个星期四开始。这听起来有些复杂，但是事实上并不复杂。这种做法意味着银行和美联储在维持期开始之前都确切地知道每家银行在维持期必须持有的准备金水平。每家银行在开始持有准备金之前都有 16 天的时间去计算它们的存款余额。这种方法称为滞后准备金会计处理（lagged-reserve accounting），它使银行更容易预测准备金的需求。

1980 年，《货币控制法》对其中的规定进行了小幅修改，使美联储能够在所谓的交易存款的 8% 到 14% 的范围内设定法定准备金率。由于要对准备金支付利息，持有法定准备金对银行来说成本不是很高昂。然而，为了帮助小银行，法律规定了分级法定准备金率，这类似于分级所得税率。最初几百万美元的存款不用提取准备金，接下来 5 000 万美元左右存款的法定准备金率为 3%，5 000 万美元以上部分的法定准备金率为 10%。② 这种会计规则使银行能够在前后两个维持期持有少量的超额准备金以满足准备金要求。

这些年来，法定准备金率的目的发生了变化。起初，准备金要求是为了保证银行运行良好并确保存款人可以随时提取所需的现金。随着存款保险制度的出现，法定准备金的基本原理发生了变化。如今，设定法定准备金率主要是为了稳定准备金的需求并帮助美

---

① 最初，准备金率在《联邦储备法》中有明确规定且不能改变。想简单地了解法定准备金率的历史，参见 Joshua N. Feinman, "Reserve Requirements: History, Current Practice, and Potential Reform," *Federal Reserve Bulletin 79*, no. 6 (June 1993), pp. 569–589。

② 根据银行系统的存款需求量，最高法定准备金水平每年都在变化。2010 年，对于最初的 1 070 万美元的存款，法定准备金率是零；接着到 5 520 万美元，法定准备金率是 3%；超过这个数目，法定准备金率是 10%。

联储保持联邦基金市场利率接近目标利率。美联储每天的公开市场操作的一个关键要素就是估计当天的准备金需求。美联储的预测越准确,它就越容易保持联邦基金市场利率接近 FOMC 的目标利率。这些年来,准备金会计处理规则的变化使进行公开市场操作的工作人员估计准备金需求更加容易。在 1998 年 8 月以前,计算期和维持期是重叠的。银行不得不同时管理它们的存款和准备金,结果是联邦基金市场利率不稳定。从 1998 年夏天开始,随着滞后准备金会计处理系统的采用,事情变好了很多。正如你在图 18.4 中所看到的一样,除了危机发生的这段时间,现在的联邦基金市场利率更接近目标利率。

反对将法定准备金率作为直接政策工具的事实是很有说服力的。我们可以用一个例子说明将法定准备金率作为政策工具的缺陷。大萧条时期的银行危机之后,美国的银行开始积累超额准备金。到 1936 年年初,银行系统持有的 56 亿美元准备金中只有不到一半是法定的,其余都是超额准备金。联邦储备理事会迷惑不解,开始担心高水平的超额准备金会加速存款和贷款的扩张,导致通货膨胀。为了降低这种可能性,1936 年 8 月开始,美联储用它新获得的权力,分三步将法定准备金率提高了一倍。30 亿美元的超额准备金瞬间减少到 10 亿美元。银行的管理人员很不高兴。他们用接下来一年的时间重新增加银行的准备金余额,使超额准备金恢复到上调法定准备金率前的水平。这对经济的影响是可怕的。基础货币相对比较稳定,而货币乘数大幅下降,使 M1 和 M2 下降。随着货币总量的下降,经济也随之衰退。不到一年时间,经济从 1937 年春天的最高点下降到最低点,实际 GDP 减少了超过 10%。

18.2 欧洲中央银行的操作政策

像美联储一样,欧洲中央银行的货币政策工具箱中包括银行间隔夜利率(等同于联邦基金利率)、中央银行向商业银行提供贷款的利率(等同于贴现率)、准备金存款利率、法定准备金率。虽然传统工具箱是相同的,但是具体细节是不同的,让我们逐个分析。

18.2.1 欧洲中央银行的目标利率和公开市场操作

欧洲中央银行偶尔会买断债券,但是它主要通过再融资操作(refinancing operations)向欧洲银行系统提供准备金。主要的再融资操作是每周拍卖两星期的**回购协议**(repurchase agreements, repo)。回购协议规定 ECB 通过国家中央银行向银行提供准备金,交换证券;两星期后进行反向交易。ECB 管理委员会的政策工具是再融资拍卖允许的最低利率,被称作主要再融资操作的**最低投标利率**(minimum bid rate)。这个利率等同于美联储的联邦基金目标利率,所以我们称之为再融资目标利率。正常时候,主要的再融资操作几乎为银行提供了所有的准备金。但是,2007—2009 年的危机时期,欧洲中央银行寻求通过长期的再融资来提供大部分准备金,以稳定金融市场。这些操作合起来占到了 2010 年早期欧洲中央银行资产负债表的 1/3 还多。

欧洲中央银行的再融资操作非常类似于美联储每天的公开市场操作,但是它们有些不同。最重要的不同在于这些操作同时在所有国家的中央银行进行。2010年,有16个地方同时进行(随着欧元体系的扩大,它的成员国增加,这个数字也会增加)。在美国,这一切都是由纽约联邦储备银行执行的。在正常操作过程中,美联储向18位证券自营商询价,而在欧洲却有几百家银行参加欧洲中央银行每周的拍卖。最后,由于不同国家的金融体系不同,各国再融资操作中接受的抵押物也不同。在正常情况下,美联储接受美国政府债券(虽然在2007—2009年的危机期间,可接受的抵押物范围扩大了)。相反,一些欧元体系中的国家中央银行接受的抵押物范围更广,不仅包括政府发行的债券,而且包括私人公司发行的债券和银行贷款。2010年,当一个欧元区国家政府债券的评级低于投资级时,欧洲中央银行继续接受它们作为抵押物。

除了每周主要的再融资操作,欧洲中央银行还进行每月的长期再融资操作,它提供的准备金期限为3个月;以及主要的再融资操作之间的偶尔的小规模操作,满足了政策制定者调节准备金水平的需要。在金融危机期间,欧洲中央银行提供最多长达一年的准备金。

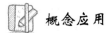
概念应用

渠道系统和货币政策的未来

通过垄断货币和准备金(基础货币)的供给,中央银行得以对经济和金融体系施加影响。实际上,现代政策制定者选择使用垄断权力影响隔夜市场的准备金价格,这就是美国的联邦基金利率。但是,层出不穷的创新减少了对基础货币的需求。支付系统的创新减少了我们对货币的需求,并且信息技术的使用实质上降低了法定存款准备金率,因为银行将客户资金从支票账户集中到储蓄账户。垄断者的收益是巨大的,但前提是人们对你的产品有需求。随着准备金需求的消失,货币政策将何去何从?

我们可以看看澳大利亚、加拿大、新西兰的例子。它们的中央银行家已经完全取消了法定准备金率制度,但是仍保持着对货币政策的控制。他们通过所谓的"渠道"或"走廊"系统来实现它。这个系统不仅包括设定目标利率,也包括设定存贷款利率——正如美联储和欧洲中央银行所做的一样。贷款利率是对贴现贷款所收取的利率,而存款利率是中央银行对商业银行准备金存款所支付的利率。随着准备金需求每日的变动,隔夜利率也维持在这两个界限内。图18.5展示了具有渠道系统的准备金市场。回忆一下,在这种情形下,准备金需求会下降,因为更高的市场利率会使得持有准备金的成本增加。在渠道系统下,当银行间市场利率下降到存款利率时,准备金需求曲线将变得更加平坦,因为银行除了存款利率这一工具外别无选择。准备金供给是一个阶跃函数:以中央银行最初选择供给的准备金水平为纵坐标,以贷款利率为横坐标。

渠道系统对隔夜市场利率的表现有着重要的意义。一天刚开始时,中央银行的官员估计准备金需求将是RD_0,于是他们将供给会达到目标利率的准备金数量。但是随着时间的推移,准备金需求会与期望水平不同。如果需求剧烈上升到RD_1,隔夜利率将开始上升。

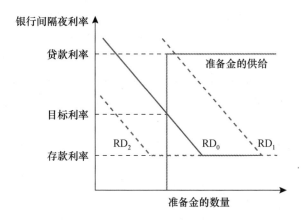

图 18.5 渠道系统

注:中央银行利用渠道系统并不仅是为了银行间隔夜拆借利率这一目标,也是为了在银行准备金账户包含超额准备金时,根据支付的准备金借款利率或存款利率调整贷款利率。结果,随着对准备金需求的波动,银行隔夜拆借利率总是保持在这两个水平之间。

但是一旦它到达贷款利率,银行可以轻松地从中央银行借款,进而设定了该利率的上限。如果需求下降到 RD_2,那么银行将在中央银行存储准备金,进而为隔夜利率设定了下限。

现在,回到我们最开始讨论的问题:如果准备金需求降至零会发生什么情况?答案是这个系统仍然能发挥作用。需要资金的银行将绝不愿意为资金支付超过中央银行的贷款利率,而有多余资金的银行将绝不愿意以低于中央银行的存款利率贷出。隔夜利率将总是在走廊内,给予货币政策制定者一个影响经济的工具。

18.2.2 边际贷款便利

欧洲中央银行的边际贷款便利(ECB's marginal lending facility)类似于美联储的一级信贷便利。通过这种便利,欧洲中央银行以高于再融资目标利率的利率向银行提供隔夜贷款。边际贷款利率与再融资目标利率的差额由管理委员会确定,这个差额在 2010 年年初是 75 个基点。像银行向美联储贴现借款一样,当商业银行准备金不足并且在市场上没有更便宜的资金来源时,它们向欧洲中央银行申请这种借款。银行的确经常借款,而且有时它们的借款数量比较大。这种程序与美联储的一级信贷便利类似。这并非偶然,因为欧洲中央银行体系(基于德国的德意志联邦银行而建立)是 2002 年美联储重新设计贴现窗口的模式。

18.2.3 存款便利

一天结束时,拥有超额准备金的银行可以将这些超额准备金存入**欧洲中央银行的存款便利**(ECB's deposit facility)一个晚上,利率明显低于再融资目标利率。这个差额也由管理委员会确定,2010年年初是75个基点。虽然这些存款一般比较少,但是它们十分重要,因为它们包括了欧元体系中所有银行的超额准备金。但是,重要的是存款便利的存在为准备金利率设置了一个最低限度。因为银行总是能以低于再融资目标利率75个基点的利率将超额准备金存入存款便利,所以银行不可能以更低的利率发放贷款。欧洲中央银行的存款便利又一次为美联储于2008年10月引进存款利率设立了范本。

18.2.4 法定准备金率

欧洲中央银行要求银行持有的准备金不得低于根据它们的负债计算出的最低水平。2%的法定准备金率所乘以的存款为活期存款与一些其他短期存款之和。存款水平是一个月的平均,而计算出的准备金水平是接下来一个月必须持有的。与美联储类似的是,欧洲中央银行对法定准备金支付利息;利率基于每周再融资拍卖利率的月平均,这种设计使它十分接近银行间隔夜利率。因此,满足准备金要求的成本比较低,银行不会故意逃避。

欧洲体系的设计方式使欧洲中央银行能够紧密地控制欧元区的短期货币市场。这个效果通常非常好。图18.6描述了再融资的目标利率,它是每周拍卖的最低投标利率。用穿过图中心的粗线表示,边际贷款利率比它高,存款利率比它低。欧洲的**隔夜现金利率**(overnight cash rate)类似于联邦基金市场利率,它是银行间隔夜贷款的利率。你可以看到,这个利率的波动相当大。在2007—2009年的危机时期,随着欧洲中央银行为这个系统注入流动性,隔夜现金利率在大部分时间低于主要的再融资利率。然而,即使在此期间,隔夜现金利率仍然维持在边际贷款利率和存款利率之间。

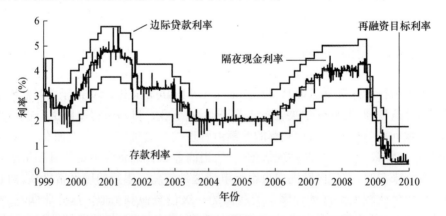

图18.6　1999—2009年欧元区的隔夜现金利率和欧洲中央银行的利率
资料来源:欧洲中央银行。

2002年之前,这种变化与美国的联邦基金市场利率的情况完全不同。回到图18.4我们可以看出,联邦基金市场利率高于或低于目标利率的幅度偶尔会超过100个基点。事实上,在该图描述的前10年的时间里,基金利率有28次与目标利率的偏离量超过100个基点,平均每年接近3次。随着美联储逐渐引入欧洲中央银行的传统政策工具,基金利率偏离目标利率超过100个基点的情况在2002年到2010年年初只发生过3次,而这3次都发生在2007—2009年的危机期间。欧洲体系在保持短期利率接近目标利率方面明显更为成功。

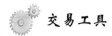 **交易工具**

一些非传统政策工具

为了稳定2007—2009年危机期间的金融体系和整体国民经济,美联储实施了一系列在规模和范围上空前的政策行动。在早期,我们看到联邦基金目标利率降至零底限,而美联储的资产负债表却激增。我们同样可以看到政府购买了巨额的有信用风险的资产,而放弃了对传统的短期国债的持有。

这些非常规的政策干预通过各种各样新的政策工具的引进而得以实施。本章中,我们已经讨论了四种传统工具:联邦基金目标利率、贴现率、存款利率、法定准备金率。除此之外,美联储官方确认了一些其他的非传统工具或便利,如表18.2所示。其中一些便利包括了对非银行机构的贷款,美联储只有在非常紧急的情况下才能采取这些行为。美联储工具箱的更新可登录 http://www.federalreserve.gov/monetarypolicy/。

表18.2　一些非传统的政策工具

政策工具	描述
定期拍卖工具(TAF)	美联储向存款机构提供的期限短于3个月的固定数量的抵押贷款
一级交易商信贷工具(PDCF)	美联储提供有较大范围抵押品的隔夜贷款给一级交易商(包括非银行金融机构)
定期证券拆借机制(TSLF)	美联储提供国债交换较大范围的抵押品以提高市场的流动性
资产支持商业票据(ABCP)货币市场共同基金(MMMF)流动性融通	美联储贷款给存款机构和银行控股公司,为它们从MMMFs购买ABCP融资
商业票据融资工具(CPFF)	纽约联邦储备银行(FRB)为通过一级交易商从授权的发行商购买商业票据而融资
货币市场投资者融资工具(MMIFF)	纽约联邦储备银行为从MMMFs购买资产这一投资渠道而融资
定期资产支持证券贷款工具(TALF)	纽约联邦储备银行贷款给新发行的、高利率的资产支持证券(ABS)持有者,这些持有者以ABS作为抵押来贷款

注意,表18.2省略了一些美联储在危机中广泛运用的重要机制。例如,在2009年,它购买了超过1万亿美元的抵押贷款支持证券以帮助降低抵押证券在狭小市场的成本。"信用宽松"的数量超过了危机前美联储整体资产负债表的规模!美联储也承诺在可预见的将来将政策利率维持在低水平以影响长期利率预期。这样的一个"政策持久性承诺"将在本章后面部分进行讨论。

18.3 将工具和目标联系起来：抉择

货币政策制定者使用他们拥有的各种工具实现社会赋予他们的目标。他们的目标——低而稳定的通货膨胀、高而稳定的经济增长、稳定的金融体系、稳定的利率和汇率——（应该）由他们选出的官员赋予他们。但是，每天的政策操作由技术人员执行，他们必须选择最合适的工具。

这些年来，来自中央银行内外的货币政策专家达成了一致意见：(a) 法定准备金率作为一项操作工具用处不大；(b) 中央银行贷款对保证金融稳定十分必要；(c) 短期利率是稳定价格和产出的短期波动的工具。本章的后面部分，我们将看到一些特殊情况——如功能不良的金融市场或者名义短期利率为零——如何支持非传统政策工具的使用，但是甚至这些工具都旨在影响市场利率。这个结论的逻辑是直观的。下面，我们首先列举合适的政策工具区别于不合适的政策工具的特征。

18.3.1 政策工具应该具备的特征

合适的货币政策工具应该具备以下三个特征：
1. 容易观察的。
2. 可控的，并且可以迅速改变。
3. 与政策制定者的目标紧密联系。

这些特征看起来通俗易懂。毕竟，如果你不能观察它、控制它，或者预测它对你的目标的影响，那么政策工具就不大有用。但是，除了这些显而易见的道理，政策工具容易观察的重要性还在于它保证了政策制定的透明度，提高了责任性。可控性在短期和长期都是重要的。在面对经济状况发生意外变化时，能够迅速调整的工具比需要花一段时间调整的工具明显更加有用。工具的影响越容易预测，对于政策制定者而言，就越容易实现他们的目标。

要求货币政策工具必须是可观察的、可控的，这限制了我们的选择。法定准备金率的效果不好。因为银行无法迅速调整它们的资产负债表，所以准备金率的变化必须提前一段时间公布。中央银行资产负债表包括以下要素：商业银行的准备金、基础货币、贷款、外汇储备，以及它们的价格——各种利率和汇率（汇率政策将在下一章讨论）。但是，我们该如何选择控制数量还是控制价格呢？这些年来，中央银行的政策不断在两者之间转换。例如，1979—1982 年，美联储尝试将银行的准备金作为目标，希望使通货膨胀率从两位数的水平下降。通货膨胀率迅速下降，因此在某种意义上，这种政府是成功的。但是选择控制准备金的负面效应是利率变得极不稳定，在不到 6 个月的时间里，利率从 14% 上升到超过 20%，随后又下降到低于 9%。

如今大家一致认为，1979—1982 年美联储以准备金而不以利率作为目标的策略是使利率达到这样一种水平的原因：如果宣称目标是这种利率水平，那么在政治上是无法被接受的。即使在通货膨胀率达到两位数的情况下,FOMC 也不能明确表示将联邦基金目标利率上调到20%。通过宣称他们将准备金的数量作为目标,委员会成员可以摆脱高利率的责任。通货膨胀率和利率下降后,FOMC 重新将联邦基金利率作为目标,并且持续到现在(我们将在第20章讨论这个事件的具体细节)。

除表面上和政治上的因素之外,当今世界上绝大部分的中央银行都选择将利率而不是它们资产负债表上的货币量作为目标,这是一个很好的理由。为了理解它,让我们看看如果 FOMC 选择将银行系统的准备金数量作为目标会出现什么情况。

将准备金数量作为目标需要将供给持续保持在目标水平。这意味着供给不仅每天都是垂直的(见图18.2),而且在更长期的几周或可能的几个月内都是固定的。这个结果显而易见。因为准备金供给是固定的,准备金需求的变化会改变联邦基金利率。当准备金需求增加时,联邦基金市场利率将上升;而当准备金需求下降时,联邦基金市场利率将下跌。如果美联储选择将准备金数量作为目标,它将放弃对联邦基金利率的控制。图18.7 描述了发生的情况:随着准备金需求的增加和下降,联邦基金市场利率在供给-需求曲线的交点决定的范围内变动。

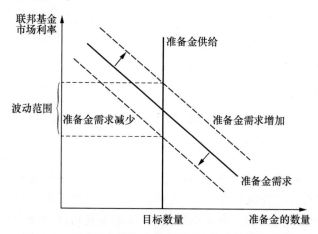

图18.7　美联储将准备金数量作为目标时的银行准备金市场

注:当美联储将准备金数量作为目标时,准备金需求的变化导致联邦基金市场利率变动。当准备金需求增加时,利率上升;当准备金需求减少时,利率下降。

从第15章的讨论中我们可以推断:为了实现他们的目标,中央银行的官员们倾向于采用防止利率变得具有波动性的操作程序。利率是金融体系和实体经济之间的最主要的桥梁,因此稳定增长意味着防止利率过度波动。在选择操作目标上,那意味着防止准备金需求的意料之外的变动影响利率并流入实体经济。最好的方法就是将利率作为目标。①

---

① 四十多年前,William Poole 首次观察到以利率或者像准备金或基础货币这样的总量指标为目标的决定取决于谁更不具有预测性。是货币乘数将基础货币与货币总量联系起来了?抑或它是货币与实体经济的纽带?(这将是我们在第20章关于货币的速度中要讨论的内容。)Poole 表示,如果货币乘数的预测作用降低,政策制定者们应该将利率作为目标;否则,最好以基础货币作为目标。参见 William Poole, "Optimal Choice of Monetary Policy Instruments in a Simple Stochastic Macro Model," *Quarterly Journal of Economics 84*, no.2(1970), pp.197—216。

18.3.2 操作工具和中介目标

在继续讨论之前,我们应该考虑一些在中央银行的论述中经常出现的术语和概念。中央银行的官员有时会使用操作工具和中介目标这两个术语。操作工具是指实际的政策工具,它们是中央银行直接控制的工具。例如,每家中央银行都能够控制其资产负债表的规模。如果愿意,它可以选择使用这种能力去控制基础货币,或控制准备金市场的利率,就像 FOMC 一样。这些就是操作工具。

中央银行的官员使用**中介目标**(intermediate targets)这个术语表示中央银行不能直接控制的、介于货币政策的工具和目标之间的变量(见图 18.8)。货币总量就是一个中介目标的鲜明例子。例如,以 M2 作为中介目标的原因是,基础货币或准备金的变化先影响货币总量,随后才影响通货膨胀或产出。因此以 M2 作为中介目标,中央银行能够更有效地实现它们的目标。事实上,换句话说,它们并不在意货币增长本身;它只是一个有用的指标。宣称将公众都能观察到的货币增长作为中介目标能够提高政策制定者的责任性。

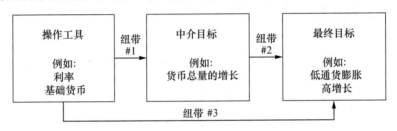

图 18.8　工具、中介目标和最终目标

在 20 世纪的最后 20 年,大部分中央银行放弃了中介目标,它们意识到中介目标不是非常有用。货币总量有一些特殊的性质,它在预测未来经济增长和指导政策方面可能特别有用;但是,它可能也不太有用。更重要的是,环境的变化可能会使中介目标无效。纽带#1,操作工具与中介目标之间,可能会变化(这是第 17 章讨论的问题);或者纽带#2,货币增长与最终的通货膨胀和增长目标之间,可能会变化(我们将在第 20 章讨论这个问题)。如果发生其中之一,那么中央银行必须解释它为什么改变它的目标,并且看起来政策制定者好像不知道他们自己在做什么。① 因此,虽然人们仍在讨论中介目标,但是我们很难证明使用它们的合理性。相反,政策制定者已经开始关注他们的行为如何直接影响他们的目标——纽带#3。"概念应用:以通货膨胀为目标的政策"中所讨论的通货膨胀目标政策就是一个近期的例子。

---

① 类似的事情发生在德意志联邦银行身上,此时正值 1990 年德国统一。联邦德国政府决定给予民主德国货币几乎五倍于黑市的汇率。结果就是统一后的国家流通中的货币量的巨额增加。这为德国中央银行制造了麻烦。二十多年来,政策制定者们采取十分公开的政策,着力限制货币增长,控制通货膨胀率。现在货币因政治而膨胀,但中央银行表示无能为力。它们已经忘记了应有的目标,这些目标出于各种原因已超出它们的控制,而它们却努力为此寻找借口。

概念应用

通货膨胀目标政策

如果你能使中央银行的官员只关注一个非常明确的目标,那么你就能够获得更好的政策。问题是该怎么做。20 世纪 90 年代,许多国家采用了**通货膨胀目标**(inflation targeting)的政策框架,尽力提高货币政策的效果。这看起来十分有成效。这些国家都实现低通货膨胀和实体经济的高增长。

通货膨胀目标政策绕过了中介目标,直接关注低通货膨胀目标。这是一种货币政策策略,它公开宣布一个具体数字的通货膨胀目标,并且承诺物价稳定是中央银行的主要目标,其他目标都是次要的。这种方法营造了一种环境,在这种环境下,每个人都相信政策制定者会保持低通货膨胀。因此,长期的通货膨胀预期保持在低水平,稳定了长期利率,促进了增长。正如我们在第 15 章所看到的,任何中央银行的政策,其成功的关键之一在于政策制定者能够使公众相信他们会保持低通货膨胀。他们的承诺必须是可信的。实行通货膨胀目标政策是为了使人们相信货币政策能够实现低通货膨胀。

执行通货膨胀目标的中央银行实施分级目标,其中通货膨胀目标是主要的,其他目标都是次要的。英国、澳大利亚、智利、南非都是实行通货膨胀目标的国家。大部分观察家认为欧洲中央银行也是这种类型。这种方法与美联储的双重目标完全不同,在双重目标下,通货膨胀和增长同等重要。因为美联储具有双重目标,所以它无法采用通货膨胀目标政策。

为了理解通货膨胀目标政策如何发挥作用,我们看看英国的例子。1998 年的《英格兰银行法》不仅赋予了英格兰银行独立性,而且规定了它维持物价稳定的目标,具体由政府的通货膨胀目标定义。九人制的货币政策委员会每月召开一次会议,设定短期利率,尽力实现零售价格上涨 2.0% 的目标。因为透明度是通货膨胀目标政策的一个重要方面,所以英格兰银行不仅公布它的货币政策委员会的会议记录,而且公布它的通货膨胀报告中每季度的通货膨胀预测。

通过只关注一个定义明确并且容易观察的数量化的通货膨胀统计指标,同时频繁地与公众交流,通货膨胀目标政策提高了政策制定者的责任性和信任度。不仅中央银行,其他每个人也知道它们应该做什么。结果这不仅实现了低而稳定的通货膨胀率,还实现了高而稳定的增长。然而,正如我们在 2007—2009 年金球金融危机中所看到的,通货膨胀目标政策不足以预防破坏经济稳定的金融动荡。

18.4 中央银行利率的指导原则:泰勒规则

利率设定是与数字有关的。FOMC 的成员规定联邦基金目标利率为 3%、4% 或者 5%;欧洲中央银行管理委员会指定主要的再融资利率的具体水平。政策制定者不仅要选择这些数字,而且要选择它们发生变化的时间。他们该怎么做? 答案是许多工作人员——在美联储和欧洲中央银行有数百人——提取大量对政策建议有用的信息。委员会成员消化所有信息,开会,并且制定决策。我们可以罗列他们考虑的所有因素并解释每个因素对委员会决策的影响,但是这需要再写一本书才能阐述清楚。

我们所能做的是研究一个简单的公式,它大致描述了 FOMC 的行为。一位经济学家,斯坦福大学的约翰·泰勒(John Taylor)教授,提出了这个被称作**泰勒规则**(Taylor rule)的公式。它追踪联邦基金目标利率的实际行为,并且将联邦基金目标利率与实际利率、通货膨胀率、产出联系起来。① 公式如下:

$$联邦基金目标利率 = 2 + 实际通货膨胀率 + \frac{1}{2} \times 通货膨胀缺口 + \frac{1}{2} \times 产出缺口 \quad (1)$$

这个表达式假定长期的实际利率为 2%,它加上实际通货膨胀率、通货膨胀缺口、产出缺口就等于联邦基金目标利率。通货膨胀缺口等于实际通货膨胀率减去目标通货膨胀率,两者都用百分比度量;产出缺口等于实际 GDP 减去它的潜在水平——实际产出偏离潜在产出的百分比。(正如我们在第 21 章将要详细论述的,潜在产出是指当正常利用经济中的资源时,经济所能达到的产出水平。)当通货膨胀率高于目标水平时,通货膨胀缺口为正;当实际产出高于潜在产出时,产出缺口为正。

泰勒规则认为,联邦基金目标利率应该被设定为实际通货膨胀率加上一个 2% 的实际利率,再加一个通货膨胀率和产出与各自目标水平的偏离有关的因式。例如,如果实际通货膨胀率为 3%,目标通货膨胀率为 2%,GDP 等于它的潜在水平,产出缺口为零,那么联邦基金目标利率应该被设定为 2 + 3 + 0.5 = 5.5 个百分点。

泰勒规则使我们产生了一种直觉:当通货膨胀率上升到高于目标水平时,我们的反应就是提高利率;当产出下降到低于目标水平时,我们的反应就是降低利率。如果实际通货膨胀率处于目标水平,产出缺口为零(实际 GDP 等于潜在 GDP),那么联邦基金目标利率就应该被设定为它的中性利率,等于目标通货膨胀率加上 2。

泰勒规则有一些有趣的性质。如果通货膨胀率上升 1 个百分点(从 2% 上升到 3%),目标通货膨胀率为 2%(假设其他保持不变),那么会发生什么?联邦基金目标利率会如何变化?通货膨胀率的增长影响泰勒规则中的两项:实际通货膨胀率和通货膨胀缺口。因为目标通货膨胀率保持不变,所以这两项都上升 1 个百分点。实际通货膨胀率的增加引起联邦基金目标利率等量变化,而通货膨胀缺口增加的影响减半。因此,通货膨胀率上升 1 个百分点会使联邦基金目标利率上升 1.5 个百分点。

重要的是,泰勒规则告诉我们,通货膨胀率增加 1 个百分点,实际利率(它等于名义利率减去预期通货膨胀率)会增加 0.5 个百分点。因为经济决策依赖于实际利率,所以这意味着通货膨胀率增加会使政策制定者提高调整通货膨胀后的借款成本,这就减缓了经济增长并最终降低了通货膨胀率。如果中央银行没有这样做,它们在通货膨胀增加之后允许实际利率下降,那么结果就是产出进一步增加,通货膨胀进一步上升。

---

① 泰勒规则最初出现在"Discretion versus Policy Rules in Practice," Carnegie-Rochester Conference Series on Public Policy 39(1993), pp. 195—214。

泰勒规则也表明实际产出高于潜在产出 1 个百分点——产出缺口为 1 个百分点,利率会增加 0.5 个百分点。

通货膨胀缺口和产出缺口这两项前的分数——等式(1)中的 1/2——依赖于经济对利率变化的敏感度以及中央银行的偏好。中央银行越在意通货膨胀,通货膨胀缺口的乘数就越大,产出缺口的乘数就越小。中央银行通过提高通货膨胀率增大的权重而忽视产出缺口来提高目标利率,这已经司空见惯了。

回到对美国的分析,我们看到实施泰勒规则需要四个输入量:(1) 常数项,等式(1)中的 2;(2) 通货膨胀率的值;(3) 通货膨胀缺口的值;(4) 产出缺口的值。常数项是长期的无风险实际利率,它大约比经济增长率低 1 个百分点。因为美国经济平均每年的增长率大约为 3%,所以我们设定常数项为 2。但是这个数字能够而且一定会变化。

接下来我们需要计算实际通货膨胀率和通货膨胀缺口。我们应该用什么指数?虽然 CPI 是应用最广泛的通货膨胀指标,但是经济学家和中央银行的官员认为个人消费支出(PCE)指数是更为准确的通货膨胀指标。PCE 指标来自国民收入账户,它基于"$Y = C + I + G + X - M$"中的"C"。对于用于计算通货膨胀缺口的目标通货膨胀率,我们遵循泰勒规则,使用 2%,所以联邦基金的中性目标利率为 4%(2% + 2%)。对于产出缺口,自然的选择就是 GDP 偏离它的趋势值或者潜在水平的百分比。

图 18.9 绘制了 FOMC 实际设定的联邦基金目标利率和泰勒规则预测的利率。结果是令人吃惊的:两条线非常接近。当泰勒规则预测利率应该变化时,FOMC 的确改变了联邦基金目标利率。规则和政策不会完全匹配,这是因为规则仅预测政策制定者以一般的方式决策。两者最匹配的时候出现在 1992 年左右——泰勒教授提出泰勒规则时,即图中的开始阶段。

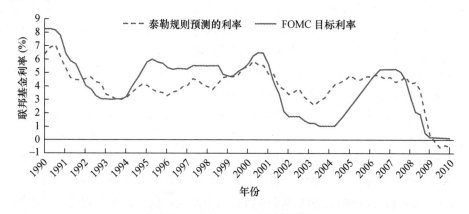

图 18.9　1990—2009 年的泰勒规则

资料来源:联邦储备理事会及作者的计算。

在我们一时冲动,用一个等式代替 FOMC 之前,或者根据泰勒规则的预测在金融市场上开始投机之前,我们应该接受一些告诫。第一,有时目标利率一定会偏离泰勒规则,而且有充分的理由。泰勒规则太简单了,所以它无法将对金融稳定的意外威胁考虑在内,比如 2001 年 9 月 11 日的恐怖袭击。

事实上，我们可以从政策利率偏离泰勒规则的这些期间中得到启示。例如，为什么 FOMC 在 1992—1993 年、2002—2005 年、2008—2009 年将联邦基金目标利率设定在低于泰勒规则的水平（见图 18.9）？答案是这些期间至少具有两个特点：(1) 金融市场上不寻常的银根紧缩状况；(2) 名义利率接近零下限所带来的通货紧缩担忧。

当金融状况比正常情况更强势或更弱势时，寻求稳定经济的政策制定者可以将目标利率设定为完全偏离泰勒规则的水平。我们可以考虑将金融状况作为一种结合了一系列市场状态的测度，包含资产定价和这些资产的交易量。好的环境通常与高价格、高资产交易量和较容易的信用获取相关，而坏的环境则对应着相反的状况（参见第 8 章中关于资产泡沫的讨论）。尽管政策目标利率可以影响金融条件，但是这种联系并不紧密；甚至在政策制定者的目标利率没有发生任何变化的情况下，金融状况能够并确实发生着显著的变化。

金融状况影响着政策选择，因为它们改变了对私人消费和通货膨胀的期望。宽松的条件意味着农户和公司更能够去借款、去透支、去投资；跃进式的资产价格和信用损失则会有相反的效果。结果，金融状况的从紧或放宽对于政策制定者而言是一个关于经济活动和通货膨胀未来路径的信号，并且影响着他们对合适利率水平的评估和泰勒规则。

这里有一个关于这种相互影响机制的有趣例子。2004—2006 年，美联储的政策制定者选择提高联邦基金目标利率以稳定经济增长，降低通货膨胀风险。但是，从更广的金融条件的角度来看，政策仍然保持连贯性，并且经济继续健康增长。这种情况表明美联储提高利率过于谨慎，随之而来的通货膨胀进一步印证了这个观点。

2008 年，虽然美联储减息至低于泰勒规则的水平，但是金融状况和经济的崩溃表明它也过于谨慎。就像 20 世纪 90 年代的日本，美联储没有足够早地行动以防止泰勒规则下的利率下跌至低于零的水平。事实上，在过去至少 50 年里，2009 年，泰勒规则第一次建议对于美国和其他主要的经济体，恰当的政策利率应为负。在这种环境下，甚至目标利率为零也很可能过高以至于不能应对全球经济的萧条。然而，正如我们所看到的一样，一国的中央银行不能将其目标利率设定为低于零的水平。

因为这个零下限，中央银行自然希望避免需要一个负的政策利率的情况发生。这样，如果经济是疲软的并且通货膨胀较低且低于中央银行的目标水平，政策制定者或许会将它们的目标利率暂时设定在低于泰勒规则下的利率水平。这种方法在短期内将通货膨胀上升到高于未来目标水平的可能性当作一种成本。好处是政策利率为零下限的风险更低。2002—2005 年，当 FOMC 将联邦基金目标利率设定在低于泰勒规则下的水平时，这样一种政策上的风险管理方法是 FOMC 考虑的一个关键因素。一些经济学家——包括泰勒规则的创造者——都认为这时期美联储的低目标利率放大了房地产泡沫，并为随后的危机起到了推波助澜的作用。①

最后，有另外的原因质疑在制定货币政策时泰勒规则的可行性：缺乏实时的数据。制

---

① 例如，可参见 John Taylor,"The Financial Crisis and the Policy Responses: An Empirical Analysis of What Went Wrong," November 2008 (http://www.stanford.edu/~johntayl/FCPR.pdf)。

定政策应基于当时可获得的信息。图 18.9 使用了截止到 2010 年 1 月可获得的资料——这些资料在第一次发布后已经被修改过很多次(参见本章"你的金融世界:经济历史是不断变化的")。因此,虽然我们可以使用泰勒规则和现在可获得的数据制定 1995 年的好的货币政策,但这不是特别实用。真实世界的政策制定者别无选择,除了基于不完全准确的信息做决定,而他们准确的判断是制定成功的货币政策的关键。

 新闻摘录

美联储可能停止债务购买的行为不会损害楼市

Steve Matthews & Vivien Lou Chen

美联储今天或许会抓住楼市回暖的契机,宣布将坚持其计划,以结束 3 月份 1.25 万亿美元抵押债务的购买。

美联储主席伯南克和其他的政策制定者于 11 月份会晤。截至该月,月度住房价格已连续上涨 6 次,这更显示了住房价格已稳定。随着金融市场的反弹,中央银行已经表示到 2 月 1 日,它将计划结束对债券自营商和货币市场的紧急救援。

美联储将很可能确认上一季度经济增长的加速,与此同时,也应注意较紧的银根和近 26 年来失业率的新高仍然使复苏前景不很明朗。政府官员很有可能维持其承诺——在较长时期维持较低的利率水平,因为证据表明可持续的扩张将增加就业机会且不提高通货膨胀预期,前美联储官员 Lyle Gramley 说。

"美联储希望稳坐如山直到前景明朗。"Gramley,这位 Potomac Research Group 的资深经济分析师说道,"改变'较长时期'这一说法将给市场释放一个信号:紧缩还没远去。我不认为美联储想那么做。"他不希望利率连续至少 6 个月上升。

美联储的区域主席对于是否在 3 月 31 日后持续购买抵押支持证券持不同观点。圣路易斯州的 James Bullard 表示中央银行应该创造一个多样化的选择,而费城的 Charles Plosser 表示购买行为应该按计划结束。

美联储计划购买 1.25 万亿美元的由政府资助的住房融资公司房利美、房地美和吉利美出售的抵押支持证券,以及 1750 亿美元的由房利美、房地美和政府特许的联邦家庭贷款银行发行的公司债券。在当前会议期间,"真正的讨论将是什么时候结束 MBS 程序。"前亚特兰大联储研究部主任 Robert Eisenbeis 说。MBS 为抵押支持证券的缩写。

"你不想冒险通过破坏这一计划来切断住房市场的复苏。"

美联储的购买已经使抵押利率下降了 25—75 个基点,波士顿联储主席 Eric Rosengren 通过一个发言人提到。一个基点等于 0.01 个百分点。利率在结束购买后不会反弹,因为美联储将继续持有大规模的抵押支持证券组合,Rosengren 说道。

根据抵押融资公司房地美的数据,30 年期的美国家庭固定贷款利率上个月已经达到创纪录的新低——4.71%,这周截止到 1 月 21 日是 4.99%。

美国的中央银行家把主要利率降至 0—0.25% 之后,上年转向将资产购买和信贷计划

作为主要的政策工具。美联储已经将它的资产负债表规模从 2007 年年初的 8 790 亿美元扩大到 2009 年年底的 2.24 万亿美元。自从 3 月份以来,FOMC 表示在较长时期异常的低利率可能一直维持。

政策制定者们可能已经注意到上个月未预料到的 85 000 个劳动岗位损失以来,劳动力市场上持续地不景气。根据 11 月会议之后发布的预测,FOMC 预计失业率在本年的第四季度将维持在 9.3%—9.7%。

"现在预测美联储退出策略的戏剧性的宣告仍为时过早,因为经济仍然在寻找自己的立足点。"Alan Skrainka,这位在圣路易斯的 Edward Jones & Co. 的首席市场策略师提到。

"这是一个微妙的平衡各方的行为,"他说道,"如果美联储紧缩银根太早,整个经济将步履蹒跚;如果美联储一味地观望,通货膨胀风险将上升。"

资料来源:ⓒ 2010 *Bloomberg Business Week*. All rights reserved. Used with permission。

▶ 本文启示

实施货币政策以实现低而稳定的通货膨胀率和高而稳定的经济增长率并不容易。然而,在 2007—2009 年的金融危机之后,它变得尤其具有挑战性,因为美联储先前没有使用非传统政策工具的经验。中央银行购买超过 1 万亿美元的抵押支持证券或许就是最好的例子。这篇文章发表于 2010 年早期,在全国范围内的住房价格已经停止下跌的大背景下,许多观察家担心,如果 FOMC 按计划那样在 2010 年 3 月停止 MBS 的购买,住房市场和整个经济将遭遇创伤。FOMC 按计划执行了方案。

18.5 非传统政策工具

我们可以看到大多数中央银行为隔夜银行间拆借利率设定一个目标水平,以期稳定经济并维持较低的通货膨胀率。但是,在两种环境下,其他的政策工具也能够发挥有用的稳定作用:(1)当降低目标利率到零已经不足以刺激经济时;(2)当被削弱的金融体系阻止传统的利率政策支持经济时。[①] 在这两种情形下,非传统的货币政策可以补充传统政策已经起到的刺激作用。在 2007—2009 年金融危机时这些情况出现后,中央银行使用了一些非传统的政策工具补充传统的利率政策。在本节,我们将学习一些这样的工具。

然而,让我们首先达成一个共识:当目标利率为零并且金融体系被削弱时,货币政策将变得无效。在这种环境下,怀疑论者经常提到"流动性陷阱",即货币扩张无效。这时,中央银行的政策效果为"马拉牛前进"。实际上,即使在如此极端的环境下,中央银行仍然有许多由它们控制的强有力工具。但是,中央银行家们的问题在于,这些很少使用的非传

---

① 在那种环境下,我们可以说货币政策对经济的传导机制已经被损害。在第 23 章,我们将看到传统的传导机制是如何逐渐被破坏的。

统工具的影响比每天的利率政策更加难以预测。并且作为负责任的公共官员,政策制定者不情愿冒着通货膨胀突然上升这种类似的风险,把经济当作一种实验品。这意味着使用非传统政策比简单改变目标利率要复杂得多。最后,非传统政策的退出是困难的并且具有破坏性的。综合以上原因,中央银行家们仅仅在利率政策不足以稳定经济的极端条件下才使用非传统工具。

主要的非传统政策方法有哪些?主要有三类:(1)**政策持久性承诺**(policy duration commitment),即中央银行承诺在未来期间维持低利率水平;(2)**量化宽松**(quantitative easing,QE),即中央银行供给的准备金总量超过需要将政策利率(比如美国的联邦基金目标利率)降至零的数量;(3)**信用宽松**(credit easing,CE),即中央银行通过一种刺激经济活动的方式改变它持有的资产负债表上的资产组合,以改变它们的相对价格(利率)。在下一节,我们将描述这些机制是如何作用的。最后,我们将看看四大传统政策工具之一——准备金利率——如何帮助一国的中央银行缓慢地从扩张中央银行资产负债表的非传统政策(如量化宽松和信用宽松)中退出。

18.5.1 政策持久性承诺

对于一国的中央银行而言,最简单的非传统方法就是承诺未来的政策目标利率。例如,如果政策制定者相信通货膨胀将远低于他们的目标(参见本章"概念应用:通货膨胀目标政策"),他们可以承诺将政策目标利率长期维持在低水平。如果这样一个政策持久性承诺宣称将无限期持续,我们可以称之为无条件的承诺,因为它仅依据时间的长短。然而,一国的中央银行能够制定一个带条件的承诺以维持利率的低水平,直到一些指定的经济状况(比如,商业活动的好转或者就业率的提升)改变。

政策持久性承诺如何影响经济和通货膨胀率呢?如果政策持久性承诺发挥作用,它将降低影响私人消费的长期利率。正如第7章所强调的,长期债券的收益率部分决定于对未来短期利率的预期,而后者是中央银行有权力去改变的。结果,中央银行家们对未来的计划有着怎样的态度至关重要。但是,要使政策持久性承诺有效,就必须具有信用;否则,长期市场利率不会像中央银行希望的那样变化。

过去,政策制定者使用一些机制使他们关于未来政策的承诺具有可信度。例如,从20世纪30年代后期到1951年,美联储购买了长期国债以将利率限定在人为的低水平。[①] 但是,这种干预的退出也会制造混乱,因为当收益率上升时,投资者将面对立刻的资本损失。结果,如果债券持有者担心中央银行将停止干预,他们会立刻出售债券。在这种环境下,对于中央银行而言,维持长期利率上限的唯一方法就是购买所有的债券。

现在,许多经济学家倡导像目标通货膨胀率这样的政策框架,以提高持久性承诺的可信度。如果一国的中央银行将通货膨胀率作为目标,维持低利率水平的承诺将更具有可

---

① 这期间,10年期国债利率保持在接近2%的水平。

信度,尤其是当未来的通货膨胀预期低于目标水平时。

美联储如何使用政策持久性承诺呢？2002—2004 年,FOMC 认为通货膨胀率将出乎意料地下降,甚至担心存在通货紧缩的可能性。于是,FOMC 发布了一个无条件的承诺,暗示联邦基金目标利率在可预见的将来或可考虑的期间将维持在低水平。并且当美联储在 2004 年开始紧缩银根时,FOMC 采取了有节制的调整政策,使市场达到了"稳定的步伐",进而避免了大幅加息。但是,随后的通货膨胀率的上升表明这个承诺使美国的货币政策保持得太长并且太简单了。

2008 年,随着金融危机的深化和通货紧缩的担忧浮出水面,FOMC 采取了一种附条件的方法。政策制定者宣称"疲软的经济状况会使得未来一段时间的联邦基金利率只能处于意料外的低水平"①。这种声明表明是经济条件而不是时间长度决定着政策利率处于低水平的时间。

尽管政策持久性承诺可能会有效,但是美联储的经验表明它们仍难以度量并且有令人不安的副作用。结果,它们只是作为特殊环境(传统政策工具箱基本空了)下的工具使用。

18.5.2 量化宽松

当政策目标利率接近零时,量化宽松或许是最有名的放宽货币量的机制。当中央银行向银行系统扩大了准备金总量的供给并且超出了需要保持政策目标利率的水平时,量化宽松就发生了。中央银行使用准备金扩张中的收益购买资产,因而扩大了整体资产负债表的规模。在表 18.3 的例子中,中央银行增加了 10 亿美元存放在美联储的商业银行准备金账户上,并且取得了 10 亿美元的国债。

表 18.3　量化宽松政策对中央银行资产负债表的影响

资产	负债
国债(+10 亿美元)	准备金(+10 亿美元)

图 18.10 展示了量化宽松对联邦基金市场上供给和需求的影响。当联邦基金市场利率为零时,准备金总量的额外增加不再降低基金利率。原因在于银行将持有现金(它不付息)而不是在联邦基金市场以上低于零的利率放贷。结果,美联储可以无限量地增加准备金——资产负债表中的资产,而不必将联邦基金市场利率降到零以下。超过需要将政策利率保持在目标利率(本例中为零)水平的准备金数量就是量化宽松的数量。在图 18.10 中,点 A 和点 B 之间的差额就是量化宽松的数量。

---

① FOMC 的声明,2008 年 12 月 16 日,参见 http://www.federalreserve.gov/newsevents/press/monetary/20081216b.htm。

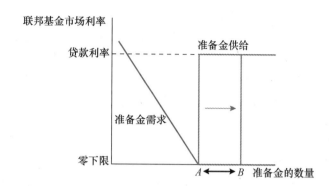

图 18.10　量化宽松

注：在量化宽松政策下，中央银行会增加准备金的供给。为了使联邦基金市场利率保持在目标水平（在图中为 0），准备金供给曲线会右移。因为银行除了持有更多的准备金外没有更好的选择，所以联邦基金市场利率保持在 0。准备金数量超过将联邦基金市场利率保持在目标水平的准备金数量便是量化宽松的数量（在图中为点 A 和点 B 之间的差额）。

简单思考便知，量化宽松能够影响经济增长和通货膨胀的路径，即使在金融体系被削弱的情况下。想象一下，中央银行扩大准备金到它购买了所有的经济中的商品和服务的地步。要使量化宽松无效，它意味着中央银行在不影响价格水平的情况下购买了整个经济体！这种荒谬的结果意味着量化宽松有着较大的能量，它能影响经济和通货膨胀预期。

然而，预测量化宽松的效果仍然是一件很困难的事情。有限的经历意味着我们几乎没有资料去做出这样的预测。更为重要的是，量化宽松影响经济预期的机制仍然不太清楚。当利率为零时，对于银行而言，持有现金、存在中央银行的准备金、短期政府债券几乎无区别。所有这些资产都是无风险的。因此，准备金供给的增加（量化宽松）可能会简单地导致银行持有更多的准备金，而不是提供更多的贷款给农户和公司。

当日本银行在 20 世纪 90 年代末实施这种措施时，量化宽松无效论的论断比较普遍。日本的银行积累了巨额的超额准备金，但是贷款仍然持续下降。我们可以看到为什么这种情况会发生。遭遇了巨额损失之后，银行开始通过去杠杆化重建它们的资产负债表，目标就是降低资产与银行资本之比（回忆第 3 章"危机的教训：杠杆"）。

当一国的中央银行缺乏获取经济中大部分商品和服务的能力以改变价格水平时，量化宽松是如何成功的呢？一个机制在于它能增加政策制定者保持低利率的承诺的可信度。假设投资者认为一国的中央银行将保持它的政策利率在零下限直到它不再实行量化宽松为止。然后，准备金总量扩张（量化宽松）的宣告会降低债券收益率，它通过债券投资者延长持有时间，以零政策利率出现的方式实现。在这种方式下，量化宽松强化了政策持久性承诺的影响。

量化宽松的一个关键问题就是中央银行不知道需要多少的准备金才能达到应有的效果。它们仅能通过试验来测试准备金的适当水平。当中央银行增加准备金总量（扩张资产负债表）时，我们就可以观察它对金融条件和经济的影响。无法预测自然使得政策制定者忐忑不安，因为试验可能导致通货膨胀的突然上升。然而，当传统的政策工具已经用尽后，量化宽松就可能成为中央银行防止持续的通货紧缩的强有力的工具。

美联储如何使用量化宽松？自从大萧条以来，它的第一次也是唯一一次的应用发生在 2008 年 9 月雷曼兄弟破产之后(参见图 18.1 中美联储的资产负债表如何猛升)。这部分导致了政策制定者对量化宽松恰当的用量有着高度的不确定性。他们也缺乏退出量化宽松的经验。

18.5.3 信用宽松

相比于增加中央银行资产负债表的规模的量化宽松，信用宽松改变了资产负债表的构成，使无风险资产的数量减少、有风险资产的数量增加。一般而言，这些风险资产包括借款者可能违约的信用风险。

中央银行出售短期美国国库券并购买到期日相同的抵押贷款支持证券就是运用信用宽松的一个简单例子。表 18.4 显示，这种转换使得资产负债表的规模维持不变，只有存在信用风险的资产和无违约风险的资产的组合发生了改变。

表 18.4 信用宽松怎样影响中央银行的资产负债表

资产	负债
3 个月期的国库券(−10 亿美元)	
抵押贷款支持证券(+10 亿美元)	

信用宽松如何改变经济和通货膨胀的前景？中央银行的行动能够改变信贷的成本和有效性。当中央银行取得一项资产(比如 MBS)，这增加了对资产的总需求。增加的需求将抬高它的价格，同时降低其收益率。当缺乏对风险资产的私人需求时，中央银行的购买将增加信贷的可获得性。

信用宽松可能在较小的、缺乏流动性的市场上有更大的影响。在那种条件下，甚至较小的干预都能对市场价格产生较大的影响。中央银行购买的和出售的资产收益率之差越大，信用宽松的影响就可能越大。有相似收益率和风险特征的资产通常都是相近的替代品。而有不同收益率和风险特征的资产的可替代性较差。通过改变这种资产对私人投资者的相对供给，信用宽松缩小了它们之间的利率差异。

在金融危机中，美联储转向信用宽松是史无前例的。在图 18.1 中，具有违约风险的资产(那种不同于打着"持有的传统证券"和"购买的长期证券"标签的资产)成为美联储资产负债表中最大的组成部分。除了直接给金融机构贷款，金融危机期间美联储购买上万亿美元的 MBS 就是信用宽松运用的最好例子。它的目标就是降低抵押贷款的收益率，支持房地产市场。

类似于量化宽松，与传统的利率政策相比，中央银行更加不易操作信用宽松。一国的中央银行无法合理预期信用宽松对贷款成本的影响，并且信用宽松也会造成量化宽松不必提高的担忧。例如，与财政政策类似，信用宽松支持一部分贷款而排斥了其他部分。危机期间美联储提供给商业票据发行者的特殊许可就是一个例子。正常情况下，中央银行使用传统的政策技术，一般可以避免直接分配信用，促进市场竞争而不是仅挑选胜利者。

信用宽松有意地避免资产中性,以便影响相对价格。

退出信用宽松可能也比退出量化宽松更加困难。风险资产一般更难售出——它们相对于国债更缺乏流动性,因此中央银行可能不能轻易地摆脱它们。另外,如果贷款的强势使用者和他们的政府代言人寻求阻止美联储售出特定资产,以免提高特定等级的借款者的成本,政治影响在这种情形下就变得尤为重大。

18.5.4 有效地退出

当中央银行追求传统目标利率时,官员们每隔6到8周都要考虑政策选择的问题。经过持续的商议,形成一种策略,影响政策工具和目标的期望路径。决定不是一时的、无关的选择。我们可以将中央银行家设定利率看成是参与一种复杂的游戏(比如国际象棋),这要求他们现在行动的同时记住他们在未来要采取的行动。

非传统政策的引入和退出(比如持久性承诺、量化宽松、信用宽松)也要展望未来。如果没有持续可靠的方法,政策制定者就不能使预期通货膨胀率保持在接近目标通货膨胀率的水平。并且,一旦他们失败,不稳定的通货膨胀预期就可能导致更广泛的经济波动。

相比于传统政策,量化宽松和信用宽松的退出还面临其他的困难。这些困难看似是技术上的,但却有着重要的含义。关键问题在于中央银行希望提高利率以使政策条件从紧,但能否更快地采取行动呢?在传统政策下,答案是能。在量化宽松和信用宽松的情况下,答案取决于中央银行资产负债表的规模和结构,同时取决于政策制定者是否有适用的工具。

在传统政策下,中央银行希望提高政策利率,它可以适当地调整给银行系统的准备金供给总量。中央银行会持有足够多的短期无风险资产(比如国库券)以减少准备金的供给,仅通过允许一些这类资产到期就可以达到目的。必要情况下,当权者也可以卖出一部分这类最具流动性的资产。

当量化宽松和信用宽松巨额地扩张了中央银行资产负债表上的准备金总量与资产时,会出现什么状况呢?答案是中央银行可能须卖出一大部分资产以有效地减少准备金的供给,提高政策目标利率。但是,量化宽松和信用宽松资产一般情况下比国库券更难卖出(更缺乏流动性),而且任何违约的信用宽松资产的价值将会缩水。在这种环境下,一国的中央银行或许不能足够迅速地从银行系统出售资产并撤回准备金,以便随心所欲地提高政策利率。那么,当权者能够采取什么行动呢?

2007—2009年的金融危机后,许多人担心美联储和其他中央银行膨胀的资产负债表会导致恶性的通货膨胀。从量化宽松和信用宽松中及时地退出对于保持低通货膨胀水平是很必要的,这一点人尽皆知。但是,及时退出有可能吗?

答案是可以。实际上,像美联储之类的中央银行有一些政策选择,允许它们在不必出售其资产的情况下紧缩银根。最重要的一点在于政策制定者可以使用一种非传统的方式实施传统工具:它们可以提高中央银行支付给准备金的存款利率。图18.11展示了美联储从零存款利率提高到一个新的正利率 χ 的例子。存款利率为联邦基金市场利率设定了一个底限,即便美联储不会减少它的准备金供给。原因在于,一旦联邦基金市场利率跌至存款利率,银行就没有更好的选择,除了在中央银行的存款账户上持有更多的准备金。如图 18.11 所示,它们的准备金需求将从 RD_0 改变到 RD_1,使准备金供给和需求的均衡点从点 A 移动到点 B。

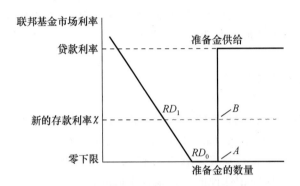

图 18.11　通过提高存款利率退出量化宽松

注:通过将存款利率从 0 提高到 χ,中央银行将准备金需求从 RD_0 改变到 RD_1。因为当联邦基金市场利率跌至 χ 时,银行除了持有准备金外没有其他选择,所以 RD_1 在新的存款利率 χ 下变得水平。通过提高存款利率,中央银行在没有减少准备金供给的情况下提高了联邦基金市场利率,准备金供给和需求的均衡点从点 A 移动到了点 B。

因此,通过提高存款利率,美联储可以在提高联邦基金目标利率的同时,不必减少准备金供给的水平或改变资产负债表的构成!给准备金支付利息允许一国的中央银行使用两种强有力的、相互独立的政策工具:(1)它能调整银行间贷款的目标利率,而不必改变其资产负债表的规模或结构;(2)它能调整其资产负债表的规模和结构,而不必改变银行间贷款的目标利率。

这种灵活性意味着中央银行可以改变它的资产负债表,并保持金融稳定,控制住通货膨胀。特别地,如果希望提高目标利率,政策制定者可以通过简单地提高他们支付给准备金的存款利率来避免持有的大量非流动性资产被便宜出售。除非在极端条件下,否则中央银行家们不可能接收非流动性资产,但是他们的工具箱允许他们在不牺牲通货膨胀的公信力的情况下采取这种行动——假设,他们可以在必要的时候调整他们支付给准备金的利率(存款利率)。今天,主要的中央银行(像美联储和欧洲中央银行)有这种权力并使用这种工具。

 你的金融世界

经济历史是不断变化的

新的经济增长数据的发布成为头条新闻。每隔 3 个月,美国商业部下属的经济分析局都会公布上季度的 GDP 信息。所以在 4 月底,我们首次获得了 1—3 月的增长估计,并且在记者会上发布。这种关注很有意义,除非数据随后经过多次修正。最初的估计在 4 月份发布;5 月、6 月、7 月,政府统计官员根据逐渐收集到的更多信息不断地修正它们。接下来三年的每个 7 月,它们都再次被修正。到 2005 年 7 月,2002 年第一季度的 GDP 已经修正了六次!随后每隔 5 年,当人们可以获得人口和经济活动的新数据时,数据将再次被修正。

如果变化很小,那么这些修正就无关紧要;但是事实并非如此。我们用一个例子说明这个变化会有多大。图 18.12 描述了 1990 年第三季度 GDP 增长率的估计值的变化,它的形状像轻微衰退的水槽。*1990 年 10 月公布的最初估计表明经济增长 1.8%。因为经济不景气,所以这则消息是受欢迎的。但是当数据修正之后,情况变化了。一段时间后,增长率的估计值下降到 -1.9%,在 2009 年最终稳定在 0 左右。

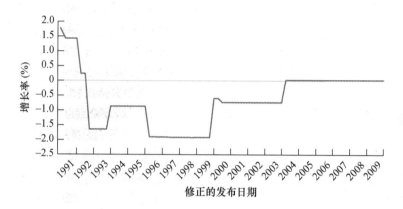

图 18.12　1990 年第三季度 GDP 增长率的修正

资料来源:Real-time database of the Federal Reserve Bank of Philadelphia。

这意味着历史是不断变化的。我们对经济的看法必须定期调整。因此当你看到头条新闻公布 GDP 的近期增长数据时,记住今天的数字只是一个大概的估计。也许要五年或更多年以后,经济学家才能知道到底发生了什么。

* 这些数据来自费城联邦储备银行的一个实时数据库。对于这些数据的描述,参见 Dean Croushore and Tom Stark, "A Funny Thing Happened on the Way to the Data Bank:A Real-Time Data Set for Macroeconomists," *Business Review* of the Federal Reserve Bank of Philadelphia, September/October 2000, pp. 15—27。

18.6　结束语

事实上,中央银行家们的任务艰巨到几乎不可能完成。他们应该稳定经济和金融体系,同时为商业银行和政府提供服务。为了完成这个任务,我们给予他们对自己的资产负债表的控制权,允许他们在金融市场上买卖证券并贷款给银行。正如我们所知,垄断者可以在控制他们卖出产品的数量和他们卖出产品的价格之间进行选择。因为中央银行是货币和准备金的垄断供给者,所以政策制定者可以控制数量或者价格。在正常时期,他们选择控制价格,即利率。因为利率的变动影响整个经济体系,利率控制通常赋予货币政策制定者所需要的杠杆水平,以稳定通货膨胀率、经济增长率、金融体系。正如我们将在第 5

篇中看到的，更高的利率通过减少信贷的可获取性来降低通货膨胀和经济增长；更低的利率让信贷更便宜也更容易获取，进而刺激经济活动。

多年来，中央银行家们从他们的失败中汲取教训。他们意识到保持金融体系平缓运行的重要性，并在危机时期提高了他们迅速放贷的能力。因为每个人都理解保持低通货膨胀的重要性，中央银行已经被赋予了维持物价稳定的使命。结果是现在的通货膨胀率比 1970—1995 年的更低了。

今天，我们已经有了一系列的准则，知道中央银行应该怎样设计及如何使用利率来稳定经济。但是，这并不是中央银行家们唯一的工作。良好的货币政策必须与有责任的财政政策结合才能构建一个健康的经济和金融体系。而且，随着国内经济重要性的下降，大型的中央银行不必考虑国际因素的时光已经一去不复返了。为了弥补分析中的这个漏洞，我们将在第 19 章学习汇率管理和国际金融体系。

关键术语

传统政策工具	隔夜现金利率
信用宽松	政策持久性承诺
存款利率	一级信贷
贴现贷款	一级贴现率
贴现率	量化宽松
欧洲中央银行的存款便利	回购协议（repo）
欧洲中央银行的边际贷款便利	法定准备金率
通货膨胀目标	二级贴现率
中介目标	联邦基金目标利率
最后贷款人	泰勒规则
联邦基金市场利率	非传统政策工具
最低投标利率	零利率底限

本章小结

1. 美联储有四种传统货币政策工具。
    a. 联邦基金目标利率是主要的货币政策工具。
        i. 公开市场操作用于控制联邦基金利率。
        ii. 美联储预测每天的准备金需求，随后供给准备金，其数量应等于实现目标利率的准备金需求。
    b. 贴现贷款利率用于向银行供给资金，尤其是在危机期间。
        i. 美联储规定一级信贷利率高于联邦基金目标利率。
        ii. 通过规定一级信贷利率高于联邦基金目标利率，美联储努力稳定银行间隔夜贷款的市场利率。一级信贷利率是银行间隔夜贷款市场利率的上限。

iii. 美联储也向出现困难的银行和需要季节流动性的银行提供贷款。
c. 存款利率是美联储支付给银行持有的存在中央银行的超额准备金的利率。
   i. 存款利率被设定低于联邦基金目标利率。
   ii. 存款利率决定了银行间隔夜贷款市场利率的下限。
d. 法定准备金率用于稳定准备金需求。
   i. 对于某些存款,银行要求持有准备金。
   ii. 银行可以持有在联邦储备银行的付息存款,或持有库存现金。
   iii. 准备金的运行规则使每个人在几个星期之前就已经知道了银行必须持有的准备金水平。
2. 欧洲中央银行的主要目标是稳定物价。
   a. 欧洲中央银行通过再融资操作的每周拍卖向银行系统注入流动性。
   b. 主要的再融资操作的最低投标利率也称作再融资目标利率,它是管理委员会控制的目标利率。
   c. 欧洲中央银行允许银行通过边际贷款便利,以高于再融资目标利率的利率借款。
   d. 银行可以将超额准备金以低于再融资目标利率的利率存入国家中央银行。
   e. 欧洲的银行要求持有准备金;它们的准备金余额收到的利率等于最近的再融资操作的平均利率。
3. 货币政策制定者使用多种工具实现他们的目标。
   a. 最合适的工具是可观察的、可控的,并且与目标紧密联系的。
   b. 短期利率是货币政策的最主要工具。
   c. 现代中央银行不使用像货币增长这样的中介目标。
4. 泰勒规则是一个描述联邦基金利率变动的简单等式。它指出:
   a. 当通货膨胀上升时,FOMC 提高目标利率,它的增量是通货膨胀率的增量乘以 1.5。
   b. 当产出增加到高于潜在产出 1% 时,FOMC 提高目标利率 0.5 个百分点。
5. 非传统货币政策可以弥补传统政策的不足。当零政策利率仍不足以稳定经济,或者被削弱的金融体系使传统的利率政策无法发挥效果时,中央银行有三种主要的非传统工具:
   a. 政策持久性承诺:承诺在未来保持低利率。
   b. 量化宽松:供给准备金,其数量已超过需要将政策利率降至零的数量。
   c. 信用宽松:改变中央银行的资产组合以影响它们的相对价格。
6. 非传统货币政策是不可预测的并具有潜在破坏性,于是它仅在极其特殊的条件下使用,即传统工具已经不足以稳定经济时。一个传统政策工具——为准备金支付利息,可以帮助一国中央银行平稳地从非传统货币政策中退出。

概念性问题

1. 解释美联储如何通过"走廊"系统的使用,防止联邦基金市场利率过度偏离目标利率?
2. 假设准备金的需求变得不太稳定,那么货币政策会受到什么影响?

3. 从1979年到1982年,FOMC使用货币增长作为中介目标。因此,理事会命令公开市场交易部以银行系统的准备金水平作为目标。这样做的理由是什么?为什么结果是不稳定的利率?你支持中央银行回归以准备金为目标吗?为什么?
4. 纽约联邦储备银行的网站包含联邦基金目标利率的信息。寻找相关信息并描述从2006年6月起它发生的变化。将它的早期形态与最近发展相比较,有什么让你感觉不同寻常?
5. 登录美国联邦储备委员会的网站 www.federalreserve.gov,并找到有关描述货币政策工具的部分。2007—2009年金融危机期间使用的哪些非传统工具美联储现在已经停止使用?什么决定着各种便利撤销的顺序?其中的哪些工具现在仍在进行运作?
6. *运用你所学的有关非对称信息的知识,解释在2002年(美联储的贴现贷款便利改变之前),银行几乎不可能从该便利中贷款,尽管可使用的资金的利率已低于联邦基金目标利率。
7. 欧洲中央银行的网站上包含了银行控制下的利率的有关信息。这些利率现在处于什么水平?它们上次发生改变是什么时间?上次发生改变时召开的记者招待会上,管理委员会如何调整自己的行动?
8. 欧洲中央银行对法定准备金支付以市场为基础的利率,对超额准备金支付更低的利率。解释该体系以这种方式运作的原因。
9. *为什么美联储和欧洲中央银行使用隔夜利率而不是更长时期的利率作为它们的政策工具?
10. *指出并比较为应对2007—2009年的金融危机,美联储和欧洲中央银行增加或调整它们的货币政策工具的方式的不同。
11. 美联储应如何从2007—2009年金融危机期间实行的非传统政策中退出,同时也不引起通货膨胀问题?

分析性问题

12. 一国的中央银行正面临经济和金融市场困难,现征求你的建议。该中央银行已达到零下限的政策利率,但仍不足以稳定经济。画图说明美联储2007—2009年金融危机期间采取的行动。你应建议该中央银行采取何种行动?
13. 假定准备金的需求是稳定的。运用银行准备金市场的图示来展示公开市场交易部如何实施FOMC的决定以提高联邦基金目标利率。你应该假设贴现率和存款利率是可调整的,因而它们与联邦基金目标利率之差保持不变。
14. 假设一天早上,在决定给市场的准备金供给数量时,公开市场交易部大幅度低估了准备金的需求。运用银行准备金市场的图示来展示为什么无论准备金需求的估计量和实际量之间的差异有多大,联邦基金市场利率都不会超过贴现率。
15. 考虑一种情形。在这种情形下,法定准备金率是刚性的,并且美联储决定降低法定准备金率。假设超额准备金的需求保持不变,运用银行准备金市场的图示来展示公开市场交易部如何对这种改变做出反应。

16. 假定美联储不对超额准备金支付利息。准备金需求曲线将与图 18.2 有哪些不同？
17. 运用欧洲银行间隔夜贷款的图示，展示在 2010 年早期，无论准备金需求下降多少，银行间隔夜利率下跌幅度怎样才不可能不超过最低投标利率以下 75 个基点。
18.* 假设欧洲中央银行的官员们征询你有关他们对货币政策的操作框架的意见。你对他们成功保持短期利率接近目标利率的成果表示赞赏，同时也对他们管理准备金供给的过程的复杂性表示担忧。你建议欧洲中央银行将来应该对它的系统采取哪些特别的改变呢？
19. 运用下面的泰勒规则计算如果通货膨胀率上升 3%，实际利率将发生什么变化？

$$\text{联邦基金目标利率} = 2 + \text{当前通货膨胀率} + \frac{1}{2} \times \text{通货膨胀缺口} + \frac{1}{2} \times \text{产出缺口}$$

20.* 在不存在异常金融市场或通货紧缩担忧的情况下，第 19 题中的泰勒规则被认为是对美国政策行为的合理的描述。考虑你所知道的欧洲中央银行的政策目标及欧洲的平均增长率低于美国的平均增长率这两个因素，你将对泰勒规则进行怎样的修正以更接近欧洲中央银行的政策制定行为？

（注：题号后标注 * 的问题均指难度较大的题型。）

第 19 章
汇率政策与中央银行

2000 年 9 月 22 日上午,纽约联邦储备银行的外汇交易部第一次买入欧元,这种货币是 21 个月前刚开始流通的。同时,位于法兰克福、伦敦、东京、多伦多的中央银行的官员也在做着相同的事情。他们共买入 40 亿—60 亿的欧元。仅美联储就花了 13.4 亿美元买入了 15 亿欧元。截至此时,此次 2000 年 9 月的行动已经成为美联储最近的一次**外汇干预**(foreign exchange intervention)。

整个操作进行了两个小时;当交易结束时,中央银行宣布了它们的此次操作。正如欧洲中央银行在其新闻中所报道的一样,它们这么做是因为"对于最近欧元汇率的变动对世界经济将产生的潜在影响都有着共同的忧虑"。因为自从 1999 年 1 月 1 日欧元发行的那一刻起,它就持续下跌,从 1 欧元兑换 1.18 美元跌至 1 欧元兑换 0.85 美元,跌幅超过 25%。虽然欧元的低价使得出口商品变得更便宜,增加了欧盟制造的产品在国外的销量,但它同时也提高了进口商品的价格。负责维持物价稳定的欧洲中央银行的官员发现,进口价格高这个问题非常棘手,因为他们不愿意用提高利率的方式支撑欧元的价值(这却是他们不得不做的)。专家们争论的是 1 欧元应该兑换 1.10 美元还是 1 美元,但都认为 1 欧元兑换 0.85 美元实在太低了。

外汇市场的协调干预在全世界成为头版新闻。干预当天,欧元确实暂时升值了,升值到 1 欧元兑换 0.89 美元;但是到 10 月中旬,又回归到 1 欧元兑换 0.85 美元。这次行动备受关注,但收效甚微。为了理解为什么这次干预没有发挥作用,为什么美联储几乎不参与这样的外汇交易,我们须理解一国中央银行管理本国汇率的运作机制。

美国与欧洲都是巨大且独立的经济体。其进出口总额接近美国 GDP 的 25%,接近欧元区 GDP 的 40%。在很大程度上,这两个经济体自身能够支撑它们的消费和投资。因此大多数时候,美联储和欧洲中央银行的政策制定者都将精力集中在国内经济,而让汇率自由浮动。但对于一些小国家,它们的进出口总额占比有时超过了 GDP 的 50%,中央银行不能那么"奢侈"。这种情形同样适用于中国,这个世界第二大经济体和最大的出口国,其进出口总额大约占到本国 GDP 的 2/3。这些国家更依赖世界其他国家的发展态势,于是改变汇率将对它们产生巨大影响。

阿根廷提供了一个关于外部因素和内部因素在制定货币政策时相互影响的例子。多年来,阿根廷一直遭遇严重的通货膨胀。20世纪70年代,该国年平均通货膨胀率达到了100%,这意味着物价每年翻一番,但经济只保持在3%的年增长率。1989年,通货膨胀率已经攀升至每年2 000%,物价水平是20年前的600亿倍。毫无疑问,经济增长率下降了。1990年,实际GDP已经低于1973年的水平,整个阿根廷的经济处于停滞状态。

产生如此高的通货膨胀经常是错误的财政政策和货币政策相结合而导致的。政府支付过多,于是它们依靠中央银行发行更多的货币。为了约束政策制定者,1991年,阿根廷实行了一种称作货币局的制度,这种制度有两个重要的贡献。第一,阿根廷的中央银行——阿根廷共和国中央银行,保证维持1比索兑换1美元的兑换基准,以固定它的汇率。第二,要求中央银行持有与国内货币负债等值的美元资产,按1比索兑换1美元的汇率折算。发行1比索或者商业银行的准备金创造1比索,阿根廷中央银行必须增加持有1美元的资产。

结果几乎是不可思议的。通货膨胀迅速降低;几年之后,通货膨胀就完全消失了。正如我们后面将看到的,胜利并不长久。到了2002年1月初,货币局制度崩溃了,GDP下降了25%,通货膨胀率上升了超过30%。

欧洲中央银行和阿根廷的例子说明了国内货币政策和汇率政策的联系。为了避免国内利率上升,欧洲中央银行进行了协调干预以支撑欧元的价值。为了控制财政和货币当局导致的通货膨胀的冲击,阿根廷固定了其货币兑换美元的汇率。如果汇率政策与利率政策是不可分割的,那么我们已经通过省略跨国交易,把分析中的一些核心的东西略掉了。为了纠正之前的遗漏,我们现在开始汇率制度的讨论。为什么一个国家的汇率与其国内的货币政策紧密相联?是否存在汇率稳定成为中央银行的首要目标的情况?如果存在,那么它们是否应该将本国货币与其他货币的汇率固定呢?一个国家甚至是否应该考虑完全放弃本国的货币呢?

19.1 汇率政策与国内货币政策的联系

汇率政策是任何货币政策制度的组成部分。例如,芝加哥与美国的其他地区有着固定的汇率——都是使用美元,因此它没有独立的货币政策。因为芝加哥的货币政策是由FOMC制定的,所以芝加哥的利率与美国其他地区的利率相同。同样的债券,在芝加哥与旧金山之间的价差会因套利而立即消除,因为投资者可以在价格较低的地方买入债券,然后在另一个价格较高的地方卖出债券(所有这些都是通过电子交易完成的)。对于芝加哥成立的,对于任何国家仍然成立:如果资本可以在国家之间自由流动,那么采用固定汇率就意味着放弃国内的货币政策。

有两种方法可以看出汇率政策与货币政策的联系。第一种方法是考虑市场上的商品及购买力平价;第二种方法建立在芝加哥/旧金山债券市场的套利例子的基础上。购买力平价说明了汇率变动的长期趋势,而资本市场上的套利则说明了货币市场上的供给与需求如何影响汇率的短期变动。让我们详细分析这些方法。

19.1.1 通货膨胀与购买力平价的长期含义

在第10章中,我们从一价定律开始讨论决定汇率的长期因素。一价定律认为,不考虑运输成本,同一商品无论在何处销售,都应该具有相同的价格。例如,在费城与圣路易斯购买相同的电视机,价格应该相同。购买力平价的概念把一价定律的逻辑推广到一篮子的商品与服务。只要商品能够在国家间自由流动,1单位的国内货币就应该能够在世界上任何地方购买到相同的一篮子商品。

这看似简单的概念却有着重要的含义。它意味着当一国物价变化而另一国物价不变时,汇率就应该调整以反映物价的相对变化。例如,如果墨西哥的通货膨胀率高于美国的通货膨胀率,那么墨西哥比索相对于美元就应该贬值。如果在墨西哥的任何商品都值更多的比索,那么美元也应该值更多的比索。图10.4印证了这条定律在过去的几十年里表现得很好。从长期来看,汇率的变动与通货膨胀率的变动联系紧密。

为了理解这条定律是如何发挥作用的,回忆一下,购买力平价意味着

$$\text{每 1 美元的比索价格} = \frac{\text{墨西哥一篮子商品的比索价格}}{\text{美国一篮子商品的美元价格}} \quad (1)$$

如果在等式(1)两边都以百分比衡量,那么我们可以得到①

与1美元价值相等的比索数量变化的百分比

= 在墨西哥一篮子商品的比索价格变化的百分比 − 在美国一篮子商品的美元价格变化的百分比

$$(2)$$

因为一篮子商品价格变化的百分比与通货膨胀率是相同的,所以等式(2)又可以表示成

与1美元价值相等的比索数量变化的百分比

= 墨西哥的通货膨胀率 − 美国的通货膨胀率 (3)

当墨西哥的通货膨胀率高于美国的通货膨胀率时,购买1美元所需的比索数量就会增加。当美国的通货膨胀率高于墨西哥的通货膨胀率时,情况正好相反。举一个例子帮助我们理解它的原理。假设在年初我们需要用10比索购买1美元(即1比索值10美分),当年墨西哥的通货膨胀率为5%,美国为2%。那么在这一年年末,我们可以预测汇率的变化,即我们需要增加3%的比索购买1美元,或者说10.3比索兑换1美元。

购买力平价对于货币政策有着直接的意义。如果墨西哥中央银行想要固定它的汇率,那么墨西哥实行的货币政策就必须保证本国的通货膨胀率与美国相同。反之,如果墨西哥希望本国的通货膨胀率与美国不同,那么它就必须允许比索兑换美元的汇率发生变化。中央银行必须在固定的汇率与独立的通货膨胀政策之间做出抉择,两者不能同时拥有。

只要了解购买力平价仅在长期(例如几十年)起作用,我们可以就此停止讨论。尽管

---

① 在从等式(1)到等式(2)的推导中,我们使用以下概算:X/Y 的百分比变化等于 X 的百分比变化减去 Y 的百分比变化。这个概算在变化较小时很有用。

汇率最终会调整到与国内外价差保持一致,但是汇率仍然可能偏离购买力平价决定的汇率许多年。汇率变动的这个时滞似乎意味着可以减少对货币政策的约束,但事实并非如此。为了知道原因,我们还要了解当资金可以在国家间自由流动的情况下,资本市场会怎样变化。

19.1.2 利率与资本市场套利的短期含义

从短期来看,一个国家的汇率是由需求与供给决定的。美元的交换价值取决于许多因素,比如美国居民对外国资产的偏好以及外国居民对美国资产的偏好等。从短期来看,投资者发挥着至关重要的作用,因为他们能够在国际上调动大量的美元、欧元、英镑或者比索。假设政府允许资金自由流入与流出,那么这些资金的流动会非常迅速。

为了理解国际间资本流动的意义,我们必须关注投资者如何决定购买本国债券还是购买外国债券。给定两种风险相同的债券,投资者往往购买预期收益率比较高的债券。当两种债券除了收益率不同,其他各方面都相同时,投资者会抬高高收益债券的价格,压低低收益债券的价格,直到两者的收益率相同为止。因此,资本市场上的套利保证了两种相同风险的债券有着相同的收益率。

与购买力平价一样,资本市场的套利对货币政策也有着直接的意义。考虑两种除了发行地不同(比如一种在芝加哥,另一种在旧金山),其他各方面都相同的债券。这两种债券风险相同,期限相同,息票率相同。套利的存在保证了它们具有相同的价格和相同的利率。这是否与两种债券都用美元偿付有关呢?

为了回答这个问题,我们可以将前例替换为在不同国家发行的、用本国货币付息的债券。如果我们将一种在芝加哥发行的债券与一种在伦敦发行、用英镑标价而其他各方面都相同的债券相比较,那么会发生什么情况?两种债券分别在什么利率水平上对于投资者才是无差异的?

考虑一个假设的例子,英格兰银行决定将汇率固定在1英镑兑换1.5美元。如果英镑兑换美元的汇率固定了,那么每个人都预期汇率保持不变,我们就可以忽略两种投资用不同的货币标价这一事实。假定一个美国的投资者考虑明年该如何安排1 500美元。他或者购买1年期利率为i的芝加哥债券,或者购买1年期利率为i^f(上标f表示外国)的伦敦债券。投资伦敦债券需要在年初将美元兑换成英镑,购买债券;在年末收回本息,并换回美元。

在1英镑兑换1.5美元的固定汇率下,1 500美元就相当于1 000英镑。一年之后,1 000英镑就变成$1000(1 + i^f)$英镑。仍然采用1英镑兑换1.5美元的固定汇率将其兑换成美元,美国投资者将获得$1 500(1 + i^f)$美元。在决定购买何种债券时,投资者将$1 500(1 + i^f)$美元与芝加哥债券的收益$1 500(1 + i)$美元进行对比。因为资本市场上的套利会使两种债券的收益相同,所以在固定汇率下,

$$1500(1 + i^f) = 1500(1 + i) \qquad (4)$$

因此可以得到:

$$i^f = i \qquad (5)$$

所以,当两个城市具有相同利率时,对于投资者而言,投资于用美元标价的芝加哥债券与

用英镑标价的伦敦债券是无差异的。如果芝加哥的利率与伦敦的利率不一样,并且美元兑换英镑的汇率固定,那么投资者就会来回转移资金,消除这种差异。这个例子与芝加哥债券和旧金山债券的比较是类似的。因为这两个城市的美元汇率是固定的并且资本可以自由流动,所以它们的利率必须相同。①

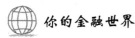 你的金融世界

新兴市场的危机和你

某天早上,你被几则新兴市场国家出现严重金融危机的消息惊醒。就像 1997 年的亚洲金融危机与 2002 年的拉丁美洲金融危机一样,部分新兴市场国家的经济几近崩溃。中央银行、财政部、IMF 等金融系统的官方守卫者们正在召开会议,以决定采取什么措施来挽救危机。与此同时,为了寻求避险,交易者们纷纷将资金从出现金融危机的新兴市场转移到安全的美国和英国,导致新兴市场的投资价值暴跌。

在这种情形下,你会怎么做?

如果你采取了第 10 章中的建议,将你的部分资金投资于外国股票和债券,那么这次的金融危机看起来对你就有一些影响。是这样的吗?事实上,它对你几乎没有持久的影响。

首先,你的投资组合应该是非常多样化的,因此面对危机,只有部分投资会表现得比较差。

其次,在经济意义上,这些国家都是些小国家——"新兴"意味着它们处在发展的初期阶段,所以你的投资额是比较小的。为了更好地理解这些国家在经济金融上的影响力,以马来西亚为例。马来西亚的 GDP 大约是美国 GDP 体量的 1/75;同时,它的股票市场市值是美国金融市场的 1/125。事实上,如果你在国际上多样化你的投资,根据各个国家资本市场规模的大小购买股票,假设每 100 美元投资中,42 美元投资于美国,27 美元投资于西欧,9 美元投资于日本,仅 34 美分投资于马来西亚;那么,即使马来西亚股票市场的市值跌了将近 50%,在每 100 美元的投资中,你也只损失了 17 美分。

最后,你的大部分投资很有可能被放进了一个退休账户,在接下来的几十年中你可能都不会用到它们。在你持有这些投资的期间,它们的价值起起伏伏,偶尔的损失也只是暂时的。只要你从长远来看,并且多样化你的投资,那么这些危机对你的影响都是微不足道的。

19.1.3 资本控制与政策制定者的选择

从以上的分析我们似乎可以看出,政策制定者可以在稳定国内利率与稳定汇率之间做出选择。但前面关于利率和套利的讨论完全是建立在投资者能够在国际上转移资本的

---

① 进一步分析,如果汇率自由变动,资本市场套利的存在将确保类似期限的债券的预期收益和风险相同(都用同一种货币表示时)。这就是利率平价条件的逻辑,我们已经在第 10 章附录中进行了讨论。

基础上的。如果资本不能在伦敦和芝加哥之间自由流动,就不会存在使两地利率相等的机制,那么我们之前的逻辑就有缺陷。因此,我们须进一步修订结论:只要资本可以在国家间自由流动,货币政策制定者们就必须在固定利率与固定汇率之间做出选择。一个国家不可能同时

- 开放资本市场
- 控制国内利率
- 固定汇率

政策制定者们只能选择其中的两项。

放眼世界,我们看到不同的国家有着不同的选择。例如,美国拥有开放的资本市场,可以控制的国内利率并且美元可自由浮动。20世纪90年代,阿根廷保持着开放的资本市场,但是它保持对美元的固定汇率,放弃了对国内利率的控制。但是这些并不是唯一的选择,还有其他可能的选择值得探讨。如果一个国家放弃加入国际资本市场,它就能够实行**资本管制**(capital controls),固定它的汇率,并且仍然使用货币政策以实现国内的经济目标。

资本管制与现代经济学的观点背道而驰。开放资本市场对大家都有益这一观点已经成为经济学家们的共识。同样的道理,国际贸易可以使各国利用其比较优势,国际间资本市场的一体化可以确保资本得到最有效的使用。国家间资本的自由流动可以加强竞争,提高多样化的可能性,使投资回报率(调整风险后)相等。因为这种观点在20世纪末得到了广泛认可,所以各国逐渐开始取消20世纪初采取的限制资本流动的政策。①

当我们看这些大型工业化国家时,开放资本市场的好处是显而易见的。美国工人在俄亥俄州的马里斯维尔本田装配工厂里得到工作,美国投资者从投资于法国和德国的股票中获得收益(参见第10章"你的金融世界:投资海外")。但是,一国金融市场的紊乱——比如2007年的美国抵押证券市场——可以通过各种各样的方式迅速传导到其他国家的市场和机构中。2007—2009年的全球金融危机就是一个鲜明的例子。

对于新兴市场国家,资本市场更大的开放性也会带来其他风险。问题在于流入一国的资本也能够流出这个国家,并且速度非常快。这意味着开放资本市场的国家在投资者态度的突然变化面前不堪一击。投资者可以决定卖出一个国家的债券,使债券的价格下降而利率上升。他们把收到的本息兑换成外币,使该国货币的价格下降。如果所有人都同时对这个国家失去信心,那么结果就像银行挤兑一样:所有外国投资者一夜之间离开,并由此促成金融崩溃。1997年的泰国(第17章所讨论的)和1998年的韩国(第10章所讨论的)就是两个很好的例子(我们将在本章的下一部分仔细研究这些危机的形成机制)。

政府官员有动力通过限制人们将资本带入和带出本国——控制资本流动——来化解这样的危机。有两种典型的资本管制。流入控制(inflow controls)限制外国人投资本国;流

---

① 类似于中央银行,国际资本流动的强制是20世纪的一大创新。两次世界大战期间(20世纪20年代和30年代),一大特征就是国家自治的加强。随着大萧条期间世界经济的崩溃,国家试着对商品和服务上的贸易与资本转移进行限制。限制外国投资者拥有国内资产和个人将现金或金币转移出国,成为一种很普遍的做法。其中许多都构成了第二次世界大战后国际金融体系的一部分,并且工业化国家保留到20世纪70年代甚至更久。直到1979年,英国政府才解除对英国居民境外投资的控制。直到1974年,美国才废除对美国人接受的外国债券的利息征税。

出控制(outflow controls)在卖出投资和携带资金出境方面设置障碍。中国过去长时间地实行严格的资本管制,现在正逐步开放。20世纪90年代的大部分时间,希望在智利投资的外国人必须将投资额的20%存入中央银行一年,并且不会收到利息。这样的流入控制限制了短期投资,鼓励投资者进行长期投资。2009年,迅速的资本流入和货币升值导致巴西对外国人购买国内证券的行为征税。

流出控制包括限制国内居民购买外国资产,也经常包括禁止携带本币出国。在1998年秋季,马来西亚禁止居民出国携带超过1 000林吉特(在那时略多于250美元)的现金,但是外国人离开时最多可携带他们带入的金额;任何卖出马来西亚证券的非居民在将收入带出该国之前都必须将这些收入留在国内至少12个月。这些控制暂时将马来西亚与世界资本市场隔离开来(参见本章"概念应用:马来西亚实施资本管制")。

 概念应用

马来西亚实施资本管制

1997年,泰国和印度尼西亚发生了金融危机;紧接着1998年,危机又波及韩国和俄罗斯;许多新兴市场都遭遇了经济大衰退。为了降低风险,外国投资者开始资本外逃。他们卖出这些国家的债券,使债券的价格下降、利率上升;并且用得到的收入兑换外币,又促使该国货币贬值。像银行挤兑一样,没有人愿意排在卖出队伍的最后,大家都争相离开。汇率大幅下降和利率大幅上升使这些国家的经济陷入恐慌。曾经非常容易借款的银行和工业企业都变得缺乏资金却又无能为力。

对于经历这种金融危机的国家,政府的典型应对措施就是从其他国家和国际货币基金组织借入资金以偿还它们的负债。最终,利率下降,汇率上升,外国投资者再次回归,政府偿还了贷款。但是马来西亚采取了不同的方法。他们相信本国经济本身没有问题,此次危机更像是银行挤兑,于是政府官员采取了严格的资本管制这种极端措施。通过对投资者携带资金出国进行严格限制,他们保证外国投资者的资金仍然留在国内。更重要的是,他们固定了林吉特的价值,降低了国内利率。

当时,西方经济学家谴责这种政策,他们声称这样会损害未来几年马来西亚的经济。当专家继续讨论马来西亚资本管制的智慧时,他们发现他们最初的反应显然是错误的。马来西亚的经济复苏仅花了两年时间,而泰国和印度尼西亚却花了五年时间。如果没有资本管制,马来西亚的经济复苏是否会更快?我们永远不知道确切的答案。但是,如果每次出现危机的征兆时,国家就采取资本管制,那么这样会显著增加新兴市场的投资风险。如果投资者不确定能否随时将投资兑现,他们对国外的投资就会变得非常谨慎。*

* 关于1998年马来西亚的经历更详细的描述,参见 Ethan Kaplan and Dani Rodrik, "Did the Malaysian Capital Controls Work?" National Bureau of Economics Research Working Paper No. 8142, February, 2001。

19.2 汇率管理机制

因为美联储与欧洲中央银行都通过买卖证券来将它们的银行间隔夜拆借利率维持在目标水平上,所以它们必须放弃对汇率的控制。因而它们在2000年9月22日的干预对欧元的价值几乎没有影响也就不足为奇了。即便如此,美联储与欧洲中央银行的政策确实对美元和欧元的价值产生了影响。如果任何中央银行都选择这么做,那么它们必须放弃对利率的控制;取而代之的是实现目标汇率。

它们是怎么做的呢?汇率管理和汇率干预的机制是什么?我们已经知道中央银行采取的任何措施都与资产负债表有关,外汇干预也不例外。因此,为了了解汇率管理机制,我们从中央银行的资产负债表入手。一旦了解了外汇干预对资产负债表的影响,我们将更仔细地分析像美联储和欧洲中央银行这样的大型中央银行的实际行动。

19.2.1 中央银行的资产负债表

如果所有政策制定者都希望固定汇率,那么简单的方法就是:人们能够以固定的汇率买卖本国的货币。例如,如果美联储的官员决定将美元兑换欧元的汇率固定在1:1,那么当任何人有需求时,他们都能简单地准备好用美元兑换欧元就够了。购买欧元不会有太大问题,因为美联储能够发行所需要的美元数量。但是卖出欧元以兑换美元就有些困难了,除非美联储有足够的欧元储备。现在我们忽略这些复杂的因素,在下一部分讨论投机性冲击时再考虑它们。

在这个例子中,如果美联储要维持美元兑换欧元的汇率,那么它的资产负债表会发生变化。当它买入欧元时,它会增加它的美元负债;当它卖出欧元时,它会减少它的美元负债(参考第17章中的外汇干预部分)。这些干预会对利率产生影响,并且通过存款扩张乘数对经济中的货币量也产生影响。买入欧元或者卖出美元都会增加银行系统的准备金供给,对利率产生向下的压力,从而增加货币数量。记住,美联储采取的这些措施是针对市场的。欧元的买入和卖出是由金融市场的参与者而不是美联储决定的。通过观察中央银行资产负债表的变化机制,我们可以知道控制汇率意味着放弃对准备金规模的控制而由市场决定利率水平。

为了明白这个过程在实际中如何操作,我们回到2000年9月,那里世界上最大的中央银行的干预使欧元的价格上升。我们把注意力集中在美联储用13.4亿美元购买15亿欧元上,忽略当天其他中央银行的行为以及随后的公开市场操作。当美联储的工作人员买入欧元时,他们就像买入其他物品一样操作:他们创造了对商业银行的负债。随后,只要他们从外汇自营商那里收到15亿欧元,他们就用这些钱购买欧元区政府发行的债券。我们将这些债券称为德国政府债券,因为这就是美联储持有的主要欧元储备。

这笔交易对资产负债表的影响是直观的。图19.1展示了干预的结果。在资产栏,根据中央银行以本国货币计算外汇储备价值的标准方法,我们可以看到美联储的以欧元表示的外汇储备增加了13.4亿美元。在负债栏,美联储对商业银行的准备金增加了相同数量。

资产		负债	
欧元储备(德国政府债券)	+13.4亿美元	商业银行准备金	+13.4亿美元

图19.1　买入欧元引起的联邦储备体系资产负债表的变化

这个T形账户看起来应该很熟悉。如果把注意力集中在资产负债表的负债栏,我们将看到购买德国政府债券等于购买美国国债。这就是说,购买一种证券增加了银行系统的准备金;唯一不同的就是债券发行人的不同。与准备金的其他变化一样,这一行为对经济中的货币量有着直接影响。换句话说,它是扩张性的,所以它降低了国内利率。外汇干预同样会对准备金产生影响,就像国内公开市场操作一样。

这种干预会改变汇率吗?图19.2告诉我们会发生什么。回忆第10章,美元的汇率是由美元的供给和需求决定的。美联储确实通过干预向市场提供美元,但更重要的是,利率下降了。记住,当相对于投资其他任何地方,投资美国变得更没有吸引力时,那么外国人对用来购买美国资产的美元需求就会下降,美国人用来购买外国资产的美元供给就会上升。在这个例子中,假定美联储只采取购买德国政府债券这一行动,美国的利率将下降,而欧洲的利率保持不变。外国投资者只想买入更少的美国债券,因而他们只需要更少的美元。结果,外汇市场对美元的需求下降了。同时,美国投资者想买入更多的外国债券,他们卖出更多的美元来完成交易。图19.2描述了需求与供给的变化,这种变化使美元的价值下降,欧元的价值上升。美元贬值了,欧元升值了,降低了外汇市场上美元对欧元的汇率。

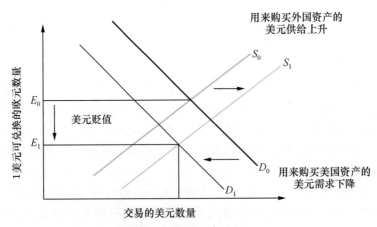

图19.2　美国利率相对于欧元区利率下降的影响

或许你会觉得这种讨论有些奇怪。我们从美联储购买欧元的外汇干预开始讨论,并意识到这对美元兑换欧元的汇率将产生影响。但是汇率的变动来自国内利率的变化,这种变化会影响外汇市场对美元的需求。外汇干预通过降低美国国内投资的吸引力,促使人们买入更少的美元,使得美元的价格下降。我们的结论:外汇干预改变了一个国家的利率水平,并由此影响一国货币的价值。

这个结论有着重要的意义。它意味着中央银行制定的任何影响国内利率的政策都会影响汇率。这与我们是否从外汇干预开始分析无关。公开市场买卖也会产生同样的作用。如果美联储买入的是美国国债而不是以欧元标示的债券,那么这种行为同样会使美国的利率下降,减少外汇市场对美元的需求,导致美元的价值下降。这与外汇干预没什么区别。

19.2.2 冲销式干预

2000年9月22日,当欧洲中央银行、美联储、日本银行、英格兰银行、加拿大银行都进行干预——买入欧元时,这些国家的国内目标利率都没有发生变化。因此,欧元的价值没有发生变化也就不足为奇了!但是这意味着它们进行的交易一定与我们刚才学习的不一样。我们假定当美联储买入欧元时,它会增加商业银行的准备金,在不采取其他措施的情况下,这会降低利率。这种干预是**非冲销式外汇干预**(unsterilized foreign exchange intervention)的一个例子,它改变了中央银行对商业银行的负债。但是对于大国而言,中央银行都不会采用这种方式;相反,它们一般采用**冲销式外汇干预**(sterilized foreign exchange intervention)。在这种干预下,改变外汇储备的同时改变了中央银行资产负债表的资产栏,因此对国内的基础货币没有影响。

冲销式干预实际上混合了两种交易。首先是买入或者卖出外汇储备,改变中央银行的负债。但是随后立即在公开市场上进行相同规模的操作,用于抵消第一次交易对基础货币的影响。例如,美联储购买德国政府债券将增加准备金,通过出售美国国债可抵消它对基础货币的影响。这两项交易之和使准备金水平保持不变。像这样的干预冲销了它对基础货币的影响,或者说没有改变中央银行资产负债表的规模。一项干预如果改变了基础货币,那么它是非冲销式的;如果不改变基础货币,那么它是冲销式的。

看看这在现实中是怎样发生的,我们再回到2000年9月22日上午7:11到9:20,纽约联邦储备银行卖出13.4亿美元并买入15亿欧元。我们已经知道这对美联储资产负债表的最初冲击是增加银行系统的准备金。但是FOMC没有改变联邦基金目标利率,因此公开市场交易部的工作就像它从5月17日起每天所做的那样,保持6.5%的目标利率。

为了完成工作,在估计当天临时操作的规模前,纽约联邦储备银行的工作人员把干预的数量输入电子表格。在解决如何保持联邦基金目标利率的过程中,他们考虑了其同伴已经增加的准备金数量。截止到上午10:00,当公开市场操作完成时,外汇干预对美联储负债的影响已经消除。外汇交易部用准备金购买了欧元区政府的债券,而公开市场部卖出美国国债来抵消潜在的影响。

图19.3描述了美联储资产负债表的变化结果。注意两点:第一,商业银行的准备金在冲销式干预之后没有发生变化,因此国内的货币政策也没有改变;第二,干预改变了中央银行资产负债表资产栏的构成(美联储用美国国债交换德国政府债券)。

资产		负债
欧元储备(德国政府债券)	+13.4 亿美元	商业银行的准备金没有发生变化
证券(美国国债)	−13.4 亿美元	

图 19.3　购买欧元债券的冲销式干预引起的联邦储备体系资产负债表的变化

中央银行资产负债表中资产组合的改变会持续性地改变汇率吗？在正常年代，答案是"不会"。正如我们所观察的，2000 年，支撑欧元的冲销式干预没有产生持续的影响。进一步讲，在运行良好的市场中，中央银行资产的较少变化在个体交易者的行为面前简直不值一提。回忆第 10 章的内容：2007 年每天的外汇交易量平均多达 3 万亿美元！中央银行资产区区几十亿美元的变化就像大海里的一滴水，微不足道！

但是，正如我们在第 18 章关于信用宽松所进行的讨论一样，中央银行资产负债表的构成部分的变化在以下情况下也会改变资产的相对价格：(1) 市场较小或者运行不健全；(2) 相比于市场交易水平，政策行动的规模是巨大的。2009 年，在被金融危机削弱的市场上，美联储购买了超过 1 万亿美元的抵押贷款支持证券就是一个鲜明的例子。绝大部分的观察家相信，美联储只是采取了它们过去打算采取的行动：当贷款很难获取时，降低抵押贷款的收益。

就像抵押贷款支持证券的投资收益一样，一个汇率也是一项资产价格。并且在 2007—2009 年金融危机时期，所有的金融市场(包括外汇市场)都变得比平时更萎缩、更缺乏效率。在这种情况下，冲销式外汇干预将比正常时期产生更重大的影响；但是，所有的干预都只能留给历史去评判。

19.3　固定汇率的成本、收益、风险

许多国家都允许它们的汇率自由浮动，因此其货币的价值是由金融市场决定的。但是其他国家——特别是小的新兴市场国家——都固定它们自己的汇率。那些国家的中央银行和财政部的官员都一致认为，最好的政策就是将货币的价值稳定在一个可预期的水平，因此它们确定了目标汇率。为什么一些国家会做出这种决定呢？可以明确的是，固定汇率有成本也有收益。我们现在简要地讨论一下它的权衡选择。

19.3.1　评价成本和收益

多伦多主要的棒球联盟球队(蓝鸟队)的拥有者可能并不介意加拿大银行是否固定加币对美元的汇率。对于参与国际贸易的公司而言，它们面临的最常见的问题就是：它们用一种货币支付成本，而获得的收入却是用另一种货币标价的。尤其是蓝鸟队，它 80% 的收入是加币，而它 80% 的成本——包括每年 8 000 万美元的薪水(2009 年)和支付特种飞机和豪华酒店住房的账单——都是用美元支付的。因此，如果加币贬值，就像 20 世纪 90 年代末一样，那么蓝鸟就会出现财务损失，除非它可以对冲汇率风险。不然，加币每贬值

10%，它就大约损失600万美元。汇率波动越大，问题就越严重。如果汇率固定，那么蓝鸟队所面临的风险就可以消除。①

不仅商品和服务能够跨越国界，资本也可以。固定汇率不仅使国际贸易简单化，而且也降低了投资者持有外国股票和债券所面临的风险。如果你买入韩国政府债券，考虑一下会发生什么。不像美国国债，你能明确投资回报率，韩国债券包括了韩元对美元汇率变化的可能性。兑换1美元所需要的韩元增加——美元变得更加值钱，美元的升值会降低韩国债券的回报率。②

对于商人和投资者而言，固定汇率是一个不错的选择。他们也能得到其他潜在收益。固定汇率束缚了决策者的手脚。记住，从长期来看，汇率是由通货膨胀率之差决定的。在那些容易发生高通货膨胀的国家，建立可信的低通货膨胀政策的唯一方法就是实行固定汇率。它将低通货膨胀的使命赋予中央银行和政治家，汇率目标还提高了透明度和责任性。

但是，固定汇率也存在一个严重缺陷。它"进口"了货币政策。将本国货币的价值与另一个国家货币的价值绑定意味着采纳了其他国家的利率政策。在阿根廷将比索对美元的汇率固定后，政策制定者就放弃了对阿根廷国内利率的控制，并且完全把这个控制权交给了FOMC。毫无疑问，当FOMC设定联邦基金利率时，委员会的成员不会考虑这将对阿根廷产生什么影响。这意味着当两个国家经历相同的经济波动时，选择固定汇率是可行的。否则，一个拥有灵活汇率和可控制的货币政策的国家（比如美国）可能会提高利率以抑制国内的通货膨胀；与此同时，另一个国家（比如阿根廷）却陷入了衰退。

在决定是否固定本国汇率时，政策制定者须考虑许多额外事情。首先，当国家固定它的汇率时，中央银行按照固定的比率买入和卖出本国货币。为了履行这一承诺，中央银行的政策制定者需要足够的货币储备。例如，一个固定对美元的汇率的国家需要持有美元储备。在资本自由流动的世界里，要很好地实现这个承诺需要很多的外汇储备。对于许多国家而言，几十亿美元既难以取得，也会产生很高的维持费用。

其次，因为浮动汇率可以自动调节经济，所以固定汇率意味着降低了国内经济应对宏观经济波动的自然能力。想象一个处于衰退边缘的国家。如果货币政策制定者有自主决定权，那么他们会降低利率，以防止经济衰退。除了对投资和消费的直接影响外，较低的利率还使国内债券对外国投资者缺乏吸引力，降低了对国内货币的需求并使其价值下降。由此导致的货币贬值降低了本国出口商品的价格，增加了对出口商品的需求，放大了降息带来的影响。如果采用固定汇率，稳定机制就被完全关闭了。

---

① 多伦多蓝鸟队可以在衍生品市场上对冲它们的汇率风险。实际上，它们可以为此支付保险以防范汇率的不利变动。这种做法使得它们的费用和利润更具有预测性，但是这也需要成本。

② 许多例子可以印证这一点。假设一个美国投资者将1 000美元以1美元兑换1 000韩元的汇率兑换成韩元，然后购买1年期、息票率10%的韩国政府债券。年末，该债券将支付1 100 000韩元。如果汇率没有发生变动，这一数量会被兑换成1 100美元。但是，如果该年美元升值10%以至于汇率上升到1美元兑换1 100韩元的水平，那么美元投资者仅得到1 000美元。持有韩国债券的总收益率等于韩国的利率减去美元的升值率。第10章附录更详细地描述了这一现象。

19.3.2 投机性冲击的危害

固定汇率可能有利于一国经济,但它是脆弱的并且容易引起一种被称作**投机性冲击**(speculative attack)的危机。为了了解投机性冲击的本质,想象一个试图维持固定汇率的国家。现在假设出于某些原因,金融市场的参与者认为政府在不久的将来会使货币贬值。这些参与者已经迫不及待,于是他们开始攻击货币并且强迫其立即贬值。

这种冲击的机制是直观的。以 1997 年攻击泰铢为例。20 世纪 90 年代中期,泰国中央银行承诺将泰铢对美元的汇率维持在 1 美元兑换 26 泰铢。为了履行自己的承诺,政府官员必须确保外汇投资者相信泰国中央银行有足够多的美元储备来购买投资者希望卖出的泰铢。1997 年夏天,金融市场的参与者开始怀疑泰国中央银行是否有这么多的外汇储备,于是他们开始集体行动。投机者按泰国国内利率借入泰铢,然后到中央银行按 1 美元对 26 泰铢的汇率将其换成美元,接着将这些美元投资于美国的短期、可付利息的证券。这些交易马上产生的冲击就是耗尽了泰国中央银行的美元储备。美元储备越少,泰国中央银行就越不可能满足将泰铢兑换成美元的要求。随着越来越多的泰铢投机者借入泰铢换成美元,储备越来越少。

这些详细的资料具有指导意义。想象一下,预期有严重的贬值,你能够借到 2 600 000 泰铢。你把这些货币带到泰国中央银行以 1 美元兑换 26 泰铢的固定汇率换成 100 000 美元。你能够用这些资金购买美国国债。一星期之后,你的预期就会实现,泰铢贬值 10%。那时你只要花 90 909 美元就可以获得 2 600 000 泰铢并偿还贷款,这样你能立即获利超过 9 000 美元。① 因为国际货币投机者有非常雄厚的资金,所以他们能非常迅速地耗尽中央银行的几十亿美元——并且在这一过程中获得巨额利润。②

是什么引起投机性冲击?存在三种可能性。第一种可能性来自财政政策:政治家能使中央银行无法完成它的工作。保持本国货币价值不变意味着保持国内的通货膨胀率等于你所钉住的国家的通货膨胀率。如果投资者开始认为在当前汇率水平下,政府支出最终必然引起通货膨胀,那么他们就会认为政府无法维持它的固定汇率。对于 1997 年发生的亚洲金融危机,这似乎是一个重要原因。

第二种可能性来自金融的不稳定性。如果一个国家(地区)的银行系统没有充分地资本化或者运行不良好,那么中央银行就有实行宽松货币政策的压力,以避免或化解金融危机。如果投资者对中央银行在充分长的一段时间内保持足够高的利率以维持货币钉住表示质疑,那么一场冲击会接踵而来。像中国香港这样的有着成功的固定汇率制度的地区,

---

① 这个简单的例子忽略了须支付借入泰铢的利息和你将收到的国债利息。更精确的计算是将这两个利息考虑进去,这可能减少利润。但是,因为这样的交易通常在几天内或最多几周内完成,所以这样的调整对收益的影响微乎其微。关键在于这是一个利润丰厚的交易。

② 1992 年 9 月,英格兰银行是欧洲汇率体系的一员,这一体系将许多国家的汇率联系起来。它有效地钉住了英镑对当时联邦德国马克的汇率。为了化解国内的通货膨胀,德国大幅度地提高了利率,这是英国不愿意跟随的政策。当投机者发现这种情况不能维持时——英格兰银行不能固定它的汇率并且现在有一个比德国更低的利率水平,他们开始发起了攻击。投资者索罗斯(George Soros)断言英镑将贬值并因此净赚超过 10 亿美元而声名远扬。

支持高的银行资本金率的原因之一就在于此。

第三种可能性，即使政策制定者采取措施得当并且金融机构是健康的，投机性冲击也会发生。在非常偶然的情况下，拥有足够多货币的投机者简单地认为中央银行无法维持该国的固定汇率，他们就会在一夜之间动用几十亿甚至上百亿美元来进行攻击。更令事态糟糕的是，自发的投机性冲击有点像银行挤兑，它是会传染的。

许多观察家怀疑当今世界上没有一家中央银行有足够的储备应对这种攻击，甚至只是尝试都需要巨额的外汇储备。

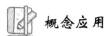 概念应用

黄金本位：一种逝去的外汇制度

如果你拿着美钞到美联储，工作人员会换给你一张新的。但他们会给你黄金吗？如果回到美元同黄金一样好的年代，这样的事情或许会发生。今天，回归**黄金本位**(gold standard)的提倡者声称这样会消除通货膨胀。作为证据，他们指出在第一次世界大战前，美国还采用黄金本位，年平均通货膨胀率低于1%。提倡者没有提到的是：平均通货膨胀率确实是处于低水平，但是波动非常大，从 -3.25% 到 3.25%。事实上，在19世纪晚期的大部分时间里，价格平稳下降；只是在20世纪初，价格才回升到比1880年略高一些的水平。

关注过去的通货膨胀模糊了至今许多经济学家不提倡回归黄金本位的原因。一开始，黄金本位要求中央银行固定我们不关心的某种物品的价格水平。中央银行负责确定黄金的价格，而不是稳定我们平时购买与消费的商品和服务的价格。以美元标价的商品价格的波动代替了黄金市场价格的波动。

有一个事实是，在黄金本位下，经济中的货币数量取决于可获得的黄金数量。更多的黄金就等于更多的货币。因此，从长期来看，通货膨胀是与货币增长息息相关的，这意味着通货膨胀取决于黄金的开采速度。为什么货币政策要由南非和俄罗斯挖掘黄金的速度决定呢？而且在这些地区的任何政治动荡都会带来巨大的货币政策效应。

当我们意识到黄金本位也是外汇政策时，黄金本位愈发缺乏说服力。承诺将美元换成黄金意味着国际贸易也必须以黄金结算。当进口货物的价值与出口货物的价值不相等时，黄金就会从一个国家转移到另一个国家。因此，当一个国家的进口超过出口时，该国的经常账户就会出现赤字，必须用黄金向贸易顺差的国家弥补贸易差额（参见第19章附录关于经常账户的描述）。对于黄金比较少的国家，这些国家的中央银行必须缩减资产负债表的规模，提高利率水平，减少经济中的货币量和信用量，使国内价格水平下降。在黄金本位下，经常账户赤字的国家会陷入通货紧缩；同时，经常账户盈余的国家由于黄金流入会产生通货膨胀。但是这些国家并不希望如此。在黄金本位下，中央银行的黄金只会太少，不会太多。

经济史学家认为，黄金流动在20世纪30年代的世界性大萧条中扮演着至关重要的角色。第一次世界大战之后，世界上所有主要国家都在重建黄金本位。到20世纪20年代末，它们成功了。那时，美国和法国都出现经常账户盈余，它们吸收了世界上的大部分黄

金。但是,不是允许黄金流入以增加金融体系的货币数量;相反,两国当权者都紧缩货币政策,冷却它们过热的、有通货膨胀趋势的经济。由此导致的通货紧缩增加了人们无法偿还贷款的可能性,摧毁了美国和其他地区的经济和金融体系。* 经济史学家严厉指责黄金本位。一个国家越早放弃黄金本位,重新控制货币政策,经济复苏就越快,这一事实使他们的结论令人信服。

根据 21 世纪的优势理论,黄金本位是一个历史产物,它可以说是一无是处。我们很难理解为什么现在还有人想重新恢复黄金本位。

* 在第 11 章"概念应用:通货紧缩、资产净值和信息成本"中,我们讨论了通货紧缩如何增加了信息不对称引起的逆向选择问题。今天,人们认为这是使 20 世纪 30 年代的大萧条如此严重的制度之一。

19.3.3 总结固定汇率的情形

对于以上讨论,最简单的总结方法就是列出一系列条件,在这些条件下采用固定汇率是明智的。一个国家如果要从固定汇率中受益,那么它就必须符合以下三个条件:
- 自己控制通货膨胀的声誉不佳。
- 一个经济主体与另一个与之保持固定汇率的经济主体紧密联系,与它有大量的贸易往来,有相同的宏观经济特征。
- 高水平的外汇储备。

无论一个国家多么符合这些条件,采用固定汇率都是有风险且难以维持的。

19.4 固定汇率制度

本章最后的任务是学习固定汇率制度的一些例子,看看它们到底如何运作。我们将学习有管理的钉住汇率,在这种制度下,政策制定者尽量将汇率的变动限定在一个确定的范围内;在货币局制度下,中央银行持有外币资产以支持国内的基础货币;在美元化下,一个国家放弃了自己的货币而使用另一个国家发行的货币。

19.4.1 钉住汇率和布雷顿森林体系

尽管 20 世纪 30 年代发生了不幸的事情,但是整个世界仍然倾向于固定汇率和黄金本位。因此在 1944 年,44 个国家同意建立布雷顿森林体系(Bretton Woods System),这是以合同签署地新罕布什尔州一处胜地命名的一种固定汇率制度。这种制度在短期内比黄金本位更具有政策灵活度。

布雷顿森林体系从 1945 年持续到 1971 年。尽管这种制度的细节设计非常复杂,但是基本原理却很简单。每个国家都与美元维持一个协议汇率——就是钉住本国货币对美元的汇率。为了让这种制度运行，每个国家都要持有美元储备，为以固定汇率将本国货币兑换成美元做好准备。这样，美元就成了储备货币，它能够以 35 美元兑换 1 盎司黄金的比率进行兑换。选择美元作为储备货币基于以下几点原因：首先，美国无论在经济上还是在军事上都是同盟国（第二次世界大战的胜利者）中最强大的；其次，美元相对比较充裕。

因为其他国家不希望采用美国的货币政策，所以它们的固定汇率制度需要复杂的资本控制。即便如此，这些国家还是不得不经常进行外汇干预，买入或卖出美元以维持它们的钉住汇率。这些调节维持了钉住汇率，但这只是为了应对长期的不平衡。赋予这种制度灵活性的是国际货币基金组织。国际货币基金组织的建立是为了管理布雷顿森林体系，它提供贷款给那些需要短期融资以支付贸易赤字的国家。一些年后，这种制度运作良好，但是随着资本市场的开放，它的运作越来越困难。

采用固定汇率和资本自由流动的国家就不会拥有独立的货币政策。回忆一下本章前面提到的墨西哥的例子。购买力平价的长期含义是，如果墨西哥的通货膨胀率偏离美国的通货膨胀率，美元兑换比索的汇率就必须变化。20 世纪 60 年代末，加入布雷顿森林体系的国家出现了与墨西哥一样的情况。因为它们的汇率是钉住美元的，所以参与国被迫采用会导致与美国一样的通货膨胀率的政策。当美国的通货膨胀率在 20 世纪 60 年代末开始上升（越南战争的另一个副作用）时，许多国家不愿跟随，它们不想提高自己的通货膨胀率。

到 1971 年，布雷顿森林体系彻底崩溃了。美国官员的反应是允许美元自由浮动。欧洲人采用了不同的行动方针，从布雷顿森林体系崩溃到 1999 年采用欧元的大部分时间内，它们维持着各种各样的固定汇率制度。因为资本可以在这些国家间自由流动，所以这就意味着它们放弃了独立制定利率政策的能力。

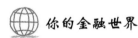 你的金融世界

你应该购买黄金吗？

因为黄金本位不再是可行的制度，所以中央银行不需要再购买黄金。但是你呢？美国从 1974 年开始就允许私人拥有黄金，但这并不意味着是个好主意。事实上，它确实不是。黄金不像债券或股票那样支付利息或股利，而且黄金的价格具有很大的波动性。1974—1980 年，黄金的价格翻了两番多，每盎司从 200 美元上涨到 850 美元。之后，黄金的价格在每盎司 300 美元至 1 250 美元之间大幅波动。这个事实证明了黄金是一种高风险、低回报的投资——不是一个好的风险收益组合。

但这并不是全部。政府和中央银行拥有世界上 30% 的黄金，超过 9 亿盎司。因为政府不必使用它，所以政府可以逐渐卖出黄金。黄金最大的拥有者也是最大的售卖者，这一事实印证了黄金是缺乏投资潜力的。

一些投资咨询专家会尽力让你相信购买黄金可以降低风险。他们要告诉你的是，黄

金的价值在通货膨胀时是上升的,在通货紧缩时是下降的,因此黄金可以对冲名义利率的上升。记住,更高的通货膨胀意味着更高的利率水平,而更高的利率水平意味着更低的债券价格。黄金似乎可以对冲通货膨胀。这看似有几分道理,但事实上,这不是一个好的投资建议。不仅黄金的买卖、储藏非常昂贵,而且存在更好的对付通货膨胀风险的方法。毕竟,通货膨胀的风险对于长期债券而言是最大的。如果你担心的是通货膨胀风险,那么你可以购买短期债券,这比购买黄金更便宜而且更方便。

对于那些正想逃离残酷的独裁者的人来说,黄金也许是合理的投资;而我们其余的人应该仅把它当作佩戴的珠宝。对你而言,最好的建议是将你的储蓄投资于债券和股票。

 概念应用

中国汇率制度的影响

2010年3月,中国的中央银行持有的外汇储备总量已经超过了2.4万亿美元。这一巨额的储备已经占到世界所有外汇储备的30%。从2000年开始,中国的外汇储备增加了超过15倍,并且还有进一步增加的趋势(见图19.4)。是什么导致了一个国家储备的空前积累?中国现在正在怎样使用这些储备?高额外汇储备有着哪些长期影响?*

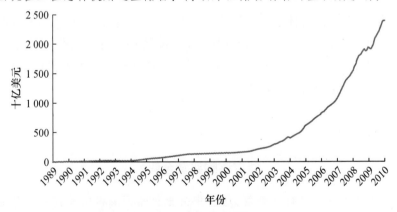

图19.4 1989—2009年中国的外汇储备

资料来源:中国人民银行。

外汇储备的增加反映了中国长期以来的令人震惊的经常账户顺差——出口超过进口的数量。这些顺差一般都是用美元支付——国际贸易中通常的支付手段。2005—2009年,年平均顺差高达3 000亿美元,超过中国GDP的6%。

中国的固定汇率制度进一步支撑了如此巨大的出口顺差。国家领导人通过钉住人民币对美元的汇率来促进出口导向型经济的增长。部分得益于这个原因,2009年,中国超过德国成为世界上最大的出口国;而且,中国的出口基本没有受到2008—2009年全球危机的影响,目前没有任何下滑的趋势。任何时候,当权者以人民币化解市场压力时,它们的巨

额外汇储备又将进一步扩张。最终,这个过程会有结束的一天,但或许不会是在几年之内。

2005年7月之后,中国的政策制定者再三地调整了钉住美元的政策,允许人民币对美元升值超过20%。但是,2008年9月全球金融危机之时,他们终止了人民币的升值调整。总而言之,升值的幅度太小以至于不能抵补中国在国际竞争上——以比其他人都低的价格生产、交易产品的能力——迅速地获利。

当一个国家有着经常账户顺差,它也同时有着资本账户逆差(参见第19章附录)。这意味着它要么贷款给外国,要么购买外国的资产。中国的顺差都购买了哪些资产?答案是大部分都是美国政府和机构的证券。中国已经成为美国政府最大的债权国:根据2009年6月美国财政部的数据,中国拥有1.4万亿美元的美国国债和机构债券。除了持有这些债券,中国公司也增加了它们的直接海外投资。

中国国内有着巨额的资本需求,却持续借出如此巨大数量的资金给美国——一个有着较低的投资期望回报率的成熟经济体,这似乎是一个悖论。当人民币最终升值以反映国家的贸易竞争力时,中国或许将面临巨大的外币资产损失。中国外汇储备的管理者们也意识到前景堪忧,但又无能为力。中国试图降低美元资产持有量以避免潜在的损失,但存在风险,即人民币将迅速地对美元升值,逐渐破坏固定汇率并有损出口。

中国的领导者可以通过刺激内需来放慢外汇储备积累的速度,但这可能需要很多年持续的努力。中国的家庭将收入中的较高比例用于储蓄以应对不时之需(比如失业或者生病)并为养老做准备。不能在国内被很好地利用的储蓄资金将流出中国——资本账户逆差,中国的外汇储备将很可能持续迅速增加直到这些过量的储蓄减少为止。

其他国家贸易保护主义的抬头可能使局面更具不确定性。在目前有较高的且逐步上升的失业率期间,各国更容易被诱使实施贸易保护措施。例如,1971年,当日元对美元的汇率固定且日元处于较低价值而美国失业率居高不下时,美国对来自日本的进口商品征收了10%的关税,迫使日本的政策制定者允许其货币升值。在2007—2009年的金融危机期间,许多国家的决策者都扬言要采取一些对全球贸易产生威胁的措施。但是,金融危机后,面对高失业率的困境,政治家是否能坚持之前的承诺,让我们拭目以待。

* 资料来源:Eswar Prasad and Aaron Sorkin, "Sky's the Limit? National and Global Implications of China's Reserve Accumulation," Brookings Institution, July 22, 2009, http://www.brookings.edu/articles/2009/0721_chinas_reserve_prasad.aspx。

19.4.2 强制钉住:货币局制度和美元化

当布雷顿森林体系崩溃时,国际货币体系在1971年受到了巨大的冲击。那时大家已经达成一致:如果一个国家资本自由流动,那么它就必须在完全浮动、由市场决定的汇率制度与**强制钉住**(hard pegs)汇率制度之间做出选择。在强制钉住的制度下,中央银行实行一种机制,以保证它能够把本国货币换成它所钉住的那个国家的货币。投机性冲击的危险意味着任何东西都不能太少。引用一位货币政策制定者兼学者的话,"只有强制钉住才是可维持的"。①

只有两种汇率制度可以被视为强制钉住:货币局制度和美元化。采用**货币局制度**(currency board)的中央银行必须根据固定的汇率,持有足够数量的外币资产以支撑国内货币负债。采用**美元化**(dollarization),就是一个国家正式使用另一个国家的货币,并将其用于该国的所有金融交易。接下来,我们看看关于这两种制度的例子。

货币局制度和阿根廷的经历　现在,世界上还有10—20个国家(地区)采用货币局制度,最出名的一个应该是中国香港。中国香港货币管理局操作的唯一目标就是维持7.8港币兑换1美元的外汇体系。2010年3月,因为中国香港货币管理局大约持有2600亿美元的外币(美元)资产,所以它能够发行2万亿港币的负债。货币局制度的作用是当香港地区的美元资产储备增加时,它就可以扩大基础货币的规模。随着2008年9月雷曼兄弟的倒台,资本流入使得中国香港货币管理局的外币资产增长了近50%,因为在危机中,投资者视港币为一种较为安全的避难所。

就像这个例子所提到的,采用货币局制度,中央银行要做的工作就是维持汇率。但是这也意味着政策制定者无法根据国内的经济波动调整货币政策,不过这个系统还是有它的优势。这些优势中最重要的是控制通货膨胀。正如我们在本章前面所提到的,阿根廷在1991年4月决定采用货币局制度以结束三位数的通货膨胀率。这种方法确实奏效了。三年之后,通货膨胀率下降到4%;到1998年,它接近于0。在稳定通货膨胀的成绩面前,放弃稳定国内增长的能力似乎是一个很小的代价,尤其是在极易发生通货膨胀的经济中。

但是货币局制度确实存在问题。第一,放弃了控制资产负债表的规模的能力,中央银行失去了作为国内银行系统的最后贷款人的作用。阿根廷中央银行通过向美国大银行取得稳定的备用信用额度(第12章提到的)来解决这个问题。当需要紧急贷款给当地银行时,它们可以从美国借入美元,并用比索发放贷款。但是它们所能借到的钱限定在外国银行愿意给予的美元信用额度内。

2001年,阿根廷的货币局制度崩溃了,当权者只好让比索自由浮动。仅仅几个月内,1美元兑换1比索就上升到1美元兑换3比索。是什么引起了崩溃呢?整本书的内容就是为了回答这个问题,但是以下几点将帮助我们理解这一问题。尽管事实上阿根廷的经济与美国的经济相关度不大,但是比索还是钉住美元。20世纪90年代美元升值,比索也升值了。用高估的比索标价的阿根廷商品出口到美国以外的其他市场。它们出口的产品是如此之贵,以至于一段时间后严重破坏了阿根廷的经济。

但是高估汇率仅是一部分原因,财政政策是另一部分原因。虽然在20世纪90年代的大部分时间,阿根廷的经济以一个健康的比率(接近4.5%)增长,但是政府开支增长得更快,致使政府每年平均要借入4%的GDP偿还债务。政府借款越多,贷款者对他们的持续贷款就越谨慎。直到资金耗尽时,政治家们才感到恐惧。

在省一级的政府(类似美国的州政府),问题更严重。省政府基本不可能借入资金以

---

① 参见 Stanley Fischer, "Exchange Rate Regimes: Is the Bipolar View Correct?" *Journal of Economic Perspectives* 15, no. 2(Spring 2001), pp.3—24。

支付工资。因此,省政府官员开始发行一种债券,并用它支付员工的工资。这种省政府发行的债券叫做 patacones,1—5 年到期并且支付 7% 的年利率。这些债券的特殊性在于它们与货币大小一样,并且为了用来支付员工和退休工人的薪资,采用 1—100 比索的小额面值发行。观察家们估计阿根廷的省政府最终发行的债券量相当于流通中货币的 40%。当政治家开始发行他们的货币时,阿根廷的通货膨胀要大致反映美国的通货膨胀的声明——对固定汇率制度的长期要求——已经不再可信了,货币局制度也就崩溃了。记住,不负责的官员会破坏任何货币政策机制。

厄瓜多尔的美元化 有些国家放弃本国货币而直接使用另一个国家的货币进行交易,完全放弃了本国的货币政策。虽然这种方法被称作美元化,但它并不是建立在美元基础上的。摩纳哥是一个位于法国南海岸线上的富有且享有盛名的国家,1865 年开始使用法郎,现在开始使用欧元。

摩纳哥非常小,国土面积小于 50 平方英里(大概是曼哈顿岛的两倍),人口只有 3 万多。厄瓜多尔有 1 300 万的人口,国土面积超过了 10 万平方英里,它有着自己的故事。1999 年,厄瓜多尔发生了严重的金融危机。实际 GDP 下降超过 7%,通货膨胀率上升到 50%,银行系统接近崩溃并且该国货币(苏克雷)大幅贬值,一年内,它相对于美元的价值下降了 2/3。2000 年 1 月,厄瓜多尔官方宣布放弃本国货币。在 6 个月内,中央银行买回了所有流通中的苏克雷。几乎同时,利率下降,银行系统重新运行,通货膨胀率大幅下降,增长率重新恢复。厄瓜多尔的美元化如此成功,以至于 1 年后萨尔瓦多也实行了美元化。从 1904 年开始,巴拿马就已经实行了美元化。

为什么一个国家可以选择放弃自己的货币呢?在一些小的新兴市场国家,有许多原因使它们这么做。首先,没有汇率,就没有发生汇率危机的风险——不可能发生大幅度贬值或者因害怕贬值而引起的突然性资本外流。其次,使用美元、欧元或者日元都能够帮助一个国家融入国际市场,增加贸易和投资。最后,它排除了通货膨胀性金融的可能,从而减少了该国必须支付给贷款的风险贴水,并且逐渐强化了该国的金融机构。但是,它必须找到一些方法来获得美元以保持基础货币的增长,这是个挑战。

第一,美元化的好处抵消了没有发行货币带来的损失——铸币税(seigniorage)。记住,印制 100 美元面值钞票的成本仅几美分。当厄瓜多尔决定美元化时,它给美国带来了收益。第二,美元化有效地消除了中央银行作为最后贷款人的作用,因为是美联储而不是厄瓜多尔的中央银行发行美元。如果厄瓜多尔出现银行危机,政府须找到一种方法以获得美元,从而获取所需的流动性(阿根廷通过取得美国大银行的备用信用额度来解决这个问题)。第三,自动丧失了货币和外汇政策。但因为厄瓜多尔危机主要来自外国投资者对国内的政策制定者缺乏信心,所以不能把这个损失看得很重。第四,不管你喜欢与否,任何国家使用美元作为它的货币就必须接受美国的货币政策。很明显,这个问题对于那些与美国的经济紧密联系的国家是最不用担心的。像墨西哥或者加拿大这样的国家,这么做也许是明智的;但是对于厄瓜多尔,这个决定就不好评价了。

注意,美元化不同于货币联盟。欧洲国家采用欧元作为共同货币的决定完全不同于一个国家采用美元作为货币的决定。当 FOMC 制定决策时,对厄瓜多尔和萨尔瓦多的情况是不予考虑的。正如我们注意到的,美元化的国家放弃了发行货币的收入,并且被迫制定特别协议,向国内银行提供紧急贷款。相反,所有参与货币联盟的欧洲国家都参与货币政策的决策,并且分享发行欧元带来的收益。欧洲国家的中央银行在欧元贷款方面仍然充当最后贷款人的角色。总而言之,货币联盟是共同管理的,而美元化不是。①

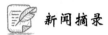 新闻摘录

随着预算赤字增加,美元坚挺面临更大压力

Neil Shah

美国经济已经出现了从金融危机中复苏的迹象,但美元还没有走出泥潭。

虽然许多分析家预测,随着危机的离去和美国经济走向增长,美元在未来的几个月将走强,但是越来越多的投资者对更长期的趋势表示担忧。

许多担心逐渐增长的美国债务的经济学家又一次老调重弹。他们表示,美国的巨额负债在帮助美国摆脱危机的同时,也会最终降低大家对美元的信心。

"美国信用危机的处理方式有很多不尽如人意的地方。"Claire Dissaux 说道。这位伦敦一家专注于货币的投资公司全球经济和策略部的主管表示,"对美元信心的缺失将是一个长期稳定的趋势"。

星期二,奥巴马政府加大了对美元的关注,表示美国在未来 10 年内将累积 9 万亿美元的预算赤字,这比之前预测的超出了 2 万亿美元。

"这对于美元无疑是一个负面消息。"Adam Boyton,一位纽约 Deutsche Bank AG 的货币分析师说道。奥巴马总统再次任命伯南克为美联储的主席。伯南克采取的行动挽救了经济,赢得了大家的赞赏,但也使大量新创造的美元流入了金融体系。

投资者和经济学家对美元贬值长期存有担忧,尤其是在 21 世纪初,当时联邦政府和消费者以债务的形式为所有的东西(从国外战争到平板电视机)筹集资金。上年秋天的金融海啸表明这样的担忧是多余的。随着雷曼兄弟的破产,市场陷入了停滞,投资者疯狂地用现金购买美国国债。美国国债成为最安全的投资,这反而提高了美元的相对价值。

然而现在,主要的投资者(像伯克希尔·哈撒韦公司主席沃伦·巴菲特和债券投资公司的 Pimco)都担心政府的财政与货币刺激计划将未来的几年内加剧通货膨胀并损害美元。更高的通货膨胀率将减少提供固定利息收入的债券投资的回报,使得它们对投资者的吸引力下降。对美国债券更少的需求意味着更弱的美元。

例如,巴菲特先生担心美国的政策制定者不会缩减国家日益激增的净债务,2013 年这一数字有望超过 2013 年经济产出的 75%。相反,政策制定者可能会容忍更高的通货膨胀率,因为这会使得现存的债务更易于管理;但这将伤害美国的债权人,包括中国和日本。在这种情境下,当贷款给美国政府时,投资者会要求更高的利率,这会提高美国的借款成本。当老龄化人口在未来引起社会的安全成本和政府资助的健康医疗成本激增时,所需

---

① 欧洲中央银行在 2010 年 5 月决定继续把希腊政府发行的债券作为抵押品——尽管债券评级低于投资级,更加强调了欧洲货币联盟国家支持多种形式的风险分担。一般中央银行仅接受投资级的债券作为抵押品。

的未来预算赤字将更难以融资。

投资者也逐渐增加对新兴国家的好感,比如中国、俄罗斯、巴西。这些国家在影响国际金融方面发挥着越来越重要的作用。一些分析家(包括Pimco投资组合管理人Curtis Mewbourne)说道,新兴国家可以利用危机减少它们对外汇储备中主要部分(美元)的依赖,这是一个难得的机会。"投资者应该考虑利用美元的强势来分散化他们的货币暴露是否值得。"Mewbourne先生在近期的一篇评论中提到。

2009年早期,中国的中央银行管理者开始倡导一种"超主权"储备货币,它不属于任何特定的国家。分析家通常认为这样的选择不太现实,因为美国不会轻易放弃美元作为世界上中央银行外汇储备的主要货币的地位,并且任何新的储备货币需要一个深层次的、良好发展的交易市场。

并没有很多征兆表明投资者将抛弃美元。根据近期的美国国债数据,中国和日本仍是美国的最大的外部债权国,在6月份增加持有美国长期国债。例如,中国购买了266亿美元的债券,成为有记录的单月最大购买量。

"美元国债的价值回升表明美国既没有面临急剧升高的通货膨胀,也没有面临信心缺失的问题。"法国银行BNP Paribas SA的分析师在近期的一次评论中谈到。

任何抛弃作为储备货币的美元的行为只有在特殊情况下才可能发生。分析师谈道,如果突然出售一大部分的美元储备,像中国这样的投资者将面临巨额的损失。

美元弱势地位的影响是长久而深远的。这将损害出口导向型国家(比如德国和日本)公司的竞争力,促使其政策制定者提高对美元弱势地位的关注以保护本国经济。

资料来源:*The Wall Street Journal Online.* "As Budget Deficit Grows, So Do Doubts on Dollar" by Neil Shah, August 26, 2009. Copyright 2009 by Dow Jones & Company, Inc. Reproduced with permission of Dow Jones & Company, Inc. in the formats Textbook and Other Book via Copyright Clearance Center。

▶ **本文启示**

货币政策是汇率的重要决定因素,而财政政策对汇率的重要影响也不可忽视。过去,新兴市场国家财政紧张的状况导致它们对本国货币的信心不足。在2007—2009年金融危机期间,工业化国家的财政问题也恶化了,这会削弱它们的货币;甚至对国际储备货币(美元)的信心都部分依赖于美国政府的财政状况是否健康。

关键术语

资本管制　　　　　　　　　　　强制钉住
货币局制度　　　　　　　　　　投机性冲击
美元化　　　　　　　　　　　　冲销式外汇干预
外汇干预　　　　　　　　　　　非冲销式外汇干预
黄金本位

本章小结

1. 当资本自由流动时,采用固定汇率意味着放弃国内的货币政策。
   a. 购买力平价意味着从长期来看,汇率是与两个国家的通货膨胀率之差紧密联系的。
   b. 资本市场的套利意味着从短期来看,汇率是与利率之差相联系的。
   c. 货币政策制定者只能从以下三项中选择两项:开放资本市场、控制国内利率、固定汇率。
   d. 对资本流动进行管制的国家可以固定汇率但必须放弃国内的货币政策。
2. 中央银行可以在外汇市场上进行干预。
   a. 中央银行这么做时,会像公开市场操作一样影响其资产负债表。
   b. 外汇干预通过影响国内利率来影响汇率,这种干预称作非冲销式干预。
   c. 冲销式干预是在购买或者出售外汇储备时保持中央银行的负债不变。在运行良好的货币市场上,它对汇率没有持续的影响。
3. 决定采用固定汇率有成本、收益和风险。
   a. 公司和投资者都能从可预测的汇率中受益。
   b. 固定汇率通过引入低通货膨胀国家的货币政策,降低了国内的通货膨胀率。
   c. 固定汇率机制是脆弱的并且容易发生投机性冲击。
   d. 选择固定汇率制度的合适条件包括:
      i. 自己控制通货膨胀的声誉不佳。
      ii. 一个经济主体与另一个与其保持固定汇率的经济主体紧密联系,有相同的宏观经济特征。
      iii. 高水平的外汇储备。
4. 存在很多汇率制度的例子。
   a. 第二次世界大战后建立的布雷顿森林体系,是钉住美元的汇率制度,它在1971年美国通货膨胀开始上升之后崩溃了。
   b. 在缺乏资本管制的情形下,大多数的固定汇率制度不再可行。
   c. 两种可行的制度是货币局制度和美元化。
   d. 采用货币局制度的中央银行必须持有足够的外汇储备按照承诺的汇率换成基础货币。
   e. 当地方政府开始发行自己的货币时,阿根廷的货币局制度就崩溃了。
   f. 美元化是将一个经济体本来的货币换成另一个国家的货币。
   g. 最近,许多拉美国家采用美元,并且在短期内取得了不错的效果。

概念性问题

1. 解释对拥有固定汇率制度国家的货币进行投机性冲击的机理。
2. 假定1年期日本政府债券的利率为2%,美国国债的利率为3%,汇率为1美元兑100日元。

a. 假定美元对日元的汇率是固定的,解释你怎么赚取无风险收益。

b. 假定美元对日元的汇率是浮动的,你预期一年后的汇率是多少?

3. 1997年,泰国银行把汇率维持在1美元兑换26泰铢。当时,泰国的利率明显高于美国和日本的利率。泰国银行向日本借钱,然后在泰国国内借出。

a. 为什么这样的交易有利可图?

b. 这样的融资存在什么风险?

c. 描述泰铢贬值对进行此项交易的泰国银行资产负债表的影响。

4. 在货币局制度下,阿根廷银行提供美元和比索账户,但是大部分的贷款是用比索贷出的。描述货币局制度的崩溃对银行的影响。

5. 投资者在2002年巴西总统大选之前非常紧张,结果,巴西政府债券的风险升水显著上扬,巴西货币显著贬值。

a. 关注竞选如何提高风险升水?

b. 风险升水是如何与货币价值联系在一起的?

6. 为什么一个充分资本化的国内银行系统对于固定汇率制度的成功维持非常重要?

7.* 为什么一国的中央银行通常更愿意让国内货币价值在一段持续时间内处于人为的低水平而不是高水平?

8. 相比于正常市场条件,为什么冲销式外汇市场干预在金融萧条时对汇率有更重大的影响?

9. 当被问到美元的价值时,美国联邦储备理事会主席回答道:"美国的汇率政策是财政部的责任,我对此不发表任何意见。"请解释这个答复。

10.* 为什么一国要么允许它们的汇率自由浮动,要么采取强制钉住作为汇率制度?

11. 解释美元化的收益和成本。美元化机制会崩溃吗?

分析性问题

12. 你观察到两个实行固定汇率制度的国家当前有着不同的通货膨胀率。你查阅了近期的历史资料,发现通货膨胀率的差异已经存在好几个月了且并非一直保持不变。如何运用购买力平价理论解释这些现象?

13.* 美国和英国都实行浮动汇率制度,并且你注意到1年期英国债券的利率高于1年期相同风险的美国债券的利率。根据资本市场套利,你预计下一年美元对英镑的汇率走势如何?

14. 假设一个国家开放国际资本流动,下面的哪些货币和汇率政策的结合是可行的?给出原因。

a. 作为政策工具的国内利率和浮动汇率。

b. 作为政策工具的国内利率和固定汇率。

c. 作为政策工具的基础货币和浮动汇率。

15. 描述美联储出售价值1 000美元的外汇储备(这样的一个外汇市场干预)对美联储资产负债表的影响。如果有的话,解释这次干预对国内货币供给产生什么样的影响。

16. 如果美联储决定冲销在第15题所描述的外汇市场干预,描述其对美联储资产负债表的影响。它对基础货币又有着什么全面的影响?如果有的话,它对汇率又有什么影响?假设这次干预发生在运行良好的外汇市场上。
17. 紧接着美联储的外汇市场干预,运用对美元的供给-需求表来对比美国利率上升相比于欧元区利率上升的影响。
18. 美元在未来的几个月内更有可能走强还是走弱?解释你的理由。
19. 中国的外汇储备自从2000年起已经增加了超过15倍,并且在2010年春季达到2.5万亿美元。中国外汇储备积累的速度是否可维持?为什么?
20.* 设想一个小而开放的经济体,有着各种各样的交易人员使用着不同的货币。这个经济体的商业周期不与世界上任何最大的经济体同步,这个国家的政策制定者在财政开支上有着良好的谨慎诚实的声誉。在你看来,这个小而开放的经济体是否应该采用固定汇率制度?
21. 一个小的东欧经济体是否应该争取加入欧洲经济货币联盟(EMU)或仅仅简单地欧元化(例如,在所有国内交易中使用欧元来实现美元化)?对于这个问题,你将给出什么样的建议?

(注:题号后标注*的问题均指难度较大的题型。)

第19章附录
关于国际收支平衡表你真正需要了解的内容

国际金融体系的存在维持了国与国之间资本和商品的流动。为了理解这是如何运作的,我们需要定义三个与国际收支平衡表相关的重要术语。它们是经常账户差额、资本账户差额、官方结算差额。

经常账户记录了国家间的支付流。当一个美国人购买了韩国生产的电视机或者日本消费者购买了一套微软 Windows 系统时,这些交易都会作为美国经常账户的一部分体现出来。经常账户差额是一国出口与进口的商品和服务的差额。完整的经常账户还包括单方面的转移支付,例如外国工人寄回给亲人的钱;还有投资收益,例如美国人从墨西哥债券上得到的利息收入。但是我们忽略这些并进行简单概括:当一个国家的出口超过进口时,它的经常账户就是正的,即出现经常账户盈余。

为了理解经常账户的重要性,你要意识到国家像个人一样,也有预算。如果你的消费超过了你的收入,你有两种选择:出售一些你拥有的东西或者获得一笔贷款。对个人成立的,对国家仍然成立。把出口到国外的收入当作一个国家的收入,把从海外进口的成本当作它的开销。当开销超过收入时,就会出现经常账户赤字。为了支付它的超额开销,这个国家必须出售一些自己的东西或者借钱。

以只有一项国际间交易为例,即你购买了一台在韩国生产的新的电视机。当你购买新的电视机时,你想用美元付款,但是三星供应商希望货款用韩元支付。因为你没有卖任何东西给韩国,所以你没有韩元进行支付。你有两种方式可得到所需的韩元。你可以邀请一个韩国人购买一些你拥有的资产(比如 IBM 的股票),或者从韩国获得一笔贷款(实质上是购买一只你发行的债券)。你只有卖出一项资产给一个拥有韩元的人,才能进行韩元支付并进口电视机。

资本账户记录的是国与国之间购买和销售的资产——股票、债券、房地产等。当一个德国人购买了 IBM 的股票或者一个美国人购买了巴西政府的债券,这些交易都会体现在资本账户中。资本账户差额是一国资本流入和资本流出的差额。当一国资本账户有盈余时,它就有净资本流入。它的居民把资产卖给外国人或者从国外借钱。

最后,官方结算差额是一国持有的官方储备的改变。在黄金本位时期,这些储备是以金条的形式存在的。它记录了中央银行的外汇储备(或者黄金储备)的变化。

国际收支平衡表是一个涉及以上三项的账户体系,三者的关系非常简单:它们之和必须为零。

$$\text{经常账户差额} + \text{资本账户差额} + \text{官方结算差额} = 0$$

这个账户恒等式有着重要的含义。在当今的发达经济体,官方储备头寸是不变的,因此官方结算差额为零,则经常账户差额与资本账户差额之和为零。因此,经常账户赤字必须与资本账户盈余相匹配。如果一个国家的进口超过了出口,那么它必须从国外借钱或者把资产卖给外国投资者来为超额购买融资。

当我们加入了官方结算差额,分析则发生了一点变化。当一个国家的经常账户出现赤字时,有两种支付方法。它可以使用资本账户盈余或者使用它的外汇储备。中央银行可以将足够多的本国货币转换成外国货币为进口和出口的差额融资。如果进行资本管制使资本账户差额为零,那么唯一的方法就是减少外汇储备。经常账户赤字的国家会损失储备,而那些经常账户盈余的国家会积累储备。最后,如果外国人想卖出他们的投资并把收益带回,他们就会迫使该国或者出现经常账户盈余——这在短期内是做不到的,或者耗尽中央银行的储备。

第5篇

现代货币经济学

第20章　货币增长、货币需求与现代货币政策
第21章　产出、通货膨胀和货币政策
第22章　理解经济周期波动
第23章　当代货币政策与中央银行面临的挑战

第20章
货币增长、货币需求与现代货币政策

任何仔细听过中央银行家们的言论或读过他们著述的人都会形成这样一种清晰的印象：在21世纪，尽管货币政策的焦点依然是通货膨胀，但是货币政策与货币实际上一点关系也没有。货币经济学家们撰写的技术论文又进一步加深了这种印象。每个人谈论的都是利率、汇率，却没有一个人谈论货币。

然而只要你深入思考，就会发现中央银行家和货币经济学家们其实是非常关注货币的。诺贝尔经济学奖得主米尔顿·弗里德曼(Milton Friedman)在潜心研究数十年后写到："通货膨胀无论何时何地都是一种货币现象。"大多数经济学家都同意这种观点。从欧洲中央银行官员们的言论中也能看出他们对货币给予很高的关注。在第16章中我们讨论了欧洲中央银行委员会为实现价格稳定的目标而在1998年秋采取了稳定性货币政策。该政策赋予货币重要的地位，引用其内部人员的话就是"后者是由广义货币总量增长率的量化参考值的出台而确立的"。其思想是实际货币增长率与参考值的偏离反映出欧洲价格稳定存在的风险。从此之后，在欧洲中央银行每月公布的目标利率报告中都会提到货币增长率。

很明显，在欧洲货币政策架构内，货币扮演着重要的角色；然而美国的货币政策是截然不同的。2000年7月，FOMC每年公布两次的货币总量目标浮动范围在存续了大约四分之一世纪后被废止了，FOMC的解释是"这些范围不再为货币政策提供有价值的基准"。① 虽然联邦储备体系仍收集并公布有关货币总量的数据，但是FOMC成员只是偶尔才顺便提及。在联邦基金目标利率的公开报告中，几乎不会提及货币。2001年，美联储理事劳伦斯·H.梅耶甚至说，货币"在货币政策的实施中实际上并没有起到明显的作用"。②

为什么世界上最大的两家中央银行在对待货币增长率的态度上有如此明显的差别呢？为什么欧洲中央银行经常公开提及货币增长率，而美联储却从不这样做？如果货币增长率与通货膨胀率有关联，为什么美国的中央银行家们不对其给予更多的关注？本章

---

① 参见2001年3月28日劳伦斯·H.梅耶在华盛顿大学的2001年Homer Jones纪念演讲"Does Money Matter?"。
② 此公告出现在向国会提交的半年度《货币政策报告》的脚注中。

有两个学习目标:第一,为了明确货币在货币政策中的作用,我们考察了货币增长率与通货膨胀率之间的关系;第二,我们说明了中央银行家们关注利率的潜在原因。

20.1 我们为什么关心货币总量

我们从货币经济学最重要的一点,货币增长率与通货膨胀率的关系开始。图 20.1A 显示了 1981—2005 年 150 个国家的年均通货膨胀率与货币增长率的关系。这幅图有两点值得我们关注。一是通货膨胀幅度,一些国家在近 20 年中遭遇每年超过 500% 的通货膨胀率;二是每个有高通货膨胀率的国家都有很高的货币增长率。历史上从未出现过高通货膨胀、低货币增长或低通货膨胀、高货币增长的现象。

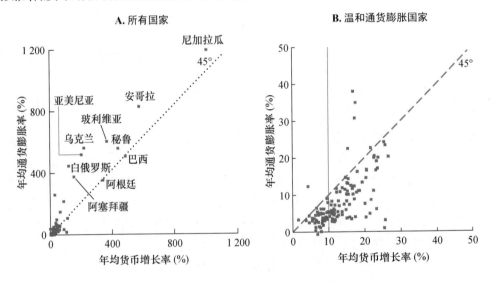

图 20.1　通货膨胀率与货币增长率

注:通货膨胀率是计算各国消费者物价指数而得,货币增长是指 M2 的增长,数据取自 1981—2005 年。改变两个变量中任意一个的定义都不会影响该图。

资料来源:该图的数据来自 IMF 的《国际金融统计年鉴》。

受坐标比例尺的限制,大量代表了低通货膨胀率、低货币增长率的国家的点都落在了原点附近,从这张图中不能得知这些国家的数目。图 20.1B 显示的是 1981—2003 年 118 个经历着温和货币增长(平均低于 30%)的国家的数据。尽管通货膨胀率与货币增长率之间的关系不那么明显了,但是在图上我们还是可以清晰地看到它们之间的关系——货币增长率越高,通货膨胀率就越高,两者是同向变动的。这个现象告诉我们:一国的中央银行可以通过抑制货币增长来避免持续的高通货膨胀,避免高通货膨胀意味着要避免持续的高货币增长。

图 20.1 中有一条 45°的斜线,可以看到代表高通货膨胀率国家的点通常落在这条斜线的上方,而代表低通货膨胀率国家的点通常落在这条斜线的下方。图 20.2 是一张简化

图，45°斜线以上的点代表了平均通货膨胀率超过平均货币增长率的国家；反之亦然。为了理解这种关系，想象一下如果年通货膨胀率超过1 200%（比如尼加拉瓜，见图20.1）会是一种什么情况！这意味着价格每周上涨5%，当人们手中持有的货币以这样的速度剧烈贬值时，大家会想尽一切办法将其出手。① 接下来我们会看到，加快货币流通速度与提高货币增长率对通货膨胀的作用是相同的。

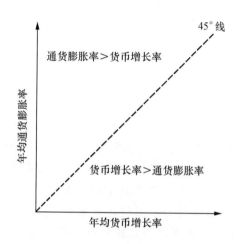

图20.2 货币增长和通货膨胀

我们可以将这种关系与中央银行的货币政策联系起来。回想一下我们在第17章讲到的中央银行自行控制其资产负债表的规模。政策制定者可以通过发行货币和商业银行准备金的方式，在需要的时候购买任意数量的资产。这些负债反过来又形成了基础货币，银行系统再通过存款扩张过程将基础货币转化成总量货币。因此，没有中央银行的默许，货币总量是不会快速增长的。通过限制中央银行购买证券的速度，政策制定者可以控制M2的增长。换句话说，没有货币的配合是不会有持续的高通货膨胀的。

毫无疑问，现代货币政策制定的基础显示了通货膨胀和货币增长之间存在内在联系，这正是欧洲中央银行高度关注货币总量增长的原因。但若要将这种内在联系作为政策指导，中央银行必须明白它是如何发挥作用的。看图20.1，可以发现各国的货币增长率之间存在差异，存在货币增长之外的其他因素导致各国通货膨胀率的不同。为了说明这一点，看图20.1B，注意代表年均货币增长率10%的垂线，该线上或附近的点代表着年通货膨胀率为2%—9%的国家。是什么导致了这些国家之间不同的通货膨胀差异呢？

其他的问题依然存在。例如，图20.1显示了20年间平均通货膨胀率和货币增长率。结果表明，货币增长是理解长期通货膨胀变动趋势的有效突破口。但是在短期（比如几个月或者几年），情况会变成什么样呢？为了回答这个问题，我们不能仅停留在图20.1所反映的简单数量关系上，还要对两者的内在联系获得更深入的、基于经济决策的理解。

---

① 在一些发生恶性通货膨胀的国家，为了避免货币过快贬值，一天之内可能会多次结算工人的工资。据说，孩子们会在中午赶到父母工作的地方领取上午的工资，并在它们贬值之前购买食品。

概念应用

通货膨胀与苏联解体

1990年,苏联解体,留下了15个被称作"前苏联加盟共和国"的独立国家。这些新国家有一些共同的特点,其中一个就是它们都曾经历过令人恐惧的通货膨胀。在1991—1996年的拉脱维亚,年均通货膨胀率略低于300%,但这已是15个国家中通货膨胀率最低的了。1994年,格鲁吉亚物价上涨了15 600%,每周大约增幅10%。

这些恶性通货膨胀的根源并不难找寻:货币的过快增长。因为这些国家的政府都是苏联的继任者,在一个计划经济体中,他们负责事先规划国民经济生活的每一部分。实际上,每一个人都为政府工作,他们的工资也由政府支付。但当这些国家被迫面临巨额支出时,它们根本没有收入来源,无法征税也无处借款。唯一可能的收入来源就是印钞票,政府官员们也是这样做的。他们印制了大量的钞票,使每年货币增长率高达100%。例如,1992—1993年,乌克兰的M2增长了20倍。毫不奇怪,如此高的货币增长带来了高通货膨胀。乌克兰高达2 000%的货币增长率伴随着4 000%的通货膨胀率。

这些国家的政府官员们意识到必须控制通货膨胀了,否则百姓们就会起来反抗。因此他们做出了一些改变,其中最重要的一点就是将印钞票的权力从政客手中转交给具有独立性的中央银行。伴随着大量的经济改革,大部分政府机构的规模也在急剧萎缩。这种货币政策的去政治化产生了令人惊异的效果:截至2001年,15个国家中有9个国家的通货膨胀率降到不足10%,只有白俄罗斯还超过50%。货币增长率下降了,通货膨胀率最终也随之下降了。

20.2 货币数量论和货币流通速度

如何解释高货币增长总是伴随着高通货膨胀这样的事实?通货膨胀期间,货币是在贬值的。所以,如果我们以购买商品所需的货币量来衡量货币的价值或购买力,就能很清晰地理解通货膨胀的影响。通常,我们说买一杯咖啡或一个三明治需要多少钱,这就是商品的货币价值。我们也可以反过来问购买1美元需要多少咖啡和三明治,如果所需咖啡的数量减少了,就说明货币价格或价值也下降了。

如果有人问你咖啡和三明治的价格是如何决定的,学过微观经济学后你就会说,它取决于咖啡的需求和供给。当咖啡的供给增加而需求不变时,咖啡的价格就会下降。毫无疑问,这对货币价格来说也是成立的:货币的价格由货币的供给和需求决定。如果货币需求给定而供给增加,就会迫使货币价格下降,这就是通货膨胀。如果中央银行不停地向经济体系注入大量货币,通货膨胀就会达到很高的水平。

20.2.1 货币流通速度与交易方程

为了理解通货膨胀与货币增长率之间的关系,我们须关注作为支付手段的货币。设想有一个由四个大学生组成的简单经济体:第一个学生持有100美元;第二个学生有两张周末足球比赛的门票,各值50美元;第三个学生有一台价值100美元的计算器;第四个学生有一套高质量的25支装的绘图铅笔,价值100美元。每个学生都需要一些其他的东西,于是持有100美元现金的学生买了计算器,卖计算器的学生又用其所得买了两张球票,最后卖掉球票的学生又需要铅笔上图画课用,所以现金又一次转手。

让我们分析这些交易的效果:它们的总价值是 $100×1$(计算器)$+ 50×2$(球票)$+ 4×25$(铅笔)$= 300$ 美元。在这个四人经济体中,100美元被使用了三次,达到价值300美元的交易总额。一般来说,我们可以把这个计算过程写成:

$$\text{美元数} \times \text{每1美元被使用的次数} = \text{交易的价值总额} \tag{1}$$

为了解释这个表达式,注意到美元数正是经济中的货币总量,每1美元被使用的次数(每单位时间)就叫做**货币流通速度**(velocity of money)。货币被使用得越频繁,货币流通速度就越快。

可以直接将这个逻辑运用到整个经济体系,因为所有交易都会在某一阶段上使用货币。为了达到研究的目的,我们将分析限定在一国在特定时期内购买及销售最终的产品和服务上,且这些产品和服务以市场价值计量。这就是说,我们关注的是名义国内生产总值。以**名义国内生产总值**(nominal gross domestic product)计量时,每笔交易都需要使用货币。因此

$$\text{货币数量} \times \text{货币流通速度} = \text{名义GDP} \tag{2}$$

我们知道货币数量和名义 GDP,就可以运用公式(2)计算出货币流通速度。每种统计口径下的货币总量都有其各自对应的货币流通速度。2010年冬,GDP 达到14.6万亿美元,M1达到1.7万亿美元,因此M1的流通速度为8.6;同期,M2达到8.5万亿美元,因此M2的流通速度为1.7。稍后我们再讨论这个话题。

为了从公式(2)中得到货币流通速度的表达式,我们用代数符号改写公式(2)。M代表货币量,V代表流通速度。名义 GDP 就可以分解为价格水平和真实产量(实际 GDP)两部分,称这两因子为P和Y,可以说名义 GDP $= P×Y$。因此,公式(2)又可以写成

$$MV = PY \tag{3}$$

这个表达式被称作**交易方程**(equation exchange),它告诉我们货币量乘以它的流通速度等于名义 GDP,也可写成价格水平乘以真实产量。

等式左边是货币量,右边是价格水平,所以交易方程提供了货币量与价格水平之间的关系;但是我们真正关心的是通货膨胀和货币增长率而不是价格水平和货币量。我们须改变公式(3),以反映每个因子的百分比变化。注意,乘积的百分比变化是各个因子百分

比变化之和①,可以写成

$$\%\Delta M + \%\Delta V = \%\Delta P + \%\Delta Y$$
$$\text{货币增长率} + \text{货币流通速度增长率} = \text{通货膨胀率} + \text{实际产量增长率}$$

(4)

符号"%Δ"表示百分比变化率。我们知道,货币量的百分比变化率就是货币增长率;价格水平的百分比变化率就是通货膨胀率;实际 GDP 的百分比变化率就是实际产量增长率。所以公式(4)告诉我们,货币增长率加上货币流通速度增长率就等于通货膨胀率加上实际产量增长率。

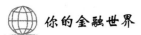

理解通货膨胀的统计指标

一提起通货膨胀,人们脑子里想到的首先是 CPI(消费者价格指数)。在美国,CPI 是对通货膨胀进行密切观测时经常使用的指标。* 尽管有很多优点,但是我们也应该知道它的局限性。

CPI 每月由劳工统计局公布一次。它被广泛应用于对通货膨胀进行调整,也用于测量居民生活成本在月度和年度的变化。设计这个指标是为了回答下面的问题:要购买过去某一固定时点上的一篮子商品和服务,现在需要多支付多少钱?为计算 CPI,统计局每两年就要抽取具有代表性的居民样本,询问他们购买商品的情况。然后他们选取具有代表性的一篮子商品和服务,并追踪这一篮子商品和服务的价格的百分比变动。

CPI 系统性地高估了通货膨胀,就是说它所估计的生活成本的变化倾向于上升。有很多原因造成这种倾向。第一,消费者的购买习惯时时都在变化,而劳工统计局的调查却不是经常进行的。图 20.3 显示了 2009 年在一篮子商品中,不同类型支出所占的权重。消费者倾向于将支出从涨价品转移到降价品上,这种购买替代品的意愿减弱了价格变化对人们生活水平的影响。统计数据在某种程度上不能考虑到这种购买替代品的行为,所以编制出来的指标会高估生活成本的变化。

造成偏差的第二个原因是,统计调查者们很难将商品和服务质量的改进反映在 CPI 中。比如,假设所有的电影院都引进了一套 3D 投影系统,这可以加深人们对电影的体验,但同时也提高了电影票价格。如果人们愿意为高质量的 3D 画面支付更高的价格,统计调查者们可能仅仅记录下票价的上涨幅度,而没有考虑到这是由于画面质量的提高导致的。结果就是通货膨胀被高估了。

---

① 这个表达式基于一种近似计算,即变量 x 自然对数的变化近似于其百分率的变化。下面看看这是如何推导的。首先对乘积 $M_t V_t$ 取自然对数,有 $\ln(M_t V_t) = \ln(M_t) + \ln(V_t)$。现在我们从等式左右两边分别减去 $\ln(M_{t-1} V_{t-1})$ 和 $\ln(M_{t-1}) + \ln(V_{t-1})$,得到 $\ln(M_t V_t) - \ln(M_{t-1} V_{t-1}) = [\ln(M_t) - \ln(M_{t-1})] + [\ln(V_t) - \ln(V_{t-1})]$,也就是说,$MV$ 自然对数的变化值就等于 M 自然对数的变化值加上 V 自然对数的变化值。由于又有 $[\ln(M_t) - \ln(M_{t-1})] = \ln(M_t/M_{t-1})$,上式可以重写为 $\ln[1 + (M_t - M_{t-1})/M_{t-1}]$。根据一个数的自然对数加上一个较小的数等于这个较小的数字,所以有 $\ln(M_t/M_{t-1}) \approx (M_t - M_{t-1})/M_{t-1}$,这就是百分比的变化。综上所述,我们可以得到等式(4)。

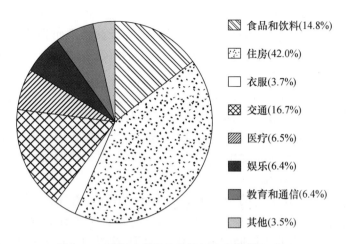

图 20.3 美国消费者价格指数中各类支出比重

统计调查者们清楚地知道这些问题,并且一直在努力将这种误差降到最小。然而,每年 CPI 还是会将通货膨胀高估 1% 左右。因此当 CPI 上升 2 个百分点时,实际生活成本确切地说只上升了 1 个百分点左右。当价格上涨幅度在 10% 或 15% 时,这种偏差并不重要;但在近年来常见的低通货膨胀率水平上,这种偏差无论是对政策制定者还是对消费者来说,其影响都非常明显。对于想保持物价稳定(零通货膨胀率)的中央银行家们来说,正确估计 CPI 的偏差意味着他们须对通货膨胀目标进行系统的调整,将其提高大约 1%。也就是说,必须将目标设定在一个正的比率,而不是设定为零。对于我们来说,1% 的 CPI 偏差意味着如果 CPI 每年上涨 3%,若想保持生活水平不变,薪资仅需上涨 2%。†

* 第 2 章的"交易工具"已经对 CPI 进行了简要的介绍。
† 要想对 CPI 计算偏差相关的知识进行深入了解,参见 Robert J. Gordon, "The Boskin Commission Report: A Retrospective One Decade Later," *International Productivity Monitor* 12(Spring 2006), pp. 7—22。

20.2.2 货币数量论

20 世纪早期,经济学家费雪就写出了交易方程式并得出公式(4)的含义。他假设支付手段或持币成本不发生重大变化。如果利率固定且没有金融创新,那么货币流通速度就是常数。费雪还假设实际产量只取决于经济资源量和生产技术,那么在短期,实际产量也是固定的。换句话说,费雪假设 $\%\Delta V = 0, \%\Delta Y = 0$。他的结论是货币增长将直接转化为通货膨胀,这就是**货币数量论**(quantity theory of money)。根据费雪的理论,价格总水平的变化仅仅是由货币数量的变化引起的。所以,如果中央银行向经济体大量注入货币,就会提高现有商品和服务的价格。货币量增加 10%,价格就会上涨 10%;货币量翻倍,价格水平也会翻倍。正如米尔顿·弗里德曼所言,通货膨胀是一个货币现象。

每个人都需要货币以帮助其完成交易,这意味着我们可以重新阐述货币数量论,描述货币需求和货币供给之间的均衡关系。我们在前面讲过,所需美元数量等于交易总价值除以每 1 美元被使用的次数。这就是说,货币需求等于交易总价值除以货币流通速度。对于经济总体来说,货币需求就等于名义 GDP 除以货币流通速度:

$$M^d = \frac{1}{V} \times PY \tag{5}$$

前面已经学过,货币供给量取决于中央银行和银行系统的行为。货币市场均衡意味着货币供求相等,且等于经济中的货币总量。改变公式(5)中各因子的位置得到 $MV = PY$。假如正如费雪所说,货币流通速度和实际产量都是常数,那么我们就可以再一次得出货币增长率等于通货膨胀率的结论。

货币数量论可对图 20.1 中的一些重要特征做出解释。首先,它告诉我们,为什么高通货膨胀率和高货币增长率总是相伴而生。其次,它解释了为什么图 20.1B 中代表通货膨胀率适中或偏低的国家的点倾向于落在 45°线之下,这说明货币增长率高于通货膨胀率的国家的实际产量增长了。观察公式(4)可以发现,如果货币流通速度是常数,货币增长率就等于通货膨胀率和实际产量增长率之和。在货币增长率一定的情形下,经济增长水平越高,通货膨胀率就越低,所以发展中国家的通货膨胀率会低于货币增长率。因此,在图 20.1B 中,这些国家的点会落在 45°线以下。

20.2.3 关于货币流通速度的一些事实

如果费雪关于货币流通速度是常数的假设是正确,那么这个假设就对货币政策有着非常重要的意义。因为实际经济增长取决于经济结构和科技进步,国家可以通过限制货币增长率来直接控制通货膨胀率。按照这个思路,弗里德曼得出结论:中央银行仅需制定一个不变的货币增长率。[①] 这就是说,政策制定者们应努力使货币总量(M1 或 M2)的增长率保持在实际产量增长率和理想通货膨胀率之和的水平上。弗里德曼知道中央银行不能精确控制货币总量,基础货币与 M1 和 M2 之间的关系也是随时间变化的。此外,中央银行也不能控制货币乘数,因为该乘数取决于个人持有的货币数量和商业银行持有的超额准备金数量。为使上述规则变得可行,他建议更改相关监管条例以限制银行创造货币的自主决定权,加强货币总量和基础货币之间的联系,减轻货币乘数的波动。例如,提高存款准备金率或者限制银行提供贷款的规模和种类,都会产生这样的效果。

但即使货币总量与基础货币之间的关系是恒定的,也只有在货币流通速度也是常数的情况下,弗里德曼提出的中央银行应保持货币增长率为常数的建议才能对稳定通货膨胀产生效果。在年通货膨胀率高于 10% 或 20% 的国家,货币流通速度的变化大可忽略不计。在这些国家,降低通货膨胀率的确须降低货币增长率。但在年通货膨胀率低于 10% 的国家,货币流通速度的变化就会对货币增长率和通货膨胀率之间的关系产生显著的影响。

货币流通速度会有多大的波动呢?我们可以看一些数据,或许能够找到答案。图

---

① 最初的阐述被称作弗里德曼 k 百分比规则,出自米尔顿·弗里德曼所著的 *A Program for Money Stability* (New York: Fordham University Press, 1960)。

20.4A 描述了 1959—2009 年 M2 的流通速度。在这一时期末(金融危机之前),M2 的流通速度有轻微的上升趋势。然而,从长期来看,M2 的流通速度是稳定的,停留在 1.72,恰好是在 50 年前的水平上。这些历史数据证实了费雪的结论:在长期中,货币流通速度是恒定的,因此控制通货膨胀就意味着要控制货币总量的增长。

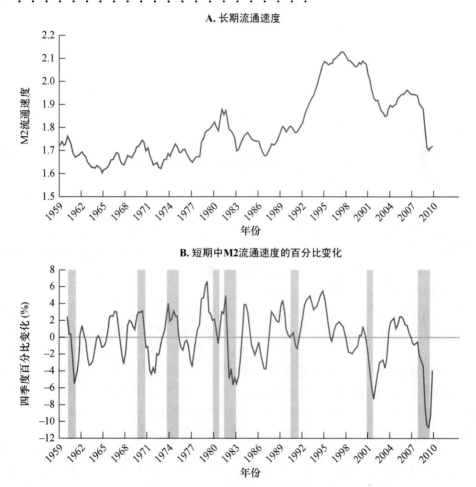

图 20.4　1959—2009 年 M2 的流通速度

资料来源:A 图数据首先用来自美国经济分析局的季度名义 GDP 进行了季节调节,然后再除以来自美联储的经过月度调整的 M2 季度平均值。B 图表示的是 M2 流通速度四季度的变动。

但是中央银行家们关心的是季度或年度通货膨胀率,而不是半个世纪里的变化。即使是广义货币总量也只有在可以反映政策制定者们所关心的时间段内的通货膨胀情况时,才能成为制定短期货币政策的有效指引。图 20.4 反映的长期趋势掩盖了很多重要的短期运动情况。为了看清楚这一点,我们观察图 20.4B 中 M2 流通速度的四季度百分比变化情况,图中的阴影表示衰退。可以看到,在短期,流通速度波动是很大的,有时甚至是非常大的。纵坐标的数值范围为 −12%—+8%。

要理解短期货币流通速度的变动,第一步就是观察历史情况。回到图 20.4,注意到流通速度在 20 世纪 70 年代末和 80 年代初都有上升,这是一个高利率(峰值超过 20%)和大量金融创新产品出现的时期,例如股票和可签支票的债券共同基金在此期间产生。前者使持币成本加大,后者则可以节约人们的持币量。那时现金和支票账户都不支付利息,所以通货膨胀率为10%时,货币的实际利率就是-10%。同时,类似共同基金这样的不包含在 M2 中的金融创新工具(允许小额提款并提供类似支票账户的服务)意味着人们无须再像以前一样持有大量现金。在交易量一定时,这些因素的共同作用使得个人的持币量降低,并最终提高了货币流通速度。

这些数据清晰地表明,货币流通速度的波动与人们的持币意愿是紧密相联的。为理解并预测货币流通速度的变化,政策制定者们必须理解货币需求。下面我们讨论这个话题。

 概念应用

欧洲中央银行的货币增长率参考标准

欧洲中央银行的货币政策赋予货币一种非常重要的地位,它们的很多做法都是模仿其前身——被广泛誉为世界上最成功的中央银行的德意志银行。20 世纪70 年代,当美国和大多数欧洲国家的通货膨胀率达到两位数时,德意志银行每年为货币总量设定目标,从而成功地将德国的通货膨胀率维持在一个即使在今天看来也是可以接受的水平。几十年过去了,欧洲中央银行的政策制定者们期待着德意志银行的声望可对控制通货膨胀产生影响,于是他们决定设定一个"广义货币总量的数量参考值"。

在推出该政策的前四年,欧洲中央银行宣布欧元区 M3(等价于美国的 M2)的目标增长率是 4.5%,该比率是用交易方程的百分比变化表达式计算出来的。这就是说,他们必须对实际增长率、货币流通速度、意愿通货膨胀率做出假设。假设欧元区的经济以每年 2%—2.5% 的速度增长,货币流通速度每年下降 0.5%—1%,通货膨胀率每年应该在 1%—2% 的水平上。取各浮动范围的中值代入公式(4),可以得到,

$$\text{货币增长率} - 3/4 = 1.5 + 2.25$$

因此, $\quad$ 货币增长率 $= 4.5\%$

欧洲中央银行因使用目标货币增长率而饱受批评。观察家声称,短期中通货膨胀与货币增长的关系是难以预测的,因此设定目标增长率没有用处。他们辩称货币流通速度在新建立的欧元区是很难预测的(见图 20.7);并指责说对于一个新成立的、尚无任何成功控制通货膨胀经历的中央银行来说,这是一种可能损害货币政策制定者信誉的危险举措。作为对这些批评的回应,2003 年 5 月欧洲中央银行决定降低货币增长率在其政策中的地位。从此以后,货币增长率就被作为一个"核查指标",而不再是货币政策的主要组成部分了。管理委员会也更加强调其作为长期标准时的作用,不再每年都考虑这个参考值了。

20.3 货币需求

要想更好地理解货币需求、货币流通速度的决定因素以及货币与通货膨胀之间的关

系,最好的方式就是问问人们为什么要持有货币。得到货币后,他们又用货币做了什么？在第 2 章讲过,货币可以作为支付手段、价值尺度、价值储藏手段。虽然价值尺度职能非常重要,但它并不能对持有货币的原因做出任何解释,所以在这里暂时忽略它,只讨论货币的第一项和第三项职能。人们持有货币是为了支付所消费的商品和服务(支付手段职能)及作为持有财富的一种方式(价值储藏手段职能)。这两种对货币的需求分别叫做**货币的交易需求**(transactions demand for money)和**货币的投资需求**(portfolio demand for money)。① 在我们分别对其进行考察的过程中,不要忘了我们的目标是理解货币流通速度的波动。人们意愿持有的货币量越多(其他条件不变的情况下),货币流通速度就越慢。

20.3.1 货币的交易需求

人们为达到交易目的而持有的货币量取决于他们的名义收入、持币成本、替代品的可获得性。我们先简单地分析一下这三个因素。名义收入越高,在商品和服务上的支出就越多,因而所需要的货币量就越多。这个现象是得出结论——名义货币需求随名义收入的提高而增加——的基础,这也正是货币数量论的一部分[见公式(5)]。因此,名义收入越高,名义货币需求就越高。

决定持有多少货币取决于持币的成本和收益。收益是显而易见的:持有货币就可以对其消费的商品和服务进行支付。而成本也同样是容易理解的:货币可以随时用来购买付息债券,所以不买债券所损失的利息就是持有货币的机会成本。在这里,名义利率是非常重要的。比较不付利息的现金和付息债券,两者的区别就在于利率,而且是名义利率。我们可以用名义利率衡量持有货币的机会成本。当然,债券不是支付手段,用于实际交易之前必须将其转化为货币,因此究竟是持有货币还是持有债券就取决于债券收益率的高低和两者之间的转换成本。当转换成本恒定时,如果名义利率上升,人们就会减少支票账户余额,在具有更高收益的投资之间频繁转换资金。货币需求随利率上升而下降的事实对货币流通速度具有直接的影响。名义利率越高——即持有货币的机会成本越高,对于既定的交易量,人们意愿持有的货币量就越少,货币流通速度就越快。②

这种关系解释了图 20.1A 中高通货膨胀国家的通货膨胀率往往高于货币增长率,也就是代表高通货膨胀率国家的点倾向于落在 45°线的上方。在通货膨胀率较高的时候,当价格以每年 1 000%—1 500%上涨时,货币急剧贬值。这时候,持有货币的机会成本就等价于通货膨胀率,实际收益为每年 −1 500% — −1 000%。人们对这种高昂的持币成本的反应就是,尽可能少地持有货币并尽快将其脱手。他们购买收益率为零的耐用品,这比持有实际收益率为 −1 000% 的货币不知道好多少。这些疯狂的购买行为又促使货币流通速度急剧加快。货币数量论告诉我们,国民收入不变时,通货膨胀率等于货币增长率加上货币流通速度增长率。因为高通货膨胀加快了货币流通速度,所以这些国家的通货膨胀率一

---

① 这种讨论货币需求的基本框架最初是由凯恩斯创立的,被称作凯恩斯的流动偏好理论。
② 高利率使货币流通速度加快的事实意味着它们对通货膨胀产生了向上的推力。但在后面的章节中将会看到,货币政策制定者们用提高利率的方法对付通货膨胀。这种明显的矛盾可由这样一个事实来解释:虽然高利率提高了货币流通速度,但它使实际经济增长率下降得更多,最终足以达到我们的期望目标。

定高于货币增长率,使其落在图 20.1A 中的 45°线之上。

除利率因素之外,货币的交易需求还受到技术的影响。金融创新使人们不必持有太多的货币,它可以大大降低货币在支票账户和付息债券之间的转换成本。交易成本越低,人们就会将越多的货币从付息债券转向支票账户,而持有更少的现金。

这就是金融创新对货币的交易需求产生的直接影响。假设银行提供了一种新产品,可以在传统支票账户和付息债券基金账户之间免费自动转换。你开通此账户,但仍使用旧账户和借记卡。这个新账户的特点就是,你每次消费时,银行会自动将消费金额从债券基金账户划转到支票账户,并在支付给债权人之前为你保留一天。结果就是你的支票账户余额将永远不会超过你当天的购物金额,这样你就可以持有尽量少的货币。金融创新降低了货币在债券(或其他投资)和支票账户之间的转换成本,在收入一定的情况下,人们意愿持币量也就减少了。金融创新带来的这种持币经济化加快了货币的流通速度。

因此,股票、债券或其他资产流动性的提高会降低交易性货币的需求。自动取款机和其他金融产品使客户无需额外费用就能用股票或共同基金账户支付购买支出,这些产品的出现意味着人们不用像他们的父母或祖父母曾经做的那样在钱包或支票账户里保留太多的现金。

最后,我们所有人都持有一部分货币以应对不时之需。这种形式的需求——有时也称作**预防性货币需求**(precautionary demand for money)——也是交易性货币需求的一部分。发生紧急情况时须立即支付货币,为此我们要储备一定量的货币。正如我们在第 17 章"你的金融世界:你的超额准备金"里看到的,人们准备的不时之需与银行的超额准备金很相似。我们持有的预防性货币需求的水平通常与我们的收入和支出水平相关。常规支出越多,为意外事件准备的资金也就越多。预防性货币需求还随危险的提高而增加:未来的不确定性越高,货币需求就越多,货币流通速度就越慢。

 你的金融世界

免费支票账户并非免费

银行总是在努力吸引新客户。为了做到这一点,一些银行推出免费支票账户。但是这些支票账户真的是免费的吗?毫无疑问,答案是否定的。事实上,银行家们打趣,"免费账户"其实是"收费账户",因为所有的费用最后都是由客户承担的。虽然使用这些账户时并不是每月支付服务费,但并不意味着不用交费。

根据银行的不同,使用"免费支票"的客户可以选择付费使用自动取款机或通过银行柜台办理业务,他们必须为公证业务、银行承兑支票、空头支票交纳额外的费用;当账户余额不足时,对拥有免费支票账户的客户收取的费用特别高,而且这些客户比其他客户更容易透支。

实际上,客户透支对银行来说是有利可图的。原因如下:如果你签了一张超过账户余额 100 美元的支票,虽然银行会支付这张支票但是会收费罚金,通常为 25—30 美元。你只有一个礼拜的时间偿还透支额。换句话说,银行为你提供了一笔周利率 25% 甚至更高的 100 美元的贷款。虽然银行通常被要求公布贷款利率,但是监管者认为对透支额的收费不属于贷款。结果就是银行不必告诉那些透支的人们,其实他们以年复利超过 10 000 000%的透支额支付利息。

这里可以得到两个教训:第一,不要被"能提供免费账户"的广告愚弄。在开通支票账户之前,先考虑清楚你需要什么服务并找到能满足你所需服务的最便宜的银行。第二,不要透支账户,总是可以找到更便宜的借款方式。

20.3.2 货币的投资需求

在投资组合中,货币仅仅是我们可以持有的众多金融工具中的一种。当你同时持有多种资产(包括股票、债券等)时,货币作为一种价值储藏手段,为你提供了多样性的选择。为了能够理解货币的投资需求,应注意支票账户余额或货币市场账户其实就是一种到期日为零的"债券"。这样我们就可以用第 6 章讨论债券需求的框架来理解货币的投资需求。

影响债券需求的几个因素有:财富、相对于其他投资工具的预期收益、债券的预期收益,以及相对于其他投资工具的风险和流动性。每一个因素都会影响货币的投资需求。当财富增加时,资产存量也跟着增加。一个精明的投资者会持有多样化的投资组合,包括股票、债券、房地产、货币。随着财富的增加,这些投资品(包括货币)的数量也会增加。所以,货币需求受财富的直接影响。这个规律甚至在支出水平固定时也是成立的:与穷人支出水平一样时,富人照样会持有更多的货币。

在学习债券的需求时,我们注意到投资者持有特定金融工具的意愿取决于与其他投资方式比较时,它具有多少竞争力。一种资产相对于其他投资工具的预期收益率越高,其需求也就越高。对货币来说也是一样的:相对收益越高,需求就越大。换句话说,债券收益的下降会提高对货币的投资需求。

因为对利率未来发生变化的预期与债券的预期收益是有关系的,它们同样会影响货币的投资需求。为理解其中的原因,首先要知道债券的价格与利率总是呈反向变化的。利率上升,债券价格就会下跌,债券持有者会蒙受资本损失。因此,当你觉得利率会上升时,对你来说,货币比债券更具有吸引力。(回忆一下,短期债券价格波动较长期债券小,货币是到期日为零的极短期债券。)结果就是你会卖掉组合中的债券而持有更多的货币,这将持续到利率停止上升。当利率预期会上升时,货币需求就会增加。

接下来讨论风险。在对债券的讨论中,当债券相对于其他投资方式的预期风险降低时,其需求就会增加。其他资产的风险增加时,持有货币的风险就会下降,对货币的需求也随之提高。① 再回到图 20.4B,我们会发现在 2007—2009 年金融危机期间,M2 的流通速度在下降,其中一个原因就是不确定性(风险)的增加使投资者增持了货币。

---

① 为了理解为什么持有货币也有风险,设想一个货币的名义利率为零的例子(现金就是如此,大部分银行存款也接近这种情况)。当货币没有利息的时候,其收益就是负的通货膨胀率,即货币以通货膨胀的速度在贬值。通货膨胀率越不稳定,货币的收益就越不稳定,风险也就越大。所以,通货膨胀的不确定性增加了货币的风险。

最后我们讨论流动性,我们用它衡量一种资产变现的便利程度。虽然某些形式的货币比其他形式的流动性更大,但是它们也只能是相对于其他资产更易成为支付手段。总体来说,货币比其他资产更易于变现。如果股票、债券或者其他资产的流动性突然降低,我们可以预期货币需求必然增加。

表20.1总结了导致货币需求增加的所有因素。

表 20.1 货币需求的影响因素:导致人们持有更多货币的原因

货币的交易需求	
名义收入	名义收入越高,货币需求越大
利率	利率越低,货币需求越大
其他支付方式的可获得性	其他支付方式的可获得性越小,货币需求越大
货币的投资需求	
财富	财富增加时,货币需求增加
相对于其他投资的收益	其他投资的收益率下降时,货币需求增加
预期未来利率	预期未来利率上升时,货币需求增加
替代投资工具的相对风险	替代投资工具的相对风险上升时,货币需求增加
替代投资工具的相对流动性	替代投资工具的相对流动性下降时,货币需求增加

20.4 低通货膨胀环境下的目标货币增长率

我们的观点是:长期中,通货膨胀与货币增长是相互联系的。在通货膨胀率和货币增长率都高于100%的高通货膨胀环境下,货币流通速度的微弱变化可以忽略不计,重要的是中央银行和政府官员们降低通货膨胀的决心。没有其他有效的方法,唯一可行的就是降低货币增长率。

在低通货膨胀环境下,控制通货膨胀并不是那么容易的事情。货币数量论告诉我们,将货币增长量作为政策指导的可行性取决于货币流通速度是否稳定。在美国,广义货币总量 M2 作为长期(大约几十年)中控制通货膨胀的标准来说,其流通速度是足够稳定的。但在短期中,货币流通速度时常波动。事实上,货币流通速度的波动不足以成为我们放弃将货币增长作为政策目标的原因。

第18章已经讲过,当中介目标与中央银行的操作工具及政策目标之间存在稳定联系时,中介目标就很有实用价值。这个观点表明选择货币增长率作为直接货币政策目标有两条标准:(1)基础货币和货币总量之间存在稳定联系;(2)货币总量与通货膨胀之间的关系可预测。第一条标准使货币政策者可以预测中央银行资产负债表的变化对货币总量的影响。第二条标准使得他们可以根据货币增长率的变化推测通货膨胀率的变化。这两条标准本身并不是量化的,中央银行家还须从数量上对这些变量之间的关系进行估计。政策制定者们须知道基础货币变化1%时,货币总量(如M2)会变化百分之几,并以此预测通货膨胀的变化比例,以及传导机制持续的时间。表20.1列出的关于货币需求与其影响因素之间的关系必须是稳定且可预测的——这正是美国政策制定者们正面临的问题。

20.4.1 美国货币需求的不稳定性

为了从数量角度研究货币需求,我们应关注名义收入和利率这两个能够影响货币交易需求的因素。回忆一下交易方程,我们知道名义收入与货币需求基本上是成比例的。名义收入翻倍意味着交易的总价值翻倍,这就需要相对于原来水平双倍的货币总量。我们可以关注名义收入除以货币总量后得到的结果(即货币流通速度),这又引出利率(更准确地说,应该是持有货币的机会成本)这个因素。货币流通速度与持币机会成本之间存在稳定的联系吗?

图20.5所绘数据与这个问题直接相关。图中纵坐标表示 M2 的流通速度,横坐标表示持有 M2 的机会成本。美国 3 个月期国库券利率减去持有 M2 的收益率(由美国圣路易斯联储计算)就是持有 M2 的机会成本。这种机会成本衡量的是个人决定持有 M2 而不是 3 个月期美国国库券时所放弃的真实收益。图中每一个点都代表了一个季度的数据。所有的点都分别落在两个不同的组别中。第一组如黑色块所示,代表了 20 世纪 80 年代的十年;第二组如灰色块所示,代表的时间范围为 20 世纪 90 年代到 2009 年。我们想知道的是,持币机会成本的上升能否预测货币流通速度的增加。(回忆一下,较高的利率水平使持币的机会成本上升,降低了既定收入水平下的货币需求,并提高了货币流通速度。)

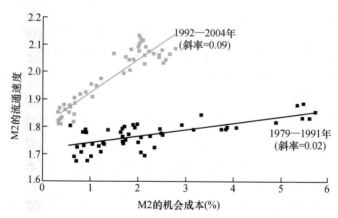

图 20.5　1979—2009 年 M2 流通速度和机会成本

注:图中的数据为季度数据,货币流通速度等于名义 GDP 除以 M2。持有 M2 的机会成本由 3 个月期国库券利率减去 M2 的收益率计算而得。图中的两条实线是拟合两个样本的回归线。

资料来源:圣路易斯联邦储备银行。

这个问题的答案是肯定的。货币流通速度和持币机会成本之间的确存在联系,但在 20 年间这种联系变动非常大。假设持有 M2 的机会成本从增加 1% 变化到增加 2%。在 20 世纪 80 年代,机会成本上升 1% 意味着货币流通速度上升 1.5%,从 1.73 提高到 1.75。而在 20 世纪 90 年代早期,机会成本上升 1% 会使流通速度上升 5% 甚至更多,从 1.93 提高到 2.02。货币需求对利率变化的敏感度至少上升了 3 倍,两者在 20 世纪 80 年代存在的关系于 20 世纪 90 年代就消失了。如果用 20 世纪 80 年代两者之间存在的关系作为 20 世纪 90 年代政策制定的基础,就不会得到满意的结果。

近 30 年来,美国货币需求呈现出不稳定性,对此有几种可能的解释。最主要的解释与金融工具的引进有关。这些金融工具的收益率比货币高,但仍可像货币那样充当支付手段。考虑到金融工具的影响,尽管货币当局曾努力改变货币总量的结构,但货币需求仍呈现出不稳定性。

第二种解释与抵押贷款再融资利率的变化有关。20 世纪 90 年代,长期利率的下降使抵押贷款市场异常活跃。因为每项抵押品都附有提前赎回的权利,传统的 30 年期固定利率抵押贷款的持有者只要偿还了贷款,就可以在任何时刻终止贷款合同。当抵押贷款利率急剧下降的时候,大量的人会以新的低利率的抵押贷款替代旧的高利率的抵押贷款。虽然利率可能只是出现了小幅下降,但是这种抵押贷款再融资的动机可能会产生重大影响。

当抵押贷款再融资发生的时候,它会以几种途径创造货币需求。再融资的许多人会利用这个机会卖掉手中持有的一些普通股,收入存入活期存款账户(M2 的一部分),直到把这些钱用于家庭装修或其他重大消费。此外,新抵押贷款资金一定源于投资者,然后又转移到旧抵押贷款持有者的手中。整个过程中,资金流入流出的账户正是 M2 的一部分,因此当抵押贷款利率下降时,M2 往往会快速增长。一旦利率稳定下来,再融资的浪潮退去的时候,M2 才会稳定下来甚至出现萎缩;但与此同时,货币流通速度也在波动。

20 世纪 90 年代早期美国货币需求与利率之间关系的改变迫使研究者们回到计算机前,重新建立更好、更精确的统计模型。图 20.5 所示的 1992—2009 年的数据表明,他们本该是成功的,在某种程度上也的确如此。然而,美国关于货币需求稳定性的争论仍然对政策制定者们提出了告诫。

交易工具

应用统计模型对货币政策进行评估

制定货币政策时,政策制定者需要知道政策的变化是如何影响最终目标的。任何货币政策中最根本的问题就是:利率究竟应调整多少以保持价格的稳定和经济的增长。不同于理论研究,政策决策就是与数字打交道,它必须对政策的相关影响因素进行数量评估。做出这些评估是基于能够描述不同经济变量间关系的统计模型。为了得到所需信息,中央银行的经济学家们收集历史数据,对其进行分析,试图找出过去政策的变化是如何对经济产生影响的。他们的评估可以使政策制定者们回答诸如"如果将联邦基金利率提高 4 到 5 个百分点,那么两年内通货膨胀会下降多少"这样的问题。

这种方法看起来比较简单,但它也存在缺陷。若要做出有效的预测,其所使用的历史数据必须是在相同政策制度框架下得到的;如果不是,就会产生很严重的误导。以体育运动做类比可以帮助我们理解这一点。在美国,橄榄球比赛时在 10 码内有 4 次击球机会;但在加拿大，一支球队在被迫终止比赛之前只有3次击球机会，因此加拿大的橄榄球队经常在第三次击球时将球踢出去。不用说，肯定没有人会用加拿大橄榄球比赛的数据去预测美国队的比赛。

20世纪70年代中期，诺贝尔奖获得者经济学家罗伯特·卢卡斯（Robert Lucas）观察到体育运动中的规律同样适用于经济领域。*改变游戏规则会改变参与者的策略，同样，改变经济政策会改变人们的经济决策。例如，没有人会使用固定汇率时期的数据来建立浮动汇率下利率政策影响的模型，也没有人会采用中央银行以货币增长为目标、允许利率变动这样一个时期的数据来预测以利率为目标对经济产生的影响。卢卡斯提出，经济和金融决策都是建立在对未来的预期之上，包括预期政策制定者的行为。政策制定者行为的任何变化都会引起人们预期的变化，从而改变其行为，最终改变经济变量间已经形成的关系。

这种评论被称为**卢卡斯批判**（Lucas critique），已经对政策制定者制定政策的方式产生了深远的影响。它表明在预测政策变化产生的影响时，政策制定者必须考虑人们的经济行为会如何随之而变化。卢卡斯强调，为了在政策实施之前预测其影响，必须依靠经济理论并模拟人们对政策变化的反应。

* 卢卡斯的原话参见 Robert E. Lucas Jr.，"Econometric Policy Evaluation: A Critique," *Carnagie-Rochester Conference Series on Public Policy 1*, 1976, pp. 19—46。

 概念应用

金融创新与货币流通速度的波动

在对货币交易需求的讨论中，我们强调了金融创新对货币需求数量的影响。在给定收入水平下，金融创新通过改变人们需要持有的货币量，影响了货币的流通速度。诸如自动取款机和债券共同基金这类金融创新提供了签发支票的便利，然而它们在方便人们生活的同时，也给想要对货币总量下一个明确定义的统计学家们带来很多麻烦。

回忆第2章，我们根据不同资产的流动性划分货币层次。例如，M2等于M1加上流动性稍弱的资产。但是金融创新可以改变我们所持有的资产的流动性。理想状况下，可以通过调整对货币总量的定义来应对金融创新的影响；但这并不是一件容易的事。

为了理解金融创新对货币层次的影响，我们可以考察一个特定的历史片段：在20世纪70年代，引入了付息存款账户，包括货币市场共同基金账户。因为资金从传统的支票账户转移到这些新账户（见图20.6中的灰线），货币流通速度呈现上升的趋势。这条灰线表示的货币流通速度是在旧的M2统计口径下计算得出的，其中M2并不包括货币市场存款账户和货币市场共同基金账户。如果M2的定义保持不变的话，货币流通速度会以2倍的速度增长。相反，统计学家们改变了对M2的定义，以保持货币流通速度在1.5—2（见图20.6中的黑线）。

图 20.6　1959—2009 年新旧统计口径下 M2 的流通速度

注：旧 M2 统计口径不包括来自 M1 中的其他可签发支票存款，也不包括货币市场存款账户和零售货币市场共同基金账户。

资料来源：美国联邦储备委员会。

货币总量总是可以在事后得到调整，解释金融体系的变化。对于考察长期经济条件来说，这已足够了。而真正的困难在于计算这些变化发生时产生的影响，并根据这些信息为短期政策决策提供参考。在引入付息的新型存款账户之前，有人能准确预测到它将怎样影响货币需求吗？2007—2009 年金融危机期间，货币流通速度下降后什么时候又将反弹？这都是提倡设定目标货币增长率的人面临的问题。

20.4.2　目标货币增长率：美联储和欧洲中央银行

尽管现在没有中央银行使用目标货币增长率，但在 20 世纪 70 年代这是很普遍的做法。在美国，FOMC 首先于 1970 年 1 月 15 日公布了明确的货币增长目标。五年之后，议会通过了一项法案，要求联邦储备理事会主席每季度向国会就来年美联储的货币增长目标作证。此外，1978 年通过的《充分就业和平衡增长法案》要求，美联储在其每年两次的《致国会的货币政策报告》中公布货币增长率的目标范围。

但是公布一个目标是一回事，达到这个目标则是另外一回事。FOMC 很少能实现其制定的目标。2000 年 7 月，在 1978 年法案失效后，该委员会最终停止公布这些目标。许多观察家（包括一些美联储的内部人员）都曾声称政策制定者利用已有的工具是可以达到目标货币增长率的，但这样做就意味着要对联邦基金利率做频繁且大量的调整——这是货币政策制定者不愿意做的。2003 年夏天，连弗里德曼都放弃了，他承认："以货币量作为目标从来没有成功过，我不确定现在我是不是还会像过去那样极力地推进这项工作。"①

---

① 参见 Simon London, "Lunch with the FT: Milton Friedman," *Financial Times*, June 6, 2003。

欧洲的货币政策制定者们并不这样看。正如本章开头和"概念应用：欧洲中央银行的货币增长率参考标准"中提到的，欧洲中央银行委员会定期公布一个货币增长率，并将其作为长期参考值。当货币增长率相对于这个参考值出现大幅波动时，就要对其做出解释。美联储和欧洲中央银行在这个问题上截然相反的态度可以追溯到它们对货币需求稳定性的不同看法。研究欧元区货币需求的专家们发现它是稳定的，这意味着货币流通速度的变化是可以预测的。这个假设可以解释为何欧洲中央银行在其货币政策框架中格外强调货币的作用。

欧洲中央银行的决策是建立在类似图20.7所示数据的基础上的。1980—2009年，欧元区M3（相当于美国的M2）的流通速度大幅下降，从0.50降到0.11。虽然货币流通速度的短期波动是显著的，但欧洲货币政策制定者表明在未来几年货币流通速度会回归长期下降趋势。（在本章"概念应用"中讲过，计算欧洲中央银行的货币增长参考值时，统计学家们假设货币流通速度每年下降0.5%—1%。）

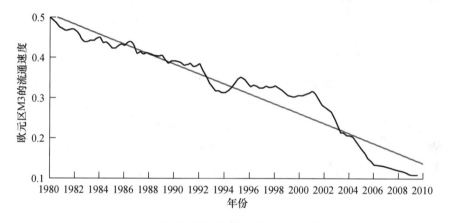

图20.7　1980—2009年欧元区M3的流通速度

注：货币流通速度等于名义GDP除以欧元区最初12个国家的M3数值。直线表示简单时间趋势。
资料来源：原始数据来自 Klaus Masuch, Sergio Nicoletti-Aetimari, Huw Pill, and Massimo Rostagno, "The Role of Money in Monetary Policy Making," in European Central Bank, Background Studies for the ECB's Evaluation of its Monetary Policy Strategy (Frankfurt, Germany: European Central Bank, November 2003)。这些数据都来自欧洲中央银行的近期数据。

即使在对货币增长率的重视程度上存在分歧，欧洲中央银行和美联储都选择了利率作为操作目标，原因是金融体系和实体经济之间通过利率联系起来。改变利率是中央银行进行宏观调控的基本工具。通过保持利率稳定，政策制定者可以使实体经济免受金融体系动荡的影响。例如，支付系统可能变化很快，引进更具流动性的金融工具或重新配置电子系统会立即影响人们使用货币的方式，并最终改变货币流通速度。如果政策制定者愿意的话，在这些创新面前他们也可以使货币增长率保持稳定。但这样做的后果将是利率频繁波动，并使实体经济陷入不稳定状态。这一点在第18章讨论理性选择利率而非准备金数量作为操作工具时曾提到，我们也讨论了要使准备金率的变动不影响利率和实体经济的最好方式是设定目标利率。虽然长期中通货膨胀率与货币增长率紧密相联，但短期中利率才是政策制定者用来保持通货膨胀稳定的理想工具。

设定目标货币增长率会导致利率不稳定的想法不仅仅在理论上是成立的。从 1979 年 10 月到 1982 年 10 月大约 3 年的时间,为了使高于 10% 的通货膨胀率降下来,FOMC 利用准备金设定目标货币增长率,并允许联邦基金利率波动。图 20.8 显示了最终的结果。阴影区域代表 FOMC 设定货币数量目标的时间区域。注意,利率在这 3 年间产生了多大的波动!事实上,即使在三四个月这样短的时间段中,联邦基金利率的波动幅度也达到 10 个百分点左右。从 1979 年 9 月的 11.5% 涨到 1980 年 3 月的 20%,接着在 1980 年 7 月降到 10%,1980 年 11 月又涨到 20%。由于政策制定者无法预测货币流通速度而导致的这种波动必然会严重损害实体经济。意识到这个问题后,政策制定者转而采取另一种方法,也是唯一的可行选择:以利率为目标并熨平其波动。在下一章,我们将学习利率是如何稳定通货膨胀和货币增长的。

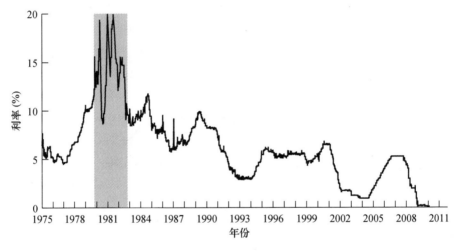

图 20.8　1975—2009 年联邦基金利率

注:阴影区域表示的时间段为 1979 年 12 月到 1982 年 12 月,此期间美联储以货币供给量为目标。
资料来源:图中数据为有效联邦基金利率的周数据,来自美国联邦储备委员会。

 新闻摘录

伊 辛 模 型

The Economist

对于一些政客,金钱仍然能使这个世界为之转动。

发生在上周的两件事使得美国和欧洲在货币政策方面产生了巨大的分歧。3 月 16 日和 17 日,在法兰克福会议表彰了将于 5 月份退休的欧洲中央银行首席经济学家奥托马·伊辛(Otmar Issing)。大多数与会人员都认为,中央银行仍然有必要关注货币增长。一周之后,美联储停止公布广义货币 M3,并声称 M3 并不能提供有用信息。欧洲和美国的做法,究竟哪一个正确呢?

曾经是德意志银行首席经济学家的伊辛先生是欧洲中央银行货币政策战略的创立

者。他的两种相互矛盾的观点挑战了传统货币观念。第一,中央银行应始终密切盯住货币增长;第二,中央银行有时候应容忍并利用资产价格泡沫。

我们首先考虑货币在经济中扮演的角色。如果问非经济学家"经济是什么",他们会回答"经济就是货币"。然而有趣的是,大多数经济学家们使用的标准学术模型都忽略了货币这一因素。通货膨胀不是简单地取决于经济中货币的数量。

在大多数国家(比如美国)的货币政策中,货币也不是那么重要。在格林斯潘作为美联储主席的最后10篇演讲中,根本没有提到货币。

然而弗里德曼的格言"在任何时间、任何地点通货膨胀都是一种货币现象"却在现实中得到证实。从长期来看,货币增长率越高的国家往往经历越高的通货膨胀。那么,为什么各国中央银行(除了欧洲中央银行)对货币的关注如此少呢?

问题在于短期中无法预测货币需求的变动,导致货币量和通货膨胀的关系非常易变。早期的英格兰银行就是一个很好的例证。载满贵重商品的轮船到达伦敦的时间不确定性,引起货币和信用需求的超预期波动。这种不确定性是由多种因素引起的,而轮船驶入泰晤士河时风向、风速的变化是最显著的。因此,当时在银行大厅放着一个风向标(今天依然存在),它能提供关于货币需求变动的准确预测信息。不幸的是,今天没有这样的测量仪表了。金融自由化和金融创新扭曲了对货币的测量,使得设定目标货币增长率(20世纪80年代的普遍做法)变得不可行。

但如果就此得出货币变得不重要的结论是不明智的。纵观历史,紧随高速货币增长之后的总是高通货膨胀和资产价格泡沫。这也是诸如伊辛先生等中央银行家一直高举货币主义大旗的原因所在。

欧洲中央银行的货币政策有两个支柱:一个是经济支柱,它使用广泛的指标衡量短期通货膨胀风险;另一个是货币支柱,用来预防中长期风险。后者招致了很多欧洲中央银行外部人士的批评。它最初是为了防范中期的通货膨胀风险,但是它经常被误解为多余的。最近,伊辛先生极力支持中央银行将货币支柱用来防御资产价格泡沫,但后者经常伴随着货币过剩。

伊辛模型终于开始在欧洲大陆以外得到认可。一些人认为日本银行和欧洲中央银行之间的新货币政策框架存在很多相似之处。日本银行表示,它将从两个方面追踪经济:价格的稳定性及其未来一到两年的增长率,更广泛的中长期资产价格和信贷增长等方面的风险评估。在上周一次会议中,日本银行副行长很明确地指出,日本银行的新货币政策框架在很大程度上继承了伊辛先生的相关主张。

货币和资产价格之间的联系解释了为何欧洲中央银行的双支柱框架是解决资产价格泡沫的最好方式之一。越来越多的学术证据(尤其是来自国际清算银行的经济学家们的)表明,货币总量确实包含着很多有用的信息。快速的货币增长通常预示着不可持续的金融失衡和早期通货膨胀的集聚。

英格兰银行货币政策委员会前成员查尔斯·古德哈特(Charles Goodhart)在会议中若有所思地说道,如果只有伊辛先生的离职才能彰显出货币政策的核心(货币供给量)的潜在价值,这将是极大的讽刺。换句话说,现在这个时候恰恰不该放弃货币总量工具:在充斥资产价格泡沫和失衡的当今社会,货币总量包含的信息只会越来越有价值。伯南克先生注意到这点了吗?

资料来源:"The Issing Link" from *The Economist*, March 23, 2006. © The Economist Newspaper Ltd. All rights reserved. Reprinted with permission. Further reproduction prohibited. www.economist.com。

▶ **本文启示**

货币对货币政策来说重要吗?美联储认为不重要,但欧洲中央银行持相反看法。这篇文章表明,即使在低通货膨胀的经济体中,货币增长率也可以提供关于金融体系压力的有用信息。关于货币在货币政策中的作用的争论还将持续。

关键术语

交易方程　　　　　　　　　　　　预防性货币需求
卢卡斯批判　　　　　　　　　　　货币数量论
名义国内生产总值　　　　　　　　货币的交易需求
货币的投资需求　　　　　　　　　货币流通速度

本章小结

1. 货币增长量与通货膨胀之间具有很强的正相关关系。
    a. 所有经历了持续高货币增长的国家也都经历了高水平的通货膨胀。
    b. 通货膨胀水平较高时,通货膨胀率超过货币增长率。
    c. 通货膨胀水平适中或较低时,货币增长率超过通货膨胀率。
    d. 货币增长率最终由中央银行控制。
2. 货币数量论解释了货币增长与通货膨胀之间的关系。
    a. 交易方程告诉我们:
        i. 货币量乘以货币流通速度等于名义 GDP。
        ii. 货币增长加上货币流通速度增长等于通货膨胀加上实际产量增长。
    b. 如果货币流通速度和实际产量是恒定的,中央银行就可以通过保持货币增长恒定来控制通货膨胀。
    c. 长期中,货币流通速度是稳定的,所以控制通货膨胀就意味着控制货币增长。
    d. 短期中,货币流通速度是不断波动的。
3. 货币流通速度的变化是由货币需求的变化引起的。
    a. 货币的交易需求取决于收入、利率和其他支付方式的可获得性。
    b. 决定货币投资需求的因素与决定债券需求的因素是一样的:财富、未来预期利率、相对于其他投资工具的收益率、风险、流动性。

4. 货币数量论和货币需求理论对货币政策有着很重要的意义。
   a. 高通货膨胀的国家可以通过控制货币增长量来降低通货膨胀。
   b. 只有在短期中货币需求稳定的时候,低通货膨胀水平的国家才能通过设定货币增长目标来控制通货膨胀。
   c. 在美国,M2的流通速度与其机会成本(其他投资方式的收益率)的关系已经被证实是不稳定的。
   d. 美国货币需求的不稳定性使得美联储的官员们不像关注利率那样关注货币增长。
   e. 欧元区的货币需求是稳定的,与美联储相比,欧洲中央银行的政策制定者们对货币增长给予了更多的关注。
   f. 不管货币需求是否稳定,中央银行都可以通过设定目标利率,使实体经济免受金融体系动荡的影响。

概念性问题

1. 为什么在高通货膨胀的国家里通货膨胀率高于货币增长率,而在低通货膨胀的国家里又恰恰相反?
2.* 为什么具有独立中央银行的国家在控制经济体中的货币数量时应尽力避开通货膨胀恶化期,特别是发展中国家?
3. 如果一年中货币流通速度为常数2,M2从5万亿美元增长到6万亿美元,那么名义GDP会怎样?如果名义GDP增长3个百分点,那么通货膨胀水平又会怎样?
4. 如果货币流通速度不是常数但可以预测,那么一项设定货币增长率参考值的货币政策会有效吗?
5. 描述金融创新对货币需求和货币流通速度的影响。
6. 如果债券利率降到零,货币的交易需求会发生什么变化?
7. 假如预期通货膨胀率上涨3%,同时货币性资产和非货币性资产收益率都增长3%,那么货币需求会发生什么变化?如果预期通货膨胀率上涨2%或者非货币性资产收益率增长4%,货币需求又分别会发生什么变化?
8.* 解释货币增长如何降低货币的购买力。
9. 为美联储设定M2目标增长率的做法提供正面和反面的证据。为了计算这样一个目标增长率需要什么假设?
10. 为什么在2007—2009年金融危机期间M2的流通速度降低了?
11. 评价欧洲中央银行货币政策赋予货币的角色。

分析性问题

12. A国和B国有相同的货币增长率,且两者的实际产出都是常数。A国的货币流通速度是常数,而B国的货币流通速度在下降。哪个国家的通货膨胀率较高?请解释。

13. 假设一个国家的超额准备金水平大幅波动且不可预测。这样一个国家是否可以以货币增长规则指导其货币政策？请解释你的答案。
14. *假设货币流通速度是常数，对一个开放的、汇率固定且资本可以自由流动的经济体来说，它遵循货币增长规则能否成功？请解释你的答案。
15. 以名义利率为纵坐标、货币余额为横坐标，画出货币供需图。假设中央银行遵循货币增长规则并将货币供给的增速设为零。运用货币供需图解释货币流通速度的变动是如何导致更剧烈的利率波动的。
16. 运用第15题所绘之图，说明中央银行在面对货币流通速度改变时是如何通过控制货币量将利率固定在特定的目标水平上的。
17. 下面哪个因素会增加货币的交易需求？请解释。
    a. 较低的名义利率。
    b. 病毒入侵自动取款机系统的谣言。
    c. 名义收入下降。
18. 下面哪个因素会增加货币的投资需求？请解释。
    a. 一个可以让你以更快、更廉价的方式进行股票交易的新网站。
    b. 你预期未来利率会上升。
    c. 金融危机即将来临。
19. *假设中央银行正在决定是否设定目标货币增长率。倡议者对新政策的成功运行很有信心，因为在现存的政策制度下可以很明确地观察到货币增长率与通货膨胀率之间存在稳定的统计关系。如果中央银行就此政策征询你的建议，你的忠告是什么？

(注：题号后标注*的问题均指难度较大的题型。)

第21章
产出、通货膨胀和货币政策

政府经常公布各种经济数据。几乎每天我们都会接受到经济方面的新信息,并且还有专家为我们解读。大量的新闻报道试图引用经济专家的话对这一切做出解释。通货膨胀还在继续吗？经济已经到了衰退的边缘了吗？关于新经济数据对货币政策影响的思考是这些分析的一个重要组成部分。在对中央银行的讨论中我们发现,财经新闻中充斥着大量推测政策制定者可能采取何种措施。这一点毫不奇怪,因为担负着设定目标利率职能的委员会——美国的 FOMC 和欧元区的管理委员会——的委员们总是根据当下和未来的经济条件的变化制定政策措施。

毋庸置疑,每个人都十分关心货币政策。金融市场上的交易者们努力看透彼此,预测利率走势以获取利润。但作为普通人,我们仅仅希望中央银行可以成功地将经济保持在一个低通货膨胀和高增长的水平上。制定货币政策的人是怎么做的呢？利率变动是如何影响通货膨胀和产出的呢？政策制定者掌控经济的权力又有哪些局限性呢？

正如我们在第 20 章学习的,在长期,通货膨胀水平和货币增长是紧密相联的。过去几十年里,高货币增长率导致了高通货膨胀水平。而且我们知道,长期的增长取决于技术、资本存量、劳动力规模。但是在最近的几年或几个月里,货币增长率的改变并不能让我们捕捉到关于未来通货膨胀水平变化趋势的任何信息。在通货膨胀水平比较低时,这一点尤其正确,发达国家在最近的 10 年或 20 年里所经历的就是一个很好的例证。

本章的目标是理解通货膨胀波动和实际产出之间的关系,以及中央银行如何利用传统的利率政策来应对这种变动。为了达到这一目标,我们建立了关于经济周期的宏观经济模型,货币政策在其中扮演了核心的角色。由此我们可以得到,通货膨胀和产出的短期波动有两个根源:总需求(包括消费、投资、政府支出、净出口)的变化和总供给的变化(即产品成本的变化)。通过调整目标利率水平,现代货币政策制定者试图消除由这些因素导致的通货膨胀和实际产出水平的波动。

我们分三步建立宏观经济模型。首先是阐述长期均衡,然后推导得出动态总需求曲线。该曲线表明在每一个给定的通货膨胀水平下对应的实际产出,也就是实际产出与价格水平变动之间的关系。在这里我们会看到货币政策所发挥的重要作用。最后介绍总供给,即每一给定的通货膨胀水平下厂商可以提供的产量。总供给曲线分为短期和长期两种情况。短期中,动态总需求和总供给的均衡点决定了当前的通货膨胀水平和产出水平。经济周期是在满足短期均衡条件下的周期性运动。因为已把货币政策纳入宏观经济模型中,我们能看到现代中央银行如何运用政策性工具稳定通货膨胀和产出的短期波动。

在本章的学习过程中要始终牢记,我们最终的学习目标是理解中央银行如何设定利率。当政策制定者对利率做出调整时,他们是针对什么情形采取这种行动的呢?这种调整对经济状况有什么影响呢?

21.1 长期的产出与通货膨胀

理解经济周期波动的最好方法就是考察经济指标相对于某个基准或长期均衡水平的偏离程度。经济周期中的繁荣和萧条都是相对长期均衡水平的暂时偏离。所以我们将从下面的问题开始:长期中如果没有任何意外情况发生,则通货膨胀率和产出是怎样的?答案是:长期中当前产出等于**潜在产出**(potential output)——充分就业下的产出水平,通货膨胀率则由货币增长率决定。

21.1.1 潜在产出

潜在产出是在资源正常利用条件下可能达到的产出水平。假设你开了一家为Milwaukee市场生产棒球拍的公司。根据所有能得到的信息,你先估计球拍的需求量,然后买机器,雇用工人来生产。如果一切如期进行,你就会大赚一笔。但当地一支很久没得过冠军的球队——Milwaukee Brewers——突然赢得了世界杯联赛,因此当地打棒球的孩子数量大增,你的球拍销售量急剧增长。为了适应扩大的需求,你开始让工厂加班加点生产产品。

究竟发生了什么呢? Brewers 赢得世界杯联赛的事实使得你的产出超过了正常水平——潜在产出水平。如果是当地的职业篮球队 Bucks 大获成功,那么情况又是怎样的呢?篮球的销量会大增,而棒球器材的销量则会萎缩,你不得不削减产量。资源利用率的下降会使实际产出低于潜在产出水平。

一段时间以后,你的棒球拍制造厂的生产条件很有可能改变。首先,如果你判断市场对棒球拍需求量发生了持久性的变化,你就会重新筹划扩大或缩小制造厂的规模。其次,技术进步可以使你在既有的资本和劳动力水平下扩大产量。换句话说,你工厂的正常产出水平是随时间而改变的,通常是提高但有时也会降低。因此,短期中产量可能会偏离潜在生产水平,然而长期中潜在产出水平自身也会发生改变。

宏观经济与上述情形在本质上是一样的。潜在产出由正常生产水平定义,但并不是一个固定的水平。因为劳动力与资本量是可以增长的,技术进步是可以提高生产效率的,所以潜在产出会逐渐提高。此外,意外事件可以使实际产出偏离潜在产出,造成**产出缺口**(output gap)。高于潜在产出称作**扩张产出缺口**(expansionary output gap);反之称作**衰退产出缺口**(recessionary output gap)。这些产出缺口最终都会消失,所以长期中实际产出等于潜在产出。

> **你的金融世界**
>
> **正确使用"通货膨胀"一词**
>
> 每个人都在谈论通货膨胀,但它究竟是什么意思呢?在日常交谈中提到"通货膨胀"时就是指物价上涨。人们认为如果汽油或者杂货的价格提高了,那就是通货膨胀。当《华尔街日报》公布说过去一个月的通货膨胀率是0.1%—0.2%时,这是指平均价格水平的提高。在日常使用中,"通货膨胀"一词并不能将价格水平的短暂上涨与持续上涨区分开。
>
> 经济学家使用这个词时是很精确的。对他们来说,"通货膨胀"意味着价格水平持续上涨,即每天、每月、每年都在不停地上涨。经济学家特别强调暂时性上涨与持久性上涨的区别。暂时性上涨是价格水平的一次性调整,而通货膨胀是指价格水平长期持续地上升或下降。
>
> 为了考察两者的区别,考虑一个通货膨胀为零的例子。石油价格的突然上涨导致该月的CPI上升了1%。由于能源价格在下个月不再变化,CPI也就不再改变。在这段时间内,通货膨胀水平是它的初始水平(即为零),但用CPI衡量的价格水平却提高了1%。通货膨胀率暂时的改变会导致价格水平的调整,而前者的诱因除了货币政策还有很多其他的因素,但是只有货币政策可以使通货膨胀率持续性地上升或降低。

21.1.2 长期通货膨胀

长期均衡的另外一个关键点是通货膨胀水平。在上一章中,交易方程表明货币增长率加上货币流通速度的变化率等于通货膨胀率加上实际增长率,即

$$\%\Delta M + \%\Delta V = \%\Delta P + \%\Delta Y$$

其中,M是流通货币总量,V是货币流通速度,P是价格水平,Y是实际产出水平,$\%\Delta$代表变化百分比。我们可以从潜在产出的角度重新阐释交易方程,用Y^p代表潜在产出。长期中,因为实际产出就等于潜在产出,所以实际增长率一定等于潜在产出增长率,货币流通速度是不变的。忽略货币流通速度的变化,长期中通货膨胀率等于货币增长率减去潜在产出的增长率。

虽然中央银行把注意力放在控制短期名义利率上,但与此同时它们也密切关注货币增长率。它们知道为达到目标名义利率而调整银行系统的准备金时,势必会影响货币增长率,而这正是最终决定通货膨胀率的因素。所以它们从不忽略货币增长。但是在短期中,一段时间或者长达几年,货币流通速度的波动会显著地削弱这种联系。

现在回到本章讨论的基本问题——货币政策在决定实际产出和通货膨胀水平中的作用。为此我们须建立一个简单的宏观模型——一个可以帮助我们理清思路的简单经济体系。

21.2 货币政策与动态总需求曲线

政策制定者知道货币增长是追踪通货膨胀长期趋势的一个很重要的指标,所以他们对其给予密切关注。实际上,当通货膨胀非常严重时,他们几乎仅仅关注如何控制货币增长。要使通货膨胀率每年降低50%—100%,减少货币供给量是唯一的办法。但通货膨胀率只有1%到2%甚至5%时,限制货币量并不是短期货币政策考虑的目标。在此种情形下,现代中央银行家主要通过控制利率来使通货膨胀率保持在较低水平,缩小实际产出与潜在产出间的缺口。因此当联邦公开市场委员会公布和解释其利率政策时(正如我们在2007—2009年金融危机期间看到的),其主要讨论的是支持金融市场的行动,实际上根本没有提到货币量的增长。如果要理解中央银行在稳定经济中的作用——特别是货币政策制定者如何看待其自身的作用,我们须考察短期利率与通货膨胀和产出目标之间的联系。

由于任务有些复杂,因此我们对接下来要讲的内容有个概括性的了解是非常有帮助的。目标是理解通货膨胀率与总产出需求量之间的关系,为此我们分成三步:第一步,考察总支出和实际利率之间的关系;第二步,学习货币政策制定者如何根据通货膨胀水平的变动调整利率工具;第三步,将以上两步结合在一起推导出反映通货膨胀水平与产出关系的动态总需求曲线。图21.1是对上面内容的一个简单总结。

图 21.1 通货膨胀、货币政策与总需求

注:当通货膨胀率上升时,政策制定者提高实际利率,这将减少消费和投资,进而使总产出需求量减少。

(1) **总支出与实际利率**:总支出主要是指投资和消费。我们首先讨论实际利率水平对总支出产生什么影响。当实际利率上升时,投资和消费就会下降,进而使总支出水平下降。总支出与实际利率之间存在反比关系。

(2) **通货膨胀、实际利率与货币政策反应曲线**:如果通货膨胀水平上升,货币政策制定者会提高利率水平,而且他们提高名义政策利率的幅度会高于通货膨胀水平的变动(参见有关泰勒规则的相关内容)。正是由于货币政策制定者的这种举动,使得当通货膨胀水平上涨时实际利率水平也会上升。在通货膨胀率和实际利率之间存在正比关系,反映此关系的曲线即货币政策反应曲线。

(3) **动态总需求曲线**:结合(1)和(2)的分析,即面对通货膨胀水平上升时政策制定者会提高实际利率,而较高的实际利率又会减少总支出水平,由此得到通货膨胀与总产出需求量之间的关系。反映这一关系的曲线即动态总需求曲线。像传统的需求曲线一样,动态总需求曲线也是向下倾斜的,说明通货膨胀与总产出呈反向变动关系。

家庭消费和企业投资主要取决于实际利率水平,而不是名义利率水平,牢记这一点是非常重要的。因此为了调整经济,中央银行必须影响实际利率。事实证明,短期中,当货币政策制定者改变名义利率时,实际利率也会发生改变。联想到名义利率(i)等于实际利率(r)加上预期通货膨胀率(π^e):$i = r + \pi^e$。也就是 $r = i - \pi^e$,即实际利率等于名义利率减去预期通货膨胀率。通货膨胀预期反映了人们对于中央银行的信任度,即其言行是否一致(参见有关信用的讨论)。对于一个能够有效地稳定通货膨胀和产出水平的中央银行而言,通货膨胀预期相比于经济状况的变化会调整得缓慢一些。也就是说,当政策制定者改变 i 时,π^e 不发生变化,因此名义利率的变动会使实际利率发生变动。

过去几十年的数据清晰地表明,短期名义利率的波动与短期实际利率的波动一致。图 21.2 是在利用调查得到的预期通货膨胀数据的基础上,描述联邦基金名义利率——该利率由 FOMC 控制——与联邦基金实际利率的关系的走势图。从图中可以明显看出,名义利率和实际利率是同升同降的。所以,美联储提高名义联邦基金利率也就是提高实际利率;反之亦然。

图 21.2　名义利率和实际联邦基金利率

注:实际联邦基金利率等于每月的名义有效联邦基金利率减去对下一年度的预期通货膨胀率(来自密歇根大学消费者调查中心)。

资料来源:联邦基金利率数据来自 the Federal Reserve Board Web site,www.federalreserve.gov;预期通货膨胀率数据来自接下来 12 个月的价格预期变动中值,Table 19 of the Michigan Survey, available at www.sca.isr.umich.edu。

实际利率是货币政策制定者借以调控实体经济的杠杆。通过改变利率进而影响消费、投资和其他的总支出构成因子。下面我们就来解释其中的机制。

21.2.1　总支出与实际利率

总支出与实际利率的构成因子　为了理解货币政策对经济的影响,我们必须将实际利率与产出水平联系起来。这需要对总支出与实际利率之间的关系做出更详细的描述,我们从源自分析经济产出不同用处的经济学原理——国民收入恒等式开始。我们将总支出分成四项组成,

$$\text{总支出} = \text{消费} + \text{投资} + \text{政府购买} + \text{净出口}$$
$$Y = C + I + G + (X - M)$$

上式中各项符号定义如下:

（1）**消费**（C）是指个人在食品、服装、住房、交通、娱乐、教育等上面的支出，这些占GDP的2/3。

（2）**投资**（I）是指厂商对生产商品和提供服务在实物资本上的支出，包括新建厂房和设备，以及新建住房和存货水平的变化。① 从2000年至今，这部分支出占GDP的平均比重约为16%。

（3）**政府购买**（G）是指联邦、州和地方政府对商品和服务的购买支出，军用设施和学校支出（比如公立学校教师、警察和消防员的薪资）也包括在内，但像失业保险与社会保障这类转移支付并不包括在内，这部分约占GDP的20%。

（4）**净出口**（$X-M$）即出口减去进口。出口是一国生产的、卖给另一国居民的商品和服务，进口是对外国制造的产品和服务的购买支出。两者的差额表明国内生产产品的需求增量。② 过去10年中，美国净出口为负值，约占GDP的 -4.5%。

从我们的研究目的来说，将总需求划分为两部分是比较合适的，一部分对实际利率的变化很敏感，另一部分则不然。四项组成中的三项对实际利率的变化很敏感，它们是消费、投资、净出口，其中投资是最重要的。要决定是更新现有机器还是买一台新机器是很复杂的，这取决于投资收益与融资成本的比较。只有当内部收益率超过融资成本时，这项投资才有利可图。③ 由此我们得出，融资成本越高，项目获利的可能性就越小。因为借贷双方都很关心实际利率，所以实际利率越高，投资水平就越低。因为高的抵押贷款会使新建住房获利较少，所以较高的利率水平也会减少住宅投资。

虽然投资是总需求各组成中对利率最敏感的，但它并不是唯一敏感的部分。消费与净出口也与实际利率有关。实际上，一家企业考虑是否做出一项投资决策与家庭考虑是否购买一辆汽车是很类似的。实际利率越高，根据通货膨胀率调整的汽车贷款支付也就越高，新车也就越贵。此外，随着实际利率的上升，储蓄的回报也相应提高，而储蓄增加意味着消费减少。

净出口的情形更复杂一些。简而言之，当美国的实际利率提高时，其金融资产对外国投资者来说也就变得更有吸引力。④ 对美国资产需求的扩张提高了国外对美元的需求，使得美元升值（参见第19章关于政策利率变化对汇率影响的讨论）。美元价值越高，美国的出口产品就越贵，进口产品就越便宜。总之，高进口低出口意味着较低的净出口水平，这也是较高实际利率水平降低总支出的一个例子。

最后要讨论的是政府支出。实际利率变化时，虽然提高借款成本对政府预算产生影响，但这种影响比较微弱，我们可以将其忽略。

对总支出四个组成中的三项来说，我们都得到了相同的结论：当实际利率上升时，

- 消费（C）减少，因为储蓄回报上升与融资购买成本增加了。

---

① 经济学所指的"投资"与商业报道所指的"投资"是不同的。在商业报道中，"投资"专指作为持有财富的金融工具，如债券和股票等。尽管这种"投资"重要，但人们进行"金融投资"时并没有创造新的产品，他们只是购买已经存在的东西。经济学中的"投资"是指新的实物资本的创造。

② 净出口经常被称作经常账户盈余，详细介绍参见第19章附录。

③ 参见第4章关于内部收益率的讨论。

④ 参见第10章相关的详细讨论。

- 投资(I)减少,因为融资成本上升了。
- 净出口($X-M$)减少,因为本币升值使得进口更便宜,而出口则更贵。

如图 21.3 所示,实际利率的上升使总支出减少。①

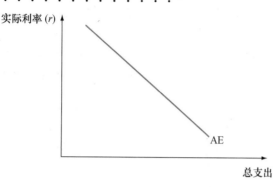

图 21.3 总支出与实际利率

注:实际利率的下降导致总支出的增加。

此外还应注意,总支出的各组成可能因其他与实际利率不相关的因素而改变:消费或投资可能因个人、企业对未来收入或销售业绩充满信心或者净值增加而提高;政府购买可能因财政政策的改变而变化;净出口也会因汇率的变动而改变。任何一项因素都可使图 21.3 的总支出曲线向右移动,导致在每个实际利率水平下总支出增加。

表 21.1 是关于总支出和实际利率关系的总结。我们可以看到,实际利率与总支出水平的这种关系是如何帮助中央银行达到其政策目标的,即把实际产出稳定在潜在产出左右。当经济增速加快或放缓,使实际产出高于或低于潜在产出时,中央银行就可以调整利率以缩小缺口。正如我们在学习货币政策的过程中反复强调的,中央银行最主要的任务是将通货膨胀保持在一个较低的水平。

表 21.1 总支出和实际利率的关系

两者的关系	总支出量($C+I+G+\text{NX}$)与实际利率(r)呈反向变动关系
为什么曲线向右下倾斜	当实际利率上升时,总支出的各组成(尤其是消费和投资)会减少
什么情形下曲线会移动	当与实际利率无关的因素导致总支出增加时,两者之间的关系曲线会向右移动。这样的原因来自 1. 对消费和投资持乐观态度 2. 净值上升使支出增加 3. 增加政府支出或减少税收的财政政策的出台 4. 与实际利率变动无关的净出口的增加

长期实际利率 在开始对通货膨胀与货币政策的关系进行讨论之前,我们还必须做一件事——找出长期中实际利率是如何变化的。我们在本章的开始部分讨论了潜在产出的概念,并注意到实际产出有向潜在产出靠近的趋势。我们还考察了实际利率变化时,总

---

① 在中级宏观经济学中,这种关系用 IS 曲线描述。

支出各组成是如何反应的,并得出了在消费者和投资者信心、政府支出不变的情形下,高水平的实际利率伴随着低水平的总支出的结论。综上所述,我们认为一定存在一个实际利率水平,在此利率水平下总支出等于潜在产出。这个概念是非常重要的,我们称其为**长期实际利率**(long-run real interest rate)。长期实际利率表示总支出等于潜在产出时的利率水平。

为了计算长期实际利率,画出如图 21.3 的总支出曲线,找到与潜在产出(Y^P)相对应的利率(见图 21.4)。① 图 21.4 有助于我们理解两种可能导致长期实际利率变化的原因:(1) 总支出曲线变动;(2)潜在产出水平变动。

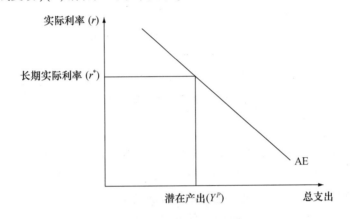

图 21.4 长期实际利率

注:长期实际利率(r^*)等于使总支出与潜在产出相等的利率。

第一种情况,假设潜在产出固定,而总支出中对利率不敏感的组成发生了变动,例如政府购买增加(其他因素不变)。当政府购买增加时,每一实际利率水平下的总支出就会增加,使支出曲线向右移动,图 21.5A 显示了这种变动。因为总支出水平与潜在产出相等,所以总支出中必然有一项对利率比较敏感的组成要下降,长期实际利率必然上升。② 除政府购买之外,消费、投资、净出口中都有一部分对实际利率是不敏感的。如果这些组成中的任何一项提高了,那么在每个实际利率水平下都会推动总支出的提高,长期实际利率必然会上升。第二种情况,此时潜在产出的变化导致长期实际利率改变,前者对后者有个反向效应。当潜在产出提高时,总支出也随之提高,这又使得实际利率下降。(见图 21.5B)。另外,当潜在产出增加时,长期实际利率就会下降。

---

① 计算长期实际利率涉及经过风险调整的资本投资收益率,而这一数字是很难计算的,因此长期实际利率的数值估计很复杂。在美国,大部分的实际利率估计值在 2.5% 左右。关于如何计算长期实际利率更加详细的讨论,参见 John C. Williams, "The Natural Rate of Interest," *Federal Reserve Bank of San Francisco Economic Letter*, 2003—32, October 31, 2003。

② 这个效应与"挤出效应"有关。所谓"挤出效应"是指政府购买取代了私人投资,常见的情况发生在政府借款以扩大支出进而增加债券的供给量。债券供给量的增加使债券价格下降并提高利率,进而使投资减少。当经济处于潜在产出水平时,此时政府可以借款但企业不能,由此投资就被挤出。

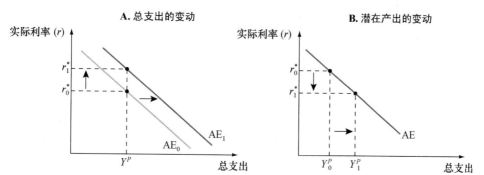

注:当总支出从 AE_0 向右移动至 AE_1 时,长期实际利率从 r_0^* 上升到 r_1^*。

注:当潜在产出从 Y_0^P 增加到 Y_1^P 时,长期实际利率从 r_0^* 下降到 r_1^*。

图 21.5　长期实际利率的变动

总之,长期实际利率是使总支出等于潜在产出的利率水平。当总支出的某项对利率不敏感的组成提高时,长期实际利率就随之上升。但当潜在产出上升时,长期实际利率则下降。重要的是,长期实际利率水平是由经济结构决定的,而不是政策制定者所能选择的。

 概念应用

投资与经济周期

投资的波动是总支出变动最重要的一个原因。在一年或一季度这样一个较短的期间,消费和政府购买不断趋于稳定,净出口的变化对总产出变动的贡献非常小,可以忽略不计。所以要理解经济周期的波动就必须先了解投资的变化。

为了理解这一点,参考图 21.6——过去 50 年美国投资占 GDP 比重的变动趋势图,阴影区域代表衰退期。值得注意的是在 1960—2009 年,投资占 GDP 的比例从不到 11% 上升到超过 19%。更为重要的是,每个衰退期间,投资占 GDP 的比重都会下降 2—5 个百分点,而这正是 GDP 自身的下降比例。换句话说,当我们讨论经济衰退时,实际讨论的是投资的下降。

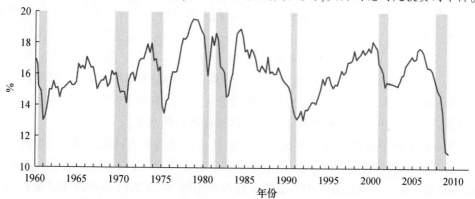

图 21.6　投资与经济周期:投资占 GDP 的比重

资料来源:名义私人投资总额占名义 GDP 的比重用年度比率进行了季节性调整,数据来自经济分析局商业科。阴影区域代表经济衰退,数据来自国民经济研究局。

是什么导致投资水平发生改变呢？我们建立的模型给出了两个可能的答案：实际利率的变化和人们对未来经济预期的变化。当实际内部收益率超过实际融资成本时，一项投资才是有利可图的。再一次强调，实际利率才是经济决策中最重要的因素，融资的实际成本越高，获利的可能性就越小。预期未来投资收益率越低，实际内部收益率就越低。所以实际利率越高，对未来的经济预期越悲观，投资主体就越不可能做出一项投资决策，经济陷入衰退的可能性也就越大。

21.2.2 通货膨胀、实际利率和货币政策反应曲线

我们现在转向推导通货膨胀与总产出需求关系的第二步，即政策制定者通过调整他们所能控制的政策利率水平来应对通货膨胀率的变化。

2009年秋季，美国的消费者价格指数稍低于2%，但实际产出比潜在产出低7%。这个巨大的产出缺口反映了2007—2009年金融危机所造成的深度经济衰退，同时这也是自大萧条之后的最大产出缺口之一。2009年12月16日的联邦公开市场委员会总结会议指出，"委员会将把联邦基金利率维持在0—0.25%，并预计在一个较长时期内，低资源利用率、被抑制的通货膨胀趋势、稳定的通货膨胀预期这种经济状况需要一个低水平的联邦基金利率水平"。

联邦公开市场委员会的委员们认为，经济状况致使名义利率低下，由此他们可以通过降低实际利率来增加总支出，缩小衰退所造成的产出缺口。委员会前瞻性的协议是一个政策持久性承诺（参见第18章关于非传统货币政策工具的讨论）。在经济条件保持不变的情形下，该承诺可以维持一个较低的联邦基金利率水平，目标是通过影响人们对于货币政策的预期使中期市场利率也保持在较低水平。

欧洲中央银行委员会在其月度会议结束后发表的总结陈述中表达了与上述类似的观点。2009年12月3日，欧洲中央银行也使目标利率维持在1%的历史低水平。在通货膨胀水平维持在0.5%的情形下，会议声明中写道，"在相关政策实施期内，通货膨胀率将保持在适度水平；同时在欧元区与其他地区，总体价格、成本和工资都将随需求的缓慢复苏而回复"。虽然FOMC与欧洲中央银行委员会声明的具体细节有所不同，但都明确表明政策制定者大体上是根据经济状况（特别是通货膨胀状况）来设定短期名义利率目标的。①较低的通货膨胀率会使名义利率和实际利率同时保持在低水平。

这两个例子是中央银行政策制定者言行的代表。详细研究两份声明后，我们可以得到下述结论：当前通货膨胀率较高或产出水平高于潜在产出时，中央银行就会调高政策利率；而当前通货膨胀率较低或产出水平低于潜在产出时，中央银行就会调低政策利率。重

---

① 货币政策对通货膨胀和产出都不能立即产生影响，这使得问题变得非常复杂。实际上，利率变化一般先于通货膨胀和产出的变化，所以必须基于后两者的现实和未来预期水平做出判断。这就是为什么中央银行管理者在其公开声明中总是提到"未来发展"。

要的是，中央银行认为它们是根据经济状况的变化做出决策的。虽然其政策只针对名义利率做出规定，但这是因为它们明确地知道名义利率的变化最终会转化为实际利率的变化。正是实际利率的变化影响了厂商和家庭的经济决策。我们可以用**货币政策反应曲线**（monetary policy reaction curve）近似地描述中央银行的行为，并将上述情形囊括进去。

货币政策反应曲线的推导 在第 18 章，为了理解 FOMC 如何设定联邦基金目标利率，我们提出了货币政策反应曲线的概念。为了使通货膨胀率只是暂时性地偏离目标通货膨胀率，面对通货膨胀率的变动，政策制定者应同方向地改变实际利率。也就是说，当通货膨胀率高于其目标水平时，就必须提高实际利率；当通货膨胀率低于其目标水平时，就必须降低实际利率。这就意味着货币政策反应曲线（见图 21.7）应是向右上倾斜的。

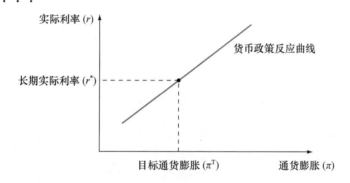

图 21.7 货币政策反应曲线

注：货币政策制定者通过提高实际利率来应对当前通货膨胀；反之亦然。当中央银行的目标通货膨胀率与使总支出等于潜在产出的长期实际利率相等时，货币政策曲线得以确定。

怎么画这条曲线呢？什么因素决定了它的位置呢？其位置取决于政策制定者希望长期中经济最终可以达到的水平，即经济最终将达到的长期均衡点。从实际利率的角度来说，长期中经济都会达到使总支出等于潜在产出的利率水平，该利率水平在图 21.7 中记作 r^*。从通货膨胀的角度来说，答案是中央银行设定的目标利率水平（π^T）。当前通货膨胀率等于目标通货膨胀率时，实际利率等于长期实际利率（即 $\pi = \pi^T$ 时，$r = r^*$），货币政策反应曲线也就确定了。

尽管长期实际利率与目标通货膨胀率可以决定货币政策反应曲线的相对位置，但其斜率是由什么决定的呢？是陡峭还是平坦？答案是斜率取决于政策制定者的目标。中央银行为达到其通货膨胀目标采取措施的激进程度，以及熨平通货膨胀的意愿强弱决定了该曲线的斜率。他们决定针对当前通货膨胀率与目标通货膨胀率的差距，应对实际利率做出的调整。在使通货膨胀率保持在目标水平左右的过程中，态度比较积极的政策制定者将有一条斜率较大的反应曲线；反之亦然。在下章结束时我们将研究这种差异的含义。

货币政策反应曲线的移动 当政策制定者调整实际利率时，他们可以选择使后者沿着一条既定的货币政策反应曲线移动或者移动曲线本身。沿曲线移动点是针对当前通货膨胀变化做出的调整，曲线的移动代表每一通货膨胀水平下实际利率水平的变动。为了找出使曲线发生移动的因素，我们考察在绘制图 21.7 时设定为常数的变量。在该分析中,我们将目标通货膨胀率和长期实际利率同时固定下来,其中任何一个变量发生变化,整条曲线都会移动。在图21.8A,我们看到 π^T 下降使得曲线向左移动;正如在图21.8B中,r^* 上升会使曲线向左移动一样。类似地,长期实际利率 r^* 的下降或者目标通货膨胀率 π^T 的提高都会使货币政策反应曲线向右移动。

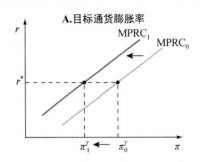
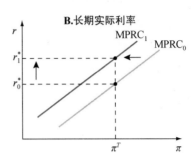

通货膨胀率从 π_0^T 降到 π_1^T,使得货币线从 $MPRC_0$ 左移到 $MPRC_1$。

注:长期实际利率从 r_0^* 提高到 r_1^*,使得货币政策曲线从 $MPRC_0$ 左移到 $MPRC_1$。

图21.8 货币政策反应曲线的移动

在前面的讨论中我们说过,政策制定者不能自由选择长期实际利率水平,因为后者是由经济结构决定的。如果是因政府购买支出的增加或总支出中对利率不敏感因素的增加而导致长期实际利率提高了呢?答案是这会使曲线向左移动(见图21.8B)。记住,该曲线表明当通货膨胀率等于中央银行设定的目标值时,实际利率等于其长期均衡水平。长期实际利率的上升意味着在每一个通货膨胀水平下,政策制定者都设定了一个更高的实际利率。假设通货膨胀目标值没有改变,那么该移动表明长期名义利率也上升了。表21.2总结了货币政策反应曲线的一些性质。

表21.2 货币政策反应曲线

曲线是什么样的	货币政策制定者设定的通货膨胀率与实际利率之间的关系曲线向右上方倾斜
曲线为什么向右上方倾斜	当通货膨胀率上升,货币政策制定者会提高实际利率
曲线位置的决定因素	当前通货膨胀率等于目标通货膨胀率时,货币政策制定者会使得实际利率等于长期实际利率,曲线位置由此被确定
导致曲线移动的因素	1. 当中央银行调低目标通货膨胀率时,曲线左移 2. 当长期实际利率上升时,曲线左移

21.2.3 动态总需求曲线

动态总需求曲线的推导 现在我们可以转向研究这部分内容的第三步(也是最后一步),即构建能把通货膨胀率和产出水平联系在一起的**动态总需求曲线**(dynamic aggregate demand curve),它解释了货币政策当局通过改变利率来应对当前通货膨胀率的变化。要推导该曲线就意味着须回答下面这个问题:当前通货膨胀率改变时,总产出需求量如何变化?从之前的讨论可知,当前通货膨胀率上升时,中央银行会调高实际利率水平。如图21.7所示,该决策表现在货币政策反应曲线上就是沿着曲线移动。我们还知道高水平的实际利率会降低消费、投资和净出口(见图21.3),也就是降低了总支出水平。将上述两个结论放在一起,我们就可以得出:通货膨胀与总产出需求量反向运动。通货膨胀水平提高时,总产出需求量降低;反之亦反。这样,就得到如图21.9所示的向下倾斜的动态总需求曲线。①

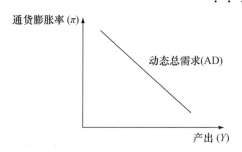

图21.9 动态总需求曲线

为了理解动态总需求曲线,考虑一下如果当前通货膨胀率提高会发生什么情况。此时政策制定者会调高实际利率,使其沿货币政策反应曲线向上移动。较高的实际利率水平降低了总支出中对利率敏感的组成(消费、投资和净出口),使总产出需求量下降。因此,通货膨胀率较高时,意味着总产出需求水平较低。反之,当通货膨胀率较低时,政策制定者会调低实际利率,使其沿反应曲线向下移动,提高了消费、投资和净出口,也就是总产出需求量提高。因此,通货膨胀率的变化使经济沿一条向下倾斜的动态总需求曲线移动。

为什么动态总需求曲线向下倾斜 因为较高的通货膨胀水平促使中央银行调高实际利率,抑制了总支出各组成的增加,导致动态总需求曲线向下倾斜。这只是总产出需求量下降导致通货膨胀率提高的原因之一,经济学家提出了许多其他方面的原因。例如,在既定货币增长率下的通货膨胀率越高,经济中的实际货币余额就越低。也就是说,当 P 增长率高于 M 时,M/P 就会下降。当实际货币余额较低时,人们就会减少商品的购买量。这就是交易方程 ($MV = PY$) 得出的结论。因此当通货膨胀率上升时,中央银行即使不改变实际利率(即货币政策反应曲线是平坦的),实际货币余额效应也会导致动态总需求曲线向下倾斜。

另外,高的通货膨胀水平会减少财富,进而降低消费。这种效果是通过两种途径达到的:第一,通货膨胀意味着个人持有的货币贬值;第二,通货膨胀对股市也是有害的,因为通货膨胀率上升时,通货膨胀本身的不确定性也随之加剧,致使股票风险相对加大,并最终降低了投资的吸引力,股票贬值导致财富缩水。

还有一个原因使动态总需求曲线向下倾斜,即通货膨胀对穷人会比对富人产生更大的影响,财富的再分配向富人倾斜。例如,拿最低工资的工人的薪水是一定的,故通货膨胀削弱了他们的购买力。因为富人收入中用来消费的比例相对较小,储蓄比例相对较大(穷人

---

① 确定动态总需求曲线的位置是有些复杂的。为了做到这一点,回想在货币政策反应曲线上,当通货膨胀率与中央银行的目标通货膨胀率相等时,实际利率就等于长期实际利率。长期实际利率是总支出等于潜在产出时的利率水平。这意味着动态总需求曲线必须通过该点,在该点通货膨胀率等于目标通货膨胀率,总产出等于潜在产出。我们将在下章继续讨论这一问题。

根本没有能力储蓄),这种再分配降低了总体的消费水平,也就是降低了总产出需求量。

实际上通货膨胀创造了风险。通货膨胀水平越高,风险越大。大多数人不愿意冒风险,这意味着在这种情形下他们会选择储蓄。更多的储蓄降低了消费水平,同样降低了总产出需求量。最后,通货膨胀还使国外商品相对本国商品变得更加便宜,使进口上升,净出口下降。不管哪种情形,高水平的通货膨胀都会降低总产出需求量,使动态总需求曲线向下倾斜。

动态总需求曲线的移动 在推导动态总需求曲线的过程中,我们看到政策制定者运用货币政策调整实际利率以应对通货膨胀。实际利率的变动反过来影响总支出中对利率敏感的组成,进而使经济沿着动态总需求曲线移动。在推导中,我们让总支出曲线和货币政策反应曲线的位置保持不变。在第一种情形中,我们假设除实际利率以外的其他影响需求的因素保持不变;在第二种情形中,目标通货膨胀率和长期实际利率是固定不变的。这些因素任何一项发生变动都会使动态总需求曲线移动。

首先考察总支出曲线的移动。在货币政策不发生变化时,总支出各组成的任何变化(并非由实际利率变动所导致)都会使动态总需求曲线发生移动。也就是说,与实际利率变化无关的消费、投资、政府购买或净出口的变化都会使动态总需求曲线移动。总需求减少会导致经济衰退,增加会促使经济繁荣。

为了理解导致动态总需求曲线移动的原因,我们举一个消费者信心增强的例子。当人们对未来充满信心时,就会相信被解雇的风险降低,进而更容易购买新车或进行豪华旅游。消费者信心的增强往往会增加在每一个实际利率水平下的消费,从而增加总支出。假设货币政策不变,这些因素就会使动态总需求曲线向右移动(见图21.10A)。

A. 总支出各组成的变化

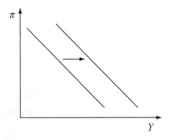

$C\uparrow 、I\uparrow 、G\uparrow 、NX\uparrow$
消费、投资、政府购买、净出口(均与实际利率无关)的增加使得动态总需求曲线向右移动

B. 货币政策反应曲线的移动

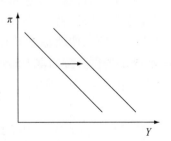

$\pi^T \uparrow$
中央银行的目标通货膨胀率的提高使得动态总需求曲线右移
$r^* \downarrow$
长期实际利率的下降使得动态总需求曲线右移

图21.10 动态总需求曲线的移动

消费者信心变动会导致总支出各组成发生变化。对未来经济前景乐观会使得在每一个实际利率水平下投资增加，进而使得动态总需求曲线右移。政府购买(或减税)也会增加总支出并有着相同的效果。与实际利率无关的净出口上升同样会使动态总需求曲线右移。

不论在什么情形下，只要货币政策反应曲线移动了，动态总需求曲线就一定会移动。为了理解其中的原因，假设中央银行提高通货膨胀目标，有些人会把这种举动解释为货币政策的永久性放松，其结果就是呈现出与图21.8A所示的衰退相反的情形。调高通货膨胀目标使货币政策反应曲线向右移动，导致在每一个通货膨胀水平下实际利率下降。在新的更高水平的目标通货膨胀水平上，较低的实际利率刺激了总产出需求量，使动态总需求曲线向右移动。

长期实际利率的变动也会使动态总需求曲线发生移动。究其原因，假设潜在产出水平提高。因为长期实际利率是使总支出等于潜在产出的利率，所以潜在产出提高时长期实际利率必然下降，使总支出中对利率敏感组成增加，这对货币政策反应曲线的影响与提高通货膨胀目标产生的效果是一样的。它使反应曲线向右移动，降低了每一个通货膨胀水平下的实际利率，并使动态总需求曲线右移。

通过分析上述两种变动，我们发现当货币政策反应曲线移动时，动态总需求曲线会同方向移动。扩张性货币政策通过降低每一通货膨胀水平上的利率，使得在各通货膨胀水平上的总产出需求量增加，进而使动态总需求曲线右移(见图21.10B)。相反的货币政策会使各个通货膨胀水平上的利率上升，从而减少总产出需求量并使动态总需求曲线左移。表21.3是动态总需求曲线性质的总结。

表21.3 动态总需求曲线

曲线是什么样的	反映通货膨胀与总产出需求量之间的动态关系，向右下方倾斜
它为什么向右下方倾斜	1. 通货膨胀率的上升使得货币政策制定者提高实际利率(沿着货币政策反应曲线移动) 2. 实际利率上升使得对利率敏感的总支出组成下降(特别是投资和消费)
导致曲线移动的因素	当总支出出于与实际利率变化无关的原因上升时，该曲线右移。具体因素包括： 1. 总支出中对实际利率不敏感的组成的变动(货币政策不变) 2. 货币政策反应曲线的移动

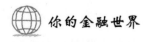

真正重要的是实际利率

2003年年中，美国10年期国债利率已经降到4%以下，财经记者们在专栏中描绘了那些渴望生活回到25年前的人们，那时名义利率接近20%。《华尔街日报》记者采访了靠利息收入生活的退休者们，他们现在的生活很艰难。*因为货币市场共同基金账户的收益率仅有1%甚至更低,他们连付账单都有麻烦。退休者们抱怨,如果(名义)利率像几十年前一样高,那么他们的生活就容易多了。

虽然利率水平在2003年年中达到最低水平,但大家不应期望回到20世纪70年代后期的高利率时代。那时利率水平很高是因为通货膨胀水平很高。实际上,1979年当名义利率达到12%时,通货膨胀率接近14%,实际利率为负,所以实际利率才是最重要的。

有一个例子可以表明实际利率的重要性。考虑一个靠储蓄账户中500 000美元储蓄生活的退休者。假如名义利率和通货膨胀率在一段时间内是稳定的,分别为10%和7%。在名义利率为10%的水平上,年利息收入为50 000美元。如果这位退休者将这50 000美元全部消费会怎样呢?因为通货膨胀的存在,货币购买力以每年7%的速度下跌,10年后,他的财富会缩水一半(请记住"72法则")。

为避免购买力的下降,最好不要花光所有的利息收入。这个退休者应该将一部分收入储蓄起来,并使储蓄账户余额以与通货膨胀相同的速度增长。在这个例子中,保持储蓄账户余额经通货膨胀调整的价值不变意味着账户余额每年应增长7%。第一年收入为50 000美元,应存入35 000美元,剩余15 000美元可供消费使用。注意在本例中,实际利率为3%,而且15 000美元恰好就是500 000美元的3%。在利率为5%、通货膨胀率为2%时,结果是一样的,实际利率仍然为3%。这是在确保储蓄账户余额购买力不被削弱的情形下可供消费的最大比例。[†]

高水平的名义利率有很强的误导性,它使人们误认为他们的利息收入水平很高。但是因为较高的名义利率通常是由高通货膨胀导致的,所以消费所有的利息收入会使我们储蓄余额的购买力逐渐下降。为了保持利息收入的实际购买力,退休者仅能消费掉实际收入。高利率从来都不是一件好事,只有低通货膨胀才是好事。

[*] Kelley Green, "As the Fed Cuts Rates, Retirees Are Forced to Pinch Pennies," *The Wall Street Journal*, July 7, 2003, p. A1.

[†] 由于所得税的征收方式,实际上名义利率较高的后果比本例所示情况还要糟糕。问题就在于所得税是按名义收入征收的。假设债券的名义收益率为10%,通货膨胀率为7%,某人的所得税税率为25%,那么其债券的税后名义收益率就是7.5%;又因为通货膨胀率为7%,所以税后的实际收益率就仅仅只有0.5%。换句话说,如果名义利率为10%,通货膨胀率为7%,500 000美元投资仅能得到2 500美元的收益。

21.3 总供给

动态总需求曲线是向右下倾斜的,代表着较高的通货膨胀一定伴随着较低的总产出需求量。但仅仅是这种关系并不能告诉我们通货膨胀和总产出是如何决定的。为了搞清楚这一点,我们须引进总供给曲线。总供给曲线告诉我们动态总需求曲线上的哪一点是经济可以达到的最终水平。为了完成这项分析,我们要考察总供给和企业行为。严格意义上,总供给曲线有两种——短期总供给曲线和长期总供给曲线。与动态总需求曲线相结合,短期总供给曲线告诉我们任意时刻的经济水平,而长期总供给曲线则告诉我们通货膨胀和产出量最终达到的水平。

21.3.1 短期总供给

短期总供给曲线(short-run aggregate supply curve,SRAS)是表示当前通货膨胀率与产出量之间呈正向变动关系的图形。它告诉我们,当通货膨胀率上升时,生产者会增加产品的供给。由于生产过程中各项投入(特别是工人工资)的价格的调整成本非常大,因此它们的变动不频繁,在短期内具有黏性。对生产者而言,短期内工资、租金和原材料价格的不变意味着生产成本是不变的,提高所售商品的价格会获得更高利润,因此增加供给。换一种方式来看,短期内生产成本变化不大,当产品价格上升时,厂商必然会增加其供给量。由此我们可以得出结论:在短期内,高的通货膨胀率会使得厂商增加总产出(见图21.11)。①

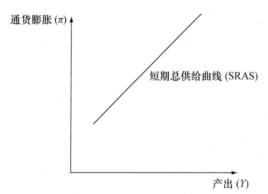

图 21.11　短期总供给曲线

注:持续的通货膨胀意味着短期总供给曲线向上倾斜。

21.3.2 短期总供给曲线的移动

产品价格的变化使得经济沿着短期总供给曲线移动。在得出这个结论时,我们假设生产成本不变。如果它们发生变化会怎样呢? 当生产成本发生变化时,短期总供给曲线就会移动。以下三个因素都可能导致这种移动:

(1) 当前产出偏离潜在产出。
(2) 对未来通货膨胀预期的改变。
(3) 使生产成本变动的因素。

当前产出等于潜在产出时不存在产出缺口,短期总供给曲线保持稳定。但当前产出

---

① 短期总供给曲线有些类似于你已经学过的菲利普斯曲线。菲利普斯曲线是表示通货膨胀率与失业率之间反向变动关系的图形。因为失业与产出水平相关——高产出意味着低失业,所以两个图形有着清晰的对应关系。

高于或低于潜在产出(即出现产出缺口)时,通货膨胀就会随之上升或下降。我们知道潜在产出是企业在资本和劳动力处于正常使用率时的产出水平。但当前产出低于潜在产出(即出现衰退缺口)时,部分经济资源就会处于闲置状态。在这种情形下,厂商很容易雇到新工人,而厂房和设备也未得到充分利用。因此厂商往往不会将产品价格和工资水平提高到产出等于潜在产出时的水平。此时生产成本上升得比较慢,通货膨胀水平下降。

当前产出高于潜在产出(即出现扩张缺口)时,情况正好相反。厂商很难雇到新工人,他们要为工人支付加班费并最大限度地使用厂房和设备。此时,厂商就会将价格和工资提到高于资源正常使用率时的水平。因此当有扩张缺口时,生产成本就会上升得比较快,通货膨胀水平上升。

综上所述,当前产出相对于潜在产出出现偏差时,通货膨胀就会出现调整。衰退缺口(当前产出低于潜在产出)使通货膨胀水平下降;扩张缺口(当前产出高于潜在产出)使通货膨胀水平上升(参见图21.12上面的两个图形以及本章"概念应用:通货膨胀变化与产出缺口")。

$Y < Y^P$
产出衰退缺口使得短期总供给曲线从 $SRAS_0$ 右移到 $SRAS_1$

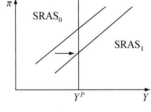

$Y > Y^P$
产出扩张缺口使得短期总供给曲线从 $SRAS_0$ 左移到 $SRAS_1$

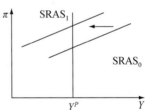

预期通货膨胀率 $\pi \uparrow$
预期通货膨胀率的上升使得短期总供给曲线从 $SRAS_0$ 左移到 $SRAS_1$

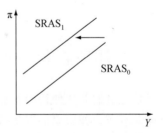

生产投入成本 $\uparrow$
如能源等投入品价格上升导致生产成本上升,使得短期总供给曲线从 $SRAS_0$ 左移到 $SRAS_1$

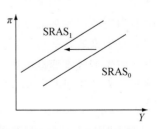

图21.12　短期总供给曲线的移动

产出缺口所导致的生产成本变化只是使短期总供给曲线移动的一个原因,对未来通货膨胀预期的改变是又一个原因。工人和厂商关注的是实际工资和实际产品价格,即用所能购买到的商品和服务来衡量的工资与利润。正如我们前面提到的,调整工资和价格的成本很大,因此它们的变动不频繁。更重要的是,当它们固定不变时,通货膨胀会改变付给工人的实际工资及产品的价格。这将使得人人都关注未来通货膨胀。预期的通货膨胀水平越高,名义工资和名义价格上涨得越多,这使得通货膨胀预期的变化与生产成本的改变具有一致性。正如图21.12第三张图所示,对未来通货膨胀水平预期的提高会使生产成本上升,而且降低每一通货膨胀水平下的产量,从而使短期总供给曲线向左移动。

最后,原材料价格变动及其他影响生产成本的外部因素也能使短期总供给曲线发生移动。投入品价格变动中最常见的就是能源价格的变动。石油价格上涨时,生产成本提高,厂商不得不提高其产品的价格。20世纪70年代石油价格的急剧上涨(从1973年的每桶3.5美元涨到1976年的每桶10美元,再涨到1980年的每桶39美元)是造成当时通货膨胀的主要原因。① 反之,当石油价格下降时,如1986年和1999年,通货膨胀也倾向于下降。当劳动力成本上升(比如工资税的增加或雇主支付的社会保险的上升)时,通货膨胀水平上升。正如图21.12最下方的图形所示,生产成本的增加会使短期总供给曲线向左移动。

 概念应用

通货膨胀变化与产出缺口

对数据的仔细研究证实了通货膨胀与产出缺口的对应关系。在图21.13中,我们可以看到1988—2009年,通货膨胀率变化(以黑线表示)滞后于产出缺口(以灰线表示)6个季度。

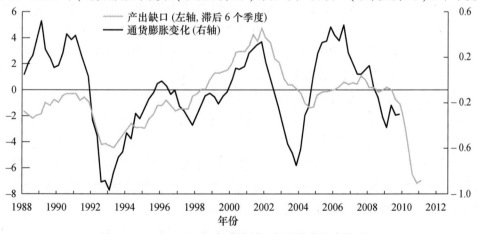

图21.13 1988—2009年产出缺口与通货膨胀率的关系

注:产出缺口用当前实际GDP偏离潜在实际GDP的百分比衡量。通货膨胀率变化用基于消费者价格指数(不包括食品和能源)的两年通货膨胀率的变化衡量。

资料来源:实际GDP数据来自经济分析局;潜在实际GDP数据来自国会预算办公室;消费者价格数据来自劳工部统计局。

---

① 与这个时期相比,2007—2008年原油价格的上涨对通货膨胀产生的影响要小得多,这是因为长期通货膨胀预期是相对固定的。

在出现衰退产出缺口时,通货膨胀水平的下降滞后于产出的变化;当前产出超过潜在产出时,通货膨胀水平的上升也滞后于产出的变化。重要的是,产出缺口对通货膨胀没有直接的影响,其影响效果一年后才得以显现。通过细致地观察图中的数据,我们可以推断得出:1%的衰退产出缺口(当前产出低于潜在产出1%)将使通货膨胀率在未来5—6个季度中下降0.1%。

21.3.3　长期总供给曲线

我们对于产出和通货膨胀波动讨论的最后一步是考察其长期关系。如果每个人都有时间将产出和通货膨胀调整到正常水平,那么会发生什么情况呢?答案是经济运行会使得当前产出等于潜在产出。此时,通货膨胀由货币增长率决定。这意味着在长期,当前产出等于潜在产出,而通货膨胀水平由货币政策决定。也就是说,长期中,产出与通货膨胀是无关的,**长期总供给曲线**(long-run aggregate supply curve,LRAS)在产出等于潜在产出的水平上是一条垂直线。

上述结论是有意义的。从前面的讨论中我们已经知道,无论当前产出高于还是低于潜在产出(即存在产出缺口),短期总供给曲线都会发生移动;反之,产出等于潜在产出时,短期总供给曲线不发生移动。不存在产出缺口时短期总供给曲线保持稳定表明,长期总供给曲线在该点处是垂直的。

在推导短期总供给曲线的过程中我们注意到,通货膨胀取决于通货膨胀预期。也就是说,工人和厂商对于工资与价格水平的决策决定了当前的通货膨胀,在决策中他们密切关注未来的通货膨胀水平。预期通货膨胀上升与成本增加产生同样的效果,使短期总供给曲线向左移动(见图21.12第四张图)。

综上所述,当前产出相对潜在产出出现偏差或者预期通货膨胀与当前水平不一致时,短期总供给曲线都会发生移动。为使经济在长期中保持均衡,除产出等于潜在产出以外,当前通货膨胀水平还必须等于预期水平。所以在长期总供给曲线上的任何一点,当前产出都等于潜在产出,当前通货膨胀也等于预期通货膨胀。如图21.14所示,短期总供给曲线与长期总供给曲线相交于一点,在该点通货膨胀率等于预期通货膨胀率。表21.4列出了短期总供给曲线和长期总供给曲线的一些性质。

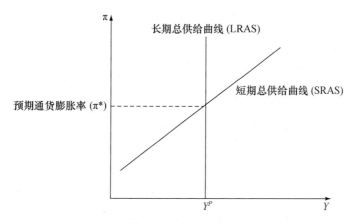

图 21.14 短期总供给曲线和长期总供给曲线

注：长期总供给曲线在当前产出等于潜在产出的水平上是一条垂线。

表 21.4 总供给

	短期总供给曲线（SRAS）	长期总供给曲线（LRAS）
曲线是什么样的	表示通货膨胀和总产出量之间关系的、向右上方倾斜的曲线	表示通货膨胀和总产出量之间关系的一条垂直线
曲线斜率是什么样的	由于生产成本调整缓慢，产品价格的上升使得企业利润增加进而增加供给，因此曲线向右上方倾斜	长期中，经济运行将达到实际产出等于潜在产出的点，所以曲线是在 $Y = Y^p$ 处的一条垂直线
什么决定了曲线的位置	在当前通货膨胀率等于预期通货膨胀率处与长期总供给曲线相交	曲线在潜在产出点为垂直线
什么时候曲线会移动	1. 当出现衰退缺口时，曲线向右移动 2. 当出现扩张缺口时，曲线向左移动 3. 当预期通货膨胀上升时，曲线向左移动 4. 当生产成本上升时，曲线向左移动	当潜在产出发生变动时，曲线移动。潜在产出增加，曲线右移；反之亦反

 交易工具

产出增长与产出缺口

2006 年 11 月 28 日，联邦储备委员会主席本·伯南克在一次演讲中说：“在下年或以后更长的时间中，美国经济可能会以接近或低于长期可持续发展的步伐复苏。”中央银行家总是喜欢说这类话。他们谈论经济增长将高于或低于其最大可持续水平的风险。但是，如果翻开任何一本经济学教科书或者查阅当前关于如何实施货币政策的研究，你就会发现所有的东西都是关于当前产出水平、潜在产出和产出缺口，而与实际增长无关。到底是怎么回事呢？当中央银行家谈论增长时，他们所表达的意思与研究产出缺口的宏观经济学家所要表达的一样吗？

为了使货币政策制定者的言论与经济学教科书中的一致，我们可以从经济会持续增长这一幸运的事实开始讲起。投资能使投入生产的资本投资规模增大，同时也能增加就业人数;还有技术进步、发明和创新会提高劳动生产率。可用资本和劳动力的增加与生产率的提高一起成为经济增长的源泉。由于经济增长意味着正常生产水平的提高,因此潜在产出一直在增长。经济中生产能力的提高使得长期总供给曲线向右移动。

当货币政策制定者使用增长一词时,他们说的是实际产出和潜在产出的增长。除非两者相等,否则一定会有产出缺口。也就是说,当 Y 的增长速度超过 Y^p 时就会产生扩张缺口;反之就会产生衰退缺口。只有当两者以相同速率(即最大可持续增长率)增长时,整个经济才会处于实际产出等于潜在产出的长期均衡点。

尽管政策制定者关于增长的言论看起来与他们应对产出缺口的行为不符,但实际上是一致的。记住,经济在长期会不断增长,只要实际产出与潜在产出能保持相同的增长率,产出缺口就不会出现。

21.4 均衡与产出和通货膨胀的决定

21.4.1 短期均衡

我们已经为理解长期及短期中产出与通货膨胀的运动规律做好准备。短期均衡是由动态总需求曲线(AD)和短期总供给曲线(SRAS)的交点决定的。将图 21.9 的 AD 曲线和图 21.11 的 SRAS 曲线结合在一起,我们得到图 21.15,当前产出和通货膨胀率由图中的 E 点决定。像所有其他需求曲线和供给曲线一样,需求和供给的任何变动都会导致产出与通货膨胀的改变,在第 22 章我们将详细学习这些变动的根源和影响。

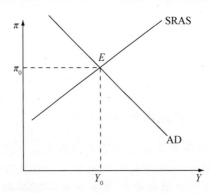

图 21.15 短期产出与通货膨胀的决定

注:在短期,通货膨胀率和产出是由短期总供给曲线(SRAS)与动态总需求曲线(AD)的交点决定的。

21.4.2 长期均衡的调整

当前产出不等于潜在产出（即有产出缺口）时会发生什么？在之前学习中我们注意到，产出缺口将导致短期总供给曲线移动。这就意味着如果存在扩张缺口或衰退缺口，经济就达不到长期均衡。为了搞清楚长期均衡是如何得到的，我们来看两个例子：一个当前产出高于潜在产出，另一个当前产出低于潜在产出。在第一种情形中，扩张缺口对通货膨胀产生向上的推力，使短期总供给曲线向左移动。这个过程会一直持续下去，直到产出等于潜在产出为止，如图 21.16A 所示。点 1 处总产出需求量等于短期总供给，但当前产出高于潜在产出水平，由此产生的扩张缺口推动短期总供给曲线向左移动到点 2。在点 2，实际产出等于潜在产出，不存在产出缺口，因此通货膨胀和产出不再发生变化。

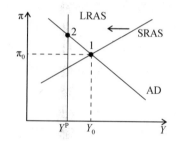

A. 当前产出高于潜在产出

注：当前产出高于潜在产出，厂商生产成本有上行推力，使得短期总供给曲线左移，直到扩张缺口被消除。

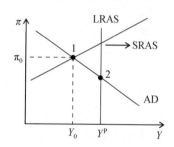

B. 当前产出低于潜在产出

注：当前产出低于潜在产出，厂商生产成本有下行压力，使得短期总供给曲线右移，直到衰退缺口被消除。

图 21.16　长期均衡的调整

在第二种情形中，当前产出低于潜在产出。衰退缺口对通货膨胀产生向下的压力，使短期总供给曲线向右移动。这个过程会再一次持续到实际产出等于潜在产出为止，如图 21.16B 所示。点 1 为初始点，此时总产出需求量等于短期总供给，当前产出低于潜在产出，由此产生的衰退缺口推动短期总供给曲线向右移动，当前产出逐渐上升直到在点 2 处等于潜在产出，此时通货膨胀和产出都保持稳定。

上面的例子有几个重要的含义。第一，它表明经济本身存在自我修正机制。当产出偏离潜在产出，通货膨胀偏离中央银行的目标通货膨胀率时，政策制定者就会调整实际利率，这就会使经济沿着动态总需求曲线达到长期均衡。第二，当出现产出缺口时，通货膨胀会因此而调整，印证了长期中实际产出会达到潜在产出，这也是长期总供给曲线是垂直线的原因。

长期均衡是经济达到稳定状态的点。因为我们把它作为理解经济波动的基础，所以列出它的性质是很重要的。如我们之前所讲的，长期中通货膨胀率一定等于预期通货膨胀率。当前产出等于潜在产出时，实际利率等于长期实际利率。再回到货币政策反应曲线，当通货膨胀率等于目标值时，货币政策制定者会将实际利率设定在长期利率水平上。

所以,长期均衡的条件有三个:
1. 当前产出等于潜在产出($Y = Y^P$)。
2. 通货膨胀保持稳定并等于其目标水平($\pi = \pi^T$)。
3. 当前通货膨胀率等于预期通货膨胀率($\pi = \pi^e$)。

21.4.3 产出和通货膨胀波动的根源

下一章我们将用已学到的框架来理解一系列与货币政策制定者的利益直接相关的问题。但是在谈论这个问题之前,我们先简要地讨论产生这些波动的根源,考察这些经济数据。在过去半个世纪中,究竟是什么因素引起了美国通货膨胀和经济增长的波动?

通过研究宏观经济模型,我们知道产出或通货膨胀率的变化是由需求曲线或供给曲线的移动引起。尽管动态总需求曲线与短期总供给曲线的移动对通货膨胀会产生相同的影响,对产出却会产生相反的影响。动态总需求曲线向右移动,通货膨胀率会上升,同时也会使产出增加。与此相反的是,短期总供给曲线向左移动时,通货膨胀率上升而产出减少。也就是说,波动的根源可能有下面两种情况:(1)动态总需求曲线移动会使产出和通货膨胀率同时增加或减少,即同向变化;(2)短期总供给曲线的移动会使两者反向变化,即一个上涨时另一个下降。

什么才是产生经济波动的根源呢?先从通货膨胀说起。在长期均衡中,通货膨胀率等于中央银行的目标通货膨胀率,也等于预期通货膨胀率。因此如果我们注意到通货膨胀率永久地上升或下降,那政策制定者一定是在有意识或无意识地改变目标通货膨胀率。相反,短期通货膨胀波动不止一种原因。当动态总需求曲线向右移动或短期总供给曲线向左移动时,短期中通货膨胀率就会上涨。第一种情形或是由总支出组成中对实际利率不敏感的部分(高的政府购买、对经济的乐观预期、消费者信心)造成的,或是由货币政策的持续宽松(货币政策反应曲线移动以降低在每一通货膨胀水平下的实际利率)造成的,由此使动态总需求曲线右移并使通货膨胀率上涨。第二种情形则是因生产成本上升所造成的。比如,原油价格上升或通货膨胀预期增强,这些因素会使短期总供给曲线左移动并推动通货膨胀率上涨。①

产出波动也有两个根源。当动态总需求曲线或短期总供给曲线向左移动时,产出就会下降。在需求方面,总支出的下降或货币政策反应曲线向左移动都会使产出低于潜在产出,因此政策制定者的行为就非常可能成为产出变动的原因;在供给方面,生产成本或通货膨胀预期的上升会驱使产出下降(同时也会驱使通货膨胀率上升)。到底是上述哪一个方面呢?

21.4.4 什么引起了经济衰退

许多年来,经济学家们在是什么导致了衰退这个问题上争论不休。这些争论主要集

---

① 下一章将学到当原油价格上涨时,长期总供给曲线也会移动。

中在两种可能性上:(1)消费者信心、行业乐观程度、货币政策的改变使动态总需求曲线移动;(2)石油价格上升或其他的生产成本上涨使短期总供给曲线移动。再次考虑动态总需求曲线移动时产出和通货膨胀率同向运动,而短期总供给曲线移动时两者反向移动的答案。因此,如果需求变动是衰退的根源,我们就会看到通货膨胀率与产出都下降;而如果生产成本上涨是根源,那么随着经济衰退通货膨胀率就会上升。

表21.15列出了自20世纪50年代中期以来所经历的衰退期信息。波峰(第一列)是衰退的开始,经济活动开始减速之前在此达到最高点。波谷(第二列)是衰退的最低点,此时经济活动开始复苏。第三列展示了在一个周期中通货膨胀的变化情况。注意到在全部9个衰退期中,有7个的通货膨胀率都是下降的,1973—1975年是唯一的例外。1973年石油价格上涨了3倍,使得短期总供给曲线左移,结果是持续的衰退与通货膨胀的急剧上升。

表21.5 衰退期的通货膨胀

波峰	波谷	通货膨胀变化
1957年8月	1958年4月	3.6到3.5 ↓
1960年4月	1961年2月	1.7到1.4 ↓
1969年12月	1970年11月	5.7到5.4 ↓
1973年11月	**1975年3月**	**7.9到10.0 ↑**
1980年2月	1980年7月	13.0到12.4 ↓
1981年7月	1982年11月	10.3到4.4 ↓
1990年7月	1991年3月	4.7到4.7 =
2001年3月	2001年11月	2.9到1.8 ↓
2007年12月	2009年6月	4.2到-1.2 ↓

资料来源:通货膨胀率是用来自劳工统计局的包含所有项目的CPI年度变化率表示。经济周期波峰波谷时间数据来自国民经济研究局,最后一个波谷的时间为作者估计。

在过去半个世纪中有3/4的衰退能归因动态总需求曲线的移动,我们进一步研究使AD曲线移动的根源。是由人们预期的改变导致总支出下降还是货币政策制定者的行为造成的呢?我们应注意又一个证据:利率的变化。图21.17表明在每次衰退之前(阴影区域的左侧)利率都是上涨的,这说明联邦储备委员会的政策对于过去半个世纪中的经济波动至少是负有部分责任的。但是为什么政策制定者要采取措施制造衰退呢?答案是他们这样做是为了降低通货膨胀率。特别是在20世纪70年代后期,当时的通货膨胀率每年都超过了10%,一定要采取一些措施。在这种情形下,美联储唯一能做的就是调高利率,在此过程中减少总支出中对利率敏感的组成部分,也就引发了衰退。今天我们面临的低通货膨胀经济环境正是当时美联储艰难的政策选择的结果。

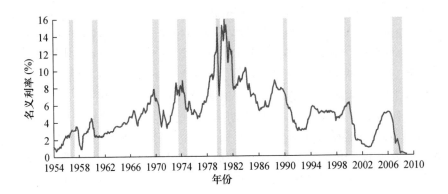

图 21.17　利率与经济周期

资料来源：实线表示 3 个月期国库券的收益率；阴影区域表示衰退期，期间数据来自美国国家经济调查局。

 新闻摘录

联邦储备委员会的独立日

Paul R. La Monica

纽约（CNNMoney.com）——等待本·伯南克的将是有趣的时光。

星期四，参议院以有史以来最微弱的优势任命了美联储主席的第二个任期。

把参议院 70∶30 的投票支持率说成是不太热情的支持似乎有些奇怪，不过在华盛顿就是这样的。

……

联邦储备委员会接下来会发生什么呢？如果经济真的在复苏，那么伯南克会把危机时期的货币政策转变成更平稳的政策，而且注意同样重要的利率管理任务。

中央银行重要的联邦基金利率仍维持在零附近，因此其下一步将提高利率，这并不是什么秘密。但是何时提高利率而且会提升多少？这些都仍在争论。

利率猛涨并不受欢迎。它使那些承担可调整利率抵押贷款的人们负担更多的利息。

……

这也会引发股市的振荡。在联邦储备委员会的决策产生实际效果之前，国会议员对其行为是否阻止了经济的反弹会产生疑问。

考虑到这些，我们能合乎情理地推断，联邦储备委员不会很快地使利率上涨。尽管希望如此，但现实不一定是这样的。

实际上，还有另外一个值得注意的观点，即伯南克不关心法律制定者是如何想的，而只会采取他认为对这个国家经济最好的行动。

……

尽管伯南克没有为下个任期赢得接近全体人员的支持，但这并不重要。

重要的是他已被任命了。在 2014 年之前，他不会受另外一个参议院的牵制，即使他和那时的总统认为第三个任期对他仍是合适的。

路易斯安那州立大学的金融学教授 Joseph Mason 说:"利率不得不上涨,但不管它是否上涨,这在政治上都不会受到欢迎。但这正是联邦储备委员会主席证实其独立性的时机。他刚刚被任命而且任期有四年。现在是他宣称联邦储备委员会可以独立存在的时候了。"

联邦储备委员会在这周会议上单独讨论了利率问题。在其声明中反复申明将"在一个较长时期内保持低利率"。

但是联邦政策制定委员会委员、堪萨斯联储主席 Thomas Hoenig 投票反对继续发表这种申明。

尽管此种言论有些像双关语,但这却使中央银行的联邦公开市场委员会开始尽早注意这个问题,即为应付通货膨胀什么时间开始提高利率。

巴克莱资本的经济学家 Dean Maki 在星期五的一份报告中写到:"(Hoenig)的不同意意味着除非此种言论发生变动,不然在每个即将来临的会议上都会产生关于摒弃这种言论的观点。"他最后补充道,他希望联邦储备委员会从 9 月份开始提高利率。

在星期五早上 GDP 数据公布前的一次讲话中,联邦储备委员会副主席 Donald Kohn 说:"随着经济的复苏,可以明显地看出 FOMC 在某个时点提高利率是恰当的。"

Kohn 和 Hoenig 都被认为是通货膨胀鹰派,因此他们的言论就不会让人吃惊。尽管现在通货膨胀还没有成为一个严重的问题,但有些人认为唯一能阻止此种情形出现的方法就是确保联邦储备委员会不会保持太长时间的低利率。

资料来源:来自 CNNMoney.com,© January 29, 2010. Time Inc. All rights reserved. Used by permission and protected by the Copyright Laws of the United States. The printing, copying, redistribution, or retransmission of the Material without express written permission is prohibited. http://money.cnn.com。

▶ **本文启示**

2010 年早期,经济从 2007—2009 年金融危机中开始复苏,这使得关于联邦储备委员会何时将零利率上调成为讨论焦点。美国参议院重新任命伯南克为下个四年任期的联邦储备委员会主席就强化了这种预期——随着经济开始起航,联邦储备委员会将顶着大众压力继续推行零利率政策。在重新任命伯南克之前的 2010 年 1 月的 FOMC 会议上,一位 FOMC 委员不同意将低利率维持在"一个较长时期内"。如这位发表不同意见的委员所担心的,联邦储备委员会会不会因行动迟缓而难以阻止不受欢迎的通货膨胀率的上升呢?或者联邦储备委员会不管市场的批评而只是视其需要而提高目标利率呢?

关键术语

消费

动态总需求曲线

扩张产出缺口

政府购买

投资

长期总供给曲线(LRAS)

长期实际利率
货币政策反应曲线
净出口
产出缺口

潜在产出
衰退产出缺口
短期总供给曲线（SRAS）

本章小结

1. 长期中
   a. 当前产出等于潜在产出，潜在产出是经济资源在正常利用率下的产出水平。
   b. 通货膨胀率等于货币增长率减去潜在产出增长率。
2. 动态总需求曲线是表示通货膨胀率与总产出需求量之间向右下倾斜关系的曲线。
   a. 总支出＝消费＋投资＋政府购买＋净出口。
      i. 当实际利率上涨时，总支出就会下降。
      ii. 长期实际利率是使总支出等于潜在产出的利率水平。
   b. 货币政策是由一条向右上倾斜的货币政策反应曲线来描述的。
      i. 因为通货膨胀的调整比较缓慢，所以政策制定者调整名义利率时也就调整了实际利率。
      ii. 通货膨胀率上升时，政策制定者就会提高实际利率（如泰勒规则所表明的）。
      iii. 当通货膨胀率等于中央银行的目标通货膨胀率时，货币政策反应曲线被设定为实际利率等于长期实际利率。
      iv. 当目标通货膨胀率或长期实际利率改变时，货币政策反应曲线就会发生移动。
   c. 当政策制定者通过调整实际利率来应对通货膨胀变动时，经济将沿着货币政策反应曲线移动。
   d. 在以下情形中，动态总需求曲线发生移动：
      i. 当消费者信心增加、对经济的乐观预期、政府购买支出和净出口提高时，动态总需求曲线向右移动。
      ii. 货币政策反应曲线向右移动时，动态总需求曲线也向右移动。
3. 总供给曲线表明了在给定的通货膨胀水平上厂商愿意供给的产量。
   a. 短期总供给曲线之所以向右上倾斜，是因为在短期中生产成本比产出价格调整得慢。
   b. 生产成本的改变要使短期总供给曲线发生移动，前提是：
      i. 产出缺口存在。
      ii. 通货膨胀预期改变。
      iii. 原材料价格（如能源价格）改变。
   c. 长期总供给曲线在潜在产出处是一条垂直线。
      i. 长期总供给曲线上的点都满足实际通货膨胀率等于预期通货膨胀率。
      ii. 当经济中的资本和劳动力或生产力改变时，长期总供给曲线移动。
      iii. 短期总供给曲线与长期总供给曲线相交于实际通货膨胀率等于预期通货膨胀率的点。

4. 均衡产出和通货膨胀由动态总需求曲线与总供给曲线的交点决定。
   a. 短期均衡位于动态总需求曲线与短期总供给曲线的交点。
   b. 长期均衡位于动态总需求曲线与长期总供给曲线的交点。在该点,实际产出等于潜在产出,通货膨胀率等于目标通货膨胀且等于预期通货膨胀率。
   c. 产出和通货膨胀波动的根源:
      i. 需求改变时,两者同向变动。
      ii. 供给改变时,两者反向变动。

概念性问题

1. 请解释潜在增长率的决定。
2.* 请解释在长期总供给曲线持续右移时衰退缺口是怎样产生的。
3. 描述长期实际利率的决定因素并思考能使其波动的事件。
4. 解释为什么总支出的组成取决于实际利率。注意区分实际利率和名义利率并解释它们之间的区别为何重要。
5. 投资的波动是总支出变动的最重要原因之一。请从圣路易斯联邦储备银行网站或其他地方找到 1990 年至今美国国内私人总投资的数据,并利用其年度百分比变动值绘制成图,识别图中的经济衰退期。比较开始于 2007 年 12 月、1990—1991 年、2001 年这些时期的衰退程度并做出说明。
6. 欧洲中央银行的第一目标是稳定价格。政策制定者认为要实现此目标就必须保持低通货膨胀,用欧元区 CPI 计算大约为 2%。相反,FOMC 有着稳定价格和经济增长的双重目标。你认为这两者的货币政策反应曲线将有何不同并解释。
7. 请解释为何 FOMC 的声明中经常提到预期联邦基金利率。
8. 从互联网或其他地方搜集 1960 年至最近衰退期的下列信息:
   - 从国民经济研究局网站搜集经济周期数据。
   - 从 www.bea.gov 搜集实际 GDP 数据,从 www.federalreserve.gov 搜集有效的联邦基金利率数据。
9. 利用第 8 题的数据画出月度利率的散点图,请注意在每个经济衰退开始前联邦基金利率的状况。在经济周期的波峰,利率是上升还是下降?你的发现能说明货币政策引起了经济衰退吗?
10.* 解释短期总供给曲线为何向右上方倾斜。什么条件下它会成为一条垂直线?

分析性问题

11. 假设实际利率下降,消费、投资、净出口将如何变化?
12. 假设投资和实际利率满足一般关系,为何有时尽管利率很低甚至为负但是投资照样持续下降?

13. *A 经济体与 B 经济体非常相似,只是前者总支出中的 70% 对实际利率敏感,而后者只有 50%。
    a. 哪个经济体的总支出曲线更陡峭?请解释。
    b. 如果两个经济体的货币政策反应曲线一样,那么它们的动态总需求曲线将有何不同?请解释。
14. 请说明下面的情形哪些将使经济沿着货币政策反应曲线移动,哪些将使货币政策反应曲线移动。说明它们的影响方向。
    a. 为了应对当前通货膨胀的上升,政策制定者提高实际利率。
    b. 政策制定者提高了目标通货膨胀率。
    c. 长期实际利率下降。
15. 假设一场自然灾害把经济中的绝大部分资本存量一扫而空,使得潜在产出下降。长期实际利率将如何变化?这将对货币政策反应曲线和动态总需求曲线有何影响?
16. 假设经济中的投资者普遍悲观,这对动态总需求曲线有何影响?
17. 解释下列情形是怎样影响短期总供给曲线的。
    a. 企业和消费者对未来通货膨胀预期下降。
    b. 当前通货膨胀率上升。
    c. 原油价格下降。
18. 假设经济在实际产出大于潜在产出的水平上达到短期均衡,此时经济将如何自我调整并回归到长期均衡?
19. 对于 2007—2008 年的原油价格波动对通货膨胀预期的影响要小于 20 世纪 70 年代的原油价格振荡,你如何看?
20. *你读到一条新闻批评中央银行的政策使经济陷入衰退。这条评论提到,中央银行不仅使得产出低于潜在产出,而且通货膨胀率也上升了。如果你准备致信这家报纸为中央银行辩护,你的论据是什么?

(注:题号后标注*的问题均指难度较大的题型。)

第 22 章
理解经济周期波动

在上一章中,我们构造了一个理解总产出和通货膨胀波动的框架,并且讨论了这样一个事实:中央银行为了应对不断攀升的通货膨胀会采取提高实际利率的做法,这种做法导致总支出中对利率敏感部分(尤其是投资)的下降,进而使得总产出需求量减少。因此,更高的通货膨胀率意味着整个经济中更低的需求水平,即动态总需求曲线向右下方倾斜。

从供给方面来看,生产成本的降低意味着高通货膨胀率可以使产量增加,并且与短期内更高水平的产出供给有联系,即短期总供给曲线向右上方倾斜。在长期,我们可以看出经济会向潜在产出这一点移动。因此,长期总供给曲线垂直于横坐标。尽管经济将并且确实会偏离长期均衡点,但是经济自身有一个自然的自我修正机制。这个机制会使经济回归到长期均衡点,在该点上资源在正常的利用率上被使用,从而当前产出和将来潜在产出的缺口消失了。

现在,我们可以利用这一理论来加深对经济周期波动的理解。为什么每个季度之间和每一年之间产出与通货膨胀会不同?什么决定了经济波动的范围?图22.1展示了过去五十多年美国通货膨胀率的长期趋势。1965年,美国总体价格水平每年仅以1.5%的平均速度增长。15年以后,消费者价格指数爬升到接近14%的水平。在以后的10年,通货膨胀率先是急剧下降,而后呈现缓慢下降的趋势。到1991年,价格水平以每年不到4%的速度增长。最后,在2007—2009年金融危机中,价格水平在五十多年中首次开始下降。

除通货膨胀率数据之外,图22.1还展示了衰退期(用阴影部分表示)——美国实际GDP的下降。尽管通货膨胀水平与这些衰退期没有明显的关系,但是确实是这样的:当经济萎靡时,通货膨胀率开始下降;当经济繁荣时,通货膨胀率开始上升。至少这在大多数情况下是会发生的;当然也有例外,1974—1975年的经济衰退就是一个例子,即使在经济萧条的情形下,通货膨胀率也急剧上升。另一个例外是,在20世纪90年代大部分的经济繁荣期中,通货膨胀率保持在低于上一个衰退期结束时的水平。总体来说,通货膨胀与经济增长是相互联系的:更低的经济增长率将更有可能带来通货膨胀率的下降。

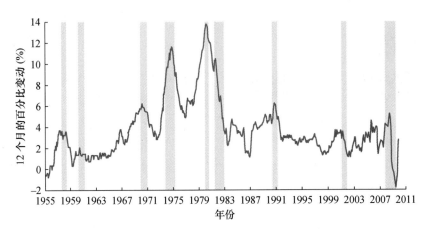

图 22.1　1955—2010 年通货膨胀和经济周期

注:该图显示了劳工统计局计算的消费品价格 12 个月的变动。阴影区域代表衰退,其时间由全国经济研究局确定。

在图 22.1 中还有值得一提的一点:近期,经济衰退的频率下降了。在 1955—1984 年的 30 年中,一共有 6 次经济衰退;在随后的 26 年中,一共有 3 次(包括在 2009 年结束的最厉害的那次)。经济衰退过去常常每 5 年就发生一次,但是最近,经济衰退平均每 8 年才发生一次。除去 2008—2009 年的这次经济衰退,1982 年之后的经济衰退都比以前温和。经济增长波动性的减少使得经济进入"大缓和时期"。在本章中,我们将检验可能证明"大缓和时期"的证据,并且寻找能够阻止经济复苏的因素。

为了理解图 22.1,我们将区分不同的原因:动态总需求曲线的移动和总供给曲线的移动。这些都是上一章所描述的产出波动和通货膨胀波动的可能来源。我们研究总需求变化(如政府支出的增加)和短期总供给变化(如原油价格的提高)的影响。接下来,我们将看看在经济走向长期均衡的过程中会发生什么。我们的目标是建立宏观经济模型,并用它理解现实世界。

在本章的第二部分,我们将利用这一模型来理解中央银行怎样实现经济稳定的目标,并举出几个例子:强调货币政策制定者面临的陷阱和限制。这些章节围绕一系列复杂的问题来组织。我们将探究在现实生活中政策制定者是怎样实现经济稳定目标的;当潜在产出变化时应该采取的措施;中央银行正在解决的产出下降难题;等等。

22.1　产出和通货膨胀波动的原因

在之前的讨论中,我们得知经济会自然地向长期均衡点移动。在该点,产出等于潜在产出($Y = Y^p$),通货膨胀率等于中央银行的目标通货膨胀率($\pi = \pi^T$)以及企业和个人的预期通货膨胀率($\pi = \pi^e$)。这告诉我们,LRAS(长期总供给曲线)垂直于潜在产出。由于生产成本的调整是缓慢的,更高的通货膨胀意味着更高的利润和更多的产出。也就是说,短期总供给曲线向右上方倾斜。短期均衡点就是短期总供给曲线与动态总需求曲线的交点。因此,只要动态总需求曲线或者短期总供给曲线发生移动,经济就会偏离长期均衡点。这意味着要想理解短期内产出的波动与通货膨胀的波动,就要研究动态总需求曲线与短期总供给曲线的移动。

在分析需求曲线和供给曲线的移动之前,我们先来定义在本章出现的新术语:**冲击**(shock)。经济学家用冲击表示超出预期的事情。比如,石油价格的上升使消费者对未来信心不足等,这些几乎是不可预测的。在我们的研究中,冲击能够移动动态总需求曲线和短期总供给曲线。石油价格影响生产成本,石油价格的上升是一个**供给冲击**(supply shock);消费者信心影响消费支出,它是一个**需求冲击**(demand shock)。因此,冲击是使供给曲线与需求曲线移动的因素。

22.1.1 动态总需求曲线的移动

动态总需求曲线的移动可由下列因素导致:货币政策反应曲线的变化、对利率不敏感因素的变化(例如使总支出变化的政府购买)。让我们分析每一种原因。我们先来看看能够使货币政策反应曲线移动的紧缩的中央银行通货膨胀目标,接下来分析能够增加政府购买并使总支出曲线移动的宽松的财政政策。

紧缩的中央银行通货膨胀目标 在过去的几十年中,相当多的国家已经成功地把相当高的通货膨胀水平降低到我们今天所看到的适度水平。例如,智利就成功地把20世纪90年代的超过20%的通货膨胀水平降低到目前的大约2%的水平。在20世纪80年代中期,以色列的通货膨胀率达到了400%的高峰;在采取了一系列的措施后,通货膨胀率首次降低到20%并且最终达到1%。瑞典在进入20世纪90年代时,通货膨胀率是超过10%的;瑞典中央银行用了几年的时间来驾驭通货膨胀率,并且最终使通货膨胀率降到了2%以下并且一直保持到现在。所有的这些例子都说明,通货膨胀的明显下降都是紧缩的中央银行通货膨胀目标的结果。

为了分析紧缩的中央银行通货膨胀目标的影响,我们首先分析货币政策反应曲线(MPMC)。中央银行目标通货膨胀的下降使得货币政策反应曲线左移,如图22.2(这里使用了图21.8A的数据)所示。通货膨胀目标的降低提高了在每一通货膨胀水平下的实际利率。

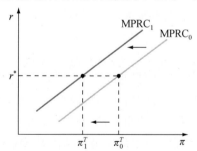

图22.2 中央银行通货膨胀目标下调

注:当中央银行通货膨胀目标从 π_0^T 下调到 π_1^T 时,货币政策反应曲线从 $MPRC_0$ 向左移动到 $MPRC_1$。

在之前的分析中,我们可以看到货币政策反应曲线的移动使得动态总需求曲线朝相同方向移动。紧缩的中央银行通货膨胀目标意味着在每一通货膨胀水平下有更高的实际利率,这将导致货币政策反应曲线向左移动。这就减少了每一通货膨胀水平下的总支出,使得动态总需求曲线同样向左移动,如图22.3A所示。我们可以看到,当动态总需求曲线向左移动(从 AD_0 到 AD_1),经济从短期均衡点1向新的短期均衡点2移动。在点2,通货膨胀水平与当前产出都低于紧缩货币政策之前的水平。紧缩的中央银行通货膨胀目标的直接后果是动态总需求曲线向左移动,使得经济沿着短期总供给曲线(SRAS)移动,导致当前产出与通货膨胀双双下降。

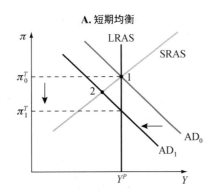

央银行通货膨胀目标下调时,动态总左移动(从 AD_0 到 AD_1),经济从短期新的短期均衡点2移动。

注:当经济到达短期均衡点2时,会产生一个衰退缺口。衰退缺口对生产成本有向下的压力,使得短期总供给曲线向右移动。这一过程将一直持续至到达长期均衡点3。

图22.3 中央银行通货膨胀目标下调

在货币政策变化之后,潜在产出没有变化,这意味着当前产出的下降产生了一个衰退缺口: $Y < Y^p$。衰退缺口对生产成本有向下的压力,使得短期总供给曲线向右移动。最后,经济将沿着新的总需求曲线 AD_1 移动,从点2向新的长期均衡点3移动,如图22.3B所示。这样,通货膨胀将等于中央银行新的目标,产出等于潜在产出。①

政府购买的增加 为了应对开始于2007年12月的经济衰退,乔治·布什总统在2008年2月签署了一项法案,临时性地减少所得税。1年后,奥巴马总统通过了临时性的减税组合措施并且增加政府开支来应对经济萎靡。由于经济衰退和这些财政政策措施,美国联邦财政赤字急剧上升,从2007年的GDP占比1.2%上升到2009年的9.9%,这一比例是1945年以来最高的。那么,扩张财政政策的宏观经济影响是什么呢?

在上一章中,我们知道政府购买的增加和减税都意味着总支出的增加,并且这些都对利率不敏感。例如,政府购买的增加使得动态总需求曲线向右移动。图22.4A展示了财政政策的变化是怎样使动态总需求曲线从它最初的位置 AD_0 向新的位置 AD_1 移动的,经济将从最初的短期均衡点1向新的短期均衡点2移动。毫无疑问,政府购买增加的直接影响

---

① 我们已经知道,在新的长期均衡点上,当通货膨胀目标水平更低时,预期通货膨胀水平也将更低。

是提高了当前产出和通货膨胀水平。但是,因为潜在产出没有变化,所以产出和通货膨胀水平的变化并不是长期的。当前产出的更高水平意味着 $Y > Y^p$,出现了扩张缺口。因为当前产出不等于潜在产出,经济并不会一直稳定在点 2;相反,经济会向长期均衡点移动。

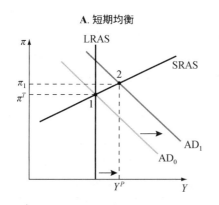 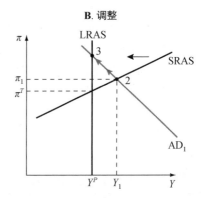

注:当政府支出增加时,动态总需求曲线从它最初的位置 AD_0 向左移到新的位置 AD_1 移动的,经济将会从最初的短期均衡点 1 向新的短期均衡点 2 移动。在短期内,产出增加到 Y_1,通货膨胀增加到 π_1。

注:当经济的均衡点到达点 2 时,会存在一个扩张缺口,扩张缺口使通货膨胀有向上的推力,使得短期总供给曲线向左移动,经济均衡点沿着 AD_1 移到点 3。

图 22.4 政府支出的增加

下面是调整的过程。在点 2 存在一个扩张缺口:$Y > Y^p$,当前产出大于潜在产出。如果企业在正常的水平下运作,其将非常乐意提高产品的价格并支付给员工更高的工资。因此,当扩张缺口存在时,生产成本上升得很快,通货膨胀水平也上升。这样使得短期总供给曲线向左移动,推高了通货膨胀水平。当通货膨胀水平上升时,货币政策制定者将提高实际利率,使经济沿着动态总需求曲线 AD_1 移动(见图 22.4B)。最后,当经济沿着 AD_1 移动时,产出将向长期均衡水平(潜在产出)移动,可以看出产出是下降的。

除非特殊情况出现,否则经济会处于点 3(见图 22.4B)。在这一点,AD_1 与长期总供给曲线相交,当前产出再一次等于潜在产出。在点 3,通货膨胀水平是高于起始点 1 的,也高于货币政策制定者最初的通货膨胀目标,理解这一点是非常重要的。当动态总需求曲线向右移动时,除非货币政策积极调整,否则通货膨胀水平将上升。

尽管中央银行可能允许因政府购买的增加而提高目标通货膨胀水平,这样就很显著地提高了通货膨胀水平和货币增长率;但是这看起来是不可能的。只要货币政策制定者保持其最初的通货膨胀目标,他们就要采取一些措施使经济回归初始点(图 22.4A 中的点 1),即最初的动态总需求曲线与长期总供给曲线的交点。在这一点,当前产出等于潜在产出,并且当前通货膨胀水平等于政策制定者最初的目标通货膨胀目标。

在第 21 章中我们注意到,政府购买的增加将推高长期实际利率。政府购买越多,实际总支出等于潜在产出时对应的实际利率就越高。理解了这一点,货币政策制定者将采取能够使货币政策反应曲线向左移的措施,进而提高每一通货膨胀水平下的实际利率。记住,中央银行控制了短期实际利率。当货币政策反应曲线移动时,动态总需求曲线伴随着它同方向移动。这样的话,紧缩的货币政策使得动态总需求曲线向左移动,导致经济回归长期均衡点。在均衡点,产出等于潜在产出,通货膨胀水平等于中央银行的目标通货膨胀目标。

我们可以推导出政府购买增加之后经济的运动轨迹:最初,产出上升并超过潜在产出,直到货币政策制定者采取措施使经济回归长期均衡点。与此同时,通货膨胀最初上升,紧接着回落到中央银行的目标通货膨胀水平。通过这些,我们可以总结出,在目标通货膨胀水平不变的情况下,政府购买的增加将导致产出和通货膨胀水平的临时性提高。这同样适用于任何能够使动态总需求曲线向右移动的因素。紧随这一移动和货币政策的缺失,产出和通货膨胀水平都会上升。随着时间和货币政策的缺失,扩张产出缺口将推高生产成本,使得短期总供给曲线向左移动,导致经济沿着新的动态总需求曲线移动。这一移动推高了通货膨胀水平,使得当前产出下降,并回归潜在产出水平(见表22.1)。如果货币政策制定者采取了应对措施,通货膨胀水平和产出将回归到最初的长期水平。

表22.1 动态总需求的提高对产出和通货膨胀水平的影响

原因	货币政策反应曲线的移动 • 提高通货膨胀目标水平 • 调低长期实际利率 总支出的增加 • 消费者信心提高 • 企业乐观 • 政府购买增加 • 净出口增加
结果	动态总需求曲线向右移动
短期影响	产出提高,通货膨胀水平提高

消费者或者企业信心不足引起的总支出下降与政府支出的增加具有相反的影响。动态总需求曲线向左移动使得产出下降,从而总支出的下降将导致产出和通货膨胀的临时性下降。随着时间和货币政策的缺失,衰退缺口将导致短期总供给曲线向右移动,使得经济沿着新动态总需求曲线移动。这一移动促使通货膨胀进一步下降,当前产出不断攀升至潜在产出。就像我们刚刚看到的那样,如果此时货币政策制定者采取了措施,通货膨胀和产出将回归最初的长期水平。

最近几年,政策制定者已经采取诸多措施使总支出发生不同的变化,并且带来了不同的结果。20世纪60年代末期,随着越南战争的发展,国防支出不断上升,在3年内从占GDP的7.4%上升到9.4%(这是2005年伊拉克战争时期顶峰的两倍)。为了应对不断增加的政府支出,联邦政府仅仅是简单地允许通货膨胀上升。回顾图22.1,你会发现通货膨胀水平从1965年的2%攀升到1970年的5%。是什么使得通货膨胀的临时性增长变成通货膨胀的永久性增长?实际上,美联储不断提高的通货膨胀目标变成新的动态总需求曲线与长期总供给曲线的交点就是其原因。

2001年的大规模减税、与伊拉克战争极为相关的国防支出的增长以及20世纪60年代的类似政策对通货膨胀具有不同的影响。出现这种现象有两个原因。第一个原因是,采取财政刺激政策时,经济正处于由其他因素造成的衰退期间,即时间上非常走运。第二个原因是,截至 2001 年美联储才认识到了一个重要的教训:它需要提高利率以应对由扩张财政政策引起的通货膨胀风险。因此,时间上的走运和美联储的自我反思使得通货膨胀处于较低的水平。①

上述讨论说明通货膨胀水平的永久性上升是货币政策的结果。也就是说,如果通货膨胀水平上升或者下降并且保持在变化后的新水平,唯一的解释就是中央银行默许它发生。中央银行改变了它们的目标通货膨胀水平,而不管它们是否清晰地确认这种变化。

22.1.2 短期总供给曲线的移动

生产成本的变化将导致短期总供给曲线移动。运用总供给-总需求模型,我们可以找到生产成本增加的影响——负面的供给冲击(negative supply shock)。例如,石油价格上升使得生产成本增加,直接影响就是使短期总供给曲线向左移动,进而降低每一通货膨胀水平下的供给量。这些不好的后果(包括高通货膨胀水平和低经济增长率)就是供给冲击为负面的原因,图 22.5 展示了这一结果。短期均衡点(即短期总供给曲线和动态总需求曲线的交点)向点 2 移动。在点 2,产出更低,通货膨胀水平更高。这就造成了经济滞胀——经济停滞并伴随着通货膨胀水平的上升(见表 22.2)。

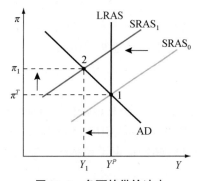

图 22.5　负面的供给冲击

注:负面的供给冲击使短期总供给曲线向左移动,短期均衡点从点 1 移动到点 2,通货膨胀水平上涨,产出下降。

表 22.2　短期总供给的下降对产出和通货膨胀水平的影响

原因	负面的供给冲击 • 生产成本上升 • 预期通货膨胀水平提高
结果	短期总供给曲线向左移动
短期影响	产出下降,通货膨胀水平上升

---

① 最初,布什总统提出个人所得税减免措施来实现他在 2000 年总统选举中的一个誓言。因为这个誓言是在所有人都怀疑经济将在下一年更加疲软之前许下的,所以看上去包括了很大的运气成分。

接下来会发生什么呢？最初,伴随着通货膨胀水平上升的是产出的下降,这就造成了衰退缺口($Y < Y^p$)的出现。衰退缺口给了生产成本和通货膨胀向下的压力,使得短期总供给曲线开始向右移动,经济沿着动态总需求曲线移动,进而拉低通货膨胀水平,推高产出。通货膨胀水平继续下降、产出继续上升直至经济回归点1。在点1,当前产出等于潜在产出并且通货膨胀水平等于中央银行的目标通货膨胀水平(这是没有改变的最初的目标通货膨胀水平)。

交易工具

定义衰退:美国国家经济研究局的参考周期

通过阅读经济类的报纸,我们可能会得出这样的结论:当实际GDP连续两个季度下降时就会存在经济衰退了。尽管这样随意的定义可能在很多情形下是正确的,但是这种定义是有缺陷的。一个缺点是,因为GDP是按季度计算和公布的,所以依赖GDP而得出的关于经济衰退的结论不能说明衰退开始和结束的具体月份。为了弄明白具体月份,我们需要像计算生产量、就业率、销售额及收入这样的定义,所有的这些定义在每一个月都是可以得到和使用的,并且可以提供关于经济健康的有价值的信息。

在美国能够最终宣布经济衰退的官方消息来自美国国家经济研究局——NBER。NBER创建于1920年,它是一个致力于研究经济运行状态的研究组织。NBER的早期工作使得我们可以获得现在可以运用的很多经济数据。NBER的两位先驱研究者是韦斯利·米切尔(Wesley Mitchell)和亚瑟·伯恩斯(Arthur Burns)。他们记录了从美国南北战争到第二次世界大战期间的所有衰退的起止时间。*在他们的《测量经济周期》一书中,他们把这叫做一个参考周期。

NBER关于经济衰退的定义是:"经济衰退是指经济活动的大幅度下降,持续时间超过几个月。通常情况下,可以通过观察实际GDP、实际收入、就业、工业产出和零售额而得出。经济衰退开始于经济达到峰顶时,结束于经济跌至谷底时,在峰顶和谷底之间是经济扩张阶段。"

这种定义有三种重要的含义。第一,经济衰退是经济活动的衰退,并不仅仅是增长率的下降。第二,经济衰退的准确时间长度是模糊的。根据这种定义,经济活动少于连续两个季度的严重衰退也被认为是经济衰退。第三,关键的经济指示器在不同的时期经常改变方向,所以在决定经济周期起止日期时,有着主观判断的成分。因此,NBER的"经济周期时间委员会"需要时间宣布经济衰退的起止日期。延迟6个月至12个月是很正常的情况。

当经济周期这个术语用来指经济活动的波动时,多少是很令人误解的。周期这个词,容易引起人们关于波浪起伏(不断循环上升和下降)的联想,经济波动并不是那样的。经济衰退的长度和两次经济衰退之间的时间都是不规律的。就像米切尔和伯恩斯在书中写道:"一个周期包含了经济扩张……之后是经济衰退和经济复苏,经济复苏是下一个经济周期的经济扩张阶段;这样的变化是连续发生的,但不是定期的……"

表22.3列示了在第二次世界大战之后,NBER对经济周期的分析结果。图22.6绘制

了在这段时间内的经济周期相对于实际 GDP 增长率的参考数据。这张图清楚地显示了在经济衰退期间,实际利率倾向于处在很低的水平(通常低于零)。经济衰退是不同的,包括所谓的 3D:深度(depth),持续(duration),以及在不同市场、不同地区、不同商业领域之间的扩散(diffusion)。表 22.3 说明了一个显著的事实:在美国经济中,经济衰退比经济扩张短很多。许多人把这个事实归于成功的政策和经济的自我修正能力。

表 22.3 1946—2010 年 NBER 经济周期相关数据

波峰	波谷	波峰到波谷的衰退月数	上次波谷到波峰的扩张月数
1948 年 11 月	1949 年 10 月	11	37
1953 年 7 月	1954 年 5 月	10	45
1957 年 8 月	1958 年 4 月	8	39
1960 年 4 月	1961 年 2 月	10	24
1969 年 12 月	1970 年 11 月	11	106
1973 年 11 月	1975 年 3 月	16	36
1980 年 1 月	1980 年 7 月	6	58
1981 年 7 月	1982 年 11 月	16	12
1990 年 7 月	1991 年 3 月	8	92
2001 年 3 月	2001 年 11 月	8	120
2007 年 12 月	2009 年 6 月	19	73

资料来源:www.nber.org. 结束于 2009 年的经济衰退日期是作者自己的估计。

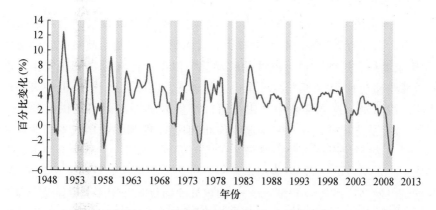

图 22.6 一个经济周期中实际 GDP 的增长

注:图 22.6 显示了实际 GDP 1 年变化的百分比,数据来自经济分析局,图中的阴影区域表示的是由 NBER 判定的经济衰退。

* 伯恩斯后期成为美联储主席,服务期为 1970—1978 年。

在政府购买增加(加上合适的货币政策)的情况下,供给冲击对经济的长期均衡点没有影响。只有潜在产出的变化或者中央银行目标通货膨胀水平的变化才会对它产生影响。相反,负面供给冲击使得产出和通货膨胀临时性地偏离潜在产出与目标通货膨胀水平。随着时间的推移,衰退缺口使得生产成本降低,短期总供给曲线向右移动。当这种情况发生时,经济会沿着动态总需求曲线移动,直至产出和通货膨胀水平回归图22.5的最初均衡点1。因此,供给冲击使得通货膨胀水平临时性上升接着下降;与此同时,当前产出临时性地下降接着上升。但是,通常情况下,在长期,经济会回归产出等于潜在产出、通货膨胀水平等于中央银行目标通货膨胀水平的均衡点。

22.2 总供给-总需求模型的运用

我们现在已经准备好了运用宏观经济模型处理一系列有意思的问题:
(1) 政策制定者怎样实现经济稳定的目标?
(2) "大缓和时期"是什么原因造成的?"大缓和时期"是指从20世纪80年代中期到2007年。在这期间,美国经济增长和通货膨胀水平比历史上任何时期都更加平稳。
(3) 当潜在产出变化时会产生什么后果?
(4) 全球化对货币政策的影响是什么?
(5) 政策制定者能否区分衰退缺口与潜在产出下降?
(6) 政策制定者能否同时稳定产出和通货膨胀?

22.2.1 政策制定者怎样实现经济稳定的目标

总供给-总需求模型在我们理解货币政策制定者或者财政政策制定者运用所谓的稳定性政策稳定产出和通货膨胀时是非常有用的。回想一下用货币政策减少经济波动的方式,动态总需求曲线和短期总供给曲线的移动都可以使产出和通货膨胀发生变动。当货币政策反应曲线移动时,中央银行的政策也会使动态总需求曲线移动;但中央银行不能使短期总供给曲线移动。这意味着中央银行可以产生需求冲击而不是供给冲击。这就是说,它们可以改变总支出使动态总需求曲线移动,但是不能消除生产成本的变动对短期总供给曲线的移动造成的影响。然而,就像我们将要看到的那样,正面供给冲击会提高产出而降低通货膨胀水平,这也给了政策制定者一个机会。如果他们愿意实施正面供给冲击,中央银行就可以使经济进入一个新的状态,即更低的通货膨胀水平且消除衰退缺口。

至于财政政策,宏观经济模型同样能够让我们研究政府税收和政府支出的变化带来的影响。就像我们在前面章节看到的那样,这些都会使动态总需求曲线发生移动。这意味着财政政策可以被用来稳定经济。尽管理论上是可行的,但是就像我们将要看到的那样,财政政策的应用面临巨大的困难和挑战。结论是,中央银行才是实行经济稳定政策的最好主体。

货币政策 为了看清楚在动态总需求曲线移动之后,货币政策是怎样稳定经济的,我们现在考察当消费者或者企业突然对未来的经济形势持悲观态度时,将会发生什么?这一种变化减少了投资和消费,使动态总需求曲线向左移动。在货币政策不变的情况下,消费者或者企业的信心不足将导致当前产出低于潜在产出($Y < Y^p$),进而出现产出衰退缺口。图22.7A展示了动态总需求曲线向左移动(从AD_0向AD_1移动),并且经济移动到新的短期均衡点(AD_1与SRAS的交点)——在这一点,当前产出低于潜在产出。

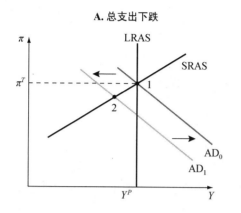
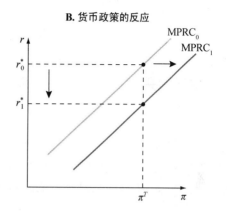

注:当消费者或者企业突然对未来的经济形势持悲观态度时,动态总需求曲线从AD_0向左移动到AD_1,经济的均衡点从点1移动到点2。意识到这样的变化,政策制定者会将MPRC向右移动,使动态总需求曲线回到它初始的位置,均衡点也回到点1。

注:随着消费者对未来经济形势持悲观态度,长期实际利率会从r_0^*下跌到r_1^*,政策制定者通过将货币政策反应曲线从$MPRC_0$移动到$MPRC_1$,使动态总需求曲线从AD_1回到初始的位置AD_0。

图22.7 稳定动态总需求曲线的移动

当认识到消费者或者企业的信心不足将减少总支出中的消费和投资时,政策制定者往往会得出结论:长期实际利率已经下行了。假设他们的目标通货膨胀水平不变,总支出的下降会使货币政策反应曲线向右移动,这将使每一通货膨胀水平下的实际利率下降。这一过程如图22.7B所示,$MPRC_0$移向$MPRC_1$。让我们回想一下,当货币政策反应曲线移动时,动态总需求曲线将同方向移动。这意味着政策制定者的行动使动态总需求曲线向它的初始位置移动(见图22.7A)。所以,在政策缺失的情况下,总支出的下降使产出下降;相反,采取了政策措施意味着动态总需求曲线保持在初始位置,则产出会保持在潜在产出水平,通货膨胀水平继续保持在中央银行的通货膨胀目标水平上。①

尽管在理论上中央银行的政策措施可以应对需求冲击,但实际上当总支出发生变动时,要保持产出水平和通货膨胀水平稳定是非常困难的。这有两个方面的原因。首先,发生这种冲击是需要时间的。总产出数量的波动要分清楚是由消费者信心还是企业信心的变化造成的;然而消费者信心和企业信心是很难区分的。其次,利率的变化——货币政策制定者用来应对总需求冲击的工具——对经济影响不是直接且迅速的;相反,当利率上升或者下降时,产出和通货膨胀水平的反应需要时间。一个普遍的规则是利率的变化对产出的效果在6—9个月后才会显现出来,对通货膨胀则在18个月后才会见效。但是,这些数据也不是那么准确的。总之,理论上我们可以抵消总需求冲击的影响;但实际中,总

---

① 用这种方式使总需求冲击稳定也可以确保期望通货膨胀水平等于中央银行的通货膨胀目标水平。

需求冲击会使产出和通货膨胀产生短期波动。

相机抉择的(discretionary)财政政策 财政政策有两种类型:一种是自动的,不需要政府官员的操作就可以运行;另一种是相机抉择的,它依赖于财政政策制定者的决定。自动稳定器(包括失业保险和税制的比例性质)是第一组工具。当经济增速缓慢时,它们会自动机械地刺激经济;当经济处于高涨阶段时,它们给经济刹车。它们逆周期运动以消除总支出的波动,保持经济稳定。但是,有时候仅靠自动稳定器是不够的。在这个时候,政府当局会临时增加支出和减免税收(也就是相机抉择的财政政策)。相机抉择的财政政策使总支出发生变化,进而使动态总需求曲线移动。

就像本章前面讨论的那样,政府购买的增加或者税收的减少将推高总支出,使动态总需求曲线向右移动。这样,财政政策就像货币政策那样使动态总需求曲线移动并稳定产出水平和通货膨胀水平。实际上,财政政策在很多场合是这样被应用的。就像我们之前讨论的那样,2008—2009年,联邦税收的减免和政府支出的增加推高了总支出,帮助缓和了衰退。

至少在理论上,相机抉择的财政政策为替代货币政策提供了一种选择。然而,仔细观察就会发现,财政政策存在至少两个缺点:第一,相机抉择的财政政策的作用过程是缓慢的;第二,财政政策不可能被有效地实施。大多数的衰退是非常短暂的,一般持续1年甚至更短。2007—2009年的金融危机是美国自第二次世界大战后持续时间最长的衰退,也仅仅持续了16个月。另外,经济数据在得到后的几个月内是有效的,因此常常是当人们达成共识认为衰退开始时,经济实际上已经处于衰退的中期了。即使在最顺利的情形下,国会也不可能在几个月内通过新法案。并且,财政政策对经济并不会有立即的影响。即使在税收减免通过后,个体消费和企业投资往往也会保持萧条。奇怪的往往是,当财政政策发挥作用时,衰退已经过去了。这意味着,当相机抉择的财政政策发挥最大作用时,它已经不为经济所需要了。

相机抉择的财政政策的弱点并不是只有这些,因为往往是政治家而非经济家制定刺激计划;在相关的财政刺激上,经济与政治是相互冲突的。按照经济学的观点,最好的财政政策是影响几个关键人物,让他们改变自己的行为,并且不鼓励人们去做这几个关键人物将要做的。有效的财政政策包括临时投资刺激和对那些倾向于花费收入中额外部分的那些人减税,因为他们既借不到钱,也不那么富有。然而,政治家有不同的刺激计划。他们想要连任,所以他们会寻找那些尽可能优惠绝大多数人的经济刺激计划,确保他们在选举中连任。这样的话,相机抉择的财政政策更多地依赖于政治思维而不是经济逻辑。尽管我们并不赞同政治家的这种机会主义,但是需要认识到它的存在。因为政治家想要获得选民的支持,经济衰退(一些选民正在遭受,其余的正在担心)会使政治家最恶劣的本性显现出来。总之,相机抉择的财政政策是一个不太好的稳定经济的工具。尽管经济上可行的刺激方案可以被设计出来,但是在通常情况下,它们并不会被通过而成为法律。

在很多情形下,最好的经济稳定器是中央银行。它们既有能力迅速实施,也可以自由、自主、独立地从经济的角度来实施。在经济格局中,财政政策的自动稳定器作用是非常重要的,但是相机抉择的政府支出和税收的变化只有在货币政策发挥作用后才能起到作用。也就是说,当经济形势很糟时,每一种可能的工具都会被用到。

从这个角度来看,2007—2009年的这场经济危机为美国和其他国家在几十年来运用相机抉择的财政刺激政策提供了很好的机会。这是自20世纪40年代以来最长的经济低迷,因而给了财政政策制定者足够的反应时间。这场危机也是影响最深重、波及范围最广的,给几个主要经济体带来了不同寻常的通货紧缩风险。通货紧缩具有高度的不稳定性(参见第11章"概念应用:通货紧缩、资产净值和信息成本")。最后也是最重要的,中央银行把利率降至接近于0,限制了常规刺激政策的应用。随之,许多新兴工业化国家实施了大规模的相机抉择的财政刺激政策。在2008年和2009年,美国税收减免、支出增加和2009年大规模预算赤字都是我们之前讨论的相机抉择的财政政策。

正面供给冲击及其创造的机会　接下来让我们考虑一下,当生产成本下降时(即创造了正面供给冲击时)会发生什么?短期总供给曲线会向右移动,从 $SRAS_0$ 到 $SRAS_1$(见图22.8),它的直接后果是通货膨胀下降、产出上升。我们知道,在这个新的短期均衡点上(图22.8中点2),产出大于潜在产出($Y > Y^p$),所以存在一个扩张缺口。因为生产超过正常水平时,成本就会上升,使短期总供给曲线向左移,直至经济回归到初始的长期均衡点1上。在这一点上,产出等于潜在产出,通货膨胀等于中央银行的目标通货膨胀水平。

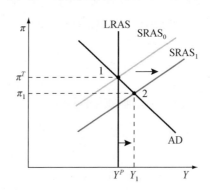

图 22.8　正面供给冲击

注:正面供给冲击使短期总供给曲线向右移动,使短期均衡点从点1移动到点2,通货膨胀下降和产出增加。

尽管货币政策制定者可以简单地允许经济以自己的方式运行:产出增加至 Y_1(点2),接着产出回落到 Y^p(点1)。但是,也有另外一种可能,一个正面供给冲击为政策制定者把经济推向一个新的、更低的通货膨胀并且没有衰退的目标水平提供了机会。永久降低通货膨胀的标准机制是提高每一通货膨胀水平的实际利率。中央银行通过把货币政策反应曲线向左移动来实现。货币政策反应曲线的向左移动同样使动态总需求曲线向左移动,这就使产出低于潜在产出,创造了一个衰退缺口,使得通货膨胀存在下行的压力,结果通货膨胀向新的、更低的目标水平靠近。这就是连接应对经济衰退的货币政策和通货膨胀下降的机制。

这里就是中央银行怎样利用正面供给冲击创造出的机会。因为在生产成本下降之后,潜在产出并没有变化,长期实际利率也没有变化,所以这意味着一个更低的目标通货膨胀水平在当前每一通货膨胀水平下对应着更高的实际利率(如图22.9A所示,货币政策反应曲线向左移动)。为了应对正面供给冲击,倾向于更低通货膨胀水平的政策制定者将提高利率,这将使动态总需求曲线向左移动,直到新的短期总供给曲线 $SRAS_1$ 与长期总供给曲线 LRAS 的交点。如果政策制定者选择了这一过程(见图22.9B),产出将不会超过潜在产出。①

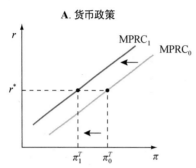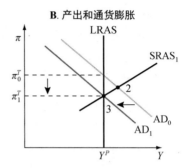

注:通货膨胀目标值从 π_0^T 下调到 π_1^T,使货币政策反应曲线从 $MPRC_0$ 左移到 $MPRC_1$。

注:当存在正面供给冲击时,政策制定者可以降低通货膨胀目标值,使动态总需求曲线从 AD_0 移动到 AD_1,经济均衡点移动到点3。

图22.9 降低通货膨胀目标

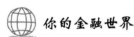 你的金融世界

如何稳定消费

经济稳定可以增进福利。这是货币金融学的第五个核心原则,也是中央银行的工作原则。稳定的经济可以使我们更容易地稳定自身的金融生活。作为个体,我们关心账单的支付以及生活状况的稳定。结束于2009年的经济危机强调,个人收入的不稳定会使得个人消费不稳定。

在前面的章节中,我们学习了怎么利用金融体系减少我们在每天生活中所面临的风险。我们讨论了人寿保险、汽车保险、伤残保险,我们也讨论了为防范灾难而进行应急储备的需要。但是,尽管这样,应急储备有时也是不灵的。为了应对这种情形,我们还有信用。

个体有两种方式利用信用。第一,他们借钱购买价格昂贵的东西,像汽车和住房。他们不需要先备好全部款项以支付现金。如果没有了抵押贷款,很少有年轻人可以有财力购买住房。第二,借款的能力意味着一个失业的人(已经用完了他或她的储蓄)在找到新工作之前,有东西吃有地方睡。借钱可以使得个体保持自己对商品和服务(消费)支出的稳定,尽管收入可能发生波动。

尽管信用可以帮助我们使我们的消费变得稳定;然而,这只是一个权宜之计,我们应

---

① 让我们再一次回顾,在长期均衡点上,通货膨胀水平必须等于预期通货膨胀水平。所以,如果在正面供给冲击之后,政策制定者可以选择降低他们的目标通货膨胀水平,通货膨胀的预期也会下降。

该在尽可能短的时间内运用它。贷款是需要还的,借款进行当前消费需要我们尽快地还款。2007—2009 年的金融危机(包括抵押贷款和其他个人信用违约记录量)显示出信用是很危险的。

22.2.2 导致"大缓和时期"的原因

无论如何,20 世纪 90 年代是值得我们记住的。信息时代的到来,把电脑化的恩惠带到了我们的生活中。因为互联网,我们在家、在办公室都可以利用令人难以置信的虚拟图书馆。

更特殊的是,在 20 世纪 90 年代,我们进入了前所未有的经济稳定期——"大缓和时期"。1991—2001 年,美国经济在产出上没有遭遇直线下降。在这 10 年的稳定增长中,通货膨胀水平低位运行:从 1991 年的 5% 降到 20 世纪 90 年代末期的不到 2%。比较 20 世纪 80 年代和 20 世纪 90 年代,研究者发现通货膨胀和经济增长的易变性程度减弱超过一半。[①] 如果你再回顾一下图 22.1 和图 22.6 就会发现,1982—2007 年的通货膨胀水平和经济增长都比以前更加具有持续稳定性。

这种繁荣和稳定在发达国家中普遍存在。观察 63 个国家的可靠的截面数据,我们可以发现,20 世纪 80 年代和 90 年代的通货膨胀下降得很剧烈,通货膨胀率的中位数从 1985—1994 年的年均 7% 下降到 1995—1999 年的 3%;平均通货膨胀率下降得更加剧烈,从 83% 下降到仅 8.5%。在 63 个国家中,通货膨胀率上升的仅有 10 个。

对于这种异常的经济表现,有三种可能的解释:第一种是每个人都非常走运,20 世纪 90 年代仅仅是一个例外的经济稳定期;第二种是经济在外部经济干扰下变得更加富有弹性;第三种解释是货币政策制定者知道了怎样更有效地做好本职工作。哪一种是最有可能的呢?

20 世纪 90 年代仅仅是因为好运气是很难令人信服的。确切地说,对于金融市场,这 10 年并不是一个稳定期。主要的经济危机发生在拉丁美洲和亚洲,长期资本管理接近于崩溃,使得债券市场瘫痪。原材料价格波动剧烈。石油价格在 1990 年高于 35 美元/桶,到了 1998 年年底变成低于 12 美元/桶,之后在 2000 年年底的时候,石油价格一路上升至 30 美元/桶。

如果外部经济干预的规模和频率没有消除,其他因素会抵消这种影响。信息技术的进步使厂家在应对市场需求变化时更有回旋余地,结果生产过程中每个阶段的存货都大幅度地减少。在持续的生产过程中,从 20 世纪 90 年代早期到 2002 年年初,准时制供应方式使得存货与销售比下降了一半。今天,一家汽车组装厂手中的存货只够使用几个小时的,其余的都在运往该厂的途中,而它们到达时则刚好被用到。同样,像沃尔玛和塔吉特

[①] 这种稳定性的减弱被 Margaret M. McConnell 和 Gabriel Perez Quiros 详细记载在 "Output Fluctuations in the United States: What Has Changed since the Early 1980s?" *American Economic Review* 90(December 2000), pp. 1464—1476。

这样的超级市场和超级仓库,大多数商品拥有 1—2 天的存货,结果它们在应对需求和市场变化时变得更有弹性。

尽管在存货管理上的进步确实是 20 世纪 90 年代长期繁荣和稳定的部分原因,但是对 2001 年 3 月开始的衰退的所有描述都指向存货调整的影响。持续比较久的问题出现在高新技术部门(半导体、电脑、通信设备),存货在 2007 年开始的经济危机中迅速下降。因此,尽管美国经济变得更加富有弹性,但还没有足够弹性来阻挡非预期事件带来的波动。

从 20 世纪 80 年代早期直至 2007—2009 年经济危机期间,金融创新在降低经济波动上可能起到了一些作用。在抵押贷款和个人信用形式方面的创新使得美国家庭可以更容易获得贷款。结果,在临时收入波动期间,他们更有能力使自己的消费更加平稳(参见本章"你的金融世界:如何稳定消费")。① 然而,就像我们知道的那样,在金融危机中,提高风险性负债的水平最终导致抵押贷款和个人信用的违约记录处于高峰。在危机中丧失了信用解释了始于 2007 年的经济衰退的深度和持久度。

那也使得货币政策成为经济表现良好的唯一解释。现在经济学家比 20 年前能够更好地理解怎样实施货币政策。为了成功保持通货膨胀水平处于低的稳定水平,同时保持经济增长率处于高的稳定水平,中央银行必须在通货膨胀水平上升时提高利率,在通货膨胀水平下降时降低利率。一个例子就是泰勒规则(Taylor rule),即通货膨胀每上升 1 个百分点,利率就必须提高 1.5 个百分点来应对。通过关注长期的通货膨胀水平,政策制定者已经成功地降低了通货膨胀率,使之保持在较低的水平。

尽管使通货膨胀率处于较低水平且保持稳定是减少经济波动的必要条件,但是始于 2007 年 12 月的经济危机显示,这并不是充分条件。低通货膨胀水平并不能阻止 2007—2009 年金融危机的爆发。历史还显示,这样的危机往往伴随着严重的衰退(大萧条时期就是典型的例子)。这场危机是"大缓和时期"的结束,或仅仅是"大缓和时期"中的一个例外,至今仍不为人所知。如果在此期间,家庭和企业不能或者不乐意使用信用使自己的消费水平平稳,那么政府政策制定者持续保持 1985—2007 年的经济低波动性是非常困难的,即使他们非常有效地把通货膨胀水平保持在较低的水平。

22.2.3 当潜在产出变化时会产生什么后果

为了把注意力放到动态总需求曲线和短期供给曲线移动的影响上,我们一直忽略了潜在产出的变化。但是潜在产出确实是变化的,并且对于产出和通货膨胀的短期移动与长期均衡来说,潜在产出变化的影响是非常重要的。

为了理解当潜在产出发生变化时会发生什么,让我们研究因生产力水平的提高而使潜在产出 Y^p 上升的结果。首先,回忆一下 LRAS 是垂直于某一点的,并且在这一点上,当前产出等于潜在产出。因此,当潜在产出上升时,这条线将向右移动。但是,那并不是全部。生产力的提高使生产成本下降,所以它也是一个正面供给冲击,这将使 SRAS 向右移

---

① 例如,参见 Karen E. Dynan, Douglas W. Elmendorf, and Daniel Sichel, "Can Financial Innovation Help Explain the Reduced Volatility of Economic Activity?" Federal Reserve Board, FEDs Working Paper No. 2005—54, August 2006。

动。但是 SRAS 移动多少呢？回忆一下第 21 章，SRAS 与 LRAS 相交于一点，在这一点上，当前通货膨胀水平等于预期通货膨胀水平（此时生产成本不会再变）。在潜在产出增长之后，预期通货膨胀并不会改变，所以 SRAS 与 LRAS 有相同的变化距离。这样，我们可以总结出：潜在产出的增加既可以使长期总供给曲线右移，又可以使短期总供给曲线右移（见图 22.10A）。

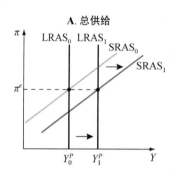
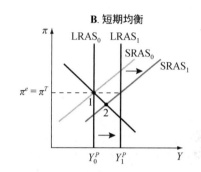

注：潜在产出的增加使 SRAS 和 LRAS 都向右移动。在移动前后，SRAS 与 LRAS 在 $\pi = \pi^e$ 点相交。

注：短期经济均衡点从点 1 移动到点 2。

图 22.10　潜在产出的增加

潜在产出增加后的短期影响是显而易见的。在短期，产出和通货膨胀是由短期总供给和动态总需求决定的，潜在产出的增加并不会影响产出的需求数量，所以总需求是不会变的，图 22.10B 显示了发生的一切。经济最初处于点 1，在这一点上，初始短期总供给曲线（$SRAS_0$）与动态总需求曲线（AD）相交。在这个初始均衡点上，产出等于潜在产出（Y_0^P），通货膨胀水平等于中央银行的目标通货膨胀水平（π^T），也等于预期通货膨胀水平（π^e）。当潜在产出增加到 Y_1^P 时，短期和长期总供给曲线分别移动到 $SRAS_1$ 和 $LRAS_1$。从短期来看，新的均衡点是点 2，$SRAS_1$ 与 AD 在这里相交。我们可以从图中看出，初始产出更高，初始通货膨胀水平更低。

接下来会发生什么呢？从长期来看，产出必须向潜在产出的最新水平 Y_1^P 靠近，相关的路径取决于货币政策制定者的决策。如果他们对于目标通货膨胀水平很满意（目标通货膨胀水平已经相当低了），那么他们就会采取措施使经济向新的长期总供给曲线（$LRAS_1$）上的点移动，以使通货膨胀水平符合初始目标。但是伴随更高水平的潜在产出的是更低的长期实际利率，使通货膨胀回归更高（初始）的水平意味着使货币政策反应曲线向右移动。货币政策的变化使动态总需求曲线向右移动。政策的调整将推高产出和通货膨胀水平，直至它们到达新的长期均衡水平（在这里产出等于 Y_1^P），通货膨胀水平等于它的初始目标（等于期望通货膨胀水平）。这一过程如图 22.11 所示。

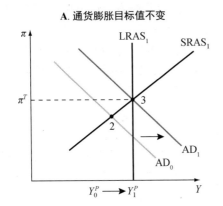
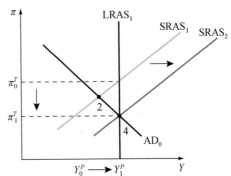

注：如果潜在产出增加而政策制定者的通货膨胀目标值不变，就必须把动态总需求曲线右移，产出和通货膨胀水平便移动到点 3。

注：如果潜在产出增加，政策制定者想降低通货膨胀目标值，这就使经济均衡点移动到点 4。

图 22.11　潜在产出增加后的政策选择

就像我们之前看到的那样，正面供给冲击为政策制定者降低通货膨胀目标水平创造了机会。在货币政策没有连续变动的情形下，在图 22.11B 中的点 2 存在一个衰退缺口——当前产出小于潜在产出，所以对生产成本具有向下的压力，使短期总供给曲线向右移动，进而使得通货膨胀水平更低。我们知道，SRAS 持续移动直至产出等于潜在产出。图 22.11B 显示，这一过程很自然地把我们带向了点 4，在这一点上，产出等于新的更高的潜在产出 Y_1^P，通货膨胀水平低于初始通货膨胀目标水平。通货膨胀水平更低，货币政策制定者就有机会降低通货膨胀目标水平。他们可以通过确保 AD 没有移动来做到这一点，这意味着保持货币政策反应曲线在初始位置。①

20 世纪 90 年代，美联储政策制定者充分利用了提高潜在产出使美国的通货膨胀保持在较低的水平。回顾一下图 22.1，通货膨胀水平从 1990—1991 年经济衰退结束时的 5% 下降到 1998 年的 1.5%。这种下降是发生在经济繁荣时期的。20 世纪 90 年代后半期，经济增长率比之前的 20 年平均高出 1.5 个百分点。1996—1999 年，美国生产力水平（和潜在产出）比 1975—1995 年增长得更快。实际上，经济的长期总供给曲线向右移动了，此时，美联储把他们的潜在通货膨胀目标从 5% 下调至 2% 以下。在当时，这被叫做"**相机反通货膨胀**"（opportunistic disinflation）。**反通货膨胀**（disinflation）是用来描述通货膨胀水平下降的术语；"相机"（opportunistic）是用来表明有调低通货膨胀目标水平的机会。② 在 20 世纪 90 年代，美联储的货币政策制定者发现了这种机会，使得他们可以采取正面供给冲击永久地降低通货膨胀水平。

通过对经济周期波动的讨论，我们找出了使总产出需求量变动的最主要的原因。这

---

① 回顾一下，中央银行通货膨胀目标水平的下降使货币政策反应曲线向左移动。但是在这个案例中，那将弥补其向右移动的影响。这种向右移动是长期实际利率下降的结果，而长期实际利率下降是由潜在产出的上升引起的，这样将使货币政策反应曲线的位置保持不变。

② 反通货膨胀与通货紧缩有很大区别。通货紧缩是通货膨胀的对立面，意味着总的价格水平连续下降；而反通货膨胀意味着使通货膨胀下降。

将引导我们把注意力转移到动态总需求曲线怎样变动才会改变它与向右上方倾斜的短期总供给曲线交点的位置,进而使总产出水平和通货膨胀水平发生变动。

另一种对经济周期波动的替代解释将注意力放到了潜在产出的移动上。这种观点被称为**真实经济周期理论**(real-business-cycle theory),它始于如下假设:价格和工资都是富有弹性的,使得通货膨胀水平可以迅速调整。也就是说,当前产出与潜在产出发生偏离时,短期总供给曲线会迅速发生移动。这种假设提出,短期总供给曲线是独立的,是不相关的。均衡产出和通货膨胀水平是由动态总需求曲线与长期总供给曲线的交点决定的,在这一点上,当前产出等于潜在产出。因此,动态总需求曲线的任何变动(不管变动的来源)都会影响通货膨胀水平而不是产出。总支出的变化和货币政策的变化都不会对产出水平产生影响,因为通货膨胀水平最终依赖于货币的增长水平,是由货币政策决定的。

为了解释经济衰退和经济繁荣,真实经济周期理论家关注潜在产出的变动。他们把注意力放到了生产力的变化以及这种变化对GDP的影响。生产力是在一定的投入水平下对产出的衡量。生产力的提高意味着在一定数量的资本和劳动力下GDP的提高。生产力的变动既可以是临时性的,也可以是长久性的。这样变动的例子包括可以利用的原材料供应数量的变动、对劳动力与产品市场监管政策的变化,以及发明或者管理创新(这些可以扩展经济生产的容量),所有这些因素都会使潜在产出发生移动。根据真实经济周期理论,这些是产出变动的所有来源。①

22.2.4 全球化对货币政策的影响是什么

如果你看看你所穿的衬衣或者裤子的标签,很有可能会发现,它们是来自菲律宾、柬埔寨、越南或亚洲的其他地方。原因是,在劳动力低廉的地方生产服装会带来更低的生产成本。结果是,这些衣服在美国价格很低——交易使价格变低。但这样,美国的通货膨胀水平是不是很低呢?

理解国际贸易对宏观经济的影响的简单方式是,像考虑生产力可以提高技术进程那样来进行。服装生产从国内工厂搬到国外工厂,与美国生产厂商在本国发现了生产同样东西的廉价生产技术一样;并且,技术进步提高了潜在产出。这就是我们所理解的。

回顾一下前面的章节,潜在产出的增长使得长期和短期总供给曲线都向右移动,使得经济沿着动态总需求曲线向这一点移动。在这一点上,产出很高,通货膨胀水平很低,如图22.10所示。从长期来看,产出会靠近更高水平的潜在产出;但是,就像我们在之前章节中讨论过的那样,长期通货膨胀水平依赖于货币政策制定者的反应。我们的结论是,全球化和贸易确实在短期内降低了通货膨胀水平,并且能够提供使通货膨胀长久下降的正面供给冲击的机会。

在短期内,全球化对通货膨胀水平有着很大的影响吗?为了弄明白,我们来看看下面这一系列数据。第一,对于我们购买的进口产品,我们很大一部分钱花在了国内运输和零

---

① 更多的关于真实经济周期理论的细节讨论参见 Charles Plosser,"Understanding Real Business Cycles," *Journal of Economic Perspectives*, 3, no.3 (Summer 1989), pp.51—77。

售商店的成本上。进口商品成本中的国内部分在不同的商品上差别很大：对于玩具和服装来说，国内部分占据了90%；对于汽车来说，国内部分占据了10%；平均水平是1/3。第二，典型家庭中总商品的8%是进口商品。把第一和第二结合在一起可以推断出，进口商品的价格占到了家庭商品总价格的6%。这与"教育与交流"或者"医疗护理"（参见第20章"你的金融世界：理解通货膨胀的统计指标"）的重要性是一样的。

进口商品价格的变化对整体通货膨胀水平有多么重要呢？如果进口商品价格是稳定的并且突然下降了5%（就像2001年发生的那样），就会以每年0.3%的方式使通货膨胀水平下降。即使每年的通货膨胀水平是相对低的2%，这种影响也是适度的。在长期，$MV=PY$，所以在速率不变的情况下，通货膨胀率等于货币增长率减去潜在产出增长率（$\pi = \%\Delta M - \%\Delta Y^p$）。我们不能回避这么个事实，即国内通货膨胀水平与国内的货币政策有着紧密的联系。

22.2.5　货币政策制定者能否区分衰退缺口与潜在产出下降

在整个20世纪60年代，年均GDP增长率超过4%。但是在20世纪70年代早期，美国的GDP增长率开始下降。1974年，经济增长率下降到3.5%，这是一场严重的经济衰退。然而，当这些发生时，通货膨胀水平却一路飙升，从1973年的3%一路狂飙到1975年的12%（见图22.1和图22.6）。当这样的情形发生时，通货膨胀水平在产出下降却反而上升时，适当的政策取决于潜在产出是否下降。如果潜在产出很低并且长期实际利率很高，那么货币政策制定者须使货币政策反应曲线向左移动，在每一通货膨胀水平上设置较高的政策控制利率水平。这样，可以使通货膨胀水平和预期通货膨胀水平保持在中央银行的目标通货膨胀水平之内。相比之下，如果产出下降和通货膨胀水平上升同时发生是供给冲击的结果，而供给冲击可以使短期动态总供给曲线向左移动，那么政策制定者应该使经济回归到它的初始点。区分衰退缺口和潜在产出的下降是至关重要的。

20世纪70年代那场危机的大概原因是石油价格的攀升，从3.56美元/桶涨到11.16美元/桶。生产成本的上升是一个极大的负面供给冲击。毫无疑问，通货膨胀水平上升而产出下降。但是，正确的应对措施取决于当时的潜在产出是如何变化的。回顾一下，当石油价格上升时，经济生产容量就会下降，并且潜在产出随着下降。在当时，政策制定者没有意识到这一点。相反，他们认为，低水平的产出意味着衰退缺口。这导致了不合理的应对措施，使得通货膨胀水平上升，并且在高水平上运行了更长的时间。

我们可以运用总供给-总需求模型理解区分潜在产出变化的重要性，并且分析在1970年美国政策制定者采取错误措施的后果。为了做到这一点，让我们分析以下两个例子。第一个例子，供给冲击可以推高通货膨胀水平，拉低产出水平，但是潜在产出是没有变化的，所以会存在一个衰退缺口。这就是我们在图22.5中分析的例子。在供给冲击发生之后，政策制定者将有一个机会。他们既可以维持通货膨胀目标不变，也可以沿着未改变的货币政策反应曲线调整利率，或者改变通货膨胀目标。就像我们在本章前半部分看到的那样，正面供给冲击会提供一个令人愉快的选择——允许产出先提高再下降，或者使通货膨胀永久性地保持在一个较低的水平。相比之下，负面供给冲击提供了两个不那么吸引人的替代选择。政策制定者既可以允许产出长久地保持在潜在产出之下,使通货膨胀水平下降;也可以提高通货膨胀目标。中央银行很难相信其通货膨胀目标太低了,所以为了使通货膨胀水平回归初始目标,它们经常允许衰退缺口的存在和发展以应对负面供给冲击。在操作层面上,这意味着在产出开始下降的同时,沿着未改变的货币政策反应曲线来提高利率。

然而,如果负面供给冲击伴随着潜在产出而下降,那么情况就不同了,如图22.12A所示。在开始时,经济向点1移动。在点1,通货膨胀水平很高,产出很低。到目前为止,与潜在产出没有改变相比,事情都是一样的。但是,接下来发生的就不一样了。在点1,现在有了扩张缺口。尽管产出已经下降了,但是潜在产出下降得更多,并且产出保持在新的更低的水平 Y_1^P。在货币政策反应曲线没有任何改变的情形下,经济开始向点2移动。也就是说,通货膨胀水平继续上升,产出继续下降。

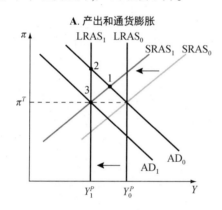 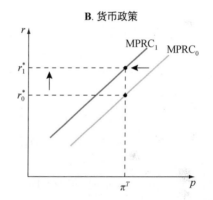

注:潜在产出的下跌使短期总供给曲线和长期总供给曲线向左移动。刚开始,经济均衡点移到点1,在这一点存在扩张缺口,对生产成本有向上的推力。如果货币政策不改变,SRAS开始向左移动,使通货膨胀水平继续上升。

注:潜在产出的降低使长期实际利率上升,政策制定者必须将政策反应曲线从 $MPRC_0$ 移动到 $MPRC_1$。政策反应曲线的移动使动态总需求曲线从 AD_0 移动到 AD_1,经济均衡点移动到点3而不是点2。

图22.12 潜在产出的下降

对于政策制定者来说,挑战来自弄明白潜在产出的下降及其是否提高了长期实际利率。在这些情形下,保持通货膨胀的目标水平需要货币政策反应曲线向左移动,就像图22.12B展示的那样。政策制定者需要比在有衰退缺口的情况下提高更多的实际利率。

20世纪70年代末期,在连续的5年里,通货膨胀水平一直超过6%。1979年,美联储意识到它们对潜在产出的估计太高了,需要提高利率以阻止通货膨胀水平上升的势头。在接下来的5年里,紧缩的货币政策最终达到了预期的效果。到1985年,通货膨胀水平又重新回落到5%以下。

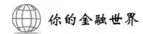 你的金融世界

GDP 核算存在的问题

为了保持政策控制利率水平不变,中央银行需要知道产出缺口有多大,而这又需要准确测定 GDP 规模的大小及其增长率。不幸的是,每个季度 GDP 的估计值会不断地被大幅修正,这使得 GDP 的准确估计变得更加困难(参见第 18 章"你的金融世界:经济历史是不断变化的")。这种修正的原因在于政府用两种不同方法估计的 GDP 必须一致。这就是问题之所在。

把经济看作一个整体的话,总支出必须等于总收入,即人们赚的每一分钱都必须花费在某件东西上。这样可以将产出按用途分为不同的种类(如消费、投资、政府购买、净出口),然后计算花在它们上面的支出,这也是计算 GDP 的一种方法。

由于一个人的支出是另一个人的收入,因此总支出必定等于总收入。这意味着我们可以把收入划分为不同的种类,通过计算国内总收入(GDI)来测量 GDP。收入可以划分为工资、租金收入、利息、红利收入,由于每个人都可能会缴纳所得税,测量收入应该是直接而简单的。

理论上收入等于支出,但是实际上并不一定。看看由经济分析局绘制的一张表,我们会发现一条标为"统计偏差"的直线,线上的数据表示收入法和支出法分别计算出来的 GDP 之间的差额,数额还比较大。1990—2009 年,两者的差额大约占名义 GDP 的 -1.3%—2.1%。表 22.4 展示了近年来的一些例子。由于名义 GDP 每年以大约 5%(通货膨胀率加上实际增长率)的速度增长,因此 GDP 统计偏差会给官方对总体经济表现的评估带来不小的麻烦。

表 22.4　总产出与总收入　　　　　　　　　　　　　　　(单位:十亿美元)

	1993 年	1997 年	2000 年	2009 年
名义总产出	6 667.4	8 332.4	9 951.5	14 256.3
名义总收入	6 531.6	8 346.3	10 085.5	14 047.1
统计偏差	135.8	-14.0	-134.0	209.2
统计偏差占 GDP 百分比(%)	2.0	-0.2	-1.3	1.5
名义 GDP 增长率(%)	5.1	6.3	6.4	-1.3

资料来源:商业部经济分析局,国民收入和产出账户表 1.1.5 和表 1.10。

统计偏差的现实影响就是它会使我们对当下实际产出水平的估计变得模棱两可,这使得货币政策的实施也变得异常困难。

22.2.6　政策制定者能否同时稳定产出和通货膨胀

经济周期的一种分析依据如下观点:短期产出和通货膨胀的波动既是由需求变动又是由供给变动引起的。并且,就像我们不断看到的那样,动态总需求曲线的移动使通货膨

胀和产出同向移动;短期总供给曲线的移动使得产出和通货膨胀反向移动。在本章前面,我们讨论了政策制定者通过移动货币政策反应曲线来抵消需求冲击(见图22.7)。

不幸的是,供给冲击是另一回事,没有办法抵消其影响。例如,我们来看一个负面供给冲击的例子:石油价格的上升提高了生产成本。它的直接影响是使产出下降、通货膨胀水平提高(见图22.5)。现在考察政策制定者可以应用的工具。通过移动货币政策反应曲线,中央银行可以移动动态总需求曲线。有没有一种途径来运用这种工具使经济迅速且成本最低地回归其初始长期均衡点?答案是没有。货币政策制定者可以移动动态总需求曲线,但是他们没有能力移动短期总供给曲线。并且,仅仅靠总需求曲线的移动是不能够迅速地使经济回归其长期均衡点。在这一点上,当前产出等于潜在产出,当前通货膨胀等于中央银行的目标通货膨胀水平。

但是,这远远没有结束。中央银行可以选择它们的措施力度来应对通货膨胀与目标通货膨胀水平的偏离(这种偏离是由供给冲击引起的)。它们可以选择设定货币政策反应曲线的斜率做到这一点,因为货币政策反应曲线的斜率决定了动态总需求曲线的斜率。政策制定者在使当前通货膨胀接近目标水平时的力度越大,其货币政策反应曲线就会越陡,动态总需求曲线就会越平坦。通过控制动态总需求曲线的斜率,政策制定者可以控制供给冲击对产出和通货膨胀水平的影响程度。这意味着,货币政策反应曲线的斜率(用多大的力度来应对通货膨胀水平与目标通货膨胀水平的偏离)确实是有关通货膨胀水平和产出相对不稳定性的一种选择。中央银行越想使通货膨胀稳定,产出就越不稳定;越想使产出稳定,通货膨胀水平就越不稳定。这个是需要权衡的。

为了弄明白政策制定者面临通货膨胀水平与产出相对不稳定性时如何权衡,我们可以比较以下两个政策制定者。一个是货币政策反应曲线相对陡峭(就像22.13A那样);另一个是货币政策反应曲线相对平坦(就像22.13B那样)。这样的话,第一个政策制定者将会更加关注使通货膨胀水平与其目标通货膨胀水平相一致。

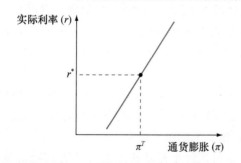

A. 保持通货膨胀接近目标值的激进政策

注:当通货膨胀上涨时,试图使通货膨胀接近其标值的中央银行会采用激进的政策改变利率。

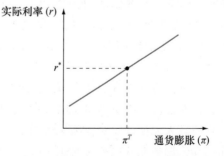

B. 保持当前产出接近潜在产出的谨慎政策

注:更加关心产出是否接近潜在产出的中央银行会使利率变化对通货膨胀上涨的反应不足。

图22.13 货币政策反应曲线的斜率

至于动态总需求曲线,图22.14A展示了这个相对平坦的AD曲线。平坦的AD曲线隐含着货币政策反应曲线是很陡峭的,这样的形态会使通货膨胀水平与目标通货膨胀水平之间很小的偏离就使得实际利率发生较大的变化。平坦的动态总需求曲线(这与图22.13A中陡峭的货币政策反应曲线相一致)意味着供给冲击可以对当前产出产生较大的影响。所以,生产成本的上升(如负面供给冲击)使得产出剧烈下降,进而产生了一个很大的衰退缺口。我们可以假设,产出缺口越大,对通货膨胀的压力就越大。一个很大的衰退缺口应该比一个很小的衰退缺口使通货膨胀水平下降得更快。事实上,政策制定者现在正在依赖这种机制,他们可以选择采用哪种方式。通过对供给冲击产生较大的反应,政策制定者可以使当前通货膨胀水平迅速地回归目标通货膨胀水平。然而,采用这种方式的成本是,它使产出大幅度地下降。通货膨胀水平稳定意味着产出不稳定。

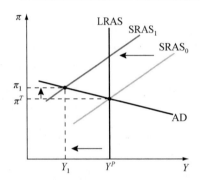

A. 保持通货膨胀接近目标值的激进政策

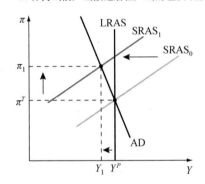

B. 保持当前产出接近潜在产出的谨慎政策

注:当通货膨胀上涨并且给产出带来了更大的波动时,试图使通货膨胀接近其目标值的中央银行会采用激进的政策改变利率。

注:更加关心产出是否接近潜在产出的中央银行会使利率变化对通货膨胀上涨的反应不足,导致通货膨胀更大地波动。

图 22.14　政策制定者的选择

图 22.14B 展示了在短期内当政策制定者对保持通货膨胀水平与目标水平一致给予较少的关心,而对保持当前产出等于潜在产出给予较多的关心时,会发生什么?当政策制定者更担心短期产出的波动,而不怎么担心通货膨胀的短期波动时,他们就会选择相对平坦的货币政策反应曲线。这样的话,即使通货膨胀水平与目标通货膨胀水平产生较大的偏离时,利率的变动也会很小,结果是一条较陡峭的动态总需求曲线,如图 22.14B 所示。在这种情况下,供给冲击发生之后会发生什么?通货膨胀水平会上升,进而产生了衰退缺口。但是这种缺口是很小的,所以对通货膨胀水平的向下压力是相对小的。结果,通货膨胀水平进行着缓慢的调整,使得通货膨胀水平在较高的水平下保持更长的时间,这比政策制定者采用较大力度的应对措施保持高通货膨胀水平的时间要长。

在选择采用多大的力度应对供给时,中央银行实际上是在决定怎样实施其稳定政策。他们是想确保通货膨胀水平与目标通货膨胀水平保持一致,还是想使产出与潜在产出保持一致?当面临供给冲击时,政策制定者是不能同时稳定产出和通货膨胀水平的。稳定了一个,另一个就会变得更加不稳定。货币政策制定者面临着通货膨胀与产出相对稳定性之间的权衡。

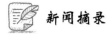 新闻摘录

通货膨胀担忧限制了美联储政策实施的灵活性

Krishna Guha

过去几天的贸易困境见证了太多:美国充斥着危机的经济前景预期最终噩梦成真;后者如何撼动了金融市场;美联储大展拳脚却受到了怎样的束缚。

由金融部门引起的后被经济衰退放大的信用萎缩趋势重现,由油价驱动的通货膨胀风险若隐若现,加剧了这种担忧。

上述情况使得"联邦行动"——美国中央银行使用货币政策消除增长危机——失效,这又引发了人们对经济增长的忧虑。

但是美联储仍有回旋余地。未来,它可以向银行系统投放更多的信贷资源,或者将信贷期限由1个月延长至3个月。这将释放出一种信号——美联储有延长针对投资银行的应急借贷期限(可能9月份才结束)的意愿。

这将使得或已经使得私人股权投资公司进军银行业变得更容易。但是,利率抑制将寿终正寝,再次提高利率对美联储来说只是时间和速度的问题。

政策当局一般不会迅速提高利率,但是也提醒我们注意:一旦他们下决心消除油价暴涨带来的通货膨胀风险,就不能排除他们也会这样做。

最近美联储发布的报告清楚地表明:经济增长有下行风险。换句话说,就是经济情况可能比预期的更糟。由于对新一轮复杂证券工具的票面价值降低、债务拖欠的担心,再加上急需筹集资金,最近几周许多投资者卖掉了银行股票。

信用危机爆发10个月后,金融部门风险的分布和程度仍不明朗。这让投资者甚为着急,他们也想知道危机结束后金融业的盈利模式是否还能继续。

现在银行股股价大多低于3月份危机最严重时(涉及投行贝尔斯登)的情况。银行业面临的压力使得实体经济将面临更长甚至更严重的信用萎缩。

由于消费极富弹性,这也部分地使得现在的经济深度衰退风险较3月份大大降低,但是并未完全消除。

更高的能源成本冲击着实体经济,使得陷入毁灭性更小但令人痛苦的经济停滞的可能性在最近几周大为提高。

同时,残酷的油价上涨极大地增加了持续通货膨胀抬头的风险。

许多分析师预测:在未来几个月,美国消费者物价通货膨胀指数将达到5%甚至更高的峰值。密歇根大学的调查显示,居民通货膨胀预期上升并将持续。

市场通货膨胀预期比较稳定,不含食品和能源的通货膨胀水平仅为2%,工资上涨也比较缓和。

相对于欧洲及新兴经济体,在面临通货膨胀上行压力时,周期性的增长乏力、失业增加及其劳动力市场结构的灵活性使得美国不会那么脆弱,但是威胁仍然存在。

美国中央银行意识到了增长面临的风险,这是没有及时提高利率的原因。但是,如果通货膨胀预期仍然持续高企或者核心通货膨胀率再创新高,美联储将放弃权衡策略,毅然

提高利率。

这种情况清楚地显示了美联储的抉择：选择经济停滞而不是滞胀——经济停滞与持续高通货膨胀并存。

资料来源：Copyright © 2008 by The Financial Times Limited. Reprinted with permission。

▶ **本文启示**

2008年中期，当这篇文章完成时，油价再创新高，将美联储置身于通货膨胀和经济下行的困境。它是应该提高利率应对通货膨胀还是降低利率应对衰退呢？当年夏天，经济前景充满不确定。当时，欧洲中央银行提高了利率水平，但是美联储表现得很坚决，早就把联邦基金目标利率降到2%。但是2008年9月雷曼兄弟的破产使得全球经济陷入低迷，并且使得通货膨胀风险降低，这使得美联储脱离了两难困境。到12月份中旬，美联储将其目标利率降至零附近。

关键术语 ▶▶▶

需求冲击　　　　　　　　　　　　　真实经济周期理论
反通货膨胀　　　　　　　　　　　　供给冲击

本章小结 ▶▶▶

1. 产出与通货膨胀的短期波动既可以由动态总需求曲线的移动引起，也可以由短期总供给曲线的移动引起。
   a. 中央银行目标通货膨胀水平的下降使动态总需求曲线向左移动。
      i. 短期内，产出与通货膨胀均下降。
      ii. 产生一个衰退缺口，对通货膨胀施加一个向下的压力。
      iii. 长期内，通货膨胀水平低于新的目标水平，产出回归潜在产出。
   b. 政府支出的增加使动态总需求曲线向右移动。
      i. 短期内，这将提高产出和通货膨胀。
      ii. 产生一个扩张缺口，对通货膨胀产生一个向上的推力。
      iii. 为了阻止通货膨胀水平的上升，货币政策制定者使货币政策反应曲线向左移动，进而提高每一通货膨胀水平下的实际利率。
      iv. 除非中央银行的通货膨胀目标水平发生变化，否则经济将回归到初始长期均衡点。
   c. 负面供给冲击使短期总供给曲线左移。
      i. 在短期，这使产出减少，通货膨胀上升。
      ii. 产生一个衰退缺口，对通货膨胀产生一个向下的压力。
      iii. 除非中央银行的通货膨胀目标水平发生变化，否则经济将回归到初始长期均衡点。

2. 应用总供给-总需求模型,我们可以看到:
   a. 稳定经济政策是指运用货币政策与财政政策稳定产出和通货膨胀水平。
      i. 货币政策可以被用来移动动态总需求曲线,进而弥补总产出数量的变化。实践中,信息缺失和政策变化影响的滞后使之很困难。
      ii. 财政政策可以被用来移动动态总需求曲线,但是及时且有效地运用财政政策是很困难的。
      iii. 正面供给冲击(使生产成本降低,使短期总供给曲线向右移动)为政策制定者永久地降低通货膨胀水平提供了一个机会。
   b. 更好的货币政策是美国经济从20世纪80年代中期到2007年高度稳定最有可能的解释。
   c. 潜在产出的提高使短期和长期总供给曲线向右移动,使得通货膨胀水平下降、产出上升,也会创造出一个扩张缺口。
   d. 经济全球化与潜在产出的提高具有相同的影响。长期来看,它会提高产出;但是,通货膨胀只有在中央银行调整其目标水平时才会改变。
   e. 对货币政策制定者来说,区分总产出数量的下降与潜在产出的下降是非常困难的,但也是非常重要的。
   f. 当短期总供给曲线移动时,中央银行面临对产出与通货膨胀水平相对不稳定性之间的权衡。

概念性问题

1. 给稳定经济政策下定义,并且说明它是怎样被用来降低经济增长与通货膨胀水平的不稳定性。稳定经济政策能否提高每一个人的福利水平?
2. 为什么稳定经济政策经常运用货币政策而不是财政政策?
3. 为什么财政政策在应对2007—2009年的金融危机时发挥了比平时更大的作用?
4. 假设经济已经移动到了这么一点,在这一点上,通货膨胀高于目标通货膨胀水平,产出低于潜在产出。从长期来看,为什么货币政策制定者不能把经济恢复到初始长期均衡点?
5. 为什么2008年的石油价格上升给美联储的政策制定者造成了一个非常困难的处境?
6. 在应对产出缺口时,技术变化会不会影响短期总供给曲线的移动速度?为什么?举几个具体的例子说明技术是怎样改变"调整的"速度的。
7.* 运用 FRED2(http://research.stlouisfed.org/fred2/)中的实际GDP数据,计算从1948年第一季度开始的、每一季度GDP变化的年百分率。绘制这些变化的百分率并且做出评论。运用相同的数据,计算1948—1984年和1985年以后至今这两个时期的GDP增长率的标准差,并且评论你的发现。
8. 解释从20世纪80年代开始的金融市场创新与产出不稳定性的潜在联系。在你的答案中,你应该考虑"大缓和时期"和2007—2009年的金融危机。

9.*假设进口商品消费支出占全体消费支出的比例从8%上升至24%,即美国家庭购买的所有非食品商品都是在国外生产的;同时假设进口商品占国内所有商品的平均比例是1/3。请计算当进口商品价格下降5%时,通货膨胀水平会下降多少。

10.*根据真实经济周期理论,货币政策能否影响短期或长期的均衡产出?

分析性问题

11. 经济已经陷入萧条,为了在短期内提高产出,政府官员决定减税。他们考虑大小相等的两种可能的减税方案。第一种方案是在一年内向所有人减税10%;第二种方案是在一年内免除低收入人群的税收,其他人的税收保持不变。就达到目标来说,与采用哪一种方案有关系吗?为什么?

12. 初始时,经济处于长期均衡点,运用总供给-总需求模型说明:如果消费者信心提高,在短期内,通货膨胀水平和产出会发生什么变化?假设中央银行没有采取任何措施,在长期内,通货膨胀水平和产出会发生什么变化?

13. 再一次考虑在第12题中有关消费者信心的提高。如果中央银行有义务保持初始通货膨胀水平,并且采取了紧缩的政策,那么在长期内,通货膨胀水平和产出会发生什么变化?用总供给-总需求模型比较第12题与第13题的结果。

14. 正面供给冲击(可以降低生产成本)怎样影响短期内和长期内的均衡产出和均衡通货膨胀呢?用总供给-总需求模型解释你的答案。在本题中,假设冲击不会影响潜在产出。

15. 假设中央银行采用正面供给冲击以达到一个更低的通货膨胀目标水平,而不是第14题所描述的那样(等待经济恢复到长期均衡)。运用总供给-总需求模型说明通货膨胀目标水平变化的影响。在中央银行采用或不采用正面供给冲击的情形下,运用图表比较降低通货膨胀目标水平的异同。

16.*假设一场自然灾难降低了整体经济的生产能力。均衡长期实际利率是怎样被影响的呢?假设中央银行保持目前的通货膨胀目标水平不变,说明这场自然灾难对货币政策反应函数的影响,以及对短期和长期均衡通货膨胀与均衡产出的影响。

17.*货币政策制定者观察到经济产出的提高,并且相信这是潜在产出上升的结果。如果他们是正确的,为了保持目前的通货膨胀目标水平,合适的反应政策是什么?如果他们是不正确的,产出的上升仅仅是由正面供给冲击引起的,其政策反应的长期影响是什么?

18.*一个国家以前是封闭的,现在开放了国际贸易,运用总供给-总需求模型说明这样一种情形:在长期内,这个举动会导致更低的通货膨胀水平。

19.*面对全球石油价格的冲击,为了减小随之而来的衰退缺口,货币政策制定者会怎么做?这样的政策的"权衡"是什么?运用总供给-总需求模型说明你的答案。

20.*你是如何运用总供给-总需求模型解释2007—2009年金融危机对通货膨胀和产出的影响的?

(注:题号后标注*的问题均指难度较大的题型。)

第 23 章
当代货币政策与中央银行面临的挑战

正如我们所看到的那样,2007—2009 年金融危机和它所带来的衰退是大萧条之后波及范围最广、代价最为惨重的一次。尽管金融危机开始于美国,但是它波及了全球经济。确实,很多国家的 GDP 从峰顶衰退到谷底的程度比美国还要严重(见图 23.1A)。

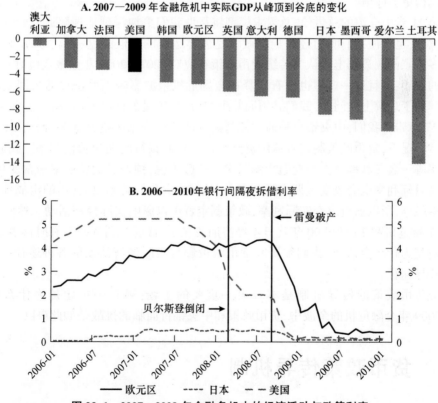

图 23.1 2007—2009 年金融危机中的经济活动与政策利率

注:美国峰顶到谷底的时间段为 2007 年第四季度到 2009 年第二季度;其他国家的峰顶时间点略有不同,但谷底时间点均为 2009 年第三季度。

资料来源:A 图来自 OECD 和作者计算;B 图来自日本银行、欧洲中央银行、美联储。

针对此次金融危机,货币当局的反应也是前所未有的。在美国、日本和欧洲的大部分地区,银行间拆借利率(中央银行政策的目标)跌至零附近(见图23.1B)。并且,许多中央银行运用一些非常规货币政策工具(包括政策持久性承诺、量化宽松政策和信用宽松政策)来弥补传统政策调节的不足,增强金融市场的稳定性。尽管货币政策并没有成功阻止金融危机的爆发,但是它对于抑制金融危机起到了重要作用。2009年中期,GDP不断下降的地区开始有所好转,并且大部分的经济体开始了增长。一些国家(如中国)的经济很早就开始恢复增长,这很大程度上是因为特殊的扩张性财政政策。

然而,很多观察者担心金融危机的余波将使接下来几年的经济前景变得暗淡。这些担心来源于财政状况的恶化——为应对危机,一些国家政府的负债大幅增加,不断刷新财政赤字的纪录。这种方式对世界金融体系的破坏是一个重大且普遍的问题。

在严重的长期经济衰退之后,往往是异乎寻常的经济反弹和复苏。但是从先前应对金融危机——大萧条时期和20世纪90年代日本经济的崩溃——的经验来看,政策制定者担心2007—2009年金融危机的复苏程度可能比正常情况下要低。他们认为,处于焦虑的银行将提高信贷成本和融资难度,投资者将在购买证券化资产时更加谨慎,美国家庭将更多地倾向于储蓄与更少的借款。政策制定者也清楚地意识到必须加强监管,这也使得金融中介机构更加谨慎。

在第21章中介绍的总供给-总需求模型将帮助我们更加深刻地理解通货膨胀和经济周期的波动,也会使我们明白经济稳定政策是怎样运行的。但是这一模型并没有解释为什么许多国家的政策制定者认为传统货币政策在应对2007—2009年金融危机时并没有起到应有的作用;而且这一模型也没有解释在金融危机余波影响下经济停滞后回复增长的可能性。为了理解上述问题,我们必须回归到"货币政策是怎样影响经济的"这个问题上。

第17章告诉我们,中央银行是通过控制其资产负债表来影响经济的;而第18章描述了在正常情况下,货币政策制定者运用资产负债表控制银行间隔夜拆借利率。我们知道,实际利率等于名义利率减去预期通货膨胀率。一般来说,预期通货膨胀率通常变化缓慢,改变政策目标利率也会改变短期实际利率。在第21章我们看到,总支出的组成部分对实际利率很敏感,所以通过改变实际利率,政策制定者可以影响实际经济活动。然而2007—2009年金融危机和20世纪90年代日本经济崩溃显示:常规的利率政策有时候也会失灵。为了弄清楚为什么会这样,我们须研究货币政策影响实际经济活动的各种途径——货币政策的传导途径。

研究货币政策的传导机制是本章第一重要的主题;第二个主题是为什么在应对2007—2009年金融危机的余波中,货币政策和中央银行面临的挑战是如此艰巨。

23.1 货币政策传导机制

中央银行一旦改变其资产负债表的规模,就会对经济产生连锁反应,这几乎会改变每一个人的行为。家庭将调整购买住房和汽车的消费支出,企业将重新考虑其增长速度和增长规模,汇率将变动,债券和股票价格将波动,银行将调整它们的资产负债表。事实上,我们很难找到没有受到影响的经济领域。为了充分了解常规货币政策是怎样发挥作用的,我们须研究在整体经济中政策控制的利率影响总需求的各种方式。这些都是**货币政策传导机制**(monetary policy transmission mechanism)的途径。我们首先研究传统的**利率渠道**(interest-rate channels)和**汇率渠道**(exchange-rate channels),接着研究银行的作用,最后研究股票价格变动的重要性。

23.1.1 传统渠道:利率和汇率

中央银行(如美联储、欧洲中央银行和日本银行)往往会钉住短期利率(一般是隔夜同业拆借利率)。对于美联储来说,常规政策的变动就是改变联邦基金利率。就像我们在第21章中看到的那样,货币政策制定者目标利率的变化代表着实际利率的变化,实际利率的变化对总支出有着直接的影响:实际利率越低,投资、消费、净出口就会越高。

让我们重新回顾一下这个过程。当实际利率下降时,融资变得更加便宜,所以企业更有可能进行项目投资,家庭也更有可能购买新汽车。实际利率的变化也会影响汇率。当实际利率下降时,投资者对美元资产的需求也会随之下降,进而增加美元的供给,从而使得美元贬值(参见第19章的图19.2)。也就是说,宽松的货币政策——我们指的是名义目标利率的降低导致实际利率的降低——将导致美元贬值;而贬值的美元会增加进口商品和服务的成本,这将导致进口减少。然而,贬值的美元会使美国的商品和服务相比于国外来说更加便宜,从而国际市场对美国的商品与服务有着更多需求。综合来看,进口减少、出口增加意味着更多的净出口或者总支出的增加。

尽管这些货币政策传导的传统渠道在理论上是可行的,但它们在实践上面临许多问题。尽管货币政策的变化确实会影响企业购买新设备和进行新投资时的决策,但是利率渠道并不是那么有效。一些数据显示,总支出中的投资对利率并不是非常敏感。对此我们不应该感到吃惊。第11章在讨论金融中介机构的后半部分,我们可以看到对于企业来说,信息不对称经常使得外部融资(无论是直接融资还是间接融资)变得困难和成本高昂。因此,很多投资都是通过企业自有资金融资来实现的。尽管利率的一个微小变化确实能够使外部融资成本发生变化,但是它对投资决策没有太大的影响。

短期利率的变化对家庭决策的影响也是非常有限的。因为人们在决定买车或者买房时是取决于长期利率而不是政策制定者的短期目标利率,所以只有在目标利率的变化影响长期利率时,家庭消费的决策在一定程度上才会改变。但是,整体的影响并不是很大。

至于货币政策对汇率的影响,实践与理论也不一样。在现实世界中,受政策控制的利率仅仅是在外汇市场上改变美元需求和供给的众多因素之一。第10章列举了很多影响汇率的因素:国内投资相对于国外投资风险的变化、美国消费者对国外生产的商品和服务偏好的变化、外国人收入和财富的变化。这些因素对汇率的影响可能远远超过货币政策对汇率和净出口的影响。

据此分析,我们可以得出结论:传统的货币政策传导渠道并不是很强有力的。然而,证据显示货币政策是很有效的。当政策控制的利率走高时,迫使总产出需求走低。动态总需求曲线是向右下方倾斜的。其他一些因素放大了货币政策变化对实际经济活动的影响;否则没有人会关心中央银行发布的周期性货币政策报告。为了探究其他因素之间的关联,我们转向对其他两种传导渠道的讨论:股票和房地产市场,以及银行的行为。

 **交易工具**

相关并不代表存在因果关系

假设我们发现某个社区的犯罪率越高,警察出动的次数越频繁,那么我们能推断是警察在引发犯罪吗?显然不能,这就好像我们不能认为医院里有很多医生是人们生病的原因一样。合理的逻辑推理的基本原则之一就是相关并不代表存在因果关系,即两个一起发生的事件可能并不意味着存在因果关系。

自然科学领域的研究人员从事可控实验时,他们可以轻松地建立实验变量之间的因果关系。科学实验告诉我们,抗生素的确可以消除感染,而不是服用抗生素以后恰好感觉好一点。但是在经济学领域,构建经济变量之间的因果关系要困难得多。我们如何能够确认货币政策对真实经济活动产生影响呢?尽管理论告诉我们,当政策制定者提高名义利率时会引起实际利率的上升,从而减少总支出,使实体经济活动减少;但是我们有任何能够揭示这种因果关系的严格证据吗?

答案就是我们确实有些证据能表明高利率与实体经济低增长之间的关系。回顾图21.17,你会发现这个现象:利率上升导致增长变缓。这是否意味着高利率导致了经济不景气?如果是油价上涨导致经济不景气的同时也促使政策当局为防止通货膨胀而提高利率呢?也就是说,如果有第三方因素导致利率上升同时使得经济不景气呢?在这种情况下,利率成为经济不景气根本原因的一个表象,根本原因在于石油价格上涨。

我们应该如何解决这个问题并且采取合适的货币政策防范经济波动呢?答案在于我们应该找到特定货币政策与这种第三方因素无关的确切证据。几年前,加州大学伯克利分校的 Christina Romer 和 David Romer 查阅了 1946 年以来美联储调整利率的记录。他们确定了联邦公开市场委员会的成员明确说明提高利率的目的在于防止通货膨胀,而每一次提高利率后都出现了经济不景气。Christina Romer 和 David Romer 认为,由于提高利率的目的在于防范通货膨胀,联邦公开市场委员会的行动并不是由当时的 GDP 水平而决定的;恰恰相反,货币政策才是决定当时的 GDP 水平的根本原因。* 凭借艰苦的努力和创造力,经济学家们最终能够将相关关系和因果关系区分开来。

* 参见 Christina D. Romer and David H. Romer, "Does Monetary Policy Matter? A New Test in the Spirit of Friedman and Schwartz," in O. J. Blanchard and S. Fischer, eds. , *NBER Macroeconomic Annual* (Cambridge, MA:MIT Press,1989) ,pp. 121—170。

23.1.2 银行信贷和资产负债表渠道

美联储每年对银行信贷实务进行四次民意调查,这项调查会涉及监管全国前 60 大银行信贷政策的高级信贷官员,同时这项调查也包含贷款需求和贷款供给的问题。从需求方面讲,这些问题涉及贷款申请者的数量和质量。从供给方面讲,这些问题涉及取得贷款的相对困难度以及借款者必须支付的利率。这项调查为货币政策制定者提供了很重要的信息。没有这项调查,货币政策制定者将无法确定新授贷款量是由供给变动引起的还是由需求变动引起的,新贷款数量下降是由于申请者数量下降还是信贷标准的提高,利差扩大是由于优质借款者数量下降还是银行更加厌恶风险。美联储的政策制定者关心这些问题的答案,因为一旦银行停止贷款,一些企业就不能为其投资项目融资,经济增速就会下降。

事实是银行对现代工业经济的运行是必不可少的。它们使资源从储蓄者流向投资者,并且解决了信息不对称所引起的问题。专业化的金融机构一方面仔细审查借款者,确保他们信用良好、值得信赖;另一方面监控贷款者,保证其按照承诺运用资金。同时,银行不仅是金融体系的中心,也是货币政策作用于经济的渠道。当政策制定者改变中央银行资产负债表的规模时,会立即对银行的资产负债表产生影响,因为这一行为影响了银行持有的准备金水平。为了完全理解货币政策的变化,我们须仔细考察货币政策是怎样影响银行系统的。也就是说,我们须研究政策变化对银行和银行信贷的影响。

银行和银行信贷　对于大部分的个人和企业来说,发行股票和债券的成本是相当高的。这些借款人很少能在资本市场上直接融资,只能选择去银行借款;而银行能够很好地解决小额资金借款人所面临的信息成本问题。小企业被银行拒绝贷款之后,将没有渠道去融资,那么它想要从事的项目将得不到资金支持。当银行停止贷款后,就会有相当多的资金需求方不能获得融资,因此银行信贷是货币政策影响经济的重要渠道。① 通过改变银行系统的资金供给,政策制定者可以影响银行贷款的能力和意愿,这种机制就是货币政策传导机制的**银行信贷渠道**(bank-lending channel)。

为了了解清楚银行信贷渠道是怎样发挥作用的,我们来看看公开市场购买会产生什么效果(见图17.2)。公开市场操作包括中央银行与银行系统之间有关准备金的证券交易。当中央银行从商业银行购买证券时,它就向商业银行支付准备金,所以在公开市场购买之后,银行拥有更少的证券和更多的准备金。准备金通常被支付很低的利息,这时除非银行管理者有所作为,否则他们的收入将下降;而银行很自然的反应就是借出更多的资金,赚取利息。这些新增加的贷款会通过银行系统的派生存款创造过程来发挥作用,进而增加了整个经济体系中的信贷供给。总之,公开市场购买对信贷供给有着直接的影响:使资金需求方从银行融资变得更加容易。

能够影响银行信贷的并不只有货币当局,金融监管者也可以。金融监管方面的变化(例如当银行推出某种形式的贷款时,监管者要求银行增加或者减少持有的资本金规模)也会对银行信贷规模产生影响。举个例子,1980年卡特总统授权美联储采取一系列的信用管制措施以缩减银行信贷时,降低产出和通货膨胀,随之而来的是一次温和的衰退。20

---

① 关于货币政策怎样和为什么能通过银行贷款和资产负债表传导的研究包括 Ben Bernanke and Mark Gertler, "Inside the Black Box: The Credit Channel of Monetary Policy Transmission," *Journal Economic Perspectives* 9 (Fall 1995), pp.27—45。

世纪90年代早期,也就是第一次海湾战争之后,经济并没有迎来一个强有力的复苏过程。在对有关历史记录仔细研究之后,我们发现令人失望的经济表现是银行信贷减少的直接后果。20世纪80年代的银行危机中,很多银行受到大额信贷损失的影响,银行资产负债表就非常脆弱了。当提高资本金的监管要求强加到已经不堪重负的银行时,直接后果就是信贷的萎缩。

图23.2绘制了对大型非农公司和小型非农公司信贷状况的调查结果。一条线显示了银行对大公司(年销售额大于5 000万美元)贷款实行信贷紧缩的百分比,另一条线显示了很难获得贷款的小公司的百分比(与上一季度比较)减去容易获得贷款的小公司的百分比的差额。这两种公司在经济衰退时都会面临信贷紧缩,而在经济繁荣时则不一样。然而值得注意的是,那些比大公司更加依赖银行信贷的小公司在经济复苏过程中有时依然面临信贷紧缩。① 图23.2显示了发生在1992年和2007—2009年金融危机中的情况,减少向值得信赖且想要扩张规模的小公司贷款或者减少向合格且想要购买住房的家庭贷款将减慢经济复苏的速度,这也是政策当局担心经济从金融危机引发的衰退中复苏要比从其他因素引发的衰退中复苏要脆弱得多的原因。

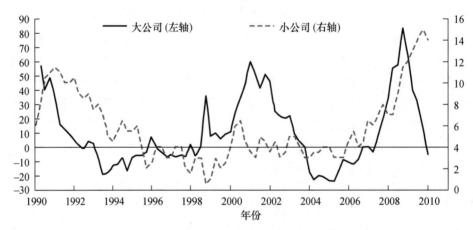

图23.2 不同规模公司信贷条件变化的调查数据

注:对于大公司,当数字大于零时,信贷状况趋于紧缩;反之,信贷状况趋于宽松。对于小公司,更高的数值表示公司比以前更加关注信贷状况。

资料来源:对于大公司,数据来自联邦储备委员会对所选银行的优先贷款的调查;对于小公司,数据来自国家独立商业联盟的企业调查,并得到其允许使用。

公司资产负债表与家庭净财富 除了对银行信贷意愿的影响外,货币政策对贷款者的信用价值或者至少他们所认为的信誉也有着影响。货币政策传导的**资产负债表渠道**(balance-sheet channel)之所以能够发挥作用,是因为货币政策对潜在贷款者的净财富有着影响;特别是宽松的货币政策提高了公司和家庭的资产负债表质量,增加了他们的净财富。反过来,这些净财富的增加减少了贷款者的道德风险和逆向选择,进而降低了贷款的

---

① 小公司对私人的非农经济活动有着重要的影响:它们的产出大约占了总产出的一半,它们每年创造新增工作机会总量的80%。参见Traci L. Mach and John D. Wolken, "Financial Services Used by Small Business: Evidence from the 2003 Survey of Small Business Finances," *Federal Reserve Bulletin*, October 2006, pp. A167—A195。

信息成本,使得贷款者更容易获得贷款。贷款者的净财富越高,借款者就更容易收回贷款,取得回报。

扩张性的货币政策提高贷款者的净财富有两种途径。第一,扩张性货币政策提高了资产的价格,增加了公司的价值和家庭的财富。股票价格和房地产价格的上升意味着净财富的增加,同时也意味着更低的信息成本和融资成本,伴随着房地产市场繁荣的房屋抵押贷款的增加就是一个例子。伴随着家庭财富的增加,银行更愿意放贷。

第二,扩张性货币政策能否提高借款者的净值与利率下降有关。很多贷款者在还款过程中仍然背负着贷款,更低的利率减少了还款的负担。对于企业来说,融资成本的下降拉大了收入和费用间的差距,进而提高了利润和公司的价值。对于个人来说也是一样的,当利率下降时拥有可变利率贷款的人将享受更低的利息支付。融资成本的下降减少了困扰着借贷关系的信息问题。为什么呢?为了评价贷款者的信誉,银行会调查个人的收入中有多少比例用于还贷。在低利率情况下,这个比例会降低,个体因而更可能符合申请大额贷款的条件。总之,当利率下降时,贷款的供给就会增加。

强调一下:信息是银行借贷和货币政策传导中资产负债渠道的推动力量。在金融体系中,信息服务是银行的核心,因为信息服务能够解决道德风险和逆向选择的问题。信息对银行的重要性,对我们理解金融体系与经济间的关系有着重要的作用。金融体系的不稳定(资产价格大幅的、不可预知的波动)以及大范围的破产会降低借款人提供资金的意愿。这意味着会计丑闻(就像在2001年和2002年困扰美国公司的那次事件)会对整个经济体系产生影响。当银行工作人员担心会计信息不准确时,他们很少会愿意放贷。劣质会计信息将导致逆向选择的增加,减少银行放贷,降低投资,进而降低总产出。

货币政策传导渠道依赖于金融体系的结构。在一定程度上,银行并不是公司和个体的重要资金来源,银行放贷的途径并不是极其重要。我们在本章最后部分将看到,伴随着贷款经纪人和资产支持证券的发展,银行放贷渠道变得没有以前那么重要;但是信息问题和由此产生的资产负债效应仍然会持续一段时间。尽管信息技术使得信息数量增长的过程变得更容易和更低廉,但这似乎也不太可能解决净财富作为贷款者信誉重要决定因素的逆向选择和道德风险。

 你的金融世界

别指望通货膨胀能助你脱离困境

当政策当局降低利率时,它们的目的在于鼓励借贷。中央银行知道低息抵押贷款可以促使人们购买以前支付不了的房产,而且低息的汽车抵押贷款可以促使人们提前购买新汽车。联邦公开市场委员会希望通过降低利率来刺激借贷以提高总产出。资本借贷增加对整体经济产生推动作用的同时,可能对某些个体会产生不利影响,即他们会进行超额借贷——超过自身承受能力的借贷。

而贷款是必须偿还的。通过仔细计算你在整个借贷期间内所能支付得起的还款额,你必须确保能偿还所借贷款。为避免透支,你不能在假设你未来收入会快速增长的基础上借贷。尽管通常情况下你的实际工资每年都会增长(经过通货膨胀调整),但是这种增长很有限。实际上从整体经济来看,工资增长率趋同于生产增长率,而生产增长率一般在2%—3%。所以,千万别以为未来工资上涨会帮助你解决现在借贷的预算困境。

指望工资增长帮助你削减债务就相当于指望通货膨胀解决你的预算困境。通货膨胀的确能帮助债务人减轻支付负担,但是如果美联储当局履行其防范通货膨胀的职责,那么指望通货膨胀能帮助你抵消债务也就变得事与愿违了。

23.1.3 资产价格渠道:财富和投资

当利率变动时,股票价格就会随之变动。特别地,利率的下降会推高股票价格。利率与股票市场的关系就是货币政策传导的**资产价格渠道**(asset-price channel)。为了理解这一点,我们必须理解为什么利率的变动能引起股票价格的波动,然后解释股票价格的波动又是怎样影响总产出的。

要了解利率是怎样影响股票价格的,先回忆一下如何计算股票价格——未来股息收入现金流的现值之和。利率越低,现值就越高,股票价格就越高。这种关系中包含着一个事实:宽松的货币政策会增强消费者和企业对未来经济增长前景的信心。更高的增长意味着更多的收入和利润,这些都会推高股票价格。实际上,因为当前股票价格在很大程度上依赖于对未来增长和未来利率的预期,当预期利率下调时,当前股票价格会变动。

货币政策影响房地产的方式与影响股票市场的方式是一样的。当政策当局降低利率时,它会使抵押贷款利率下降;抵押贷款利率的下降意味着对住房需求的增加,这样会推高现房的价格。

总之,当中央银行降低它的目标利率时,股票和房地产市场有可能会繁荣;紧接着股票价格和房地产价格影响到个人消费,也会影响企业投资。对于个人来说,股票和房地产价格的上涨意味着财富的增加。个人财富越多,人们就越愿意消费。如果股票价格足够高的话,股东就会购买他们心仪已久的名车或者去实现期待已久的豪华旅游。因此我们得出结论:更高的资产价格意味着财富和消费的增加。

股票价格的变动在影响消费的同时,还会影响投资。当股票价格上涨时,企业通过发行新股来融资将变得更加容易,即他们获得了在一级资本市场上融资的机会。想弄明白其中的缘由,看看这个简单的例子。公司股票价格突然上涨的同时,新投资的成本及其内部回报率都没有变化,但是在更高的股票价格下,融资确实变得更容易。回忆一下传统的利率渠道影响投资的方式:更低的实际利率意味着更低的融资成本,这将提高投资项目的回报率。因此当实际利率下降时,边际投资项目就会变得有利可图。股票价格上升的情况也是一样。当融资更加便宜时,更多的投资项目变得盈利。总之,当资产市场繁荣时,企业对于新设备和建筑物的投资就会增多。①

综上所述,货币政策的变化通过表23.1中总结的各种各样的渠道来影响总支出。每一种传导机制发挥的作用不一样,但是它们都带来相同的结论:当利率上升时,总支出将下降,总需求曲线向右下方倾斜。

表 23.1　货币政策传导机制

渠道	机制
利率(传统渠道)	更低的利率降低了投资的成本,使得更多的项目有利可图
汇率(传统渠道)	更低的利率降低了国内投资的吸引力,使本国货币贬值,净出口增加
银行信贷	宽松的货币政策提高了银行准备金和银行存款,进而使货币供给增加
公司资产负债表	更低的利率提高了公司的利润,使股东的净财富增加,减少了逆向选择和道德风险
家庭净财富	更低的利率提高了个人净财富及其信用水平,进而提高了他们的贷款规模
资产价格	更高的股票价格和房地产价格可以极大地促进企业投资和家庭消费

23.1.4　金融危机妨碍了货币政策的传导

货币政策是通过金融中介机构和资产价格来传导的,然而金融条件在2007—2009年的金融危机中恶化,甚至中央银行也在大幅度地降低利率,是什么妨碍了宽松的货币政策像往常那样向经济体系传导的呢?

答案是金融危机增强了信息不对称(道德风险和逆向选择),这对现代经济中的信用供给产生了影响。通常情况下,潜在贷款者信息质量的降低使得其很难得到贷款。但是在金融危机中,金融机构大范围地面临损失以及对自己损失高度的不确定,削弱了它们的偿债能力,使得它们可以利用的信用减少了。这里不愿放贷的情况不同于"柠檬"市场上购买者因认为某辆车是次品而不乐意购买的情况。总之,资金流动性降低。至于家庭和非金融公司,它们的净财富大幅度下降,这在很大程度上降低了它们的借款能力,因此它们只有削减开支。结果,经济前景恶化与影响消费的金融条件恶化之间不稳定地反馈循环,从而影响了支出。

上述过程开始于2006年,当时美国住房价格一路下跌,导致抵押贷款违约普遍上升,在美国和欧洲,许多贷款人面临巨大且不断扩大的损失。监管不力导致了许多高风险抵押贷款(参见第11章"危机的教训:信息不对称和证券化")。抵押贷款证券化和相关金融工具出现的亏损使得金融体系里的资金迅速萎缩(参见第12章"危机的教训:不充足的银行资本"),这导致金融机构被迫降低负债比,即去杠杆化(参见第12章"危机的教训:杠杆");它们甚至停止了相互之间的借贷(特别是在2008年9月雷曼兄弟破产之后),因为

---

① 这条推理就是被大家熟知的托宾q理论(Tobin's q-theory),它是由诺贝尔经济学奖获得者詹姆斯·托宾(James Tobin)首先提出并发展的。托宾提出了这么一个问题:一个公司的投资应不应该依赖于q(公司股份的市场价值与企业的厂房和设备的重置成本之间的比率)。当q大于1时(也就是说,公司股份的市场价值已经超过了厂房与设备的重置成本),对新的厂房和设备的投资相对于投资金融市场是更便宜的。当q小于1时,开始一项新的投资是不值得的。

它们担心对方的偿付能力(参见第3章"危机的教训:同业拆借"),或者是因为它们对谁将承担最终损失的不确定(参见第9章有关信用违约互换的讨论)。

上述问题的结果就是对融资渠道的激烈争抢,这几乎导致整体金融体系的崩溃。只有中央银行投放大量准备金和政府投入新资本,才能使金融机构与金融市场的功能得以恢复。在传统政策传导机制在金融危机中失效的情形下,美联储和其他中央银行运用了非常规政策机制直接影响可以提高消费支出的金融条件,比如对抵押贷款证券和商业票据的收购。在这期间,中央银行承诺在一个相当长的期间内(政策持久性承诺)保持低利率,这影响了投资者购买其他重要资产(像股票和私人债务)的意愿。

最重要的是,当政策传导机制失效时,中央银行不能再认为目标政策利率的降低可以使金融条件变得宽松。实际上,在2007—2009年的金融危机中,利率的降低并没有阻止整个金融条件的恶化,更不用说改善金融条件;并且,当政策利率为零时(在2008年后期,美国就是这么做的),进一步降低利率不再可行。

同样,当中央银行提高利率来减缓经济增长时,成功与否取决于金融条件是否做出反应。如果资产价格已经出现泡沫(就像2004—2006年的美国),中央银行的紧缩政策对经济的影响可能比平常更小。因此,为了达到经济与稳定价格的目标,中央银行就必须经常关注货币政策传导机制是否在发挥效用。

23.2 现代货币政策制定者面临的挑战

对于货币政策研究者和金融从业者来说,2007—2009年的金融危机是一个"改变游戏规则"的机会。确切地说,现在没有一个人会认为货币政策理论是严谨的——仅仅一些公式加上统计分析及电脑的帮助是不够的。为了更好地发挥自己的功能,中央银行须精确地理解金融体系和经济环境对货币政策变化做出的反应。

在理论中,中央银行的工作就相当棘手了,更不用说现代经济的动态性(令人向往的特点)特征使得这项工作更加困难。实际上,现代货币政策制定者面临一系列令人敬畏的挑战。在本节中,我们将研究三个挑战,这三个挑战在2007—2009年金融危机中变得更加突出。第一,股票价格和房地产价格有一种繁荣与萧条交替循环的趋势;第二,政策制定者的选择是有限的,就像我们看到的这个事实——名义利率不可能降到零以下;第三,经济和金融体系的结构一直在不断地变化,并且未来金融体系可能深受监管力度变化的影响。

 概念应用

日本发生了什么?

在经历了几十年的快速发展之后,日本经济在20世纪90年代陷入了停滞状态。为什么日本经济对日本中央银行长时期的低利率政策没有反应?解决这个问题需要我们仔细研究货币政策传导机制的不同渠道。在这个案例中,我们应把注意力放到资产价格传导机制和银行信贷传导机制上。

图23.3展示了令我们困惑的冰山一角:日本股票市场的崩溃。日经225指数(相当

于标准普尔500指数)从1989年年末的40 000点高峰下降到1992年的16 000点,下降了一半多。房地产价格下降得更严重,大城市商业地产的价格下降了几乎90%,其他资产价格的下降也一样严重。除了消费和投资大幅度下降外,借款者的信用和银行的资产负债表也受到了巨大影响。伴随股票和房地产价格的大幅度下降,借款者的净财富也不断地缩水,使得信息不对称问题更加严重,总支出也大幅减少。

图23.3　1984—2010年日经225指数

资料来源:日本银行。

当实际增长陷于停滞状态时,企业不再有能力偿还贷款。不良贷款数量激增,不断地侵蚀着银行的资本,并且使得贷款供给者在提供新的贷款时变得非常谨慎。截止到2000年,银行坏账占到了未还款总额的14%,而1993年的这一比例是3%。银行资本充足率在20世纪90年代是5.25%,而2000年时降至不到2.5%。[*]

不良贷款数量激增,使支持这些贷款的资产价值大幅度贬值,结果是一些银行几乎没有剩余资本金。本应该破产的银行出于政治原因被允许继续经营。[†]

既然存在这么多的公司破产和银行亏损,我们就不难理解日本中央银行的货币政策为什么几乎没有发挥作用。即使零利率也没有作用,因为通过降低利率来影响实际经济活动的渠道已经被破坏了。借款者没有融资渠道获得贷款,因此政策制定者没有能力移动动态总需求曲线或者改变它的斜率。为了挽救这些企业,银行系统应该建立在一个更坚实的基础上。

并不是所有的泡沫破灭都带来了毁灭性的打击。2000年,美国互联网泡沫破灭并没有带来像日本那样的长时间的萧条。尽管美国仍然遭受了日本那样的经历——财富减少、消费和投资需求下降、贷款者资产负债表恶化,但美国的银行拥有充足的资本,仍然能进行借贷,一个健康的金融体系的确能产生不同的结果。

---

[*] 对日本20世纪90年代金融体系更加全面的讨论参见 Anil K. Kashyap, "Sorting Out Japan's Financial Crisis," *Economic Perspectives of the Federal Reserve Bank of Chicago*, 2004, 4th Quarter, pp.42—55。

[†] 20世纪90年代日本经济的一个引人注目的特征是日本的相关监管者没有实施审慎的监管,没有关闭那些资本不充足的银行。采取宽容监管政策的原因是很复杂的,但其中两个原因是值得注意的。第一,缺乏完善的存款保险体系,当银行在破产清算时,监管者对如何清偿存款者的存款没有制定规划;第二,关闭银行意味着先要关闭违约的企业,这样的话就会造成大量的失业。这个原因更加重要。具体参见 Mitsuhiro Fukao, "Japan's Lost Decade and Its Financial System," *The World Economy* 26, no.5 (March 2003), pp.365—384。

23.2.1 房地产和股票市场的繁荣与衰落

几乎每个人都会同意,如果房地产价格和股票价格没有在飞涨之后突然崩溃,我们的生活会更加美好。美国住房价格前所未有的上涨和下跌是2007—2009年金融危机爆发的最根本原因。自从20世纪30年代的大萧条时期之后,美国的住房价格在随后三年内出现了全国范围内的下降,随后住房价格变化也不明显。住房价格一定程度上保持了稳定,因为通货膨胀抵消了住房价格的上涨。在金融危机前几年,住房价格经历了前所未有的飙升(见图23.4)。与此同时,一些人认为这是房地产泡沫,终有一天其将破裂并引起严重的经济衰退。另外一些人则认为,住房的基本面(如持续增长的家庭收入、较低的抵押贷款利率)和其他因素提高了支付能力,这又使得价格持续高涨。① 住房价格的崩溃结束了这场争论,并引发了比大多数悲观主义者所预期更加普遍和严重的经济与金融紧缩。

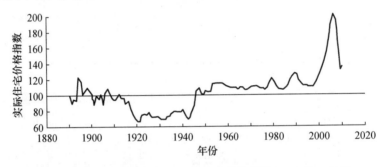

图 23.4　1890—2009 年美国实际住宅价格指数(1890 年 = 100)

资料来源:Irrational Exuberance, 2/e. Princeton, 2005. Reprinted with permission by Robert Schiller. Updates from: http://www.econ.yale.edu/~schiller/data/Fig2-1.xls。

资产价格的突然变化(就像美国住房价格泡沫那样)几乎影响了经济活动的各个方面。回想本章的第一节,我们可以看出资产价格的变化对消费和投资都有着直接的影响。泡沫——价格的骤升骤降——有着特别大的破坏力,因为泡沫创造的财富效应会引起消费的迅速增加然后迅速下降。股票价格泡沫——就像20世纪90年代末发生在互联网领域的那次——使得公司新投资项目的融资变得更加容易,投资繁荣后迅速崩溃(见图23.5)。因为用于支撑贷款的抵押物估价过高,随着价格的崩溃,发放贷款的金融机构的资产负债表遭到损害,这对经济产生的冲击程度——就像20世纪90年代日本的情况(参见本章"概念应用:日本发生了什么?")和2007—2009年的经济危机——取决于对金融体系冲击的严重程度。20世纪90年代末期互联网泡沫的破灭对经济的冲击相对较小,因为金融机构面临有限的信用风险,并且保持着充足的资本。就像我们在本章之前看到的那样,如果没有政府行动的话,2007—2009年的金融危机带给金融机构的损失会更加严重。

---

① 对这场争论的全面了解,可参见 Jane Dokko et al., "Monetary Policy and the Housing Bubble," Federal Reserve Board, Finance and Economics Discussion Series 2009-49, December 2009。

图 23.5　1984—2010 年纳斯达克综合指数

资料来源：Used with permission from *finance. yahoo. com.*。

开始于 2006 年的美国住房价格下跌给世界带来了毁灭性的影响，而这也将人们的注意力重新转移到货币政策当局应该怎样应对资产价格泡沫。2003—2006 年住房价格攀升的时候，美联储是否应该更早或者更大力度地提高利率？不管过去还是现在，这两个方面依然存在很多的争议。① "抵制泡沫"政策的支持者认为，稳定通货膨胀率和实际经济增长率意味着提高利率，以阻止处于初始阶段的泡沫的发展。如果成功的话，这项政策就会减少消费和投资泡沫，并且可以避免随之而来的崩溃。

干涉主义的反对者认为，当泡沫发展时我们是很难发现和辨别的。他们提到在 2004 年和 2005 年关于美国住房价格的争论，在那场争论中存在各种各样的观点。然而，我们说经济现象是很难衡量的，这并不是忽略它的借口。实际上，我们没有别的选择：就像我们在货币政策传导中所讨论的一样，宏观经济预测依赖于对未来财富和股票价格的估测。没有它们，我们是没有办法预测消费和投资的。

"抵制泡沫"政策的反对者过去常常认为，在泡沫破灭之前中央银行应该等待，并且在泡沫破灭之后应该迅速反应，采取一些政策措施限制泡沫破灭对经济的后续影响。他们举出大萧条时期和 20 世纪 90 年代日本经济崩溃的例子说明，如果中央银行试图利用利率政策去刺破泡沫会发生什么。他们还举出 2001 年美国温和的经济衰退——互联网泡沫破灭——说明在面对资产价格泡沫破灭时，政策是怎样熨平通货膨胀和经济的。

2007—2009 年的金融危机推翻了这个"完美"的观点：货币政策制定者可以坐等泡沫破灭之后再来收拾残局。在目睹了即使在政策利率低至零时金融环境依然崩溃以及经历了第二次世界大战后最严重的世界经济低迷之后，只有几家中央银行依然对在泡沫发生之后采用常规利率政策限制资产价格泡沫破灭所带来的冲击感到乐观。然而，中央银行依然担心利率是非常迟钝的工具，刺破资产价格泡沫可能须持续加息，而这可能对经济造成冲击并使得中央银行实现通货膨胀目标的可能性更小。即使在阻止住房价格泡沫时，

---

① 政府干预的一个早期例子可以在下文找到：Stephen G. Cecchetti, Hans Genberg and Sushil Wadhmani, "Asset Prices in a Flexible Inflation Targeting Framework," in William C. Hunter, George G. Kaufman and Michael Pomerleano, Eds., *Asset Price Bubbles：Implications for Monetary, Regulatory and International Policies*（Cambridge, MA：MIT Press：2002）, pp. 427—444。想了解与此相反的例子可以参见 Ben Bernanke and Mark Gertler, "Should Central Banks Respond to Movements in Asset Prices?" *American Economic Review*, May 2001, pp. 253—257。

使用加息政策也应该很谨慎,就像一位经济学家说的那样,"每天向天平加一点沙子,加到一定程度,它就会重于汽车"。

现在我们看一个关于反对使用利率应对资产价格泡沫的微妙例子:处理泡沫的合理的政策工具并不是利率而是我们在第 14 章所讨论的宏观审慎监管工具。根据这个观点,泡沫是最主要的威胁,特别是当它们与信用扩张联系在一起的时候。信用扩张使得金融体系暴露于资产价格崩溃的风险之中。因此,最好的应对措施就是调整监管规则(例如顺周期的资本金要求、系统性资本追加及银行资本保证金),禁止金融机构在经济繁荣时扩张风险信用的规模。宏观审慎监管可以帮助我们避免选择更具破坏性的政策:为了处理个别资产的泡沫而在经济体系中收紧利率。但是这种方法在限制风险资产泡沫增长时,依赖于监管者的远见和判断。

尽管 2007—2009 年的金融危机没有终止这场争论,但它极大地推进了这种讨论。①许多政策制定者仍然反对利用利率应对资产泡沫的想法,但是他们不再将其排除在外。现在,如果最好的宏观审慎监管措施在限制系统性危机时是失败的,使用利率应对资产价格泡沫就更有可能被看作在极端环境下的备选方案。

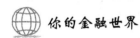

你的金融世界

了解通货膨胀水平

到目前为止,你应该已经确信通货膨胀对包括你自己在内的每个人都有害。然而,我们都不得不面临某种程度的通货膨胀。要应付通货膨胀首先应该对其有所了解。不管出于什么理由,你都应该了解当前的通货膨胀水平,比如你应当明白你的名义工资增长是否意味着你的实际工资增长。同时,尽管很多经济类新闻会告诉你名义利率,但是如果不衡量通货膨胀率,你就不能计算出实际利率。当你在做经济和金融决策时,你更应该对通货膨胀有所了解。

我们从随意观察到的日常现象中估计通货膨胀是不可靠的,因为我们大多数人会进行选择性记忆,从而倾向于记住那些我们经常购买的商品(例如食品和汽油)而不是那些不常购买但重要的商品(例如汽车、相机和计算机)的价格变化。调查表明大多数人高估了通货膨胀,因此经济统计数据更显得可靠。劳工统计局(美国计算消费者价格指数的政府机构)在网站上提供有关通货膨胀的数据信息,网址是:www.bls.gov/cpi/。

你在劳工统计局网站应该寻找什么样的资料呢?首先,不要花太多精力在每月的通货膨胀统计数据上,因为这些数据没有长期通货膨胀指标可靠。相反,你应该注意 12 个月以来通货膨胀数据的变化,特别是不包括食品和能源的测量数据。这些所谓的核心数据忽略了价格指数中极容易变化的部分,而它们会引起未来几个月数据的剧烈波动。例如,由于汽油价格在不同月份之间升降变化频繁,删除它们会使核心数据更能代表长期趋势。

---

① 有一种观点认为金融危机非常普遍地改变了货币政策实践,具体参见 Olivier Blanchard, Giovanni Dell' Ariccia and Paulo Mauro, "Rethinking Macroeconomic Policy," IMF Staff Position Note, February 12, 2010, SPN/10/03。

了解通货膨胀水平对你的金融决策至关重要。如果你不了解通货膨胀水平,你就不会知道你储蓄所得利息或贷款利息是高还是低,你也不会对你下次的涨薪有恰当的估计。对通货膨胀的了解能让你更好地应对这些变化,知道你实际收到或支付的利率是多少以及你的实际工资变化了多少。

23.2.2 通货紧缩和零名义利率下限

在第 18 章,我们提到了名义利率不能为负——所谓的**零名义利率下限**(zero nominal-interest-rate bound)。投资者可以时刻持有现金,所以债券投资必须要有正的收益率来吸引投资者。这个观点可能让你感到吃惊,因为你会认为只有投资者才应该担心收益率,实际上不是的。名义利率不能低于零的事实给政策制定者设置了很多重要的限制。回顾图 23.1B,我们可以看到在美国和日本,2009 年的目标利率几乎接近零,欧洲地区稍微高一些。尽管世界经济在不断下行,但是政策制定者没有了进一步降低利率的空间。自从 20 世纪 90 年代日本实施零名义利率后,这种风险已经引起了世界范围内中央银行的关注。

零名义利率下限还引发了另一个严重的问题。为了理解其中原因,根据第 21 章和第 22 章的理论,我们可以建立一个宏观经济模型。我们考察能使总支出下降的经济冲击的后果,这个经济冲击可以由投资的下降引起(投资的下降是由经济前景的暗淡引起的),也可以由美元的升值引起(美元的升值是由国外投资环境恶化导致国外对美元的需求增长引起的),还可以由个人对未来经济信心的不足引起。不管是什么原因引起的,反正经济的不景气使得消费在每一通货膨胀水平和利率水平都下降,使得动态总需求曲线向左移动。总产出下降的直接后果是实际产出低于潜在产出,导致衰退缺口,使得通货膨胀承受着向下的压力。在正常的情况下,为了应对通货膨胀的下降,货币政策制定者将大幅降低名义利率,使实际利率下降。这样做会提高消费支出,进而提高实际产出以消除衰退缺口。

现在我们改变一下前提假设。假定当这个经济冲击发生时,通货膨胀率是零并且中央银行所能控制的目标名义利率也接近于零。在这些条件下,总需求的下降还将使得实际产出低于潜在产出,通货膨胀水平有着向下的压力。但是当通货膨胀水平下降时,通货膨胀水平将降至零以下,导致价格下降,结果就是**通货紧缩**(deflation)。

通货紧缩并不是一个问题,除非这个经济冲击(使得经济偏离长期均衡点)足够大,能够使产出下降到一个非常低的水平。在这个水平,政策制定者即使把名义利率降到零也不能使产出恢复。如果经济到了这个地步,就是中央银行的噩梦:通货紧缩,名义利率为零,实际产出低于潜在产出。衰退缺口给予价格更多的下行压力,使得通货紧缩更加严重。因为名义利率已经接近零了,政策制定者不能再降低利率,所以使通货紧缩更加严重。相反,当实际利率上升时,消费水平下降,动态总需求曲线向左移动,并且使得衰退缺口扩大,结果就是通货紧缩螺旋,通货紧缩变得越来越严重。

我们学过,通货紧缩通过很多途径使信息不对称问题变得恶化(通货膨胀则不会)。

通货紧缩使得企业为新项目融资变得更加困难,而没有融资就不会有投资,没有投资就不会有经济增长。产生上面这种情况的主要原因是,债务是以美元计量的,并且通货紧缩使得美元变得更值钱。因此,通货紧缩在没有影响公司资产实际价值的情况下,加重了公司的债务负担,净财富的降低使得公司的信用下降。

总之,通货紧缩和零名义利率下限破坏了经济运行的平稳过程,使得经济自我恢复受阻,对经济增长造成负面影响。通货紧缩恶性螺旋的不稳定性促使中央银行极力拯救2007—2009年的金融危机,尽管这场危机是从通货膨胀水平高于理想水平开始的。政策制定者认为,严重的衰退本身可以大幅度地降低通货膨胀预期水平,以一种不稳定的方式提高实际利率。

政策制定者可以采取一些措施避免这个陷阱吗?答案是肯定的。存在一些措施可以减少发生这种灾难,政策制定者有三种战略选择:第一,他们可以设定一个与通货紧缩风险相关的通货膨胀目标水平;第二,当出现通货紧缩的端倪时,他们可以更加大胆地行动;第三,他们可以运用我们在第18章中讨论的非常规政策工具。

只有当中央银行已经达到了它们的目标(较低的、稳定的通货膨胀水平)时,由零名义利率下限引发的问题才会出现。当通货膨胀水平很高时,名义利率也很高,利率到达这个零名义利率下限的机会就会很小。观察显示,中央银行应该把它们的通货膨胀目标设置得足够高,以减少通货紧缩恶性循环的可能性。2%—3%的通货膨胀目标水平是目前达成的共识,将给予政策制定者足够多的自由来避免由通货紧缩带来的问题。

当即将触碰零名义利率下限时,大幅度且迅速地降低利率是另一种可以避免通货紧缩的方法,中央银行称这种战略为"先发制人"(acting preemptively)。"先发制人"策略意味着努力运作以避免触碰零名义利率下限。"先发制人"是联邦公开市场委员会在2007年9月到2008年12月连续10次降低利率,使得联邦基金利率从5.25%降至零的原因。这些引人注目的行动是为了确保在出现通货紧缩之前使经济复苏。

最后,就像我们在第18章中看到的那样,当中央银行的传统利率目标(隔夜拆借利率)达到零下限时,中央银行可以使用它们自由支配的非常规政策工具,这些工具包括政策持久性承诺、量化宽松、信用宽松。① 所有的这些工具在2007—2009年的金融危机中得到了很好的应用。原理是简单易懂的,中央银行应用政策持久性承诺影响长期债券收益率,而长期债券收益率在一定程度上依赖于对未来政策利率的预期。中央银行通过量化宽松政策和信用宽松政策来控制资产负债表的规模及其持有的资产的组合。在正常情况下,为了达到目标利率,政策制定者会控制准备金的供给。即使短期目标利率下降至零,货币政策制定者依然保留着扩大资产负债表规模的能力,他们可以继续购买证券以提高基础货币的供给。

几乎每一个人都会同意非常规政策是可行的,并且已经看到了它们在2007—2009年金融危机中的有效应用。然而,中央银行非常不乐意运用这些工具。即使中央银行运用

---

① 查阅非常规货币政策选择的早期讨论,可以参阅那个时候的美联储官员本·伯南克的一篇演讲,"Deflation: Making Sure it Doesn't Happen Here," remarks before the National Economists Club, Washington, D. C., November 21, 2001。这篇演讲可以在美联储网站 www.federalreserve.gov 上找到。

了这些工具,只要经济状况有所改善并且这些工具能够安全停止使用时,中央银行就会迫不及待地退出。谨慎使用非常规政策工具的一个原因就是缺少应用它们的经验。货币政策的制定依赖于目标利率的变化影响中央银行目标的定量评估,政策制定者对于联邦基金利率25个至50个基点的下降怎样影响未来一两年内的产出和通货膨胀水平有一定的理解,但是对于非常规政策的定量影响的了解非常有限。如果准备金的供给增加了100倍(就像美国在2008年9月至10月做的那样)或者中央银行购买了1万亿美元的抵押贷款支持证券使自己的资产翻倍(就像美联储在2009年做的那样),那么对价格、消费、投资的影响是什么呢?

除了缺乏经验,另外一个谨慎使用非常规政策工具的原因是之后的政策退出——改变资产负债表的规模以及使证券组合恢复到短期政策工具的常规组合——可能非常困难。就像我们在第18章中看到的那样,即使政策制定者暂时不选择卖出资产负债表上的非常规资产,支付准备金利息的能力(通过提高准备金存款利率,形成隔夜拆借利率的下限)依然能够使中央银行收紧货币政策。然而,中央银行更偏好于流动性更好的资产,以及不具有某种具体借款者偏好的资产。并且,尽管它们可能乐意在非常规政策工具的行动中出售资产(包括具有违约风险的债券和长期债券),但这样可能遭受损失。如果中央银行面临很大的损失,政府此时将不得不补足银行资本。如果把这种对政府的依赖看作对中央银行独立性的威胁,那么这种依赖就会增加通货膨胀预期。

23.2.3 金融体系结构的演变

货币政策通过影响金融体系来发挥作用。因此,各国之间金融结构的不同可以解释货币政策在不同国家间的效果不同,即金融结构的改变会影响货币政策的效果。回顾本章的第一节,货币政策影响实际产出和通货膨胀的主要渠道是影响银行贷款供给。通过影响银行放贷,政策制定者可以影响个人和公司融资的难易程度。

在这个机制中,银行是至关重要的。我们可以想象得到,就像银行业变化的本质那样,货币政策传导渠道的重要性随着银行业的变化而变化。比如在美国,银行作为融资渠道变得没有以前那么重要了。30年前,银行融资在美国经济中几乎占据了全部;2007—2009年金融危机期间,直接银行贷款已经下降到不到总体信贷的60%。

从银行融资转向在资本市场上的直接融资意味着在2007年金融危机之前的几十年中,货币政策的银行信贷渠道变得越来越不重要了。银行融资的衰落伴随着证券市场和影子银行(包括证券经纪商、货币市场共同基金、政府资助企业)的兴起。回忆在第3章讨论过的资产支持证券、抵押贷款支持证券和其他资产支持证券在过去的三十多年中猛增。1980年,抵押贷款支持证券在未完成的抵押贷款总额(1.5万亿美元)中仅占0.1万亿美元;2009年,抵押贷款支持证券在未完成的抵押贷款总额(15万亿美元)中占据了半壁江山。

为了创造抵押贷款支持证券,经纪商把很多家庭抵押贷款捆绑在一块,然后出售资产池中的份额。抵押贷款支持证券是以基础金融工具(在这里是住房购买者的抵押贷款现金流)作为收入。尽管住房购买者购买住房开始于银行贷款,但是通过这种方式,住房购买者实际上获得了相当于从资本市场上的直接融资。经过这么多年,证券化(把汇集贷款和其他可以得到的现金流收入的非流动资产转变为可出售的流动证券的过程)在范围和规模上都得到了扩展。现在证券化涵盖了汽车贷款、信用卡债务、学生贷款、设备租赁甚至电影票房收入。

然而,结束于 2009 年的金融危机相比大萧条时期之后的任何事件都对金融体系结构产生了更重大的影响。比如它抑制了直接融资的发展:自从 2006 年,证券化发展缓慢。在美国,资产支持商业票据的规模(在 2007 年接近 1 万亿美元)在 2009 年时下降到仅仅是 2009 年水平的 1/3。尽管美联储购买了接近 1 万亿美元的美国政府机构和政府资助企业支持的证券,但这些证券的规模在 2009 年几乎是停滞的。2008 年,与住房相关的政府资助企业破产了,它们被直接置于美国联邦政府的控制之下,使得美国联邦政府不得不大量注资来恢复政府资助企业的净资产。它们的未来高度不确定,以至于很多的批评者呼吁把它们解散。[①]

然而,现在说危机后的金融体系会怎样变化还为时过早。直接融资是否会恢复发展?部分取决于在接下来的几年里,当监管者阻止另一场危机或者使它的潜在影响最小化时,监管政策将怎样演变。宏观审慎的监管者——就像我们在第 14 章讨论的那样——将尽最大努力限制金融机构承担系统性风险的动机。2007—2009 年金融危机之前,对抵押贷款支持证券设较低资本金的要求也是这些动机之一。

审慎监管是否会阻止资产证券化的恢复?很可能不会。因为监管者非常清楚,有效的证券化可以更好地分散风险。与之前不完整的证券化不同,有效的资产证券化避免让证券化资产集中留在金融机构的资产负债表中,这样会使这些证券化资产在资产价格泡沫中变得很脆弱。因此,与金融危机之前那些繁荣的日子相比,审慎监管措施倾向于减缓证券化的未来发展步伐。

伴随着金融体系的演化,金融体系的结构对中央银行是至关重要的,因为中央银行需要知道其政策可能具有的定量影响。当金融体系的结构发生变化时,联邦基金利率将产生 25—50 个基点的变动效应。改变传统货币政策的效果可能要求中央银行更新其非常规政策工具。中央银行须经常评估金融体系是怎样改变货币政策传导机制的。

金融体系的变化对个人和政策制定者来说都是非常重要的。伴随着货币、银行、银行贷款特征的演变,我们要调整支付方式、拥有财富的方式、获得信用的方式,我们对现金的使用会继续下降。美国的银行可以收取它们在美联储的准备金的利息,因此可能继续持有比金融危机之前更多的准备金。没有一个人可以准确地预测什么时候发生这些变化及其变化程度,但是你应该知道怎样思考这些问题了。你已经了解了金融机构和中央银行的经济角色,以及它们是怎样运作的。这方面的知识加上总供给-总需求模型,使你能够理解金融体系的演变,以及金融体系对货币政策和个人的影响。

---

① 参见"Towards a New Architecture for U. S. Mortgage Markets: The Future of the Government-Sponsored Enterprises," in NYU Stern Working Group on Financial Reform, Real-time Recommendations for Financial Reform, December 2009, pp. 60—62, http://govtpolicyrecs.stern.nyu.edu/docs/whitepapers_ebook_full.pdf.

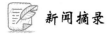 新闻摘录

伯南克知道怎样却不知道什么时候提高利率

Sewell Chan

华盛顿方面经常说,"在某些时候""在合适的时候""当时机成熟的时候"。

周三,美联储主席伯南克描述了一种战略(但不是时间表)来按比例逐步地结束在 2007 年实施的一些特殊措施。这些措施是在 2007 年金融市场摇摇欲坠的时候为了促进经济恢复而实施的。

通过把短期利率降至零左右,美联储已经放松了借贷。通过购买抵押贷款支持证券甚至大量的国债和票据,美联储已经拥有 2.2 万亿美元规模的资产负债表。

最后,为了预防通货膨胀,上面两种行动将被限制。但是伯南克先生在 10 页的声明中很少透露这期间会有多长。

伯南克说:"在一定时点,美联储将通过提高短期利率和减少银行准备金余额的措施来收紧金融条件。"

然而,伯南克透露了一个令人忧虑的问题的一些新细节。这个问题是,随着经济的复苏,美联储怎样逐步缩减资产负债表。

伯南克说,一种新的政策工具——超额准备金利率,美联储在 2008 年 10 月已经开始对其支付——将成为美联储货币政策的一个至关重要的组成部分。

伯南克说,提高超额准备金利率会推高其他短期利率,这些短期利率包括联邦基准利率(银行间隔夜拆借利率)。

伯南克说,美联储更有可能在一段时间内使用准备金支付利率和准备金目标数量,向市场传达其政策立场。自从 1994 年以来,联邦基金利率就一直备受联邦公开市场委员会的关注(美联储重要的政策制定部门)。

接连许多天,经济学家就一直在预测伯南克用来紧缩信贷的工具组合和步骤顺序。在这个话题上,伯南克仅仅透露了一些他的想法。

"美联储一个可能的步骤就是继续测试在有限的基础上可以减少的准备金的工具。"

"随着取消宽松的货币政策时间的日益临近,这些行动可以更大范围地减少准备金余额,降低短期利率。实际紧缩的政策将通过提高向准备金支付的利率水平来得以实施。"

但是伯南克建议,"如果经济与金融的发展要求当前高度宽松的政策更快地退出(也就是出现了对通货膨胀的担忧),美联储可以在大幅度减少准备金的同时提高向准备金支付的利率"。

除了提高向准备金支付的利率,伯南克认为还有其他的三个选择以耗尽准备金。第一个是反向回购协议,即美联储可以在出售证券组合的同时,签订协议约定在以后回购。第二个是银行定期存款(类似于大额存款订单)。这样可以把部分银行准备金转换为存款,这些存款不会作为短期流动性来使用,也不会作为准备金。第三个是赎回或者出售证券。这个策略是有风险的,因为美联储持有的大量抵押贷款支持证券正在推动房地产市场的发展,使抵押贷款利率保持在一个较低的水平。

作为向市场注入流动性的特殊贷款项目的一部分,美联储修改了它的贴现窗口(直接向银行放款的传统项目),使贴现更加容易,使非银行金融机构具有借款的资格。这个行动已经接近尾声了。伯南克说,"我们预料用不了多久,贴现率(即美联储直接向银行放贷的利率)和联邦基金利率之间的差额就会有一个适度的增长"。他强调,"这样的变化不应该被解释为货币政策未来变化的信号"。

经济学家对伯南克的声明褒贬不一。

波士顿大学的经济学家 Laurence J. Kotlikoff 认为,尽管伯南克的努力令人欣慰,但严重通货膨胀的前景是存在的。"基本上,我们一夜之间就会步入恶性通货膨胀的状态,因为我们已经通过上面的三个选择增加了基础货币的供给。"

Kotlikoff 也对伯南克提出的方案持怀疑态度。他说:"美联储印制了超过 1 万亿美元的钞票,然后把它们交给银行,现在又在试图贿赂这些银行不把这些钱释放到社会上——这个就是向准备金支付利息的含义所在。"

伯南克特别提到,当抵押贷款支持证券被提前支付或者到期时,资产负债表就会自动缩减。伯南克说:"从长期看,美联储预期资产负债表将向历史正常水平缩减,美联储持有的大部分或者全部证券都将是国债。"

资料来源:Sewell Chan, *The New York Times*, Feb 11, 2010. Copyright © 2010 by The New York Times Co. Reprinted with permission。

▶ **本文启示**

截至 2010 年年初,美联储已经向公众展示了一些细节,这些细节是关于美联储未来紧缩货币政策以及从非常规政策(这些政策在 2007—2009 年的金融危机中实施过)中退出时可能用到的工具。危机之后,非传统资产占很大部分的资产负债表意味着,美联储收紧货币政策的过程与以往正常时候有所不同。通过提高向准备金支付的利率水平,美联储可以在不缩减资产负债表的情形下实施紧缩的政策。当美联储实行紧缩政策时,看看你是否可以察觉到资产和负债发生的相应变动。资产和负债情况在 Federal Reserve Statistical Release H. 4. 1(Factors Affecting Reserve Balances:http://www.federalreserve.gov/releases/h41/) 中每周公布一次。

关键术语

资产价格渠道　　　　　　　　　汇率渠道
资产负债表渠道　　　　　　　　利率渠道
银行信贷渠道　　　　　　　　　货币政策传导机制
通货紧缩　　　　　　　　　　　零名义利率下限

本章小结

1. 货币政策影响经济的几种渠道:
   a. 货币政策传导的传统渠道——利率和汇率。
      i. 利率影响消费和投资。
      ii. 汇率影响净出口。
   b. 货币政策影响银行贷款的供给,改变个人和公司从银行融资的可获得性。
   c. 货币政策改变公司和家庭的净资产,影响它们作为贷款者的信用。
   d. 货币政策传导的资产价格渠道通过股票和房地产价格发挥作用。
      i. 股票和房地产价格影响家庭的财富与消费。
      ii. 股票价格也影响企业融资和投资的能力以及意愿。
2. 货币政策制定者面临着重大挑战。为了战胜这些挑战,他们必须:
   a. 准确评估潜在GDP,即使是在经济增长趋势发生变动时。
   b. 对怎样处理由零名义利率下限和可能的通货紧缩所引发问题的理解。
   c. 对怎样应对及什么时候应对股票和房地产市场的繁荣(和崩溃)的理解。
   d. 改变金融体系结构的认识以及怎样改变。

概念性问题

1. 货币政策是怎样影响银行放贷行为的?公开市场购买是怎样影响银行系统的资产负债表的?银行贷款供给的影响是什么?(为了回答这些问题,可以借鉴第17章的内容)
2. 为什么2007—2009年的经济危机后全球经济会比正常情况下复苏得慢?
3.* 在改变投资和消费方面,为什么货币政策传导的传统利率渠道相比货币政策行动会相对微弱?
4. 在2007—2009年的经济衰退中,为什么货币政策制定者将联邦基金利率降至接近于零,但是并没有有效地提振经济?
5. 当货币政策制定者把他们的政策利率降至零名义利率下限时,他们可以选择货币政策的非常规工具。这些非常规货币政策工具是怎样发挥作用的?为什么政策制定者只有在艰难的环境下才乐意运用这些工具?
6. 在2007—2009年金融危机中,美联储采取了许多特殊的措施以支撑经济。当经济复苏时,美联储可能会采取什么行动紧缩金融条件?
7. 政府决定对银行支付给存款者的利率进行限制。我们可以看到,其他投资支付更高的利率时,存款者就会从银行取出资金并投入利率高的项目中。这会对经济有影响吗?如果有影响,是怎样影响经济的?
8. 信息技术的发展已经简化了对个体贷款者的信誉评估过程,这对金融体系结构有什么影响呢?对于货币政策呢?
9.* 介绍货币政策传导机制汇率渠道的理论。汇率、利率的提高是怎样影响产出的?为什么在实践中这种联系是很难被发现的?

10. 许多经济学家认为,20 世纪 90 年代日本的经济问题在很大程度上是由银行的破产和日本政府拒绝整顿银行系统引起的。解释银行系统的崩溃是怎样引起实际产出下降的?在上述的环境下,货币政策制定者能不能有所作为以复苏经济?
11. 为什么零名义利率下限导致货币政策制定者提高他们的通货膨胀目标水平?

分析性问题

12. 考虑到 2007—2009 年金融危机中美国住房价格泡沫的作用,你认为货币政策制定者应该如何应对资产市场上的泡沫?
13. 对于下面的三种情形,解释这些情况在理论上与紧缩的货币政策是否一致,并且辨别是哪一种货币政策的传统渠道在发挥作用。
    a. 公司变得更有可能进行项目投资。
    b. 家庭变得不太可能购买冰箱和洗衣机。
    c. 净出口下降。
14. 假设在 A 国短期利率的变化可以迅速地传导至长期利率的变化;而在 B 国长期利率对短期利率变化的反应不是很明显。你觉得哪个国家的货币政策利率渠道更强?解释你的答案。
15. 考虑以下情况:中央银行的官员不断地重复表示,产出超过了潜在产出,经济处于过热状态。尽管现在还没有实施任何的政策措施,数据显示奢侈品消费已经开始下降了。这种情况是怎样反映货币政策资产价格渠道的作用的?
16. 如果发生下面两种情形,货币政策的资产负债表渠道是更强还是更弱呢?
    a. 公司的资产负债表在通常情况下是很健康的。
    b. 公司现有许多可变利率债务。
17. 在 2007—2009 年金融危机之后,银行信贷渠道在美国是变得更加重要还是相反呢?解释你的选择。
18.*假设经济中的生产增长率出人意料地减速,以至于预测者都一致地高估了 GDP 的增长速度。如果中央银行的政策决议是根据这些过高的预测制定的,那么在中央银行保持现有通货膨胀目标的前提下,通货膨胀最有可能的后果是什么?
19. 假设中央银行控制的政策利率和通货膨胀率都是零,请运用总供给-总需求模型解释,如果经济遭受了总需求降低的冲击后,经济是怎样进入通货紧缩的恶性循环的?
20.*运用总供给-总需求模型解释,在短期内股票价格的上涨是怎样影响通货膨胀水平和产出的?在中央银行的政策没有变化的情形下,对通货膨胀和产出的长期影响是什么?
21. 比较如下两个不同经济体对给定货币政策变化的影响。其中,在 A 经济体中,金融体系包括了巨大的影子银行系统,这些影子银行系统提供了很多其他的融资渠道;在 B 经济体中,银行贷款占据了几乎全部的融资渠道。两个经济体在其他方面是一致的。

(注:题号后标注*的问题均指难度较大的题型。)

尊敬的老师:您好!

　　感谢您对麦格劳-希尔教育出版公司的关注和支持!我们将尽力为您提供高效、周到的服务。与此同时,为帮助您及时了解我们的优秀图书,便捷地选择适合您课程的教材并获得相应的免费教学课件,请您协助填写此表,并欢迎您对我们工作提供宝贵的建议和意见!

教师服务中心
美国麦格劳-希尔教育出版集团

★ 基本信息

姓		名		性别	
学校			院系		
职称			职务		
办公电话			家庭电话		
手机			电子邮箱		
省份		城市		邮编	
通信地址					

★ 课程信息

主讲课程-1		课程性质	
学生年级		学生人数	
授课语言		学时数	
开课日期		学期数	
教材决策日期		教材决策者	
教材购买方式		共同授课教师	
现用教材 书名/作者/出版社			

★ 教师需求及建议

提供配套教学课件 (请注明作者/书名/版次)	
推荐教材 (请注明感兴趣的领域或其他相关信息)	
其他需求	
意见和建议(图书和服务)	
是否需要最新图书信息		感兴趣领域	
是否有翻译意愿		感兴趣领域或意向图书	

填妥后请选择电邮或传真的方式将此表返回,谢谢!

北京大学出版社经济与管理图书事业部
北京市海淀区成府路 205 号 100871
电话:010-62767312/62767348
传真:010-62556201
QQ:552063295
邮箱:em@pup.cn　em_pup@126.com
网址:http://www.pup.cn

麦格劳-希尔教育出版公司教师服务中心
北京市海淀区清华科技园科技大厦 A 座 906 室 100084
电话:010-62790299-108
教师热线:800-810-1936
传真:010-62790292
邮箱:instructorchina@mcgraw-hill.com
网址:http://www.mcgraw-hill.com.cn,www.mhhe.com